2020

辽宁省人口普查年鉴

（中册）

LIAONING POPULATION CENSUS YEARBOOK 2020

(BOOK 2)

辽宁省第七次全国人口普查领导小组办公室
辽　宁　省　统　计　局　编

Compiled by
Office of the Leading Group of Liaoning Province for the Seventh National Population Census
Liaoning Provincial Bureau of Statistics

图书在版编目（CIP）数据

辽宁省人口普查年鉴. 2020. 中册 / 辽宁省第七次全国人口普查领导小组办公室, 辽宁省统计局编. -- 北京 : 中国统计出版社, 2022.9
ISBN 978-7-5037-9651-7

Ⅰ. ①辽… Ⅱ. ①辽… ②辽… Ⅲ. ①人口普查－统计资料－辽宁－2020－年鉴 Ⅳ. ①C924.253.1-54

中国版本图书馆 CIP 数据核字(2022)第 118928 号

辽宁省人口普查年鉴-2020（中册）
Liaoning Population Census Yearbook 2020 (Book 2)

作　　者/辽宁省第七次全国人口普查领导小组办公室　辽宁省统计局
责任编辑/佘竞雄
封面设计/李雪燕
出版发行/中国统计出版社有限公司
通信地址/北京市丰台区西三环南路甲 6 号　邮政编码/100073
发行电话/邮购（010）63376909　书店（010）68783171
网　　址/http://www.zgtjcbs.com/
印　　刷/河北鑫兆源印刷有限公司
经　　销/新华书店
开　　本/880mm×1230mm　1/16
字　　数/1074 千字
印　　张/34
版　　别/2022 年 9 月第 1 版
版　　次/2022 年 9 月第 1 次印刷
定　　价/880.00 元（全三册附光盘）

如有印装差错，请与发行部联系退换。本书附 CD-ROM 一张，如有差异，以图书内容为准。

目　　录

中　册

第二部分　长表数据资料

第一卷　概要

第二卷　民族

第三卷 教育

第四卷 就业

第五卷　婚姻

第二部分 长表数据资料

第一卷　概要

1-1 各地区户数、

地区	户数			合计			
	合计	家庭户	集体户	合计	男	女	性别比(女=100)
辽宁	**1680454**	**1657119**	**23335**	**4078397**	**2040920**	**2037477**	**100.17**
沈阳市	364763	359536	5227	858702	428457	430245	99.58
大连市	290692	281379	9313	695764	346310	349454	99.10
鞍山市	136778	136220	558	330487	166731	163756	101.82
抚顺市	72845	72274	571	162349	80766	81583	99.00
本溪市	56135	55430	705	129603	64147	65456	98.00
丹东市	86614	85986	628	210355	104509	105846	98.74
锦州市	108299	106670	1629	274096	136880	137216	99.76
营口市	89168	88315	853	217706	109871	107835	101.89
阜新市	65111	64481	630	157064	77888	79176	98.37
辽阳市	65110	64669	441	152010	76060	75950	100.14
盘锦市	55096	54551	545	137974	69019	68955	100.09
铁岭市	87916	87594	322	218046	109583	108463	101.03
朝阳市	106337	105405	932	287374	145706	141668	102.85
葫芦岛市	89349	88735	614	231201	117079	114122	102.59
辽宁省沈抚新区管委会	6241	5874	367	15666	7914	7752	102.09

1-1a 各地区户数、

地区	户数			合计			
	合计	家庭户	集体户	合计	男	女	性别比(女=100)
辽宁	**1045192**	**1026740**	**18452**	**2448098**	**1207301**	**1240797**	**97.30**
沈阳市	296308	291952	4356	691176	342921	348255	98.47
大连市	228668	220534	8134	549032	271277	277755	97.67
鞍山市	83021	82670	351	188901	93719	95182	98.46
抚顺市	48481	48057	424	103722	50707	53015	95.65
本溪市	33749	33230	519	75035	36642	38393	95.44
丹东市	45684	45415	269	105361	51311	54050	94.93
锦州市	51974	50518	1456	124242	60338	63904	94.42
营口市	56490	55925	565	131789	65409	66380	98.54
阜新市	29344	28954	390	66207	32002	34205	93.56
辽阳市	35678	35326	352	81742	39937	41805	95.53
盘锦市	38349	37993	356	92891	46227	46664	99.06
铁岭市	23907	23832	75	56988	27980	29008	96.46
朝阳市	35674	35203	471	90561	44263	46298	95.60
葫芦岛市	32953	32481	472	78290	38453	39837	96.53
辽宁省沈抚新区管委会	4912	4650	262	12161	6115	6046	101.14

人口数和性别比

单位：户、人

人口数								平均家庭户规模（人/户）
家庭户				集体户				
小计	男	女	性别比（女=100）	小计	男	女	性别比（女=100）	
3945381	**1966776**	**1978605**	**99.40**	**133016**	**74144**	**58872**	**125.94**	**2.38**
817986	406118	411868	98.60	40716	22339	18377	121.56	2.28
659308	325841	333467	97.71	36456	20469	15987	128.04	2.34
325264	163742	161522	101.37	5223	2989	2234	133.80	2.39
159876	79209	80667	98.19	2473	1557	916	169.98	2.21
126380	62423	63957	97.60	3223	1724	1499	115.01	2.28
205850	101880	103970	97.99	4505	2629	1876	140.14	2.39
262549	131123	131426	99.77	11547	5757	5790	99.43	2.46
213580	107468	106112	101.28	4126	2403	1723	139.47	2.42
153499	75875	77624	97.75	3565	2013	1552	129.70	2.38
149541	74796	74745	100.07	2469	1264	1205	104.90	2.31
133723	66424	67299	98.70	4251	2595	1656	156.70	2.45
214146	107490	106656	100.78	3900	2093	1807	115.83	2.44
282028	142528	139500	102.17	5346	3178	2168	146.59	2.68
227882	114981	112901	101.84	3319	2098	1221	171.83	2.57
13769	6878	6891	99.81	1897	1036	861	120.33	2.34

人口数和性别比(城市)

单位：户、人

人口数								平均家庭户规模（人/户）
家庭户				集体户				
小计	男	女	性别比（女=100）	小计	男	女	性别比（女=100）	
2347164	**1151488**	**1195676**	**96.30**	**100934**	**55813**	**45121**	**123.70**	**2.29**
657356	324335	333021	97.39	33820	18586	15234	122.00	2.25
517666	253802	263864	96.19	31366	17475	13891	125.80	2.35
185273	91602	93671	97.79	3628	2117	1511	140.11	2.24
102042	49681	52361	94.88	1680	1026	654	156.88	2.12
72821	35497	37324	95.11	2214	1145	1069	107.11	2.19
103550	50217	53333	94.16	1811	1094	717	152.58	2.28
114144	55472	58672	94.55	10098	4866	5232	93.00	2.26
129229	63953	65276	97.97	2560	1456	1104	131.88	2.31
63854	30697	33157	92.58	2353	1305	1048	124.52	2.21
79716	38981	40735	95.69	2026	956	1070	89.35	2.26
90376	44477	45899	96.90	2515	1750	765	228.76	2.38
56032	27380	28652	95.56	956	600	356	168.54	2.35
88244	43102	45142	95.48	2317	1161	1156	100.43	2.51
75885	36872	39013	94.51	2405	1581	824	191.87	2.34
10976	5420	5556	97.55	1185	695	490	141.84	2.36

1-1b 各地区户数、

地区	户数			合计			
	合计	家庭户	集体户	合计	男	女	性别比(女=100)
辽宁	**202001**	**199497**	**2504**	**494401**	**246556**	**247845**	**99.48**
沈阳市	19008	18773	235	43082	21656	21426	101.07
大连市	10858	10193	665	26668	13410	13258	101.15
鞍山市	23788	23660	128	60004	30402	29602	102.70
抚顺市	10078	9988	90	23318	11581	11737	98.67
本溪市	11854	11782	72	28493	14040	14453	97.14
丹东市	16281	16010	271	40594	19946	20648	96.60
锦州市	13772	13683	89	32692	16159	16533	97.74
营口市	6069	5886	183	15743	7997	7746	103.24
阜新市	13177	12997	180	30691	15146	15545	97.43
辽阳市	8637	8606	31	19933	10008	9925	100.84
盘锦市	5295	5224	71	13299	6723	6576	102.24
铁岭市	27404	27221	183	65341	32088	33253	96.50
朝阳市	17860	17649	211	48141	24307	23834	101.98
葫芦岛市	17920	17825	95	46402	23093	23309	99.07
辽宁省沈抚新区管委会							

1-1c 各地区户数、

地区	户数			合计			
	合计	家庭户	集体户	合计	男	女	性别比(女=100)
辽宁	**433261**	**430882**	**2379**	**1135898**	**587063**	**548835**	**106.97**
沈阳市	49447	48811	636	124444	63880	60564	105.48
大连市	51166	50652	514	120064	61623	58441	105.44
鞍山市	29969	29890	79	81582	42610	38972	109.33
抚顺市	14286	14229	57	35309	18478	16831	109.79
本溪市	10532	10418	114	26075	13465	12610	106.78
丹东市	24649	24561	88	64400	33252	31148	106.75
锦州市	42553	42469	84	117162	60383	56779	106.35
营口市	26609	26504	105	70174	36465	33709	108.18
阜新市	22590	22530	60	60166	30740	29426	104.47
辽阳市	20795	20737	58	50335	26115	24220	107.82
盘锦市	11452	11334	118	31784	16069	15715	102.25
铁岭市	36605	36541	64	95717	49515	46202	107.17
朝阳市	52803	52553	250	148672	77136	71536	107.83
葫芦岛市	38476	38429	47	106509	55533	50976	108.94
辽宁省沈抚新区管委会	1329	1224	105	3505	1799	1706	105.45

人口数和性别比(镇)

单位：户、人

人口数								平均家庭户规模(人/户)
家庭户				集体户				
小计	男	女	性别比(女=100)	小计	男	女	性别比(女=100)	
479578	**238465**	**241113**	**98.90**	**14823**	**8091**	**6732**	**120.19**	**2.40**
42097	21010	21087	99.63	985	646	339	190.56	2.24
23875	11957	11918	100.33	2793	1453	1340	108.43	2.34
59086	29882	29204	102.32	918	520	398	130.65	2.50
22810	11278	11532	97.80	508	303	205	147.80	2.28
27954	13671	14283	95.72	539	369	170	217.06	2.37
38602	18989	19613	96.82	1992	957	1035	92.46	2.41
32185	15886	16299	97.47	507	273	234	116.67	2.35
14811	7470	7341	101.76	932	527	405	130.12	2.52
29756	14655	15101	97.05	935	491	444	110.59	2.29
19790	9924	9866	100.59	143	84	59	142.37	2.30
12981	6535	6446	101.38	318	188	130	144.62	2.48
63072	31047	32025	96.95	2269	1041	1228	84.77	2.32
46842	23426	23416	100.04	1299	881	418	210.77	2.65
45717	22735	22982	98.93	685	358	327	109.48	2.56

人口数和性别比(乡村)

单位：户、人

人口数								平均家庭户规模(人/户)
家庭户				集体户				
小计	男	女	性别比(女=100)	小计	男	女	性别比(女=100)	
1118639	**576823**	**541816**	**106.46**	**17259**	**10240**	**7019**	**145.89**	**2.60**
118533	60773	57760	105.22	5911	3107	2804	110.81	2.43
117767	60082	57685	104.16	2297	1541	756	203.84	2.33
80905	42258	38647	109.34	677	352	325	108.31	2.71
35024	18250	16774	108.80	285	228	57	400.00	2.46
25605	13255	12350	107.33	470	210	260	80.77	2.46
63698	32674	31024	105.32	702	578	124	466.13	2.59
116220	59765	56455	105.86	942	618	324	190.74	2.74
69540	36045	33495	107.61	634	420	214	196.26	2.62
59889	30523	29366	103.94	277	217	60	361.67	2.66
50035	25891	24144	107.24	300	224	76	294.74	2.41
30366	15412	14954	103.06	1418	657	761	86.33	2.68
95042	49063	45979	106.71	675	452	223	202.69	2.60
146942	76000	70942	107.13	1730	1136	594	191.25	2.80
106280	55374	50906	108.78	229	159	70	227.14	2.77
2793	1458	1335	109.21	712	341	371	91.91	2.28

1-2 各地区分性别、

地 区	人口数			居住本乡、镇、街道，户口在本乡、镇、街道		
	合计	男	女	小计	男	女
辽宁	**4078397**	**2040920**	**2037477**	**2677577**	**1349681**	**1327896**
沈阳市	858702	428457	430245	475676	236552	239124
大连市	695764	346310	349454	383390	190256	193134
鞍山市	330487	166731	163756	236493	119981	116512
抚顺市	162349	80766	81583	126026	63351	62675
本溪市	129603	64147	65456	90451	45159	45292
丹东市	210355	104509	105846	152285	76363	75922
锦州市	274096	136880	137216	201941	102437	99504
营口市	217706	109871	107835	140890	71981	68909
阜新市	157064	77888	79176	122787	61667	61120
辽阳市	152010	76060	75950	100265	51094	49171
盘锦市	137974	69019	68955	85029	42730	42299
铁岭市	218046	109583	108463	163769	83640	80129
朝阳市	287374	145706	141668	221001	113216	107785
葫芦岛市	231201	117079	114122	169375	87085	82290
辽宁省沈抚新区管委会	15666	7914	7752	8199	4169	4030

1-2a 各地区分性别、

地 区	人口数			居住本乡、镇、街道，户口在本乡、镇、街道		
	合计	男	女	小计	男	女
辽宁	**2448098**	**1207301**	**1240797**	**1313422**	**645123**	**668299**
沈阳市	691176	342921	348255	344756	169076	175680
大连市	549032	271277	277755	262793	128897	133896
鞍山市	188901	93719	95182	120953	59752	61201
抚顺市	103722	50707	53015	76205	37507	38698
本溪市	75035	36642	38393	48902	24018	24884
丹东市	105361	51311	54050	63521	30926	32595
锦州市	124242	60338	63904	70281	34274	36007
营口市	131789	65409	66380	68449	33903	34546
阜新市	66207	32002	34205	43841	21290	22551
辽阳市	81742	39937	41805	43545	21492	22053
盘锦市	92891	46227	46664	48432	24031	24401
铁岭市	56988	27980	29008	32290	15936	16354
朝阳市	90561	44263	46298	46241	22791	23450
葫芦岛市	78290	38453	39837	37261	18242	19019
辽宁省沈抚新区管委会	12161	6115	6046	5952	2988	2964

户口登记状况的人口

单位：人

居住本乡、镇、街道，户口在外乡、镇、街道，离开户口登记地半年以上			居住本乡、镇、街道，户口待定			原住本乡、镇、街道，现在港澳台或国外工作学习		
小计	男	女	小计	男	女	小计	男	女
1384216	**682949**	**701267**	**3566**	**1887**	**1679**	**13038**	**6403**	**6635**
379168	190102	189066	791	418	373	3067	1385	1682
308034	153919	154115	649	343	306	3691	1792	1899
93322	46405	46917	184	98	86	488	247	241
34752	16713	18039	55	25	30	1516	677	839
38486	18583	19903	66	34	32	600	371	229
57235	27676	29559	144	80	64	691	390	301
71737	34210	37527	153	90	63	265	143	122
76281	37592	38689	235	138	97	300	160	140
33764	15939	17825	161	85	76	352	197	155
51124	24660	26464	123	74	49	498	232	266
52587	26098	26489	86	53	33	272	138	134
53303	25433	27870	155	83	72	819	427	392
65761	32189	33572	383	183	200	229	118	111
61264	29709	31555	376	183	193	186	102	84
7398	3721	3677	5		5	64	24	40

户口登记状况的人口(城市)

单位：人

居住本乡、镇、街道，户口在外乡、镇、街道，离开户口登记地半年以上			居住本乡、镇、街道，户口待定			原住本乡、镇、街道，现在港澳台或国外工作学习		
小计	男	女	小计	男	女	小计	男	女
1124317	**557287**	**567030**	**1959**	**1129**	**830**	**8400**	**3762**	**4638**
343266	172371	170895	616	343	273	2538	1131	1407
282897	140798	142099	558	303	255	2784	1279	1505
67504	33745	33759	75	46	29	369	176	193
26613	12867	13746	26	9	17	878	324	554
25923	12519	13404	27	16	11	183	89	94
41445	20190	21255	66	41	25	329	154	175
53699	25911	27788	76	56	20	186	97	89
63066	31343	31723	139	96	43	135	67	68
22189	10632	11557	32	17	15	145	63	82
37806	18258	19548	71	48	23	320	139	181
44266	22094	22172	58	33	25	135	69	66
24499	11953	12546	26	9	17	173	82	91
44163	21395	22768	81	48	33	76	29	47
40830	20103	20727	103	64	39	96	44	52
6151	3108	3043	5		5	53	19	34

1-2b 各地区分性别、

地区	人口数			居住本乡、镇、街道，户口在本乡、镇、街道		
	合计	男	女	小计	男	女
辽宁	**494401**	**246556**	**247845**	**330930**	**166716**	**164214**
沈阳市	43082	21656	21426	24235	12248	11987
大连市	26668	13410	13258	16660	8270	8390
鞍山市	60004	30402	29602	40667	20738	19929
抚顺市	23318	11581	11737	17757	8914	8843
本溪市	28493	14040	14453	18954	9379	9575
丹东市	40594	19946	20648	29661	14827	14834
锦州市	32692	16159	16533	21953	11058	10895
营口市	15743	7997	7746	11272	5810	5462
阜新市	30691	15146	15545	21719	10863	10856
辽阳市	19933	10008	9925	11942	6104	5838
盘锦市	13299	6723	6576	9024	4605	4419
铁岭市	65341	32088	33253	41662	20825	20837
朝阳市	48141	24307	23834	33441	16909	16532
葫芦岛市	46402	23093	23309	31983	16166	15817
辽宁省沈抚新区管委会						

1-2c 各地区分性别、

地区	人口数			居住本乡、镇、街道，户口在本乡、镇、街道		
	合计	男	女	小计	男	女
辽宁	**1135898**	**587063**	**548835**	**1033225**	**537842**	**495383**
沈阳市	124444	63880	60564	106685	55228	51457
大连市	120064	61623	58441	103937	53089	50848
鞍山市	81582	42610	38972	74873	39491	35382
抚顺市	35309	18478	16831	32064	16930	15134
本溪市	26075	13465	12610	22595	11762	10833
丹东市	64400	33252	31148	59103	30610	28493
锦州市	117162	60383	56779	109707	57105	52602
营口市	70174	36465	33709	61169	32268	28901
阜新市	60166	30740	29426	57227	29514	27713
辽阳市	50335	26115	24220	44778	23498	21280
盘锦市	31784	16069	15715	27573	14094	13479
铁岭市	95717	49515	46202	89817	46879	42938
朝阳市	148672	77136	71536	141319	73516	67803
葫芦岛市	106509	55533	50976	100131	52677	47454
辽宁省沈抚新区管委会	3505	1799	1706	2247	1181	1066

户口登记状况的人口(镇)

单位：人

居住本乡、镇、街道，户口在外乡、镇、街道，离开户口登记地半年以上			居住本乡、镇、街道，户口待定			原住本乡、镇、街道，现在港澳台或国外工作学习		
小计	男	女	小计	男	女	小计	男	女
162172	**79120**	**83052**	**464**	**240**	**224**	**835**	**480**	**355**
18782	9373	9409	35	17	18	30	18	12
9891	5072	4819	34	14	20	83	54	29
19269	9628	9641	42	21	21	26	15	11
5374	2565	2809	10	6	4	177	96	81
9451	4608	4843	17	10	7	71	43	28
10791	5024	5767	37	24	13	105	71	34
10698	5079	5619	28	13	15	13	9	4
4440	2170	2270	13	3	10	18	14	4
8895	4233	4662	34	23	11	43	27	16
7929	3876	4053	20	9	11	42	19	23
4254	2103	2151	12	7	5	9	8	1
23452	11143	12309	64	43	21	163	77	86
14614	7361	7253	51	19	32	35	18	17
14332	6885	7447	67	31	36	20	11	9

户口登记状况的人口(乡村)

单位：人

居住本乡、镇、街道，户口在外乡、镇、街道，离开户口登记地半年以上			居住本乡、镇、街道，户口待定			原住本乡、镇、街道，现在港澳台或国外工作学习		
小计	男	女	小计	男	女	小计	男	女
97727	**46542**	**51185**	**1143**	**518**	**625**	**3803**	**2161**	**1642**
17120	8358	8762	140	58	82	499	236	263
15246	8049	7197	57	26	31	824	459	365
6549	3032	3517	67	31	36	93	56	37
2765	1281	1484	19	10	9	461	257	204
3112	1456	1656	22	8	14	346	239	107
4999	2462	2537	41	15	26	257	165	92
7340	3220	4120	49	21	28	66	37	29
8775	4079	4696	83	39	44	147	79	68
2680	1074	1606	95	45	50	164	107	57
5389	2526	2863	32	17	15	136	74	62
4067	1901	2166	16	13	3	128	61	67
5352	2337	3015	65	31	34	483	268	215
6984	3433	3551	251	116	135	118	71	47
6102	2721	3381	206	88	118	70	47	23
1247	613	634				11	5	6

1-3 各地区分年龄、性别的人口

单位：人

地区	合计			0岁		
	合计	男	女	小计	男	女
辽宁	**4078397**	**2040920**	**2037477**	**19038**	**9796**	**9242**
沈阳市	858702	428457	430245	4288	2215	2073
大连市	695764	346310	349454	3651	1867	1784
鞍山市	330487	166731	163756	1226	596	630
抚顺市	162349	80766	81583	585	309	276
本溪市	129603	64147	65456	481	259	222
丹东市	210355	104509	105846	912	468	444
锦州市	274096	136880	137216	1053	547	506
营口市	217706	109871	107835	975	471	504
阜新市	157064	77888	79176	718	370	348
辽阳市	152010	76060	75950	598	317	281
盘锦市	137974	69019	68955	719	345	374
铁岭市	218046	109583	108463	778	410	368
朝阳市	287374	145706	141668	1697	887	810
葫芦岛市	231201	117079	114122	1299	698	601
辽宁省沈抚新区管委会	15666	7914	7752	58	37	21

1-3 续表 1

单位：人

地区	1-4岁			5-9岁			10-14岁		
	小计	男	女	小计	男	女	小计	男	女
辽宁	**111754**	**57651**	**54103**	**158461**	**82641**	**75820**	**155866**	**81743**	**74123**
沈阳市	27159	14015	13144	34689	18192	16497	30087	15702	14385
大连市	21639	11187	10452	30029	15619	14410	23859	12497	11362
鞍山市	7232	3696	3536	11409	5942	5467	12653	6678	5975
抚顺市	3339	1665	1674	5077	2642	2435	5282	2787	2495
本溪市	2617	1364	1253	4082	2128	1954	4204	2187	2017
丹东市	5191	2647	2544	7288	3766	3522	6878	3518	3360
锦州市	6061	3155	2906	8842	4546	4296	10072	5197	4875
营口市	5929	3046	2883	8895	4616	4279	8637	4561	4076
阜新市	3820	1972	1848	5668	2952	2716	6127	3208	2919
辽阳市	3471	1832	1639	4964	2594	2370	5557	2844	2713
盘锦市	4248	2225	2023	5256	2735	2521	5765	3086	2679
铁岭市	4558	2353	2205	7023	3573	3450	9128	4749	4379
朝阳市	9371	4841	4530	14450	7707	6743	15328	8226	7102
葫芦岛市	6665	3412	3253	10227	5343	4884	11794	6233	5561
辽宁省沈抚新区管委会	454	241	213	562	286	276	495	270	225

1-3　续表 2　　单位：人

地　区	15-19岁			20-24岁			25-29岁		
	小计	男	女	小计	男	女	小计	男	女
辽宁	**166964**	**86844**	**80120**	**167606**	**85789**	**81817**	**205830**	**106139**	**99691**
沈阳市	34879	18398	16481	44024	22371	21653	52070	26323	25747
大连市	25094	12804	12290	32561	16117	16444	35364	17780	17584
鞍山市	12326	6521	5805	11399	6077	5322	15957	8567	7390
抚顺市	4647	2481	2166	4451	2354	2097	5895	3080	2815
本溪市	4624	2375	2249	4252	2137	2115	4967	2560	2407
丹东市	7761	3945	3816	5729	2792	2937	8634	4313	4321
锦州市	14258	7283	6975	13333	6559	6774	13314	6993	6321
营口市	8320	4271	4049	6988	3748	3240	10034	5279	4755
阜新市	6551	3349	3202	5314	2862	2452	7480	3905	3575
辽阳市	6013	3024	2989	5629	2875	2754	6585	3465	3120
盘锦市	6058	3196	2862	6092	3117	2975	8063	4106	3957
铁岭市	9536	4821	4715	6967	3594	3373	9660	5082	4578
朝阳市	14880	7921	6959	10306	5361	4945	15146	8000	7146
葫芦岛市	10904	5907	4997	9355	5209	4146	11924	6314	5610
辽宁省沈抚新区管委会	1113	548	565	1206	616	590	737	372	365

1-3　续表 3　　单位：人

地　区	30-34岁			35-39岁			40-44岁		
	小计	男	女	小计	男	女	小计	男	女
辽宁	**332362**	**169292**	**163070**	**292705**	**148638**	**144067**	**304069**	**155156**	**148913**
沈阳市	83748	42049	41699	76001	38308	37693	67184	34470	32714
大连市	63051	31344	31707	55776	27643	28133	50955	25552	25403
鞍山市	25454	13221	12233	23640	12234	11406	25266	12952	12314
抚顺市	10557	5409	5148	10636	5422	5214	10986	5664	5322
本溪市	9301	4752	4549	8341	4262	4079	9035	4599	4436
丹东市	14363	7296	7067	13129	6643	6486	15611	7913	7698
锦州市	19185	9935	9250	17320	9029	8291	20314	10382	9932
营口市	20984	11054	9930	15509	8013	7496	16321	8408	7913
阜新市	10561	5435	5126	9874	5100	4774	11554	5945	5609
辽阳市	10623	5356	5267	9277	4711	4566	11839	6016	5823
盘锦市	11594	5873	5721	9371	4667	4704	11262	5698	5564
铁岭市	13927	7185	6742	12676	6549	6127	16219	8362	7857
朝阳市	20640	10839	9801	16175	8413	7762	19988	10347	9641
葫芦岛市	17012	8854	8158	13944	7109	6835	16432	8286	8146
辽宁省沈抚新区管委会	1362	690	672	1036	535	501	1103	562	541

1-3 续表 4

单位：人

地区	45-49岁			50-54岁			55-59岁		
	小计	男	女	小计	男	女	小计	男	女
辽宁	**342562**	**173115**	**169447**	**378904**	**189587**	**189317**	**388783**	**192246**	**196537**
沈阳市	63287	32048	31239	68510	34269	34241	74146	36506	37640
大连市	59793	30104	29689	59153	29559	29594	59412	29642	29770
鞍山市	28018	14123	13895	31725	15922	15803	34604	17184	17420
抚顺市	13343	6764	6579	16159	8176	7983	19993	9911	10082
本溪市	11087	5497	5590	13161	6568	6593	15427	7557	7870
丹东市	18770	9447	9323	21335	10526	10809	22362	11025	11337
锦州市	22587	11438	11149	25862	12836	13026	26197	12895	13302
营口市	18673	9486	9187	20327	10209	10118	20135	9899	10236
阜新市	14210	7121	7089	16888	8486	8402	16840	8215	8625
辽阳市	14488	7444	7044	15073	7606	7467	15187	7582	7605
盘锦市	13209	6645	6564	13664	6732	6932	11890	5883	6007
铁岭市	20312	10279	10033	24076	12039	12037	22584	11215	11369
朝阳市	24852	12705	12147	28934	14630	14304	27227	13518	13709
葫芦岛市	18743	9390	9353	22664	11347	11317	21366	10497	10869
辽宁省沈抚新区管委会	1190	624	566	1373	682	691	1413	717	696

1-3 续表 5

单位：人

地区	60-64岁			65-69岁			70-74岁		
	小计	男	女	小计	男	女	小计	男	女
辽宁	**342612**	**167953**	**174659**	**305565**	**147530**	**158035**	**179915**	**85347**	**94568**
沈阳市	66454	32508	33946	58834	28121	30713	32298	15054	17244
大连市	56182	27432	28750	49257	24140	25117	29838	14531	15307
鞍山市	29369	14556	14813	25415	12275	13140	14918	7108	7810
抚顺市	17607	8682	8925	14682	7081	7601	8017	3799	4218
本溪市	13043	6453	6590	10669	5144	5525	6118	2919	3199
丹东市	19646	9631	10015	18230	8885	9345	11196	5399	5797
锦州市	23580	11490	12090	22758	10949	11809	13341	6339	7002
营口市	17418	8486	8932	16446	8025	8421	9720	4582	5138
阜新市	14137	6799	7338	11804	5569	6235	6890	3040	3850
辽阳市	12874	6375	6499	12722	6143	6579	7959	3677	4282
盘锦市	9538	4644	4894	9435	4475	4960	5814	2766	3048
铁岭市	18950	9413	9537	18577	9016	9561	11553	5408	6145
朝阳市	23845	11642	12203	18502	8906	9596	11293	5346	5947
葫芦岛市	18811	9258	9553	17106	8258	8848	10304	5065	5239
辽宁省沈抚新区管委会	1158	584	574	1128	543	585	656	314	342

1-3　续表 6　　　　单位：人

地　　区	75-79岁			80-84岁			85-89岁		
	小计	男	女	小计	男	女	小计	男	女
辽宁	**108135**	**50261**	**57874**	**69483**	**30692**	**38791**	**34022**	**14609**	**19413**
沈阳市	18416	8426	9990	12733	5310	7423	7051	3005	4046
大连市	18268	8812	9456	12371	5593	6778	6660	2920	3740
鞍山市	9523	4454	5069	6142	2774	3368	2981	1296	1685
抚顺市	5032	2186	2846	3581	1386	2195	1805	677	1128
本溪市	3955	1688	2267	2511	984	1527	1240	513	727
丹东市	6551	3161	3390	3951	1835	2116	1948	891	1057
锦州市	8109	3790	4319	4748	2154	2594	2219	942	1277
营口市	6075	2855	3220	3945	1820	2125	1676	741	935
阜新市	4085	1747	2338	2895	1139	1756	1245	508	737
辽阳市	4709	2187	2522	2759	1281	1478	1211	525	686
盘锦市	3103	1413	1690	1864	902	962	738	375	363
铁岭市	6073	2906	3167	3410	1710	1700	1464	642	822
朝阳市	7488	3396	4092	4594	1965	2629	1948	766	1182
葫芦岛市	6409	3071	3338	3806	1764	2042	1765	778	987
辽宁省沈抚新区管委会	339	169	170	173	75	98	71	30	41

1-3　续表 7　　　　单位：人

地　　区	90-94岁			95-99岁			100岁及以上		
	小计	男	女	小计	男	女	小计	男	女
辽宁	**11369**	**4923**	**6446**	**2202**	**909**	**1293**	**190**	**59**	**131**
沈阳市	2364	975	1389	441	180	261	39	12	27
大连市	2327	979	1348	488	183	305	36	5	31
鞍山市	1028	464	564	184	79	105	18	12	6
抚顺市	557	249	308	108	41	67	10	1	9
本溪市	412	166	246	69	34	35	7	1	6
丹东市	717	343	374	138	60	78	15	5	10
锦州市	799	354	445	134	63	71	10	4	6
营口市	554	240	314	136	59	77	9	2	7
阜新市	342	145	197	53	20	33	8	1	7
辽阳市	389	169	220	76	34	42	7	3	4
盘锦市	243	115	128	44	19	25	4	2	2
铁岭市	454	217	237	111	57	54	10	3	7
朝阳市	603	251	352	104	38	66	3	1	2
葫芦岛市	551	242	309	106	37	69	14	7	7
辽宁省沈抚新区管委会	29	14	15	10	5	5			

1-3a 各地区分年龄、性别的人口(城市)

单位：人

地区	合计			0岁		
	合计	男	女	小计	男	女
辽宁	**2448098**	**1207301**	**1240797**	**11284**	**5778**	**5506**
沈阳市	691176	342921	348255	3507	1825	1682
大连市	549032	271277	277755	2924	1493	1431
鞍山市	188901	93719	95182	622	297	325
抚顺市	103722	50707	53015	325	170	155
本溪市	75035	36642	38393	223	114	109
丹东市	105361	51311	54050	460	242	218
锦州市	124242	60338	63904	457	234	223
营口市	131789	65409	66380	591	293	298
阜新市	66207	32002	34205	292	156	136
辽阳市	81742	39937	41805	317	160	157
盘锦市	92891	46227	46664	451	225	226
铁岭市	56988	27980	29008	179	88	91
朝阳市	90561	44263	46298	519	258	261
葫芦岛市	78290	38453	39837	372	195	177
辽宁省沈抚新区管委会	12161	6115	6046	45	28	17

1-3a 续表 1

单位：人

地区	1-4岁			5-9岁			10-14岁		
	小计	男	女	小计	男	女	小计	男	女
辽宁	**75195**	**38739**	**36456**	**100504**	**52275**	**48229**	**85625**	**44916**	**40709**
沈阳市	23689	12260	11429	29814	15617	14197	23441	12246	11195
大连市	18764	9642	9122	25566	13288	12278	19466	10273	9193
鞍山市	4035	2074	1961	6184	3221	2963	5992	3136	2856
抚顺市	2040	1012	1028	3107	1588	1519	2926	1565	1361
本溪市	1419	746	673	2217	1168	1049	2342	1214	1128
丹东市	3091	1577	1514	4063	2066	1997	3240	1653	1587
锦州市	3265	1704	1561	4270	2179	2091	4160	2152	2008
营口市	4057	2112	1945	5651	2941	2710	5007	2672	2335
阜新市	1756	897	859	2224	1158	1066	2169	1121	1048
辽阳市	2184	1148	1036	2903	1497	1406	2841	1466	1375
盘锦市	3110	1605	1505	3782	1997	1785	3816	2011	1805
铁岭市	1424	726	698	2049	1044	1005	2269	1158	1111
朝阳市	3549	1807	1742	4895	2595	2300	4373	2329	2044
葫芦岛市	2396	1208	1188	3302	1677	1625	3195	1715	1480
辽宁省沈抚新区管委会	416	221	195	477	239	238	388	205	183

1-3a　续表 2　　单位：人

地　区	15-19岁			20-24岁			25-29岁		
	小计	男	女	小计	男	女	小计	男	女
辽宁	**98648**	**50944**	**47704**	**113763**	**57405**	**56358**	**137739**	**68768**	**68971**
沈阳市	27347	14501	12846	37654	19121	18533	44678	22392	22286
大连市	21080	10704	10376	28744	14263	14481	31269	15426	15843
鞍山市	5736	2985	2751	6129	3184	2945	9275	4781	4494
抚顺市	2587	1407	1180	3135	1680	1455	3815	1975	1840
本溪市	2439	1256	1183	2748	1334	1414	2734	1405	1329
丹东市	3815	2024	1791	2853	1379	1474	4995	2386	2609
锦州市	8155	4020	4135	8223	3885	4338	6659	3324	3335
营口市	5198	2614	2584	4590	2384	2206	6993	3545	3448
阜新市	2813	1357	1456	2520	1363	1157	3391	1676	1715
辽阳市	3606	1733	1873	3383	1661	1722	4067	2074	1993
盘锦市	3986	2175	1811	3878	1984	1894	5807	2914	2893
铁岭市	2452	1243	1209	1905	961	944	3152	1568	1584
朝阳市	5010	2503	2507	3247	1574	1673	5686	2746	2940
葫芦岛市	3732	2048	1684	3787	2110	1677	4581	2241	2340
辽宁省沈抚新区管委会	692	374	318	967	522	445	637	315	322

1-3a　续表 3　　单位：人

地　区	30-34岁			35-39岁			40-44岁		
	小计	男	女	小计	男	女	小计	男	女
辽宁	**232114**	**115376**	**116738**	**207047**	**103102**	**103945**	**192854**	**96326**	**96528**
沈阳市	73374	36563	36811	66616	33249	33367	55311	28077	27234
大连市	56188	27615	28573	49856	24504	25352	43239	21558	21681
鞍山市	15597	7889	7708	15315	7831	7484	14705	7321	7384
抚顺市	6998	3533	3465	7283	3690	3593	6916	3499	3417
本溪市	5250	2632	2618	5291	2683	2608	5293	2660	2633
丹东市	8789	4359	4430	7982	3947	4035	8268	4087	4181
锦州市	9801	4813	4988	9284	4668	4616	9624	4701	4923
营口市	14057	7165	6892	10648	5361	5287	10756	5405	5351
阜新市	5209	2575	2634	4554	2277	2277	4528	2237	2291
辽阳市	6496	3149	3347	5795	2820	2975	6614	3261	3353
盘锦市	8770	4402	4368	7068	3490	3578	8425	4196	4229
铁岭市	4777	2370	2407	4230	2134	2096	4839	2471	2368
朝阳市	8685	4326	4359	6394	3162	3232	7092	3401	3691
葫芦岛市	6936	3402	3534	5869	2843	3026	6380	3012	3368
辽宁省沈抚新区管委会	1187	583	604	862	443	419	864	440	424

1-3a 续表 4

单位：人

地区	45-49岁			50-54岁			55-59岁		
	小计	男	女	小计	男	女	小计	男	女
辽宁	**200520**	**99492**	**101028**	**202695**	**99680**	**103015**	**218371**	**107568**	**110803**
沈阳市	48626	24390	24236	49493	24521	24972	56655	27845	28810
大连市	46746	23278	23468	42221	20949	21272	42086	20923	21163
鞍山市	15735	7779	7956	17501	8656	8845	20702	10267	10435
抚顺市	8137	4037	4100	9642	4781	4861	13327	6493	6834
本溪市	6383	3121	3262	7451	3641	3810	9369	4620	4749
丹东市	9127	4432	4695	9522	4525	4997	10317	5027	5290
锦州市	10116	4968	5148	10042	4861	5181	10727	5244	5483
营口市	11605	5746	5859	11508	5672	5836	11593	5662	5931
阜新市	5569	2690	2879	6708	3332	3376	7652	3718	3934
辽阳市	7727	3840	3887	7695	3771	3924	7868	3920	3948
盘锦市	9177	4582	4595	8690	4260	4430	7282	3601	3681
铁岭市	5295	2615	2680	5808	2780	3028	5286	2608	2678
朝阳市	8307	4115	4192	8057	3836	4221	7601	3797	3804
葫芦岛市	7042	3416	3626	7356	3621	3735	6834	3307	3527
辽宁省沈抚新区管委会	928	483	445	1001	474	527	1072	536	536

1-3a 续表 5

单位：人

地区	60-64岁			65-69岁			70-74岁		
	小计	男	女	小计	男	女	小计	男	女
辽宁	**192269**	**93380**	**98889**	**161394**	**76719**	**84675**	**89375**	**41546**	**47829**
沈阳市	51919	25182	26737	44131	20913	23218	22728	10528	12200
大连市	39850	19407	20443	34153	16500	17653	19288	9227	10061
鞍山市	17990	8934	9056	14100	6726	7374	7515	3504	4011
抚顺市	11969	5787	6182	9042	4269	4773	4661	2155	2506
本溪市	7767	3795	3972	5975	2829	3146	3053	1434	1619
丹东市	9379	4536	4843	8216	3937	4279	4763	2251	2512
锦州市	9677	4666	5011	8368	3934	4434	4580	2063	2517
营口市	9584	4600	4984	8390	4055	4335	4791	2185	2606
阜新市	5921	2830	3091	4277	1956	2321	2381	1025	1356
辽阳市	6352	3111	3241	5828	2775	3053	3410	1514	1896
盘锦市	5502	2637	2865	5530	2587	2943	3770	1764	2006
铁岭市	4242	2056	2186	3778	1775	2003	2413	1082	1331
朝阳市	5989	2867	3122	4353	2010	2343	2692	1273	1419
葫芦岛市	5286	2554	2732	4419	2060	2359	2854	1314	1540
辽宁省沈抚新区管委会	842	418	424	834	393	441	476	227	249

1-3a　续表 6

单位：人

地　区	75–79岁			80–84岁			85–89岁		
	小计	男	女	小计	男	女	小计	男	女
辽宁	**57018**	**25337**	**31681**	**41670**	**17102**	**24568**	**21604**	**9176**	**12428**
沈阳市	13496	6039	7457	10328	4097	6231	5992	2561	3431
大连市	12014	5607	6407	8604	3677	4927	4929	2117	2812
鞍山市	5170	2318	2852	3866	1640	2226	1947	816	1131
抚顺市	3216	1336	1880	2692	990	1702	1427	529	898
本溪市	2211	886	1325	1687	621	1066	875	353	522
丹东市	2978	1343	1635	2049	875	1174	1007	449	558
锦州市	3179	1400	1779	2164	884	1280	1085	448	637
营口市	3150	1419	1731	2284	989	1295	972	421	551
阜新市	1791	696	1095	1578	570	1008	674	276	398
辽阳市	2119	930	1189	1559	655	904	714	330	384
盘锦市	2040	904	1136	1216	579	637	433	228	205
铁岭市	1484	657	827	904	423	481	370	160	210
朝阳市	2022	843	1179	1312	502	810	569	223	346
葫芦岛市	1903	844	1059	1284	538	746	554	244	310
辽宁省沈抚新区管委会	245	115	130	143	62	81	56	21	35

1-3a　续表 7

单位：人

地　区	90–94岁			95–99岁			100岁及以上		
	小计	男	女	小计	男	女	小计	男	女
辽宁	**7033**	**3113**	**3920**	**1258**	**526**	**732**	**118**	**33**	**85**
沈阳市	1984	837	1147	359	146	213	34	11	23
大连市	1691	703	988	327	120	207	27	3	24
鞍山市	668	308	360	108	45	63	9	7	2
抚顺市	401	184	217	69	26	43	7	1	6
本溪市	264	111	153	39	19	20	5		5
丹东市	374	181	193	64	32	32	9	3	6
锦州市	346	162	184	57	27	30	3	1	2
营口市	292	139	153	66	28	38	6	1	5
阜新市	174	80	94	20	12	8	6		6
辽阳市	220	102	118	40	19	21	4	1	3
盘锦市	132	72	60	25	13	12	1	1	
铁岭市	110	49	61	19	12	7	3		3
朝阳市	180	84	96	29	12	17			
葫芦岛市	177	89	88	27	11	16	4	4	
辽宁省沈抚新区管委会	20	12	8	9	4	5			

1-3b　各地区分年龄、性别的人口(镇)

单位：人

地　区	合　计			0岁		
	合计	男	女	小计	男	女
辽宁	**494401**	**246556**	**247845**	**2091**	**1094**	**997**
沈阳市	43082	21656	21426	217	112	105
大连市	26668	13410	13258	117	50	67
鞍山市	60004	30402	29602	225	124	101
抚顺市	23318	11581	11737	79	40	39
本溪市	28493	14040	14453	120	72	48
丹东市	40594	19946	20648	173	88	85
锦州市	32692	16159	16533	117	56	61
营口市	15743	7997	7746	78	37	41
阜新市	30691	15146	15545	117	66	51
辽阳市	19933	10008	9925	73	42	31
盘锦市	13299	6723	6576	87	42	45
铁岭市	65341	32088	33253	177	102	75
朝阳市	48141	24307	23834	259	139	120
葫芦岛市	46402	23093	23309	252	124	128
辽宁省沈抚新区管委会						

1-3b　续表 1

单位：人

地　区	1-4岁			5-9岁			10-14岁		
	小计	男	女	小计	男	女	小计	男	女
辽宁	**13662**	**7047**	**6615**	**20167**	**10622**	**9545**	**21250**	**11267**	**9983**
沈阳市	1302	633	669	1566	834	732	1691	903	788
大连市	772	418	354	1074	556	518	865	455	410
鞍山市	1630	817	813	2542	1338	1204	2752	1466	1286
抚顺市	571	289	282	910	496	414	986	516	470
本溪市	705	356	349	1124	595	529	1090	562	528
丹东市	990	509	481	1432	757	675	1440	734	706
锦州市	702	386	316	1072	534	538	1283	657	626
营口市	429	229	200	647	319	328	683	351	332
阜新市	831	427	404	1210	641	569	1240	664	576
辽阳市	480	267	213	686	363	323	785	399	386
盘锦市	453	246	207	549	288	261	580	326	254
铁岭市	1419	736	683	2234	1113	1121	2608	1360	1248
朝阳市	1819	924	895	2780	1546	1234	2733	1505	1228
葫芦岛市	1559	810	749	2341	1242	1099	2514	1369	1145
辽宁省沈抚新区管委会									

1-3b　续表 2　　单位：人

地　区	15-19岁			20-24岁			25-29岁		
	小计	男	女	小计	男	女	小计	男	女
辽宁	**25278**	**12929**	**12349**	**17720**	**8691**	**9029**	**25783**	**13090**	**12693**
沈阳市	1766	879	887	1577	805	772	2980	1525	1455
大连市	1453	692	761	1629	632	997	1186	628	558
鞍山市	3099	1659	1440	2422	1241	1181	3439	1810	1629
抚顺市	1035	513	522	530	257	273	953	457	496
本溪市	1319	730	589	936	505	431	1317	625	692
丹东市	2115	951	1164	1344	602	742	1679	811	868
锦州市	1647	862	785	1021	495	526	1624	803	821
营口市	975	467	508	548	291	257	673	365	308
阜新市	1721	900	821	918	446	472	1627	819	808
辽阳市	863	439	424	793	413	380	1003	525	478
盘锦市	583	303	280	498	267	231	861	429	432
铁岭市	3637	1716	1921	2328	1103	1225	3278	1676	1602
朝阳市	2710	1580	1130	1501	755	746	2723	1398	1325
葫芦岛市	2355	1238	1117	1675	879	796	2440	1219	1221
辽宁省沈抚新区管委会									

1-3b　续表 3　　单位：人

地　区	30-34岁			35-39岁			40-44岁		
	小计	男	女	小计	男	女	小计	男	女
辽宁	**40275**	**20325**	**19950**	**33530**	**17181**	**16349**	**39436**	**20089**	**19347**
沈阳市	4257	2217	2040	3322	1747	1575	3681	1933	1748
大连市	2122	1095	1027	1678	915	763	1735	918	817
鞍山市	5370	2767	2603	4382	2272	2110	5151	2670	2481
抚顺市	1687	827	860	1659	807	852	1867	971	896
本溪市	2621	1313	1308	1990	1019	971	2201	1075	1126
丹东市	2674	1318	1356	2481	1273	1208	3142	1579	1563
锦州市	2448	1239	1209	2087	1052	1035	2778	1391	1387
营口市	1498	774	724	1095	579	516	1053	548	505
阜新市	2304	1163	1141	2065	1057	1008	2454	1232	1222
辽阳市	1636	845	791	1284	668	616	1696	840	856
盘锦市	1210	602	608	878	454	424	1016	528	488
铁岭市	4864	2411	2453	4431	2218	2213	5202	2619	2583
朝阳市	3803	1879	1924	3116	1584	1532	3828	1965	1863
葫芦岛市	3781	1875	1906	3062	1536	1526	3632	1820	1812
辽宁省沈抚新区管委会									

1-3b 续表 4　　单位：人

地区	45-49岁			50-54岁			55-59岁		
	小计	男	女	小计	男	女	小计	男	女
辽宁	**44355**	**22383**	**21972**	**47285**	**23684**	**23601**	**45563**	**22482**	**23081**
沈阳市	3887	1980	1907	4118	2072	2046	3744	1819	1925
大连市	2417	1265	1152	2579	1342	1237	2357	1213	1144
鞍山市	5388	2762	2626	5397	2711	2686	5179	2530	2649
抚顺市	2125	1056	1069	2417	1254	1163	2355	1212	1143
本溪市	2564	1263	1301	2703	1345	1358	2826	1335	1491
丹东市	3687	1845	1842	4258	2133	2125	4184	2061	2123
锦州市	2819	1450	1369	3071	1512	1559	3076	1556	1520
营口市	1289	670	619	1459	743	716	1400	680	720
阜新市	2831	1450	1381	3095	1523	1572	2890	1436	1454
辽阳市	2058	1066	992	1928	968	960	1810	906	904
盘锦市	1194	605	589	1210	593	617	1187	591	596
铁岭市	6039	2980	3059	6336	3120	3216	6387	3146	3241
朝阳市	4268	2123	2145	4521	2321	2200	4110	2007	2103
葫芦岛市	3789	1868	1921	4193	2047	2146	4058	1990	2068
辽宁省沈抚新区管委会									

1-3b 续表 5　　单位：人

地区	60-64岁			65-69岁			70-74岁		
	小计	男	女	小计	男	女	小计	男	女
辽宁	**37723**	**18313**	**19410**	**34431**	**16436**	**17995**	**21119**	**9675**	**11444**
沈阳市	3007	1485	1522	2561	1216	1345	1697	739	958
大连市	2066	992	1074	1895	900	995	1155	562	593
鞍山市	4037	1981	2056	3813	1834	1979	2404	1113	1291
抚顺市	1963	936	1027	1867	920	947	1071	501	570
本溪市	2356	1168	1188	1888	896	992	1199	532	667
丹东市	3469	1681	1788	3176	1537	1639	2020	939	1081
锦州市	2631	1254	1377	2654	1254	1400	1713	795	918
营口市	1260	640	620	1188	598	590	643	320	323
阜新市	2453	1163	1290	2107	988	1119	1283	539	744
辽阳市	1498	724	774	1345	641	704	969	428	541
盘锦市	965	480	485	955	471	484	502	229	273
铁岭市	5110	2519	2591	4964	2344	2620	3074	1399	1675
朝阳市	3486	1626	1860	2729	1297	1432	1639	737	902
葫芦岛市	3422	1664	1758	3289	1540	1749	1750	842	908
辽宁省沈抚新区管委会									

1-3b 续表 6

单位：人

地 区	75-79岁			80-84岁			85-89岁		
	小计	男	女	小计	男	女	小计	男	女
辽宁	**12693**	**5786**	**6907**	**7420**	**3455**	**3965**	**3305**	**1426**	**1879**
沈阳市	913	417	496	496	234	262	211	71	140
大连市	757	376	381	499	261	238	225	107	118
鞍山市	1467	701	766	815	405	410	335	141	194
抚顺市	633	281	352	365	146	219	170	67	103
本溪市	773	322	451	459	195	264	210	89	121
丹东市	1166	571	595	715	345	370	328	152	176
锦州市	1016	442	574	576	259	317	249	107	142
营口市	417	193	224	258	121	137	108	51	57
阜新市	793	321	472	466	191	275	211	87	124
辽阳市	612	266	346	285	148	137	96	43	53
盘锦市	298	138	160	164	83	81	76	36	40
铁岭市	1654	766	888	973	467	506	449	198	251
朝阳市	1045	470	575	672	287	385	306	128	178
葫芦岛市	1149	522	627	677	313	364	331	149	182
辽宁省沈抚新区管委会									

1-3b 续表 7

单位：人

地 区	90-94岁			95-99岁			100岁及以上		
	小计	男	女	小计	男	女	小计	男	女
辽宁	**1079**	**478**	**601**	**225**	**99**	**126**	**11**	**4**	**7**
沈阳市	75	29	46	14	6	8			
大连市	74	27	47	12	6	6	1		1
鞍山市	134	50	84	21	10	11	2		2
抚顺市	61	31	30	12	4	8	2		2
本溪市	76	32	44	15	10	5	1	1	
丹东市	95	51	44	25	8	17	1	1	
锦州市	84	43	41	22	11	11	2	1	1
营口市	30	15	15	12	6	6			
阜新市	63	29	34	12	4	8			
辽阳市	29	16	13	4	1	3			
盘锦市	32	12	20	1		1			
铁岭市	140	74	66	35	20	15	2	1	1
朝阳市	76	28	48	17	8	9			
葫芦岛市	110	41	69	23	5	18			
辽宁省沈抚新区管委会									

1-3c 各地区分年龄、性别的人口(乡村)

单位：人

地区	合计			0岁		
	合计	男	女	小计	男	女
辽宁	**1135898**	**587063**	**548835**	**5663**	**2924**	**2739**
沈阳市	124444	63880	60564	564	278	286
大连市	120064	61623	58441	610	324	286
鞍山市	81582	42610	38972	379	175	204
抚顺市	35309	18478	16831	181	99	82
本溪市	26075	13465	12610	138	73	65
丹东市	64400	33252	31148	279	138	141
锦州市	117162	60383	56779	479	257	222
营口市	70174	36465	33709	306	141	165
阜新市	60166	30740	29426	309	148	161
辽阳市	50335	26115	24220	208	115	93
盘锦市	31784	16069	15715	181	78	103
铁岭市	95717	49515	46202	422	220	202
朝阳市	148672	77136	71536	919	490	429
葫芦岛市	106509	55533	50976	675	379	296
辽宁省沈抚新区管委会	3505	1799	1706	13	9	4

1-3c 续表 1

单位：人

地区	1-4岁			5-9岁			10-14岁		
	小计	男	女	小计	男	女	小计	男	女
辽宁	**22897**	**11865**	**11032**	**37790**	**19744**	**18046**	**48991**	**25560**	**23431**
沈阳市	2168	1122	1046	3309	1741	1568	4955	2553	2402
大连市	2103	1127	976	3389	1775	1614	3528	1769	1759
鞍山市	1567	805	762	2683	1383	1300	3909	2076	1833
抚顺市	728	364	364	1060	558	502	1370	706	664
本溪市	493	262	231	741	365	376	772	411	361
丹东市	1110	561	549	1793	943	850	2198	1131	1067
锦州市	2094	1065	1029	3500	1833	1667	4629	2388	2241
营口市	1443	705	738	2597	1356	1241	2947	1538	1409
阜新市	1233	648	585	2234	1153	1081	2718	1423	1295
辽阳市	807	417	390	1375	734	641	1931	979	952
盘锦市	685	374	311	925	450	475	1369	749	620
铁岭市	1715	891	824	2740	1416	1324	4251	2231	2020
朝阳市	4003	2110	1893	6775	3566	3209	8222	4392	3830
葫芦岛市	2710	1394	1316	4584	2424	2160	6085	3149	2936
辽宁省沈抚新区管委会	38	20	18	85	47	38	107	65	42

1−3c　续表 2　　单位：人

地　区	15−19岁			20−24岁			25−29岁		
	小计	男	女	小计	男	女	小计	男	女
辽宁	**43038**	**22971**	**20067**	**36123**	**19693**	**16430**	**42308**	**24281**	**18027**
沈阳市	5766	3018	2748	4793	2445	2348	4412	2406	2006
大连市	2561	1408	1153	2188	1222	966	2909	1726	1183
鞍山市	3491	1877	1614	2848	1652	1196	3243	1976	1267
抚顺市	1025	561	464	786	417	369	1127	648	479
本溪市	866	389	477	568	298	270	916	530	386
丹东市	1831	970	861	1532	811	721	1960	1116	844
锦州市	4456	2401	2055	4089	2179	1910	5031	2866	2165
营口市	2147	1190	957	1850	1073	777	2368	1369	999
阜新市	2017	1092	925	1876	1053	823	2462	1410	1052
辽阳市	1544	852	692	1453	801	652	1515	866	649
盘锦市	1489	718	771	1716	866	850	1395	763	632
铁岭市	3447	1862	1585	2734	1530	1204	3230	1838	1392
朝阳市	7160	3838	3322	5558	3032	2526	6737	3856	2881
葫芦岛市	4817	2621	2196	3893	2220	1673	4903	2854	2049
辽宁省沈抚新区管委会	421	174	247	239	94	145	100	57	43

1−3c　续表 3　　单位：人

地　区	30−34岁			35−39岁			40−44岁		
	小计	男	女	小计	男	女	小计	男	女
辽宁	**59973**	**33591**	**26382**	**52128**	**28355**	**23773**	**71779**	**38741**	**33038**
沈阳市	6117	3269	2848	6063	3312	2751	8192	4460	3732
大连市	4741	2634	2107	4242	2224	2018	5981	3076	2905
鞍山市	4487	2565	1922	3943	2131	1812	5410	2961	2449
抚顺市	1872	1049	823	1694	925	769	2203	1194	1009
本溪市	1430	807	623	1060	560	500	1541	864	677
丹东市	2900	1619	1281	2666	1423	1243	4201	2247	1954
锦州市	6936	3883	3053	5949	3309	2640	7912	4290	3622
营口市	5429	3115	2314	3766	2073	1693	4512	2455	2057
阜新市	3048	1697	1351	3255	1766	1489	4572	2476	2096
辽阳市	2491	1362	1129	2198	1223	975	3529	1915	1614
盘锦市	1614	869	745	1425	723	702	1821	974	847
铁岭市	4286	2404	1882	4015	2197	1818	6178	3272	2906
朝阳市	8152	4634	3518	6665	3667	2998	9068	4981	4087
葫芦岛市	6295	3577	2718	5013	2730	2283	6420	3454	2966
辽宁省沈抚新区管委会	175	107	68	174	92	82	239	122	117

1-3c 续表 4 单位：人

地　区	45-49岁			50-54岁			55-59岁		
	小计	男	女	小计	男	女	小计	男	女
辽宁	**97687**	**51240**	**46447**	**128924**	**66223**	**62701**	**124849**	**62196**	**62653**
沈阳市	10774	5678	5096	14899	7676	7223	13747	6842	6905
大连市	10630	5561	5069	14353	7268	7085	14969	7506	7463
鞍山市	6895	3582	3313	8827	4555	4272	8723	4387	4336
抚顺市	3081	1671	1410	4100	2141	1959	4311	2206	2105
本溪市	2140	1113	1027	3007	1582	1425	3232	1602	1630
丹东市	5956	3170	2786	7555	3868	3687	7861	3937	3924
锦州市	9652	5020	4632	12749	6463	6286	12394	6095	6299
营口市	5779	3070	2709	7360	3794	3566	7142	3557	3585
阜新市	5810	2981	2829	7085	3631	3454	6298	3061	3237
辽阳市	4703	2538	2165	5450	2867	2583	5509	2756	2753
盘锦市	2838	1458	1380	3764	1879	1885	3421	1691	1730
铁岭市	8978	4684	4294	11932	6139	5793	10911	5461	5450
朝阳市	12277	6467	5810	16356	8473	7883	15516	7714	7802
葫芦岛市	7912	4106	3806	11115	5679	5436	10474	5200	5274
辽宁省沈抚新区管委会	262	141	121	372	208	164	341	181	160

1-3c 续表 5 单位：人

地　区	60-64岁			65-69岁			70-74岁		
	小计	男	女	小计	男	女	小计	男	女
辽宁	**112620**	**56260**	**56360**	**109740**	**54375**	**55365**	**69421**	**34126**	**35295**
沈阳市	11528	5841	5687	12142	5992	6150	7873	3787	4086
大连市	14266	7033	7233	13209	6740	6469	9395	4742	4653
鞍山市	7342	3641	3701	7502	3715	3787	4999	2491	2508
抚顺市	3675	1959	1716	3773	1892	1881	2285	1143	1142
本溪市	2920	1490	1430	2806	1419	1387	1866	953	913
丹东市	6798	3414	3384	6838	3411	3427	4413	2209	2204
锦州市	11272	5570	5702	11736	5761	5975	7048	3481	3567
营口市	6574	3246	3328	6868	3372	3496	4286	2077	2209
阜新市	5763	2806	2957	5420	2625	2795	3226	1476	1750
辽阳市	5024	2540	2484	5549	2727	2822	3580	1735	1845
盘锦市	3071	1527	1544	2950	1417	1533	1542	773	769
铁岭市	9598	4838	4760	9835	4897	4938	6066	2927	3139
朝阳市	14370	7149	7221	11420	5599	5821	6962	3336	3626
葫芦岛市	10103	5040	5063	9398	4658	4740	5700	2909	2791
辽宁省沈抚新区管委会	316	166	150	294	150	144	180	87	93

1-3c　续表 6　　单位：人

地　区	75-79岁			80-84岁			85-89岁		
	小计	男	女	小计	男	女	小计	男	女
辽宁	**38424**	**19138**	**19286**	**20393**	**10135**	**10258**	**9113**	**4007**	**5106**
沈阳市	4007	1970	2037	1909	979	930	848	373	475
大连市	5497	2829	2668	3268	1655	1613	1506	696	810
鞍山市	2886	1435	1451	1461	729	732	699	339	360
抚顺市	1183	569	614	524	250	274	208	81	127
本溪市	971	480	491	365	168	197	155	71	84
丹东市	2407	1247	1160	1187	615	572	613	290	323
锦州市	3914	1948	1966	2008	1011	997	885	387	498
营口市	2508	1243	1265	1403	710	693	596	269	327
阜新市	1501	730	771	851	378	473	360	145	215
辽阳市	1978	991	987	915	478	437	401	152	249
盘锦市	765	371	394	484	240	244	229	111	118
铁岭市	2935	1483	1452	1533	820	713	645	284	361
朝阳市	4421	2083	2338	2610	1176	1434	1073	415	658
葫芦岛市	3357	1705	1652	1845	913	932	880	385	495
辽宁省沈抚新区管委会	94	54	40	30	13	17	15	9	6

1-3c　续表 7　　单位：人

地　区	90-94岁			95-99岁			100岁及以上		
	小计	男	女	小计	男	女	小计	男	女
辽宁	**3257**	**1332**	**1925**	**719**	**284**	**435**	**61**	**22**	**39**
沈阳市	305	109	196	68	28	40	5	1	4
大连市	562	249	313	149	57	92	8	2	6
鞍山市	226	106	120	55	24	31	7	5	2
抚顺市	95	34	61	27	11	16	1		1
本溪市	72	23	49	15	5	10	1		1
丹东市	248	111	137	49	20	29	5	1	4
锦州市	369	149	220	55	25	30	5	2	3
营口市	232	86	146	58	25	33	3	1	2
阜新市	105	36	69	21	4	17	2	1	1
辽阳市	140	51	89	32	14	18	3	2	1
盘锦市	79	31	48	18	6	12	3	1	2
铁岭市	204	94	110	57	25	32	5	2	3
朝阳市	347	139	208	58	18	40	3	1	2
葫芦岛市	264	112	152	56	21	35	10	3	7
辽宁省沈抚新区管委会	9	2	7	1	1				

1-4 全省分年龄、性别的人口

单位：人、%

年 龄	人 口 数			占总人口比重			性别比
	合计	男	女	合计	男	女	(女=100)
总 计	**4078397**	**2040920**	**2037477**	**100.00**	**50.04**	**49.96**	**100.17**
0-4岁	**130792**	**67447**	**63345**	**3.21**	**1.65**	**1.55**	**106.48**
0	19038	9796	9242	0.47	0.24	0.23	105.99
1	24957	12871	12086	0.61	0.32	0.30	106.50
2	25116	12948	12168	0.62	0.32	0.30	106.41
3	29934	15450	14484	0.73	0.38	0.36	106.67
4	31747	16382	15365	0.78	0.40	0.38	106.62
5-9岁	**158461**	**82641**	**75820**	**3.89**	**2.03**	**1.86**	**109.00**
5	26071	13571	12500	0.64	0.33	0.31	108.57
6	36907	19142	17765	0.90	0.47	0.44	107.75
7	31317	16413	14904	0.77	0.40	0.37	110.12
8	34597	18066	16531	0.85	0.44	0.41	109.29
9	29569	15449	14120	0.73	0.38	0.35	109.41
10-14岁	**155866**	**81743**	**74123**	**3.82**	**2.00**	**1.82**	**110.28**
10	29395	15404	13991	0.72	0.38	0.34	110.10
11	31469	16424	15045	0.77	0.40	0.37	109.17
12	31463	16561	14902	0.77	0.41	0.37	111.13
13	33311	17458	15853	0.82	0.43	0.39	110.12
14	30228	15896	14332	0.74	0.39	0.35	110.91
15-19岁	**166964**	**86844**	**80120**	**4.09**	**2.13**	**1.96**	**108.39**
15	33633	17824	15809	0.82	0.44	0.39	112.75
16	35981	18792	17189	0.88	0.46	0.42	109.33
17	28899	15029	13870	0.71	0.37	0.34	108.36
18	32759	17036	15723	0.80	0.42	0.39	108.35
19	35692	18163	17529	0.88	0.45	0.43	103.62
20-24岁	**167606**	**85789**	**81817**	**4.11**	**2.10**	**2.01**	**104.85**
20	37124	18820	18304	0.91	0.46	0.45	102.82
21	32376	16546	15830	0.79	0.41	0.39	104.52
22	31691	16320	15371	0.78	0.40	0.38	106.17
23	32133	16541	15592	0.79	0.41	0.38	106.09
24	34282	17562	16720	0.84	0.43	0.41	105.04
25-29岁	**205830**	**106139**	**99691**	**5.05**	**2.60**	**2.44**	**106.47**
25	37230	19301	17929	0.91	0.47	0.44	107.65
26	39980	20670	19310	0.98	0.51	0.47	107.04
27	41631	21486	20145	1.02	0.53	0.49	106.66
28	42510	21810	20700	1.04	0.53	0.51	105.36
29	44479	22872	21607	1.09	0.56	0.53	105.85

1-4　续表 1　　　　单位：人、%

年　龄	人　口　数			占总人口比重			性别比
	合计	男	女	合计	男	女	(女=100)
30—34岁	**332362**	**169292**	**163070**	**8.15**	**4.15**	**4.00**	**103.82**
30	60379	30992	29387	1.48	0.76	0.72	105.46
31	63338	32226	31112	1.55	0.79	0.76	103.58
32	67023	34156	32867	1.64	0.84	0.81	103.92
33	77041	39141	37900	1.89	0.96	0.93	103.27
34	64581	32777	31804	1.58	0.80	0.78	103.06
35—39岁	**292705**	**148638**	**144067**	**7.18**	**3.64**	**3.53**	**103.17**
35	50973	25770	25203	1.25	0.63	0.62	102.25
36	48508	24572	23936	1.19	0.60	0.59	102.66
37	57168	29023	28145	1.40	0.71	0.69	103.12
38	74426	37985	36441	1.82	0.93	0.89	104.24
39	61630	31288	30342	1.51	0.77	0.74	103.12
40—44岁	**304069**	**155156**	**148913**	**7.46**	**3.80**	**3.65**	**104.19**
40	60034	30613	29421	1.47	0.75	0.72	104.05
41	70698	36020	34678	1.73	0.88	0.85	103.87
42	65199	33293	31906	1.60	0.82	0.78	104.35
43	53354	27432	25922	1.31	0.67	0.64	105.83
44	54784	27798	26986	1.34	0.68	0.66	103.01
45—49岁	**342562**	**173115**	**169447**	**8.40**	**4.24**	**4.15**	**102.16**
45	56545	28651	27894	1.39	0.70	0.68	102.71
46	63621	32066	31555	1.56	0.79	0.77	101.62
47	72202	36486	35716	1.77	0.89	0.88	102.16
48	72463	36566	35897	1.78	0.90	0.88	101.86
49	77731	39346	38385	1.91	0.96	0.94	102.50
50—54岁	**378904**	**189587**	**189317**	**9.29**	**4.65**	**4.64**	**100.14**
50	80884	40529	40355	1.98	0.99	0.99	100.43
51	75816	38152	37664	1.86	0.94	0.92	101.30
52	81654	41023	40631	2.00	1.01	1.00	100.96
53	64206	31949	32257	1.57	0.78	0.79	99.05
54	76344	37934	38410	1.87	0.93	0.94	98.76
55—59岁	**388783**	**192246**	**196537**	**9.53**	**4.71**	**4.82**	**97.82**
55	85418	42555	42863	2.09	1.04	1.05	99.28
56	87446	43272	44174	2.14	1.06	1.08	97.96
57	109908	54639	55269	2.69	1.34	1.36	98.86
58	65420	32203	33217	1.60	0.79	0.81	96.95
59	40591	19577	21014	1.00	0.48	0.52	93.16
60—64岁	**342612**	**167953**	**174659**	**8.40**	**4.12**	**4.28**	**96.16**
60	70606	34833	35773	1.73	0.85	0.88	97.37
61	58414	28878	29536	1.43	0.71	0.72	97.77
62	71324	35068	36256	1.75	0.86	0.89	96.72
63	73735	36048	37687	1.81	0.88	0.92	95.65
64	68533	33126	35407	1.68	0.81	0.87	93.56

1-4 续表 2

单位：人、%

年 龄	人口数			占总人口比重			性别比
	合计	男	女	合计	男	女	(女=100)
65-69岁	**305565**	**147530**	**158035**	**7.49**	**3.62**	**3.87**	**93.35**
65	71784	34946	36838	1.76	0.86	0.90	94.86
66	68627	33341	35286	1.68	0.82	0.87	94.49
67	57889	28083	29806	1.42	0.69	0.73	94.22
68	56713	27031	29682	1.39	0.66	0.73	91.07
69	50552	24129	26423	1.24	0.59	0.65	91.32
70-74岁	**179915**	**85347**	**94568**	**4.41**	**2.09**	**2.32**	**90.25**
70	47484	22817	24667	1.16	0.56	0.60	92.50
71	41064	19636	21428	1.01	0.48	0.53	91.64
72	32787	15346	17441	0.80	0.38	0.43	87.99
73	30072	14049	16023	0.74	0.34	0.39	87.68
74	28508	13499	15009	0.70	0.33	0.37	89.94
75-79岁	**108135**	**50261**	**57874**	**2.65**	**1.23**	**1.42**	**86.85**
75	23911	11150	12761	0.59	0.27	0.31	87.38
76	23087	10734	12353	0.57	0.26	0.30	86.89
77	21523	10132	11391	0.53	0.25	0.28	88.95
78	20414	9421	10993	0.50	0.23	0.27	85.70
79	19200	8824	10376	0.47	0.22	0.25	85.04
80-84岁	**69483**	**30692**	**38791**	**1.70**	**0.75**	**0.95**	**79.12**
80	17033	7594	9439	0.42	0.19	0.23	80.45
81	14997	6562	8435	0.37	0.16	0.21	77.79
82	14479	6411	8068	0.36	0.16	0.20	79.46
83	12083	5323	6760	0.30	0.13	0.17	78.74
84	10891	4802	6089	0.27	0.12	0.15	78.86
85-89岁	**34022**	**14609**	**19413**	**0.83**	**0.36**	**0.48**	**75.25**
85	9701	4133	5568	0.24	0.10	0.14	74.23
86	7843	3381	4462	0.19	0.08	0.11	75.77
87	6842	2950	3892	0.17	0.07	0.10	75.80
88	5467	2351	3116	0.13	0.06	0.08	75.45
89	4169	1794	2375	0.10	0.04	0.06	75.54
90-94岁	**11369**	**4923**	**6446**	**0.28**	**0.12**	**0.16**	**76.37**
90	3912	1692	2220	0.10	0.04	0.05	76.22
91	2668	1163	1505	0.07	0.03	0.04	77.28
92	2147	952	1195	0.05	0.02	0.03	79.67
93	1579	691	888	0.04	0.02	0.02	77.82
94	1063	425	638	0.03	0.01	0.02	66.61
95-99岁	**2202**	**909**	**1293**	**0.05**	**0.02**	**0.03**	**70.30**
95	860	351	509	0.02	0.01	0.01	68.96
96	547	225	322	0.01	0.01	0.01	69.88
97	378	155	223	0.01		0.01	69.51
98	246	100	146	0.01			68.49
99	171	78	93				83.87
100岁及以上	**190**	**59**	**131**				**45.04**

1−4a　全省分年龄、性别的人口(城市)

单位：人、%

年　龄	人　口　数			占总人口比重			性别比
	合计	男	女	合计	男	女	(女=100)
总　计	**2448098**	**1207301**	**1240797**	**100.00**	**49.32**	**50.68**	**97.30**
0−4岁	**86479**	**44517**	**41962**	**3.53**	**1.82**	**1.71**	**106.09**
0	11284	5778	5506	0.46	0.24	0.22	104.94
1	16663	8634	8029	0.68	0.35	0.33	107.54
2	16639	8552	8087	0.68	0.35	0.33	105.75
3	20170	10403	9767	0.82	0.42	0.40	106.51
4	21723	11150	10573	0.89	0.46	0.43	105.46
5−9岁	**100504**	**52275**	**48229**	**4.11**	**2.14**	**1.97**	**108.39**
5	16680	8708	7972	0.68	0.36	0.33	109.23
6	24614	12666	11948	1.01	0.52	0.49	106.01
7	19805	10361	9444	0.81	0.42	0.39	109.71
8	21723	11304	10419	0.89	0.46	0.43	108.49
9	17682	9236	8446	0.72	0.38	0.35	109.35
10−14岁	**85625**	**44916**	**40709**	**3.50**	**1.83**	**1.66**	**110.33**
10	16729	8715	8014	0.68	0.36	0.33	108.75
11	17641	9207	8434	0.72	0.38	0.34	109.17
12	17254	9081	8173	0.70	0.37	0.33	111.11
13	18506	9758	8748	0.76	0.40	0.36	111.55
14	15495	8155	7340	0.63	0.33	0.30	111.10
15−19岁	**98648**	**50944**	**47704**	**4.03**	**2.08**	**1.95**	**106.79**
15	18359	9675	8684	0.75	0.40	0.35	111.41
16	20928	10805	10123	0.85	0.44	0.41	106.74
17	16325	8510	7815	0.67	0.35	0.32	108.89
18	19480	9995	9485	0.80	0.41	0.39	105.38
19	23556	11959	11597	0.96	0.49	0.47	103.12
20−24岁	**113763**	**57405**	**56358**	**4.65**	**2.34**	**2.30**	**101.86**
20	25866	13143	12723	1.06	0.54	0.52	103.30
21	22744	11484	11260	0.93	0.47	0.46	101.99
22	21484	10871	10613	0.88	0.44	0.43	102.43
23	21174	10659	10515	0.86	0.44	0.43	101.37
24	22495	11248	11247	0.92	0.46	0.46	100.01
25−29岁	**137739**	**68768**	**68971**	**5.63**	**2.81**	**2.82**	**99.71**
25	24223	12151	12072	0.99	0.50	0.49	100.65
26	26620	13269	13351	1.09	0.54	0.55	99.39
27	27876	13876	14000	1.14	0.57	0.57	99.11
28	28995	14414	14581	1.18	0.59	0.60	98.85
29	30025	15058	14967	1.23	0.62	0.61	100.61

1-4a 续表 1

单位：人、%

年 龄	人口数			占总人口比重			性别比
	合计	男	女	合计	男	女	(女=100)
30-34岁	**232114**	**115376**	**116738**	**9.48**	**4.71**	**4.77**	**98.83**
30	41437	20630	20807	1.69	0.84	0.85	99.15
31	44164	21978	22186	1.80	0.90	0.91	99.06
32	47203	23507	23696	1.93	0.96	0.97	99.20
33	53806	26668	27138	2.20	1.09	1.11	98.27
34	45504	22593	22911	1.86	0.92	0.94	98.61
35-39岁	**207047**	**103102**	**103945**	**8.46**	**4.21**	**4.25**	**99.19**
35	36696	18145	18551	1.50	0.74	0.76	97.81
36	35089	17531	17558	1.43	0.72	0.72	99.85
37	41441	20626	20815	1.69	0.84	0.85	99.09
38	52678	26335	26343	2.15	1.08	1.08	99.97
39	41143	20465	20678	1.68	0.84	0.84	98.97
40-44岁	**192854**	**96326**	**96528**	**7.88**	**3.93**	**3.94**	**99.79**
40	39155	19603	19552	1.60	0.80	0.80	100.26
41	45145	22507	22638	1.84	0.92	0.92	99.42
42	41732	20839	20893	1.70	0.85	0.85	99.74
43	33406	16791	16615	1.36	0.69	0.68	101.06
44	33416	16586	16830	1.36	0.68	0.69	98.55
45-49岁	**200520**	**99492**	**101028**	**8.19**	**4.06**	**4.13**	**98.48**
45	34032	16805	17227	1.39	0.69	0.70	97.55
46	37390	18496	18894	1.53	0.76	0.77	97.89
47	42447	21027	21420	1.73	0.86	0.87	98.17
48	42095	20950	21145	1.72	0.86	0.86	99.08
49	44556	22214	22342	1.82	0.91	0.91	99.43
50-54岁	**202695**	**99680**	**103015**	**8.28**	**4.07**	**4.21**	**96.76**
50	45445	22321	23124	1.86	0.91	0.94	96.53
51	42174	20910	21264	1.72	0.85	0.87	98.34
52	44188	21835	22353	1.80	0.89	0.91	97.68
53	32011	15716	16295	1.31	0.64	0.67	96.45
54	38877	18898	19979	1.59	0.77	0.82	94.59
55-59岁	**218371**	**107568**	**110803**	**8.92**	**4.39**	**4.53**	**97.08**
55	45594	22492	23102	1.86	0.92	0.94	97.36
56	49276	24197	25079	2.01	0.99	1.02	96.48
57	63480	31493	31987	2.59	1.29	1.31	98.46
58	36182	17784	18398	1.48	0.73	0.75	96.66
59	23839	11602	12237	0.97	0.47	0.50	94.81
60-64岁	**192269**	**93380**	**98889**	**7.85**	**3.81**	**4.04**	**94.43**
60	40191	19779	20412	1.64	0.81	0.83	96.90
61	32795	16111	16684	1.34	0.66	0.68	96.57
62	40338	19662	20676	1.65	0.80	0.84	95.10
63	40910	19690	21220	1.67	0.80	0.87	92.79
64	38035	18138	19897	1.55	0.74	0.81	91.16

1-4a 续表 2

单位：人、%

年 龄	人 口 数			占总人口比重			性别比
	合计	男	女	合计	男	女	(女=100)
65-69岁	**161394**	**76719**	**84675**	**6.59**	**3.13**	**3.46**	**90.60**
65	38999	18780	20219	1.59	0.77	0.83	92.88
66	36698	17536	19162	1.50	0.72	0.78	91.51
67	30844	14761	16083	1.26	0.60	0.66	91.78
68	29136	13607	15529	1.19	0.56	0.63	87.62
69	25717	12035	13682	1.05	0.49	0.56	87.96
70-74岁	**89375**	**41546**	**47829**	**3.65**	**1.70**	**1.95**	**86.86**
70	24401	11615	12786	1.00	0.47	0.52	90.84
71	19829	9348	10481	0.81	0.38	0.43	89.19
72	15858	7282	8576	0.65	0.30	0.35	84.91
73	14797	6763	8034	0.60	0.28	0.33	84.18
74	14490	6538	7952	0.59	0.27	0.32	82.22
75-79岁	**57018**	**25337**	**31681**	**2.33**	**1.03**	**1.29**	**79.98**
75	12165	5487	6678	0.50	0.22	0.27	82.17
76	11604	5134	6470	0.47	0.21	0.26	79.35
77	11386	5148	6238	0.47	0.21	0.25	82.53
78	11233	4942	6291	0.46	0.20	0.26	78.56
79	10630	4626	6004	0.43	0.19	0.25	77.05
80-84岁	**41670**	**17102**	**24568**	**1.70**	**0.70**	**1.00**	**69.61**
80	9789	4084	5705	0.40	0.17	0.23	71.59
81	8869	3552	5317	0.36	0.15	0.22	66.80
82	8656	3552	5104	0.35	0.15	0.21	69.59
83	7428	3039	4389	0.30	0.12	0.18	69.24
84	6928	2875	4053	0.28	0.12	0.17	70.94
85-89岁	**21604**	**9176**	**12428**	**0.88**	**0.37**	**0.51**	**73.83**
85	6166	2535	3631	0.25	0.10	0.15	69.82
86	5014	2105	2909	0.20	0.09	0.12	72.36
87	4361	1885	2476	0.18	0.08	0.10	76.13
88	3418	1487	1931	0.14	0.06	0.08	77.01
89	2645	1164	1481	0.11	0.05	0.06	78.60
90-94岁	**7033**	**3113**	**3920**	**0.29**	**0.13**	**0.16**	**79.41**
90	2449	1089	1360	0.10	0.04	0.06	80.07
91	1678	728	950	0.07	0.03	0.04	76.63
92	1324	606	718	0.05	0.02	0.03	84.40
93	931	418	513	0.04	0.02	0.02	81.48
94	651	272	379	0.03	0.01	0.02	71.77
95-99岁	**1258**	**526**	**732**	**0.05**	**0.02**	**0.03**	**71.86**
95	491	198	293	0.02	0.01	0.01	67.58
96	322	138	184	0.01	0.01	0.01	75.00
97	210	84	126	0.01		0.01	66.67
98	143	60	83	0.01			72.29
99	92	46	46				100.00
100岁及以上	**118**	**33**	**85**				**38.82**

1-4b 全省分年龄、性别的人口(镇)

单位：人、%

年 龄	人口数			占总人口比重			性别比
	合计	男	女	合计	男	女	(女=100)
总 计	**494401**	**246556**	**247845**	**100.00**	**49.87**	**50.13**	**99.48**
0-4岁	**15753**	**8141**	**7612**	**3.19**	**1.65**	**1.54**	**106.95**
0	2091	1094	997	0.42	0.22	0.20	109.73
1	3025	1526	1499	0.61	0.31	0.30	101.80
2	3155	1619	1536	0.64	0.33	0.31	105.40
3	3619	1887	1732	0.73	0.38	0.35	108.95
4	3863	2015	1848	0.78	0.41	0.37	109.04
5-9岁	**20167**	**10622**	**9545**	**4.08**	**2.15**	**1.93**	**111.28**
5	3363	1749	1614	0.68	0.35	0.33	108.36
6	4550	2406	2144	0.92	0.49	0.43	112.22
7	4035	2148	1887	0.82	0.43	0.38	113.83
8	4311	2254	2057	0.87	0.46	0.42	109.58
9	3908	2065	1843	0.79	0.42	0.37	112.05
10-14岁	**21250**	**11267**	**9983**	**4.30**	**2.28**	**2.02**	**112.86**
10	3974	2135	1839	0.80	0.43	0.37	116.10
11	4152	2199	1953	0.84	0.44	0.40	112.60
12	4274	2280	1994	0.86	0.46	0.40	114.34
13	4535	2360	2175	0.92	0.48	0.44	108.51
14	4315	2293	2022	0.87	0.46	0.41	113.40
15-19岁	**25278**	**12929**	**12349**	**5.11**	**2.62**	**2.50**	**104.70**
15	4954	2607	2347	1.00	0.53	0.47	111.08
16	6075	3116	2959	1.23	0.63	0.60	105.31
17	5287	2673	2614	1.07	0.54	0.53	102.26
18	4899	2544	2355	0.99	0.51	0.48	108.03
19	4063	1989	2074	0.82	0.40	0.42	95.90
20-24岁	**17720**	**8691**	**9029**	**3.58**	**1.76**	**1.83**	**96.26**
20	3670	1735	1935	0.74	0.35	0.39	89.66
21	3150	1528	1622	0.64	0.31	0.33	94.20
22	3305	1627	1678	0.67	0.33	0.34	96.96
23	3557	1788	1769	0.72	0.36	0.36	101.07
24	4038	2013	2025	0.82	0.41	0.41	99.41
25-29岁	**25783**	**13090**	**12693**	**5.21**	**2.65**	**2.57**	**103.13**
25	4693	2358	2335	0.95	0.48	0.47	100.99
26	4816	2432	2384	0.97	0.49	0.48	102.01
27	5325	2744	2581	1.08	0.56	0.52	106.32
28	5276	2682	2594	1.07	0.54	0.52	103.39
29	5673	2874	2799	1.15	0.58	0.57	102.68

1-4b　续表 1　　　　单位：人、%

年　龄	人口数			占总人口比重			性别比
	合计	男	女	合计	男	女	(女=100)
30-34岁	**40275**	**20325**	**19950**	**8.15**	**4.11**	**4.04**	**101.88**
30	7387	3721	3666	1.49	0.75	0.74	101.50
31	7587	3815	3772	1.53	0.77	0.76	101.14
32	8069	4068	4001	1.63	0.82	0.81	101.67
33	9486	4803	4683	1.92	0.97	0.95	102.56
34	7746	3918	3828	1.57	0.79	0.77	102.35
35-39岁	**33530**	**17181**	**16349**	**6.78**	**3.48**	**3.31**	**105.09**
35	5750	2957	2793	1.16	0.60	0.56	105.87
36	5483	2784	2699	1.11	0.56	0.55	103.15
37	6237	3262	2975	1.26	0.66	0.60	109.65
38	8469	4417	4052	1.71	0.89	0.82	109.01
39	7591	3761	3830	1.54	0.76	0.77	98.20
40-44岁	**39436**	**20089**	**19347**	**7.98**	**4.06**	**3.91**	**103.84**
40	7488	3816	3672	1.51	0.77	0.74	103.92
41	9156	4661	4495	1.85	0.94	0.91	103.69
42	8406	4288	4118	1.70	0.87	0.83	104.13
43	7010	3576	3434	1.42	0.72	0.69	104.14
44	7376	3748	3628	1.49	0.76	0.73	103.31
45-49岁	**44355**	**22383**	**21972**	**8.97**	**4.53**	**4.44**	**101.87**
45	7476	3812	3664	1.51	0.77	0.74	104.04
46	8427	4306	4121	1.70	0.87	0.83	104.49
47	9339	4675	4664	1.89	0.95	0.94	100.24
48	9224	4585	4639	1.87	0.93	0.94	98.84
49	9889	5005	4884	2.00	1.01	0.99	102.48
50-54岁	**47285**	**23684**	**23601**	**9.56**	**4.79**	**4.77**	**100.35**
50	10075	5037	5038	2.04	1.02	1.02	99.98
51	9172	4628	4544	1.86	0.94	0.92	101.85
52	10161	5172	4989	2.06	1.05	1.01	103.67
53	8210	4076	4134	1.66	0.82	0.84	98.60
54	9667	4771	4896	1.96	0.97	0.99	97.45
55-59岁	**45563**	**22482**	**23081**	**9.22**	**4.55**	**4.67**	**97.40**
55	10535	5203	5332	2.13	1.05	1.08	97.58
56	10323	5091	5232	2.09	1.03	1.06	97.31
57	12454	6163	6291	2.52	1.25	1.27	97.97
58	7795	3881	3914	1.58	0.78	0.79	99.16
59	4456	2144	2312	0.90	0.43	0.47	92.73
60-64岁	**37723**	**18313**	**19410**	**7.63**	**3.70**	**3.93**	**94.35**
60	7629	3711	3918	1.54	0.75	0.79	94.72
61	6443	3161	3282	1.30	0.64	0.66	96.31
62	7963	3876	4087	1.61	0.78	0.83	94.84
63	8221	3977	4244	1.66	0.80	0.86	93.71
64	7467	3588	3879	1.51	0.73	0.78	92.50

1-4b 续表 2 单位：人、%

年 龄	人口数			占总人口比重			性别比
	合计	男	女	合计	男	女	(女=100)
65-69岁	**34431**	**16436**	**17995**	**6.96**	**3.32**	**3.64**	**91.34**
65	7869	3712	4157	1.59	0.75	0.84	89.30
66	7721	3717	4004	1.56	0.75	0.81	92.83
67	6468	3118	3350	1.31	0.63	0.68	93.07
68	6488	3098	3390	1.31	0.63	0.69	91.39
69	5885	2791	3094	1.19	0.56	0.63	90.21
70-74岁	**21119**	**9675**	**11444**	**4.27**	**1.96**	**2.31**	**84.54**
70	5470	2503	2967	1.11	0.51	0.60	84.36
71	4916	2248	2668	0.99	0.45	0.54	84.26
72	3908	1773	2135	0.79	0.36	0.43	83.04
73	3532	1601	1931	0.71	0.32	0.39	82.91
74	3293	1550	1743	0.67	0.31	0.35	88.93
75-79岁	**12693**	**5786**	**6907**	**2.57**	**1.17**	**1.40**	**83.77**
75	2821	1276	1545	0.57	0.26	0.31	82.59
76	2790	1274	1516	0.56	0.26	0.31	84.04
77	2422	1132	1290	0.49	0.23	0.26	87.75
78	2341	1029	1312	0.47	0.21	0.27	78.43
79	2319	1075	1244	0.47	0.22	0.25	86.41
80-84岁	**7420**	**3455**	**3965**	**1.50**	**0.70**	**0.80**	**87.14**
80	1906	873	1033	0.39	0.18	0.21	84.51
81	1669	767	902	0.34	0.16	0.18	85.03
82	1540	733	807	0.31	0.15	0.16	90.83
83	1209	554	655	0.24	0.11	0.13	84.58
84	1096	528	568	0.22	0.11	0.11	92.96
85-89岁	**3305**	**1426**	**1879**	**0.67**	**0.29**	**0.38**	**75.89**
85	969	418	551	0.20	0.08	0.11	75.86
86	756	327	429	0.15	0.07	0.09	76.22
87	648	273	375	0.13	0.06	0.08	72.80
88	526	233	293	0.11	0.05	0.06	79.52
89	406	175	231	0.08	0.04	0.05	75.76
90-94岁	**1079**	**478**	**601**	**0.22**	**0.10**	**0.12**	**79.53**
90	394	170	224	0.08	0.03	0.05	75.89
91	235	102	133	0.05	0.02	0.03	76.69
92	198	93	105	0.04	0.02	0.02	88.57
93	155	69	86	0.03	0.01	0.02	80.23
94	97	44	53	0.02	0.01	0.01	83.02
95-99岁	**225**	**99**	**126**	**0.05**	**0.02**	**0.03**	**78.57**
95	78	32	46	0.02	0.01	0.01	69.57
96	56	29	27	0.01	0.01	0.01	107.41
97	38	15	23	0.01			65.22
98	27	11	16	0.01			68.75
99	26	12	14	0.01			85.71
100岁及以上	**11**	**4**	**7**				**57.14**

1-4c　全省分年龄、性别的人口(乡村)

单位：人、%

年　龄	人　口　数			占总人口比重			性别比
	合计	男	女	合计	男	女	(女=100)
总　计	**1135898**	**587063**	**548835**	**100.00**	**51.68**	**48.32**	**106.97**
0-4岁	**28560**	**14789**	**13771**	**2.51**	**1.30**	**1.21**	**107.39**
0	5663	2924	2739	0.50	0.26	0.24	106.75
1	5269	2711	2558	0.46	0.24	0.23	105.98
2	5322	2777	2545	0.47	0.24	0.22	109.12
3	6145	3160	2985	0.54	0.28	0.26	105.86
4	6161	3217	2944	0.54	0.28	0.26	109.27
5-9岁	**37790**	**19744**	**18046**	**3.33**	**1.74**	**1.59**	**109.41**
5	6028	3114	2914	0.53	0.27	0.26	106.86
6	7743	4070	3673	0.68	0.36	0.32	110.81
7	7477	3904	3573	0.66	0.34	0.31	109.26
8	8563	4508	4055	0.75	0.40	0.36	111.17
9	7979	4148	3831	0.70	0.37	0.34	108.27
10-14岁	**48991**	**25560**	**23431**	**4.31**	**2.25**	**2.06**	**109.09**
10	8692	4554	4138	0.77	0.40	0.36	110.05
11	9676	5018	4658	0.85	0.44	0.41	107.73
12	9935	5200	4735	0.87	0.46	0.42	109.82
13	10270	5340	4930	0.90	0.47	0.43	108.32
14	10418	5448	4970	0.92	0.48	0.44	109.62
15-19岁	**43038**	**22971**	**20067**	**3.79**	**2.02**	**1.77**	**114.47**
15	10320	5542	4778	0.91	0.49	0.42	115.99
16	8978	4871	4107	0.79	0.43	0.36	118.60
17	7287	3846	3441	0.64	0.34	0.30	111.77
18	8380	4497	3883	0.74	0.40	0.34	115.81
19	8073	4215	3858	0.71	0.37	0.34	109.25
20-24岁	**36123**	**19693**	**16430**	**3.18**	**1.73**	**1.45**	**119.86**
20	7588	3942	3646	0.67	0.35	0.32	108.12
21	6482	3534	2948	0.57	0.31	0.26	119.88
22	6902	3822	3080	0.61	0.34	0.27	124.09
23	7402	4094	3308	0.65	0.36	0.29	123.76
24	7749	4301	3448	0.68	0.38	0.30	124.74
25-29岁	**42308**	**24281**	**18027**	**3.72**	**2.14**	**1.59**	**134.69**
25	8314	4792	3522	0.73	0.42	0.31	136.06
26	8544	4969	3575	0.75	0.44	0.31	138.99
27	8430	4866	3564	0.74	0.43	0.31	136.53
28	8239	4714	3525	0.73	0.42	0.31	133.73
29	8781	4940	3841	0.77	0.43	0.34	128.61

1-4c 续表 1

单位：人、%

年 龄	人口数			占总人口比重			性别比
	合计	男	女	合计	男	女	(女=100)
30-34岁	**59973**	**33591**	**26382**	**5.28**	**2.96**	**2.32**	**127.33**
30	11555	6641	4914	1.02	0.58	0.43	135.14
31	11587	6433	5154	1.02	0.57	0.45	124.82
32	11751	6581	5170	1.03	0.58	0.46	127.29
33	13749	7670	6079	1.21	0.68	0.54	126.17
34	11331	6266	5065	1.00	0.55	0.45	123.71
35-39岁	**52128**	**28355**	**23773**	**4.59**	**2.50**	**2.09**	**119.27**
35	8527	4668	3859	0.75	0.41	0.34	120.96
36	7936	4257	3679	0.70	0.37	0.32	115.71
37	9490	5135	4355	0.84	0.45	0.38	117.91
38	13279	7233	6046	1.17	0.64	0.53	119.63
39	12896	7062	5834	1.14	0.62	0.51	121.05
40-44岁	**71779**	**38741**	**33038**	**6.32**	**3.41**	**2.91**	**117.26**
40	13391	7194	6197	1.18	0.63	0.55	116.09
41	16397	8852	7545	1.44	0.78	0.66	117.32
42	15061	8166	6895	1.33	0.72	0.61	118.43
43	12938	7065	5873	1.14	0.62	0.52	120.30
44	13992	7464	6528	1.23	0.66	0.57	114.34
45-49岁	**97687**	**51240**	**46447**	**8.60**	**4.51**	**4.09**	**110.32**
45	15037	8034	7003	1.32	0.71	0.62	114.72
46	17804	9264	8540	1.57	0.82	0.75	108.48
47	20416	10784	9632	1.80	0.95	0.85	111.96
48	21144	11031	10113	1.86	0.97	0.89	109.08
49	23286	12127	11159	2.05	1.07	0.98	108.67
50-54岁	**128924**	**66223**	**62701**	**11.35**	**5.83**	**5.52**	**105.62**
50	25364	13171	12193	2.23	1.16	1.07	108.02
51	24470	12614	11856	2.15	1.11	1.04	106.39
52	27305	14016	13289	2.40	1.23	1.17	105.47
53	23985	12157	11828	2.11	1.07	1.04	102.78
54	27800	14265	13535	2.45	1.26	1.19	105.39
55-59岁	**124849**	**62196**	**62653**	**10.99**	**5.48**	**5.52**	**99.27**
55	29289	14860	14429	2.58	1.31	1.27	102.99
56	27847	13984	13863	2.45	1.23	1.22	100.87
57	33974	16983	16991	2.99	1.50	1.50	99.95
58	21443	10538	10905	1.89	0.93	0.96	96.63
59	12296	5831	6465	1.08	0.51	0.57	90.19
60-64岁	**112620**	**56260**	**56360**	**9.91**	**4.95**	**4.96**	**99.82**
60	22786	11343	11443	2.01	1.00	1.01	99.13
61	19176	9606	9570	1.69	0.85	0.84	100.38
62	23023	11530	11493	2.03	1.02	1.01	100.32
63	24604	12381	12223	2.17	1.09	1.08	101.29
64	23031	11400	11631	2.03	1.00	1.02	98.01

1-4c　续表 2　　　　　　　　　　　　　　　　单位：人、%

年　龄	人　口　数			占总人口比重			性别比
	合计	男	女	合计	男	女	(女=100)
65-69岁	**109740**	**54375**	**55365**	**9.66**	**4.79**	**4.87**	**98.21**
65	24916	12454	12462	2.19	1.10	1.10	99.94
66	24208	12088	12120	2.13	1.06	1.07	99.74
67	20577	10204	10373	1.81	0.90	0.91	98.37
68	21089	10326	10763	1.86	0.91	0.95	95.94
69	18950	9303	9647	1.67	0.82	0.85	96.43
70-74岁	**69421**	**34126**	**35295**	**6.11**	**3.00**	**3.11**	**96.69**
70	17613	8699	8914	1.55	0.77	0.78	97.59
71	16319	8040	8279	1.44	0.71	0.73	97.11
72	13021	6291	6730	1.15	0.55	0.59	93.48
73	11743	5685	6058	1.03	0.50	0.53	93.84
74	10725	5411	5314	0.94	0.48	0.47	101.83
75-79岁	**38424**	**19138**	**19286**	**3.38**	**1.68**	**1.70**	**99.23**
75	8925	4387	4538	0.79	0.39	0.40	96.67
76	8693	4326	4367	0.77	0.38	0.38	99.06
77	7715	3852	3863	0.68	0.34	0.34	99.72
78	6840	3450	3390	0.60	0.30	0.30	101.77
79	6251	3123	3128	0.55	0.27	0.28	99.84
80-84岁	**20393**	**10135**	**10258**	**1.80**	**0.89**	**0.90**	**98.80**
80	5338	2637	2701	0.47	0.23	0.24	97.63
81	4459	2243	2216	0.39	0.20	0.20	101.22
82	4283	2126	2157	0.38	0.19	0.19	98.56
83	3446	1730	1716	0.30	0.15	0.15	100.82
84	2867	1399	1468	0.25	0.12	0.13	95.30
85-89岁	**9113**	**4007**	**5106**	**0.80**	**0.35**	**0.45**	**78.48**
85	2566	1180	1386	0.23	0.10	0.12	85.14
86	2073	949	1124	0.18	0.08	0.10	84.43
87	1833	792	1041	0.16	0.07	0.09	76.08
88	1523	631	892	0.13	0.06	0.08	70.74
89	1118	455	663	0.10	0.04	0.06	68.63
90-94岁	**3257**	**1332**	**1925**	**0.29**	**0.12**	**0.17**	**69.19**
90	1069	433	636	0.09	0.04	0.06	68.08
91	755	333	422	0.07	0.03	0.04	78.91
92	625	253	372	0.06	0.02	0.03	68.01
93	493	204	289	0.04	0.02	0.03	70.59
94	315	109	206	0.03	0.01	0.02	52.91
95-99岁	**719**	**284**	**435**	**0.06**	**0.03**	**0.04**	**65.29**
95	291	121	170	0.03	0.01	0.01	71.18
96	169	58	111	0.01	0.01	0.01	52.25
97	130	56	74	0.01		0.01	75.68
98	76	29	47	0.01			61.70
99	53	20	33				60.61
100岁及以上	**61**	**22**	**39**	**0.01**			**56.41**

第二部分 长表数据资料

第二卷 民族

2–1　全省各民族分性别、行业的人口

单位：人

民　　族	人口数			农、林、牧、渔业			采矿业		
	合计	男	女	小计	男	女	小计	男	女
总　计	**1799980**	**1075544**	**724436**	**488528**	**281695**	**206833**	**22202**	**18558**	**3644**
汉　族	1514734	904084	610650	377607	215468	162139	19562	16259	3303
蒙古族	31641	17975	13666	12462	6998	5464	250	219	31
回　族	7720	4674	3046	704	430	274	98	86	12
藏　族	41	19	22	3	1	2			
维吾尔族	124	70	54	1		1			
苗　族	141	71	70	7	3	4	7	7	
彝　族	70	37	33	5		5	2	2	
壮　族	156	71	85	15	3	12	3	3	
布依族	36	20	16	4		4			
朝鲜族	5031	2967	2064	338	214	124	36	30	6
满　族	233892	141712	92180	95531	57453	38078	2185	1900	285
侗　族	45	25	20	4	1	3	2	2	
瑶　族	38	24	14	6	2	4			
白　族	35	17	18	5	3	2			
土家族	173	99	74	11	2	9	7	7	
哈尼族	10	2	8	1		1	1	1	
哈萨克族	1	1							
傣　族	7	2	5	2		2			
黎　族	71	34	37	10	5	5	1	1	
傈僳族	21	5	16	12	1	11			
佤　族	11	7	4	1		1			
畲　族	10	4	6	3		3			
高山族	9	5	4	1	1				
拉祜族	3	1	2						
水　族	1	1		1	1				
东乡族	20	14	6						
纳西族	1		1						
景颇族	3	1	2						
柯尔克孜族	5	2	3						
土　族	7	6	1						
达斡尔族	160	79	81	7	3	4			
仫佬族	2	1	1						
羌　族	3	1	2						
布朗族									
撒拉族	3	1	2						
毛南族									
仡佬族	5	3	2						
锡伯族	5678	3477	2201	1781	1103	678	47	41	6
阿昌族									
普米族									
塔吉克族									
怒　族									
乌孜别克族									
俄罗斯族	6	3	3						
鄂温克族	30	15	15	1	1				
德昂族									
保安族	1	1		1	1				
裕固族	2		2				1		1
京　族									
塔塔尔族	2	1	1						
独龙族	1	1							
鄂伦春族	13	4	9	3	1	2			
赫哲族	9	2	7						
门巴族									
珞巴族									
基诺族									
未定族称人口	5	2	3	1		1			
入　籍	3	3							

2-1 续表 1

单位：人

民族	制造业			电力、热力、燃气及水生产和供应业			建筑业		
	小计	男	女	小计	男	女	小计	男	女
总计	**244123**	**163682**	**80441**	**24369**	**18358**	**6011**	**114894**	**96838**	**18056**
汉族	213496	143385	70111	21523	16186	5337	98143	82296	15847
蒙古族	3123	1978	1145	318	230	88	2095	1754	341
回族	1095	838	257	132	95	37	317	275	42
藏族	7	4	3	1	1				
维吾尔族	28	7	21						
苗族	34	22	12				16	11	5
彝族	24	14	10				11	9	2
壮族	25	16	9				12	8	4
布依族	10	6	4	1	1				
朝鲜族	642	443	199	49	40	9	392	355	37
满族	24771	16354	8417	2273	1752	521	13537	11823	1714
侗族	9	6	3	1	1		2	1	1
瑶族	6	5	1				6	6	
白族	6	4	2	1	1		2	1	1
土家族	31	23	8	6	3	3	18	12	6
哈尼族	2		2						
哈萨克族									
傣族									
黎族	7	5	2				4	3	1
傈僳族	2		2				3	1	2
佤族	7	6	1						
畲族	2	1	1						
高山族	3	2	1						
拉祜族							1		1
水族									
东乡族	1	1							
纳西族	1		1						
景颇族	1	1							
柯尔克孜族							1	1	
土族	1		1						
达斡尔族	33	21	12	1	1		9	6	3
仫佬族									
羌族									
布朗族									
撒拉族									
毛南族									
仡佬族	2	2					1		1
锡伯族	742	532	210	63	47	16	319	271	48
阿昌族									
普米族									
塔吉克族									
怒族									
乌孜别克族									
俄罗斯族	1		1				1	1	
鄂温克族	4	4					2	2	
德昂族									
保安族									
裕固族									
京族									
塔塔尔族									
独龙族									
鄂伦春族	4		4				1	1	
赫哲族	2	1	1						
门巴族									
珞巴族									
基诺族									
未定族称人口	1	1					1	1	
入籍									

2-1　续表 2　　　　单位：人

民　　族	批发和零售业			交通运输、仓储和邮政业			住宿和餐饮业		
	小计	男	女	小计	男	女	小计	男	女
总　计	**247735**	**121268**	**126467**	**112006**	**94768**	**17238**	**74558**	**38409**	**36149**
汉　族	215922	106020	109902	97041	81956	15085	62629	32304	30325
蒙古族	2970	1365	1605	1322	1117	205	1109	521	588
回　族	1457	719	738	586	491	95	693	401	292
藏　族	10	4	6	3	3		3	1	2
维吾尔族	6	5	1				75	51	24
苗　族	17	7	10	4	1	3	5	2	3
彝　族	11	4	7	1	1		2		2
壮　族	16	5	11	8	8		13	6	7
布依族	3	2	1	3	2	1	1		1
朝鲜族	891	472	419	202	162	40	579	271	308
满　族	25621	12280	13341	12480	10736	1744	9169	4709	4460
侗　族	6	1	5	3	2	1	1	1	
瑶　族	8	3	5	3	2	1	1		1
白　族	3		3	3	2	1	2		2
土家族	24	8	16	7	6	1	16	10	6
哈尼族	2		2				1		1
哈萨克族									
傣　族	2		2				1		1
黎　族	9	3	6	8	6	2	4	1	3
傈僳族				1	1		2	1	1
佤　族				2	1	1			
畲　族	3	2	1						
高山族	1	1							
拉祜族	1	1					1		1
水　族									
东乡族							19	13	6
纳西族									
景颇族									
柯尔克孜族	1	1		1		1	1		1
土　族				1	1				
达斡尔族	27	9	18	9	7	2	11	5	6
仫佬族							1		1
羌　族	2	1	1				1		1
布朗族									
撒拉族							3	1	2
毛南族									
仡佬族									
锡伯族	715	352	363	311	257	54	212	110	102
阿昌族									
普米族									
塔吉克族									
怒　族									
乌孜别克族									
俄罗斯族				1	1		1	1	
鄂温克族	5	2	3	3	2	1			
德昂族									
保安族									
裕固族									
京　族									
塔塔尔族				1	1				
独龙族									
鄂伦春族	1		1	1	1				
赫哲族	1	1					1		1
门巴族									
珞巴族									
基诺族									
未定族称人口							1		1
入　籍				1	1				

2-1 续表 3 单位：人

民　族	信息传输、软件和信息技术服务业			金融业			房地产业		
	小计	男	女	小计	男	女	小计	男	女
总　计	**31939**	**19013**	**12926**	**35274**	**16479**	**18795**	**33992**	**20123**	**13869**
汉　族	28061	16812	11249	30768	14384	16384	30226	18003	12223
蒙古族	497	285	212	497	226	271	470	242	228
回　族	196	111	85	226	107	119	185	101	84
藏　族				1	1				
维吾尔族	3	3		1		1	3	2	1
苗　族	4		4	4		4	3	1	2
彝　族	3	1	2	1		1			
壮　族	7	4	3	2	2		3		3
布依族									
朝鲜族	278	144	134	114	63	51	105	75	30
满　族	2782	1592	1190	3525	1628	1897	2892	1640	1252
侗　族	1		1				2	2	
瑶　族	1	1					1	1	
白　族	2	1	1	1		1			
土家族	2	1	1	4	2	2	2		2
哈尼族				1		1			
哈萨克族									
傣　族	1	1							
黎　族	1	1		3	1	2	1		1
傈僳族									
佤　族									
畲　族									
高山族	1		1						
拉祜族									
水　族									
东乡族									
纳西族									
景颇族									
柯尔克孜族				1		1			
土　族	1	1							
达斡尔族	6	5	1	6	4	2	3	2	1
仫佬族									
羌　族									
布朗族									
撒拉族									
毛南族									
仡佬族	1	1							
锡伯族	86	48	38	118	61	57	94	53	41
阿昌族									
普米族									
塔吉克族									
怒　族									
乌孜别克族									
俄罗斯族	1		1						
鄂温克族	3	1	2				1	1	
德昂族									
保安族									
裕固族									
京　族									
塔塔尔族									
独龙族									
鄂伦春族									
赫哲族	1		1				1		1
门巴族									
珞巴族									
基诺族									
未定族称人口				1		1			
入　籍									

2-1　续表 4　　　　　　　　　　　　　　　　　　　　　　　　　　　　　　　　单位：人

民　　族	租赁和商务服务业			科学研究和技术服务业			水利、环境和公共设施管理业		
	小计	男	女	小计	男	女	小计	男	女
总　计	**48142**	**29210**	**18932**	**22969**	**15121**	**7848**	**13062**	**8538**	**4524**
汉　族	42999	26042	16957	20474	13462	7012	11389	7412	3977
蒙古族	620	359	261	330	202	128	152	98	54
回　族	265	174	91	104	72	32	72	48	24
藏　族	2	1	1						
维吾尔族	1		1	1		1			
苗　族	5	2	3	4	1	3			
彝　族				1	1				
壮　族	4	3	1	6	3	3	2	1	1
布依族	2	1	1	4	3	1			
朝鲜族	237	137	100	83	63	20	20	17	3
满　族	3833	2400	1433	1871	1257	614	1366	925	441
侗　族	1	1		2	2				
瑶　族	1	1							
白　族	4	2	2						
土家族	7	2	5	5	4	1	2	1	1
哈尼族									
哈萨克族									
傣　族									
黎　族	4	1	3	1		1	1	1	
傈僳族									
佤　族									
畲　族							1	1	
高山族	1	1							
拉祜族									
水　族									
东乡族									
纳西族									
景颇族	1		1						
柯尔克孜族									
土　族									
达斡尔族	8	3	5	5	3	2	1		1
仫佬族	1	1							
羌　族									
布朗族									
撒拉族									
毛南族									
仡佬族				1		1			
锡伯族	145	78	67	75	48	27	54	33	21
阿昌族									
普米族									
塔吉克族									
怒　族									
乌孜别克族									
俄罗斯族				1		1			
鄂温克族	1	1		1		1	2	1	1
德昂族									
保安族									
裕固族									
京　族									
塔塔尔族									
独龙族									
鄂伦春族									
赫哲族									
门巴族									
珞巴族									
基诺族									
未定族称人口									
入　籍									

2-1 续表 5

单位：人

民族	居民服务、修理和其他服务业			教育			卫生和社会工作		
	小计	男	女	小计	男	女	小计	男	女
总计	**69588**	**36056**	**33532**	**77585**	**25118**	**52467**	**42569**	**13207**	**29362**
汉族	59869	30897	28972	65702	21316	44386	36665	11359	25306
蒙古族	1010	498	512	1878	573	1305	768	225	543
回族	280	118	162	441	143	298	254	79	175
藏族	1	1		3	1	2	2		2
维吾尔族				3	2	1	2		2
苗族	5	2	3	10	3	7	4	2	2
彝族	3	2	1	4	2	2			
壮族	6	2	4	13	1	12	3		3
布依族	1		1	2	2				
朝鲜族	191	95	96	418	123	295	142	62	80
满族	7986	4318	3668	8824	2857	5967	4566	1425	3141
侗族	2		2	2	1	1	2	1	1
瑶族	3	2	1						
白族	1	1		1		1			
土家族	4	2	2	12	7	5	7	4	3
哈尼族	1		1	1	1				
哈萨克族	1	1							
傣族				1	1				
黎族	4	1	3	6	3	3	3		3
傈僳族									
佤族	1		1						
畲族				1		1			
高山族				1		1	1		1
拉祜族									
水族									
东乡族									
纳西族									
景颇族									
柯尔克孜族									
土族									
达斡尔族	10	3	7	14	2	12	3	1	2
仫佬族									
羌族									
布朗族									
撒拉族									
毛南族									
仡佬族									
锡伯族	205	113	92	241	78	163	147	49	98
阿昌族									
普米族									
塔吉克族									
怒族									
乌孜别克族									
俄罗斯族									
鄂温克族	4		4	1		1			
德昂族									
保安族									
裕固族									
京族									
塔塔尔族				1		1			
独龙族				1	1				
鄂伦春族				1		1			
赫哲族				2		2			
门巴族									
珞巴族									
基诺族									
未定族称人口									
入籍				1	1				

2-1　续表 6　　　　单位：人

民　族	文化、体育和娱乐业			公共管理、社会保障和社会组织			国际组织		
	小计	男	女	小计	男	女	小计	男	女
总　计	**12363**	**6665**	**5698**	**84056**	**52423**	**31633**	**26**	**15**	**11**
汉　族	10789	5789	5000	71847	44721	27126	22	13	9
蒙古族	162	93	69	1608	992	616			
回　族	110	68	42	505	318	187			
藏　族				5	1	4			
维吾尔族									
苗　族	3	2	1	9	5	4			
彝　族				2	1	1			
壮　族	1		1	17	6	11			
布依族	1		1	4	3	1			
朝鲜族	57	34	23	254	166	88	3	1	2
满　族	1197	660	537	9482	6002	3480	1	1	
侗　族				5	3	2			
瑶　族	1		1	1	1				
白　族	2	1	1	2	1	1			
土家族				8	5	3			
哈尼族									
哈萨克族									
傣　族									
黎　族				4	2	2			
傈僳族	1	1							
佤　族									
畲　族									
高山族									
拉祜族									
水　族									
东乡族									
纳西族									
景颇族				1		1			
柯尔克孜族									
土　族				4	4				
达斡尔族				7	4	3			
仫佬族									
羌　族									
布朗族									
撒拉族									
毛南族									
仡佬族									
锡伯族	37	17	20	286	186	100			
阿昌族									
普米族									
塔吉克族									
怒　族									
乌孜别克族									
俄罗斯族									
鄂温克族	1		1	1		1			
德昂族									
保安族									
裕固族				1		1			
京　族									
塔塔尔族									
独龙族									
鄂伦春族	1		1	1	1				
赫哲族				1		1			
门巴族									
珞巴族									
基诺族									
未定族称人口									
入　籍				1	1				

2-2 全省各民族分性别、职业的人口

单位：人

民族	人口数			党的机关、国家机关、群众团体和社会组织、企事业单位负责人		
	合计	男	女	小计	男	女
总 计	**1799980**	**1075544**	**724436**	**43358**	**30336**	**13022**
汉 族	1514734	904084	610650	37985	26526	11459
蒙古族	31641	17975	13666	546	385	161
回 族	7720	4674	3046	236	168	68
藏 族	41	19	22	2	1	1
维吾尔族	124	70	54	3	2	1
苗 族	141	71	70	6	5	1
彝 族	70	37	33	4	2	2
壮 族	156	71	85	4	3	1
布依族	36	20	16	1	1	
朝鲜族	5031	2967	2064	332	234	98
满 族	233892	141712	92180	4094	2907	1187
侗 族	45	25	20	1	1	
瑶 族	38	24	14			
白 族	35	17	18			
土家族	173	99	74	5	5	
哈尼族	10	2	8			
哈萨克族	1	1				
傣 族	7	2	5			
黎 族	71	34	37	2	1	1
傈僳族	21	5	16			
佤 族	11	7	4	1		1
畲 族	10	4	6	1	1	
高山族	9	5	4	1	1	
拉祜族	3	1	2			
水 族	1	1				
东乡族	20	14	6	1	1	
纳西族	1		1			
景颇族	3	1	2			
柯尔克孜族	5	2	3			
土 族	7	6	1			
达斡尔族	160	79	81	5	2	3
仫佬族	2	1	1			
羌 族	3	1	2			
布朗族						
撒拉族	3	1	2			
毛南族						
仡佬族	5	3	2			
锡伯族	5678	3477	2201	124	88	36
阿昌族						
普米族						
塔吉克族						
怒 族						
乌孜别克族						
俄罗斯族	6	3	3			
鄂温克族	30	15	15	1		1
德昂族						
保安族	1	1				
裕固族	2		2			
京 族						
塔塔尔族	2	1	1			
独龙族	1	1				
鄂伦春族	13	4	9	3	2	1
赫哲族	9	2	7			
门巴族						
珞巴族						
基诺族						
未定族称人口	5	2	3			
入 籍	3	3				

2-2　续表 1　　单位：人

民　族	专业技术人员			办事人员和有关人员			社会生产服务和生活服务人员		
	小计	男	女	小计	男	女	小计	男	女
总　计	**203392**	**86705**	**116687**	**143263**	**87355**	**55908**	**602369**	**348894**	**253475**
汉　族	176577	75895	100682	125688	76710	48978	520622	301733	218889
蒙古族	3796	1422	2374	2133	1258	875	8041	4413	3628
回　族	1157	496	661	850	501	349	3603	2098	1505
藏　族	9	3	6	3		3	16	9	7
维吾尔族	11	3	8	1	1		83	59	24
苗　族	25	9	16	17	9	8	35	11	24
彝　族	7	4	3	4	2	2	19	9	10
壮　族	34	8	26	20	10	10	54	27	27
布依族	9	6	3	5	4	1	8	3	5
朝鲜族	958	376	582	451	272	179	2159	1217	942
满　族	20047	8170	11877	13561	8277	5284	65699	38164	27535
侗　族	9	5	4	7	4	3	16	8	8
瑶　族	5	2	3	2	2		12	6	6
白　族	6	1	5	4	2	2	17	9	8
土家族	36	23	13	18	8	10	54	25	29
哈尼族	1	1		1		1	5		5
哈萨克族							1	1	
傣　族	2	2					2		2
黎　族	12	2	10	5	2	3	32	15	17
傈僳族							4	3	1
佤　族							2		2
畲　族	1		1				3	2	1
高山族	2		2	1		1	1	1	
拉祜族							2	1	1
水　族									
东乡族							18	12	6
纳西族	1		1						
景颇族				1		1	1		1
柯尔克孜族				2	1	1	2		2
土　族	5	5					1	1	
达斡尔族	34	10	24	16	9	7	67	32	35
仫佬族				1	1		1		1
羌　族							2		2
布朗族									
撒拉族							3	1	2
毛南族									
仡佬族				1		1	2	1	1
锡伯族	632	257	375	467	280	187	1753	1019	734
阿昌族									
普米族									
塔吉克族									
怒　族									
乌孜别克族									
俄罗斯族	2		2				3	3	
鄂温克族	5	2	3	2	1	1	15	7	8
德昂族									
保安族									
裕固族	2		2						
京　族									
塔塔尔族	1		1				1	1	
独龙族	1	1							
鄂伦春族	1		1	1	1		2		2
赫哲族	3	1	2	1		1	4	1	3
门巴族									
珞巴族									
基诺族									
未定族称人口							2		2
入　籍	1	1					2	2	

2-2　续表 2　　单位：人

民　族	农、林、牧、渔业生产及辅助人员			生产制造及有关人员			不便分类的其他从业人员		
	小计	男	女	小计	男	女	小计	男	女
总　计	**489847**	**282147**	**207700**	**310622**	**235528**	**75094**	**7129**	**4579**	**2550**
汉　族	378759	215864	162895	268748	203290	65458	6355	4066	2289
蒙古族	12404	6934	5470	4632	3505	1127	89	58	31
回　族	688	423	265	1159	973	186	27	15	12
藏　族	3	1	2	8	5	3			
维吾尔族	1		1	25	5	20			
苗　族	8	3	5	50	34	16			
彝　族	6	1	5	30	19	11			
壮　族	14	2	12	30	21	9			
布依族	4		4	9	6	3			
朝鲜族	321	199	122	769	640	129	41	29	12
满　族	95766	57580	38186	34133	26221	7912	592	393	199
侗　族	4	1	3	8	6	2			
瑶　族	7	3	4	12	11	1			
白　族	5	3	2	3	2	1			
土家族	12	3	9	46	33	13	2	2	
哈尼族	1		1	2	1	1			
哈萨克族									
傣　族	3		3						
黎　族	10	5	5	10	9	1			
傈僳族	12	1	11	5	1	4			
佤　族				8	7	1			
畲　族	3		3	2	1	1			
高山族	1	1		3	2	1			
拉祜族				1		1			
水　族	1	1							
东乡族				1	1				
纳西族									
景颇族				1	1				
柯尔克孜族				1	1				
土　族				1		1			
达斡尔族	6	2	4	32	24	8			
仫佬族									
羌　族				1	1				
布朗族									
撒拉族									
毛南族									
仡佬族				2	2				
锡伯族	1802	1117	685	878	700	178	22	16	6
阿昌族									
普米族									
塔吉克族									
怒　族									
乌孜别克族									
俄罗斯族				1		1			
鄂温克族	1	1		5	4	1	1		1
德昂族									
保安族	1	1							
裕固族									
京　族									
塔塔尔族									
独龙族									
鄂伦春族	3	1	2	3		3			
赫哲族				1		1			
门巴族									
珞巴族									
基诺族									
未定族称人口	1		1	2	2				
入　籍									

2–3　全省各民族分性别、主要生活来源的15岁及以上人口

单位：人

民　族	15岁及以上人口			劳动收入		
	合计	男	女	小计	男	女
总　计	**3633278**	**1809089**	**1824189**	**1844721**	**1105213**	**739508**
汉　族	3112594	1544366	1568228	1549304	926910	622394
蒙古族	53691	26565	27126	32262	18364	13898
回　族	18847	9279	9568	7796	4724	3072
藏　族	277	127	150	41	19	22
维吾尔族	491	239	252	126	72	54
苗　族	441	213	228	143	74	69
彝　族	233	112	121	68	35	33
壮　族	544	236	308	159	74	85
布依族	176	84	92	35	19	16
朝鲜族	13522	6601	6921	5175	3054	2121
满　族	420410	214997	205413	243098	147935	95163
侗　族	166	87	79	45	25	20
瑶　族	122	62	60	38	24	14
白　族	132	59	73	37	18	19
土家族	496	261	235	175	101	74
哈尼族	30	6	24	9	1	8
哈萨克族	84	36	48	1	1	
傣　族	26	5	21	6	2	4
黎　族	153	70	83	72	35	37
傈僳族	50	15	35	23	5	18
佤　族	14	9	5	11	7	4
畲　族	21	9	12	10	4	6
高山族	20	9	11	9	5	4
拉祜族	7	1	6	3	1	2
水　族	17	8	9	1	1	
东乡族	27	16	11	20	14	6
纳西族	11	3	8	1		1
景颇族	8	3	5	3	1	2
柯尔克孜族	21	7	14	5	2	3
土　族	23	15	8	7	6	1
达斡尔族	252	107	145	159	79	80
仫佬族	21	10	11	2	1	1
羌　族	16	5	11	3	1	2
布朗族	3	1	2			
撒拉族	9	6	3	3	1	2
毛南族	6		6	1		1
仡佬族	48	24	24	6	3	3
锡伯族	10074	5356	4718	5789	3562	2227
阿昌族	1	1				
普米族	1		1			
塔吉克族	5	5				
怒　族	3		3	1		1
乌孜别克族	1		1			
俄罗斯族	15	8	7	6	3	3
鄂温克族	53	20	33	30	15	15
德昂族						
保安族	1	1		1	1	
裕固族	5	1	4	2		2
京　族						
塔塔尔族	3	2	1	2	1	1
独龙族	3	3		1	1	
鄂伦春族	26	8	18	14	4	10
赫哲族	14	3	11	8	2	6
门巴族	1	1				
珞巴族						
基诺族						
未定族称人口	57	23	34	7	3	4
入　籍	6	4	2	3	3	

2-3 续表 1

单位：人

民族	离退休金/养老金			最低生活保障金			失业保险金		
	小计	男	女	小计	男	女	小计	男	女
总　计	**777409**	**319516**	**457893**	**62833**	**35568**	**27265**	**2920**	**1731**	**1189**
汉　族	719762	294877	424885	51420	29082	22338	2693	1609	1084
蒙古族	4304	1819	2485	998	572	426	27	9	18
回　族	6482	2579	3903	277	160	117	20	10	10
藏　族	8	5	3						
维吾尔族	6	3	3						
苗　族	28	14	14				1	1	
彝　族	9	1	8						
壮　族	39	16	23	3	1	2			
布依族	2	1	1	2		2			
朝鲜族	3598	1477	2121	172	92	80	14	5	9
满　族	41971	18149	23822	9801	5574	4227	160	92	68
侗　族	5	2	3						
瑶　族	12	6	6						
白　族	10	4	6	1	1				
土家族	29	16	13	3	1	2			
哈尼族	3	1	2						
哈萨克族	1		1						
傣　族	2		2						
黎　族	15	10	5						
傈僳族				1		1			
佤　族									
畲　族	1		1						
高山族	6	1	5						
拉祜族									
水　族	1		1						
东乡族									
纳西族	2		2						
景颇族	1	1							
柯尔克孜族	1		1						
土　族	1	1							
达斡尔族	20	6	14	1		1			
仫佬族									
羌　族	1		1						
布朗族									
撒拉族									
毛南族									
仡佬族	2	1	1						
锡伯族	1072	522	550	154	85	69	5	5	
阿昌族									
普米族									
塔吉克族									
怒　族									
乌孜别克族									
俄罗斯族	2	1	1						
鄂温克族	3	1	2						
德昂族									
保安族									
裕固族	1		1						
京　族									
塔塔尔族									
独龙族									
鄂伦春族	5	2	3						
赫哲族	2		2						
门巴族									
珞巴族									
基诺族									
未定族称人口	2		2						
入　籍									

2-3　续表 2　　　　　　　　　　　　　　　　　　　　　　　　　　　　　　单位：人

民　族	财产性收入			家庭其他成员供养			其　他		
	小计	男	女	小计	男	女	小计	男	女
总　计	**26377**	**13953**	**12424**	**723746**	**237172**	**486574**	**195272**	**95936**	**99336**
汉　族	21924	11582	10342	601318	198390	402928	166173	81916	84257
蒙古族	437	229	208	12715	4201	8514	2948	1371	1577
回　族	82	51	31	3410	1334	2076	780	421	359
藏　族				219	101	118	9	2	7
维吾尔族				333	153	180	26	11	15
苗　族	1		1	254	116	138	14	8	6
彝　族				143	67	76	13	9	4
壮　族	1	1		313	137	176	29	7	22
布依族				132	63	69	5	1	4
朝鲜族	223	137	86	3105	1164	1941	1235	672	563
满　族	3564	1878	1686	98522	30224	68298	23294	11145	12149
侗　族	1	1		112	58	54	3	1	2
瑶　族				69	30	39	3	2	1
白　族	1		1	76	33	43	7	3	4
土家族				268	131	137	21	12	9
哈尼族				16	4	12	2		2
哈萨克族				74	31	43	8	4	4
傣　族				18	3	15			
黎　族	1	1		57	22	35	8	2	6
傈僳族				23	9	14	3	1	2
佤　族				2	1	1	1	1	
畲　族				10	5	5			
高山族				5	3	2			
拉祜族				3		3	1		1
水　族				13	7	6	2		2
东乡族				7	2	5			
纳西族				8	3	5			
景颇族				4	1	3			
柯尔克孜族				15	5	10			
土　族				15	8	7			
达斡尔族	2		2	58	21	37	12	1	11
仫佬族	1		1	18	9	9			
羌　族				8	3	5	4	1	3
布朗族				3	1	2			
撒拉族				6	5	1			
毛南族				5		5			
仡佬族				39	20	19	1		1
锡伯族	138	72	66	2252	769	1483	664	341	323
阿昌族				1	1				
普米族				1		1			
塔吉克族				5	5				
怒　族				2		2			
乌孜别克族				1		1			
俄罗斯族				6	3	3	1	1	
鄂温克族				18	2	16	2	2	
德昂族									
保安族									
裕固族				2	1	1			
京　族									
塔塔尔族				1	1				
独龙族				2	2				
鄂伦春族				7	2	5			
赫哲族				3	1	2	1		1
门巴族				1	1				
珞巴族									
基诺族									
未定族称人口				46	19	27	2	1	1
入　籍	1	1		2		2			

2-4　全省各民族分性别、婚姻状况的15岁及以上人口

单位：人

民　族	15岁及以上人口			未　婚		
	合计	男	女	小计	男	女
总　计	**3633278**	**1809089**	**1824189**	**576058**	**335948**	**240110**
汉　族	3112594	1544366	1568228	480623	280520	200103
蒙古族	53691	26565	27126	10902	6174	4728
回　族	18847	9279	9568	3147	1775	1372
藏　族	277	127	150	222	106	116
维吾尔族	491	239	252	387	192	195
苗　族	441	213	228	258	127	131
彝　族	233	112	121	150	81	69
壮　族	544	236	308	323	158	165
布依族	176	84	92	134	70	64
朝鲜族	13522	6601	6921	2535	1409	1126
满　族	420410	214997	205413	74253	43623	30630
侗　族	166	87	79	107	59	48
瑶　族	122	62	60	67	34	33
白　族	132	59	73	69	34	35
土家族	496	261	235	279	144	135
哈尼族	30	6	24	12	4	8
哈萨克族	84	36	48	82	35	47
傣　族	26	5	21	11	3	8
黎　族	153	70	83	46	26	20
傈僳族	50	15	35	19	12	7
佤　族	14	9	5	6	6	
畲　族	21	9	12	11	5	6
高山族	20	9	11	7	4	3
拉祜族	7	1	6	2	1	1
水　族	17	8	9	12	7	5
东乡族	27	16	11	9	4	5
纳西族	11	3	8	7	3	4
景颇族	8	3	5	1		1
柯尔克孜族	21	7	14	14	5	9
土　族	23	15	8	18	12	6
达斡尔族	252	107	145	64	40	24
仫佬族	21	10	11	18	9	9
羌　族	16	5	11	11	4	7
布朗族	3	1	2	3	1	2
撒拉族	9	6	3	7	6	1
毛南族	6		6	4		4
仡佬族	48	24	24	38	21	17
锡伯族	10074	5356	4718	2109	1184	925
阿昌族	1	1		1	1	
普米族	1		1	1		1
塔吉克族	5	5		5	5	
怒　族	3		3	1		1
乌孜别克族	1		1	1		1
俄罗斯族	15	8	7	6	5	1
鄂温克族	53	20	33	20	10	10
德昂族						
保安族	1	1				
裕固族	5	1	4	2	1	1
京　族						
塔塔尔族	3	2	1	2	2	
独龙族	3	3		2	2	
鄂伦春族	26	8	18	4	2	2
赫哲族	14	3	11	2	1	1
门巴族	1	1		1	1	
珞巴族						
基诺族						
未定族称人口	57	23	34	40	19	21
入　籍	6	4	2	3	1	2

2–4　续表　　　　单位：人

民　族	有配偶			离　婚			丧　偶		
	小计	男	女	小计	男	女	小计	男	女
总　计	**2648437**	**1326910**	**1321527**	**161824**	**80072**	**81752**	**246959**	**66159**	**180800**
汉　族	2272060	1136622	1135438	142694	69868	72826	217217	57356	159861
蒙古族	38338	18754	19584	1549	836	713	2902	801	2101
回　族	13134	6638	6496	1143	550	593	1423	316	1107
藏　族	48	20	28	4	1	3	3		3
维吾尔族	99	45	54	4	1	3	1	1	
苗　族	172	82	90	7	2	5	4	2	2
彝　族	78	29	49	3	2	1	2		2
壮　族	207	74	133	7	3	4	7	1	6
布依族	38	13	25	4	1	3			
朝鲜族	9029	4560	4469	840	417	423	1118	215	903
满　族	307264	155924	151340	15089	8137	6952	23804	7313	16491
侗　族	57	27	30	1	1		1		1
瑶　族	53	28	25	2		2			
白　族	55	22	33	4	3	1	4		4
土家族	205	111	94	6	3	3	6	3	3
哈尼族	17	2	15				1		1
哈萨克族	2	1	1						
傣　族	15	2	13						
黎　族	101	42	59	3		3	3	2	1
傈僳族	30	3	27	1		1			
佤　族	6	2	4	2	1	1			
畲　族	9	3	6				1	1	
高山族	12	4	8				1	1	
拉祜族	5		5						
水　族	4	1	3				1		1
东乡族	18	12	6						
纳西族	3		3	1		1			
景颇族	7	3	4						
柯尔克孜族	6	2	4	1		1			
土　族	4	3	1	1		1			
达斡尔族	165	59	106	15	5	10	8	3	5
仫佬族	3	1	2						
羌　族	4	1	3				1		1
布朗族									
撒拉族	2		2						
毛南族	2		2						
仡佬族	10	3	7						
锡伯族	7081	3790	3291	439	239	200	445	143	302
阿昌族									
普米族									
塔吉克族									
怒　族	2		2						
乌孜别克族									
俄罗斯族	7	2	5	2	1	1			
鄂温克族	32	9	23				1	1	
德昂族									
保安族	1	1							
裕固族	3		3						
京　族									
塔塔尔族	1		1						
独龙族	1	1							
鄂伦春族	21	6	15				1		1
赫哲族	9	1	8	2	1	1	1		1
门巴族									
珞巴族									
基诺族									
未定族称人口	14	4	10				3		3
入　籍	3	3							

2-5　全省各民族分性别、初婚年龄的人口

单位：人

民　族	合　计			15岁以下		
	合计	男	女	小计	男	女
总　计	**3057220**	**1473141**	**1584079**	**2691**	**690**	**2001**
汉　族	2631971	1263846	1368125	2201	569	1632
蒙古族	42789	20391	22398	39	10	29
回　族	15700	7504	8196	22	1	21
藏　族	55	21	34			
维吾尔族	104	47	57	1		1
苗　族	183	86	97			
彝　族	83	31	52			
壮　族	221	78	143	1		1
布依族	42	14	28			
朝鲜族	10987	5192	5795	10	2	8
满　族	346157	171374	174783	409	103	306
侗　族	59	28	31			
瑶　族	55	28	27			
白　族	63	25	38			
土家族	217	117	100			
哈尼族	18	2	16			
哈萨克族	2	1	1			
傣　族	15	2	13			
黎　族	107	44	63			
傈僳族	31	3	28	1		1
佤　族	8	3	5			
畲　族	10	4	6			
高山族	13	5	8			
拉祜族	5		5			
水　族	5	1	4			
东乡族	18	12	6	1	1	
纳西族	4		4			
景颇族	7	3	4			
柯尔克孜族	7	2	5			
土　族	5	3	2			
达斡尔族	188	67	121			
仫佬族	3	1	2			
羌　族	5	1	4			
布朗族						
撒拉族	2		2			
毛南族	2		2			
仡佬族	10	3	7			
锡伯族	7965	4172	3793	6	4	2
阿昌族						
普米族						
塔吉克族						
怒　族	2		2			
乌孜别克族						
俄罗斯族	9	3	6			
鄂温克族	33	10	23			
德昂族						
保安族	1	1				
裕固族	3		3			
京　族						
塔塔尔族	1		1			
独龙族	1	1				
鄂伦春族	22	6	16			
赫哲族	12	2	10			
门巴族						
珞巴族						
基诺族						
未定族称人口	17	4	13			
入　籍	3	3				

2-5　续表 1

单位：人

民　族	15岁			16岁		
	小计	男	女	小计	男	女
总　计	**11459**	**2770**	**8689**	**21301**	**4573**	**16728**
汉　族	9729	2365	7364	18123	3957	14166
蒙古族	168	46	122	284	71	213
回　族	57	14	43	95	14	81
藏　族				1		1
维吾尔族				1		1
苗　族				2		2
彝　族	1		1			
壮　族	1		1			
布依族				1		1
朝鲜族	31	5	26	70	10	60
满　族	1440	333	1107	2668	512	2156
侗　族						
瑶　族	2	1	1			
白　族						
土家族						
哈尼族						
哈萨克族						
傣　族						
黎　族						
傈僳族				2		2
佤　族				1		1
畲　族						
高山族						
拉祜族						
水　族						
东乡族	5	2	3			
纳西族						
景颇族						
柯尔克孜族						
土　族						
达斡尔族	2		2	5		5
仫佬族						
羌　族						
布朗族						
撒拉族						
毛南族						
仡佬族						
锡伯族	22	4	18	47	9	38
阿昌族						
普米族						
塔吉克族						
怒　族						
乌孜别克族						
俄罗斯族						
鄂温克族				1		1
德昂族						
保安族						
裕固族						
京　族						
塔塔尔族						
独龙族						
鄂伦春族	1		1			
赫哲族						
门巴族						
珞巴族						
基诺族						
未定族称人口						
入　籍						

2–5 续表 2

单位：人

民族	17岁			18岁			19岁		
	小计	男	女	小计	男	女	小计	男	女
总计	**41792**	**9523**	**32269**	**80416**	**20920**	**59496**	**156031**	**47068**	**108963**
汉族	35581	8175	27406	67840	17774	50066	130881	39869	91012
蒙古族	571	145	426	1121	351	770	2347	801	1546
回族	142	24	118	292	56	236	522	117	405
藏族				1		1			
维吾尔族	5	1	4	8		8	8	1	7
苗族	3	1	2	5		5	6	3	3
彝族	2	1	1	1		1	6		6
壮族	2		2	1		1	7	1	6
布依族	3	1	2				4		4
朝鲜族	115	13	102	211	35	176	370	72	298
满族	5275	1143	4132	10733	2653	8080	21451	6071	15380
侗族							3	1	2
瑶族				2	1	1	1	1	
白族				2	1	1	5	2	3
土家族	3		3	4		4	3		3
哈尼族	2		2	2		2	2		2
哈萨克族									
傣族							3		3
黎族	4		4	4	2	2	7	3	4
傈僳族	3		3	5	1	4	1		1
佤族							1	1	
畲族							1		1
高山族							2	1	1
拉祜族	1		1						
水族									
东乡族							1	1	
纳西族									
景颇族									
柯尔克孜族									
土族	1		1						
达斡尔族	1		1	10	1	9	8	2	6
仫佬族				1		1			
羌族							2	1	1
布朗族									
撒拉族									
毛南族									
仡佬族									
锡伯族	77	19	58	170	45	125	382	119	263
阿昌族									
普米族									
塔吉克族									
怒族									
乌孜别克族									
俄罗斯族							2		2
鄂温克族				1		1	2	1	1
德昂族									
保安族									
裕固族									
京族									
塔塔尔族									
独龙族									
鄂伦春族	1		1	1		1	2		2
赫哲族									
门巴族									
珞巴族									
基诺族									
未定族称人口				1		1	1		1
入籍									

2-5 续表 3 单位：人

民族	20岁			21岁			22岁		
	小计	男	女	小计	男	女	小计	男	女
总 计	**246819**	**84826**	**161993**	**332147**	**141715**	**190432**	**396396**	**187464**	**208932**
汉 族	206933	71088	135845	278160	116814	161346	335424	155703	179721
蒙古族	3721	1429	2292	5154	2381	2773	5968	3008	2960
回 族	821	236	585	1277	465	812	1770	768	1002
藏 族	6	1	5	4		4	4	2	2
维吾尔族	4	1	3	12	3	9	13	4	9
苗 族	9	4	5	8	4	4	18	8	10
彝 族	4	2	2	10	6	4	5	2	3
壮 族	14	3	11	12	1	11	24	9	15
布依族	1	1		4		4	3	2	1
朝鲜族	564	133	431	787	218	569	1065	376	689
满 族	33991	11658	22333	45654	21361	24293	50856	26910	23946
侗 族	3	1	2				6	2	4
瑶 族	7	1	6	3	2	1	4	2	2
白 族	3		3	4	3	1	7	1	6
土家族	15	5	10	13	6	7	17	6	11
哈尼族	1		1						
哈萨克族									
傣 族	3		3				1		1
黎 族	3		3	13	5	8	13	7	6
傈僳族	3		3	7		7	2		2
佤 族									
畲 族				1		1	1	1	
高山族	2	1	1	1	1		2	1	1
拉祜族				1		1			
水 族	1	1		2		2			
东乡族				4	2	2	1	1	
纳西族							1		1
景颇族							1		1
柯尔克孜族							1		1
土 族									
达斡尔族	9	1	8	6	1	5	15	6	9
仫佬族									
羌 族									
布朗族									
撒拉族				1		1	1		1
毛南族									
仡佬族	1		1	2		2	1		1
锡伯族	691	258	433	1001	440	561	1162	642	520
阿昌族									
普米族									
塔吉克族									
怒 族							1		1
乌孜别克族									
俄罗斯族				1	1		1		1
鄂温克族	2	1	1	1		1	2		2
德昂族									
保安族							1	1	
裕固族									
京 族									
塔塔尔族									
独龙族									
鄂伦春族	2		2	1	1		1		1
赫哲族	1		1	1		1			
门巴族									
珞巴族									
基诺族									
未定族称人口	4	1	3	2		2	3	1	2
入 籍							1	1	

2−5 续表 4 单位：人

民　族	23岁			24岁			25岁		
	小计	男	女	小计	男	女	小计	男	女
总　计	**371062**	**176488**	**194574**	**336438**	**170840**	**165598**	**286849**	**157342**	**129507**
汉　族	319504	149358	170146	293594	147533	146061	252644	137870	114774
蒙古族	5367	2636	2731	4523	2236	2287	3779	1910	1869
回　族	1985	931	1054	1918	884	1034	1807	983	824
藏　族	9	4	5	6		6	5	3	2
维吾尔族	8	5	3	9	8	1	10	7	3
苗　族	18	9	9	18	12	6	16	8	8
彝　族	10	1	9	9	4	5	8	2	6
壮　族	16	4	12	28	11	17	15	8	7
布依族	3	1	2	5		5	4	3	1
朝鲜族	1208	495	713	1268	640	628	1141	658	483
满　族	41858	22472	19386	34127	19008	15119	26613	15390	11223
侗　族	5	1	4	6	4	2	6	4	2
瑶　族	5	3	2	4	1	3	5	4	1
白　族	3	1	2	5	2	3	4	2	2
土家族	12	5	7	25	16	9	25	15	10
哈尼族	2		2	3		3	1		1
哈萨克族									
傣　族				4		4	1		1
黎　族	4	1	3	19	6	13	15	7	8
傈僳族	1		1	2	1	1	1		1
佤　族				1	1		1		1
畲　族	1		1				2	2	
高山族	2	1	1				1		1
拉祜族	1		1						
水　族							1		1
东乡族	2	1	1				1	1	
纳西族	1		1	1		1			
景颇族							1		1
柯尔克孜族							3	1	2
土　族				2	1	1			
达斡尔族	21	9	12	25	11	14	15	3	12
仫佬族	1	1							
羌　族				1		1	1		1
布朗族									
撒拉族									
毛南族									
仡佬族	2	1	1						
锡伯族	1004	548	456	824	458	366	717	459	258
阿昌族									
普米族									
塔吉克族									
怒　族									
乌孜别克族									
俄罗斯族									
鄂温克族	3		3	8	1	7	1	1	
德昂族									
保安族									
裕固族							1		1
京　族									
塔塔尔族									
独龙族									
鄂伦春族	4		4	1	1				
赫哲族	1		1	2	1	1	3		3
门巴族									
珞巴族									
基诺族									
未定族称人口	1		1						
入　籍							1	1	

2-5　续表 5

单位：人

民　族	26岁			27岁			28岁		
	小计	男	女	小计	男	女	小计	男	女
总　计	**210861**	**121821**	**89040**	**148800**	**89422**	**59378**	**103476**	**63324**	**40152**
汉　族	186283	107549	78734	131199	78874	52325	91045	55744	35301
蒙古族	2660	1361	1299	1956	1045	911	1345	744	601
回　族	1404	828	576	1003	584	419	648	396	252
藏　族	10	5	5	2	1	1	1		1
维吾尔族	6	5	1	6	5	1	5	2	3
苗　族	18	5	13	14	6	8	18	11	7
彝　族	9	4	5	4	2	2	3		3
壮　族	24	7	17	24	7	17	12	7	5
布依族	1	1		5	3	2	2	2	
朝鲜族	903	504	399	711	412	299	562	344	218
满　族	18943	11193	7750	13501	8263	5238	9519	5874	3645
侗　族	3	3		9	2	7	5	3	2
瑶　族	4	2	2	5	2	3	2	1	1
白　族	7	2	5	6	5	1	8	2	6
土家族	16	12	4	21	11	10	14	10	4
哈尼族	1		1	2	1	1			
哈萨克族	1		1						
傣　族				1		1			
黎　族	9	5	4	4		4	5	4	1
傈僳族	1		1				1		1
佤　族	1	1		1		1			
畲　族	1		1				1	1	
高山族				1		1	1		1
拉祜族				1		1			
水　族				1		1			
东乡族	2	2							
纳西族									
景颇族	1	1		1		1	2	1	1
柯尔克孜族	1		1						
土　族	2	2							
达斡尔族	13	7	6	17	8	9	5	1	4
仫佬族	1		1						
羌　族									
布朗族									
撒拉族									
毛南族									
仡佬族	1		1				2	1	1
锡伯族	525	318	207	298	188	110	264	173	91
阿昌族									
普米族									
塔吉克族									
怒　族									
乌孜别克族									
俄罗斯族	2	1	1				1		1
鄂温克族	2	2		3	1	2	1		1
德昂族									
保安族									
裕固族	2		2						
京　族									
塔塔尔族	1		1						
独龙族				1	1				
鄂伦春族	2		2	2	1	1	2	2	
赫哲族	1	1					1		1
门巴族									
珞巴族									
基诺族									
未定族称人口				1		1	1	1	
入　籍									

2-5 续表 6 单位：人

民　族	29岁			30岁			31岁		
	小计	男	女	小计	男	女	小计	男	女
总　计	**73487**	**45799**	**27688**	**53158**	**33289**	**19869**	**38596**	**24202**	**14394**
汉　族	64597	40271	24326	46674	29339	17335	33823	21188	12635
蒙古族	929	509	420	699	385	314	460	268	192
回　族	483	292	191	347	215	132	231	144	87
藏　族	1	1					3	2	1
维吾尔族	1		1	2	1	1			
苗　族	6	2	4	5	3	2	2		2
彝　族	3	2	1	3	1	2			
壮　族	7	3	4	9	6	3	4	3	1
布依族	2		2	1		1			
朝鲜族	419	264	155	330	189	141	271	180	91
满　族	6792	4285	2507	4933	3063	1870	3686	2346	1340
侗　族	5	3	2	2	1	1			
瑶　族	2	1	1	1	1		2	1	1
白　族	1	1		4	2	2			
土家族	17	11	6	5	4	1	4	3	1
哈尼族				1	1				
哈萨克族							1	1	
傣　族	1	1							
黎　族	3	3							
傈僳族							1	1	
佤　族							1		1
畲　族									
高山族	1		1						
拉祜族							1		1
水　族									
东乡族									
纳西族									
景颇族							1	1	
柯尔克孜族	1		1						
土　族									
达斡尔族	13	6	7	6	3	3	2		2
仫佬族									
羌　族									
布朗族									
撒拉族									
毛南族									
仡佬族							1	1	
锡伯族	198	141	57	134	75	59	100	62	38
阿昌族									
普米族									
塔吉克族									
怒　族									
乌孜别克族									
俄罗斯族	1		1						
鄂温克族	3	2	1						
德昂族									
保安族									
裕固族									
京　族									
塔塔尔族									
独龙族									
鄂伦春族	1	1		1		1			
赫哲族				1		1			
门巴族									
珞巴族									
基诺族									
未定族称人口							2	1	1
入　籍									

2–5　续表 7

单位：人

民　族	32岁			33岁			34岁		
	小计	男	女	小计	男	女	小计	男	女
总　计	**29335**	**18354**	**10981**	**22524**	**14087**	**8437**	**18031**	**11322**	**6709**
汉　族	25690	16055	9635	19768	12373	7395	15902	9926	5976
蒙古族	357	218	139	265	161	104	203	134	69
回　族	174	107	67	139	78	61	117	75	42
藏　族							1	1	
维吾尔族				1	1				
苗　族	2	1	1	5	4	1	4	2	2
彝　族	2	2		1	1		1		1
壮　族	4	1	3	5	3	2	2	1	1
布依族				2		2			
朝鲜族	217	137	80	135	92	43	120	76	44
满　族	2793	1780	1013	2128	1335	793	1640	1079	561
侗　族	3	1	2						
瑶　族	2	2		1		1	1	1	
白　族	1		1	1	1				
土家族	4	3	1	5	1	4	2		2
哈尼族	1		1						
哈萨克族									
傣　族									
黎　族	1		1	2	1	1			
傈僳族									
佤　族									
畲　族									
高山族									
拉祜族									
水　族									
东乡族									
纳西族	1		1						
景颇族									
柯尔克孜族									
土　族									
达斡尔族	3	1	2	5	1	4	3	2	1
仫佬族									
羌　族									
布朗族									
撒拉族									
毛南族	1		1				1		1
仡佬族									
锡伯族	76	45	31	61	35	26	33	24	9
阿昌族									
普米族									
塔吉克族									
怒　族	1		1						
乌孜别克族									
俄罗斯族									
鄂温克族	1		1				1	1	
德昂族									
保安族									
裕固族									
京　族									
塔塔尔族									
独龙族									
鄂伦春族									
赫哲族									
门巴族									
珞巴族									
基诺族									
未定族称人口									
入　籍	1	1							

2-5 续表 8

单位：人

民族	35岁			36岁			37岁		
	小计	男	女	小计	男	女	小计	男	女
总 计	**13776**	**8701**	**5075**	**10456**	**6593**	**3863**	**8368**	**5316**	**3052**
汉 族	12106	7633	4473	9136	5717	3419	7370	4671	2699
蒙古族	169	104	65	148	98	50	102	60	42
回 族	99	61	38	66	44	22	40	29	11
藏 族									
维吾尔族	1		1						
苗 族	2	2							
彝 族									
壮 族	4	1	3	1		1			
布依族									
朝鲜族	109	71	38	75	54	21	51	36	15
满 族	1244	803	441	995	656	339	784	508	276
侗 族									
瑶 族	1		1	1	1				
白 族				1		1			
土家族	2	1	1	3	2	1			
哈尼族									
哈萨克族									
傣 族	1	1							
黎 族									
傈僳族									
佤 族	1		1						
畲 族				1		1			
高山族									
拉祜族									
水 族									
东乡族	1	1							
纳西族									
景颇族									
柯尔克孜族									
土 族									
达斡尔族	2	2							
仫佬族									
羌 族									
布朗族									
撒拉族									
毛南族									
仡佬族									
锡伯族	33	20	13	27	21	6	20	12	8
阿昌族									
普米族									
塔吉克族									
怒 族									
乌孜别克族									
俄罗斯族	1	1							
鄂温克族				1		1			
德昂族									
保安族									
裕固族									
京 族									
塔塔尔族									
独龙族									
鄂伦春族									
赫哲族				1		1			
门巴族									
珞巴族									
基诺族									
未定族称人口							1		1
入 籍									

2–5　续表 9　　　　单位：人

民　族	38岁			39岁			40岁及以上		
	小计	男	女	小计	男	女	小计	男	女
总　计	**6510**	**4158**	**2352**	**5490**	**3516**	**1974**	**30951**	**19018**	**11933**
汉　族	5725	3664	2061	4847	3099	1748	27192	16668	10524
蒙古族	52	31	21	67	41	26	335	208	127
回　族	34	24	10	31	22	9	176	112	64
藏　族							1	1	
维吾尔族	1	1					2	2	
苗　族	2		2				2	1	1
彝　族							1	1	
壮　族							4	2	2
布依族							1		1
朝鲜族	45	29	16	33	26	7	166	121	45
满　族	633	403	230	498	320	178	2993	1852	1141
侗　族							3	2	1
瑶　族									
白　族	1		1						
土家族	1		1	1	1		5	5	
哈尼族									
哈萨克族									
傣　族									
黎　族							1		1
傈僳族									
佤　族									
畲　族							1		1
高山族									
拉祜族									
水　族									
东乡族									
纳西族									
景颇族									
柯尔克孜族							1	1	
土　族									
达斡尔族							2	2	
仫佬族									
羌　族							1		1
布朗族									
撒拉族									
毛南族									
仡佬族									
锡伯族	16	6	10	13	7	6	64	40	24
阿昌族									
普米族									
塔吉克族									
怒　族									
乌孜别克族									
俄罗斯族									
鄂温克族									
德昂族									
保安族									
裕固族									
京　族									
塔塔尔族									
独龙族									
鄂伦春族									
赫哲族									
门巴族									
珞巴族									
基诺族									
未定族称人口									
入　籍									

2-6 全省按民族、生育孩次分的育龄妇女人数
(2019.11.1-2020.10.31)

单位：人

民族	合计	生男孩的妇女人数	生女孩的妇女人数	一孩			二孩		
				小计	男	女	小计	男	女
总　计	**22523**	**11650**	**10873**	**14786**	**7758**	**7028**	**7236**	**3593**	**3643**
汉　族	18871	9751	9120	12407	6502	5905	6045	3002	3043
蒙古族	466	253	213	298	158	140	156	89	67
回　族	123	69	54	81	46	35	39	21	18
藏　族	1	1		1	1				
维吾尔族	2	2		2	2				
苗　族	6	2	4	2	1	1	3		3
彝　族	4	3	1	2	1	1	2	2	
壮　族	7	4	3	2	1	1	5	3	2
布依族	5	3	2	3	2	1	2	1	1
朝鲜族	74	39	35	53	30	23	19	7	12
满　族	2868	1475	1393	1869	981	888	936	454	482
侗　族	1		1	1		1			
瑶　族									
白　族									
土家族	4	1	3	2		2	2	1	1
哈尼族									
哈萨克族									
傣　族									
黎　族	5	1	4	4	1	3	1		1
傈僳族									
佤　族									
畲　族									
高山族									
拉祜族	1		1				1		1
水　族									
东乡族	1	1		1	1				
纳西族									
景颇族	1	1					1	1	
柯尔克孜族									
土　族									
达斡尔族	8	7	1	6	5	1	2	2	
仫佬族									
羌　族	1		1	1		1			
布朗族									
撒拉族									
毛南族	1		1	1		1			
仡佬族									
锡伯族	71	36	35	48	25	23	22	10	12
阿昌族									
普米族									
塔吉克族									
怒　族									
乌孜别克族									
俄罗斯族									
鄂温克族	1		1	1		1			
德昂族									
保安族									
裕固族									
京　族									
塔塔尔族									
独龙族									
鄂伦春族	1	1		1	1				
赫哲族									
门巴族									
珞巴族									
基诺族									
未定族称人口									
入　籍									

2-6 续表 单位：人

民族	三孩			四孩			五孩及以上		
	小计	男	女	小计	男	女	小计	男	女
总 计	**439**	**265**	**174**	**54**	**30**	**24**	**8**	**4**	**4**
汉 族	370	218	152	42	25	17	7	4	3
蒙古族	9	6	3	3		3			
回 族	3	2	1						
藏 族									
维吾尔族									
苗 族	1	1							
彝 族									
壮 族									
布依族									
朝鲜族	1	1		1	1				
满 族	54	36	18	8	4	4	1		1
侗 族									
瑶 族									
白 族									
土家族									
哈尼族									
哈萨克族									
傣 族									
黎 族									
傈僳族									
佤 族									
畲 族									
高山族									
拉祜族									
水 族									
东乡族									
纳西族									
景颇族									
柯尔克孜族									
土 族									
达斡尔族									
仫佬族									
羌 族									
布朗族									
撒拉族									
毛南族									
仡佬族									
锡伯族	1	1							
阿昌族									
普米族									
塔吉克族									
怒 族									
乌孜别克族									
俄罗斯族									
鄂温克族									
德昂族									
保安族									
裕固族									
京 族									
塔塔尔族									
独龙族									
鄂伦春族									
赫哲族									
门巴族									
珞巴族									
基诺族									
未定族称人口									
入 籍									

2-7 全省各民族15-64岁妇女平均活产子女数和平均存活子女数

单位：人、%

民族	15-64岁妇女人数	活产子女总数			存活子女总数			存活子女数占活产子女数的百分比	妇女平均活产子女数	妇女平均存活子女数
		小计	男	女	小计	男	女			
总 计	**1447638**	**1464385**	**774434**	**689951**	**1442062**	**760671**	**681391**	**98.48**	**1.01**	**1.00**
汉 族	1233374	1234251	653951	580300	1215547	642417	573130	98.48	1.00	0.99
蒙古族	23561	24781	12838	11943	24469	12634	11835	98.74	1.05	1.04
回 族	7321	6693	3423	3270	6600	3369	3231	98.61	0.91	0.90
藏 族	147	37	19	18	37	19	18	100.00	0.25	0.25
维吾尔族	252	103	57	46	102	57	45	99.03	0.41	0.40
苗 族	220	106	52	54	106	52	54	100.00	0.48	0.48
彝 族	119	66	36	30	66	36	30	100.00	0.55	0.55
壮 族	298	149	78	71	146	76	70	97.99	0.50	0.49
布依族	90	37	24	13	37	24	13	100.00	0.41	0.41
朝鲜族	5090	4490	2368	2122	4411	2328	2083	98.24	0.88	0.87
满 族	172003	189081	99219	89862	186032	97340	88692	98.39	1.10	1.08
侗 族	78	34	17	17	34	17	17	100.00	0.44	0.44
瑶 族	57	31	13	18	31	13	18	100.00	0.54	0.54
白 族	65	32	15	17	31	15	16	96.88	0.49	0.48
土家族	232	112	55	57	110	54	56	98.21	0.48	0.47
哈尼族	22	16	7	9	15	7	8	93.75	0.73	0.68
哈萨克族	48	2		2	2		2	100.00	0.04	0.04
傣 族	20	17	9	8	15	8	7	88.24	0.85	0.75
黎 族	81	71	40	31	69	39	30	97.18	0.88	0.85
傈僳族	35	46	23	23	45	22	23	97.83	1.31	1.29
佤 族	5	6	3	3	6	3	3	100.00	1.20	1.20
畲 族	12	7	4	3	7	4	3	100.00	0.58	0.58
高山族	10	7	3	4	7	3	4	100.00	0.70	0.70
拉祜族	6	8	2	6	8	2	6	100.00	1.33	1.33
水 族	7									
东乡族	11	10	6	4	10	6	4	100.00	0.91	0.91
纳西族	8	4	1	3	4	1	3	100.00	0.50	0.50
景颇族	5	8	6	2	8	6	2	100.00	1.60	1.60
柯尔克孜族	14	5	1	4	5	1	4	100.00	0.36	0.36
土 族	8	4	2	2	4	2	2	100.00	0.50	0.50
达斡尔族	137	135	66	69	132	64	68	97.78	0.99	0.96
仫佬族	11	2	2		2	2		100.00	0.18	0.18
羌 族	10	4		4	4		4	100.00	0.40	0.40
布朗族	2									
撒拉族	3	1	1		1	1		100.00	0.33	0.33
毛南族	5	1		1	1		1	100.00	0.20	0.20
仡佬族	24	8	5	3	8	5	3	100.00	0.33	0.33
锡伯族	4138	3935	2052	1883	3865	2008	1857	98.22	0.95	0.93
阿昌族										
普米族	1									
塔吉克族										
怒 族	3	2	1	1	2	1	1	100.00	0.67	0.67
乌孜别克族	1									
俄罗斯族	7	7	4	3	7	4	3	100.00	1.00	1.00
鄂温克族	33	28	9	19	28	9	19	100.00	0.85	0.85
德昂族										
保安族										
裕固族	4	4	1	3	4	1	3	100.00	1.00	1.00
京 族										
塔塔尔族	1	1	1		1	1		100.00	1.00	1.00
独龙族										
鄂伦春族	15	16	6	10	16	6	10	100.00	1.07	1.07
赫哲族	10	11	3	8	11	3	8	100.00	1.10	1.10
门巴族										
珞巴族										
基诺族										
未定族称人口	32	16	11	5	16	11	5	100.00	0.50	0.50
入 籍	2									

第二部分 长表数据资料

第三卷 教育

3-1　全省分学业完成情况、性别、受教育程度的3岁及以上人口

单位：人

学业完成情况	合计			小学		
	合计	男	女	小计	男	女
总　计	**3866431**	**1940941**	**1925490**	**754072**	**347071**	**407001**
在　校	479596	245577	234019	185260	96838	88422
毕　业	3277246	1641443	1635803	518782	228720	290062
肄　业	17194	8385	8809	8092	3304	4788
辍　学	42134	20625	21509	23208	9928	13280
其　他	50261	24911	25350	18730	8281	10449

3-1　续表 1

单位：人

学业完成情况	初中			高中			大学专科		
	小计	男	女	小计	男	女	小计	男	女
总　计	**1706273**	**878141**	**828132**	**605754**	**312664**	**293090**	**384709**	**196735**	**187974**
在　校	95413	50254	45159	86066	44393	41673	36545	17777	18768
毕　业	1562759	801668	761091	512804	264500	248304	345297	177450	167847
肄　业	7599	4197	3402	979	588	391	323	177	146
辍　学	17373	9783	7590	1392	815	577	110	66	44
其　他	23129	12239	10890	4513	2368	2145	2434	1265	1169

3-1　续表 2

单位：人

学业完成情况	大学本科			硕士研究生			博士研究生		
	小计	男	女	小计	男	女	小计	男	女
总　计	**375347**	**187216**	**188131**	**36175**	**16865**	**19310**	**4101**	**2249**	**1852**
在　校	65932	31606	34326	9076	3995	5081	1304	714	590
毕　业	307858	154782	153076	26960	12798	14162	2786	1525	1261
肄　业	180	106	74	20	12	8	1	1	
辍　学	50	33	17	1		1			
其　他	1327	689	638	118	60	58	10	9	1

3-1a 全省分学业完成情况、性别、受教育程度的3岁及以上人口(城市)

单位：人

学业完成情况	合计			小学		
	合计	男	女	小计	男	女
总　计	**2324109**	**1146607**	**1177502**	**282347**	**127241**	**155106**
在　校	303805	155974	147831	110482	57581	52901
毕　业	1993913	978020	1015893	163737	66449	97288
肄　业	4742	2278	2464	1663	592	1071
辍　学	7781	3740	4041	3732	1537	2195
其　他	13868	6595	7273	2733	1082	1651

3-1a　续表 1

单位：人

学业完成情况	初中			高中			大学专科		
	小计	男	女	小计	男	女	小计	男	女
总　计	**881352**	**434483**	**446869**	**472499**	**239050**	**233449**	**314388**	**159935**	**154453**
在　校	51270	27087	24183	54207	28222	25985	22020	11216	10804
毕　业	818711	401569	417142	414515	208868	205647	290629	147835	142794
肄　业	2175	1180	995	537	304	233	207	108	99
辍　学	3419	1825	1594	548	325	223	57	34	23
其　他	5777	2822	2955	2692	1331	1361	1475	742	733

3-1a　续表 2

单位：人

学业完成情况	大学本科			硕士研究生			博士研究生		
	小计	男	女	小计	男	女	小计	男	女
总　计	**335872**	**167821**	**168051**	**33829**	**15965**	**17864**	**3822**	**2112**	**1710**
在　校	56725	27584	29141	7974	3645	4329	1127	639	488
毕　业	277893	139572	138321	25741	12261	13480	2687	1466	1221
肄　业	144	83	61	15	10	5	1	1	
辍　学	25	19	6						
其　他	1085	563	522	99	49	50	7	6	1

3-1b 全省分学业完成情况、性别、受教育程度的3岁及以上人口(镇)

单位：人

学业完成情况	合计			小学		
	合计	男	女	小计	男	女
总 计	**468554**	**234154**	**234400**	**90101**	**40600**	**49501**
在 校	61945	31503	30442	23837	12608	11229
毕 业	393679	196488	197191	60981	25838	35143
肄 业	1966	908	1058	857	321	536
辍 学	4859	2293	2566	2541	1032	1509
其 他	6105	2962	3143	1885	801	1084

3-1b 续表 1

单位：人

学业完成情况	初中			高中			大学专科		
	小计	男	女	小计	男	女	小计	男	女
总 计	**241299**	**122787**	**118512**	**70104**	**36908**	**33196**	**39215**	**20433**	**18782**
在 校	13304	7071	6233	14856	7524	7332	5225	2433	2792
毕 业	221653	112392	109261	54402	28934	25468	33677	17837	15840
肄 业	951	504	447	99	52	47	33	15	18
辍 学	2097	1138	959	199	110	89	15	9	6
其 他	3294	1682	1612	548	288	260	265	139	126

3-1b 续表 2

单位：人

学业完成情况	大学本科			硕士研究生			博士研究生		
	小计	男	女	小计	男	女	小计	男	女
总 计	**26435**	**12832**	**13603**	**1282**	**525**	**757**	**118**	**69**	**49**
在 校	4279	1717	2562	391	120	271	53	30	23
毕 业	22024	11052	10972	879	398	481	63	37	26
肄 业	22	14	8	4	2	2			
辍 学	6	4	2	1		1			
其 他	104	45	59	7	5	2	2	2	

3-1c 全省分学业完成情况、性别、受教育程度的3岁及以上人口(乡村)

单位：人

学业完成情况	合计			小学		
	合计	男	女	小计	男	女
总　计	**1073768**	**560180**	**513588**	**381624**	**179230**	**202394**
在　校	113846	58100	55746	50941	26649	24292
毕　业	889654	466935	422719	294064	136433	157631
肄　业	10486	5199	5287	5572	2391	3181
辍　学	29494	14592	14902	16935	7359	9576
其　他	30288	15354	14934	14112	6398	7714

3-1c 续表 1

单位：人

学业完成情况	初中			高中			大学专科		
	小计	男	女	小计	男	女	小计	男	女
总　计	**583622**	**320871**	**262751**	**63151**	**36706**	**26445**	**31106**	**16367**	**14739**
在　校	30839	16096	14743	17003	8647	8356	9300	4128	5172
毕　业	522395	287707	234688	43887	26698	17189	20991	11778	9213
肄　业	4473	2513	1960	343	232	111	83	54	29
辍　学	11857	6820	5037	645	380	265	38	23	15
其　他	14058	7735	6323	1273	749	524	694	384	310

3-1c 续表 2

单位：人

学业完成情况	大学本科			硕士研究生			博士研究生		
	小计	男	女	小计	男	女	小计	男	女
总　计	**13040**	**6563**	**6477**	**1064**	**375**	**689**	**161**	**68**	**93**
在　校	4928	2305	2623	711	230	481	124	45	79
毕　业	7941	4158	3783	340	139	201	36	22	14
肄　业	14	9	5	1		1			
辍　学	19	10	9						
其　他	138	81	57	12	6	6	1	1	

3-2　全省分年龄、性别、学业完成情况的3岁及以上各种受教育程度人口

单位：人

年龄	合计								
	合计			在校			毕业		
	合计	男	女	小计	男	女	小计	男	女
总计	**3866431**	**1940941**	**1925490**	**479596**	**245577**	**234019**	**3277246**	**1641443**	**1635803**
3									
4									
5-9岁	**119362**	**61947**	**57415**	**114860**	**59575**	**55285**	**3977**	**2098**	**1879**
5	2512	1287	1225	2364	1212	1152	112	55	57
6	23958	12134	11824	23035	11676	11359	781	383	398
7	29691	15532	14159	28629	14934	13695	945	530	415
8	33990	17739	16251	32760	17110	15650	1108	571	537
9	29211	15255	13956	28072	14643	13429	1031	559	472
10-14岁	**154696**	**81106**	**73590**	**145796**	**76310**	**69486**	**8070**	**4356**	**3714**
10	29128	15254	13874	27955	14629	13326	1066	571	495
11	31214	16283	14931	29782	15507	14275	1301	703	598
12	31259	16451	14808	29402	15477	13925	1694	896	798
13	33089	17335	15754	30908	16179	14729	1994	1063	931
14	30006	15783	14223	27749	14518	13231	2015	1123	892
15-19岁	**166520**	**86577**	**79943**	**145057**	**73639**	**71418**	**19652**	**11842**	**7810**
15	33520	17761	15759	31972	16835	15137	1239	739	500
16	35880	18730	17150	33635	17392	16243	1937	1141	796
17	28823	14982	13841	25371	12890	12481	3111	1891	1220
18	32679	16983	15696	26474	13187	13287	5759	3528	2231
19	35618	18121	17497	27605	13335	14270	7606	4543	3063
20-24岁	**167088**	**85449**	**81639**	**64406**	**31234**	**33172**	**100196**	**52793**	**47403**
20	37010	18749	18261	26031	12601	13430	10532	5906	4626
21	32273	16480	15793	18174	8787	9387	13657	7439	6218
22	31588	16251	15337	10178	5046	5132	20944	10948	9996
23	32041	16477	15564	5982	2905	3077	25530	13273	12257
24	34176	17492	16684	4041	1895	2146	29533	15227	14306
25-29岁	**205279**	**105814**	**99465**	**6547**	**3263**	**3284**	**195086**	**100472**	**94614**
25	37129	19243	17886	2655	1280	1375	33806	17595	16211
26	39860	20589	19271	1656	828	828	37498	19364	18134
27	41533	21427	20106	1063	526	537	39746	20469	19277
28	42401	21752	20649	727	376	351	40913	20944	19969
29	44356	22803	21553	446	253	193	43123	22100	21023
30-34岁	**331551**	**168854**	**162697**	**1459**	**739**	**720**	**324448**	**164952**	**159496**
30	60224	30904	29320	479	248	231	58693	30051	28642
31	63173	32139	31034	336	166	170	61770	31371	30399
32	66859	34065	32794	257	137	120	65524	33348	32176
33	76851	39040	37811	226	107	119	75280	38168	37112
34	64444	32706	31738	161	81	80	63181	32014	31167
35-39岁	**292050**	**148301**	**143749**	**525**	**296**	**229**	**286773**	**145384**	**141389**
35	50854	25703	25151	126	72	54	49906	25165	24741
36	48398	24518	23880	91	53	38	47546	24035	23511
37	57040	28948	28092	124	67	57	56081	28447	27634
38	74267	37918	36349	106	54	52	72962	37178	35784
39	61491	31214	30277	78	50	28	60278	30559	29719
40-44岁	**303226**	**154703**	**148523**	**291**	**154**	**137**	**296519**	**151090**	**145429**
40	59891	30531	29360	72	39	33	58632	29876	28756
41	70497	35912	34585	75	36	39	69023	35115	33908
42	65021	33186	31835	68	34	34	63577	32411	31166
43	53193	27346	25847	40	28	12	51950	26640	25310
44	54624	27728	26896	36	17	19	53337	27048	26289
45-49岁	**341329**	**172474**	**168855**	**195**	**113**	**82**	**332308**	**167624**	**164684**
45	56366	28554	27812	32	19	13	54945	27782	27163
46	63391	31944	31447	43	26	17	61811	31088	30723
47	71942	36341	35601	36	21	15	70087	35364	34723
48	72213	36453	35760	38	18	20	70261	35406	34855
49	77417	39182	38235	46	29	17	75204	37984	37220
50岁及以上	**1785330**	**875716**	**909614**	**460**	**254**	**206**	**1710217**	**840832**	**869385**

3-2 续表 1 单位：人

年 龄	合计								
	肄业			辍学			其他		
	小计	男	女	小计	男	女	小计	男	女
总 计	**17194**	**8385**	**8809**	**42134**	**20625**	**21509**	**50261**	**24911**	**25350**
3									
4									
5-9岁	**52**	**26**	**26**	**20**	**14**	**6**	**453**	**234**	**219**
5	1		1				35	20	15
6	10	5	5	1		1	131	70	61
7	12	6	6	2	2		103	60	43
8	16	11	5	10	7	3	96	40	56
9	13	4	9	7	5	2	88	44	44
10-14岁	**130**	**79**	**51**	**181**	**100**	**81**	**519**	**261**	**258**
10	19	12	7	6	3	3	82	39	43
11	16	11	5	11	8	3	104	54	50
12	29	11	18	26	12	14	108	55	53
13	20	13	7	42	20	22	125	60	65
14	46	32	14	96	57	39	100	53	47
15-19岁	**238**	**151**	**87**	**737**	**467**	**270**	**836**	**478**	**358**
15	35	21	14	156	97	59	118	69	49
16	40	30	10	123	80	43	145	87	58
17	42	27	15	158	94	64	141	80	61
18	64	38	26	162	105	57	220	125	95
19	57	35	22	138	91	47	212	117	95
20-24岁	**356**	**215**	**141**	**635**	**384**	**251**	**1495**	**823**	**672**
20	65	35	30	137	71	66	245	136	109
21	76	47	29	123	79	44	243	128	115
22	64	33	31	110	63	47	292	161	131
23	52	34	18	134	83	51	343	182	161
24	99	66	33	131	88	43	372	216	156
25-29岁	**453**	**271**	**182**	**1009**	**632**	**377**	**2184**	**1176**	**1008**
25	105	65	40	163	94	69	400	209	191
26	79	50	29	202	132	70	425	215	210
27	86	54	32	188	125	63	450	253	197
28	94	55	39	228	142	86	439	235	204
29	89	47	42	228	139	89	470	264	206
30-34岁	**774**	**452**	**322**	**1780**	**1069**	**711**	**3090**	**1642**	**1448**
30	127	79	48	332	212	120	593	314	279
31	152	96	56	335	192	143	580	314	266
32	161	86	75	340	205	135	577	289	288
33	184	100	84	414	255	159	747	410	337
34	150	91	59	359	205	154	593	315	278
35-39岁	**634**	**371**	**263**	**1456**	**871**	**585**	**2662**	**1379**	**1283**
35	109	74	35	244	144	100	469	248	221
36	101	60	41	230	136	94	430	234	196
37	103	48	55	258	138	120	474	248	226
38	181	111	70	364	229	135	654	346	308
39	140	78	62	360	224	136	635	303	332
40-44岁	**886**	**491**	**395**	**2026**	**1185**	**841**	**3504**	**1783**	**1721**
40	156	82	74	368	205	163	663	329	334
41	192	106	86	434	259	175	773	396	377
42	193	118	75	439	255	184	744	368	376
43	177	96	81	359	220	139	667	362	305
44	168	89	79	426	246	180	657	328	329
45-49岁	**1300**	**724**	**576**	**3140**	**1761**	**1379**	**4386**	**2252**	**2134**
45	215	127	88	480	266	214	694	360	334
46	231	127	104	546	294	252	760	409	351
47	255	128	127	661	377	284	903	451	452
48	292	155	137	668	383	285	954	491	463
49	307	187	120	785	441	344	1075	541	534
50岁及以上	**12371**	**5605**	**6766**	**31150**	**14142**	**17008**	**31132**	**14883**	**16249**

3-2　续表 2　　　　单位：人

年　龄	小学								
	合　　计			在　　校			毕　　业		
	合计	男	女	小计	男	女	小计	男	女
总　计	**754072**	**347071**	**407001**	**185260**	**96838**	**88422**	**518782**	**228720**	**290062**
3									
4									
5—9岁	**117738**	**61109**	**56629**	**113525**	**58884**	**54641**	**3712**	**1964**	**1748**
5	2512	1287	1225	2364	1212	1152	112	55	57
6	23666	11985	11681	22798	11555	11243	736	360	376
7	29346	15345	14001	28356	14786	13570	875	491	384
8	33517	17490	16027	32359	16896	15463	1044	541	503
9	28697	15002	13695	27648	14435	13213	945	517	428
10—14岁	**74911**	**39662**	**35249**	**71429**	**37800**	**33629**	**3094**	**1658**	**1436**
10	28254	14807	13447	27198	14237	12961	956	521	435
11	28250	14848	13402	27105	14214	12891	1037	570	467
12	12426	6839	5587	11765	6484	5281	576	313	263
13	4413	2322	2091	4019	2136	1883	346	163	183
14	1568	846	722	1342	729	613	179	91	88
15—19岁	**1401**	**842**	**559**	**210**	**114**	**96**	**962**	**587**	**375**
15	257	147	110	83	51	32	118	66	52
16	217	125	92	39	15	24	146	90	56
17	242	147	95	34	22	12	167	103	64
18	341	209	132	32	13	19	247	154	93
19	344	214	130	22	13	9	284	174	110
20—24岁	**2644**	**1555**	**1089**	**38**	**19**	**19**	**2310**	**1369**	**941**
20	440	240	200	16	6	10	363	202	161
21	402	228	174	9	3	6	344	195	149
22	537	316	221	5	4	1	467	278	189
23	554	326	228	2	2		498	296	202
24	711	445	266	6	4	2	638	398	240
25—29岁	**5642**	**3241**	**2401**	**7**	**2**	**5**	**5190**	**2973**	**2217**
25	848	496	352	2	1	1	784	461	323
26	978	579	399				898	528	370
27	1085	627	458	1		1	993	573	420
28	1252	697	555	1		1	1138	630	508
29	1479	842	637	3	1	2	1377	781	596
30—34岁	**12300**	**6882**	**5418**	**3**	**1**	**2**	**11496**	**6422**	**5074**
30	2023	1156	867	1		1	1898	1083	815
31	2443	1371	1072				2289	1280	1009
32	2506	1404	1102	2	1	1	2354	1316	1038
33	2896	1609	1287				2699	1492	1207
34	2432	1342	1090				2256	1251	1005
35—39岁	**10238**	**5319**	**4919**	**2**	**1**	**1**	**9565**	**4939**	**4626**
35	1741	919	822				1640	864	776
36	1632	818	814	1		1	1529	756	773
37	1858	924	934				1743	864	879
38	2432	1292	1140	1	1		2258	1194	1064
39	2575	1366	1209				2395	1261	1134
40—44岁	**17134**	**8693**	**8441**	**2**	**1**	**1**	**15931**	**8039**	**7892**
40	2951	1513	1438				2742	1405	1337
41	3757	1936	1821				3488	1784	1704
42	3515	1803	1712	1	1		3290	1674	1616
43	3196	1615	1581	1		1	2955	1487	1468
44	3715	1826	1889				3456	1689	1767
45—49岁	**31629**	**15372**	**16257**	**2**	**1**	**1**	**29210**	**14095**	**15115**
45	4250	2063	2187	2	1	1	3923	1905	2018
46	5484	2731	2753				5089	2522	2567
47	6456	3191	3265				5975	2923	3052
48	7146	3359	3787				6587	3078	3509
49	8293	4028	4265				7636	3667	3969
50岁及以上	**480435**	**204396**	**276039**	**42**	**15**	**27**	**437312**	**186674**	**250638**

3-2 续表 3

单位：人

年 龄	小学								
	肄业			辍学			其他		
	小计	男	女	小计	男	女	小计	男	女
总 计	**8092**	**3304**	**4788**	**23208**	**9928**	**13280**	**18730**	**8281**	**10449**
3									
4									
5-9岁	**51**	**25**	**26**	**19**	**13**	**6**	**431**	**223**	**208**
5	1		1				35	20	15
6	10	5	5	1		1	121	65	56
7	12	6	6	2	2		101	60	41
8	15	10	5	9	6	3	90	37	53
9	13	4	9	7	5	2	84	41	43
10-14岁	**58**	**34**	**24**	**69**	**40**	**29**	**261**	**130**	**131**
10	18	12	6	6	3	3	76	34	42
11	14	10	4	9	7	2	85	47	38
12	17	7	10	12	7	5	56	28	28
13	3	2	1	14	5	9	31	16	15
14	6	3	3	28	18	10	13	5	8
15-19岁	**20**	**13**	**7**	**126**	**76**	**50**	**83**	**52**	**31**
15	6	4	2	34	19	15	16	7	9
16	1	1		15	9	6	16	10	6
17	2		2	23	10	13	16	12	4
18	7	6	1	32	23	9	23	13	10
19	4	2	2	22	15	7	12	10	2
20-24岁	**41**	**25**	**16**	**127**	**75**	**52**	**128**	**67**	**61**
20	6	3	3	31	15	16	24	14	10
21	9	7	2	21	13	8	19	10	9
22	10	5	5	26	15	11	29	14	15
23	4	2	2	20	13	7	30	13	17
24	12	8	4	29	19	10	26	16	10
25-29岁	**48**	**22**	**26**	**185**	**119**	**66**	**212**	**125**	**87**
25	9	5	4	30	17	13	23	12	11
26	12	6	6	28	22	6	40	23	17
27	11	5	6	36	25	11	44	24	20
28	9	4	5	46	29	17	58	34	24
29	7	2	5	45	26	19	47	32	15
30-34岁	**109**	**56**	**53**	**390**	**239**	**151**	**302**	**164**	**138**
30	12	5	7	61	38	23	51	30	21
31	19	12	7	77	49	28	58	30	28
32	23	14	9	76	48	28	51	25	26
33	33	14	19	82	55	27	82	48	34
34	22	11	11	94	49	45	60	31	29
35-39岁	**82**	**57**	**25**	**308**	**175**	**133**	**281**	**147**	**134**
35	13	10	3	46	23	23	42	22	20
36	12	8	4	38	27	11	52	27	25
37	15	11	4	60	27	33	40	22	18
38	22	14	8	79	45	34	72	38	34
39	20	14	6	85	53	32	75	38	37
40-44岁	**152**	**80**	**72**	**514**	**303**	**211**	**535**	**270**	**265**
40	19	12	7	84	38	46	106	58	48
41	39	20	19	113	77	36	117	55	62
42	23	14	9	98	60	38	103	54	49
43	41	23	18	99	56	43	100	49	51
44	30	11	19	120	72	48	109	54	55
45-49岁	**335**	**177**	**158**	**1161**	**617**	**544**	**921**	**482**	**439**
45	38	18	20	161	78	83	126	61	65
46	65	33	32	185	89	96	145	87	58
47	67	43	24	244	143	101	170	82	88
48	79	38	41	268	134	134	212	109	103
49	86	45	41	303	173	130	268	143	125
50岁及以上	**7196**	**2815**	**4381**	**20309**	**8271**	**12038**	**15576**	**6621**	**8955**

3-2　续表 4　　单位：人

年　龄	初中								
	合　计			在　校			毕　业		
	合计	男	女	小计	男	女	小计	男	女
总　计	**1706273**	**878141**	**828132**	**95413**	**50254**	**45159**	**1562759**	**801668**	**761091**
3									
4									
5–9岁	**1623**	**838**	**785**	**1335**	**691**	**644**	**264**	**134**	**130**
5									
6	292	149	143	237	121	116	45	23	22
7	345	187	158	273	148	125	70	39	31
8	472	249	223	401	214	187	63	30	33
9	514	253	261	424	208	216	86	42	44
10–14岁	**76982**	**40134**	**36848**	**71760**	**37300**	**34460**	**4798**	**2610**	**2188**
10	873	447	426	757	392	365	109	50	59
11	2961	1434	1527	2675	1292	1383	263	133	130
12	18827	9611	9216	17631	8992	8639	1118	583	535
13	28169	14775	13394	26440	13833	12607	1596	875	721
14	26152	13867	12285	24257	12791	11466	1712	969	743
15–19岁	**33804**	**19427**	**14377**	**21982**	**12084**	**9898**	**10919**	**6776**	**4143**
15	13886	7735	6151	12732	7032	5700	950	574	376
16	6813	3805	3008	5231	2843	2388	1423	858	565
17	4232	2487	1745	2091	1155	936	1975	1234	741
18	4398	2655	1743	1205	644	561	3002	1890	1112
19	4475	2745	1730	723	410	313	3569	2220	1349
20–24岁	**33501**	**19588**	**13913**	**120**	**58**	**62**	**32242**	**18841**	**13401**
20	4713	2763	1950	42	18	24	4490	2639	1851
21	4984	2992	1992	28	14	14	4774	2863	1911
22	6403	3842	2561	20	9	11	6160	3699	2461
23	7841	4557	3284	18	8	10	7573	4399	3174
24	9560	5434	4126	12	9	3	9245	5241	4004
25–29岁	**66088**	**37164**	**28924**	**40**	**21**	**19**	**64059**	**35966**	**28093**
25	11300	6553	4747	10	6	4	10908	6323	4585
26	12357	7055	5302	8	2	6	11969	6843	5126
27	13370	7523	5847	12	5	7	12971	7272	5699
28	13678	7656	6022	9	7	2	13257	7396	5861
29	15383	8377	7006	1	1		14954	8132	6822
30–34岁	**125685**	**66501**	**59184**	**25**	**11**	**14**	**122242**	**64534**	**57708**
30	21855	11870	9985	13	7	6	21198	11479	9719
31	23190	12215	10975	5	3	2	22536	11845	10691
32	24856	13110	11746	3	1	2	24205	12762	11443
33	29938	15718	14220	2		2	29133	15251	13882
34	25846	13588	12258	2		2	25170	13197	11973
35–39岁	**123358**	**64043**	**59315**	**16**	**12**	**4**	**120303**	**62305**	**57998**
35	20276	10528	9748	2	1	1	19748	10221	9527
36	19294	9912	9382	3	2	1	18802	9627	9175
37	23194	12173	11021	4	3	1	22652	11881	10771
38	31901	16600	15301	3	3		31133	16139	14994
39	28693	14830	13863	4	3	1	27968	14437	13531
40–44岁	**154421**	**79950**	**74471**	**13**	**9**	**4**	**150254**	**77661**	**72593**
40	28922	14999	13923	1	1		28155	14588	13567
41	35629	18366	17263	6	4	2	34737	17873	16864
42	32732	17030	15702	4	2	2	31819	16540	15279
43	27859	14575	13284	1	1		27085	14117	12968
44	29279	14980	14299	1	1		28458	14543	13915
45–49岁	**190781**	**96338**	**94443**	**15**	**8**	**7**	**185321**	**93382**	**91939**
45	30746	15636	15110	1	1		29866	15140	14726
46	35593	17856	17737	4	2	2	34609	17325	17284
47	40386	20456	19930	3	2	1	39231	19858	19373
48	40608	20449	20159	2	1	1	39464	19811	19653
49	43448	21941	21507	5	2	3	42151	21248	20903
50岁及以上	**900030**	**454158**	**445872**	**107**	**60**	**47**	**872357**	**439459**	**432898**

3-2 续表 5

单位：人

年 龄	初中								
	肄业			辍学			其他		
	小计	男	女	小计	男	女	小计	男	女
总 计	**7599**	**4197**	**3402**	**17373**	**9783**	**7590**	**23129**	**12239**	**10890**
3									
4									
5-9岁	**1**	**1**		**1**	**1**		**22**	**11**	**11**
5									
6							10	5	5
7							2		2
8	1	1		1	1		6	3	3
9							4	3	1
10-14岁	**68**	**41**	**27**	**110**	**58**	**52**	**246**	**125**	**121**
10	1		1				6	5	1
11	2	1	1	2	1	1	19	7	12
12	12	4	8	14	5	9	52	27	25
13	17	11	6	28	15	13	88	41	47
14	36	25	11	66	37	29	81	45	36
15-19岁	**128**	**84**	**44**	**461**	**293**	**168**	**314**	**190**	**124**
15	25	14	11	112	73	39	67	42	25
16	28	20	8	85	57	28	46	27	19
17	27	19	8	90	52	38	49	27	22
18	29	16	13	92	61	31	70	44	26
19	19	15	4	82	50	32	82	50	32
20-24岁	**159**	**99**	**60**	**345**	**214**	**131**	**635**	**376**	**259**
20	27	15	12	62	36	26	92	55	37
21	29	20	9	66	42	24	87	53	34
22	31	17	14	62	40	22	130	77	53
23	22	15	7	81	50	31	147	85	62
24	50	32	18	74	46	28	179	106	73
25-29岁	**260**	**160**	**100**	**672**	**434**	**238**	**1057**	**583**	**474**
25	69	39	30	108	67	41	205	118	87
26	31	20	11	141	89	52	208	101	107
27	53	39	14	124	85	39	210	122	88
28	57	37	20	147	98	49	208	118	90
29	50	25	25	152	95	57	226	124	102
30-34岁	**488**	**300**	**188**	**1213**	**724**	**489**	**1717**	**932**	**785**
30	89	57	32	221	141	80	334	186	148
31	93	61	32	225	128	97	331	178	153
32	93	51	42	232	135	97	323	161	162
33	115	66	49	299	179	120	389	222	167
34	98	65	33	236	141	95	340	185	155
35-39岁	**421**	**242**	**179**	**1032**	**629**	**403**	**1586**	**855**	**731**
35	68	47	21	180	109	71	278	150	128
36	66	39	27	176	100	76	247	144	103
37	69	32	37	178	98	80	291	159	132
38	121	75	46	258	166	92	386	217	169
39	97	49	48	240	156	84	384	185	199
40-44岁	**604**	**342**	**262**	**1367**	**810**	**557**	**2183**	**1128**	**1055**
40	111	56	55	252	149	103	403	205	198
41	124	72	52	285	164	121	477	253	224
42	140	86	54	308	178	130	461	224	237
43	113	63	50	236	154	82	424	240	184
44	116	65	51	286	165	121	418	206	212
45-49岁	**846**	**476**	**370**	**1860**	**1073**	**787**	**2739**	**1399**	**1340**
45	149	91	58	298	177	121	432	227	205
46	150	88	62	342	191	151	488	250	238
47	168	76	92	386	217	169	598	303	295
48	186	98	88	374	232	142	582	307	275
49	193	123	70	460	256	204	639	312	327
50岁及以上	**4624**	**2452**	**2172**	**10312**	**5547**	**4765**	**12630**	**6640**	**5990**

3-2　续表 6

单位：人

年　龄	高中								
	合　计			在　校			毕　业		
	合计	男	女	小计	男	女	小计	男	女
总　计	**605754**	**312664**	**293090**	**86066**	**44393**	**41673**	**512804**	**264500**	**248304**
3									
4									
5-9岁	**1**		**1**				**1**		**1**
5									
6									
7									
8	1		1				1		1
9									
10-14岁	**2795**	**1308**	**1487**	**2600**	**1208**	**1392**	**177**	**88**	**89**
10									
11	3	1	2	2	1	1	1		1
12	6	1	5	6	1	5			
13	507	238	269	449	210	239	52	25	27
14	2279	1068	1211	2143	996	1147	124	63	61
15-19岁	**85797**	**44896**	**40901**	**80004**	**41405**	**38599**	**5408**	**3265**	**2143**
15	18854	9619	9235	18667	9512	9155	161	93	68
16	27865	14307	13558	27456	14087	13369	337	178	159
17	21385	11044	10341	20503	10526	9977	783	458	325
18	12330	6863	5467	10458	5712	4746	1773	1094	679
19	5363	3063	2300	2920	1568	1352	2354	1442	912
20-24岁	**22037**	**12400**	**9637**	**3339**	**1710**	**1629**	**18262**	**10449**	**7813**
20	4352	2380	1972	1527	768	759	2731	1567	1164
21	3960	2224	1736	822	406	416	3060	1772	1288
22	4244	2388	1856	495	276	219	3681	2081	1600
23	4485	2597	1888	287	156	131	4110	2391	1719
24	4996	2811	2185	208	104	104	4680	2638	2042
25-29岁	**31462**	**17512**	**13950**	**47**	**29**	**18**	**30869**	**17181**	**13688**
25	5452	3068	2384	16	9	7	5323	2996	2327
26	6169	3582	2587	15	13	2	6039	3501	2538
27	6398	3514	2884	4	2	2	6286	3458	2828
28	6562	3582	2980	9	5	4	6446	3521	2925
29	6881	3766	3115	3		3	6775	3705	3070
30-34岁	**51840**	**27509**	**24331**	**17**	**9**	**8**	**51171**	**27148**	**24023**
30	9321	4980	4341	5	1	4	9189	4904	4285
31	9734	5247	4487	2	2		9619	5182	4437
32	10589	5769	4820	4	1	3	10452	5697	4755
33	12318	6364	5954	1	1		12156	6281	5875
34	9878	5149	4729	5	4	1	9755	5084	4671
35-39岁	**47198**	**24168**	**23030**	**10**	**8**	**2**	**46646**	**23886**	**22760**
35	7705	3981	3724	3	3		7614	3929	3685
36	7252	3701	3551	1	1		7163	3658	3505
37	9009	4630	4379	3	2	1	8911	4580	4331
38	12764	6569	6195	2	1	1	12612	6488	6124
39	10468	5287	5181	1	1		10346	5231	5115
40-44岁	**56430**	**28314**	**28116**	**9**	**6**	**3**	**55791**	**27994**	**27797**
40	10615	5312	5303				10491	5258	5233
41	13257	6721	6536	3	1	2	13100	6639	6461
42	12421	6176	6245	2	2		12282	6107	6175
43	10029	5055	4974	2	2		9920	4996	4924
44	10108	5050	5058	2	1	1	9998	4994	5004
45-49岁	**58228**	**29249**	**28979**	**9**	**5**	**4**	**57586**	**28898**	**28688**
45	10090	5100	4990	1	1		9965	5030	4935
46	10725	5322	5403	1		1	10624	5266	5358
47	12304	6137	6167	4	2	2	12175	6071	6104
48	12103	6086	6017	1		1	11961	6007	5954
49	13006	6604	6402	2	2		12861	6524	6337
50岁及以上	**249966**	**127308**	**122658**	**31**	**13**	**18**	**246893**	**125591**	**121302**

3-2 续表 7

单位：人

年龄	高中								
	肄业			辍学			其他		
	小计	男	女	小计	男	女	小计	男	女
总计	**979**	**588**	**391**	**1392**	**815**	**577**	**4513**	**2368**	**2145**
3									
4									
5-9岁									
5									
6									
7									
8									
9									
10-14岁	**4**	**4**		**2**	**2**		**12**	**6**	**6**
10									
11									
12									
13							6	3	3
14	4	4		2	2		6	3	3
15-19岁	**74**	**46**	**28**	**138**	**91**	**47**	**173**	**89**	**84**
15	4	3	1	9	5	4	13	6	7
16	11	9	2	23	14	9	38	19	19
17	13	8	5	42	30	12	44	22	22
18	23	13	10	35	20	15	41	24	17
19	23	13	10	29	22	7	37	18	19
20-24岁	**67**	**39**	**28**	**125**	**71**	**54**	**244**	**131**	**113**
20	10	5	5	31	11	20	53	29	24
21	14	7	7	26	18	8	38	21	17
22	10	5	5	17	4	13	41	22	19
23	12	10	2	27	18	9	49	22	27
24	21	12	9	24	20	4	63	37	26
25-29岁	**78**	**54**	**24**	**130**	**72**	**58**	**338**	**176**	**162**
25	14	13	1	24	10	14	75	40	35
26	22	17	5	28	19	9	65	32	33
27	13	6	7	24	14	10	71	34	37
28	13	8	5	31	14	17	63	34	29
29	16	10	6	23	15	8	64	36	28
30-34岁	**79**	**47**	**32**	**146**	**89**	**57**	**427**	**216**	**211**
30	11	8	3	35	25	10	81	42	39
31	15	8	7	31	15	16	67	40	27
32	22	10	12	28	20	8	83	41	42
33	18	11	7	27	17	10	116	54	62
34	13	10	3	25	12	13	80	39	41
35-39岁	**72**	**42**	**30**	**103**	**56**	**47**	**367**	**176**	**191**
35	15	11	4	17	11	6	56	27	29
36	16	7	9	14	8	6	58	27	31
37	11	3	8	17	10	7	67	35	32
38	20	14	6	24	15	9	106	51	55
39	10	7	3	31	12	19	80	36	44
40-44岁	**82**	**45**	**37**	**132**	**62**	**70**	**416**	**207**	**209**
40	18	11	7	28	15	13	78	28	50
41	18	10	8	35	18	17	101	53	48
42	17	8	9	27	12	15	93	47	46
43	12	6	6	23	9	14	72	42	30
44	17	10	7	19	8	11	72	37	35
45-49岁	**88**	**53**	**35**	**112**	**67**	**45**	**433**	**226**	**207**
45	21	14	7	20	10	10	83	45	38
46	9	3	6	19	14	5	72	39	33
47	15	7	8	29	16	13	81	41	40
48	19	13	6	24	16	8	98	50	48
49	24	16	8	20	11	9	99	51	48
50岁及以上	**435**	**258**	**177**	**504**	**305**	**199**	**2103**	**1141**	**962**

3-2 续表 8 单位：人

年 龄	大学专科								
	合 计			在 校			毕 业		
	合计	男	女	小计	男	女	小计	男	女
总 计	**384709**	**196735**	**187974**	**36545**	**17777**	**18768**	**345297**	**177450**	**167847**
3									
4									
5－9岁									
5									
6									
7									
8									
9									
10－14岁	**7**	**2**	**5**	**7**	**2**	**5**			
10									
11									
12									
13									
14	7	2	5	7	2	5			
15－19岁	**22406**	**10796**	**11610**	**20152**	**9618**	**10534**	**1986**	**1026**	**960**
15	474	232	242	441	212	229	10	6	4
16	815	409	406	746	365	381	24	13	11
17	1899	894	1005	1708	793	915	157	80	77
18	7912	3854	4058	7200	3471	3729	620	336	284
19	11306	5407	5899	10057	4777	5280	1175	591	584
20－24岁	**42362**	**20889**	**21473**	**14685**	**7209**	**7476**	**27305**	**13477**	**13828**
20	10723	5341	5382	8233	4055	4178	2408	1244	1164
21	7768	3790	3978	3598	1748	1850	4083	2000	2083
22	7756	3770	3986	1630	788	842	6062	2945	3117
23	7938	3957	3981	788	408	380	7080	3509	3571
24	8177	4031	4146	436	210	226	7672	3779	3893
25－29岁	**46272**	**23173**	**23099**	**865**	**459**	**406**	**45013**	**22513**	**22500**
25	8779	4369	4410	312	155	157	8406	4188	4218
26	9279	4582	4697	218	114	104	8977	4427	4550
27	9477	4792	4685	132	71	61	9269	4676	4593
28	9372	4688	4684	114	64	50	9188	4594	4594
29	9365	4742	4623	89	55	34	9173	4628	4545
30－34岁	**62275**	**30999**	**31276**	**296**	**164**	**132**	**61538**	**30617**	**30921**
30	12061	6107	5954	80	49	31	11892	6015	5877
31	12294	6162	6132	63	36	27	12139	6077	6062
32	12707	6347	6360	60	35	25	12556	6268	6288
33	13961	6921	7040	57	26	31	13818	6851	6967
34	11252	5462	5790	36	18	18	11133	5406	5727
35－39岁	**46231**	**22873**	**23358**	**159**	**98**	**61**	**45801**	**22645**	**23156**
35	8558	4300	4258	37	22	15	8460	4244	4216
36	7952	4017	3935	19	15	4	7892	3984	3908
37	9433	4630	4803	42	23	19	9345	4589	4756
38	11468	5716	5752	34	20	14	11371	5666	5705
39	8820	4210	4610	27	18	9	8733	4162	4571
40－44岁	**37390**	**18409**	**18981**	**113**	**63**	**50**	**37019**	**18221**	**18798**
40	7984	3885	4099	25	11	14	7912	3851	4061
41	8914	4362	4552	26	17	9	8835	4327	4508
42	8276	4053	4223	32	17	15	8173	3996	4177
43	6201	3087	3114	15	11	4	6139	3054	3085
44	6015	3022	2993	15	7	8	5960	2993	2967
45－49岁	**32602**	**16459**	**16143**	**96**	**60**	**36**	**32267**	**16283**	**15984**
45	6016	2977	3039	12	7	5	5955	2944	3011
46	6189	3134	3055	24	15	9	6122	3095	3027
47	6813	3394	3419	13	8	5	6758	3367	3391
48	6744	3468	3276	21	13	8	6674	3436	3238
49	6840	3486	3354	26	17	9	6758	3441	3317
50岁及以上	**95164**	**53135**	**42029**	**172**	**104**	**68**	**94368**	**52668**	**41700**

3-2 续表 9

单位：人

年龄	大学专科								
	肄业			辍学			其他		
	小计	男	女	小计	男	女	小计	男	女
总 计	**323**	**177**	**146**	**110**	**66**	**44**	**2434**	**1265**	**1169**
3									
4									
5-9岁									
5									
6									
7									
8									
9									
10-14岁									
10									
11									
12									
13									
14									
15-19岁	**14**	**7**	**7**	**10**	**5**	**5**	**244**	**140**	**104**
15				1		1	22	14	8
16							45	31	14
17				3	2	1	31	19	12
18	5	3	2	2		2	85	44	41
19	9	4	5	4	3	1	61	32	29
20-24岁	**61**	**37**	**24**	**27**	**17**	**10**	**284**	**149**	**135**
20	20	11	9	9	6	3	53	25	28
21	20	11	9	8	4	4	59	27	32
22	9	5	4	4	3	1	51	29	22
23	5	3	2	4	2	2	61	35	26
24	7	7		2	2		60	33	27
25-29岁	**37**	**21**	**16**	**16**	**4**	**12**	**341**	**176**	**165**
25	6	4	2	1		1	54	22	32
26	8	4	4	3		3	73	37	36
27	5	2	3	1		1	70	43	27
28	8	4	4	4	1	3	58	25	33
29	10	7	3	7	3	4	86	49	37
30-34岁	**51**	**21**	**30**	**17**	**10**	**7**	**373**	**187**	**186**
30	8	4	4	5	3	2	76	36	40
31	16	9	7	2		2	74	40	34
32	12	5	7	3	2	1	76	37	39
33	8	3	5	4	3	1	74	38	36
34	7		7	3	2	1	73	36	37
35-39岁	**34**	**15**	**19**	**8**	**6**	**2**	**229**	**109**	**120**
35	6	3	3				55	31	24
36	4	3	1	2	1	1	35	14	21
37	3		3	1	1		42	17	25
38	10	3	7	2	2		51	25	26
39	11	6	5	3	2	1	46	22	24
40-44岁	**32**	**15**	**17**	**9**	**7**	**2**	**217**	**103**	**114**
40	7	3	4	3	2	1	37	18	19
41	9	3	6				44	15	29
42	8	6	2	5	4	1	58	30	28
43	5	1	4				42	21	21
44	3	2	1	1	1		36	19	17
45-49岁	**23**	**15**	**8**	**6**	**3**	**3**	**210**	**98**	**112**
45	6	4	2				43	22	21
46	6	3	3				37	21	16
47	3	1	2	2	1	1	37	17	20
48	6	5	1	2	1	1	41	13	28
49	2	2		2	1	1	52	25	27
50岁及以上	**71**	**46**	**25**	**17**	**14**	**3**	**536**	**303**	**233**

3-2 续表 10 单位：人

年 龄	大学本科								
	合 计			在 校			毕 业		
	合计	男	女	小计	男	女	小计	男	女
总 计	**375347**	**187216**	**188131**	**65932**	**31606**	**34326**	**307858**	**154782**	**153076**
3									
4									
5-9岁									
5									
6									
7									
8									
9									
10-14岁	**1**		**1**				**1**		**1**
10	1		1				1		1
11									
12									
13									
14									
15-19岁	**23083**	**10602**	**12481**	**22680**	**10404**	**12276**	**377**	**188**	**189**
15	49	28	21	49	28	21			
16	170	84	86	163	82	81	7	2	5
17	1063	410	653	1033	394	639	29	16	13
18	7687	3397	4290	7568	3342	4226	117	54	63
19	14114	6683	7431	13867	6558	7309	224	116	108
20-24岁	**60714**	**28577**	**32137**	**40809**	**19936**	**20873**	**19684**	**8526**	**11158**
20	16743	8008	8735	16177	7739	8438	537	252	285
21	14938	7167	7771	13505	6539	6966	1388	608	780
22	11471	5472	5999	6902	3521	3381	4528	1931	2597
23	9144	4150	4994	2920	1479	1441	6165	2642	3523
24	8418	3780	4638	1305	658	647	7066	3093	3973
25-29岁	**48076**	**21514**	**26562**	**1665**	**864**	**801**	**46172**	**20533**	**25639**
25	8689	3862	4827	722	367	355	7926	3478	4448
26	9325	4071	5254	398	209	189	8888	3840	5048
27	9757	4383	5374	266	137	129	9432	4216	5216
28	10228	4596	5632	166	87	79	10011	4485	5526
29	10077	4602	5475	113	64	49	9915	4514	5401
30-34岁	**71274**	**33592**	**37682**	**374**	**186**	**188**	**70593**	**33240**	**37353**
30	13389	6185	7204	122	68	54	13202	6088	7114
31	13830	6468	7362	94	36	58	13682	6403	7279
32	14510	6747	7763	56	30	26	14403	6688	7715
33	16045	7704	8341	60	34	26	15894	7619	8275
34	13500	6488	7012	42	18	24	13412	6442	6970
35-39岁	**57289**	**28271**	**29018**	**148**	**77**	**71**	**56939**	**28098**	**28841**
35	11207	5366	5841	35	19	16	11131	5329	5802
36	10806	5393	5413	21	10	11	10748	5361	5387
37	11944	5837	6107	39	17	22	11870	5803	6067
38	13802	6854	6948	32	16	16	13727	6820	6907
39	9530	4821	4709	21	15	6	9463	4785	4678
40-44岁	**33447**	**16995**	**16452**	**114**	**58**	**56**	**33175**	**16859**	**16316**
40	8235	4205	4030	32	20	12	8166	4167	3999
41	7836	3961	3875	27	10	17	7777	3933	3844
42	7120	3614	3506	24	10	14	7065	3587	3478
43	5284	2666	2618	16	11	5	5233	2642	2591
44	4972	2549	2423	15	7	8	4934	2530	2404
45-49岁	**25697**	**13675**	**12022**	**53**	**30**	**23**	**25558**	**13598**	**11960**
45	4805	2530	2275	13	7	6	4781	2518	2263
46	4953	2641	2312	10	7	3	4926	2623	2303
47	5455	2874	2581	9	5	4	5427	2860	2567
48	5122	2790	2332	12	3	9	5090	2776	2314
49	5362	2840	2522	9	8	1	5334	2821	2513
50岁及以上	**55766**	**33990**	**21776**	**89**	**51**	**38**	**55359**	**33740**	**21619**

3-2 续表 11 单位：人

年龄	大学本科								
	肄业			辍学			其他		
	小计	男	女	小计	男	女	小计	男	女
总计	**180**	**106**	**74**	**50**	**33**	**17**	**1327**	**689**	**638**
3									
4									
5-9岁									
5									
6									
7									
8									
9									
10-14岁									
10									
11									
12									
13									
14									
15-19岁	**2**	**1**	**1**	**2**	**2**		**22**	**7**	**15**
15									
16									
17							1		1
18				1	1		1		1
19	2	1	1	1	1		20	7	13
20-24岁	**24**	**13**	**11**	**10**	**7**	**3**	**187**	**95**	**92**
20	2	1	1	4	3	1	23	13	10
21	4	2	2	2	2		39	16	23
22	3	1	2	1	1		37	18	19
23	8	3	5	2		2	49	26	23
24	7	6	1	1	1		39	22	17
25-29岁	**28**	**14**	**14**	**6**	**3**	**3**	**205**	**100**	**105**
25	7	4	3				34	13	21
26	6	3	3	2	2		31	17	14
27	4	2	2	3	1	2	52	27	25
28	6	2	4				45	22	23
29	5	3	2	1		1	43	21	22
30-34岁	**44**	**26**	**18**	**14**	**7**	**7**	**249**	**133**	**116**
30	6	4	2	10	5	5	49	20	29
31	9	6	3				45	23	22
32	11	6	5	1		1	39	23	16
33	9	5	4	2	1	1	80	45	35
34	9	5	4	1	1		36	22	14
35-39岁	**20**	**13**	**7**	**5**	**5**		**177**	**78**	**99**
35	6	3	3	1	1		34	14	20
36	2	2					35	20	15
37	4	2	2	2	2		29	13	16
38	6	4	2	1	1		36	13	23
39	2	2		1	1		43	18	25
40-44岁	**14**	**7**	**7**	**4**	**3**	**1**	**140**	**68**	**72**
40	1		1	1	1		35	17	18
41	1		1	1		1	30	18	12
42	4	3	1	1	1		26	13	13
43	6	3	3	1	1		28	9	19
44	2	1	1				21	11	10
45-49岁	**8**	**3**	**5**	**1**	**1**		**77**	**43**	**34**
45	1		1	1	1		9	4	5
46	1		1				16	11	5
47	2	1	1				17	8	9
48	2	1	1				18	10	8
49	2	1	1				17	10	7
50岁及以上	**40**	**29**	**11**	**8**	**5**	**3**	**270**	**165**	**105**

3-2　续表 12

单位：人

年　龄	硕士研究生								
	合　计			在　校			毕　业		
	合计	男	女	小计	男	女	小计	男	女
总　计	**36175**	**16865**	**19310**	**9076**	**3995**	**5081**	**26960**	**12798**	**14162**
3									
4									
5—9岁									
5									
6									
7									
8									
9									
10—14岁									
10									
11									
12									
13									
14									
15—19岁	**29**	**14**	**15**	**29**	**14**	**15**			
15									
16									
17	2		2	2		2			
18	11	5	6	11	5	6			
19	16	9	7	16	9	7			
20—24岁	**5685**	**2362**	**3323**	**5282**	**2230**	**3052**	**381**	**125**	**256**
20	38	16	22	36	15	21	2	1	1
21	212	74	138	205	72	133	6	1	5
22	1159	452	707	1109	438	671	45	13	32
23	2038	867	1171	1930	830	1100	100	35	65
24	2238	953	1285	2002	875	1127	228	75	153
25—29岁	**6871**	**2747**	**4124**	**3188**	**1483**	**1705**	**3653**	**1250**	**2403**
25	1918	826	1092	1466	681	785	444	142	302
26	1568	616	952	853	395	458	708	217	491
27	1258	491	767	475	222	253	780	266	514
28	1104	426	678	265	125	140	832	299	533
29	1023	388	635	129	60	69	889	326	563
30—34岁	**7357**	**2954**	**4403**	**417**	**196**	**221**	**6917**	**2748**	**4169**
30	1406	525	881	156	70	86	1247	454	793
31	1513	589	924	97	51	46	1411	535	876
32	1525	599	926	69	32	37	1452	566	886
33	1517	639	878	55	26	29	1456	610	846
34	1396	602	794	40	17	23	1351	583	768
35—39岁	**6957**	**3196**	**3761**	**108**	**51**	**57**	**6825**	**3132**	**3693**
35	1247	539	708	28	12	16	1214	523	691
36	1303	586	717	22	10	12	1278	574	704
37	1455	678	777	21	13	8	1429	664	765
38	1713	786	927	21	8	13	1687	775	912
39	1239	607	632	16	8	8	1217	596	621
40—44岁	**3805**	**2019**	**1786**	**24**	**9**	**15**	**3767**	**2002**	**1765**
40	1029	527	502	10	5	5	1015	519	496
41	956	484	472	8	2	6	944	480	464
42	828	441	387	1		1	823	440	383
43	532	302	230	3	2	1	528	299	229
44	460	265	195	2		2	457	264	193
45—49岁	**2078**	**1216**	**862**	**13**	**5**	**8**	**2059**	**1207**	**852**
45	397	219	178	2	2		394	216	178
46	380	223	157	3	1	2	375	221	154
47	466	257	209	3	1	2	463	256	207
48	421	262	159	1	1		417	259	158
49	414	255	159	4		4	410	255	155
50岁及以上	**3393**	**2357**	**1036**	**15**	**7**	**8**	**3358**	**2334**	**1024**

3-2 续表 13 单位：人

年 龄	硕士研究生								
	肄 业			辍 学			其 他		
	小计	男	女	小计	男	女	小计	男	女
总 计	**20**	**12**	**8**	**1**		**1**	**118**	**60**	**58**
3									
4									
5-9岁									
5									
6									
7									
8									
9									
10-14岁									
10									
11									
12									
13									
14									
15-19岁									
15									
16									
17									
18									
19									
20-24岁	**4**	**2**	**2**	**1**		**1**	**17**	**5**	**12**
20									
21							1	1	
22	1		1				4	1	3
23	1	1					7	1	6
24	2	1	1	1		1	5	2	3
25-29岁	**2**		**2**				**28**	**14**	**14**
25							8	3	5
26							7	4	3
27							3	3	
28	1		1				6	2	4
29	1		1				4	2	2
30-34岁	**3**	**2**	**1**				**20**	**8**	**12**
30	1	1					2		2
31							5	3	2
32							4	1	3
33	1	1					5	2	3
34	1		1				4	2	2
35-39岁	**5**	**2**	**3**				**19**	**11**	**8**
35	1		1				4	4	
36	1	1					2	1	1
37	1		1				4	1	3
38	2	1	1				3	2	1
39							6	3	3
40-44岁	**1**	**1**					**13**	**7**	**6**
40							4	3	1
41							4	2	2
42	1	1					3		3
43							1	1	
44							1	1	
45-49岁							**6**	**4**	**2**
45							1	1	
46							2	1	1
47									
48							3	2	1
49									
50岁及以上	**5**	**5**					**15**	**11**	**4**

3-2 续表 14

单位：人

年 龄	博士研究生								
	合 计			在 校			毕 业		
	合计	男	女	小计	男	女	小计	男	女
总 计	**4101**	**2249**	**1852**	**1304**	**714**	**590**	**2786**	**1525**	**1261**
3									
4									
5-9岁									
5									
6									
7									
8									
9									
10-14岁									
10									
11									
12									
13									
14									
15-19岁									
15									
16									
17									
18									
19									
20-24岁	**145**	**78**	**67**	**133**	**72**	**61**	**12**	**6**	**6**
20	1	1					1	1	
21	9	5	4	7	5	2	2		2
22	18	11	7	17	10	7	1	1	
23	41	23	18	37	22	15	4	1	3
24	76	38	38	72	35	37	4	3	1
25-29岁	**868**	**463**	**405**	**735**	**405**	**330**	**130**	**56**	**74**
25	143	69	74	127	61	66	15	7	8
26	184	104	80	164	95	69	19	8	11
27	188	97	91	173	89	84	15	8	7
28	205	107	98	163	88	75	41	19	22
29	148	86	62	108	72	36	40	14	26
30-34岁	**820**	**417**	**403**	**327**	**172**	**155**	**491**	**243**	**248**
30	169	81	88	102	53	49	67	28	39
31	169	87	82	75	38	37	94	49	45
32	166	89	77	63	37	26	102	51	51
33	176	85	91	51	20	31	124	64	60
34	140	75	65	36	24	12	104	51	53
35-39岁	**779**	**431**	**348**	**82**	**49**	**33**	**694**	**379**	**315**
35	120	70	50	21	15	6	99	55	44
36	159	91	68	24	15	9	134	75	59
37	147	76	71	15	9	6	131	66	65
38	187	101	86	13	5	8	174	96	78
39	166	93	73	9	5	4	156	87	69
40-44岁	**599**	**323**	**276**	**16**	**8**	**8**	**582**	**314**	**268**
40	155	90	65	4	2	2	151	88	63
41	148	82	66	5	2	3	142	79	63
42	129	69	60	4	2	2	125	67	58
43	92	46	46	2	1	1	90	45	45
44	75	36	39	1	1		74	35	39
45-49岁	**314**	**165**	**149**	**7**	**4**	**3**	**307**	**161**	**146**
45	62	29	33	1		1	61	29	32
46	67	37	30	1	1		66	36	30
47	62	32	30	4	3	1	58	29	29
48	69	39	30	1		1	68	39	29
49	54	28	26				54	28	26
50岁及以上	**576**	**372**	**204**	**4**	**4**		**570**	**366**	**204**

3-2 续表 15

单位：人

年 龄	博士研究生								
	肄 业			辍 学			其 他		
	小计	男	女	小计	男	女	小计	男	女
总 计	**1**	**1**					**10**	**9**	**1**
3									
4									
5-9岁									
5									
6									
7									
8									
9									
10-14岁									
10									
11									
12									
13									
14									
15-19岁									
15									
16									
17									
18									
19									
20-24岁									
20									
21									
22									
23									
24									
25-29岁							**3**	**2**	**1**
25							1	1	
26							1	1	
27									
28							1		1
29									
30-34岁							**2**	**2**	
30									
31									
32							1	1	
33							1	1	
34									
35-39岁							**3**	**3**	
35									
36							1	1	
37							1	1	
38									
39							1	1	
40-44岁	**1**	**1**							
40									
41	1	1							
42									
43									
44									
45-49岁									
45									
46									
47									
48									
49									
50岁及以上							**2**	**2**	

3–2a　全省分年龄、性别、学业完成情况的3岁及以上各种受教育程度人口(城市)

单位：人

年龄	合计								
	合计			在校			毕业		
	合计	男	女	小计	男	女	小计	男	女
总计	**2324109**	**1146607**	**1177502**	**303805**	**155974**	**147831**	**1993913**	**978020**	**1015893**
3									
4									
5–9岁	**76792**	**39738**	**37054**	**73804**	**38185**	**35619**	**2723**	**1419**	**1304**
5	1433	722	711	1341	679	662	68	30	38
6	17385	8787	8598	16700	8442	8258	596	299	297
7	19078	9973	9105	18372	9598	8774	653	352	301
8	21417	11136	10281	20620	10727	9893	744	383	361
9	17479	9120	8359	16771	8739	8032	662	355	307
10–14岁	**84991**	**44572**	**40419**	**80167**	**42047**	**38120**	**4575**	**2405**	**2170**
10	16592	8638	7954	15911	8278	7633	638	338	300
11	17513	9132	8381	16687	8698	7989	780	405	375
12	17134	9019	8115	16091	8490	7601	990	510	480
13	18382	9691	8691	17180	9064	8116	1147	603	544
14	15370	8092	7278	14298	7517	6781	1020	549	471
15–19岁	**98479**	**50845**	**47634**	**90146**	**45918**	**44228**	**7902**	**4658**	**3244**
15	18305	9650	8655	17867	9381	8486	373	227	146
16	20893	10781	10112	20216	10398	9818	604	340	264
17	16298	8494	7804	15153	7800	7353	1066	640	426
18	19448	9972	9476	16992	8490	8502	2348	1416	932
19	23535	11948	11587	19918	9849	10069	3511	2035	1476
20–24岁	**113562**	**57274**	**56288**	**51790**	**25725**	**26065**	**60948**	**31076**	**29872**
20	25817	13114	12703	20409	10162	10247	5277	2889	2388
21	22696	11453	11243	14835	7285	7550	7709	4078	3631
22	21451	10847	10604	8300	4218	4082	12994	6552	6442
23	21141	10636	10505	4898	2430	2468	16051	8094	7957
24	22457	11224	11233	3348	1630	1718	18917	9463	9454
25–29岁	**137537**	**68644**	**68893**	**5435**	**2791**	**2644**	**130847**	**65164**	**65683**
25	24176	12122	12054	2195	1088	1107	21771	10928	10843
26	26577	13239	13338	1378	711	667	24954	12396	12558
27	27840	13852	13988	871	447	424	26712	13254	13458
28	28955	14392	14563	616	325	291	28080	13922	14158
29	29989	15039	14950	375	220	155	29330	14664	14666
30–34岁	**231809**	**115210**	**116599**	**1277**	**654**	**623**	**228536**	**113472**	**115064**
30	41386	20598	20788	426	222	204	40587	20180	20407
31	44105	21948	22157	293	146	147	43428	21579	21849
32	47140	23469	23671	218	118	100	46549	23158	23391
33	53723	26625	27098	201	97	104	53064	26282	26782
34	45455	22570	22885	139	71	68	44908	22273	22635
35–39岁	**206783**	**102958**	**103825**	**461**	**259**	**202**	**204657**	**101832**	**102825**
35	36645	18119	18526	107	60	47	36231	17890	18341
36	35041	17506	17535	77	47	30	34692	17310	17382
37	41381	20588	20793	117	62	55	40953	20378	20575
38	52623	26307	26316	91	44	47	52121	26033	26088
39	41093	20438	20655	69	46	23	40660	20221	20439
40–44岁	**192583**	**96187**	**96396**	**242**	**126**	**116**	**190555**	**95145**	**95410**
40	39097	19569	19528	66	35	31	38699	19364	19335
41	45082	22473	22609	64	32	32	44624	22253	22371
42	41688	20814	20874	58	25	33	41236	20572	20664
43	33351	16768	16583	34	25	9	32987	16572	16415
44	33365	16563	16802	20	9	11	33009	16384	16625
45–49岁	**200099**	**99282**	**100817**	**138**	**78**	**60**	**197759**	**98071**	**99688**
45	33975	16780	17195	22	13	9	33591	16580	17011
46	37318	18462	18856	31	18	13	36903	18236	18667
47	42346	20971	21375	29	16	13	41853	20738	21115
48	42012	20917	21095	23	10	13	41499	20653	20846
49	44448	22152	22296	33	21	12	43913	21864	22049
50岁及以上	**981474**	**471897**	**509577**	**345**	**191**	**154**	**965411**	**464778**	**500633**

3-2a 续表 1

单位：人

年龄	合计								
	肄业			辍学			其他		
	小计	男	女	小计	男	女	小计	男	女
总计	**4742**	**2278**	**2464**	**7781**	**3740**	**4041**	**13868**	**6595**	**7273**
3									
4									
5-9岁	**29**	**14**	**15**	**7**	**6**	**1**	**229**	**114**	**115**
5	1		1				23	13	10
6	8	4	4				81	42	39
7	6	1	5	1	1		46	21	25
8	8	6	2	4	3	1	41	17	24
9	6	3	3	2	2		38	21	17
10-14岁	**45**	**24**	**21**	**33**	**14**	**19**	**171**	**82**	**89**
10	9	5	4	2	1	1	32	16	16
11	7	5	2				39	24	15
12	13	3	10	7	5	2	33	11	22
13	9	6	3	8	3	5	38	15	23
14	7	5	2	16	5	11	29	16	13
15-19岁	**64**	**43**	**21**	**154**	**106**	**48**	**213**	**120**	**93**
15	6	5	1	28	20	8	31	17	14
16	11	7	4	27	19	8	35	17	18
17	13	10	3	37	26	11	29	18	11
18	16	11	5	34	19	15	58	36	22
19	18	10	8	28	22	6	60	32	28
20-24岁	**148**	**96**	**52**	**176**	**112**	**64**	**500**	**265**	**235**
20	19	10	9	35	16	19	77	37	40
21	32	21	11	37	26	11	83	43	40
22	29	15	14	34	19	15	94	43	51
23	30	21	9	43	25	18	119	66	53
24	38	29	9	27	26	1	127	76	51
25-29岁	**188**	**108**	**80**	**273**	**163**	**110**	**794**	**418**	**376**
25	39	25	14	38	16	22	133	65	68
26	31	17	14	59	35	24	155	80	75
27	37	19	18	60	38	22	160	94	66
28	40	24	16	62	41	21	157	80	77
29	41	23	18	54	33	21	189	99	90
30-34岁	**325**	**188**	**137**	**478**	**292**	**186**	**1193**	**604**	**589**
30	62	38	24	99	67	32	212	91	121
31	62	37	25	94	53	41	228	133	95
32	65	34	31	91	58	33	217	101	116
33	73	43	30	96	58	38	289	145	144
34	63	36	27	98	56	42	247	134	113
35-39岁	**275**	**154**	**121**	**385**	**219**	**166**	**1005**	**494**	**511**
35	44	25	19	70	42	28	193	102	91
36	42	26	16	55	30	25	175	93	82
37	47	25	22	71	37	34	193	86	107
38	80	48	32	98	63	35	233	119	114
39	62	30	32	91	47	44	211	94	117
40-44岁	**298**	**165**	**133**	**415**	**232**	**183**	**1073**	**519**	**554**
40	49	28	21	73	39	34	210	103	107
41	68	40	28	77	35	42	249	113	136
42	71	43	28	98	63	35	225	111	114
43	64	32	32	68	39	29	198	100	98
44	46	22	24	99	56	43	191	92	99
45-49岁	**388**	**217**	**171**	**615**	**342**	**273**	**1199**	**574**	**625**
45	69	39	30	111	61	50	182	87	95
46	70	40	30	110	69	41	204	99	105
47	67	35	32	144	71	73	253	111	142
48	99	54	45	109	56	53	282	144	138
49	83	49	34	141	85	56	278	133	145
50岁及以上	**2982**	**1269**	**1713**	**5245**	**2254**	**2991**	**7491**	**3405**	**4086**

3-2a 续表 2

单位：人

年龄	小学								
	合计			在校			毕业		
	合计	男	女	小计	男	女	小计	男	女
总计	**282347**	**127241**	**155106**	**110482**	**57581**	**52901**	**163737**	**66449**	**97288**
3									
4									
5—9岁	**75781**	**39217**	**36564**	**72971**	**37756**	**35215**	**2559**	**1334**	**1225**
5	1433	722	711	1341	679	662	68	30	38
6	17206	8699	8507	16557	8376	8181	566	281	285
7	18854	9849	9005	18198	9501	8697	604	325	279
8	21125	10986	10139	20367	10594	9773	710	368	342
9	17163	8961	8202	16508	8606	7902	611	330	281
10—14岁	**39194**	**20704**	**18490**	**37393**	**19762**	**17631**	**1685**	**885**	**800**
10	16091	8380	7711	15473	8046	7427	578	314	264
11	15721	8275	7446	15069	7922	7147	618	329	289
12	5262	2935	2327	4951	2776	2175	282	150	132
13	1600	838	762	1451	774	677	139	61	78
14	520	276	244	449	244	205	68	31	37
15—19岁	**318**	**197**	**121**	**77**	**44**	**33**	**196**	**124**	**72**
15	58	29	29	25	14	11	24	11	13
16	50	32	18	13	7	6	26	17	9
17	47	31	16	13	8	5	28	20	8
18	89	51	38	19	9	10	57	34	23
19	74	54	20	7	6	1	61	42	19
20—24岁	**765**	**447**	**318**	**22**	**12**	**10**	**679**	**397**	**282**
20	128	71	57	10	5	5	103	58	45
21	112	61	51	7	3	4	97	51	46
22	164	92	72	3	2	1	142	79	63
23	159	90	69	1	1		147	86	61
24	202	133	69	1	1		190	123	67
25—29岁	**1813**	**1046**	**767**	**3**	**1**	**2**	**1732**	**996**	**736**
25	247	141	106	1	1		240	137	103
26	299	174	125				280	163	117
27	341	194	147				325	184	141
28	411	239	172				389	226	163
29	515	298	217	2		2	498	286	212
30—34岁	**4782**	**2655**	**2127**				**4623**	**2562**	**2061**
30	801	444	357				775	429	346
31	951	549	402				912	522	390
32	994	552	442				969	538	431
33	1112	593	519				1079	573	506
34	924	517	407				888	500	388
35—39岁	**3726**	**1921**	**1805**				**3591**	**1853**	**1738**
35	721	391	330				699	380	319
36	631	303	328				613	296	317
37	686	320	366				663	310	353
38	866	467	399				825	442	383
39	822	440	382				791	425	366
40—44岁	**5622**	**2757**	**2865**				**5428**	**2654**	**2774**
40	975	479	496				943	461	482
41	1248	637	611				1214	620	594
42	1165	571	594				1126	550	576
43	1044	513	531				1002	492	510
44	1190	557	633				1143	531	612
45—49岁	**9356**	**4461**	**4895**				**8977**	**4262**	**4715**
45	1353	631	722				1292	597	695
46	1719	874	845				1658	839	819
47	1941	943	998				1854	896	958
48	2020	913	1107				1941	879	1062
49	2323	1100	1223				2232	1051	1181
50岁及以上	**140990**	**53836**	**87154**	**16**	**6**	**10**	**134267**	**51382**	**82885**

3-2a 续表 3

单位：人

年龄	小学								
	肄业			辍学			其他		
	小计	男	女	小计	男	女	小计	男	女
总计	**1663**	**592**	**1071**	**3732**	**1537**	**2195**	**2733**	**1082**	**1651**
3									
4									
5-9岁	**28**	**13**	**15**	**7**	**6**	**1**	**216**	**108**	**108**
5	1		1				23	13	10
6	8	4	4				75	38	37
7	6	1	5	1	1		45	21	24
8	7	5	2	4	3	1	37	16	21
9	6	3	3	2	2		36	20	16
10-14岁	**21**	**11**	**10**	**7**	**3**	**4**	**88**	**43**	**45**
10	8	5	3	2	1	1	30	14	16
11	5	4	1				29	20	9
12	8	2	6	2	2		19	5	14
13				1		1	9	3	6
14				2		2	1	1	
15-19岁	**2**	**2**		**19**	**13**	**6**	**24**	**14**	**10**
15				5	4	1	4		4
16				5	4	1	6	4	2
17				2		2	4	3	1
18	2	2		4	2	2	7	4	3
19				3	3		3	3	
20-24岁	**11**	**7**	**4**	**27**	**17**	**10**	**26**	**14**	**12**
20	2	1	1	7	4	3	6	3	3
21	1	1		2	2		5	4	1
22	4	3	1	7	4	3	8	4	4
23	1		1	6	2	4	4	1	3
24	3	2	1	5	5		3	2	1
25-29岁	**6**		**6**	**35**	**23**	**12**	**37**	**26**	**11**
25	2		2				4	3	1
26	1		1	8	5	3	10	6	4
27	2		2	7	5	2	7	5	2
28	1		1	13	8	5	8	5	3
29				7	5	2	8	7	1
30-34岁	**24**	**11**	**13**	**73**	**46**	**27**	**62**	**36**	**26**
30	5	2	3	13	10	3	8	3	5
31	5	3	2	16	10	6	18	14	4
32	4	2	2	12	8	4	9	4	5
33	4	2	2	15	10	5	14	8	6
34	6	2	4	17	8	9	13	7	6
35-39岁	**20**	**9**	**11**	**63**	**33**	**30**	**52**	**26**	**26**
35	1		1	10	6	4	11	5	6
36	2		2	5	3	2	11	4	7
37	5	4	1	13	4	9	5	2	3
38	8	3	5	20	13	7	13	9	4
39	4	2	2	15	7	8	12	6	6
40-44岁	**37**	**19**	**18**	**93**	**54**	**39**	**64**	**30**	**34**
40	1	1		17	10	7	14	7	7
41	8	5	3	10	4	6	16	8	8
42	7	3	4	21	13	8	11	5	6
43	11	5	6	23	12	11	8	4	4
44	10	5	5	22	15	7	15	6	9
45-49岁	**80**	**41**	**39**	**214**	**115**	**99**	**85**	**43**	**42**
45	11	6	5	38	20	18	12	8	4
46	16	7	9	30	17	13	15	11	4
47	15	9	6	53	30	23	19	8	11
48	19	8	11	41	18	23	19	8	11
49	19	11	8	52	30	22	20	8	12
50岁及以上	**1434**	**479**	**955**	**3194**	**1227**	**1967**	**2079**	**742**	**1337**

3-2a　续表 4

单位：人

年　龄	初中								
	合　计			在　校			毕　业		
	合计	男	女	小计	男	女	小计	男	女
总　计	**881352**	**434483**	**446869**	**51270**	**27087**	**24183**	**818711**	**401569**	**417142**
3									
4									
5–9岁	**1010**	**521**	**489**	**833**	**429**	**404**	**163**	**85**	**78**
5									
6	179	88	91	143	66	77	30	18	12
7	224	124	100	174	97	77	49	27	22
8	291	150	141	253	133	120	33	15	18
9	316	159	157	263	133	130	51	25	26
10–14岁	**43979**	**23012**	**20967**	**41090**	**21500**	**19590**	**2764**	**1454**	**1310**
10	500	258	242	438	232	206	59	24	35
11	1789	856	933	1616	775	841	161	76	85
12	11870	6083	5787	11138	5713	5425	708	360	348
13	16427	8670	7757	15420	8131	7289	966	520	446
14	13393	7145	6248	12478	6649	5829	870	474	396
15–19岁	**12422**	**7086**	**5336**	**9171**	**5058**	**4113**	**3068**	**1913**	**1155**
15	5571	3112	2459	5286	2930	2356	240	151	89
16	2524	1361	1163	2120	1120	1000	375	226	149
17	1433	851	582	880	509	371	519	319	200
18	1422	852	570	545	293	252	832	534	298
19	1472	910	562	340	206	134	1102	683	419
20–24岁	**12620**	**7136**	**5484**	**47**	**23**	**24**	**12327**	**6961**	**5366**
20	1518	885	633	11	5	6	1478	866	612
21	1770	1028	742	14	6	8	1711	991	720
22	2414	1383	1031	7	4	3	2354	1352	1002
23	3028	1717	1311	7	2	5	2967	1681	1286
24	3890	2123	1767	8	6	2	3817	2071	1746
25–29岁	**28448**	**15528**	**12920**	**22**	**13**	**9**	**27953**	**15228**	**12725**
25	4587	2579	2008	7	4	3	4495	2527	1968
26	5182	2860	2322	2		2	5094	2811	2283
27	5792	3147	2645	5	1	4	5686	3079	2607
28	6033	3262	2771	7	7		5939	3194	2745
29	6854	3680	3174	1	1		6739	3617	3122
30–34岁	**59894**	**30934**	**28960**	**12**	**6**	**6**	**58996**	**30423**	**28573**
30	10047	5297	4750	8	5	3	9856	5192	4664
31	10972	5661	5311	2	1	1	10802	5560	5242
32	11969	6153	5816	1		1	11800	6063	5737
33	14270	7334	6936	1		1	14083	7229	6854
34	12636	6489	6147				12455	6379	6076
35–39岁	**60480**	**30578**	**29902**	**10**	**8**	**2**	**59701**	**30140**	**29561**
35	10136	5117	5019	1		1	9990	5032	4958
36	9717	4911	4806	2	2		9585	4827	4758
37	11770	6069	5701	3	2	1	11622	5999	5623
38	15553	7801	7752	2	2		15372	7691	7681
39	13304	6680	6624	2	2		13132	6591	6541
40–44岁	**71773**	**35948**	**35825**	**6**	**4**	**2**	**70895**	**35478**	**35417**
40	13304	6721	6583	1	1		13144	6635	6509
41	16487	8198	8289	3	2	1	16289	8098	8191
42	15273	7704	7569	2	1	1	15089	7598	7491
43	13047	6596	6451				12885	6503	6382
44	13662	6729	6933				13488	6644	6844
45–49岁	**88871**	**43197**	**45674**	**11**	**6**	**5**	**87647**	**42567**	**45080**
45	14372	6976	7396				14188	6880	7308
46	16595	8006	8589	3	1	2	16369	7884	8485
47	18789	9167	9622	3	2	1	18528	9051	9477
48	18948	9203	9745	2	1	1	18669	9052	9617
49	20167	9845	10322	3	2	1	19893	9700	10193
50岁及以上	**501855**	**240543**	**261312**	**68**	**40**	**28**	**495197**	**237320**	**257877**

3-2a 续表 5　　　　单位：人

年龄	初中								
	肄业			辍学			其他		
	小计	男	女	小计	男	女	小计	男	女
总计	**2175**	**1180**	**995**	**3419**	**1825**	**1594**	**5777**	**2822**	**2955**
3									
4									
5-9岁	**1**	**1**					**13**	**6**	**7**
5									
6							6	4	2
7							1		1
8	1	1					4	1	3
9							2	1	1
10-14岁	**22**	**11**	**11**	**26**	**11**	**15**	**77**	**36**	**41**
10	1		1				2	2	
11	2	1	1				10	4	6
12	5	1	4	5	3	2	14	6	8
13	9	6	3	7	3	4	25	10	15
14	5	3	2	14	5	9	26	14	12
15-19岁	**32**	**21**	**11**	**89**	**57**	**32**	**62**	**37**	**25**
15	5	4	1	21	14	7	19	13	6
16	6	4	2	13	8	5	10	3	7
17	8	6	2	21	15	6	5	2	3
18	9	5	4	20	10	10	16	10	6
19	4	2	2	14	10	4	12	9	3
20-24岁	**52**	**39**	**13**	**85**	**53**	**32**	**109**	**60**	**49**
20	2	2		15	5	10	12	7	5
21	14	11	3	18	13	5	13	7	6
22	12	7	5	18	11	7	23	9	14
23	10	8	2	21	12	9	23	14	9
24	14	11	3	13	12	1	38	23	15
25-29岁	**84**	**56**	**28**	**167**	**105**	**62**	**222**	**126**	**96**
25	20	13	7	26	11	15	39	24	15
26	7	4	3	33	20	13	46	25	21
27	19	13	6	38	27	11	44	27	17
28	17	13	4	33	26	7	37	22	15
29	21	13	8	37	21	16	56	28	28
30-34岁	**177**	**110**	**67**	**331**	**198**	**133**	**378**	**197**	**181**
30	42	24	18	67	42	25	74	34	40
31	33	20	13	62	37	25	73	43	30
32	29	16	13	64	39	25	75	35	40
33	40	27	13	73	41	32	73	37	36
34	33	23	10	65	39	26	83	48	35
35-39岁	**160**	**94**	**66**	**263**	**152**	**111**	**346**	**184**	**162**
35	25	16	9	52	30	22	68	39	29
36	24	17	7	42	23	19	64	42	22
37	28	17	11	49	24	25	68	27	41
38	43	27	16	60	38	22	76	43	33
39	40	17	23	60	37	23	70	33	37
40-44岁	**168**	**99**	**69**	**267**	**154**	**113**	**437**	**213**	**224**
40	31	18	13	46	25	21	82	42	40
41	39	27	12	54	26	28	102	45	57
42	41	25	16	62	42	20	79	38	41
43	37	19	18	36	24	12	89	50	39
44	20	10	10	69	37	32	85	38	47
45-49岁	**237**	**133**	**104**	**344**	**193**	**151**	**632**	**298**	**334**
45	42	24	18	63	36	27	79	36	43
46	43	27	16	68	44	24	112	50	62
47	39	19	20	75	33	42	144	62	82
48	65	35	30	61	32	29	151	83	68
49	48	28	20	77	48	29	146	67	79
50岁及以上	**1242**	**616**	**626**	**1847**	**902**	**945**	**3501**	**1665**	**1836**

3-2a 续表 6

单位：人

年 龄	高 中								
	合 计			在 校			毕 业		
	合计	男	女	小计	男	女	小计	男	女
总 计	**472499**	**239050**	**233449**	**54207**	**28222**	**25985**	**414515**	**208868**	**205647**
3									
4									
5-9岁	**1**		**1**				**1**		**1**
5									
6									
7									
8	1		1				1		1
9									
10-14岁	**1815**	**856**	**959**	**1682**	**785**	**897**	**125**	**66**	**59**
10									
11	3	1	2	2	1	1	1		1
12	2	1	1	2	1	1			
13	355	183	172	309	159	150	42	22	20
14	1455	671	784	1369	624	745	82	44	38
15-19岁	**53507**	**28182**	**25325**	**50303**	**26269**	**24034**	**3070**	**1821**	**1249**
15	12439	6394	6045	12326	6326	6000	103	61	42
16	17779	9140	8639	17559	9030	8529	188	91	97
17	12951	6823	6128	12524	6564	5960	395	236	159
18	7149	4038	3111	6128	3410	2718	994	606	388
19	3189	1787	1402	1766	939	827	1390	827	563
20-24岁	**14377**	**8098**	**6279**	**2123**	**1115**	**1008**	**12085**	**6886**	**5199**
20	2629	1436	1193	953	494	459	1641	928	713
21	2497	1412	1085	520	252	268	1953	1144	809
22	2833	1588	1245	317	181	136	2487	1396	1091
23	2994	1728	1266	191	105	86	2763	1596	1167
24	3424	1934	1490	142	83	59	3241	1822	1419
25-29岁	**23179**	**12861**	**10318**	**33**	**20**	**13**	**22878**	**12702**	**10176**
25	3825	2133	1692	12	6	6	3764	2103	1661
26	4501	2596	1905	9	8	1	4435	2557	1878
27	4666	2556	2110	3	2	1	4612	2532	2080
28	4971	2713	2258	6	4	2	4903	2675	2228
29	5216	2863	2353	3		3	5164	2835	2329
30-34岁	**41964**	**22150**	**19814**	**14**	**7**	**7**	**41567**	**21946**	**19621**
30	7187	3848	3339	4	1	3	7121	3813	3308
31	7823	4178	3645	1	1		7753	4141	3612
32	8592	4664	3928	4	1	3	8511	4623	3888
33	10113	5172	4941	1	1		10021	5127	4894
34	8249	4288	3961	4	3	1	8161	4242	3919
35-39岁	**40011**	**20325**	**19686**	**9**	**7**	**2**	**39659**	**20144**	**19515**
35	6488	3321	3167	3	3		6433	3289	3144
36	6095	3076	3019				6037	3051	2986
37	7685	3915	3770	3	2	1	7618	3876	3742
38	10954	5618	5336	2	1	1	10855	5562	5293
39	8789	4395	4394	1	1		8716	4366	4350
40-44岁	**47338**	**23483**	**23855**	**7**	**5**	**2**	**46929**	**23285**	**23644**
40	8870	4391	4479				8793	4356	4437
41	11129	5570	5559	3	1	2	11027	5523	5504
42	10453	5143	5310	1	1		10360	5097	5263
43	8475	4235	4240	2	2		8407	4199	4208
44	8411	4144	4267	1	1		8342	4110	4232
45-49岁	**48503**	**24052**	**24451**	**8**	**4**	**4**	**48124**	**23859**	**24265**
45	8354	4151	4203	1	1		8278	4115	4163
46	8885	4352	4533	1		1	8828	4325	4503
47	10302	5081	5221	3	1	2	10224	5044	5180
48	10125	5035	5090	1		1	10043	4986	5057
49	10837	5433	5404	2	2		10751	5389	5362
50岁及以上	**201804**	**99043**	**102761**	**28**	**10**	**18**	**200077**	**98159**	**101918**

3-2a 续表 7

单位：人

年 龄	高中								
	肄业			辍学			其他		
	小计	男	女	小计	男	女	小计	男	女
总 计	**537**	**304**	**233**	**548**	**325**	**223**	**2692**	**1331**	**1361**
3									
4									
5-9岁									
5									
6									
7									
8									
9									
10-14岁	**2**	**2**					**6**	**3**	**3**
10									
11									
12									
13							4	2	2
14	2	2					2	1	1
15-19岁	**24**	**16**	**8**	**42**	**33**	**9**	**68**	**43**	**25**
15	1	1		2	2		7	4	3
16	5	3	2	9	7	2	18	9	9
17	5	4	1	13	10	3	14	9	5
18	4	3	1	8	6	2	15	13	2
19	9	5	4	10	8	2	14	8	6
20-24岁	**33**	**20**	**13**	**44**	**28**	**16**	**92**	**49**	**43**
20	6	3	3	7	2	5	22	9	13
21	5	4	1	9	6	3	10	6	4
22	6	2	4	8	3	5	15	6	9
23	7	6	1	13	10	3	20	11	9
24	9	5	4	7	7		25	17	8
25-29岁	**48**	**32**	**16**	**60**	**30**	**30**	**160**	**77**	**83**
25	6	6		12	5	7	31	13	18
26	13	10	3	14	8	6	30	13	17
27	9	3	6	12	6	6	30	13	17
28	9	7	2	15	6	9	38	21	17
29	11	6	5	7	5	2	31	17	14
30-34岁	**52**	**30**	**22**	**60**	**40**	**20**	**271**	**127**	**144**
30	4	4		12	10	2	46	20	26
31	10	5	5	15	6	9	44	25	19
32	15	7	8	14	11	3	48	22	26
33	14	8	6	6	6		71	30	41
34	9	6	3	13	7	6	62	30	32
35-39岁	**48**	**26**	**22**	**53**	**29**	**24**	**242**	**119**	**123**
35	7	4	3	7	5	2	38	20	18
36	11	5	6	7	3	4	40	17	23
37	7	2	5	8	8		49	27	22
38	16	11	5	16	10	6	65	34	31
39	7	4	3	15	3	12	50	21	29
40-44岁	**59**	**30**	**29**	**49**	**20**	**29**	**294**	**143**	**151**
40	11	8	3	8	3	5	58	24	34
41	13	6	7	13	5	8	73	35	38
42	13	5	8	12	6	6	67	34	33
43	10	6	4	9	3	6	47	25	22
44	12	5	7	7	3	4	49	25	24
45-49岁	**48**	**29**	**19**	**53**	**32**	**21**	**270**	**128**	**142**
45	11	6	5	9	4	5	55	25	30
46	5	3	2	12	8	4	39	16	23
47	9	5	4	15	8	7	51	23	28
48	11	8	3	7	6	1	63	35	28
49	12	7	5	10	6	4	62	29	33
50岁及以上	**223**	**119**	**104**	**187**	**113**	**74**	**1289**	**642**	**647**

3-2a　续表 8　　　　单位：人

年 龄	大学专科								
	合 计			在 校			毕 业		
	合计	男	女	小计	男	女	小计	男	女
总 计	**314388**	**159935**	**154453**	**22020**	**11216**	**10804**	**290629**	**147835**	**142794**
3									
4									
5-9岁									
5									
6									
7									
8									
9									
10-14岁	**2**		**2**	**2**		**2**			
10									
11									
12									
13									
14	2		2	2		2			
15-19岁	**12896**	**6415**	**6481**	**11578**	**5738**	**5840**	**1267**	**650**	**617**
15	197	92	105	190	88	102	6	4	2
16	393	175	218	382	169	213	10	5	5
17	1006	459	547	902	403	499	98	51	47
18	4460	2236	2224	4061	2023	2038	378	203	175
19	6840	3453	3387	6043	3055	2988	775	387	388
20-24岁	**28781**	**14572**	**14209**	**9248**	**4782**	**4466**	**19361**	**9696**	**9665**
20	7021	3642	3379	5365	2794	2571	1626	835	791
21	5149	2538	2611	2255	1126	1129	2853	1394	1459
22	5200	2625	2575	938	493	445	4237	2120	2117
23	5549	2816	2733	432	237	195	5079	2553	2526
24	5862	2951	2911	258	132	126	5566	2794	2772
25-29岁	**35791**	**17868**	**17923**	**549**	**320**	**229**	**35010**	**17431**	**17579**
25	6469	3232	3237	191	99	92	6247	3121	3126
26	7043	3470	3573	147	86	61	6849	3364	3485
27	7367	3690	3677	76	48	28	7243	3612	3631
28	7429	3719	3710	75	44	31	7314	3657	3657
29	7483	3757	3726	60	43	17	7357	3677	3680
30-34岁	**52931**	**26040**	**26891**	**229**	**131**	**98**	**52395**	**25762**	**26633**
30	9876	4941	4935	63	41	22	9757	4874	4883
31	10334	5163	5171	45	26	19	10227	5100	5127
32	10836	5353	5483	45	28	17	10734	5303	5431
33	11991	5832	6159	46	21	25	11878	5780	6098
34	9894	4751	5143	30	15	15	9799	4705	5094
35-39岁	**41502**	**20306**	**21196**	**135**	**82**	**53**	**41148**	**20125**	**21023**
35	7582	3770	3812	30	17	13	7505	3729	3776
36	7088	3547	3541	13	11	2	7042	3521	3521
37	8521	4140	4381	41	22	19	8438	4101	4337
38	10410	5125	5285	28	15	13	10330	5087	5243
39	7901	3724	4177	23	17	6	7833	3687	4146
40-44岁	**32704**	**15971**	**16733**	**86**	**48**	**38**	**32445**	**15844**	**16601**
40	7079	3425	3654	22	9	13	7027	3403	3624
41	7829	3805	4024	21	15	6	7774	3781	3993
42	7312	3565	3747	27	12	15	7234	3523	3711
43	5381	2654	2727	12	9	3	5339	2633	2706
44	5103	2522	2581	4	3	1	5071	2504	2567
45-49岁	**27904**	**13930**	**13974**	**57**	**35**	**22**	**27692**	**13819**	**13873**
45	5167	2532	2635	8	6	2	5129	2510	2619
46	5253	2620	2633	15	9	6	5210	2595	2615
47	5878	2911	2967	7	4	3	5844	2895	2949
48	5768	2920	2848	12	7	5	5724	2903	2821
49	5838	2947	2891	15	9	6	5785	2916	2869
50岁及以上	**81877**	**44833**	**37044**	**136**	**80**	**56**	**81311**	**44508**	**36803**

3-2a 续表 9 单位：人

年龄	大学专科								
	肄业			辍学			其他		
	小计	男	女	小计	男	女	小计	男	女
总计	**207**	**108**	**99**	**57**	**34**	**23**	**1475**	**742**	**733**
3									
4									
5-9岁									
5									
6									
7									
8									
9									
10-14岁									
10									
11									
12									
13									
14									
15-19岁	**5**	**3**	**2**	**2**	**1**	**1**	**44**	**23**	**21**
15							1		1
16							1	1	
17				1	1		5	4	1
18	1	1		1		1	19	9	10
19	4	2	2				18	9	9
20-24岁	**31**	**17**	**14**	**14**	**9**	**5**	**127**	**68**	**59**
20	8	3	5	3	2	1	19	8	11
21	8	3	5	6	3	3	27	12	15
22	5	2	3	1	1		19	9	10
23	4	3	1	2	1	1	32	22	10
24	6	6		2	2		30	17	13
25-29岁	**24**	**10**	**14**	**7**	**3**	**4**	**201**	**104**	**97**
25	4	2	2				27	10	17
26	5	1	4	2		2	40	19	21
27	4	2	2	1		1	43	28	15
28	7	3	4	1	1		32	14	18
29	4	2	2	3	2	1	59	33	26
30-34岁	**36**	**16**	**20**	**9**	**4**	**5**	**262**	**127**	**135**
30	5	3	2	3	2	1	48	21	27
31	9	7	2	1		1	52	30	22
32	8	3	5	1		1	48	19	29
33	8	3	5	1		1	58	28	30
34	6		6	3	2	1	56	29	27
35-39岁	**28**	**13**	**15**	**4**	**3**	**1**	**187**	**83**	**104**
35	6	3	3				41	21	20
36	4	3	1	1	1		28	11	17
37	2		2	1	1		39	16	23
38	7	2	5	1	1		44	20	24
39	9	5	4	1		1	35	15	20
40-44岁	**21**	**9**	**12**	**6**	**4**	**2**	**146**	**66**	**80**
40	5	1	4	2	1	1	23	11	12
41	6	1	5				28	8	20
42	6	6		3	2	1	42	22	20
43	2		2				28	12	16
44	2	1	1	1	1		25	13	12
45-49岁	**15**	**11**	**4**	**3**	**1**	**2**	**137**	**64**	**73**
45	4	3	1				26	13	13
46	5	3	2				23	13	10
47	2	1	1	1		1	24	11	13
48	2	2					30	8	22
49	2	2		2	1	1	34	19	15
50岁及以上	**47**	**29**	**18**	**12**	**9**	**3**	**371**	**207**	**164**

3-2a　续表 10

单位：人

年　龄	大学本科								
	合　计			在　校			毕　业		
	合计	男	女	小计	男	女	小计	男	女
总　计	**335872**	**167821**	**168051**	**56725**	**27584**	**29141**	**277893**	**139572**	**138321**
3									
4									
5-9岁									
5									
6									
7									
8									
9									
10-14岁	**1**		**1**				**1**		**1**
10	1		1				1		1
11									
12									
13									
14									
15-19岁	**19309**	**8952**	**10357**	**18990**	**8796**	**10194**	**301**	**150**	**151**
15	40	23	17	40	23	17			
16	147	73	74	142	72	70	5	1	4
17	859	330	529	832	316	516	26	14	12
18	6318	2790	3528	6229	2750	3479	87	39	48
19	11945	5736	6209	11747	5635	6112	183	96	87
20-24岁	**51905**	**24793**	**27112**	**35610**	**17690**	**17920**	**16138**	**7018**	**9120**
20	14484	7063	7421	14036	6849	7187	426	200	226
21	12975	6343	6632	11855	5829	6026	1087	497	590
22	9816	4747	5069	6051	3137	2914	3737	1595	2142
23	7580	3473	4107	2538	1309	1229	5001	2144	2857
24	7050	3167	3883	1130	566	564	5887	2582	3305
25-29岁	**41429**	**18415**	**23014**	**1417**	**734**	**683**	**39836**	**17598**	**22238**
25	7277	3237	4040	621	320	301	6624	2902	3722
26	8013	3487	4526	336	173	163	7648	3298	4350
27	8386	3728	4658	221	111	110	8126	3597	4529
28	8917	3961	4956	141	73	68	8736	3871	4865
29	8836	4002	4834	98	57	41	8702	3930	4772
30-34岁	**64477**	**30225**	**34252**	**338**	**169**	**169**	**63898**	**29923**	**33975**
30	11988	5489	6499	107	59	48	11837	5410	6427
31	12430	5759	6671	85	33	52	12303	5705	6598
32	13153	6100	7053	50	28	22	13060	6045	7015
33	14616	7000	7616	57	33	24	14485	6925	7560
34	12290	5877	6413	39	16	23	12213	5838	6375
35-39岁	**53582**	**26325**	**27257**	**138**	**69**	**69**	**53267**	**26172**	**27095**
35	10404	4939	5465	30	15	15	10337	4907	5430
36	10101	5018	5083	20	10	10	10051	4990	5061
37	11178	5417	5761	37	15	22	11108	5387	5721
38	12994	6436	6558	32	16	16	12925	6404	6521
39	8905	4515	4390	19	13	6	8846	4484	4362
40-44岁	**30862**	**15751**	**15111**	**107**	**54**	**53**	**30624**	**15630**	**14994**
40	7712	3949	3763	31	19	12	7650	3913	3737
41	7311	3708	3603	25	10	15	7259	3683	3576
42	6560	3342	3218	23	9	14	6511	3318	3193
43	4800	2434	2366	15	11	4	4756	2413	2343
44	4479	2318	2161	13	5	8	4448	2303	2145
45-49岁	**23145**	**12307**	**10838**	**43**	**24**	**19**	**23023**	**12241**	**10782**
45	4281	2249	2032	10	4	6	4260	2240	2020
46	4436	2363	2073	8	6	2	4414	2349	2065
47	4922	2587	2335	9	5	4	4896	2574	2322
48	4675	2557	2118	7	1	6	4649	2546	2103
49	4831	2551	2280	9	8	1	4804	2532	2272
50岁及以上	**51162**	**31053**	**20109**	**82**	**48**	**34**	**50805**	**30840**	**19965**

3-2a 续表 11　　　　单位：人

年 龄	大学本科								
	肄 业			辍 学			其 他		
	小计	男	女	小计	男	女	小计	男	女
总 计	**144**	**83**	**61**	**25**	**19**	**6**	**1085**	**563**	**522**
3									
4									
5-9岁									
5									
6									
7									
8									
9									
10-14岁									
10									
11									
12									
13									
14									
15-19岁	**1**	**1**		**2**	**2**		**15**	**3**	**12**
15									
16									
17							1		1
18				1	1		1		1
19	1	1		1	1		13	3	10
20-24岁	**19**	**11**	**8**	**6**	**5**	**1**	**132**	**69**	**63**
20	1	1		3	3		18	10	8
21	4	2	2	2	2		27	13	14
22	2	1	1				26	14	12
23	7	3	4	1		1	33	17	16
24	5	4	1				28	15	13
25-29岁	**24**	**10**	**14**	**4**	**2**	**2**	**148**	**71**	**77**
25	7	4	3				25	11	14
26	5	2	3	2	2		22	12	10
27	3	1	2	2		2	34	19	15
28	5	1	4				35	16	19
29	4	2	2				32	13	19
30-34岁	**34**	**19**	**15**	**5**	**4**	**1**	**202**	**110**	**92**
30	5	4	1	4	3	1	35	13	22
31	5	2	3				37	19	18
32	9	6	3				34	21	13
33	6	2	4	1	1		67	39	28
34	9	5	4				29	18	11
35-39岁	**15**	**11**	**4**	**2**	**2**		**160**	**71**	**89**
35	4	2	2	1	1		32	14	18
36	1	1					29	17	12
37	4	2	2				29	13	16
38	4	4		1	1		32	11	21
39	2	2					38	16	22
40-44岁	**11**	**6**	**5**				**120**	**61**	**59**
40	1		1				30	17	13
41	1		1				26	15	11
42	3	3					23	12	11
43	4	2	2				25	8	17
44	2	1	1				16	9	7
45-49岁	**8**	**3**	**5**	**1**	**1**		**70**	**38**	**32**
45	1		1	1	1		9	4	5
46	1		1				13	8	5
47	2	1	1				15	7	8
48	2	1	1				17	9	8
49	2	1	1				16	10	6
50岁及以上	**32**	**22**	**10**	**5**	**3**	**2**	**238**	**140**	**98**

3-2a　续表 12　　　　单位：人

年　龄	硕士研究生								
	合　计			在　校			毕　业		
	合计	男	女	小计	男	女	小计	男	女
总　计	**33829**	**15965**	**17864**	**7974**	**3645**	**4329**	**25741**	**12261**	**13480**
3									
4									
5-9岁									
5									
6									
7									
8									
9									
10-14岁									
10									
11									
12									
13									
14									
15-19岁	**27**	**13**	**14**	**27**	**13**	**14**			
15									
16									
17	2		2	2		2			
18	10	5	5	10	5	5			
19	15	8	7	15	8	7			
20-24岁	**5000**	**2163**	**2837**	**4635**	**2042**	**2593**	**349**	**114**	**235**
20	36	16	20	34	15	19	2	1	1
21	186	68	118	179	66	113	6	1	5
22	1013	406	607	973	395	578	37	10	27
23	1799	793	1006	1699	757	942	92	34	58
24	1966	880	1086	1750	809	941	212	68	144
25-29岁	**6114**	**2506**	**3608**	**2767**	**1335**	**1432**	**3322**	**1159**	**2163**
25	1645	741	904	1250	605	645	389	133	256
26	1376	556	820	739	356	383	631	196	435
27	1130	449	681	422	205	217	706	242	464
28	1013	401	612	241	116	125	765	283	482
29	950	359	591	115	53	62	831	305	526
30-34岁	**7003**	**2821**	**4182**	**393**	**187**	**206**	**6591**	**2626**	**3965**
30	1331	503	828	150	67	83	1179	435	744
31	1436	556	880	92	49	43	1340	505	835
32	1445	566	879	63	30	33	1379	536	843
33	1461	619	842	52	25	27	1403	591	812
34	1330	577	753	36	16	20	1290	559	731
35-39岁	**6736**	**3091**	**3645**	**102**	**49**	**53**	**6613**	**3031**	**3582**
35	1199	514	685	26	12	14	1169	499	670
36	1259	565	694	21	10	11	1236	554	682
37	1402	655	747	21	13	8	1377	641	736
38	1667	764	903	18	6	12	1644	755	889
39	1209	593	616	16	8	8	1187	582	605
40-44岁	**3705**	**1964**	**1741**	**24**	**9**	**15**	**3668**	**1948**	**1720**
40	1007	516	491	10	5	5	994	509	485
41	933	474	459	8	2	6	921	470	451
42	802	423	379	1		1	797	422	375
43	516	292	224	3	2	1	512	289	223
44	447	259	188	2		2	444	258	186
45-49岁	**2012**	**1173**	**839**	**13**	**5**	**8**	**1994**	**1165**	**829**
45	388	213	175	2	2		385	210	175
46	365	211	154	3	1	2	360	209	151
47	452	250	202	3	1	2	449	249	200
48	409	251	158	1	1		406	249	157
49	398	248	150	4		4	394	248	146
50岁及以上	**3232**	**2234**	**998**	**13**	**5**	**8**	**3204**	**2218**	**986**

3-2a 续表 13

单位：人

年龄	硕士研究生								
	肄业			辍学			其他		
	小计	男	女	小计	男	女	小计	男	女
总计	**15**	**10**	**5**				**99**	**49**	**50**
3									
4									
5—9岁									
5									
6									
7									
8									
9									
10—14岁									
10									
11									
12									
13									
14									
15—19岁									
15									
16									
17									
18									
19									
20—24岁	**2**	**2**					**14**	**5**	**9**
20									
21							1	1	
22							3	1	2
23	1	1					7	1	6
24	1	1					3	2	1
25—29岁	**2**		**2**				**23**	**12**	**11**
25							6	3	3
26							6	4	2
27							2	2	
28	1		1				6	2	4
29	1		1				3	1	2
30—34岁	**2**	**2**					**17**	**6**	**11**
30	1	1					1		1
31							4	2	2
32							3		3
33	1	1					5	2	3
34							4	2	2
35—39岁	**4**	**1**	**3**				**17**	**10**	**7**
35	1		1				3	3	
36							2	1	1
37	1		1				3	1	2
38	2	1	1				3	2	1
39							6	3	3
40—44岁	**1**	**1**					**12**	**6**	**6**
40							3	2	1
41							4	2	2
42	1	1					3		3
43							1	1	
44							1	1	
45—49岁							**5**	**3**	**2**
45							1	1	
46							2	1	1
47									
48							2	1	1
49									
50岁及以上	**4**	**4**					**11**	**7**	**4**

3-2a　续表 14　　　　单位：人

年龄	博士研究生								
	合计			在校			毕业		
	合计	男	女	小计	男	女	小计	男	女
总计	**3822**	**2112**	**1710**	**1127**	**639**	**488**	**2687**	**1466**	**1221**
3									
4									
5–9岁									
5									
6									
7									
8									
9									
10–14岁									
10									
11									
12									
13									
14									
15–19岁									
15									
16									
17									
18									
19									
20–24岁	**114**	**65**	**49**	**105**	**61**	**44**	**9**	**4**	**5**
20	1	1					1	1	
21	7	3	4	5	3	2	2		2
22	11	6	5	11	6	5			
23	32	19	13	30	19	11	2		2
24	63	36	27	59	33	26	4	3	1
25–29岁	**763**	**420**	**343**	**644**	**368**	**276**	**116**	**50**	**66**
25	126	59	67	113	53	60	12	5	7
26	163	96	67	145	88	57	17	7	10
27	158	88	70	144	80	64	14	8	6
28	181	97	84	146	81	65	34	16	18
29	135	80	55	96	66	30	39	14	25
30–34岁	**758**	**385**	**373**	**291**	**154**	**137**	**466**	**230**	**236**
30	156	76	80	94	49	45	62	27	35
31	159	82	77	68	36	32	91	46	45
32	151	81	70	55	31	24	96	50	46
33	160	75	85	44	17	27	115	57	58
34	132	71	61	30	21	9	102	50	52
35–39岁	**746**	**412**	**334**	**67**	**44**	**23**	**678**	**367**	**311**
35	115	67	48	17	13	4	98	54	44
36	150	86	64	21	14	7	128	71	57
37	139	72	67	12	8	4	127	64	63
38	179	96	83	9	4	5	170	92	78
39	163	91	72	8	5	3	155	86	69
40–44岁	**579**	**313**	**266**	**12**	**6**	**6**	**566**	**306**	**260**
40	150	88	62	2	1	1	148	87	61
41	145	81	64	4	2	2	140	78	62
42	123	66	57	4	2	2	119	64	55
43	88	44	44	2	1	1	86	43	43
44	73	34	39				73	34	39
45–49岁	**308**	**162**	**146**	**6**	**4**	**2**	**302**	**158**	**144**
45	60	28	32	1		1	59	28	31
46	65	36	29	1	1		64	35	29
47	62	32	30	4	3	1	58	29	29
48	67	38	29				67	38	29
49	54	28	26				54	28	26
50岁及以上	**554**	**355**	**199**	**2**	**2**		**550**	**351**	**199**

3－2a　续表 15　　　　单位：人

年　龄	博士研究生								
	肄　业			辍　学			其　他		
	小计	男	女	小计	男	女	小计	男	女
总　计	**1**	**1**					**7**	**6**	**1**
3									
4									
5－9岁									
5									
6									
7									
8									
9									
10－14岁									
10									
11									
12									
13									
14									
15－19岁									
15									
16									
17									
18									
19									
20－24岁									
20									
21									
22									
23									
24									
25－29岁							**3**	**2**	**1**
25							1	1	
26							1	1	
27									
28							1		1
29									
30－34岁							**1**	**1**	
30									
31									
32									
33							1	1	
34									
35－39岁							**1**	**1**	
35									
36							1	1	
37									
38									
39									
40－44岁	**1**	**1**							
40									
41	1	1							
42									
43									
44									
45－49岁									
45									
46									
47									
48									
49									
50岁及以上							**2**	**2**	

3-2b　全省分年龄、性别、学业完成情况的3岁及以上各种受教育程度人口(镇)

单位：人

年　龄	合计								
	合　计			在　校			毕　业		
	合计	男	女	小计	男	女	小计	男	女
总　计	**468554**	**234154**	**234400**	**61945**	**31503**	**30442**	**393679**	**196488**	**197191**
3									
4									
5-9岁	**14587**	**7651**	**6936**	**14035**	**7356**	**6679**	**491**	**267**	**224**
5	322	160	162	305	150	155	14	7	7
6	2431	1241	1190	2338	1200	1138	80	36	44
7	3750	1996	1754	3619	1918	1701	117	71	46
8	4225	2215	2010	4055	2125	1930	153	83	70
9	3859	2039	1820	3718	1963	1755	127	70	57
10-14岁	**21083**	**11182**	**9901**	**19841**	**10483**	**9358**	**1123**	**628**	**495**
10	3936	2110	1826	3776	2020	1756	144	84	60
11	4115	2180	1935	3935	2077	1858	162	90	72
12	4246	2264	1982	3980	2111	1869	243	138	105
13	4502	2349	2153	4201	2190	2011	275	142	133
14	4284	2279	2005	3949	2085	1864	299	174	125
15-19岁	**25217**	**12890**	**12327**	**22453**	**11226**	**11227**	**2579**	**1539**	**1040**
15	4938	2596	2342	4742	2475	2267	166	101	65
16	6061	3111	2950	5767	2944	2823	273	151	122
17	5277	2666	2611	4818	2387	2431	418	252	166
18	4886	2534	2352	4104	2058	2046	731	444	287
19	4055	1983	2072	3022	1362	1660	991	591	400
20-24岁	**17654**	**8648**	**9006**	**5034**	**2146**	**2888**	**12335**	**6365**	**5970**
20	3654	1724	1930	2253	943	1310	1342	753	589
21	3142	1521	1621	1358	587	771	1743	918	825
22	3287	1617	1670	719	327	392	2521	1267	1254
23	3547	1782	1765	429	194	235	3054	1554	1500
24	4024	2004	2020	275	95	180	3675	1873	1802
25-29岁	**25710**	**13050**	**12660**	**405**	**192**	**213**	**24865**	**12627**	**12238**
25	4682	2353	2329	174	78	96	4422	2232	2190
26	4802	2420	2382	100	53	47	4633	2328	2305
27	5314	2738	2576	64	26	38	5161	2660	2501
28	5258	2672	2586	42	22	20	5119	2606	2513
29	5654	2867	2787	25	13	12	5530	2801	2729
30-34岁	**40182**	**20276**	**19906**	**76**	**37**	**39**	**39389**	**19861**	**19528**
30	7363	3709	3654	20	8	12	7202	3623	3579
31	7565	3802	3763	23	12	11	7409	3721	3688
32	8053	4059	3994	14	7	7	7895	3984	3911
33	9467	4792	4675	9	4	5	9298	4693	4605
34	7734	3914	3820	10	6	4	7585	3840	3745
35-39岁	**33473**	**17149**	**16324**	**27**	**19**	**8**	**32841**	**16797**	**16044**
35	5737	2947	2790	7	5	2	5631	2886	2745
36	5474	2780	2694	6	4	2	5368	2716	2652
37	6226	3254	2972	3	3		6120	3207	2913
38	8454	4412	4042	7	4	3	8289	4311	3978
39	7582	3756	3826	4	3	1	7433	3677	3756
40-44岁	**39340**	**20036**	**19304**	**17**	**7**	**10**	**38488**	**19587**	**18901**
40	7475	3807	3668	1		1	7329	3736	3593
41	9130	4648	4482	6	2	4	8938	4541	4397
42	8385	4274	4111	2	2		8220	4193	4027
43	6992	3566	3426	1		1	6833	3475	3358
44	7358	3741	3617	7	3	4	7168	3642	3526
45-49岁	**44223**	**22313**	**21910**	**18**	**14**	**4**	**43171**	**21744**	**21427**
45	7458	3802	3656	3	3		7277	3696	3581
46	8404	4293	4111	3	1	2	8201	4179	4022
47	9314	4661	4653	1	1		9100	4555	4545
48	9194	4572	4622	5	4	1	8983	4464	4519
49	9853	4985	4868	6	5	1	9610	4850	4760
50岁及以上	**207085**	**100959**	**106126**	**39**	**23**	**16**	**198397**	**97073**	**101324**

3-2b 续表 1

单位：人

年 龄	合 计								
	肄 业			辍 学			其 他		
	小计	男	女	小计	男	女	小计	男	女
总 计	**1966**	**908**	**1058**	**4859**	**2293**	**2566**	**6105**	**2962**	**3143**
3									
4									
5-9岁	**7**	**4**	**3**	**3**	**2**	**1**	**51**	**22**	**29**
5							3	3	
6	1		1	1		1	11	5	6
7	2	1	1	1	1		11	5	6
8	3	3					14	4	10
9	1		1	1	1		12	5	7
10-14岁	**27**	**18**	**9**	**17**	**11**	**6**	**75**	**42**	**33**
10	3	2	1	2		2	11	4	7
11	3	3		2	2		13	8	5
12	6	3	3	2	1	1	15	11	4
13	3	2	1	3	3		20	12	8
14	12	8	4	8	5	3	16	7	9
15-19岁	**21**	**13**	**8**	**75**	**45**	**30**	**89**	**67**	**22**
15	5	4	1	12	7	5	13	9	4
16	4	3	1	6	4	2	11	9	2
17	2	2		14	9	5	25	16	9
18	4	1	3	26	14	12	21	17	4
19	6	3	3	17	11	6	19	16	3
20-24岁	**38**	**18**	**20**	**72**	**41**	**31**	**175**	**78**	**97**
20	9	4	5	19	10	9	31	14	17
21	6	3	3	9	7	2	26	6	20
22	4	1	3	4	1	3	39	21	18
23	6	2	4	18	11	7	40	21	19
24	13	8	5	22	12	10	39	16	23
25-29岁	**54**	**28**	**26**	**141**	**76**	**65**	**245**	**127**	**118**
25	14	6	8	22	14	8	50	23	27
26	12	6	6	21	16	5	36	17	19
27	9	7	2	25	13	12	55	32	23
28	9	5	4	36	13	23	52	26	26
29	10	4	6	37	20	17	52	29	23
30-34岁	**98**	**57**	**41**	**244**	**127**	**117**	**375**	**194**	**181**
30	19	13	6	54	28	26	68	37	31
31	18	13	5	47	23	24	68	33	35
32	20	9	11	34	20	14	90	39	51
33	21	11	10	55	29	26	84	55	29
34	20	11	9	54	27	27	65	30	35
35-39岁	**81**	**42**	**39**	**208**	**126**	**82**	**316**	**165**	**151**
35	6	5	1	37	22	15	56	29	27
36	17	9	8	34	20	14	49	31	18
37	21	6	15	38	19	19	44	19	25
38	23	15	8	50	35	15	85	47	38
39	14	7	7	49	30	19	82	39	43
40-44岁	**112**	**65**	**47**	**253**	**142**	**111**	**470**	**235**	**235**
40	20	9	11	43	23	20	82	39	43
41	21	13	8	60	36	24	105	56	49
42	22	14	8	50	28	22	91	37	54
43	25	15	10	43	25	18	90	51	39
44	24	14	10	57	30	27	102	52	50
45-49岁	**159**	**85**	**74**	**335**	**185**	**150**	**540**	**285**	**255**
45	28	16	12	51	33	18	99	54	45
46	31	19	12	62	31	31	107	63	44
47	33	13	20	65	40	25	115	52	63
48	34	16	18	80	38	42	92	50	42
49	33	21	12	77	43	34	127	66	61
50岁及以上	**1369**	**578**	**791**	**3511**	**1538**	**1973**	**3769**	**1747**	**2022**

3-2b　续表 2　　单位：人

年　龄	小学								
	合　计			在　校			毕　业		
	合计	男	女	小计	男	女	小计	男	女
总　计	**90101**	**40600**	**49501**	**23837**	**12608**	**11229**	**60981**	**25838**	**35143**
3									
4									
5-9岁	**14327**	**7515**	**6812**	**13816**	**7239**	**6577**	**453**	**250**	**203**
5	322	160	162	305	150	155	14	7	7
6	2386	1215	1171	2297	1175	1122	76	35	41
7	3694	1967	1727	3573	1893	1680	108	67	41
8	4144	2171	1973	3988	2088	1900	140	77	63
9	3781	2002	1779	3653	1933	1720	115	64	51
10-14岁	**10431**	**5595**	**4836**	**9964**	**5341**	**4623**	**415**	**226**	**189**
10	3779	2021	1758	3646	1947	1699	119	69	50
11	3733	1981	1752	3588	1896	1692	129	73	56
12	1984	1098	886	1876	1036	840	94	54	40
13	713	375	338	653	348	305	58	26	32
14	222	120	102	201	114	87	15	4	11
15-19岁	**155**	**95**	**60**	**47**	**23**	**24**	**89**	**58**	**31**
15	26	14	12	15	8	7	7	4	3
16	24	12	12	10	4	6	13	7	6
17	32	21	11	9	6	3	19	13	6
18	36	26	10	7	3	4	21	16	5
19	37	22	15	6	2	4	29	18	11
20-24岁	**339**	**196**	**143**	**5**	**3**	**2**	**307**	**184**	**123**
20	54	28	26	3	1	2	43	25	18
21	52	29	23				52	29	23
22	65	38	27	2	2		57	34	23
23	72	44	28				66	42	24
24	96	57	39				89	54	35
25-29岁	**834**	**438**	**396**	**1**		**1**	**790**	**415**	**375**
25	146	81	65	1		1	134	75	59
26	128	69	59				120	64	56
27	167	80	87				161	77	84
28	183	102	81				173	96	77
29	210	106	104				202	103	99
30-34岁	**1842**	**977**	**865**	**1**	**1**		**1765**	**941**	**824**
30	303	158	145				293	156	137
31	355	191	164				348	187	161
32	365	202	163	1	1		351	193	158
33	454	248	206				429	233	196
34	365	178	187				344	172	172
35-39岁	**1455**	**723**	**732**				**1382**	**679**	**703**
35	234	121	113				220	111	109
36	251	116	135				240	109	131
37	270	135	135				259	129	130
38	324	175	149				309	165	144
39	376	176	200				354	165	189
40-44岁	**2191**	**1080**	**1111**				**2080**	**1015**	**1065**
40	376	194	182				364	186	178
41	488	224	264				463	211	252
42	480	234	246				454	218	236
43	398	200	198				380	186	194
44	449	228	221				419	214	205
45-49岁	**3574**	**1703**	**1871**				**3372**	**1584**	**1788**
45	534	259	275				502	243	259
46	646	316	330				607	287	320
47	694	341	353				663	325	338
48	797	342	455				748	317	431
49	903	445	458				852	412	440
50岁及以上	**54953**	**22278**	**32675**	**3**	**1**	**2**	**50328**	**20486**	**29842**

3-2b 续表 3　　　　单位：人

年龄	小学								
	肄业			辍学			其他		
	小计	男	女	小计	男	女	小计	男	女
总　计	**857**	**321**	**536**	**2541**	**1032**	**1509**	**1885**	**801**	**1084**
3									
4									
5-9岁	**7**	**4**	**3**	**3**	**2**	**1**	**48**	**20**	**28**
5							3	3	
6	1		1	1		1	11	5	6
7	2	1	1	1	1		10	5	5
8	3	3					13	3	10
9	1		1	1	1		11	4	7
10-14岁	**12**	**7**	**5**	**8**	**4**	**4**	**32**	**17**	**15**
10	3	2	1	2		2	9	3	6
11	3	3		2	2		11	7	4
12	4	2	2	1		1	9	6	3
13							2	1	1
14	2		2	3	2	1	1		1
15-19岁				**9**	**5**	**4**	**10**	**9**	**1**
15				2		2	2	2	
16							1	1	
17				2	1	1	2	1	1
18				5	4	1	3	3	
19							2	2	
20-24岁	**2**		**2**	**15**	**4**	**11**	**10**	**5**	**5**
20	1		1	7	2	5			
21									
22	1		1	2		2	3	2	1
23				2	1	1	4	1	3
24				4	1	3	3	2	1
25-29岁	**5**	**2**	**3**	**20**	**9**	**11**	**18**	**12**	**6**
25				5	3	2	6	3	3
26	4	2	2	2	2		2	1	1
27				4	2	2	2	1	1
28				5	1	4	5	5	
29	1		1	4	1	3	3	2	1
30-34岁	**11**	**4**	**7**	**37**	**18**	**19**	**28**	**13**	**15**
30	1		1	8	2	6	1		1
31	1		1	4	2	2	2	2	
32	2	1	1	5	5		6	2	4
33	5	3	2	8	5	3	12	7	5
34	2		2	12	4	8	7	2	5
35-39岁	**11**	**10**	**1**	**42**	**26**	**16**	**20**	**8**	**12**
35	2	2		9	6	3	3	2	1
36	2	2		4	3	1	5	2	3
37	3	2	1	8	4	4			
38	3	3		8	5	3	4	2	2
39	1	1		13	8	5	8	2	6
40-44岁	**11**	**6**	**5**	**50**	**30**	**20**	**50**	**29**	**21**
40	2	1	1	4	3	1	6	4	2
41	1	1		11	6	5	13	6	7
42	3	2	1	11	7	4	12	7	5
43	3	2	1	9	7	2	6	5	1
44	2		2	15	7	8	13	7	6
45-49岁	**21**	**13**	**8**	**102**	**59**	**43**	**79**	**47**	**32**
45	1	1		17	8	9	14	7	7
46	7	6	1	19	13	6	13	10	3
47	6	2	4	12	10	2	13	4	9
48	3	1	2	30	12	18	16	12	4
49	4	3	1	24	16	8	23	14	9
50岁及以上	**777**	**275**	**502**	**2255**	**875**	**1380**	**1590**	**641**	**949**

3-2b 续表 4 单位：人

年龄	初中								
	合计			在校			毕业		
	合计	男	女	小计	男	女	小计	男	女
总计	**241299**	**122787**	**118512**	**13304**	**7071**	**6233**	**221653**	**112392**	**109261**
3									
4									
5-9岁	**260**	**136**	**124**	**219**	**117**	**102**	**38**	**17**	**21**
5									
6	45	26	19	41	25	16	4	1	3
7	56	29	27	46	25	21	9	4	5
8	81	44	37	67	37	30	13	6	7
9	78	37	41	65	30	35	12	6	6
10-14岁	**10305**	**5433**	**4872**	**9556**	**5000**	**4556**	**683**	**391**	**292**
10	157	89	68	130	73	57	25	15	10
11	382	199	183	347	181	166	33	17	16
12	2262	1166	1096	2104	1075	1029	149	84	65
13	3743	1955	1788	3508	1824	1684	212	116	96
14	3761	2024	1737	3467	1847	1620	264	159	105
15-19岁	**5089**	**2916**	**2173**	**3486**	**1936**	**1550**	**1506**	**912**	**594**
15	2225	1257	968	2064	1155	909	141	88	53
16	1051	593	458	842	475	367	192	105	87
17	562	324	238	294	155	139	249	154	95
18	617	358	259	180	90	90	414	254	160
19	634	384	250	106	61	45	510	311	199
20-24岁	**5019**	**2742**	**2277**	**17**	**10**	**7**	**4865**	**2653**	**2212**
20	688	384	304	10	6	4	652	364	288
21	729	412	317	3	1	2	704	399	305
22	947	519	428	1		1	930	510	420
23	1160	639	521	1	1		1126	617	509
24	1495	788	707	2	2		1453	763	690
25-29岁	**11182**	**5919**	**5263**	**8**	**2**	**6**	**10919**	**5786**	**5133**
25	1891	1009	882	1		1	1839	986	853
26	1990	1049	941	4	1	3	1947	1027	920
27	2308	1233	1075	2	1	1	2254	1202	1052
28	2329	1241	1088	1		1	2274	1216	1058
29	2664	1387	1277				2605	1355	1250
30-34岁	**21702**	**10980**	**10722**	**7**	**2**	**5**	**21189**	**10711**	**10478**
30	3668	1889	1779	2		2	3569	1833	1736
31	3909	1943	1966	2	2		3810	1894	1916
32	4327	2196	2131	1		1	4227	2154	2073
33	5341	2676	2665	1		1	5226	2607	2619
34	4457	2276	2181	1		1	4357	2223	2134
35-39岁	**20909**	**10619**	**10290**	**1**		**1**	**20486**	**10386**	**10100**
35	3422	1729	1693				3355	1692	1663
36	3245	1617	1628				3174	1576	1598
37	3813	1989	1824				3743	1958	1785
38	5478	2832	2646				5361	2759	2602
39	4951	2452	2499	1		1	4853	2401	2452
40-44岁	**25638**	**13157**	**12481**	**1**		**1**	**25045**	**12840**	**12205**
40	4893	2512	2381				4792	2462	2330
41	6081	3112	2969	1		1	5947	3036	2911
42	5411	2805	2606				5296	2746	2550
43	4551	2339	2212				4437	2275	2162
44	4702	2389	2313				4573	2321	2252
45-49岁	**28623**	**14361**	**14262**	**1**		**1**	**27907**	**13984**	**13923**
45	4739	2404	2335				4612	2327	2285
46	5409	2754	2655				5277	2687	2590
47	6153	3075	3078				5992	2997	2995
48	5965	2947	3018				5833	2878	2955
49	6357	3181	3176	1		1	6193	3095	3098
50岁及以上	**112572**	**56524**	**56048**	**8**	**4**	**4**	**109015**	**54712**	**54303**

3-2b 续表 5

单位：人

年龄	初中								
	肄业			辍学			其他		
	小计	男	女	小计	男	女	小计	男	女
总计	**951**	**504**	**447**	**2097**	**1138**	**959**	**3294**	**1682**	**1612**
3									
4									
5-9岁							**3**	**2**	**1**
5									
6									
7							1		1
8							1	1	
9							1	1	
10-14岁	**15**	**11**	**4**	**9**	**7**	**2**	**42**	**24**	**18**
10							2	1	1
11							2	1	1
12	2	1	1	1	1		6	5	1
13	3	2	1	3	3		17	10	7
14	10	8	2	5	3	2	15	7	8
15-19岁	**15**	**10**	**5**	**44**	**27**	**17**	**38**	**31**	**7**
15	4	3	1	8	6	2	8	5	3
16	4	3	1	6	4	2	7	6	1
17	2	2		9	7	2	8	6	2
18	2		2	12	6	6	9	8	1
19	3	2	1	9	4	5	6	6	
20-24岁	**19**	**12**	**7**	**40**	**28**	**12**	**78**	**39**	**39**
20	5	3	2	5	4	1	16	7	9
21	3	2	1	7	6	1	12	4	8
22	2	1	1	2	1	1	12	7	5
23	2	1	1	13	9	4	18	11	7
24	7	5	2	13	8	5	20	10	10
25-29岁	**38**	**17**	**21**	**97**	**53**	**44**	**120**	**61**	**59**
25	11	3	8	15	9	6	25	11	14
26	6	3	3	14	11	3	19	7	12
27	7	5	2	19	10	9	26	15	11
28	7	4	3	23	8	15	24	13	11
29	7	2	5	26	15	11	26	15	11
30-34岁	**69**	**43**	**26**	**184**	**98**	**86**	**253**	**126**	**127**
30	13	11	2	38	22	16	46	23	23
31	10	8	2	38	18	20	49	21	28
32	15	6	9	25	13	12	59	23	36
33	15	7	8	45	23	22	54	39	15
34	16	11	5	38	22	16	45	20	25
35-39岁	**52**	**23**	**29**	**146**	**88**	**58**	**224**	**122**	**102**
35	2	2		25	14	11	40	21	19
36	9	3	6	28	16	12	34	22	12
37	14	3	11	22	11	11	34	17	17
38	16	10	6	40	28	12	61	35	26
39	11	5	6	31	19	12	55	27	28
40-44岁	**88**	**52**	**36**	**172**	**96**	**76**	**332**	**169**	**163**
40	15	6	9	27	12	15	59	32	27
41	17	10	7	43	27	16	73	39	34
42	16	12	4	34	20	14	65	27	38
43	20	12	8	30	16	14	64	36	28
44	20	12	8	38	21	17	71	35	36
45-49岁	**122**	**66**	**56**	**219**	**119**	**100**	**374**	**192**	**182**
45	24	13	11	32	24	8	71	40	31
46	22	13	9	42	17	25	68	37	31
47	24	11	13	50	27	23	87	40	47
48	26	13	13	44	24	20	62	32	30
49	26	16	10	51	27	24	86	43	43
50岁及以上	**533**	**270**	**263**	**1186**	**622**	**564**	**1830**	**916**	**914**

3-2b　续表 6　　　　　　　　　　　　　　　　　　　　　　　　　　单位：人

年　龄	高　　中								
	合　计			在　校			毕　业		
	合计	男	女	小计	男	女	小计	男	女
总　计	**70104**	**36908**	**33196**	**14856**	**7524**	**7332**	**54402**	**28934**	**25468**
3									
4									
5–9岁									
5									
6									
7									
8									
9									
10–14岁	**343**	**153**	**190**	**317**	**141**	**176**	**25**	**11**	**14**
10									
11									
12									
13	46	19	27	40	18	22	5		5
14	297	134	163	277	123	154	20	11	9
15–19岁	**14856**	**7619**	**7237**	**14108**	**7158**	**6950**	**698**	**432**	**266**
15	2616	1303	1313	2593	1291	1302	17	8	9
16	4862	2446	2416	4798	2409	2389	61	35	26
17	4295	2134	2161	4158	2053	2105	123	74	49
18	2365	1308	1057	2142	1164	978	208	136	72
19	718	428	290	417	241	176	289	179	110
20–24岁	**2727**	**1532**	**1195**	**418**	**216**	**202**	**2261**	**1292**	**969**
20	537	306	231	189	98	91	339	202	137
21	472	253	219	100	52	48	367	199	168
22	501	285	216	61	35	26	432	245	187
23	554	313	241	40	22	18	501	286	215
24	663	375	288	28	9	19	622	360	262
25–29岁	**4064**	**2177**	**1887**	**6**	**3**	**3**	**3995**	**2139**	**1856**
25	737	400	337	2	1	1	726	392	334
26	774	429	345	3	2	1	762	422	340
27	865	466	399				850	458	392
28	812	423	389	1		1	795	417	378
29	876	459	417				862	450	412
30–34岁	**5559**	**2919**	**2640**	**1**	**1**		**5501**	**2883**	**2618**
30	1118	559	559				1104	551	553
31	1063	576	487	1	1		1049	565	484
32	1119	593	526				1106	585	521
33	1293	678	615				1283	672	611
34	966	513	453				959	510	449
35–39岁	**4484**	**2340**	**2144**	**1**	**1**		**4414**	**2304**	**2110**
35	765	405	360				756	401	355
36	736	399	337	1	1		725	391	334
37	795	414	381				779	409	370
38	1160	610	550				1142	599	543
39	1028	512	516				1012	504	508
40–44岁	**5716**	**2953**	**2763**	**2**	**1**	**1**	**5626**	**2911**	**2715**
40	1080	565	515				1058	557	501
41	1316	700	616				1296	687	609
42	1247	633	614	1	1		1232	629	603
43	986	499	487				970	491	479
44	1087	556	531	1		1	1070	547	523
45–49岁	**6197**	**3218**	**2979**				**6113**	**3174**	**2939**
45	1094	580	514				1082	573	509
46	1195	618	577				1175	606	569
47	1269	643	626				1254	634	620
48	1292	665	627				1272	658	614
49	1347	712	635				1330	703	627
50岁及以上	**26158**	**13997**	**12161**	**3**	**3**		**25769**	**13788**	**11981**

3-2b 续表 7 单位：人

年 龄	高中								
	肄业			辍学			其他		
	小计	男	女	小计	男	女	小计	男	女
总 计	**99**	**52**	**47**	**199**	**110**	**89**	**548**	**288**	**260**
3									
4									
5-9岁									
5									
6									
7									
8									
9									
10-14岁							**1**	**1**	
10									
11									
12									
13							1	1	
14									
15-19岁	**5**	**3**	**2**	**18**	**10**	**8**	**27**	**16**	**11**
15	1	1		2	1	1	3	2	1
16							3	2	1
17				3	1	2	11	6	5
18	1	1		8	4	4	6	3	3
19	3	1	2	5	4	1	4	3	1
20-24岁	**8**	**3**	**5**	**12**	**8**	**4**	**28**	**13**	**15**
20	1	1		4	3	1	4	2	2
21	1		1	1	1		3	1	2
22	1		1				7	5	2
23	2	1	1	3	1	2	8	3	5
24	3	1	2	4	3	1	6	2	4
25-29岁	**4**	**2**	**2**	**21**	**13**	**8**	**38**	**20**	**18**
25	1	1		2	2		6	4	2
26	1		1	4	3	1	4	2	2
27	1	1		2	1	1	12	6	6
28	1		1	8	4	4	7	2	5
29				5	3	2	9	6	3
30-34岁	**8**	**6**	**2**	**21**	**11**	**10**	**28**	**18**	**10**
30	4	2	2	6	4	2	4	2	2
31	2	2		5	3	2	6	5	1
32	1	1		4	2	2	8	5	3
33	1	1		2	1	1	7	4	3
34				4	1	3	3	2	1
35-39岁	**11**	**7**	**4**	**16**	**8**	**8**	**42**	**20**	**22**
35	1	1		3	2	1	5	1	4
36	4	2	2	2	1	1	4	4	
37	3	1	2	6	2	4	7	2	5
38	2	2		1	1		15	8	7
39	1	1		4	2	2	11	5	6
40-44岁	**6**	**4**	**2**	**28**	**13**	**15**	**54**	**24**	**30**
40	2	1	1	10	6	4	10	1	9
41	2	2		6	3	3	12	8	4
42	1		1	5	1	4	8	2	6
43				3	1	2	13	7	6
44	1	1		4	2	2	11	6	5
45-49岁	**13**	**5**	**8**	**13**	**6**	**7**	**58**	**33**	**25**
45	3	2	1	2	1	1	7	4	3
46	2		2	1	1		17	11	6
47	2		2	2	2		11	7	4
48	3	1	2	6	2	4	11	4	7
49	3	2	1	2		2	12	7	5
50岁及以上	**44**	**22**	**22**	**70**	**41**	**29**	**272**	**143**	**129**

3-2b　续表 8　　　　　　　　　　　　　　　　　　　　　　　　　　　单位：人

年　龄	大学专科								
	合　计			在　校			毕　业		
	合计	男	女	小计	男	女	小计	男	女
总　计	**39215**	**20433**	**18782**	**5225**	**2433**	**2792**	**33677**	**17837**	**15840**
3									
4									
5-9岁									
5									
6									
7									
8									
9									
10-14岁	**4**	**1**	**3**	**4**	**1**	**3**			
10									
11									
12									
13									
14	4	1	3	4	1	3			
15-19岁	**3469**	**1598**	**1871**	**3201**	**1463**	**1738**	**251**	**122**	**129**
15	65	19	46	64	18	46	1	1	
16	114	54	60	108	51	57	6	3	3
17	319	153	166	290	141	149	25	9	16
18	1334	622	712	1254	586	668	75	33	42
19	1637	750	887	1485	667	818	144	76	68
20-24岁	**4951**	**2372**	**2579**	**1835**	**864**	**971**	**3071**	**1490**	**1581**
20	1268	604	664	1001	461	540	255	138	117
21	892	452	440	414	208	206	469	242	227
22	932	424	508	228	104	124	693	315	378
23	903	435	468	123	58	65	774	374	400
24	956	457	499	69	33	36	880	421	459
25-29岁	**5205**	**2572**	**2633**	**106**	**57**	**49**	**5041**	**2484**	**2557**
25	1015	477	538	37	19	18	968	452	516
26	1066	522	544	22	12	10	1033	503	530
27	1053	553	500	17	9	8	1026	538	488
28	1039	505	534	16	9	7	1009	491	518
29	1032	515	517	14	8	6	1005	500	505
30-34岁	**5712**	**2876**	**2836**	**31**	**16**	**15**	**5632**	**2835**	**2797**
30	1234	625	609	5	2	3	1218	615	603
31	1155	568	587	11	6	5	1136	560	576
32	1167	582	585	7	3	4	1143	570	573
33	1245	657	588	4	3	1	1235	651	584
34	911	444	467	4	2	2	900	439	461
35-39岁	**3349**	**1778**	**1571**	**12**	**10**	**2**	**3315**	**1755**	**1560**
35	642	338	304	3	2	1	632	331	301
36	616	323	293	4	3	1	610	319	291
37	643	338	305				640	338	302
38	777	432	345	4	4		769	425	344
39	671	347	324	1	1		664	342	322
40-44岁	**3472**	**1738**	**1734**	**8**	**2**	**6**	**3441**	**1726**	**1715**
40	665	313	352	1		1	659	310	349
41	779	391	388	3	2	1	771	388	383
42	735	354	381				729	353	376
43	622	323	299	1		1	617	321	296
44	671	357	314	3		3	665	354	311
45-49岁	**3556**	**1828**	**1728**	**9**	**8**	**1**	**3520**	**1809**	**1711**
45	625	315	310				618	312	306
46	689	354	335	1		1	682	352	330
47	734	359	375	1	1		728	356	372
48	744	406	338	2	2		738	402	336
49	764	394	370	5	5		754	387	367
50岁及以上	**9497**	**5670**	**3827**	**19**	**12**	**7**	**9406**	**5616**	**3790**

3-2b 续表 9 单位：人

年 龄	大学专科								
	肄 业			辍 学			其 他		
	小计	男	女	小计	男	女	小计	男	女
总 计	**33**	**15**	**18**	**15**	**9**	**6**	**265**	**139**	**126**
3									
4									
5-9岁									
5									
6									
7									
8									
9									
10-14岁									
10									
11									
12									
13									
14									
15-19岁	**1**		**1**	**4**	**3**	**1**	**12**	**10**	**2**
15									
16									
17							4	3	1
18	1		1	1		1	3	3	
19				3	3		5	4	1
20-24岁	**5**	**2**	**3**	**4**	**1**	**3**	**36**	**15**	**21**
20	1		1	3	1	2	8	4	4
21	2	1	1	1		1	6	1	5
22							11	5	6
23	1		1				5	3	2
24	1	1					6	2	4
25-29岁	**4**	**4**		**3**	**1**	**2**	**51**	**26**	**25**
25	2	2					8	4	4
26	1	1		1		1	9	6	3
27							10	6	4
28							14	5	9
29	1	1		2	1	1	10	5	5
30-34岁	**6**	**1**	**5**				**43**	**24**	**19**
30	1		1				10	8	2
31	2		2				6	2	4
32	2	1	1				15	8	7
33							6	3	3
34	1		1				6	3	3
35-39岁	**2**		**2**	**2**	**2**		**18**	**11**	**7**
35							7	5	2
36							2	1	1
37	1		1				2		2
38				1	1		3	2	1
39	1		1	1	1		4	3	1
40-44岁	**4**	**2**	**2**	**1**	**1**		**18**	**7**	**11**
40	1	1		1	1		3	1	2
41	1		1				4	1	3
42	1		1				5	1	4
43							4	2	2
44	1	1					2	2	
45-49岁	**3**	**1**	**2**	**1**	**1**		**23**	**9**	**14**
45							7	3	4
46							6	2	4
47	1		1	1	1		3	1	2
48	2	1	1				2	1	1
49							5	2	3
50岁及以上	**8**	**5**	**3**				**64**	**37**	**27**

3-2b 续表 10 单位：人

年龄	大学本科								
	合计			在校			毕业		
	合计	男	女	小计	男	女	小计	男	女
总计	**26435**	**12832**	**13603**	**4279**	**1717**	**2562**	**22024**	**11052**	**10972**
3									
4									
5-9岁									
5									
6									
7									
8									
9									
10-14岁									
10									
11									
12									
13									
14									
15-19岁	**1646**	**661**	**985**	**1609**	**645**	**964**	**35**	**15**	**20**
15	6	3	3	6	3	3			
16	10	6	4	9	5	4	1	1	
17	69	34	35	67	32	35	2	2	
18	533	220	313	520	215	305	13	5	8
19	1028	398	630	1007	390	617	19	7	12
20-24岁	**4335**	**1727**	**2608**	**2499**	**978**	**1521**	**1811**	**742**	**1069**
20	1107	402	705	1050	377	673	53	24	29
21	988	370	618	832	321	511	151	49	102
22	778	334	444	368	170	198	405	162	243
23	756	311	445	169	74	95	581	234	347
24	706	310	396	80	36	44	621	273	348
25-29岁	**4063**	**1820**	**2243**	**121**	**65**	**56**	**3922**	**1745**	**2177**
25	777	343	434	51	23	28	721	319	402
26	766	322	444	30	20	10	734	301	433
27	850	385	465	23	13	10	822	368	454
28	839	384	455	12	7	5	824	375	449
29	831	386	445	5	2	3	821	382	439
30-34岁	**5091**	**2419**	**2672**	**23**	**11**	**12**	**5042**	**2394**	**2648**
30	987	465	522	9	4	5	969	457	512
31	1021	497	524	6	3	3	1008	489	519
32	1015	462	553	3	2	1	1011	460	551
33	1086	513	573	2		2	1079	511	568
34	982	482	500	3	2	1	975	477	498
35-39岁	**3088**	**1596**	**1492**	**9**	**7**	**2**	**3063**	**1583**	**1480**
35	636	333	303	4	3	1	630	330	300
36	584	303	281	1		1	578	300	278
37	658	356	302	2	2		654	352	302
38	679	347	332				675	347	328
39	531	257	274	2	2		526	254	272
40-44岁	**2229**	**1056**	**1173**	**5**	**3**	**2**	**2204**	**1045**	**1159**
40	444	215	229				440	214	226
41	448	212	236	2		2	443	210	233
42	485	230	255	1	1		482	229	253
43	418	196	222				412	193	219
44	434	203	231	2	2		427	199	228
45-49岁	**2217**	**1166**	**1051**	**8**	**6**	**2**	**2203**	**1156**	**1047**
45	458	238	220	3	3		455	235	220
46	451	241	210	2	1	1	446	237	209
47	454	237	217				453	237	216
48	387	204	183	3	2	1	383	201	182
49	467	246	221				466	246	220
50岁及以上	**3766**	**2387**	**1379**	**5**	**2**	**3**	**3744**	**2372**	**1372**

3–2b 续表 11 单位：人

年龄	大学本科								
	肄业			辍学			其他		
	小计	男	女	小计	男	女	小计	男	女
总计	**22**	**14**	**8**	**6**	**4**	**2**	**104**	**45**	**59**
3									
4									
5–9岁									
5									
6									
7									
8									
9									
10–14岁									
10									
11									
12									
13									
14									
15–19岁							**2**	**1**	**1**
15									
16									
17									
18									
19							2	1	1
20–24岁	**3**	**1**	**2**				**22**	**6**	**16**
20	1		1				3	1	2
21							5		5
22							5	2	3
23	1		1				5	3	2
24	1	1					4		4
25–29岁	**3**	**3**					**17**	**7**	**10**
25							5	1	4
26							2	1	1
27	1	1					4	3	1
28	1	1					2	1	1
29	1	1					4	1	3
30–34岁	**3**	**3**		**2**		**2**	**21**	**11**	**10**
30				2		2	7	4	3
31	3	3					4	2	2
32							1		1
33							5	2	3
34							4	3	1
35–39岁	**4**	**1**	**3**	**2**	**2**		**10**	**3**	**7**
35	1		1				1		1
36	1	1					4	2	2
37				2	2				
38	2		2				2		2
39							3	1	2
40–44岁	**3**	**1**	**2**	**2**	**2**		**15**	**5**	**10**
40				1	1		3		3
41							3	2	1
42	1		1				1		1
43	2	1	1	1	1		3	1	2
44							5	2	3
45–49岁							**6**	**4**	**2**
45									
46							3	3	
47							1		1
48							1	1	
49							1		1
50岁及以上	**6**	**5**	**1**				**11**	**8**	**3**

3-2b　续表 12　　单位：人

年　龄	硕士研究生								
	合　计			在　校			毕　业		
	合计	男	女	小计	男	女	小计	男	女
总　计	**1282**	**525**	**757**	**391**	**120**	**271**	**879**	**398**	**481**
3									
4									
5-9岁									
5									
6									
7									
8									
9									
10-14岁									
10									
11									
12									
13									
14									
15-19岁	**2**	**1**	**1**	**2**	**1**	**1**			
15									
16									
17									
18	1		1	1		1			
19	1	1		1	1				
20-24岁	**272**	**76**	**196**	**250**	**72**	**178**	**19**	**4**	**15**
20									
21	9	5	4	9	5	4			
22	63	17	46	58	16	42	4	1	3
23	97	38	59	92	37	55	5	1	4
24	103	16	87	91	14	77	10	2	8
25-29岁	**327**	**103**	**224**	**134**	**46**	**88**	**192**	**56**	**136**
25	107	35	72	74	28	46	33	7	26
26	68	24	44	33	14	19	35	10	25
27	65	19	46	16	1	15	48	17	31
28	49	13	36	7	2	5	42	11	31
29	38	12	26	4	1	3	34	11	23
30-34岁	**249**	**89**	**160**	**4**		**4**	**243**	**88**	**155**
30	46	11	35	1		1	45	11	34
31	59	25	34	2		2	56	24	32
32	54	21	33	1		1	53	21	32
33	41	14	27				41	14	27
34	49	18	31				48	18	30
35-39岁	**171**	**82**	**89**				**169**	**81**	**88**
35	38	21	17				38	21	17
36	36	18	18				35	17	18
37	43	19	24				42	19	23
38	31	14	17				31	14	17
39	23	10	13				23	10	13
40-44岁	**84**	**46**	**38**				**83**	**45**	**38**
40	17	8	9				16	7	9
41	18	9	9				18	9	9
42	23	16	7				23	16	7
43	13	7	6				13	7	6
44	13	6	7				13	6	7
45-49岁	**51**	**34**	**17**				**51**	**34**	**17**
45	6	5	1				6	5	1
46	12	9	3				12	9	3
47	10	6	4				10	6	4
48	8	7	1				8	7	1
49	15	7	8				15	7	8
50岁及以上	**126**	**94**	**32**	**1**	**1**		**122**	**90**	**32**

3-2b 续表 13

单位：人

年龄	硕士研究生								
	肄业			辍学			其他		
	小计	男	女	小计	男	女	小计	男	女
总计	**4**	**2**	**2**	**1**		**1**	**7**	**5**	**2**
3									
4									
5-9岁									
5									
6									
7									
8									
9									
10-14岁									
10									
11									
12									
13									
14									
15-19岁									
15									
16									
17									
18									
19									
20-24岁	**1**		**1**	**1**		**1**	**1**		**1**
20									
21									
22							1		1
23									
24	1		1	1		1			
25-29岁							**1**	**1**	
25									
26									
27							1	1	
28									
29									
30-34岁	**1**		**1**				**1**	**1**	
30									
31							1	1	
32									
33									
34	1		1						
35-39岁	**1**	**1**					**1**		**1**
35									
36	1	1							
37							1		1
38									
39									
40-44岁							**1**	**1**	
40							1	1	
41									
42									
43									
44									
45-49岁									
45									
46									
47									
48									
49									
50岁及以上	**1**	**1**					**2**	**2**	

3-2b 续表 14

单位：人

年 龄	博士研究生								
	合 计			在 校			毕 业		
	合计	男	女	小计	男	女	小计	男	女
总 计	**118**	**69**	**49**	**53**	**30**	**23**	**63**	**37**	**26**
3									
4									
5-9岁									
5									
6									
7									
8									
9									
10-14岁									
10									
11									
12									
13									
14									
15-19岁									
15									
16									
17									
18									
19									
20-24岁	**11**	**3**	**8**	**10**	**3**	**7**	**1**		**1**
20									
21									
22	1		1	1		1			
23	5	2	3	4	2	2	1		1
24	5	1	4	5	1	4			
25-29岁	**35**	**21**	**14**	**29**	**19**	**10**	**6**	**2**	**4**
25	9	8	1	8	7	1	1	1	
26	10	5	5	8	4	4	2	1	1
27	6	2	4	6	2	4			
28	7	4	3	5	4	1	2		2
29	3	2	1	2	2		1		1
30-34岁	**27**	**16**	**11**	**9**	**6**	**3**	**17**	**9**	**8**
30	7	2	5	3	2	1	4		4
31	3	2	1	1		1	2	2	
32	6	3	3	1	1		4	1	3
33	7	6	1	2	1	1	5	5	
34	4	3	1	2	2		2	1	1
35-39岁	**17**	**11**	**6**	**4**	**1**	**3**	**12**	**9**	**3**
35									
36	6	4	2				6	4	2
37	4	3	1	1	1		3	2	1
38	5	2	3	3		3	2	2	
39	2	2					1	1	
40-44岁	**10**	**6**	**4**	**1**	**1**		**9**	**5**	**4**
40									
41									
42	4	2	2				4	2	2
43	4	2	2				4	2	2
44	2	2		1	1		1	1	
45-49岁	**5**	**3**	**2**				**5**	**3**	**2**
45	2	1	1				2	1	1
46	2	1	1				2	1	1
47									
48	1	1					1	1	
49									
50岁及以上	**13**	**9**	**4**				**13**	**9**	**4**

3-2b 续表 15

单位：人

年 龄	博士研究生								
	肄 业			辍 学			其 他		
	小计	男	女	小计	男	女	小计	男	女
总 计							**2**	**2**	
3									
4									
5-9岁									
5									
6									
7									
8									
9									
10-14岁									
10									
11									
12									
13									
14									
15-19岁									
15									
16									
17									
18									
19									
20-24岁									
20									
21									
22									
23									
24									
25-29岁									
25									
26									
27									
28									
29									
30-34岁							**1**	**1**	
30									
31									
32							1	1	
33									
34									
35-39岁							**1**	**1**	
35									
36									
37									
38									
39							1	1	
40-44岁									
40									
41									
42									
43									
44									
45-49岁									
45									
46									
47									
48									
49									
50岁及以上									

3-2c　全省分年龄、性别、学业完成情况的3岁及以上各种受教育程度人口(乡村)

单位：人

年龄	合计								
	合计			在校			毕业		
	合计	男	女	小计	男	女	小计	男	女
总计	**1073768**	**560180**	**513588**	**113846**	**58100**	**55746**	**889654**	**466935**	**422719**
3									
4									
5-9岁	**27983**	**14558**	**13425**	**27021**	**14034**	**12987**	**763**	**412**	**351**
5	757	405	352	718	383	335	30	18	12
6	4142	2106	2036	3997	2034	1963	105	48	57
7	6863	3563	3300	6638	3418	3220	175	107	68
8	8348	4388	3960	8085	4258	3827	211	105	106
9	7873	4096	3777	7583	3941	3642	242	134	108
10-14岁	**48622**	**25352**	**23270**	**45788**	**23780**	**22008**	**2372**	**1323**	**1049**
10	8600	4506	4094	8268	4331	3937	284	149	135
11	9586	4971	4615	9160	4732	4428	359	208	151
12	9879	5168	4711	9331	4876	4455	461	248	213
13	10205	5295	4910	9527	4925	4602	572	318	254
14	10352	5412	4940	9502	4916	4586	696	400	296
15-19岁	**42824**	**22842**	**19982**	**32458**	**16495**	**15963**	**9171**	**5645**	**3526**
15	10277	5515	4762	9363	4979	4384	700	411	289
16	8926	4838	4088	7652	4050	3602	1060	650	410
17	7248	3822	3426	5400	2703	2697	1627	999	628
18	8345	4477	3868	5378	2639	2739	2680	1668	1012
19	8028	4190	3838	4665	2124	2541	3104	1917	1187
20-24岁	**35872**	**19527**	**16345**	**7582**	**3363**	**4219**	**26913**	**15352**	**11561**
20	7539	3911	3628	3369	1496	1873	3913	2264	1649
21	6435	3506	2929	1981	915	1066	4205	2443	1762
22	6850	3787	3063	1159	501	658	5429	3129	2300
23	7353	4059	3294	655	281	374	6425	3625	2800
24	7695	4264	3431	418	170	248	6941	3891	3050
25-29岁	**42032**	**24120**	**17912**	**707**	**280**	**427**	**39374**	**22681**	**16693**
25	8271	4768	3503	286	114	172	7613	4435	3178
26	8481	4930	3551	178	64	114	7911	4640	3271
27	8379	4837	3542	128	53	75	7873	4555	3318
28	8188	4688	3500	69	29	40	7714	4416	3298
29	8713	4897	3816	46	20	26	8263	4635	3628
30-34岁	**59560**	**33368**	**26192**	**106**	**48**	**58**	**56523**	**31619**	**24904**
30	11475	6597	4878	33	18	15	10904	6248	4656
31	11503	6389	5114	20	8	12	10933	6071	4862
32	11666	6537	5129	25	12	13	11080	6206	4874
33	13661	7623	6038	16	6	10	12918	7193	5725
34	11255	6222	5033	12	4	8	10688	5901	4787
35-39岁	**51794**	**28194**	**23600**	**37**	**18**	**19**	**49275**	**26755**	**22520**
35	8472	4637	3835	12	7	5	8044	4389	3655
36	7883	4232	3651	8	2	6	7486	4009	3477
37	9433	5106	4327	4	2	2	9008	4862	4146
38	13190	7199	5991	8	6	2	12552	6834	5718
39	12816	7020	5796	5	1	4	12185	6661	5524
40-44岁	**71303**	**38480**	**32823**	**32**	**21**	**11**	**67476**	**36358**	**31118**
40	13319	7155	6164	5	4	1	12604	6776	5828
41	16285	8791	7494	5	2	3	15461	8321	7140
42	14948	8098	6850	8	7	1	14121	7646	6475
43	12850	7012	5838	5	3	2	12130	6593	5537
44	13901	7424	6477	9	5	4	13160	7022	6138
45-49岁	**97007**	**50879**	**46128**	**39**	**21**	**18**	**91378**	**47809**	**43569**
45	14933	7972	6961	7	3	4	14077	7506	6571
46	17669	9189	8480	9	7	2	16707	8673	8034
47	20282	10709	9573	6	4	2	19134	10071	9063
48	21007	10964	10043	10	4	6	19779	10289	9490
49	23116	12045	11071	7	3	4	21681	11270	10411
50岁及以上	**596771**	**302860**	**293911**	**76**	**40**	**36**	**546409**	**278981**	**267428**

3-2c 续表 1

单位：人

年 龄	合 计								
	肄 业			辍 学			其 他		
	小计	男	女	小计	男	女	小计	男	女
总 计	**10486**	**5199**	**5287**	**29494**	**14592**	**14902**	**30288**	**15354**	**14934**
3									
4									
5-9岁	**16**	**8**	**8**	**10**	**6**	**4**	**173**	**98**	**75**
5							9	4	5
6	1	1					39	23	16
7	4	4					46	34	12
8	5	2	3	6	4	2	41	19	22
9	6	1	5	4	2	2	38	18	20
10-14岁	**58**	**37**	**21**	**131**	**75**	**56**	**273**	**137**	**136**
10	7	5	2	2	2		39	19	20
11	6	3	3	9	6	3	52	22	30
12	10	5	5	17	6	11	60	33	27
13	8	5	3	31	14	17	67	33	34
14	27	19	8	72	47	25	55	30	25
15-19岁	**153**	**95**	**58**	**508**	**316**	**192**	**534**	**291**	**243**
15	24	12	12	116	70	46	74	43	31
16	25	20	5	90	57	33	99	61	38
17	27	15	12	107	59	48	87	46	41
18	44	26	18	102	72	30	141	72	69
19	33	22	11	93	58	35	133	69	64
20-24岁	**170**	**101**	**69**	**387**	**231**	**156**	**820**	**480**	**340**
20	37	21	16	83	45	38	137	85	52
21	38	23	15	77	46	31	134	79	55
22	31	17	14	72	43	29	159	97	62
23	16	11	5	73	47	26	184	95	89
24	48	29	19	82	50	32	206	124	82
25-29岁	**211**	**135**	**76**	**595**	**393**	**202**	**1145**	**631**	**514**
25	52	34	18	103	64	39	217	121	96
26	36	27	9	122	81	41	234	118	116
27	40	28	12	103	74	29	235	127	108
28	45	26	19	130	88	42	230	129	101
29	38	20	18	137	86	51	229	136	93
30-34岁	**351**	**207**	**144**	**1058**	**650**	**408**	**1522**	**844**	**678**
30	46	28	18	179	117	62	313	186	127
31	72	46	26	194	116	78	284	148	136
32	76	43	33	215	127	88	270	149	121
33	90	46	44	263	168	95	374	210	164
34	67	44	23	207	122	85	281	151	130
35-39岁	**278**	**175**	**103**	**863**	**526**	**337**	**1341**	**720**	**621**
35	59	44	15	137	80	57	220	117	103
36	42	25	17	141	86	55	206	110	96
37	35	17	18	149	82	67	237	143	94
38	78	48	30	216	131	85	336	180	156
39	64	41	23	220	147	73	342	170	172
40-44岁	**476**	**261**	**215**	**1358**	**811**	**547**	**1961**	**1029**	**932**
40	87	45	42	252	143	109	371	187	184
41	103	53	50	297	188	109	419	227	192
42	100	61	39	291	164	127	428	220	208
43	88	49	39	248	156	92	379	211	168
44	98	53	45	270	160	110	364	184	180
45-49岁	**753**	**422**	**331**	**2190**	**1234**	**956**	**2647**	**1393**	**1254**
45	118	72	46	318	172	146	413	219	194
46	130	68	62	374	194	180	449	247	202
47	155	80	75	452	266	186	535	288	247
48	159	85	74	479	289	190	580	297	283
49	191	117	74	567	313	254	670	342	328
50岁及以上	**8020**	**3758**	**4262**	**22394**	**10350**	**12044**	**19872**	**9731**	**10141**

3–2c　续表 2　　　　　　　　　　　　　　　　　　　　　　　　单位：人

年　龄	小　学								
	合　计			在　校			毕　业		
	合计	男	女	小计	男	女	小计	男	女
总　计	**381624**	**179230**	**202394**	**50941**	**26649**	**24292**	**294064**	**136433**	**157631**
3									
4									
5–9岁	**27630**	**14377**	**13253**	**26738**	**13889**	**12849**	**700**	**380**	**320**
5	757	405	352	718	383	335	30	18	12
6	4074	2071	2003	3944	2004	1940	94	44	50
7	6798	3529	3269	6585	3392	3193	163	99	64
8	8248	4333	3915	8004	4214	3790	194	96	98
9	7753	4039	3714	7487	3896	3591	219	123	96
10–14岁	**25286**	**13363**	**11923**	**24072**	**12697**	**11375**	**994**	**547**	**447**
10	8384	4406	3978	8079	4244	3835	259	138	121
11	8796	4592	4204	8448	4396	4052	290	168	122
12	5180	2806	2374	4938	2672	2266	200	109	91
13	2100	1109	991	1915	1014	901	149	76	73
14	826	450	376	692	371	321	96	56	40
15–19岁	**928**	**550**	**378**	**86**	**47**	**39**	**677**	**405**	**272**
15	173	104	69	43	29	14	87	51	36
16	143	81	62	16	4	12	107	66	41
17	163	95	68	12	8	4	120	70	50
18	216	132	84	6	1	5	169	104	65
19	233	138	95	9	5	4	194	114	80
20–24岁	**1540**	**912**	**628**	**11**	**4**	**7**	**1324**	**788**	**536**
20	258	141	117	3		3	217	119	98
21	238	138	100	2		2	195	115	80
22	308	186	122				268	165	103
23	323	192	131	1	1		285	168	117
24	413	255	158	5	3	2	359	221	138
25–29岁	**2995**	**1757**	**1238**	**3**	**1**	**2**	**2668**	**1562**	**1106**
25	455	274	181				410	249	161
26	551	336	215				498	301	197
27	577	353	224	1		1	507	312	195
28	658	356	302	1		1	576	308	268
29	754	438	316	1	1		677	392	285
30–34岁	**5676**	**3250**	**2426**	**2**		**2**	**5108**	**2919**	**2189**
30	919	554	365	1		1	830	498	332
31	1137	631	506				1029	571	458
32	1147	650	497	1		1	1034	585	449
33	1330	768	562				1191	686	505
34	1143	647	496				1024	579	445
35–39岁	**5057**	**2675**	**2382**	**2**	**1**	**1**	**4592**	**2407**	**2185**
35	786	407	379				721	373	348
36	750	399	351	1		1	676	351	325
37	902	469	433				821	425	396
38	1242	650	592	1	1		1124	587	537
39	1377	750	627				1250	671	579
40–44岁	**9321**	**4856**	**4465**	**2**	**1**	**1**	**8423**	**4370**	**4053**
40	1600	840	760				1435	758	677
41	2021	1075	946				1811	953	858
42	1870	998	872	1	1		1710	906	804
43	1754	902	852	1		1	1573	809	764
44	2076	1041	1035				1894	944	950
45–49岁	**18699**	**9208**	**9491**	**2**	**1**	**1**	**16861**	**8249**	**8612**
45	2363	1173	1190	2	1	1	2129	1065	1064
46	3119	1541	1578				2824	1396	1428
47	3821	1907	1914				3458	1702	1756
48	4329	2104	2225				3898	1882	2016
49	5067	2483	2584				4552	2204	2348
50岁及以上	**284492**	**128282**	**156210**	**23**	**8**	**15**	**252717**	**114806**	**137911**

3－2c　续表 3　　单位：人

年　龄	小　学								
	肄　业			辍　学			其　他		
	小计	男	女	小计	男	女	小计	男	女
总　计	**5572**	**2391**	**3181**	**16935**	**7359**	**9576**	**14112**	**6398**	**7714**
3									
4									
5－9岁	**16**	**8**	**8**	**9**	**5**	**4**	**167**	**95**	**72**
5							9	4	5
6	1	1					35	22	13
7	4	4					46	34	12
8	5	2	3	5	3	2	40	18	22
9	6	1	5	4	2	2	37	17	20
10－14岁	**25**	**16**	**9**	**54**	**33**	**21**	**141**	**70**	**71**
10	7	5	2	2	2		37	17	20
11	6	3	3	7	5	2	45	20	25
12	5	3	2	9	5	4	28	17	11
13	3	2	1	13	5	8	20	12	8
14	4	3	1	23	16	7	11	4	7
15－19岁	**18**	**11**	**7**	**98**	**58**	**40**	**49**	**29**	**20**
15	6	4	2	27	15	12	10	5	5
16	1	1		10	5	5	9	5	4
17	2		2	19	9	10	10	8	2
18	5	4	1	23	17	6	13	6	7
19	4	2	2	19	12	7	7	5	2
20－24岁	**28**	**18**	**10**	**85**	**54**	**31**	**92**	**48**	**44**
20	3	2	1	17	9	8	18	11	7
21	8	6	2	19	11	8	14	6	8
22	5	2	3	17	11	6	18	8	10
23	3	2	1	12	10	2	22	11	11
24	9	6	3	20	13	7	20	12	8
25－29岁	**37**	**20**	**17**	**130**	**87**	**43**	**157**	**87**	**70**
25	7	5	2	25	14	11	13	6	7
26	7	4	3	18	15	3	28	16	12
27	9	5	4	25	18	7	35	18	17
28	8	4	4	28	20	8	45	24	21
29	6	2	4	34	20	14	36	23	13
30－34岁	**74**	**41**	**33**	**280**	**175**	**105**	**212**	**115**	**97**
30	6	3	3	40	26	14	42	27	15
31	13	9	4	57	37	20	38	14	24
32	17	11	6	59	35	24	36	19	17
33	24	9	15	59	40	19	56	33	23
34	14	9	5	65	37	28	40	22	18
35－39岁	**51**	**38**	**13**	**203**	**116**	**87**	**209**	**113**	**96**
35	10	8	2	27	11	16	28	15	13
36	8	6	2	29	21	8	36	21	15
37	7	5	2	39	19	20	35	20	15
38	11	8	3	51	27	24	55	27	28
39	15	11	4	57	38	19	55	30	25
40－44岁	**104**	**55**	**49**	**371**	**219**	**152**	**421**	**211**	**210**
40	16	10	6	63	25	38	86	47	39
41	30	14	16	92	67	25	88	41	47
42	13	9	4	66	40	26	80	42	38
43	27	16	11	67	37	30	86	40	46
44	18	6	12	83	50	33	81	41	40
45－49岁	**234**	**123**	**111**	**845**	**443**	**402**	**757**	**392**	**365**
45	26	11	15	106	50	56	100	46	54
46	42	20	22	136	59	77	117	66	51
47	46	32	14	179	103	76	138	70	68
48	57	29	28	197	104	93	177	89	88
49	63	31	32	227	127	100	225	121	104
50岁及以上	**4985**	**2061**	**2924**	**14860**	**6169**	**8691**	**11907**	**5238**	**6669**

3-2c　续表 4　　　　　　　　　　　　　　　　　　　　　　　　　　　　单位：人

年　龄	初　　中								
	合　　计			在　　校			毕　　业		
	合计	男	女	小计	男	女	小计	男	女
总　计	**583622**	**320871**	**262751**	**30839**	**16096**	**14743**	**522395**	**287707**	**234688**
3									
4									
5—9岁	**353**	**181**	**172**	**283**	**145**	**138**	**63**	**32**	**31**
5									
6	68	35	33	53	30	23	11	4	7
7	65	34	31	53	26	27	12	8	4
8	100	55	45	81	44	37	17	9	8
9	120	57	63	96	45	51	23	11	12
10—14岁	**22698**	**11689**	**11009**	**21114**	**10800**	**10314**	**1351**	**765**	**586**
10	216	100	116	189	87	102	25	11	14
11	790	379	411	712	336	376	69	40	29
12	4695	2362	2333	4389	2204	2185	261	139	122
13	7999	4150	3849	7512	3878	3634	418	239	179
14	8998	4698	4300	8312	4295	4017	578	336	242
15—19岁	**16293**	**9425**	**6868**	**9325**	**5090**	**4235**	**6345**	**3951**	**2394**
15	6090	3366	2724	5382	2947	2435	569	335	234
16	3238	1851	1387	2269	1248	1021	856	527	329
17	2237	1312	925	917	491	426	1207	761	446
18	2359	1445	914	480	261	219	1756	1102	654
19	2369	1451	918	277	143	134	1957	1226	731
20—24岁	**15862**	**9710**	**6152**	**56**	**25**	**31**	**15050**	**9227**	**5823**
20	2507	1494	1013	21	7	14	2360	1409	951
21	2485	1552	933	11	7	4	2359	1473	886
22	3042	1940	1102	12	5	7	2876	1837	1039
23	3653	2201	1452	10	5	5	3480	2101	1379
24	4175	2523	1652	2	1	1	3975	2407	1568
25—29岁	**26458**	**15717**	**10741**	**10**	**6**	**4**	**25187**	**14952**	**10235**
25	4822	2965	1857	2	2		4574	2810	1764
26	5185	3146	2039	2	1	1	4928	3005	1923
27	5270	3143	2127	5	3	2	5031	2991	2040
28	5316	3153	2163	1		1	5044	2986	2058
29	5865	3310	2555				5610	3160	2450
30—34岁	**44089**	**24587**	**19502**	**6**	**3**	**3**	**42057**	**23400**	**18657**
30	8140	4684	3456	3	2	1	7773	4454	3319
31	8309	4611	3698	1		1	7924	4391	3533
32	8560	4761	3799	1	1		8178	4545	3633
33	10327	5708	4619				9824	5415	4409
34	8753	4823	3930	1		1	8358	4595	3763
35—39岁	**41969**	**22846**	**19123**	**5**	**4**	**1**	**40116**	**21779**	**18337**
35	6718	3682	3036	1	1		6403	3497	2906
36	6332	3384	2948	1		1	6043	3224	2819
37	7611	4115	3496	1	1		7287	3924	3363
38	10870	5967	4903	1	1		10400	5689	4711
39	10438	5698	4740	1	1		9983	5445	4538
40—44岁	**57010**	**30845**	**26165**	**6**	**5**	**1**	**54314**	**29343**	**24971**
40	10725	5766	4959				10219	5491	4728
41	13061	7056	6005	2	2		12501	6739	5762
42	12048	6521	5527	2	1	1	11434	6196	5238
43	10261	5640	4621	1	1		9763	5339	4424
44	10915	5862	5053	1	1		10397	5578	4819
45—49岁	**73287**	**38780**	**34507**	**3**	**2**	**1**	**69767**	**36831**	**32936**
45	11635	6256	5379	1	1		11066	5933	5133
46	13589	7096	6493	1	1		12963	6754	6209
47	15444	8214	7230				14711	7810	6901
48	15695	8299	7396				14962	7881	7081
49	16924	8915	8009	1		1	16065	8453	7612
50岁及以上	**285603**	**157091**	**128512**	**31**	**16**	**15**	**268145**	**147427**	**120718**

3-2c 续表 5

单位：人

年 龄	初中								
	肄业			辍学			其他		
	小计	男	女	小计	男	女	小计	男	女
总 计	**4473**	**2513**	**1960**	**11857**	**6820**	**5037**	**14058**	**7735**	**6323**
3									
4									
5-9岁				**1**	**1**		**6**	**3**	**3**
5									
6							4	1	3
7									
8				1	1		1	1	
9							1	1	
10-14岁	**31**	**19**	**12**	**75**	**40**	**35**	**127**	**65**	**62**
10							2	2	
11				2	1	1	7	2	5
12	5	2	3	8	1	7	32	16	16
13	5	3	2	18	9	9	46	21	25
14	21	14	7	47	29	18	40	24	16
15-19岁	**81**	**53**	**28**	**328**	**209**	**119**	**214**	**122**	**92**
15	16	7	9	83	53	30	40	24	16
16	18	13	5	66	45	21	29	18	11
17	17	11	6	60	30	30	36	19	17
18	18	11	7	60	45	15	45	26	19
19	12	11	1	59	36	23	64	35	29
20-24岁	**88**	**48**	**40**	**220**	**133**	**87**	**448**	**277**	**171**
20	20	10	10	42	27	15	64	41	23
21	12	7	5	41	23	18	62	42	20
22	17	9	8	42	28	14	95	61	34
23	10	6	4	47	29	18	106	60	46
24	29	16	13	48	26	22	121	73	48
25-29岁	**138**	**87**	**51**	**408**	**276**	**132**	**715**	**396**	**319**
25	38	23	15	67	47	20	141	83	58
26	18	13	5	94	58	36	143	69	74
27	27	21	6	67	48	19	140	80	60
28	33	20	13	91	64	27	147	83	64
29	22	10	12	89	59	30	144	81	63
30-34岁	**242**	**147**	**95**	**698**	**428**	**270**	**1086**	**609**	**477**
30	34	22	12	116	77	39	214	129	85
31	50	33	17	125	73	52	209	114	95
32	49	29	20	143	83	60	189	103	86
33	60	32	28	181	115	66	262	146	116
34	49	31	18	133	80	53	212	117	95
35-39岁	**209**	**125**	**84**	**623**	**389**	**234**	**1016**	**549**	**467**
35	41	29	12	103	65	38	170	90	80
36	33	19	14	106	61	45	149	80	69
37	27	12	15	107	63	44	189	115	74
38	62	38	24	158	100	58	249	139	110
39	46	27	19	149	100	49	259	125	134
40-44岁	**348**	**191**	**157**	**928**	**560**	**368**	**1414**	**746**	**668**
40	65	32	33	179	112	67	262	131	131
41	68	35	33	188	111	77	302	169	133
42	83	49	34	212	116	96	317	159	158
43	56	32	24	170	114	56	271	154	117
44	76	43	33	179	107	72	262	133	129
45-49岁	**487**	**277**	**210**	**1297**	**761**	**536**	**1733**	**909**	**824**
45	83	54	29	203	117	86	282	151	131
46	85	48	37	232	130	102	308	163	145
47	105	46	59	261	157	104	367	201	166
48	95	50	45	269	176	93	369	192	177
49	119	79	40	332	181	151	407	202	205
50岁及以上	**2849**	**1566**	**1283**	**7279**	**4023**	**3256**	**7299**	**4059**	**3240**

3-2c　续表 6　　　　　　　　　　　　　　　　　　　　　　　　　　　　单位：人

年　龄	高　中								
	合　计			在　校			毕　业		
	合计	男	女	小计	男	女	小计	男	女
总　计	**63151**	**36706**	**26445**	**17003**	**8647**	**8356**	**43887**	**26698**	**17189**
3									
4									
5–9岁									
5									
6									
7									
8									
9									
10–14岁	**637**	**299**	**338**	**601**	**282**	**319**	**27**	**11**	**16**
10									
11									
12	4		4	4		4			
13	106	36	70	100	33	67	5	3	2
14	527	263	264	497	249	248	22	8	14
15–19岁	**17434**	**9095**	**8339**	**15593**	**7978**	**7615**	**1640**	**1012**	**628**
15	3799	1922	1877	3748	1895	1853	41	24	17
16	5224	2721	2503	5099	2648	2451	88	52	36
17	4139	2087	2052	3821	1909	1912	265	148	117
18	2816	1517	1299	2188	1138	1050	571	352	219
19	1456	848	608	737	388	349	675	436	239
20–24岁	**4933**	**2770**	**2163**	**798**	**379**	**419**	**3916**	**2271**	**1645**
20	1186	638	548	385	176	209	751	437	314
21	991	559	432	202	102	100	740	429	311
22	910	515	395	117	60	57	762	440	322
23	937	556	381	56	29	27	846	509	337
24	909	502	407	38	12	26	817	456	361
25–29岁	**4219**	**2474**	**1745**	**8**	**6**	**2**	**3996**	**2340**	**1656**
25	890	535	355	2	2		833	501	332
26	894	557	337	3	3		842	522	320
27	867	492	375	1		1	824	468	356
28	779	446	333	2	1	1	748	429	319
29	789	444	345				749	420	329
30–34岁	**4317**	**2440**	**1877**	**2**	**1**	**1**	**4103**	**2319**	**1784**
30	1016	573	443	1		1	964	540	424
31	848	493	355				817	476	341
32	878	512	366				835	489	346
33	912	514	398				852	482	370
34	663	348	315	1	1		635	332	303
35–39岁	**2703**	**1503**	**1200**				**2573**	**1438**	**1135**
35	452	255	197				425	239	186
36	421	226	195				401	216	185
37	529	301	228				514	295	219
38	650	341	309				615	327	288
39	651	380	271				618	361	257
40–44岁	**3376**	**1878**	**1498**				**3236**	**1798**	**1438**
40	665	356	309				640	345	295
41	812	451	361				777	429	348
42	721	400	321				690	381	309
43	568	321	247				543	306	237
44	610	350	260				586	337	249
45–49岁	**3528**	**1979**	**1549**	**1**	**1**		**3349**	**1865**	**1484**
45	642	369	273				605	342	263
46	645	352	293				621	335	286
47	733	413	320	1	1		697	393	304
48	686	386	300				646	363	283
49	822	459	363				780	432	348
50岁及以上	**22004**	**14268**	**7736**				**21047**	**13644**	**7403**

3-2c 续表 7

单位：人

年 龄	高中								
	肄业			辍学			其他		
	小计	男	女	小计	男	女	小计	男	女
总 计	**343**	**232**	**111**	**645**	**380**	**265**	**1273**	**749**	**524**
3									
4									
5-9岁									
5									
6									
7									
8									
9									
10-14岁	**2**	**2**		**2**	**2**		**5**	**2**	**3**
10									
11									
12									
13							1		1
14	2	2		2	2		4	2	2
15-19岁	**45**	**27**	**18**	**78**	**48**	**30**	**78**	**30**	**48**
15	2	1	1	5	2	3	3		3
16	6	6		14	7	7	17	8	9
17	8	4	4	26	19	7	19	7	12
18	18	9	9	19	10	9	20	8	12
19	11	7	4	14	10	4	19	7	12
20-24岁	**26**	**16**	**10**	**69**	**35**	**34**	**124**	**69**	**55**
20	3	1	2	20	6	14	27	18	9
21	8	3	5	16	11	5	25	14	11
22	3	3		9	1	8	19	11	8
23	3	3		11	7	4	21	8	13
24	9	6	3	13	10	3	32	18	14
25-29岁	**26**	**20**	**6**	**49**	**29**	**20**	**140**	**79**	**61**
25	7	6	1	10	3	7	38	23	15
26	8	7	1	10	8	2	31	17	14
27	3	2	1	10	7	3	29	15	14
28	3	1	2	8	4	4	18	11	7
29	5	4	1	11	7	4	24	13	11
30-34岁	**19**	**11**	**8**	**65**	**38**	**27**	**128**	**71**	**57**
30	3	2	1	17	11	6	31	20	11
31	3	1	2	11	6	5	17	10	7
32	6	2	4	10	7	3	27	14	13
33	3	2	1	19	10	9	38	20	18
34	4	4		8	4	4	15	7	8
35-39岁	**13**	**9**	**4**	**34**	**19**	**15**	**83**	**37**	**46**
35	7	6	1	7	4	3	13	6	7
36	1		1	5	4	1	14	6	8
37	1		1	3		3	11	6	5
38	2	1	1	7	4	3	26	9	17
39	2	2		12	7	5	19	10	9
40-44岁	**17**	**11**	**6**	**55**	**29**	**26**	**68**	**40**	**28**
40	5	2	3	10	6	4	10	3	7
41	3	2	1	16	10	6	16	10	6
42	3	3		10	5	5	18	11	7
43	2		2	11	5	6	12	10	2
44	4	4		8	3	5	12	6	6
45-49岁	**27**	**19**	**8**	**46**	**29**	**17**	**105**	**65**	**40**
45	7	6	1	9	5	4	21	16	5
46	2		2	6	5	1	16	12	4
47	4	2	2	12	6	6	19	11	8
48	5	4	1	11	8	3	24	11	13
49	9	7	2	8	5	3	25	15	10
50岁及以上	**168**	**117**	**51**	**247**	**151**	**96**	**542**	**356**	**186**

3-2c　续表 8　　　　　　　　　　　　　　　　　　　　　　　　　　　单位：人

年　龄	大学专科								
	合　计			在　校			毕　业		
	合计	男	女	小计	男	女	小计	男	女
总　计	**31106**	**16367**	**14739**	**9300**	**4128**	**5172**	**20991**	**11778**	**9213**
3									
4									
5-9岁									
5									
6									
7									
8									
9									
10-14岁	**1**	**1**		**1**	**1**				
10									
11									
12									
13									
14	1	1		1	1				
15-19岁	**6041**	**2783**	**3258**	**5373**	**2417**	**2956**	**468**	**254**	**214**
15	212	121	91	187	106	81	3	1	2
16	308	180	128	256	145	111	8	5	3
17	574	282	292	516	249	267	34	20	14
18	2118	996	1122	1885	862	1023	167	100	67
19	2829	1204	1625	2529	1055	1474	256	128	128
20-24岁	**8630**	**3945**	**4685**	**3602**	**1563**	**2039**	**4873**	**2291**	**2582**
20	2434	1095	1339	1867	800	1067	527	271	256
21	1727	800	927	929	414	515	761	364	397
22	1624	721	903	464	191	273	1132	510	622
23	1486	706	780	233	113	120	1227	582	645
24	1359	623	736	109	45	64	1226	564	662
25-29岁	**5276**	**2733**	**2543**	**210**	**82**	**128**	**4962**	**2598**	**2364**
25	1295	660	635	84	37	47	1191	615	576
26	1170	590	580	49	16	33	1095	560	535
27	1057	549	508	39	14	25	1000	526	474
28	904	464	440	23	11	12	865	446	419
29	850	470	380	15	4	11	811	451	360
30-34岁	**3632**	**2083**	**1549**	**36**	**17**	**19**	**3511**	**2020**	**1491**
30	951	541	410	12	6	6	917	526	391
31	805	431	374	7	4	3	776	417	359
32	704	412	292	8	4	4	679	395	284
33	725	432	293	7	2	5	705	420	285
34	447	267	180	2	1	1	434	262	172
35-39岁	**1380**	**789**	**591**	**12**	**6**	**6**	**1338**	**765**	**573**
35	334	192	142	4	3	1	323	184	139
36	248	147	101	2	1	1	240	144	96
37	269	152	117	1	1		267	150	117
38	281	159	122	2	1	1	272	154	118
39	248	139	109	3		3	236	133	103
40-44岁	**1214**	**700**	**514**	**19**	**13**	**6**	**1133**	**651**	**482**
40	240	147	93	2	2		226	138	88
41	306	166	140	2		2	290	158	132
42	229	134	95	5	5		210	120	90
43	198	110	88	2	2		183	100	83
44	241	143	98	8	4	4	224	135	89
45-49岁	**1142**	**701**	**441**	**30**	**17**	**13**	**1055**	**655**	**400**
45	224	130	94	4	1	3	208	122	86
46	247	160	87	8	6	2	230	148	82
47	201	124	77	5	3	2	186	116	70
48	232	142	90	7	4	3	212	131	81
49	238	145	93	6	3	3	219	138	81
50岁及以上	**3790**	**2632**	**1158**	**17**	**12**	**5**	**3651**	**2544**	**1107**

3-2c 续表 9

单位：人

年龄	大学专科								
	肄业			辍学			其他		
	小计	男	女	小计	男	女	小计	男	女
总计	**83**	**54**	**29**	**38**	**23**	**15**	**694**	**384**	**310**
3									
4									
5-9岁									
5									
6									
7									
8									
9									
10-14岁									
10									
11									
12									
13									
14									
15-19岁	**8**	**4**	**4**	**4**	**1**	**3**	**188**	**107**	**81**
15				1		1	21	14	7
16							44	30	14
17				2	1	1	22	12	10
18	3	2	1				63	32	31
19	5	2	3	1		1	38	19	19
20-24岁	**25**	**18**	**7**	**9**	**7**	**2**	**121**	**66**	**55**
20	11	8	3	3	3		26	13	13
21	10	7	3	1	1		26	14	12
22	4	3	1	3	2	1	21	15	6
23				2	1	1	24	10	14
24							24	14	10
25-29岁	**9**	**7**	**2**	**6**		**6**	**89**	**46**	**43**
25				1		1	19	8	11
26	2	2					24	12	12
27	1		1				17	9	8
28	1	1		3		3	12	6	6
29	5	4	1	2		2	17	11	6
30-34岁	**9**	**4**	**5**	**8**	**6**	**2**	**68**	**36**	**32**
30	2	1	1	2	1	1	18	7	11
31	5	2	3	1		1	16	8	8
32	2	1	1	2	2		13	10	3
33				3	3		10	7	3
34							11	4	7
35-39岁	**4**	**2**	**2**	**2**	**1**	**1**	**24**	**15**	**9**
35							7	5	2
36				1		1	5	2	3
37							1	1	
38	3	1	2				4	3	1
39	1	1		1	1		7	4	3
40-44岁	**7**	**4**	**3**	**2**	**2**		**53**	**30**	**23**
40	1	1					11	6	5
41	2	2					12	6	6
42	1		1	2	2		11	7	4
43	3	1	2				10	7	3
44							9	4	5
45-49岁	**5**	**3**	**2**	**2**	**1**	**1**	**50**	**25**	**25**
45	2	1	1				10	6	4
46	1		1				8	6	2
47							10	5	5
48	2	2		2	1	1	9	4	5
49							13	4	9
50岁及以上	**16**	**12**	**4**	**5**	**5**		**101**	**59**	**42**

3-2c 续表 10

单位：人

年 龄	大学本科								
	合 计			在 校			毕 业		
	合计	男	女	小计	男	女	小计	男	女
总 计	**13040**	**6563**	**6477**	**4928**	**2305**	**2623**	**7941**	**4158**	**3783**
3									
4									
5—9岁									
5									
6									
7									
8									
9									
10—14岁									
10									
11									
12									
13									
14									
15—19岁	**2128**	**989**	**1139**	**2081**	**963**	**1118**	**41**	**23**	**18**
15	3	2	1	3	2	1			
16	13	5	8	12	5	7	1		1
17	135	46	89	134	46	88	1		1
18	836	387	449	819	377	442	17	10	7
19	1141	549	592	1113	533	580	22	13	9
20—24岁	**4474**	**2057**	**2417**	**2700**	**1268**	**1432**	**1735**	**766**	**969**
20	1152	543	609	1091	513	578	58	28	30
21	975	454	521	818	389	429	150	62	88
22	877	391	486	483	214	269	386	174	212
23	808	366	442	213	96	117	583	264	319
24	662	303	359	95	56	39	558	238	320
25—29岁	**2584**	**1279**	**1305**	**127**	**65**	**62**	**2414**	**1190**	**1224**
25	635	282	353	50	24	26	581	257	324
26	546	262	284	32	16	16	506	241	265
27	521	270	251	22	13	9	484	251	233
28	472	251	221	13	7	6	451	239	212
29	410	214	196	10	5	5	392	202	190
30—34岁	**1706**	**948**	**758**	**13**	**6**	**7**	**1653**	**923**	**730**
30	414	231	183	6	5	1	396	221	175
31	379	212	167	3		3	371	209	162
32	342	185	157	3		3	332	183	149
33	343	191	152	1	1		330	183	147
34	228	129	99				224	127	97
35—39岁	**619**	**350**	**269**	**1**	**1**		**609**	**343**	**266**
35	167	94	73	1	1		164	92	72
36	121	72	49				119	71	48
37	108	64	44				108	64	44
38	129	71	58				127	69	58
39	94	49	45				91	47	44
40—44岁	**356**	**188**	**168**	**2**	**1**	**1**	**347**	**184**	**163**
40	79	41	38	1	1		76	40	36
41	77	41	36				75	40	35
42	75	42	33				72	40	32
43	66	36	30	1		1	65	36	29
44	59	28	31				59	28	31
45—49岁	**335**	**202**	**133**	**2**		**2**	**332**	**201**	**131**
45	66	43	23				66	43	23
46	66	37	29				66	37	29
47	79	50	29				78	49	29
48	60	29	31	2		2	58	29	29
49	64	43	21				64	43	21
50岁及以上	**838**	**550**	**288**	**2**	**1**	**1**	**810**	**528**	**282**

3-2c 续表 11 单位：人

年龄	大学本科								
	肄业			辍学			其他		
	小计	男	女	小计	男	女	小计	男	女
总计	**14**	**9**	**5**	**19**	**10**	**9**	**138**	**81**	**57**
3									
4									
5-9岁									
5									
6									
7									
8									
9									
10-14岁									
10									
11									
12									
13									
14									
15-19岁	**1**		**1**				**5**	**3**	**2**
15									
16									
17									
18									
19	1		1				5	3	2
20-24岁	**2**	**1**	**1**	**4**	**2**	**2**	**33**	**20**	**13**
20				1		1	2	2	
21							7	3	4
22	1		1	1	1		6	2	4
23				1		1	11	6	5
24	1	1		1	1		7	7	
25-29岁	**1**	**1**		**2**	**1**	**1**	**40**	**22**	**18**
25							4	1	3
26	1	1					7	4	3
27				1	1		14	5	9
28							8	5	3
29				1		1	7	7	
30-34岁	**7**	**4**	**3**	**7**	**3**	**4**	**26**	**12**	**14**
30	1		1	4	2	2	7	3	4
31	1	1					4	2	2
32	2		2	1		1	4	2	2
33	3	3		1		1	8	4	4
34				1	1		3	1	2
35-39岁	**1**	**1**		**1**	**1**		**7**	**4**	**3**
35	1	1					1		1
36							2	1	1
37									
38							2	2	
39				1	1		2	1	1
40-44岁				**2**	**1**	**1**	**5**	**2**	**3**
40							2		2
41				1		1	1	1	
42				1	1		2	1	1
43									
44									
45-49岁							**1**	**1**	
45									
46									
47							1	1	
48									
49									
50岁及以上	**2**	**2**		**3**	**2**	**1**	**21**	**17**	**4**

3-2c　续表 12

单位：人

年　龄	硕士研究生								
	合　计			在　校			毕　业		
	合计	男	女	小计	男	女	小计	男	女
总　计	**1064**	**375**	**689**	**711**	**230**	**481**	**340**	**139**	**201**
3									
4									
5-9岁									
5									
6									
7									
8									
9									
10-14岁									
10									
11									
12									
13									
14									
15-19岁									
15									
16									
17									
18									
19									
20-24岁	**413**	**123**	**290**	**397**	**116**	**281**	**13**	**7**	**6**
20	2		2	2		2			
21	17	1	16	17	1	16			
22	83	29	54	78	27	51	4	2	2
23	142	36	106	139	36	103	3		3
24	169	57	112	161	52	109	6	5	1
25-29岁	**430**	**138**	**292**	**287**	**102**	**185**	**139**	**35**	**104**
25	166	50	116	142	48	94	22	2	20
26	124	36	88	81	25	56	42	11	31
27	63	23	40	37	16	21	26	7	19
28	42	12	30	17	7	10	25	5	20
29	35	17	18	10	6	4	24	10	14
30-34岁	**105**	**44**	**61**	**20**	**9**	**11**	**83**	**34**	**49**
30	29	11	18	5	3	2	23	8	15
31	18	8	10	3	2	1	15	6	9
32	26	12	14	5	2	3	20	9	11
33	15	6	9	3	1	2	12	5	7
34	17	7	10	4	1	3	13	6	7
35-39岁	**50**	**23**	**27**	**6**	**2**	**4**	**43**	**20**	**23**
35	10	4	6	2		2	7	3	4
36	8	3	5	1		1	7	3	4
37	10	4	6				10	4	6
38	15	8	7	3	2	1	12	6	6
39	7	4	3				7	4	3
40-44岁	**16**	**9**	**7**				**16**	**9**	**7**
40	5	3	2				5	3	2
41	5	1	4				5	1	4
42	3	2	1				3	2	1
43	3	3					3	3	
44									
45-49岁	**15**	**9**	**6**				**14**	**8**	**6**
45	3	1	2				3	1	2
46	3	3					3	3	
47	4	1	3				4	1	3
48	4	4					3	3	
49	1		1				1		1
50岁及以上	**35**	**29**	**6**	**1**	**1**		**32**	**26**	**6**

3-2c　续表 13　　　　单位：人

年　龄	硕士研究生								
	肄　业			辍　学			其　他		
	小计	男	女	小计	男	女	小计	男	女
总　计	**1**		**1**				**12**	**6**	**6**
3									
4									
5-9岁									
5									
6									
7									
8									
9									
10-14岁									
10									
11									
12									
13									
14									
15-19岁									
15									
16									
17									
18									
19									
20-24岁	**1**		**1**				**2**		**2**
20									
21									
22	1		1						
23									
24							2		2
25-29岁							**4**	**1**	**3**
25							2		2
26							1		1
27									
28									
29							1	1	
30-34岁							**2**	**1**	**1**
30							1		1
31									
32							1	1	
33									
34									
35-39岁							**1**	**1**	
35							1	1	
36									
37									
38									
39									
40-44岁									
40									
41									
42									
43									
44									
45-49岁							**1**	**1**	
45									
46									
47									
48							1	1	
49									
50岁及以上							**2**	**2**	

3-2c　续表 14

单位：人

年　龄	博士研究生								
	合　　计			在　　校			毕　　业		
	合计	男	女	小计	男	女	小计	男	女
总　计	**161**	**68**	**93**	**124**	**45**	**79**	**36**	**22**	**14**
3									
4									
5-9岁									
5									
6									
7									
8									
9									
10-14岁									
10									
11									
12									
13									
14									
15-19岁									
15									
16									
17									
18									
19									
20-24岁	**20**	**10**	**10**	**18**	**8**	**10**	**2**	**2**	
20									
21	2	2		2	2				
22	6	5	1	5	4	1	1	1	
23	4	2	2	3	1	2	1	1	
24	8	1	7	8	1	7			
25-29岁	**70**	**22**	**48**	**62**	**18**	**44**	**8**	**4**	**4**
25	8	2	6	6	1	5	2	1	1
26	11	3	8	11	3	8			
27	24	7	17	23	7	16	1		1
28	17	6	11	12	3	9	5	3	2
29	10	4	6	10	4	6			
30-34岁	**35**	**16**	**19**	**27**	**12**	**15**	**8**	**4**	**4**
30	6	3	3	5	2	3	1	1	
31	7	3	4	6	2	4	1	1	
32	9	5	4	7	5	2	2		2
33	9	4	5	5	2	3	4	2	2
34	4	1	3	4	1	3			
35-39岁	**16**	**8**	**8**	**11**	**4**	**7**	**4**	**3**	**1**
35	5	3	2	4	2	2	1	1	
36	3	1	2	3	1	2			
37	4	1	3	2		2	1		1
38	3	3		1	1		2	2	
39	1		1	1		1			
40-44岁	**10**	**4**	**6**	**3**	**1**	**2**	**7**	**3**	**4**
40	5	2	3	2	1	1	3	1	2
41	3	1	2	1		1	2	1	1
42	2	1	1				2	1	1
43									
44									
45-49岁	**1**		**1**	**1**		**1**			
45									
46									
47									
48	1		1	1		1			
49									
50岁及以上	**9**	**8**	**1**	**2**	**2**		**7**	**6**	**1**

3–2c 续表 15

单位：人

年 龄	博士研究生								
	肄 业			辍 学			其 他		
	小计	男	女	小计	男	女	小计	男	女
总 计							**1**	**1**	
3									
4									
5—9岁									
5									
6									
7									
8									
9									
10—14岁									
10									
11									
12									
13									
14									
15—19岁									
15									
16									
17									
18									
19									
20—24岁									
20									
21									
22									
23									
24									
25—29岁									
25									
26									
27									
28									
29									
30—34岁									
30									
31									
32									
33									
34									
35—39岁							**1**	**1**	
35									
36									
37							1	1	
38									
39									
40—44岁									
40									
41									
42									
43									
44									
45—49岁									
45									
46									
47									
48									
49									
50岁及以上									

第二部分 长表数据资料

第四卷 就业

4-1　各地区分性别、年龄的就业人口

单位：人

地　区 性　别	合计	16-19岁	20-24岁	25-29岁	30-34岁	35-39岁	40-44岁
辽宁	**1799414**	**11215**	**69173**	**146902**	**252821**	**226622**	**236756**
沈阳市	377743	2274	16789	37644	64827	59346	52728
大连市	299391	1583	12175	26284	49292	44079	39698
鞍山市	153512	1279	6057	11896	19942	18875	20425
抚顺市	58912	193	1456	3595	7193	7416	7765
本溪市	51803	158	1426	3389	6887	6302	6892
丹东市	91319	539	2717	6007	10727	10039	12068
锦州市	127254	901	4894	9381	14498	13600	16241
营口市	100203	574	3496	7377	16156	12391	13154
阜新市	70294	376	2343	5302	8015	7717	9015
辽阳市	67023	395	2625	4705	8010	7123	9263
盘锦市	63489	302	2659	5888	9053	7529	9249
铁岭市	100768	772	3283	6396	9982	9233	12147
朝阳市	136014	911	5077	10737	15393	12383	15501
葫芦岛市	95301	932	3934	7764	11797	9779	11734
辽宁省沈抚新区管委会	6388	26	242	537	1049	810	876
男	**1075189**	**7111**	**39596**	**85288**	**146419**	**129002**	**134052**
沈阳市	220433	1444	9185	20984	36228	32938	29522
大连市	177575	1013	6677	14358	27486	24307	22219
鞍山市	90625	783	3541	7000	11428	10729	11409
抚顺市	36849	131	805	2106	4295	4353	4536
本溪市	32671	96	827	2005	4084	3717	3987
丹东市	56439	333	1480	3423	6338	5777	6918
锦州市	75642	581	2867	5760	8751	7995	9228
营口市	61641	349	2056	4483	9834	7310	7537
阜新市	40689	238	1366	3088	4633	4370	5042
辽阳市	40638	243	1535	2809	4632	4108	5266
盘锦市	38215	200	1564	3449	5295	4220	5153
铁岭市	59760	483	2005	3930	5941	5421	6949
朝阳市	81106	602	3075	6675	9513	7396	8981
葫芦岛市	58977	599	2475	4900	7336	5871	6792
辽宁省沈抚新区管委会	3929	16	138	318	625	490	513
女	**724225**	**4104**	**29577**	**61614**	**106402**	**97620**	**102704**
沈阳市	157310	830	7604	16660	28599	26408	23206
大连市	121816	570	5498	11926	21806	19772	17479
鞍山市	62887	496	2516	4896	8514	8146	9016
抚顺市	22063	62	651	1489	2898	3063	3229
本溪市	19132	62	599	1384	2803	2585	2905
丹东市	34880	206	1237	2584	4389	4262	5150
锦州市	51612	320	2027	3621	5747	5605	7013
营口市	38562	225	1440	2894	6322	5081	5617
阜新市	29605	138	977	2214	3382	3347	3973
辽阳市	26385	152	1090	1896	3378	3015	3997
盘锦市	25274	102	1095	2439	3758	3309	4096
铁岭市	41008	289	1278	2466	4041	3812	5198
朝阳市	54908	309	2002	4062	5880	4987	6520
葫芦岛市	36324	333	1459	2864	4461	3908	4942
辽宁省沈抚新区管委会	2459	10	104	219	424	320	363

4-1 续表 单位：人

地 区 性 别	45-49岁	50-54岁	55-59岁	60-64岁	65-69岁	70-74岁	75岁及以上
辽宁	**259102**	**235261**	**181550**	**86362**	**60640**	**23636**	**9374**
沈阳市	48340	41821	31179	10883	7693	3010	1209
大连市	44732	34771	25702	10254	6566	2999	1256
鞍山市	22340	20514	16131	7355	5491	2171	1036
抚顺市	9468	8737	7300	2770	2051	748	220
本溪市	8340	7583	6377	2194	1439	593	223
丹东市	14060	12933	10801	5340	3880	1590	618
锦州市	17537	17685	14483	8446	6452	2313	823
营口市	14381	12682	9680	4935	3618	1307	452
阜新市	10616	10396	7767	4347	3013	1024	363
辽阳市	10989	9233	7176	3434	2685	1033	352
盘锦市	10711	8885	5872	1905	1041	277	118
铁岭市	14983	15709	12064	7230	5807	2279	883
朝阳市	18777	19834	16263	10792	6556	2624	1166
葫芦岛市	12903	13596	10163	6276	4191	1607	625
辽宁省沈抚新区管委会	925	882	592	201	157	61	30
男	**146443**	**150013**	**125207**	**52551**	**37542**	**15442**	**6523**
沈阳市	26945	26839	22569	6552	4574	1842	811
大连市	25205	23059	19176	6678	4363	2101	933
鞍山市	12354	12899	10866	4336	3258	1339	683
抚顺市	5432	6035	5425	1731	1301	529	170
本溪市	4742	5265	4961	1449	970	414	154
丹东市	8126	8479	7752	3565	2632	1131	485
锦州市	9916	10596	9110	4895	3897	1491	555
营口市	8328	8300	6713	3122	2359	914	336
阜新市	5782	6308	4830	2436	1756	595	245
辽阳市	6376	6015	4918	2123	1680	681	252
盘锦市	5996	5777	4419	1238	651	178	75
铁岭市	8405	9413	7464	4233	3457	1456	603
朝阳市	10780	11897	9891	6127	3785	1625	759
葫芦岛市	7512	8560	6668	3940	2767	1117	440
辽宁省沈抚新区管委会	544	571	445	126	92	29	22
女	**112659**	**85248**	**56343**	**33811**	**23098**	**8194**	**2851**
沈阳市	21395	14982	8610	4331	3119	1168	398
大连市	19527	11712	6526	3576	2203	898	323
鞍山市	9986	7615	5265	3019	2233	832	353
抚顺市	4036	2702	1875	1039	750	219	50
本溪市	3598	2318	1416	745	469	179	69
丹东市	5934	4454	3049	1775	1248	459	133
锦州市	7621	7089	5373	3551	2555	822	268
营口市	6053	4382	2967	1813	1259	393	116
阜新市	4834	4088	2937	1911	1257	429	118
辽阳市	4613	3218	2258	1311	1005	352	100
盘锦市	4715	3108	1453	667	390	99	43
铁岭市	6578	6296	4600	2997	2350	823	280
朝阳市	7997	7937	6372	4665	2771	999	407
葫芦岛市	5391	5036	3495	2336	1424	490	185
辽宁省沈抚新区管委会	381	311	147	75	65	32	8

4-1a　各地区分性别、年龄的就业人口(城市)

单位：人

地区 性别	合计	16-19岁	20-24岁	25-29岁	30-34岁	35-39岁	40-44岁
辽宁	**994576**	**4560**	**41621**	**99030**	**178588**	**161156**	**150290**
沈阳市	286544	1517	13726	32326	56618	51737	42950
大连市	234506	1244	10658	23520	44520	39842	34197
鞍山市	77621	351	2884	6819	12173	12101	11754
抚顺市	31291	49	846	2256	4681	5007	4768
本溪市	27969	57	752	1878	4013	4089	4190
丹东市	40653	156	1279	3476	6669	6119	6375
锦州市	48444	184	1931	4569	7454	7289	7665
营口市	57143	238	2130	5224	11029	8643	8711
阜新市	22179	59	691	2221	3792	3398	3309
辽阳市	32771	126	1362	2945	4990	4464	5223
盘锦市	42350	143	1767	4269	6927	5712	6933
铁岭市	21474	105	709	1963	3227	2910	3467
朝阳市	36222	151	1364	3957	6526	4883	5314
葫芦岛市	30680	161	1327	3146	5068	4289	4757
辽宁省沈抚新区管委会	4729	19	195	461	901	673	677
男	**588942**	**2781**	**22506**	**54655**	**99955**	**89478**	**83242**
沈阳市	167215	956	7284	17778	31382	28439	23857
大连市	136713	773	5726	12497	24401	21690	18943
鞍山市	45697	195	1594	3761	6686	6756	6366
抚顺市	19693	31	442	1256	2686	2892	2701
本溪市	17566	30	420	1073	2268	2354	2361
丹东市	24620	88	658	1849	3785	3417	3559
锦州市	28990	108	1074	2673	4308	4145	4196
营口市	34644	141	1173	3015	6461	4947	4873
阜新市	13115	40	369	1200	2127	1880	1822
辽阳市	19465	77	753	1673	2730	2459	2872
盘锦市	25286	88	997	2433	3972	3163	3812
铁岭市	13287	61	432	1179	1912	1730	2040
朝阳市	21668	91	742	2229	3827	2798	2920
葫芦岛市	18076	92	741	1770	2887	2400	2520
辽宁省沈抚新区管委会	2907	10	101	269	523	408	400
女	**405634**	**1779**	**19115**	**44375**	**78633**	**71678**	**67048**
沈阳市	119329	561	6442	14548	25236	23298	19093
大连市	97793	471	4932	11023	20119	18152	15254
鞍山市	31924	156	1290	3058	5487	5345	5388
抚顺市	11598	18	404	1000	1995	2115	2067
本溪市	10403	27	332	805	1745	1735	1829
丹东市	16033	68	621	1627	2884	2702	2816
锦州市	19454	76	857	1896	3146	3144	3469
营口市	22499	97	957	2209	4568	3696	3838
阜新市	9064	19	322	1021	1665	1518	1487
辽阳市	13306	49	609	1272	2260	2005	2351
盘锦市	17064	55	770	1836	2955	2549	3121
铁岭市	8187	44	277	784	1315	1180	1427
朝阳市	14554	60	622	1728	2699	2085	2394
葫芦岛市	12604	69	586	1376	2181	1889	2237
辽宁省沈抚新区管委会	1822	9	94	192	378	265	277

4-1a 续表 单位：人

地 区 性 别	45-49岁	50-54岁	55-59岁	60-64岁	65-69岁	70-74岁	75岁及以 上
辽宁	**150549**	**111111**	**75015**	**13499**	**6489**	**1901**	**767**
沈阳市	36441	27431	19226	2887	1289	278	118
大连市	35537	23895	15906	3133	1377	492	185
鞍山市	12299	9779	6757	1495	845	237	127
抚顺市	5555	4329	3337	311	112	32	8
本溪市	4939	4014	3332	437	186	58	24
丹东市	6794	4884	3656	724	373	113	35
锦州市	7714	5920	4080	939	518	143	38
营口市	8906	6397	4180	1009	501	135	40
阜新市	3668	2956	1743	192	108	28	14
辽阳市	5887	4137	2716	467	292	113	49
盘锦市	7425	5338	3102	487	186	41	20
铁岭市	3719	3031	1647	359	218	85	34
朝阳市	5933	4361	2824	581	212	72	44
葫芦岛市	5024	4046	2134	410	222	68	28
辽宁省沈抚新区管委会	708	593	375	68	50	6	3
男	**83819**	**76217**	**61142**	**9130**	**4274**	**1224**	**519**
沈阳市	20242	18522	15699	1947	843	185	81
大连市	19707	16360	12978	2204	960	333	141
鞍山市	6685	6660	5368	898	515	138	75
抚顺市	3121	3307	2948	209	72	22	6
本溪市	2754	2944	2895	300	118	36	13
丹东市	3755	3464	3098	548	285	89	25
锦州市	4309	3910	3178	622	345	99	23
营口市	5061	4453	3354	703	350	85	28
阜新市	1972	2105	1399	123	59	10	9
辽阳市	3293	2861	2188	294	173	61	31
盘锦市	4146	3610	2566	331	131	22	15
铁岭市	2137	2063	1295	236	128	50	24
朝阳市	3380	2866	2211	391	141	48	24
葫芦岛市	2841	2701	1658	276	123	45	22
辽宁省沈抚新区管委会	416	391	307	48	31	1	2
女	**66730**	**34894**	**13873**	**4369**	**2215**	**677**	**248**
沈阳市	16199	8909	3527	940	446	93	37
大连市	15830	7535	2928	929	417	159	44
鞍山市	5614	3119	1389	597	330	99	52
抚顺市	2434	1022	389	102	40	10	2
本溪市	2185	1070	437	137	68	22	11
丹东市	3039	1420	558	176	88	24	10
锦州市	3405	2010	902	317	173	44	15
营口市	3845	1944	826	306	151	50	12
阜新市	1696	851	344	69	49	18	5
辽阳市	2594	1276	528	173	119	52	18
盘锦市	3279	1728	536	156	55	19	5
铁岭市	1582	968	352	123	90	35	10
朝阳市	2553	1495	613	190	71	24	20
葫芦岛市	2183	1345	476	134	99	23	6
辽宁省沈抚新区管委会	292	202	68	20	19	5	1

4-1b　各地区分性别、年龄的就业人口(镇)

单位：人

地　区 性　别	合计	16-19岁	20-24岁	25-29岁	30-34岁	35-39岁	40-44岁
辽宁	**219695**	**1359**	**8004**	**17955**	**29967**	**25536**	**30511**
沈阳市	21769	124	891	2208	3375	2676	2974
大连市	10863	66	420	819	1583	1266	1276
鞍山市	30342	327	1312	2549	4180	3534	4212
抚顺市	9357	25	220	596	1191	1155	1342
本溪市	11730	39	401	924	1938	1518	1656
丹东市	17233	81	541	1139	1934	1891	2435
锦州市	14049	85	492	1090	1760	1575	2198
营口市	7375	64	250	491	1133	841	843
阜新市	13891	59	463	1191	1777	1651	1943
辽阳市	8860	58	417	692	1188	962	1278
盘锦市	6333	42	272	632	924	716	827
铁岭市	27621	131	958	2204	3623	3302	3935
朝阳市	22430	121	679	1903	2822	2382	3055
葫芦岛市	17842	137	688	1517	2539	2067	2537
辽宁省沈抚新区管委会							
男	**132693**	**834**	**4620**	**10707**	**17783**	**15013**	**17516**
沈阳市	12917	75	522	1275	1983	1561	1722
大连市	7153	54	260	527	985	812	795
鞍山市	17841	196	754	1538	2457	2048	2407
抚顺市	5804	16	119	333	704	674	815
本溪市	7131	20	223	505	1151	901	929
丹东市	10729	46	286	638	1152	1112	1386
锦州市	8438	51	263	644	1070	924	1255
营口市	4533	39	158	314	682	508	482
阜新市	8081	38	258	693	1017	933	1068
辽阳市	5499	34	241	423	731	581	730
盘锦市	3880	28	164	379	567	419	483
铁岭市	16205	71	540	1299	2039	1865	2194
朝阳市	13370	88	407	1193	1681	1423	1764
葫芦岛市	11112	78	425	946	1564	1252	1486
辽宁省沈抚新区管委会							
女	**87002**	**525**	**3384**	**7248**	**12184**	**10523**	**12995**
沈阳市	8852	49	369	933	1392	1115	1252
大连市	3710	12	160	292	598	454	481
鞍山市	12501	131	558	1011	1723	1486	1805
抚顺市	3553	9	101	263	487	481	527
本溪市	4599	19	178	419	787	617	727
丹东市	6504	35	255	501	782	779	1049
锦州市	5611	34	229	446	690	651	943
营口市	2842	25	92	177	451	333	361
阜新市	5810	21	205	498	760	718	875
辽阳市	3361	24	176	269	457	381	548
盘锦市	2453	14	108	253	357	297	344
铁岭市	11416	60	418	905	1584	1437	1741
朝阳市	9060	33	272	710	1141	959	1291
葫芦岛市	6730	59	263	571	975	815	1051
辽宁省沈抚新区管委会							

4-1b 续表

单位：人

地区 性别	45-49岁	50-54岁	55-59岁	60-64岁	65-69岁	70-74岁	75岁及以上
辽宁	**33448**	**29908**	**22203**	**10350**	**7004**	**2462**	**988**
沈阳市	3085	2694	1914	875	592	256	105
大连市	1756	1597	1127	532	271	109	41
鞍山市	4306	3736	2965	1491	1109	413	208
抚顺市	1556	1441	1034	386	283	92	36
本溪市	1946	1576	1106	352	182	58	34
丹东市	2709	2647	1964	970	610	232	80
锦州市	2134	1924	1450	657	479	151	54
营口市	990	992	726	503	393	117	32
阜新市	2216	1996	1413	619	395	125	43
辽阳市	1488	1170	880	382	230	82	33
盘锦市	1002	824	647	256	139	33	19
铁岭市	4394	3793	2796	1145	903	323	114
朝阳市	3340	3137	2427	1317	818	310	119
葫芦岛市	2526	2381	1754	865	600	161	70
辽宁省沈抚新区管委会							
男	**19130**	**18929**	**15064**	**6483**	**4369**	**1579**	**666**
沈阳市	1731	1694	1261	535	346	146	66
大连市	1076	1107	835	390	195	85	32
鞍山市	2449	2246	1826	902	645	241	132
抚顺市	891	978	762	242	179	65	26
本溪市	1092	1056	823	240	124	43	24
丹东市	1587	1747	1428	678	436	170	63
锦州市	1245	1191	979	398	288	99	31
营口市	578	612	475	314	263	87	21
阜新市	1248	1191	942	363	229	72	29
辽阳市	896	770	609	246	156	56	26
盘锦市	561	524	474	164	87	20	10
铁岭市	2418	2355	1911	699	534	200	80
朝阳市	1881	1928	1522	745	474	187	77
葫芦岛市	1477	1530	1217	567	413	108	49
辽宁省沈抚新区管委会							
女	**14318**	**10979**	**7139**	**3867**	**2635**	**883**	**322**
沈阳市	1354	1000	653	340	246	110	39
大连市	680	490	292	142	76	24	9
鞍山市	1857	1490	1139	589	464	172	76
抚顺市	665	463	272	144	104	27	10
本溪市	854	520	283	112	58	15	10
丹东市	1122	900	536	292	174	62	17
锦州市	889	733	471	259	191	52	23
营口市	412	380	251	189	130	30	11
阜新市	968	805	471	256	166	53	14
辽阳市	592	400	271	136	74	26	7
盘锦市	441	300	173	92	52	13	9
铁岭市	1976	1438	885	446	369	123	34
朝阳市	1459	1209	905	572	344	123	42
葫芦岛市	1049	851	537	298	187	53	21
辽宁省沈抚新区管委会							

4-1c　各地区分性别、年龄的就业人口(乡村)

单位：人

地区 性别	合计	16-19岁	20-24岁	25-29岁	30-34岁	35-39岁	40-44岁
辽宁	**585143**	**5296**	**19548**	**29917**	**44266**	**39930**	**55955**
沈阳市	69430	633	2172	3110	4834	4933	6804
大连市	54022	273	1097	1945	3189	2971	4225
鞍山市	45549	601	1861	2528	3589	3240	4459
抚顺市	18264	119	390	743	1321	1254	1655
本溪市	12104	62	273	587	936	695	1046
丹东市	33433	302	897	1392	2124	2029	3258
锦州市	64761	632	2471	3722	5284	4736	6378
营口市	35685	272	1116	1662	3994	2907	3600
阜新市	34224	258	1189	1890	2446	2668	3763
辽阳市	25392	211	846	1068	1832	1697	2762
盘锦市	14806	117	620	987	1202	1101	1489
铁岭市	51673	536	1616	2229	3132	3021	4745
朝阳市	77362	639	3034	4877	6045	5118	7132
葫芦岛市	46779	634	1919	3101	4190	3423	4440
辽宁省沈抚新区管委会	1659	7	47	76	148	137	199
男	**353554**	**3496**	**12470**	**19926**	**28681**	**24511**	**33294**
沈阳市	40301	413	1379	1931	2863	2938	3943
大连市	33709	186	691	1334	2100	1805	2481
鞍山市	27087	392	1193	1701	2285	1925	2636
抚顺市	11352	84	244	517	905	787	1020
本溪市	7974	46	184	427	665	462	697
丹东市	21090	199	536	936	1401	1248	1973
锦州市	38214	422	1530	2443	3373	2926	3777
营口市	22464	169	725	1154	2691	1855	2182
阜新市	19493	160	739	1195	1489	1557	2152
辽阳市	15674	132	541	713	1171	1068	1664
盘锦市	9049	84	403	637	756	638	858
铁岭市	30268	351	1033	1452	1990	1826	2715
朝阳市	46068	423	1926	3253	4005	3175	4297
葫芦岛市	29789	429	1309	2184	2885	2219	2786
辽宁省沈抚新区管委会	1022	6	37	49	102	82	113
女	**231589**	**1800**	**7078**	**9991**	**15585**	**15419**	**22661**
沈阳市	29129	220	793	1179	1971	1995	2861
大连市	20313	87	406	611	1089	1166	1744
鞍山市	18462	209	668	827	1304	1315	1823
抚顺市	6912	35	146	226	416	467	635
本溪市	4130	16	89	160	271	233	349
丹东市	12343	103	361	456	723	781	1285
锦州市	26547	210	941	1279	1911	1810	2601
营口市	13221	103	391	508	1303	1052	1418
阜新市	14731	98	450	695	957	1111	1611
辽阳市	9718	79	305	355	661	629	1098
盘锦市	5757	33	217	350	446	463	631
铁岭市	21405	185	583	777	1142	1195	2030
朝阳市	31294	216	1108	1624	2040	1943	2835
葫芦岛市	16990	205	610	917	1305	1204	1654
辽宁省沈抚新区管委会	637	1	10	27	46	55	86

4-1c 续表

单位：人

地区 性别	45-49岁	50-54岁	55-59岁	60-64岁	65-69岁	70-74岁	75岁及以上
辽宁	**75105**	**94242**	**84332**	**62513**	**47147**	**19273**	**7619**
沈阳市	8814	11696	10039	7121	5812	2476	986
大连市	7439	9279	8669	6589	4918	2398	1030
鞍山市	5735	6999	6409	4369	3537	1521	701
抚顺市	2357	2967	2929	2073	1656	624	176
本溪市	1455	1993	1939	1405	1071	477	165
丹东市	4557	5402	5181	3646	2897	1245	503
锦州市	7689	9841	8953	6850	5455	2019	731
营口市	4485	5293	4774	3423	2724	1055	380
阜新市	4732	5444	4611	3536	2510	871	306
辽阳市	3614	3926	3580	2585	2163	838	270
盘锦市	2284	2723	2123	1162	716	203	79
铁岭市	6870	8885	7621	5726	4686	1871	735
朝阳市	9504	12336	11012	8894	5526	2242	1003
葫芦岛市	5353	7169	6275	5001	3369	1378	527
辽宁省沈抚新区管委会	217	289	217	133	107	55	27
男	**43494**	**54867**	**49001**	**36938**	**28899**	**12639**	**5338**
沈阳市	4972	6623	5609	4070	3385	1511	664
大连市	4422	5592	5363	4084	3208	1683	760
鞍山市	3220	3993	3672	2536	2098	960	476
抚顺市	1420	1750	1715	1280	1050	442	138
本溪市	896	1265	1243	909	728	335	117
丹东市	2784	3268	3226	2339	1911	872	397
锦州市	4362	5495	4953	3875	3264	1293	501
营口市	2689	3235	2884	2105	1746	742	287
阜新市	2562	3012	2489	1950	1468	513	207
辽阳市	2187	2384	2121	1583	1351	564	195
盘锦市	1289	1643	1379	743	433	136	50
铁岭市	3850	4995	4258	3298	2795	1206	499
朝阳市	5519	7103	6158	4991	3170	1390	658
葫芦岛市	3194	4329	3793	3097	2231	964	369
辽宁省沈抚新区管委会	128	180	138	78	61	28	20
女	**31611**	**39375**	**35331**	**25575**	**18248**	**6634**	**2281**
沈阳市	3842	5073	4430	3051	2427	965	322
大连市	3017	3687	3306	2505	1710	715	270
鞍山市	2515	3006	2737	1833	1439	561	225
抚顺市	937	1217	1214	793	606	182	38
本溪市	559	728	696	496	343	142	48
丹东市	1773	2134	1955	1307	986	373	106
锦州市	3327	4346	4000	2975	2191	726	230
营口市	1796	2058	1890	1318	978	313	93
阜新市	2170	2432	2122	1586	1042	358	99
辽阳市	1427	1542	1459	1002	812	274	75
盘锦市	995	1080	744	419	283	67	29
铁岭市	3020	3890	3363	2428	1891	665	236
朝阳市	3985	5233	4854	3903	2356	852	345
葫芦岛市	2159	2840	2482	1904	1138	414	158
辽宁省沈抚新区管委会	89	109	79	55	46	27	7

4-2　各地区分性别、受教育程度的就业人口

单位：人

地区 性别	合计	未上过学	学前教育	小学	初中	高中	大学专科	大学本科	硕士研究生	博士研究生
辽宁	**1799414**	**5087**	**260**	**216105**	**831515**	**256699**	**227071**	**236465**	**23670**	**2542**
沈阳市	377743	538	42	23587	134493	62183	67170	78818	9719	1193
大连市	299391	694	42	29802	112716	48249	42156	57232	7563	937
鞍山市	153512	288	23	13314	84330	25168	15229	14215	890	55
抚顺市	58912	222	31	7195	26475	9814	7467	7247	420	41
本溪市	51803	145	1	4952	23305	9251	7472	6279	373	25
丹东市	91319	279	16	15774	46024	11206	9174	8258	564	24
锦州市	127254	254	10	18347	69996	14026	13184	10335	1007	95
营口市	100203	163	3	14391	54285	11570	10781	8568	413	29
阜新市	70294	221	5	7687	38858	10582	6752	5747	391	51
辽阳市	67023	85	6	8747	35273	8518	7248	6663	463	20
盘锦市	63489	99	6	4688	27596	11360	9564	9557	592	27
铁岭市	100768	472	28	22282	54450	9579	7609	6042	293	13
朝阳市	136014	1182	31	29614	68845	13805	13045	9031	450	11
葫芦岛市	95301	440	16	15201	51571	10466	9425	7710	453	19
辽宁省沈抚新区管委会	6388	5		524	3298	922	795	763	79	2
男	**1075189**	**1985**	**126**	**123631**	**521676**	**162266**	**129054**	**123666**	**11381**	**1404**
沈阳市	220433	232	23	13322	82656	38894	38152	41718	4796	640
大连市	177575	284	17	17818	71755	30360	23713	29549	3560	519
鞍山市	90625	125	12	7292	51302	15353	8616	7451	441	33
抚顺市	36849	89	9	4244	17580	6595	4308	3801	200	23
本溪市	32671	58		3035	15610	6041	4417	3310	187	13
丹东市	56439	121	9	9463	29865	7228	5173	4287	280	13
锦州市	75642	112	5	10323	42978	8821	7571	5353	424	55
营口市	61641	91	2	8851	34585	7237	6133	4523	204	15
阜新市	40689	77	2	4009	23133	6658	3754	2832	187	37
辽阳市	40638	46	4	5238	22244	5410	4045	3426	216	9
盘锦市	38215	47	3	2776	17329	7090	5482	5180	289	19
铁岭市	59760	211	13	12430	33238	6161	4370	3187	140	10
朝阳市	81106	326	20	15508	43724	9094	7574	4652	200	8
葫芦岛市	58977	162	7	9020	33576	6711	5287	3990	214	10
辽宁省沈抚新区管委会	3929	4		302	2101	613	459	407	43	
女	**724225**	**3102**	**134**	**92474**	**309839**	**94433**	**98017**	**112799**	**12289**	**1138**
沈阳市	157310	306	19	10265	51837	23289	29018	37100	4923	553
大连市	121816	410	25	11984	40961	17889	18443	27683	4003	418
鞍山市	62887	163	11	6022	33028	9815	6613	6764	449	22
抚顺市	22063	133	22	2951	8895	3219	3159	3446	220	18
本溪市	19132	87	1	1917	7695	3210	3055	2969	186	12
丹东市	34880	158	7	6311	16159	3978	4001	3971	284	11
锦州市	51612	142	5	8024	27018	5205	5613	4982	583	40
营口市	38562	72	1	5540	19700	4333	4648	4045	209	14
阜新市	29605	144	3	3678	15725	3924	2998	2915	204	14
辽阳市	26385	39	2	3509	13029	3108	3203	3237	247	11
盘锦市	25274	52	3	1912	10267	4270	4082	4377	303	8
铁岭市	41008	261	15	9852	21212	3418	3239	2855	153	3
朝阳市	54908	856	11	14106	25121	4711	5471	4379	250	3
葫芦岛市	36324	278	9	6181	17995	3755	4138	3720	239	9
辽宁省沈抚新区管委会	2459	1		222	1197	309	336	356	36	2

4-2a 各地区分性别、受教育程度的就业人口(城市)

单位：人

地区 性别	合计	未上过学	学前教育	小学	初中	高中	大学专科	大学本科	硕士研究生	博士研究生
辽宁	**994576**	**885**	**73**	**38534**	**332126**	**198571**	**187474**	**211847**	**22617**	**2449**
沈阳市	286544	231	25	7829	74330	54661	62955	75809	9531	1173
大连市	234506	321	16	12308	74221	43541	40006	55718	7466	909
鞍山市	77621	63	8	2103	31425	18750	11970	12421	826	55
抚顺市	31291	15	2	552	10218	7811	6119	6148	388	38
本溪市	27969	26		637	10221	6637	5494	4615	318	21
丹东市	40653	23	3	2116	16459	7937	6901	6670	523	21
锦州市	48444	28	3	1849	17830	9746	9423	8537	939	89
营口市	57143	55	1	3674	26070	9834	9309	7796	379	25
阜新市	22179	10		485	6851	6045	4201	4218	320	49
辽阳市	32771	22	3	1533	13067	6003	5793	5896	436	18
盘锦市	42350	26	6	1347	13554	9801	8232	8804	559	21
铁岭市	21474	18	2	1274	10344	3885	3089	2735	121	6
朝阳市	36222	27	3	1478	14325	6701	7169	6161	349	9
葫芦岛市	30680	18	1	1081	11100	6416	6073	5593	385	13
辽宁省沈抚新区管委会	4729	2		268	2111	803	740	726	77	2
男	**588942**	**422**	**42**	**23593**	**211401**	**124469**	**106037**	**110732**	**10898**	**1348**
沈阳市	167215	105	16	4768	47166	34095	35657	40077	4703	628
大连市	136713	146	7	7399	46948	27123	22409	28666	3511	504
鞍山市	45697	32	7	1171	19333	11417	6771	6520	413	33
抚顺市	19693	5		350	7103	5255	3561	3216	182	21
本溪市	17566	10		379	6991	4325	3256	2440	156	9
丹东市	24620	14	3	1375	10602	5010	3869	3477	258	12
锦州市	28990	21	1	1193	11384	6085	5413	4444	399	50
营口市	34644	28	1	2339	16621	6087	5260	4106	189	13
阜新市	13115	4		296	4393	3841	2298	2091	157	35
辽阳市	19465	8	1	942	8277	3780	3214	3030	204	9
盘锦市	25286	16	3	844	8508	6098	4722	4801	280	14
铁岭市	13287	9	1	818	6625	2526	1793	1452	57	6
朝阳市	21668	11	2	903	9164	4270	4036	3116	159	7
葫芦岛市	18076	11		654	6944	4017	3347	2909	187	7
辽宁省沈抚新区管委会	2907	2		162	1342	540	431	387	43	
女	**405634**	**463**	**31**	**14941**	**120725**	**74102**	**81437**	**101115**	**11719**	**1101**
沈阳市	119329	126	9	3061	27164	20566	27298	35732	4828	545
大连市	97793	175	9	4909	27273	16418	17597	27052	3955	405
鞍山市	31924	31	1	932	12092	7333	5199	5901	413	22
抚顺市	11598	10	2	202	3115	2556	2558	2932	206	17
本溪市	10403	16		258	3230	2312	2238	2175	162	12
丹东市	16033	9		741	5857	2927	3032	3193	265	9
锦州市	19454	7	2	656	6446	3661	4010	4093	540	39
营口市	22499	27		1335	9449	3747	4049	3690	190	12
阜新市	9064	6		189	2458	2204	1903	2127	163	14
辽阳市	13306	14	2	591	4790	2223	2579	2866	232	9
盘锦市	17064	10	3	503	5046	3703	3510	4003	279	7
铁岭市	8187	9	1	456	3719	1359	1296	1283	64	
朝阳市	14554	16	1	575	5161	2431	3133	3045	190	2
葫芦岛市	12604	7	1	427	4156	2399	2726	2684	198	6
辽宁省沈抚新区管委会	1822			106	769	263	309	339	34	2

4-2b 各地区分性别、受教育程度的就业人口(镇)

单位：人

地区 性别	合计	未上过学	学前教育	小学	初中	高中	大学专科	大学本科	硕士 研究生	博士 研究生
辽宁	**219695**	**394**	**25**	**22419**	**124988**	**28802**	**23923**	**18335**	**751**	**58**
沈阳市	21769	26	2	1859	11692	3095	2697	2254	135	9
大连市	10863	21	3	1330	6195	1341	990	891	65	27
鞍山市	30342	32	6	2515	20121	3879	2313	1428	48	
抚顺市	9357	18	6	877	5305	1178	982	963	25	3
本溪市	11730	10		675	6008	1981	1586	1432	37	1
丹东市	17233	36	1	2344	10056	1923	1581	1250	39	3
锦州市	14049	8		1313	8321	1704	1621	1054	26	2
营口市	7375	5		1216	4704	498	534	392	24	2
阜新市	13891	19		871	7593	2482	1668	1203	54	1
辽阳市	8860	10	1	937	5368	1085	869	567	22	1
盘锦市	6333	10		475	3973	702	690	463	19	1
铁岭市	27621	57	3	2761	14008	4119	3548	2960	160	5
朝阳市	22430	110	3	3479	11405	2805	2737	1844	47	
葫芦岛市	17842	32		1767	10239	2010	2107	1634	50	3
辽宁省沈抚新区管委会										
男	**132693**	**150**	**12**	**12964**	**77823**	**18287**	**13635**	**9431**	**357**	**34**
沈阳市	12917	9	1	1042	7031	1976	1563	1219	69	7
大连市	7153	10		898	4200	929	586	484	32	14
鞍山市	17841	14	3	1358	12068	2336	1316	724	22	
抚顺市	5804	6	2	505	3435	797	534	508	15	2
本溪市	7131	4		399	3772	1282	914	739	20	1
丹东市	10729	14	1	1448	6463	1256	904	621	21	1
锦州市	8438	2		761	5154	1081	907	522	9	2
营口市	4533	4		711	2959	333	307	208	10	1
阜新市	8081	9		466	4524	1524	958	574	25	1
辽阳市	5499	8	1	566	3435	700	490	290	9	
盘锦市	3880	3		268	2546	438	386	231	7	1
铁岭市	16205	20	2	1551	8466	2539	2003	1542	79	3
朝阳市	13370	33	2	1864	7124	1816	1568	942	21	
葫芦岛市	11112	14		1127	6646	1280	1199	827	18	1
辽宁省沈抚新区管委会										
女	**87002**	**244**	**13**	**9455**	**47165**	**10515**	**10288**	**8904**	**394**	**24**
沈阳市	8852	17	1	817	4661	1119	1134	1035	66	2
大连市	3710	11	3	432	1995	412	404	407	33	13
鞍山市	12501	18	3	1157	8053	1543	997	704	26	
抚顺市	3553	12	4	372	1870	381	448	455	10	1
本溪市	4599	6		276	2236	699	672	693	17	
丹东市	6504	22		896	3593	667	677	629	18	2
锦州市	5611	6		552	3167	623	714	532	17	
营口市	2842	1		505	1745	165	227	184	14	1
阜新市	5810	10		405	3069	958	710	629	29	
辽阳市	3361	2		371	1933	385	379	277	13	1
盘锦市	2453	7		207	1427	264	304	232	12	
铁岭市	11416	37	1	1210	5542	1580	1545	1418	81	2
朝阳市	9060	77	1	1615	4281	989	1169	902	26	
葫芦岛市	6730	18		640	3593	730	908	807	32	2
辽宁省沈抚新区管委会										

4-2c 各地区分性别、受教育程度的就业人口(乡村)

单位：人

地区 性别	合计	未上过学	学前教育	小学	初中	高中	大学专科	大学本科	硕士 研究生	博士 研究生
辽宁	**585143**	**3808**	**162**	**155152**	**374401**	**29326**	**15674**	**6283**	**302**	**35**
沈阳市	69430	281	15	13899	48471	4427	1518	755	53	11
大连市	54022	352	23	16164	32300	3367	1160	623	32	1
鞍山市	45549	193	9	8696	32784	2539	946	366	16	
抚顺市	18264	189	23	5766	10952	825	366	136	7	
本溪市	12104	109	1	3640	7076	633	392	232	18	3
丹东市	33433	220	12	11314	19509	1346	692	338	2	
锦州市	64761	218	7	15185	43845	2576	2140	744	42	4
营口市	35685	103	2	9501	23511	1238	938	380	10	2
阜新市	34224	192	5	6331	24414	2055	883	326	17	1
辽阳市	25392	53	2	6277	16838	1430	586	200	5	1
盘锦市	14806	63		2866	10069	857	642	290	14	5
铁岭市	51673	397	23	18247	30098	1575	972	347	12	2
朝阳市	77362	1045	25	24657	43115	4299	3139	1026	54	2
葫芦岛市	46779	390	15	12353	30232	2040	1245	483	18	3
辽宁省沈抚新区管委会	1659	3		256	1187	119	55	37	2	
男	**353554**	**1413**	**72**	**87074**	**232452**	**19510**	**9382**	**3503**	**126**	**22**
沈阳市	40301	118	6	7512	28459	2823	932	422	24	5
大连市	33709	128	10	9521	20607	2308	718	399	17	1
鞍山市	27087	79	2	4763	19901	1600	529	207	6	
抚顺市	11352	78	7	3389	7042	543	213	77	3	
本溪市	7974	44		2257	4847	434	247	131	11	3
丹东市	21090	93	5	6640	12800	962	400	189	1	
锦州市	38214	89	4	8369	26440	1655	1251	387	16	3
营口市	22464	59	1	5801	15005	817	566	209	5	1
阜新市	19493	64	2	3247	14216	1293	498	167	5	1
辽阳市	15674	30	2	3730	10532	930	341	106	3	
盘锦市	9049	28		1664	6275	554	374	148	2	4
铁岭市	30268	182	10	10061	18147	1096	574	193	4	1
朝阳市	46068	282	16	12741	27436	3008	1970	594	20	1
葫芦岛市	29789	137	7	7239	19986	1414	741	254	9	2
辽宁省沈抚新区管委会	1022	2		140	759	73	28	20		
女	**231589**	**2395**	**90**	**68078**	**141949**	**9816**	**6292**	**2780**	**176**	**13**
沈阳市	29129	163	9	6387	20012	1604	586	333	29	6
大连市	20313	224	13	6643	11693	1059	442	224	15	
鞍山市	18462	114	7	3933	12883	939	417	159	10	
抚顺市	6912	111	16	2377	3910	282	153	59	4	
本溪市	4130	65	1	1383	2229	199	145	101	7	
丹东市	12343	127	7	4674	6709	384	292	149	1	
锦州市	26547	129	3	6816	17405	921	889	357	26	1
营口市	13221	44	1	3700	8506	421	372	171	5	1
阜新市	14731	128	3	3084	10198	762	385	159	12	
辽阳市	9718	23		2547	6306	500	245	94	2	1
盘锦市	5757	35		1202	3794	303	268	142	12	1
铁岭市	21405	215	13	8186	11951	479	398	154	8	1
朝阳市	31294	763	9	11916	15679	1291	1169	432	34	1
葫芦岛市	16990	253	8	5114	10246	626	504	229	9	1
辽宁省沈抚新区管委会	637	1		116	428	46	27	17	2	

4-3 全省分年龄、性别、受教育程度的就业人口

单位：人

年龄组 性别	合计	未上过学	学前教育	小学	初中	高中	大学专科	大学本科	硕士 研究生	博士 研究生
总计	**1799414**	**5087**	**260**	**216105**	**831515**	**256699**	**227071**	**236465**	**23670**	**2542**
16-19岁	11215	8	3	402	5960	3225	1405	212		
20-24岁	69173	44	12	1461	22316	12510	19592	13003	227	8
25-29岁	146902	65	13	3582	45744	22288	34395	37541	3155	119
30-34岁	252821	148	25	8440	91132	37848	48349	60007	6402	470
35-39岁	226622	154	14	7123	92182	34819	36515	48808	6324	683
40-44岁	236756	233	14	12364	117735	42909	30348	29129	3461	563
45-49岁	259102	406	24	22516	141098	43064	26872	22936	1901	285
50-54岁	235261	535	19	37446	134587	28667	17042	15535	1222	208
55-59岁	181550	580	22	36520	101758	21779	11124	8678	922	167
60-64岁	86362	844	33	33547	44463	6155	860	382	46	32
65-69岁	60640	1067	41	31749	24654	2559	394	164	6	6
70-74岁	23636	546	22	14961	7442	527	104	31	3	
75岁及以上	9374	457	18	5994	2444	349	71	39	1	1
男	**1075189**	**1985**	**126**	**123631**	**521676**	**162266**	**129054**	**123666**	**11381**	**1404**
16-19岁	7111	5	1	272	3999	1984	748	102		
20-24岁	39596	30	6	995	14972	7698	10096	5712	83	4
25-29岁	85288	43	10	2487	30900	14213	19047	17446	1094	48
30-34岁	146419	77	10	5614	57399	23195	27024	30240	2622	238
35-39岁	129002	74	10	4307	55247	20338	20018	25650	2978	380
40-44岁	134052	131	7	7065	68827	24235	16239	15347	1892	309
45-49岁	146443	182	13	12449	81021	24470	14545	12488	1121	154
50-54岁	150013	243	10	21085	86719	20854	10907	9275	795	125
55-59岁	125207	234	14	20115	69433	18246	9366	6935	749	115
60-64岁	52551	266	13	17988	28903	4377	639	300	40	25
65-69岁	37542	320	14	17990	16860	1940	288	122	3	5
70-74岁	15442	196	7	9227	5485	418	82	24	3	
75岁及以上	6523	184	11	4037	1911	298	55	25	1	1
女	**724225**	**3102**	**134**	**92474**	**309839**	**94433**	**98017**	**112799**	**12289**	**1138**
16-19岁	4104	3	2	130	1961	1241	657	110		
20-24岁	29577	14	6	466	7344	4812	9496	7291	144	4
25-29岁	61614	22	3	1095	14844	8075	15348	20095	2061	71
30-34岁	106402	71	15	2826	33733	14653	21325	29767	3780	232
35-39岁	97620	80	4	2816	36935	14481	16497	23158	3346	303
40-44岁	102704	102	7	5299	48908	18674	14109	13782	1569	254
45-49岁	112659	224	11	10067	60077	18594	12327	10448	780	131
50-54岁	85248	292	9	16361	47868	7813	6135	6260	427	83
55-59岁	56343	346	8	16405	32325	3533	1758	1743	173	52
60-64岁	33811	578	20	15559	15560	1778	221	82	6	7
65-69岁	23098	747	27	13759	7794	619	106	42	3	1
70-74岁	8194	350	15	5734	1957	109	22	7		
75岁及以上	2851	273	7	1957	533	51	16	14		

4-3a 全省分年龄、性别、受教育程度的就业人口(城市)

单位：人

年龄组 性别	合计	未上过学	学前教育	小学	初中	高中	大学专科	大学本科	硕士研究生	博士研究生
总计	**994576**	**885**	**73**	**38534**	**332126**	**198571**	**187474**	**211847**	**22617**	**2449**
16-19岁	4560			70	1734	1698	915	143		
20-24岁	41621	11	6	391	8312	8166	13913	10604	213	5
25-29岁	99030	24	5	1169	19395	16465	26654	32330	2883	105
30-34岁	178588	70	15	3319	42956	30639	40957	54087	6101	444
35-39岁	161156	60	10	2606	44345	29303	32570	45476	6123	663
40-44岁	150290	86	10	4099	53345	35759	26339	26734	3368	550
45-49岁	150549	159	10	6601	62893	35511	22746	20510	1838	281
50-54岁	111111	162	6	8069	51802	22226	13780	13707	1156	203
55-59岁	75015	130	6	5731	35555	16005	8781	7760	885	162
60-64岁	13499	95	2	3019	7520	1962	522	309	40	30
65-69岁	6489	65	2	2230	3207	631	214	129	6	5
70-74岁	1901	12		911	786	116	47	26	3	
75岁及以上	767	11	1	319	276	90	36	32	1	1
男	**588942**	**422**	**42**	**23593**	**211401**	**124469**	**106037**	**110732**	**10898**	**1348**
16-19岁	2781			51	1150	1027	486	67		
20-24岁	22506	6	3	266	5396	4949	7191	4617	76	2
25-29岁	54655	16	4	794	12828	10383	14668	14904	1016	42
30-34岁	99955	35	6	2204	26551	18607	22672	27150	2506	224
35-39岁	89478	25	7	1583	26101	16981	17701	23833	2882	365
40-44岁	83242	49	5	2264	30564	20013	14028	14178	1839	302
45-49岁	83819	66	5	3684	35473	19967	12221	11174	1078	151
50-54岁	76217	77	3	4939	36603	16600	8936	8189	747	123
55-59岁	61142	67	6	3783	28686	13964	7565	6247	713	111
60-64岁	9130	45	1	1894	5137	1387	368	241	34	23
65-69岁	4274	29	2	1360	2206	437	140	93	3	4
70-74岁	1224	5		569	514	79	34	20	3	
75岁及以上	519	2		202	192	75	27	19	1	1
女	**405634**	**463**	**31**	**14941**	**120725**	**74102**	**81437**	**101115**	**11719**	**1101**
16-19岁	1779			19	584	671	429	76		
20-24岁	19115	5	3	125	2916	3217	6722	5987	137	3
25-29岁	44375	8	1	375	6567	6082	11986	17426	1867	63
30-34岁	78633	35	9	1115	16405	12032	18285	26937	3595	220
35-39岁	71678	35	3	1023	18244	12322	14869	21643	3241	298
40-44岁	67048	37	5	1835	22781	15746	12311	12556	1529	248
45-49岁	66730	93	5	2917	27420	15544	10525	9336	760	130
50-54岁	34894	85	3	3130	15199	5626	4844	5518	409	80
55-59岁	13873	63		1948	6869	2041	1216	1513	172	51
60-64岁	4369	50	1	1125	2383	575	154	68	6	7
65-69岁	2215	36		870	1001	194	74	36	3	1
70-74岁	677	7		342	272	37	13	6		
75岁及以上	248	9	1	117	84	15	9	13		

4-3b　全省分年龄、性别、受教育程度的就业人口(镇)

单位：人

年龄组 性别	合计	未上过学	学前教育	小学	初中	高中	大学专科	大学本科	硕士 研究生	博士 研究生
总计	**219695**	**394**	**25**	**22419**	**124988**	**28802**	**23923**	**18335**	**751**	**58**
16-19岁	1359		2	31	749	405	149	23		
20-24岁	8004	3	1	178	3118	1469	2093	1136	5	1
25-29岁	17955	6	2	493	7420	2810	3834	3235	149	6
30-34岁	29967	9	2	1210	15333	4068	4570	4532	225	18
35-39岁	25536	13	2	957	15323	3423	2832	2813	159	14
40-44岁	30511	26		1525	19358	4434	3004	2081	77	6
45-49岁	33448	40	2	2461	20919	4724	3129	2121	48	4
50-54岁	29908	37	1	3733	18667	3414	2439	1559	54	4
55-59岁	22203	33	1	3558	13613	2598	1607	758	31	4
60-64岁	10350	65	3	3226	5919	935	150	49	3	
65-69岁	7004	91	6	3121	3283	400	80	22		1
70-74岁	2462	29	2	1374	960	73	21	3		
75岁及以上	988	42	1	552	326	49	15	3		
男	**132693**	**150**	**12**	**12964**	**77823**	**18287**	**13635**	**9431**	**357**	**34**
16-19岁	834			21	474	250	80	9		
20-24岁	4620	2		118	2002	921	1084	492	1	
25-29岁	10707	2	2	339	4907	1793	2121	1494	47	2
30-34岁	17783	7	1	807	9545	2524	2545	2262	82	10
35-39岁	15013	7	2	573	9192	2026	1625	1501	77	10
40-44岁	17516	14		882	11408	2566	1601	997	44	4
45-49岁	19130	17	1	1379	12107	2778	1685	1126	34	3
50-54岁	18929	19	1	2151	12062	2310	1432	914	39	1
55-59岁	15064	18	1	2011	9098	2074	1257	572	30	3
60-64岁	6483	20	1	1735	3907	662	116	39	3	
65-69岁	4369	30	2	1775	2193	287	62	19		1
70-74岁	1579	5		808	690	56	17	3		
75岁及以上	666	9	1	365	238	40	10	3		
女	**87002**	**244**	**13**	**9455**	**47165**	**10515**	**10288**	**8904**	**394**	**24**
16-19岁	525		2	10	275	155	69	14		
20-24岁	3384	1	1	60	1116	548	1009	644	4	1
25-29岁	7248	4		154	2513	1017	1713	1741	102	4
30-34岁	12184	2	1	403	5788	1544	2025	2270	143	8
35-39岁	10523	6		384	6131	1397	1207	1312	82	4
40-44岁	12995	12		643	7950	1868	1403	1084	33	2
45-49岁	14318	23	1	1082	8812	1946	1444	995	14	1
50-54岁	10979	18		1582	6605	1104	1007	645	15	3
55-59岁	7139	15		1547	4515	524	350	186	1	1
60-64岁	3867	45	2	1491	2012	273	34	10		
65-69岁	2635	61	4	1346	1090	113	18	3		
70-74岁	883	24	2	566	270	17	4			
75岁及以上	322	33		187	88	9	5			

4-3c 全省分年龄、性别、受教育程度的就业人口(乡村)

单位：人

年龄组 性别	合计	未上过学	学前教育	小学	初中	高中	大学专科	大学本科	硕士 研究生	博士 研究生
总计	**585143**	**3808**	**162**	**155152**	**374401**	**29326**	**15674**	**6283**	**302**	**35**
16-19岁	5296	8	1	301	3477	1122	341	46		
20-24岁	19548	30	5	892	10886	2875	3586	1263	9	2
25-29岁	29917	35	6	1920	18929	3013	3907	1976	123	8
30-34岁	44266	69	8	3911	32843	3141	2822	1388	76	8
35-39岁	39930	81	2	3560	32514	2093	1113	519	42	6
40-44岁	55955	121	4	6740	45032	2716	1005	314	16	7
45-49岁	75105	207	12	13454	57286	2829	997	305	15	
50-54岁	94242	336	12	25644	64118	3027	823	269	12	1
55-59岁	84332	417	15	27231	52590	3176	736	160	6	1
60-64岁	62513	684	28	27302	31024	3258	188	24	3	2
65-69岁	47147	911	33	26398	18164	1528	100	13		
70-74岁	19273	505	20	12676	5696	338	36	2		
75岁及以上	7619	404	16	5123	1842	210	20	4		
男	**353554**	**1413**	**72**	**87074**	**232452**	**19510**	**9382**	**3503**	**126**	**22**
16-19岁	3496	5	1	200	2375	707	182	26		
20-24岁	12470	22	3	611	7574	1828	1821	603	6	2
25-29岁	19926	25	4	1354	13165	2037	2258	1048	31	4
30-34岁	28681	35	3	2603	21303	2064	1807	828	34	4
35-39岁	24511	42	1	2151	19954	1331	692	316	19	5
40-44岁	33294	68	2	3919	26855	1656	610	172	9	3
45-49岁	43494	99	7	7386	33441	1725	639	188	9	
50-54岁	54867	147	6	13995	38054	1944	539	172	9	1
55-59岁	49001	149	7	14321	31649	2208	544	116	6	1
60-64岁	36938	201	11	14359	19859	2328	155	20	3	2
65-69岁	28899	261	10	14855	12461	1216	86	10		
70-74岁	12639	186	7	7850	4281	283	31	1		
75岁及以上	5338	173	10	3470	1481	183	18	3		
女	**231589**	**2395**	**90**	**68078**	**141949**	**9816**	**6292**	**2780**	**176**	**13**
16-19岁	1800	3		101	1102	415	159	20		
20-24岁	7078	8	2	281	3312	1047	1765	660	3	
25-29岁	9991	10	2	566	5764	976	1649	928	92	4
30-34岁	15585	34	5	1308	11540	1077	1015	560	42	4
35-39岁	15419	39	1	1409	12560	762	421	203	23	1
40-44岁	22661	53	2	2821	18177	1060	395	142	7	4
45-49岁	31611	108	5	6068	23845	1104	358	117	6	
50-54岁	39375	189	6	11649	26064	1083	284	97	3	
55-59岁	35331	268	8	12910	20941	968	192	44		
60-64岁	25575	483	17	12943	11165	930	33	4		
65-69岁	18248	650	23	11543	5703	312	14	3		
70-74岁	6634	319	13	4826	1415	55	5	1		
75岁及以上	2281	231	6	1653	361	27	2	1		

4-4　各地区分性别、行业大类的就业人口

单位：人

地　区 性　别	合计	农、林、牧、渔业						采矿业	
		小计	农业	林业	畜牧业	渔业	农、林、牧、渔专业及辅助性活动	小计	煤炭开采和洗选业
辽宁	**1799414**	**488325**	**437812**	**2052**	**32896**	**10132**	**5433**	**22202**	**5276**
沈阳市	377743	62557	56332	277	4664	299	985	1445	1028
大连市	299391	43284	34920	238	2270	4739	1117	507	35
鞍山市	153512	35816	32308	101	2723	149	535	1956	37
抚顺市	58912	15737	14617	179	724	45	172	1506	919
本溪市	51803	8817	7787	98	802	53	77	1897	67
丹东市	91319	28669	23912	217	2480	1693	367	830	20
锦州市	127254	54973	50168	69	4117	311	308	362	150
营口市	100203	23559	20629	110	1655	1055	110	627	11
阜新市	70294	34344	31426	129	2608	28	153	1110	877
辽阳市	67023	17391	15283	110	1493	162	343	1298	256
盘锦市	63489	11270	10280	26	448	359	157	6140	6
铁岭市	100768	51831	48841	232	2378	40	340	1855	1716
朝阳市	136014	63692	58585	154	4545	68	340	2024	88
葫芦岛市	95301	35485	31889	105	1944	1128	419	594	44
辽宁省沈抚新区管委会	6388	900	835	7	45	3	10	51	22
男	**1075189**	**281564**	**247000**	**1524**	**20945**	**8473**	**3622**	**18558**	**4738**
沈阳市	220433	35126	31138	211	2891	221	665	1240	914
大连市	177575	26975	20649	175	1488	3872	791	431	28
鞍山市	90625	19961	17790	71	1652	94	354	1588	25
抚顺市	36849	9491	8699	141	502	35	114	1360	850
本溪市	32671	5527	4813	76	544	43	51	1687	52
丹东市	56439	17690	14127	170	1549	1590	254	733	19
锦州市	75642	30854	27783	50	2558	267	196	322	141
营口市	61641	14144	12015	64	1137	858	70	520	7
阜新市	40689	18967	17090	92	1640	25	120	1016	819
辽阳市	40638	10148	8742	94	961	110	241	1145	231
盘锦市	38215	6662	5961	20	274	290	117	4532	5
铁岭市	59760	29381	27522	156	1444	36	223	1617	1503
朝阳市	81106	34561	31140	128	2978	56	259	1789	85
葫芦岛市	58977	21567	19066	70	1296	974	161	536	40
辽宁省沈抚新区管委会	3929	510	465	6	31	2	6	42	19
女	**724225**	**206761**	**190812**	**528**	**11951**	**1659**	**1811**	**3644**	**538**
沈阳市	157310	27431	25194	66	1773	78	320	205	114
大连市	121816	16309	14271	63	782	867	326	76	7
鞍山市	62887	15855	14518	30	1071	55	181	368	12
抚顺市	22063	6246	5918	38	222	10	58	146	69
本溪市	19132	3290	2974	22	258	10	26	210	15
丹东市	34880	10979	9785	47	931	103	113	97	1
锦州市	51612	24119	22385	19	1559	44	112	40	9
营口市	38562	9415	8614	46	518	197	40	107	4
阜新市	29605	15377	14336	37	968	3	33	94	58
辽阳市	26385	7243	6541	16	532	52	102	153	25
盘锦市	25274	4608	4319	6	174	69	40	1608	1
铁岭市	41008	22450	21319	76	934	4	117	238	213
朝阳市	54908	29131	27445	26	1567	12	81	235	3
葫芦岛市	36324	13918	12823	35	648	154	258	58	4
辽宁省沈抚新区管委会	2459	390	370	1	14	1	4	9	3

4-4　续表 1

单位：人

地　区 性　别	采矿业						制造业		
	石油和天然气开采业	黑色金属矿采选业	有色金属矿采选业	非金属矿采选业	开采专业及辅助性活　动	其　他采矿业	小计	农副食品加工业	食　品制造业
辽宁	**3429**	**4663**	**2167**	**2115**	**4007**	**545**	**244089**	**18665**	**7971**
沈阳市	87	38	25	56	170	41	49386	2580	2145
大连市	60	7	7	252	123	23	62061	5609	1588
鞍山市	30	952	194	513	70	160	24780	1779	712
抚顺市	35	227	227	27	59	12	8465	386	212
本溪市	8	1433	148	181	25	35	8619	281	222
丹东市	10	184	466	110	20	20	11748	2164	483
锦州市	78	7	16	52	43	16	10157	1125	410
营口市	12	25	348	202	21	8	18956	729	484
阜新市	13	35	55	66	39	25	4066	452	316
辽阳市	12	747	17	115	50	101	11571	364	243
盘锦市	2922	4	1	29	3169	9	6808	751	185
铁岭市	18	12	1	47	29	32	5775	1057	297
朝阳市	121	869	351	382	159	54	9021	850	385
葫芦岛市	22	114	310	83	13	8	11285	509	217
辽宁省沈抚新区管委会	1	9	1		17	1	1391	29	72
男	**2500**	**4099**	**1843**	**1811**	**3115**	**452**	**163661**	**10894**	**3942**
沈阳市	70	30	18	49	130	29	33832	1588	1093
大连市	46	7	3	226	100	21	39462	2898	734
鞍山市	25	808	146	404	52	128	16008	1030	335
抚顺市	27	207	199	23	44	10	6359	239	106
本溪市	4	1287	133	161	20	30	6578	166	105
丹东市	7	157	413	104	15	18	7415	1283	248
锦州市	64	4	13	49	37	14	7062	716	214
营口市	8	22	277	182	16	8	12451	458	269
阜新市	11	30	45	56	33	22	2823	263	155
辽阳市	11	656	12	102	46	87	7892	221	117
盘锦市	2076	3	1	22	2419	6	4805	460	82
铁岭市	14	11	1	38	25	25	3992	674	156
朝阳市	117	764	304	320	151	48	6690	549	181
葫芦岛市	20	106	277	75	13	5	7336	330	118
辽宁省沈抚新区管委会		7	1		14	1	956	19	29
女	**929**	**564**	**324**	**304**	**892**	**93**	**80428**	**7771**	**4029**
沈阳市	17	8	7	7	40	12	15554	992	1052
大连市	14		4	26	23	2	22599	2711	854
鞍山市	5	144	48	109	18	32	8772	749	377
抚顺市	8	20	28	4	15	2	2106	147	106
本溪市	4	146	15	20	5	5	2041	115	117
丹东市	3	27	53	6	5	2	4333	881	235
锦州市	14	3	3	3	6	2	3095	409	196
营口市	4	3	71	20	5		6505	271	215
阜新市	2	5	10	10	6	3	1243	189	161
辽阳市	1	91	5	13	4	14	3679	143	126
盘锦市	846	1		7	750	3	2003	291	103
铁岭市	4	1		9	4	7	1783	383	141
朝阳市	4	105	47	62	8	6	2331	301	204
葫芦岛市	2	8	33	8		3	3949	179	99
辽宁省沈抚新区管委会	1	2			3		435	10	43

4-4 续表 2

单位：人

地区 性别	制造业								
	酒、饮料和精制茶制造业	烟草制品业	纺织业	纺织服装、服饰业	皮革、毛皮、羽毛及其制品和制鞋业	木材加工和木、竹、藤、棕、草制品业	家具制造业	造纸和纸制品业	印刷和记录媒介复制业
辽宁	**2551**	**288**	**3952**	**22376**	**4582**	**5231**	**4887**	**2586**	**2193**
沈阳市	743	110	522	1171	622	1240	2150	588	777
大连市	350	9	668	6281	403	1543	1340	596	569
鞍山市	177	2	815	5044	1129	312	251	164	137
抚顺市	129	1	92	114	13	588	52	119	34
本溪市	120	1	51	99	12	137	83	31	50
丹东市	144	23	320	1264	30	190	114	179	113
锦州市	145	4	189	380	319	118	94	226	107
营口市	125	117	369	3314	682	206	176	139	95
阜新市	126	1	63	119	69	156	53	30	32
辽阳市	90	2	343	1507	942	140	131	123	53
盘锦市	50	4	74	116	11	108	94	97	41
铁岭市	110	9	63	161	42	144	94	120	60
朝阳市	135	3	140	327	74	232	131	63	75
葫芦岛市	76	2	217	2460	78	106	105	37	40
辽宁省沈抚新区管委会	31		26	19	156	11	19	74	10
男	**1716**	**218**	**1742**	**6386**	**2320**	**3519**	**3136**	**1570**	**1264**
沈阳市	530	77	254	388	347	839	1339	346	462
大连市	228	8	294	1748	172	897	822	328	346
鞍山市	118	1	401	1892	559	215	160	99	79
抚顺市	86	1	50	31	8	396	41	80	19
本溪市	72	1	17	18	7	112	53	16	23
丹东市	92	17	127	277	12	154	91	117	66
锦州市	89	4	88	83	178	87	74	152	54
营口市	88	91	140	695	335	147	117	90	57
阜新市	79	1	22	27	51	103	38	16	16
辽阳市	65	2	130	497	464	92	79	73	28
盘锦市	37	3	27	28	6	87	59	69	20
铁岭市	73	8	20	49	25	113	70	83	31
朝阳市	89	3	60	83	26	184	94	35	41
葫芦岛市	54	1	97	566	60	87	85	21	18
辽宁省沈抚新区管委会	16		15	4	70	6	14	45	4
女	**835**	**70**	**2210**	**15990**	**2262**	**1712**	**1751**	**1016**	**929**
沈阳市	213	33	268	783	275	401	811	242	315
大连市	122	1	374	4533	231	646	518	268	223
鞍山市	59	1	414	3152	570	97	91	65	58
抚顺市	43		42	83	5	192	11	39	15
本溪市	48		34	81	5	25	30	15	27
丹东市	52	6	193	987	18	36	23	62	47
锦州市	56		101	297	141	31	20	74	53
营口市	37	26	229	2619	347	59	59	49	38
阜新市	47		41	92	18	53	15	14	16
辽阳市	25		213	1010	478	48	52	50	25
盘锦市	13	1	47	88	5	21	35	28	21
铁岭市	37	1	43	112	17	31	24	37	29
朝阳市	46		80	244	48	48	37	28	34
葫芦岛市	22	1	120	1894	18	19	20	16	22
辽宁省沈抚新区管委会	15		11	15	86	5	5	29	6

4-4 续表 3　　　　单位：人

地　区 性　别	制造业								
	文教、工美、体育和娱乐用品制造业	石油、煤炭及其他燃料加工业	化学原料和化学制品制造业	医　药制造业	化学纤维制造业	橡胶和塑　料制品业	非金属矿　物制品业	黑色金属冶炼和压延加工业	有色金属冶炼和压延加工业
辽宁	**2790**	**7734**	**9995**	**4172**	**306**	**9610**	**15530**	**13242**	**5070**
沈阳市	562	276	1212	1671	14	2482	2534	263	356
大连市	519	791	2217	687	38	2600	1904	726	162
鞍山市	785	238	407	62	20	802	2069	3005	298
抚顺市	51	1550	788	136	80	266	372	1295	167
本溪市	47	221	220	553	4	77	627	3115	117
丹东市	148	45	331	157	16	189	668	50	102
锦州市	138	1060	407	251	53	382	625	428	144
营口市	112	178	809	66	26	1088	3290	1935	1374
阜新市	123	29	414	97	1	76	323	52	58
辽阳市	92	253	1088	55	38	355	749	580	1198
盘锦市	39	1824	918	84	2	279	446	38	13
铁岭市	60	32	239	87	4	396	346	51	31
朝阳市	78	53	260	67	5	480	1022	1373	140
葫芦岛市	31	1131	628	177	4	106	487	130	874
辽宁省沈抚新区管委会	5	53	57	22	1	32	68	201	36
男	**1527**	**5958**	**7400**	**2206**	**213**	**6194**	**11959**	**11412**	**4235**
沈阳市	281	195	814	859	8	1665	1786	187	277
大连市	237	637	1737	325	25	1592	1468	606	122
鞍山市	538	197	278	35	13	495	1633	2517	240
抚顺市	22	1173	564	82	52	169	308	1156	136
本溪市	25	190	167	281	2	48	506	2693	104
丹东市	69	35	235	76	12	134	551	45	75
锦州市	59	820	314	155	45	241	478	344	120
营口市	53	144	561	32	16	667	2580	1780	1156
阜新市	76	23	329	70		54	260	42	48
辽阳市	50	194	827	32	27	238	561	485	1038
盘锦市	25	1383	674	41	2	184	329	34	11
铁岭市	31	23	162	59	1	245	284	40	25
朝阳市	45	46	191	36	5	376	786	1191	117
葫芦岛市	15	861	501	109	4	68	377	110	735
辽宁省沈抚新区管委会	1	37	46	14	1	18	52	182	31
女	**1263**	**1776**	**2595**	**1966**	**93**	**3416**	**3571**	**1830**	**835**
沈阳市	281	81	398	812	6	817	748	76	79
大连市	282	154	480	362	13	1008	436	120	40
鞍山市	247	41	129	27	7	307	436	488	58
抚顺市	29	377	224	54	28	97	64	139	31
本溪市	22	31	53	272	2	29	121	422	13
丹东市	79	10	96	81	4	55	117	5	27
锦州市	79	240	93	96	8	141	147	84	24
营口市	59	34	248	34	10	421	710	155	218
阜新市	47	6	85	27	1	22	63	10	10
辽阳市	42	59	261	23	11	117	188	95	160
盘锦市	14	441	244	43		95	117	4	2
铁岭市	29	9	77	28	3	151	62	11	6
朝阳市	33	7	69	31		104	236	182	23
葫芦岛市	16	270	127	68		38	110	20	139
辽宁省沈抚新区管委会	4	16	11	8		14	16	19	5

4–4　续表 4

单位：人

地区 性别	制造业								
	金属制品业	通用设备制造业	专用设备制造业	汽车制造业	铁路、船舶、航空航天和其他运输设备制造业	电气机械和器材制造业	计算机、通信和其他电子设备制造业	仪器仪表制造业	其他制造业
辽宁	**19931**	**25475**	**7760**	**12068**	**11524**	**7663**	**5907**	**2209**	**1757**
沈阳市	3056	6486	2191	5510	4229	2567	1330	523	478
大连市	4382	10461	2119	3240	4947	2594	2753	543	546
鞍山市	2627	1584	662	132	119	347	281	191	193
抚顺市	411	503	311	48	37	358	51	41	67
本溪市	822	429	145	420	31	78	62	28	46
丹东市	1037	1274	411	941	76	234	381	407	48
锦州市	765	712	265	394	215	482	264	62	30
营口市	1490	818	252	290	62	271	117	105	65
阜新市	462	359	108	128	37	82	96	9	30
辽阳市	1499	653	189	151	44	72	94	134	45
盘锦市	492	255	412	52	23	91	125	41	12
铁岭市	558	631	180	347	43	151	54	67	88
朝阳市	1167	637	242	332	99	128	191	43	53
葫芦岛市	1048	553	184	64	1550	159	89	13	45
辽宁省沈抚新区管委会	115	120	89	19	12	49	19	2	11
男	**16324**	**19914**	**5466**	**8985**	**9361**	**5154**	**3073**	**1399**	**1136**
沈阳市	2373	5067	1535	4300	3224	1792	786	328	311
大连市	3369	7954	1342	2297	4226	1578	1235	317	355
鞍山市	2211	1263	503	101	106	243	160	129	114
抚顺市	358	416	239	39	35	280	28	32	52
本溪市	693	362	112	219	25	54	35	21	30
丹东市	850	1013	307	694	69	171	171	211	29
锦州市	644	559	196	270	185	337	180	45	22
营口市	1259	686	192	241	58	193	80	84	31
阜新市	376	289	76	102	29	60	50	8	18
辽阳市	1316	541	139	114	41	48	50	101	36
盘锦市	415	208	295	39	17	60	70	28	7
铁岭市	474	479	133	239	36	104	37	49	55
朝阳市	988	534	190	267	84	85	123	35	39
葫芦岛市	910	443	140	47	1217	116	62	10	30
辽宁省沈抚新区管委会	88	100	67	16	9	33	6	1	7
女	**3607**	**5561**	**2294**	**3083**	**2163**	**2509**	**2834**	**810**	**621**
沈阳市	683	1419	656	1210	1005	775	544	195	167
大连市	1013	2507	777	943	721	1016	1518	226	191
鞍山市	416	321	159	31	13	104	121	62	79
抚顺市	53	87	72	9	2	78	23	9	15
本溪市	129	67	33	201	6	24	27	7	16
丹东市	187	261	104	247	7	63	210	196	19
锦州市	121	153	69	124	30	145	84	17	8
营口市	231	132	60	49	4	78	37	21	34
阜新市	86	70	32	26	8	22	46	1	12
辽阳市	183	112	50	37	3	24	44	33	9
盘锦市	77	47	117	13	6	31	55	13	5
铁岭市	84	152	47	108	7	47	17	18	33
朝阳市	179	103	52	65	15	43	68	8	14
葫芦岛市	138	110	44	17	333	43	27	3	15
辽宁省沈抚新区管委会	27	20	22	3	3	16	13	1	4

4-4 续表 5　　　单位：人

地区 性别	制造业		电力、热力、燃气及水生产和供应业				建筑业		
	废弃资源综合利用业	金属制品、机械和设备修理业	小计	电力、热力生产和供应业	燃气生产和供应业	水的生产和供应业	小计	房屋建筑业	土木工程建筑业
辽宁	**1911**	**4153**	**24369**	**16928**	**3277**	**4164**	**114880**	**47931**	**13233**
沈阳市	387	611	4919	3257	830	832	23261	6515	3199
大连市	425	1451	3641	2439	534	668	18904	6333	2635
鞍山市	202	234	1699	1041	277	381	7931	3399	677
抚顺市	75	118	1330	1002	135	193	2910	1341	433
本溪市	109	381	1159	881	128	150	3066	1213	397
丹东市	60	149	1230	850	140	240	6184	3147	724
锦州市	161	202	1843	1303	194	346	8194	3645	909
营口市	32	140	1170	809	135	226	5967	2440	334
阜新市	61	104	1275	867	200	208	2791	1214	343
辽阳市	130	214	967	722	108	137	4269	1706	708
盘锦市	30	101	1187	642	233	312	3988	1153	855
铁岭市	79	174	1475	1190	134	151	5361	2426	601
朝阳市	95	141	1290	1009	119	162	12440	7549	859
葫芦岛市	47	118	1126	880	96	150	9036	5429	526
辽宁省沈抚新区管委会	18	15	58	36	14	8	578	421	33
男	**1354**	**3684**	**18358**	**13129**	**2341**	**2888**	**96827**	**41890**	**10951**
沈阳市	268	513	3631	2455	577	599	18236	5453	2461
大连市	300	1265	2857	1962	401	494	15583	5421	2165
鞍山市	141	202	1215	781	187	247	6599	2896	569
抚顺市	52	109	1026	780	101	145	2518	1169	368
本溪市	77	344	876	680	97	99	2659	1081	348
丹东市	41	143	948	674	105	169	5511	2857	618
锦州市	116	193	1396	1020	129	247	7103	3221	804
营口市	25	126	851	620	89	142	5149	2200	283
阜新市	43	99	986	684	154	148	2414	1054	289
辽阳市	88	198	717	545	72	100	3603	1511	564
盘锦市	25	80	797	462	154	181	3363	990	720
铁岭市	51	163	1118	922	99	97	4631	2133	506
朝阳市	79	128	1020	824	86	110	11047	6828	760
葫芦岛市	36	108	878	692	82	104	7921	4718	469
辽宁省沈抚新区管委会	12	13	42	28	8	6	490	358	27
女	**557**	**469**	**6011**	**3799**	**936**	**1276**	**18053**	**6041**	**2282**
沈阳市	119	98	1288	802	253	233	5025	1062	738
大连市	125	186	784	477	133	174	3321	912	470
鞍山市	61	32	484	260	90	134	1332	503	108
抚顺市	23	9	304	222	34	48	392	172	65
本溪市	32	37	283	201	31	51	407	132	49
丹东市	19	6	282	176	35	71	673	290	106
锦州市	45	9	447	283	65	99	1091	424	105
营口市	7	14	319	189	46	84	818	240	51
阜新市	18	5	289	183	46	60	377	160	54
辽阳市	42	16	250	177	36	37	666	195	144
盘锦市	5	21	390	180	79	131	625	163	135
铁岭市	28	11	357	268	35	54	730	293	95
朝阳市	16	13	270	185	33	52	1393	721	99
葫芦岛市	11	10	248	188	14	46	1115	711	57
辽宁省沈抚新区管委会	6	2	16	8	6	2	88	63	6

4-4 续表 6

单位：人

地 区 性 别	建筑业		批发和零售业			交通运输、仓储和邮政业			
	建 筑 安装业	建筑装 饰、装修 和其他 建筑业	小计	批发业	零售业	小计	铁 路 运输业	道 路 运输业	水 上 运输业
辽宁	**7551**	**46165**	**247689**	**73056**	**174633**	**112000**	**7082**	**71578**	**3491**
沈阳市	1597	11950	67563	21197	46366	24230	2247	14378	64
大连市	1527	8409	47628	19009	28619	19136	797	11098	1280
鞍山市	630	3225	26894	8597	18297	10395	255	7671	27
抚顺市	225	911	6940	1629	5311	3293	156	2339	14
本溪市	243	1213	6667	1339	5328	4256	424	2640	29
丹东市	346	1967	12175	2900	9275	6119	453	3798	512
锦州市	452	3188	12985	2887	10098	8455	938	5183	420
营口市	339	2854	14046	3392	10654	10179	306	6825	866
阜新市	199	1035	6364	1273	5091	3278	323	2046	16
辽阳市	186	1669	8178	2122	6056	4110	225	2958	12
盘锦市	373	1607	8269	2110	6159	3961	85	2605	63
铁岭市	362	1972	8294	2020	6274	3952	249	2674	14
朝阳市	655	3377	11143	2749	8394	5307	364	3549	30
葫芦岛市	395	2686	9806	1671	8135	4831	247	3484	141
辽宁省沈抚新区管委会	22	102	737	161	576	498	13	330	3
男	**6517**	**37469**	**121241**	**43591**	**77650**	**94763**	**6060**	**62963**	**2961**
沈阳市	1307	9015	34326	12310	22016	19667	1868	12126	57
大连市	1280	6717	23771	11001	12770	15477	629	9462	1056
鞍山市	529	2605	13043	4979	8064	9056	209	6914	20
抚顺市	201	780	3363	1044	2319	2915	139	2137	12
本溪市	209	1021	2937	826	2111	3613	375	2316	27
丹东市	318	1718	6062	1910	4152	5412	392	3449	477
锦州市	419	2659	6048	1785	4263	7239	815	4600	350
营口市	304	2362	6623	2127	4496	8851	276	6075	723
阜新市	179	892	2959	786	2173	2890	287	1861	14
辽阳市	158	1370	3878	1323	2555	3565	203	2674	8
盘锦市	319	1334	3795	1323	2472	3269	75	2270	53
铁岭市	314	1678	3941	1231	2710	3450	230	2414	12
朝阳市	596	2863	5411	1767	3644	4629	330	3180	25
葫芦岛市	366	2368	4738	1072	3666	4295	219	3185	124
辽宁省沈抚新区管委会	18	87	346	107	239	435	13	300	3
女	**1034**	**8696**	**126448**	**29465**	**96983**	**17237**	**1022**	**8615**	**530**
沈阳市	290	2935	33237	8887	24350	4563	379	2252	7
大连市	247	1692	23857	8008	15849	3659	168	1636	224
鞍山市	101	620	13851	3618	10233	1339	46	757	7
抚顺市	24	131	3577	585	2992	378	17	202	2
本溪市	34	192	3730	513	3217	643	49	324	2
丹东市	28	249	6113	990	5123	707	61	349	35
锦州市	33	529	6937	1102	5835	1216	123	583	70
营口市	35	492	7423	1265	6158	1328	30	750	143
阜新市	20	143	3405	487	2918	388	36	185	2
辽阳市	28	299	4300	799	3501	545	22	284	4
盘锦市	54	273	4474	787	3687	692	10	335	10
铁岭市	48	294	4353	789	3564	502	19	260	2
朝阳市	59	514	5732	982	4750	678	34	369	5
葫芦岛市	29	318	5068	599	4469	536	28	299	17
辽宁省沈抚新区管委会	4	15	391	54	337	63		30	

4-4 续表 7

单位：人

地区 性别	交通运输、仓储和邮政业					住宿和餐饮业		
	航空运输业	管道运输业	多式联运和运输代理业	装卸搬运和仓储业	邮政业	小计	住宿业	餐饮业
辽宁	**2427**	**166**	**3335**	**10886**	**13035**	**74479**	**6494**	**67985**
沈阳市	1319	13	587	1983	3639	18622	1655	16967
大连市	842	19	1462	1532	2106	11278	1491	9787
鞍山市	26	3	225	849	1339	7830	440	7390
抚顺市	14	6	53	268	443	2711	160	2551
本溪市	14	2	59	703	385	2545	201	2344
丹东市	39	9	141	589	578	3828	431	3397
锦州市	38	20	154	938	764	4253	381	3872
营口市	29	2	288	1320	543	3942	363	3579
阜新市	12	2	45	487	347	2398	135	2263
辽阳市	20	11	62	284	538	2782	172	2610
盘锦市	4	59	45	504	596	2658	241	2417
铁岭市	22	12	70	337	574	3541	194	3347
朝阳市	28	2	71	656	607	4427	313	4114
葫芦岛市	14	6	71	401	467	3327	291	3036
辽宁省沈抚新区管委会	6		2	35	109	337	26	311
男	**1446**	**112**	**2439**	**8972**	**9810**	**38349**	**2796**	**35553**
沈阳市	779	7	429	1585	2816	10006	741	9265
大连市	508	14	993	1239	1576	6051	680	5371
鞍山市	13	2	184	665	1049	4125	181	3944
抚顺市	7	4	46	234	336	1354	68	1286
本溪市	7	1	49	566	272	1215	82	1133
丹东市	23	8	106	519	438	1945	163	1782
锦州市	25	15	122	758	554	2067	154	1913
营口市	19	2	207	1111	438	2107	154	1953
阜新市	8	2	38	423	257	1185	47	1138
辽阳市	13	10	53	238	366	1330	80	1250
盘锦市	2	33	37	398	401	1246	94	1152
铁岭市	10	9	54	299	422	1719	81	1638
朝阳市	20	1	57	558	458	2111	136	1975
葫芦岛市	9	4	62	346	346	1728	126	1602
辽宁省沈抚新区管委会	3		2	33	81	160	9	151
女	**981**	**54**	**896**	**1914**	**3225**	**36130**	**3698**	**32432**
沈阳市	540	6	158	398	823	8616	914	7702
大连市	334	5	469	293	530	5227	811	4416
鞍山市	13	1	41	184	290	3705	259	3446
抚顺市	7	2	7	34	107	1357	92	1265
本溪市	7	1	10	137	113	1330	119	1211
丹东市	16	1	35	70	140	1883	268	1615
锦州市	13	5	32	180	210	2186	227	1959
营口市	10		81	209	105	1835	209	1626
阜新市	4		7	64	90	1213	88	1125
辽阳市	7	1	9	46	172	1452	92	1360
盘锦市	2	26	8	106	195	1412	147	1265
铁岭市	12	3	16	38	152	1822	113	1709
朝阳市	8	1	14	98	149	2316	177	2139
葫芦岛市	5	2	9	55	121	1599	165	1434
辽宁省沈抚新区管委会	3			2	28	177	17	160

4-4　续表 8

单位：人

地区 性别	信息传输、软件和信息技术服务业				金融业				
	小计	电信、广播电视和卫星传输服务	互联网和相关服务	软件和信息技术服务业	小计	货币金融服务	资本市场服务	保险业	其他金融业
辽宁	**31935**	**8166**	**6796**	**16973**	**35273**	**18771**	**1805**	**11791**	**2906**
沈阳市	10056	2406	2431	5219	9998	4352	684	3956	1006
大连市	11348	1049	1448	8851	7358	3358	628	2526	846
鞍山市	1588	580	454	554	2688	1243	98	1061	286
抚顺市	645	324	160	161	1311	853	41	310	107
本溪市	657	336	145	176	1081	759	24	255	43
丹东市	942	418	292	232	1545	973	36	415	121
锦州市	1285	494	449	342	2012	1321	63	575	53
营口市	824	407	200	217	1744	1158	44	491	51
阜新市	608	294	194	120	904	576	15	262	51
辽阳市	599	249	172	178	1086	663	31	324	68
盘锦市	717	344	147	226	1139	720	42	347	30
铁岭市	736	375	180	181	1206	788	24	324	70
朝阳市	1092	466	304	322	1474	837	27	490	120
葫芦岛市	770	403	200	167	1609	1083	43	431	52
辽宁省沈抚新区管委会	68	21	20	27	118	87	5	24	2
男	**19010**	**4516**	**4179**	**10315**	**16479**	**9223**	**1016**	**4741**	**1499**
沈阳市	6341	1324	1508	3509	4702	2116	399	1633	554
大连市	6319	578	815	4926	3203	1488	345	963	407
鞍山市	946	320	260	366	1334	622	54	512	146
抚顺市	395	174	107	114	641	423	27	131	60
本溪市	378	196	78	104	479	368	14	78	19
丹东市	610	232	210	168	772	513	14	177	68
锦州市	801	265	333	203	961	666	41	228	26
营口市	466	204	123	139	796	564	26	181	25
阜新市	366	169	122	75	434	308	5	96	25
辽阳市	327	120	95	112	475	323	11	113	28
盘锦市	418	183	86	149	505	346	25	119	15
铁岭市	454	211	130	113	603	422	10	139	32
朝阳市	675	292	168	215	748	482	15	189	62
葫芦岛市	468	235	130	103	774	543	26	175	30
辽宁省沈抚新区管委会	46	13	14	19	52	39	4	7	2
女	**12925**	**3650**	**2617**	**6658**	**18794**	**9548**	**789**	**7050**	**1407**
沈阳市	3715	1082	923	1710	5296	2236	285	2323	452
大连市	5029	471	633	3925	4155	1870	283	1563	439
鞍山市	642	260	194	188	1354	621	44	549	140
抚顺市	250	150	53	47	670	430	14	179	47
本溪市	279	140	67	72	602	391	10	177	24
丹东市	332	186	82	64	773	460	22	238	53
锦州市	484	229	116	139	1051	655	22	347	27
营口市	358	203	77	78	948	594	18	310	26
阜新市	242	125	72	45	470	268	10	166	26
辽阳市	272	129	77	66	611	340	20	211	40
盘锦市	299	161	61	77	634	374	17	228	15
铁岭市	282	164	50	68	603	366	14	185	38
朝阳市	417	174	136	107	726	355	12	301	58
葫芦岛市	302	168	70	64	835	540	17	256	22
辽宁省沈抚新区管委会	22	8	6	8	66	48	1	17	

4-4 续表 9

单位：人

地区 性别	房地产业		租赁和商务服务业			科学研究和技术服务业			
	小计	房地产业	小计	租赁业	商务服务业	小计	研究和试验发展	专业技术服务业	科技推广和应用服务业
辽宁	**33988**	**33988**	**48133**	**2632**	**45501**	**22969**	**3834**	**15116**	**4019**
沈阳市	12148	12148	14027	638	13389	7993	1902	4768	1323
大连市	8034	8034	12089	661	11428	5527	777	3482	1268
鞍山市	2378	2378	4381	200	4181	1732	202	1238	292
抚顺市	617	617	1556	85	1471	620	74	454	92
本溪市	750	750	1112	61	1051	506	72	372	62
丹东市	1298	1298	1441	89	1352	670	75	511	84
锦州市	1319	1319	1874	137	1737	1070	127	815	128
营口市	1376	1376	1818	119	1699	655	77	476	102
阜新市	541	541	1110	45	1065	425	58	311	56
辽阳市	636	636	2040	91	1949	539	66	416	57
盘锦市	1768	1768	1825	187	1638	1210	204	857	149
铁岭市	890	890	1549	45	1504	580	45	419	116
朝阳市	992	992	2242	185	2057	927	72	641	214
葫芦岛市	1057	1057	867	74	793	452	64	316	72
辽宁省沈抚新区管委会	184	184	202	15	187	63	19	40	4
男	**20121**	**20121**	**29208**	**2234**	**26974**	**15121**	**2518**	**10059**	**2544**
沈阳市	7145	7145	8116	514	7602	5168	1283	3076	809
大连市	4815	4815	6842	536	6306	3489	464	2238	787
鞍山市	1535	1535	2734	160	2574	1199	149	862	188
抚顺市	387	387	1033	75	958	427	52	316	59
本溪市	439	439	717	57	660	332	36	255	41
丹东市	850	850	881	84	797	487	58	371	58
锦州市	801	801	1251	118	1133	723	76	564	83
营口市	756	756	1155	106	1049	467	53	344	70
阜新市	319	319	738	42	696	277	36	206	35
辽阳市	348	348	1377	81	1296	348	43	264	41
盘锦市	864	864	1209	171	1038	822	135	579	108
铁岭市	518	518	1011	37	974	403	34	290	79
朝阳市	602	602	1453	173	1280	646	42	464	140
葫芦岛市	644	644	552	66	486	293	45	206	42
辽宁省沈抚新区管委会	98	98	139	14	125	40	12	24	4
女	**13867**	**13867**	**18925**	**398**	**18527**	**7848**	**1316**	**5057**	**1475**
沈阳市	5003	5003	5911	124	5787	2825	619	1692	514
大连市	3219	3219	5247	125	5122	2038	313	1244	481
鞍山市	843	843	1647	40	1607	533	53	376	104
抚顺市	230	230	523	10	513	193	22	138	33
本溪市	311	311	395	4	391	174	36	117	21
丹东市	448	448	560	5	555	183	17	140	26
锦州市	518	518	623	19	604	347	51	251	45
营口市	620	620	663	13	650	188	24	132	32
阜新市	222	222	372	3	369	148	22	105	21
辽阳市	288	288	663	10	653	191	23	152	16
盘锦市	904	904	616	16	600	388	69	278	41
铁岭市	372	372	538	8	530	177	11	129	37
朝阳市	390	390	789	12	777	281	30	177	74
葫芦岛市	413	413	315	8	307	159	19	110	30
辽宁省沈抚新区管委会	86	86	63	1	62	23	7	16	

4-4　续表 10　　　　单位：人

地区 性别	水利、环境和公共设施管理业					居民服务、修理和其他服务业			
	小计	水利管理业	生态保护和环境治理业	公共设施管理业	土地管理业	小计	居民服务业	机动车、电子产品和日用产品修理业	其他服务业
辽宁	**13060**	**1269**	**1139**	**10391**	**261**	**69527**	**42844**	**16083**	**10600**
沈阳市	3342	305	273	2707	57	15681	9503	3091	3087
大连市	2033	122	175	1701	35	11191	7105	2404	1682
鞍山市	858	108	39	702	9	7348	4645	1632	1071
抚顺市	417	74	34	305	4	2320	1599	446	275
本溪市	571	47	68	450	6	2524	1708	449	367
丹东市	535	85	27	415	8	3427	2076	902	449
锦州市	785	60	56	641	28	3993	2315	1313	365
营口市	681	91	36	511	43	4202	2510	1231	461
阜新市	447	27	46	363	11	2335	1416	552	367
辽阳市	520	63	36	402	19	2863	1826	623	414
盘锦市	1031	108	200	708	15	2769	1773	680	316
铁岭市	468	74	46	336	12	3206	1997	690	519
朝阳市	762	57	51	644	10	4172	2306	1217	649
葫芦岛市	522	47	50	421	4	3138	1892	790	456
辽宁省沈抚新区管委会	88	1	2	85		358	173	63	122
男	**8537**	**925**	**837**	**6624**	**151**	**36020**	**17080**	**13585**	**5355**
沈阳市	2184	208	189	1755	32	7898	3767	2524	1607
大连市	1409	87	125	1175	22	5676	2798	2008	870
鞍山市	527	71	32	419	5	3786	1866	1393	527
抚顺市	286	51	25	209	1	1347	789	386	172
本溪市	361	35	54	269	3	1296	719	388	189
丹东市	409	66	22	316	5	1738	729	788	221
锦州市	509	42	42	405	20	2199	907	1130	162
营口市	452	82	26	324	20	2132	889	1041	202
阜新市	289	19	33	231	6	1190	547	470	173
辽阳市	319	43	29	238	9	1546	834	508	204
盘锦市	644	85	153	398	8	1392	704	547	141
铁岭市	330	55	35	232	8	1705	844	591	270
朝阳市	463	44	36	374	9	2224	842	1076	306
葫芦岛市	304	37	36	228	3	1700	781	682	237
辽宁省沈抚新区管委会	51			51		191	64	53	74
女	**4523**	**344**	**302**	**3767**	**110**	**33507**	**25764**	**2498**	**5245**
沈阳市	1158	97	84	952	25	7783	5736	567	1480
大连市	624	35	50	526	13	5515	4307	396	812
鞍山市	331	37	7	283	4	3562	2779	239	544
抚顺市	131	23	9	96	3	973	810	60	103
本溪市	210	12	14	181	3	1228	989	61	178
丹东市	126	19	5	99	3	1689	1347	114	228
锦州市	276	18	14	236	8	1794	1408	183	203
营口市	229	9	10	187	23	2070	1621	190	259
阜新市	158	8	13	132	5	1145	869	82	194
辽阳市	201	20	7	164	10	1317	992	115	210
盘锦市	387	23	47	310	7	1377	1069	133	175
铁岭市	138	19	11	104	4	1501	1153	99	249
朝阳市	299	13	15	270	1	1948	1464	141	343
葫芦岛市	218	10	14	193	1	1438	1111	108	219
辽宁省沈抚新区管委会	37	1	2	34		167	109	10	48

4-4 续表 11 单位：人

地区 性别	教育		卫生和社会工作			文化、体育和娱乐业				
	小计	教育	小计	卫生	社会工作	小计	新闻和出版业	广播、电视、电影和录音制作业	文化艺术业	体育
辽宁	**77494**	**77494**	**42567**	**41018**	**1549**	**12356**	**1436**	**1953**	**2464**	**1774**
沈阳市	20228	20228	11051	10748	303	3919	632	721	860	479
大连市	14795	14795	7136	6858	278	2452	238	345	407	494
鞍山市	5222	5222	2960	2851	109	924	86	139	182	130
抚顺市	2665	2665	1612	1527	85	373	58	52	77	59
本溪市	2178	2178	1502	1443	59	435	42	50	78	49
丹东市	3491	3491	2268	2159	109	570	54	75	99	70
锦州市	4786	4786	2667	2567	100	722	59	129	162	91
营口市	3354	3354	1916	1829	87	666	51	105	123	68
阜新市	2697	2697	1592	1536	56	313	32	42	60	58
辽阳市	2620	2620	1634	1578	56	377	15	71	90	56
盘锦市	2638	2638	1537	1458	79	352	54	35	67	59
铁岭市	3249	3249	1802	1728	74	376	33	54	86	52
朝阳市	5446	5446	2667	2588	79	464	47	57	105	56
葫芦岛市	3816	3816	2121	2053	68	346	32	72	58	44
辽宁省沈抚新区管委会	309	309	102	95	7	67	3	6	10	9
男	**25068**	**25068**	**13206**	**12624**	**582**	**6661**	**726**	**1091**	**1139**	**1003**
沈阳市	6540	6540	3301	3179	122	2101	316	411	392	293
大连市	4901	4901	2083	1972	111	1322	124	193	179	262
鞍山市	1659	1659	1009	962	47	485	41	67	85	78
抚顺市	877	877	455	427	28	218	30	31	41	39
本溪市	708	708	415	400	15	236	21	26	33	29
丹东市	1175	1175	731	694	37	314	25	45	45	38
锦州市	1550	1550	832	796	36	365	22	75	77	48
营口市	940	940	636	607	29	354	25	56	53	33
阜新市	899	899	514	489	25	173	19	20	37	33
辽阳市	793	793	466	450	16	205	9	43	44	31
盘锦市	747	747	448	428	20	172	28	23	21	25
铁岭市	1108	1108	689	655	34	202	23	23	41	30
朝阳市	1892	1892	896	866	30	254	23	32	47	29
葫芦岛市	1187	1187	705	677	28	219	18	42	40	28
辽宁省沈抚新区管委会	92	92	26	22	4	41	2	4	4	7
女	**52426**	**52426**	**29361**	**28394**	**967**	**5695**	**710**	**862**	**1325**	**771**
沈阳市	13688	13688	7750	7569	181	1818	316	310	468	186
大连市	9894	9894	5053	4886	167	1130	114	152	228	232
鞍山市	3563	3563	1951	1889	62	439	45	72	97	52
抚顺市	1788	1788	1157	1100	57	155	28	21	36	20
本溪市	1470	1470	1087	1043	44	199	21	24	45	20
丹东市	2316	2316	1537	1465	72	256	29	30	54	32
锦州市	3236	3236	1835	1771	64	357	37	54	85	43
营口市	2414	2414	1280	1222	58	312	26	49	70	35
阜新市	1798	1798	1078	1047	31	140	13	22	23	25
辽阳市	1827	1827	1168	1128	40	172	6	28	46	25
盘锦市	1891	1891	1089	1030	59	180	26	12	46	34
铁岭市	2141	2141	1113	1073	40	174	10	31	45	22
朝阳市	3554	3554	1771	1722	49	210	24	25	58	27
葫芦岛市	2629	2629	1416	1376	40	127	14	30	18	16
辽宁省沈抚新区管委会	217	217	76	73	3	26	1	2	6	2

4-4　续表 12

单位：人

地区 性别	娱乐业	公共管理、社会保障和社会组织							国际组织	
		小计	中国共产党机关	国家机构	人民政协、民主党派	社会保障	群众团体、社会团体和其他成员组织	基层群众自治组织	小计	国际组织
辽宁	**4729**	**84053**	**2508**	**66996**	**253**	**820**	**3934**	**9542**	**26**	**26**
沈阳市	1227	17310	465	13715	58	188	1023	1861	7	7
大连市	968	10981	388	8213	29	106	793	1452	8	8
鞍山市	387	6129	181	4601	15	48	517	767	3	3
抚顺市	127	3884	107	3184	10	28	126	429		
本溪市	216	3460	93	2859	16	39	91	362	1	1
丹东市	272	4346	146	3557	10	39	149	445	3	3
锦州市	281	5519	158	4674	16	55	128	488		
营口市	319	4521	145	3726	18	31	95	506		
阜新市	121	3696	74	2875	14	30	158	545		
辽阳市	145	3541	134	2816	16	47	174	354	2	2
盘锦市	137	4222	114	3323	7	41	112	625		
铁岭市	151	4621	215	3767	11	81	187	360	1	1
朝阳市	199	6431	228	5183	23	64	303	630	1	1
葫芦岛市	140	5113	57	4278	10	21	70	677		
辽宁省沈抚新区管委会	39	279	3	225		2	8	41		
男	**2702**	**52422**	**1652**	**44150**	**163**	**364**	**2080**	**4013**	**15**	**15**
沈阳市	689	10869	299	9178	43	83	526	740	4	4
大连市	564	6906	258	5532	20	46	431	619	3	3
鞍山市	214	3813	131	3016	9	18	284	355	3	3
抚顺市	77	2397	62	2120	5	12	68	130		
本溪市	127	2218	59	1955	13	18	45	128		
丹东市	161	2754	91	2347	5	12	78	221	2	2
锦州市	143	3559	120	3115	6	30	69	219		
营口市	187	2791	92	2397	11	13	43	235		
阜新市	64	2250	54	1861	11	12	88	224		
辽阳市	78	2155	84	1812	10	14	106	129	1	1
盘锦市	75	2525	62	2128	4	21	53	257		
铁岭市	85	2887	155	2407	6	50	91	178	1	1
朝阳市	123	3994	149	3339	14	27	159	306	1	1
葫芦岛市	91	3132	33	2798	6	6	34	255		
辽宁省沈抚新区管委会	24	172	3	145		2	5	17		
女	**2027**	**31631**	**856**	**22846**	**90**	**456**	**1854**	**5529**	**11**	**11**
沈阳市	538	6441	166	4537	15	105	497	1121	3	3
大连市	404	4075	130	2681	9	60	362	833	5	5
鞍山市	173	2316	50	1585	6	30	233	412		
抚顺市	50	1487	45	1064	5	16	58	299		
本溪市	89	1242	34	904	3	21	46	234	1	1
丹东市	111	1592	55	1210	5	27	71	224	1	1
锦州市	138	1960	38	1559	10	25	59	269		
营口市	132	1730	53	1329	7	18	52	271		
阜新市	57	1446	20	1014	3	18	70	321		
辽阳市	67	1386	50	1004	6	33	68	225	1	1
盘锦市	62	1697	52	1195	3	20	59	368		
铁岭市	66	1734	60	1360	5	31	96	182		
朝阳市	76	2437	79	1844	9	37	144	324		
葫芦岛市	49	1981	24	1480	4	15	36	422		
辽宁省沈抚新区管委会	15	107		80			3	24		

4-4a 各地区分性别、行业大类的就业人口(城市)

单位：人

地区 性别	合计	农、林、牧、渔业						采矿业	
		小计	农业	林业	畜牧业	渔业	农、林、牧、渔专业及辅助性活动	小计	煤炭开采和洗选业
辽宁	**994576**	**28516**	**20089**	**682**	**3066**	**3240**	**1439**	**14957**	**4205**
沈阳市	286544	5462	4323	156	587	81	315	1015	662
大连市	234506	7469	4608	129	629	1682	421	354	28
鞍山市	77621	1881	1433	39	267	44	98	1187	32
抚顺市	31291	369	264	14	59	20	12	1060	907
本溪市	27969	484	365	13	74	16	16	1304	42
丹东市	40653	1885	943	56	175	602	109	154	8
锦州市	48444	2626	2123	34	309	124	36	121	18
营口市	57143	1688	1249	41	133	230	35	237	6
阜新市	22179	549	392	18	125	4	10	831	753
辽阳市	32771	1475	1114	36	167	32	126	770	181
盘锦市	42350	992	599	11	69	248	65	6000	4
铁岭市	21474	1407	1108	56	150	14	79	1518	1478
朝阳市	36222	1486	1097	64	222	8	95	272	41
葫芦岛市	30680	602	360	10	82	132	18	87	24
辽宁省沈抚新区管委会	4729	141	111	5	18	3	4	47	21
男	**588942**	**17683**	**11507**	**478**	**2022**	**2699**	**977**	**12137**	**3726**
沈阳市	167215	3238	2469	115	388	61	205	827	562
大连市	136713	4964	2775	86	404	1384	315	287	21
鞍山市	45697	1060	776	26	167	28	63	980	22
抚顺市	19693	229	157	10	41	13	8	959	839
本溪市	17566	274	198	8	47	10	11	1159	33
丹东市	24620	1393	608	43	116	559	67	130	7
锦州市	28990	1549	1192	22	208	108	19	98	14
营口市	34644	1025	707	23	88	183	24	190	3
阜新市	13115	312	206	13	81	4	8	759	698
辽阳市	19465	841	603	29	109	20	80	674	158
盘锦市	25286	674	370	8	51	199	46	4404	3
铁岭市	13287	787	597	34	92	13	51	1315	1286
朝阳市	21668	849	563	51	162	7	66	243	40
葫芦岛市	18076	403	221	6	56	108	12	73	21
辽宁省沈抚新区管委会	2907	85	65	4	12	2	2	39	19
女	**405634**	**10833**	**8582**	**204**	**1044**	**541**	**462**	**2820**	**479**
沈阳市	119329	2224	1854	41	199	20	110	188	100
大连市	97793	2505	1833	43	225	298	106	67	7
鞍山市	31924	821	657	13	100	16	35	207	10
抚顺市	11598	140	107	4	18	7	4	101	68
本溪市	10403	210	167	5	27	6	5	145	9
丹东市	16033	492	335	13	59	43	42	24	1
锦州市	19454	1077	931	12	101	16	17	23	4
营口市	22499	663	542	18	45	47	11	47	3
阜新市	9064	237	186	5	44		2	72	55
辽阳市	13306	634	511	7	58	12	46	96	23
盘锦市	17064	318	229	3	18	49	19	1596	1
铁岭市	8187	620	511	22	58	1	28	203	192
朝阳市	14554	637	534	13	60	1	29	29	1
葫芦岛市	12604	199	139	4	26	24	6	14	3
辽宁省沈抚新区管委会	1822	56	46	1	6	1	2	8	2

4-4a　续表 1

单位：人

地　区 性　别	采矿业						制造业		
	石油和天然气开采业	黑色金属矿采选业	有色金属矿采选业	非金属矿采选业	开采专业及辅助性活动	其他采矿业	小计	农副食品加工业	食品制造业
辽宁	**3182**	**2498**	**382**	**672**	**3680**	**338**	**170729**	**8932**	**5532**
沈阳市	71	34	23	42	145	38	41512	1585	1731
大连市	59	5	5	130	109	18	53173	3601	1363
鞍山市	13	767	61	139	49	126	12257	422	435
抚顺市	34	37	6	10	57	9	6371	161	139
本溪市	7	1078	15	112	21	29	6329	105	141
丹东市	6	32	63	20	15	10	6258	937	285
锦州市	44	6	5	16	32		6274	414	223
营口市	9	12	125	64	15	6	11604	366	327
阜新市	7	9	29	10	19	4	2141	210	197
辽阳市	10	428	12	40	29	70	6066	117	153
盘锦市	2869	4	1	15	3100	7	4518	311	112
铁岭市	8	3		14	13	2	2270	317	138
朝阳市	33	64	23	44	55	12	4094	295	155
葫芦岛市	11	12	13	16	5	6	6666	64	72
辽宁省沈抚新区管委会	1	7	1		16	1	1196	27	61
男	**2271**	**2183**	**299**	**570**	**2812**	**276**	**116981**	**5155**	**2758**
沈阳市	54	26	17	35	106	27	28755	976	886
大连市	45	5	1	112	87	16	33942	1877	628
鞍山市	9	650	45	115	37	102	8637	255	210
抚顺市	26	32	4	7	43	8	4878	99	78
本溪市	3	971	12	99	16	25	4993	55	70
丹东市	4	23	57	19	11	9	3940	533	143
锦州市	36	3	4	14	27		4460	264	118
营口市	5	10	100	55	11	6	8015	226	179
阜新市	6	7	22	7	15	4	1490	124	95
辽阳市	9	377	10	35	26	59	4444	72	77
盘锦市	2027	3	1	9	2356	5	3206	207	53
铁岭市	5	2		11	10	1	1561	214	77
朝阳市	32	57	16	39	49	10	3126	192	79
葫芦岛市	10	12	9	13	5	3	4703	44	40
辽宁省沈抚新区管委会		5	1		13	1	831	17	25
女	**911**	**315**	**83**	**102**	**868**	**62**	**53748**	**3777**	**2774**
沈阳市	17	8	6	7	39	11	12757	609	845
大连市	14		4	18	22	2	19231	1724	735
鞍山市	4	117	16	24	12	24	3620	167	225
抚顺市	8	5	2	3	14	1	1493	62	61
本溪市	4	107	3	13	5	4	1336	50	71
丹东市	2	9	6	1	4	1	2318	404	142
锦州市	8	3	1	2	5		1814	150	105
营口市	4	2	25	9	4		3589	140	148
阜新市	1	2	7	3	4		651	86	102
辽阳市	1	51	2	5	3	11	1622	45	76
盘锦市	842	1		6	744	2	1312	104	59
铁岭市	3	1		3	3	1	709	103	61
朝阳市	1	7	7	5	6	2	968	103	76
葫芦岛市	1		4	3		3	1963	20	32
辽宁省沈抚新区管委会	1	2			3		365	10	36

4–4a 续表 2

单位：人

地区 性别	制造业								
	酒、饮料和精制茶制造业	烟草制品业	纺织业	纺织服装、服饰业	皮革、毛皮、羽毛及其制品和制鞋业	木材加工和木、竹、藤、棕、草制品业	家具制造业	造纸和纸制品业	印刷和记录媒介复制业
辽宁	**1735**	**267**	**2129**	**11005**	**1564**	**2880**	**3405**	**1695**	**1841**
沈阳市	591	106	377	890	514	859	1492	472	698
大连市	315	7	573	5302	384	1281	1149	427	543
鞍山市	132		302	1183	98	103	149	62	105
抚顺市	83	1	70	71	9	83	22	106	30
本溪市	64	1	33	52	5	44	28	14	39
丹东市	85	19	132	507	15	45	72	73	70
锦州市	102	3	99	157	29	47	63	184	82
营口市	75	116	204	1282	202	124	124	100	74
阜新市	44		47	61	52	52	18	14	23
辽阳市	56	1	86	328	47	44	81	73	35
盘锦市	40	4	33	50	8	45	63	23	35
铁岭市	51	6	23	62	25	61	25	55	27
朝阳市	38	1	87	96	45	35	46	20	44
葫芦岛市	28	2	40	945	8	47	54	12	26
辽宁省沈抚新区管委会	31		23	19	123	10	19	60	10
男	**1165**	**200**	**966**	**3046**	**777**	**1856**	**2144**	**1045**	**1059**
沈阳市	422	74	193	309	296	564	911	278	416
大连市	203	6	250	1478	161	754	708	239	329
鞍山市	85		132	405	51	77	92	41	60
抚顺市	56	1	42	20	5	50	19	71	18
本溪市	37	1	11	6	3	34	19	7	17
丹东市	59	14	68	117	5	37	56	48	39
锦州市	62	3	46	40	17	35	51	131	41
营口市	52	90	80	259	85	85	78	67	43
阜新市	28		17	17	37	35	15	8	13
辽阳市	37	1	34	61	25	28	47	47	20
盘锦市	29	3	14	14	4	33	40	15	17
铁岭市	35	5	4	14	15	50	19	37	12
朝阳市	27	1	37	22	13	31	34	10	19
葫芦岛市	17	1	24	280	6	37	41	6	11
辽宁省沈抚新区管委会	16		14	4	54	6	14	40	4
女	**570**	**67**	**1163**	**7959**	**787**	**1024**	**1261**	**650**	**782**
沈阳市	169	32	184	581	218	295	581	194	282
大连市	112	1	323	3824	223	527	441	188	214
鞍山市	47		170	778	47	26	57	21	45
抚顺市	27		28	51	4	33	3	35	12
本溪市	27		22	46	2	10	9	7	22
丹东市	26	5	64	390	10	8	16	25	31
锦州市	40		53	117	12	12	12	53	41
营口市	23	26	124	1023	117	39	46	33	31
阜新市	16		30	44	15	17	3	6	10
辽阳市	19		52	267	22	16	34	26	15
盘锦市	11	1	19	36	4	12	23	8	18
铁岭市	16	1	19	48	10	11	6	18	15
朝阳市	11		50	74	32	4	12	10	25
葫芦岛市	11	1	16	665	2	10	13	6	15
辽宁省沈抚新区管委会	15		9	15	69	4	5	20	6

4-4a 续表 3

单位：人

地 区 性 别	制造业								
	文教、工美、体育和娱乐用品制造业	石油、煤炭及其他燃料加工业	化学原料和化学制品制造业	医 药 制造业	化学纤维制造业	橡胶和塑 料制品业	非金属矿 物制品业	黑色金属冶炼和压延加工业	有色金属冶炼和压延加工业
辽宁	**1499**	**6822**	**7957**	**3460**	**232**	**6560**	**7842**	**10853**	**3800**
沈阳市	485	237	1071	1603	9	1653	1323	198	300
大连市	430	759	1979	640	34	2302	1381	653	137
鞍山市	105	174	275	34	9	422	667	2694	196
抚顺市	33	1531	685	64	78	220	249	1133	150
本溪市	16	188	172	348	3	52	423	2767	92
丹东市	84	30	180	111	10	102	167	19	27
锦州市	73	989	234	209	33	197	323	319	91
营口市	81	128	579	55	24	693	2107	1517	913
阜新市	40	25	224	73	1	52	164	24	22
辽阳市	50	239	1008	46	24	201	302	152	991
盘锦市	29	1329	750	55	1	193	214	14	5
铁岭市	23	18	108	46	1	182	84	23	3
朝阳市	34	24	82	27	2	221	222	1122	75
葫芦岛市	12	1100	555	127	2	45	165	42	765
辽宁省沈抚新区管委会	4	51	55	22	1	25	51	176	33
男	**727**	**5210**	**5874**	**1818**	**162**	**4288**	**5953**	**9326**	**3179**
沈阳市	256	166	723	823	6	1184	950	136	236
大连市	200	609	1547	302	21	1400	1021	542	101
鞍山市	51	143	184	20	5	275	526	2251	158
抚顺市	14	1157	487	33	52	153	201	1028	123
本溪市	9	164	131	173	1	31	350	2386	85
丹东市	33	23	122	57	9	75	137	17	15
锦州市	32	768	181	132	30	119	235	251	75
营口市	34	100	396	26	15	407	1612	1380	780
阜新市	17	21	174	56		38	134	21	16
辽阳市	27	180	764	25	17	136	216	120	848
盘锦市	21	980	548	24	1	132	154	12	4
铁岭市	9	10	75	34		109	70	18	1
朝阳市	19	21	56	15	2	182	184	972	64
葫芦岛市	4	832	441	84	2	31	124	34	644
辽宁省沈抚新区管委会	1	36	45	14	1	16	39	158	29
女	**772**	**1612**	**2083**	**1642**	**70**	**2272**	**1889**	**1527**	**621**
沈阳市	229	71	348	780	3	469	373	62	64
大连市	230	150	432	338	13	902	360	111	36
鞍山市	54	31	91	14	4	147	141	443	38
抚顺市	19	374	198	31	26	67	48	105	27
本溪市	7	24	41	175	2	21	73	381	7
丹东市	51	7	58	54	1	27	30	2	12
锦州市	41	221	53	77	3	78	88	68	16
营口市	47	28	183	29	9	286	495	137	133
阜新市	23	4	50	17	1	14	30	3	6
辽阳市	23	59	244	21	7	65	86	32	143
盘锦市	8	349	202	31		61	60	2	1
铁岭市	14	8	33	12	1	73	14	5	2
朝阳市	15	3	26	12		39	38	150	11
葫芦岛市	8	268	114	43		14	41	8	121
辽宁省沈抚新区管委会	3	15	10	8		9	12	18	4

4-4a 续表 4　　　　单位：人

地区 性别	制造业								
	金属制品业	通用设备制造业	专用设备制造业	汽车制造业	铁路、船舶、航空航天和其他运输设备制造业	电气机械和器材制造业	计算机、通信和其他电子设备制造业	仪器仪表制造业	其他制造业
辽宁	**13237**	**20711**	**6583**	**10229**	**10797**	**6372**	**5039**	**1940**	**1333**
沈阳市	2581	6002	2044	5277	4116	2283	1269	499	439
大连市	3639	8995	1937	3025	4808	2397	2505	493	479
鞍山市	1864	1019	546	91	75	307	234	172	84
抚顺市	264	398	290	21	21	199	36	35	58
本溪市	617	301	118	117	25	51	37	26	36
丹东市	375	860	265	761	50	154	314	351	31
锦州市	413	510	175	283	147	384	201	44	23
营口市	879	610	208	214	38	202	104	91	51
阜新市	195	256	62	76	11	64	55	3	2
辽阳市	858	415	152	102	26	52	60	126	27
盘锦市	278	193	385	32	19	52	96	36	10
铁岭市	196	334	95	94	16	44	27	25	28
朝阳市	511	357	137	104	22	67	58	32	24
葫芦岛市	477	359	89	15	1414	68	27	5	30
辽宁省沈抚新区管委会	90	102	80	17	9	48	16	2	11
男	**10634**	**16003**	**4578**	**7667**	**8717**	**4290**	**2610**	**1214**	**879**
沈阳市	1987	4685	1423	4126	3131	1613	752	314	288
大连市	2781	6784	1216	2123	4100	1477	1136	274	314
鞍山市	1533	788	416	69	64	213	134	117	55
抚顺市	229	325	226	17	20	155	22	26	43
本溪市	514	256	88	70	21	36	19	21	23
丹东市	286	663	197	568	46	113	143	190	20
锦州市	354	398	125	186	124	272	137	31	19
营口市	747	499	156	174	34	139	72	70	27
阜新市	160	207	47	59	9	45	29	2	1
辽阳市	732	344	111	78	24	39	36	96	21
盘锦市	231	155	275	24	14	38	55	23	5
铁岭市	167	239	71	69	15	30	17	20	16
朝阳市	439	292	101	81	19	41	35	25	20
葫芦岛市	408	282	65	8	1090	46	17	4	20
辽宁省沈抚新区管委会	66	86	61	15	6	33	6	1	7
女	**2603**	**4708**	**2005**	**2562**	**2080**	**2082**	**2429**	**726**	**454**
沈阳市	594	1317	621	1151	985	670	517	185	151
大连市	858	2211	721	902	708	920	1369	219	165
鞍山市	331	231	130	22	11	94	100	55	29
抚顺市	35	73	64	4	1	44	14	9	15
本溪市	103	45	30	47	4	15	18	5	13
丹东市	89	197	68	193	4	41	171	161	11
锦州市	59	112	50	97	23	112	64	13	4
营口市	132	111	52	40	4	63	32	21	24
阜新市	35	49	15	17	2	19	26	1	1
辽阳市	126	71	41	24	2	13	24	30	6
盘锦市	47	38	110	8	5	14	41	13	5
铁岭市	29	95	24	25	1	14	10	5	12
朝阳市	72	65	36	23	3	26	23	7	4
葫芦岛市	69	77	24	7	324	22	10	1	10
辽宁省沈抚新区管委会	24	16	19	2	3	15	10	1	4

4-4a　续表 5

单位：人

地　区 性　别	制造业		电力、热力、燃气及水生产和供应业				建筑业		
	废弃资源综合利用业	金属制品、机械和设备修理业	小计	电力、热力生产和供应业	燃气生产和供应业	水的生产和供应业	小计	房屋建筑业	土木工程建筑业
辽宁	**1218**	**3260**	**19192**	**12945**	**2770**	**3477**	**69086**	**21709**	**9395**
沈阳市	266	542	4365	2880	751	734	20006	4982	2895
大连市	329	1306	3065	1952	488	625	16066	5030	2085
鞍山市	123	175	1362	785	239	338	4470	1572	454
抚顺市	41	90	1140	856	115	169	1460	548	180
本溪市	86	328	776	561	108	107	1455	365	203
丹东市	45	82	916	600	118	198	2968	1224	419
锦州市	112	111	1439	991	173	275	4062	1354	621
营口市	16	100	1009	692	124	193	3734	1134	241
阜新市	21	53	983	685	128	170	1304	445	185
辽阳市	48	166	812	614	85	113	2254	690	567
盘锦市	17	86	1026	538	216	272	2852	718	719
铁岭市	39	94	827	697	72	58	2012	884	289
朝阳市	52	59	795	613	71	111	3976	1827	314
葫芦岛市	16	55	625	451	68	106	2148	741	193
辽宁省沈抚新区管委会	7	13	52	30	14	8	319	195	30
男	**837**	**2844**	**14180**	**9821**	**1968**	**2391**	**55829**	**18277**	**7510**
沈阳市	179	452	3193	2140	521	532	15427	4098	2206
大连市	229	1132	2365	1536	372	457	13013	4223	1685
鞍山市	80	147	972	584	168	220	3526	1262	363
抚顺市	27	81	884	673	85	126	1224	460	145
本溪市	61	294	582	426	81	75	1208	306	166
丹东市	30	77	675	455	88	132	2542	1075	340
锦州市	78	105	1054	747	119	188	3374	1148	542
营口市	13	90	717	520	81	116	3095	985	195
阜新市	14	51	752	530	100	122	1087	367	151
辽阳市	30	151	589	452	55	82	1812	576	437
盘锦市	14	67	663	377	138	148	2336	598	596
铁岭市	25	84	614	528	47	39	1702	751	230
朝阳市	40	53	610	485	48	77	3377	1604	259
葫芦岛市	12	48	474	346	57	71	1836	656	170
辽宁省沈抚新区管委会	5	12	36	22	8	6	270	168	25
女	**381**	**416**	**5012**	**3124**	**802**	**1086**	**13257**	**3432**	**1885**
沈阳市	87	90	1172	740	230	202	4579	884	689
大连市	100	174	700	416	116	168	3053	807	400
鞍山市	43	28	390	201	71	118	944	310	91
抚顺市	14	9	256	183	30	43	236	88	35
本溪市	25	34	194	135	27	32	247	59	37
丹东市	15	5	241	145	30	66	426	149	79
锦州市	34	6	385	244	54	87	688	206	79
营口市	3	10	292	172	43	77	639	149	46
阜新市	7	2	231	155	28	48	217	78	34
辽阳市	18	15	223	162	30	31	442	114	130
盘锦市	3	19	363	161	78	124	516	120	123
铁岭市	14	10	213	169	25	19	310	133	59
朝阳市	12	6	185	128	23	34	599	223	55
葫芦岛市	4	7	151	105	11	35	312	85	23
辽宁省沈抚新区管委会	2	1	16	8	6	2	49	27	5

4-4a 续表 6

单位：人

地区 性别	建筑业		批发和零售业			交通运输、仓储和邮政业			
	建筑安装业	建筑装饰、装修和其他建筑业	小计	批发业	零售业	小计	铁路运输业	道路运输业	水上运输业
辽宁	**5288**	**32694**	**185627**	**53980**	**131647**	**79473**	**6043**	**48995**	**2950**
沈阳市	1433	10696	61580	19260	42320	20976	2206	12350	56
大连市	1332	7619	40743	14794	25949	17295	785	9856	1170
鞍山市	409	2035	18150	5419	12731	6190	222	4402	10
抚顺市	159	573	4924	1258	3666	2134	119	1456	6
本溪市	167	720	4120	953	3167	2553	350	1628	14
丹东市	198	1127	7817	1866	5951	3845	392	2167	412
锦州市	254	1833	8124	1794	6330	5045	757	2888	367
营口市	240	2119	10549	2330	8219	7540	274	4861	751
阜新市	115	559	3619	553	3066	1994	238	1195	9
辽阳市	108	889	5098	1271	3827	2366	203	1610	10
盘锦市	270	1145	6470	1547	4923	2766	77	1908	40
铁岭市	186	653	3066	586	2480	1661	124	1157	6
朝阳市	267	1568	5743	1439	4304	2558	135	1783	12
葫芦岛市	129	1085	4986	773	4213	2143	149	1461	84
辽宁省沈抚新区管委会	21	73	638	137	501	407	12	273	3
男	**4416**	**25626**	**89898**	**31726**	**58172**	**66223**	**5127**	**42332**	**2456**
沈阳市	1154	7969	31313	11133	20180	16977	1836	10350	49
大连市	1102	6003	19915	8417	11498	13836	620	8307	951
鞍山市	337	1564	8620	3175	5445	5313	187	3873	6
抚顺市	140	479	2415	814	1601	1891	107	1332	5
本溪市	138	598	1755	567	1188	2158	308	1405	12
丹东市	177	950	3894	1207	2687	3391	337	1969	380
锦州市	226	1458	3676	1077	2599	4282	649	2511	303
营口市	210	1705	4848	1445	3403	6434	248	4230	615
阜新市	102	467	1612	347	1265	1770	210	1093	7
辽阳市	90	709	2322	763	1559	2005	184	1425	6
盘锦市	221	921	2945	967	1978	2274	67	1641	32
铁岭市	160	561	1370	357	1013	1464	114	1053	5
朝阳市	228	1286	2686	893	1793	2195	116	1577	10
葫芦岛市	114	896	2224	473	1751	1875	132	1315	72
辽宁省沈抚新区管委会	17	60	303	91	212	358	12	251	3
女	**872**	**7068**	**95729**	**22254**	**73475**	**13250**	**916**	**6663**	**494**
沈阳市	279	2727	30267	8127	22140	3999	370	2000	7
大连市	230	1616	20828	6377	14451	3459	165	1549	219
鞍山市	72	471	9530	2244	7286	877	35	529	4
抚顺市	19	94	2509	444	2065	243	12	124	1
本溪市	29	122	2365	386	1979	395	42	223	2
丹东市	21	177	3923	659	3264	454	55	198	32
锦州市	28	375	4448	717	3731	763	108	377	64
营口市	30	414	5701	885	4816	1106	26	631	136
阜新市	13	92	2007	206	1801	224	28	102	2
辽阳市	18	180	2776	508	2268	361	19	185	4
盘锦市	49	224	3525	580	2945	492	10	267	8
铁岭市	26	92	1696	229	1467	197	10	104	1
朝阳市	39	282	3057	546	2511	363	19	206	2
葫芦岛市	15	189	2762	300	2462	268	17	146	12
辽宁省沈抚新区管委会	4	13	335	46	289	49		22	

4-4a　续表 7

单位：人

地　区 性　别	交通运输、仓储和邮政业					住宿和餐饮业		
	航　空 运输业	管　道 运输业	多式联运 和运输 代理业	装卸搬运 和仓储业	邮政业	小计	住宿业	餐饮业
辽宁	**2258**	**138**	**2806**	**6524**	**9759**	**53287**	**5129**	**48158**
沈阳市	1232	11	510	1457	3154	16662	1546	15116
大连市	837	17	1397	1302	1931	10337	1384	8953
鞍山市	22		170	307	1057	5586	354	5232
抚顺市	12	6	53	154	328	1664	108	1556
本溪市	12	2	40	281	226	1298	82	1216
丹东市	30	6	124	311	403	2279	250	2029
锦州市	24	14	119	441	435	2390	279	2111
营口市	27	2	197	960	468	3046	300	2746
阜新市	10		16	311	215	1277	68	1209
辽阳市	15	10	40	154	324	1798	134	1664
盘锦市	3	58	36	311	333	2072	203	1869
铁岭市	9	6	16	103	240	1188	51	1137
朝阳市	15		46	253	314	1970	186	1784
葫芦岛市	4	6	40	155	244	1426	163	1263
辽宁省沈抚新区管委会	6		2	24	87	294	21	273
男	**1344**	**91**	**1998**	**5416**	**7459**	**27833**	**2239**	**25594**
沈阳市	729	7	371	1174	2461	9050	701	8349
大连市	506	12	933	1065	1442	5568	632	4936
鞍山市	11		138	248	850	2905	138	2767
抚顺市	6	4	46	139	252	875	48	827
本溪市	6	1	32	238	156	600	28	572
丹东市	19	5	92	268	321	1195	91	1104
锦州市	14	11	94	377	323	1142	120	1022
营口市	18	2	130	806	385	1608	130	1478
阜新市	7		15	277	161	658	28	630
辽阳市	9	9	35	128	209	871	66	805
盘锦市	1	32	28	239	234	986	82	904
铁岭市	4	4	13	93	178	586	19	567
朝阳市	9		36	208	239	933	79	854
葫芦岛市	2	4	33	134	183	713	69	644
辽宁省沈抚新区管委会	3		2	22	65	143	8	135
女	**914**	**47**	**808**	**1108**	**2300**	**25454**	**2890**	**22564**
沈阳市	503	4	139	283	693	7612	845	6767
大连市	331	5	464	237	489	4769	752	4017
鞍山市	11		32	59	207	2681	216	2465
抚顺市	6	2	7	15	76	789	60	729
本溪市	6	1	8	43	70	698	54	644
丹东市	11	1	32	43	82	1084	159	925
锦州市	10	3	25	64	112	1248	159	1089
营口市	9		67	154	83	1438	170	1268
阜新市	3		1	34	54	619	40	579
辽阳市	6	1	5	26	115	927	68	859
盘锦市	2	26	8	72	99	1086	121	965
铁岭市	5	2	3	10	62	602	32	570
朝阳市	6		10	45	75	1037	107	930
葫芦岛市	2	2	7	21	61	713	94	619
辽宁省沈抚新区管委会	3			2	22	151	13	138

4−4a 续表 8

单位：人

地区 性别	信息传输、软件和信息技术服务业				金融业				
	小计	电信、广播电视和卫星传输服务	互联网和相关服务	软件和信息技术服务业	小计	货币金融服务	资本市场服务	保险业	其他金融业
辽宁	**28189**	**6707**	**5732**	**15750**	**30429**	**15803**	**1725**	**10200**	**2701**
沈阳市	9610	2258	2296	5056	9522	4111	673	3760	978
大连市	10977	996	1360	8621	7119	3265	621	2401	832
鞍山市	1259	467	320	472	2254	962	96	931	265
抚顺市	490	237	126	127	1021	642	36	241	102
本溪市	459	239	105	115	752	530	14	176	32
丹东市	730	315	222	193	1248	770	32	333	113
锦州市	954	379	340	235	1634	1080	59	450	45
营口市	712	349	178	185	1577	1053	40	436	48
阜新市	410	228	118	64	654	434	13	174	33
辽阳市	494	213	136	145	948	602	31	254	61
盘锦市	628	302	137	189	1042	666	38	309	29
铁岭市	308	152	78	78	460	305	14	123	18
朝阳市	586	277	168	141	974	543	19	313	99
葫芦岛市	511	279	129	103	1114	757	34	279	44
辽宁省沈抚新区管委会	61	16	19	26	110	83	5	20	2
男	**16728**	**3645**	**3518**	**9565**	**14116**	**7597**	**972**	**4145**	**1402**
沈阳市	6054	1231	1427	3396	4495	2001	392	1564	538
大连市	6116	547	774	4795	3085	1429	342	915	399
鞍山市	763	254	189	320	1106	464	52	455	135
抚顺市	294	122	87	85	501	312	23	107	59
本溪市	276	142	57	77	316	246	7	48	15
丹东市	473	168	163	142	613	392	12	146	63
锦州市	591	200	248	143	794	545	38	187	24
营口市	395	167	108	120	724	510	24	167	23
阜新市	241	130	71	40	312	223	4	68	17
辽阳市	267	100	73	94	410	286	11	87	26
盘锦市	367	165	81	121	461	315	25	107	14
铁岭市	192	87	56	49	227	158	7	54	8
朝阳市	358	173	88	97	490	307	9	120	54
葫芦岛市	300	150	83	67	534	372	22	115	25
辽宁省沈抚新区管委会	41	9	13	19	48	37	4	5	2
女	**11461**	**3062**	**2214**	**6185**	**16313**	**8206**	**753**	**6055**	**1299**
沈阳市	3556	1027	869	1660	5027	2110	281	2196	440
大连市	4861	449	586	3826	4034	1836	279	1486	433
鞍山市	496	213	131	152	1148	498	44	476	130
抚顺市	196	115	39	42	520	330	13	134	43
本溪市	183	97	48	38	436	284	7	128	17
丹东市	257	147	59	51	635	378	20	187	50
锦州市	363	179	92	92	840	535	21	263	21
营口市	317	182	70	65	853	543	16	269	25
阜新市	169	98	47	24	342	211	9	106	16
辽阳市	227	113	63	51	538	316	20	167	35
盘锦市	261	137	56	68	581	351	13	202	15
铁岭市	116	65	22	29	233	147	7	69	10
朝阳市	228	104	80	44	484	236	10	193	45
葫芦岛市	211	129	46	36	580	385	12	164	19
辽宁省沈抚新区管委会	20	7	6	7	62	46	1	15	

4-4a　续表 9　　　　单位：人

地区 性别	房地产业		租赁和商务服务业			科学研究和技术服务业			
	小计	房地产业	小计	租赁业	商务服务业	小计	研究和试验发展	专业技术服务业	科技推广和应用服务业
辽宁	**29313**	**29313**	**39817**	**1847**	**37970**	**19806**	**3559**	**13219**	**3028**
沈阳市	11321	11321	12918	563	12355	7572	1861	4533	1178
大连市	7694	7694	11059	569	10490	4944	751	3272	921
鞍山市	2010	2010	3458	127	3331	1432	186	1046	200
抚顺市	515	515	1388	54	1334	544	58	404	82
本溪市	490	490	807	31	776	398	54	298	46
丹东市	1025	1025	1105	38	1067	523	69	385	69
锦州市	985	985	1218	89	1129	819	107	626	86
营口市	1173	1173	1549	76	1473	551	54	409	88
阜新市	379	379	723	12	711	287	39	215	33
辽阳市	497	497	1245	53	1192	455	57	356	42
盘锦市	1558	1558	1470	99	1371	1094	188	785	121
铁岭市	315	315	740	22	718	265	17	216	32
朝阳市	556	556	1393	76	1317	537	50	407	80
葫芦岛市	635	635	554	27	527	326	49	231	46
辽宁省沈抚新区管委会	160	160	190	11	179	59	19	36	4
男	**17319**	**17319**	**23456**	**1491**	**21965**	**12975**	**2337**	**8721**	**1917**
沈阳市	6674	6674	7377	443	6934	4895	1259	2918	718
大连市	4588	4588	6114	447	5667	3115	450	2093	572
鞍山市	1307	1307	2106	94	2012	984	135	717	132
抚顺市	323	323	915	44	871	379	40	283	56
本溪市	279	279	511	28	483	251	25	196	30
丹东市	676	676	638	34	604	377	54	274	49
锦州市	603	603	787	73	714	550	62	434	54
营口市	648	648	964	67	897	391	36	297	58
阜新市	233	233	483	12	471	181	24	137	20
辽阳市	273	273	812	45	767	292	38	225	29
盘锦市	752	752	941	84	857	738	125	525	88
铁岭市	183	183	499	19	480	189	12	154	23
朝阳市	326	326	846	68	778	379	30	293	56
葫芦岛市	368	368	333	23	310	216	35	153	28
辽宁省沈抚新区管委会	86	86	130	10	120	38	12	22	4
女	**11994**	**11994**	**16361**	**356**	**16005**	**6831**	**1222**	**4498**	**1111**
沈阳市	4647	4647	5541	120	5421	2677	602	1615	460
大连市	3106	3106	4945	122	4823	1829	301	1179	349
鞍山市	703	703	1352	33	1319	448	51	329	68
抚顺市	192	192	473	10	463	165	18	121	26
本溪市	211	211	296	3	293	147	29	102	16
丹东市	349	349	467	4	463	146	15	111	20
锦州市	382	382	431	16	415	269	45	192	32
营口市	525	525	585	9	576	160	18	112	30
阜新市	146	146	240		240	106	15	78	13
辽阳市	224	224	433	8	425	163	19	131	13
盘锦市	806	806	529	15	514	356	63	260	33
铁岭市	132	132	241	3	238	76	5	62	9
朝阳市	230	230	547	8	539	158	20	114	24
葫芦岛市	267	267	221	4	217	110	14	78	18
辽宁省沈抚新区管委会	74	74	60	1	59	21	7	14	

4-4a　续表 10　　　　单位：人

地区 性别	水利、环境和公共设施管理业					居民服务、修理和其他服务业			
	小计	水利管理业	生态保护和环境治理业	公共设施管理业	土地管理业	小计	居民服务业	机动车、电子产品和日用产品修理业	其他服务业
辽宁	**9417**	**872**	**707**	**7623**	**215**	**48758**	**30801**	**10213**	**7744**
沈阳市	2820	265	225	2277	53	13492	8089	2624	2779
大连市	1809	106	154	1516	33	9875	6409	2086	1380
鞍山市	608	69	23	508	8	4637	2996	934	707
抚顺市	296	49	24	219	4	1525	1063	262	200
本溪市	264	20	24	216	4	1570	1094	254	222
丹东市	347	58	20	262	7	2067	1269	494	304
锦州市	565	35	41	473	16	2226	1354	663	209
营口市	475	43	33	360	39	2997	1852	809	336
阜新市	295	12	30	244	9	1379	922	247	210
辽阳市	358	55	27	260	16	1701	1141	327	233
盘锦市	637	68	31	526	12	2053	1364	477	212
铁岭市	176	37	13	122	4	1267	890	220	157
朝阳市	424	30	35	353	6	2055	1176	476	403
葫芦岛市	288	24	25	235	4	1614	1032	285	297
辽宁省沈抚新区管委会	55	1	2	52		300	150	55	95
男	**6028**	**589**	**493**	**4826**	**120**	**24390**	**12060**	**8436**	**3894**
沈阳市	1823	176	153	1465	29	6788	3186	2134	1468
大连市	1239	73	106	1039	21	4860	2454	1719	687
鞍山市	359	42	17	296	4	2248	1121	788	339
抚顺市	201	33	17	150	1	861	517	226	118
本溪市	165	13	15	135	2	824	499	209	116
丹东市	260	41	15	199	5	1004	434	419	151
锦州市	365	25	33	295	12	1190	533	567	90
营口市	308	35	23	231	19	1420	626	663	131
阜新市	179	7	21	147	4	670	356	209	105
辽阳市	213	36	23	147	7	856	487	259	110
盘锦市	369	48	22	293	6	1012	539	380	93
铁岭市	118	25	10	81	2	655	397	181	77
朝阳市	244	18	22	199	5	1023	423	404	196
葫芦岛市	152	17	16	116	3	820	431	232	157
辽宁省沈抚新区管委会	33			33		159	57	46	56
女	**3389**	**283**	**214**	**2797**	**95**	**24368**	**18741**	**1777**	**3850**
沈阳市	997	89	72	812	24	6704	4903	490	1311
大连市	570	33	48	477	12	5015	3955	367	693
鞍山市	249	27	6	212	4	2389	1875	146	368
抚顺市	95	16	7	69	3	664	546	36	82
本溪市	99	7	9	81	2	746	595	45	106
丹东市	87	17	5	63	2	1063	835	75	153
锦州市	200	10	8	178	4	1036	821	96	119
营口市	167	8	10	129	20	1577	1226	146	205
阜新市	116	5	9	97	5	709	566	38	105
辽阳市	145	19	4	113	9	845	654	68	123
盘锦市	268	20	9	233	6	1041	825	97	119
铁岭市	58	12	3	41	2	612	493	39	80
朝阳市	180	12	13	154	1	1032	753	72	207
葫芦岛市	136	7	9	119	1	794	601	53	140
辽宁省沈抚新区管委会	22	1	2	19		141	93	9	39

4-4a　续表 11　　　　单位：人

地区 性别	教育		卫生和社会工作			文化、体育和娱乐业				
	小计	教育	小计	卫生	社会工作	小计	新闻和出版业	广播、电视、电影和录音制作业	文化艺术业	体育
辽宁	**60040**	**60040**	**33617**	**32597**	**1020**	**10505**	**1341**	**1743**	**2080**	**1509**
沈阳市	18520	18520	10271	10029	242	3721	624	692	813	450
大连市	13725	13725	6680	6447	233	2342	236	332	387	470
鞍山市	3638	3638	2140	2068	72	776	80	123	154	104
抚顺市	1969	1969	1232	1173	59	315	55	44	60	51
本溪市	1406	1406	1007	967	40	272	34	34	57	29
丹东市	2316	2316	1561	1512	49	404	51	60	76	42
锦州市	3432	3432	1905	1846	59	572	53	109	128	72
营口市	2662	2662	1536	1474	62	560	47	94	103	60
阜新市	1604	1604	1005	970	35	217	26	31	42	40
辽阳市	1959	1959	1311	1277	34	305	13	63	69	47
盘锦市	2100	2100	1272	1230	42	302	50	31	61	45
铁岭市	1244	1244	793	765	28	171	9	27	38	30
朝阳市	3040	3040	1474	1439	35	260	32	43	60	31
葫芦岛市	2135	2135	1334	1307	27	229	28	55	24	29
辽宁省沈抚新区管委会	290	290	96	93	3	59	3	5	8	9
男	**18741**	**18741**	**9805**	**9410**	**395**	**5580**	**678**	**979**	**917**	**843**
沈阳市	5920	5920	2990	2889	101	1988	314	395	363	277
大连市	4436	4436	1876	1787	89	1262	123	186	170	247
鞍山市	1091	1091	692	655	37	404	39	59	70	61
抚顺市	620	620	333	315	18	185	28	28	32	35
本溪市	424	424	260	249	11	138	16	17	23	18
丹东市	753	753	465	450	15	222	24	37	32	22
锦州市	1095	1095	572	548	24	288	20	67	57	36
营口市	687	687	491	469	22	287	22	50	44	29
阜新市	511	511	267	253	14	119	17	15	24	22
辽阳市	555	555	353	344	9	158	8	37	30	25
盘锦市	589	589	365	351	14	143	26	19	16	19
铁岭市	370	370	265	253	12	82	7	8	19	14
朝阳市	984	984	442	428	14	132	17	22	23	13
葫芦岛市	619	619	410	397	13	133	15	35	12	18
辽宁省沈抚新区管委会	87	87	24	22	2	39	2	4	2	7
女	**41299**	**41299**	**23812**	**23187**	**625**	**4925**	**663**	**764**	**1163**	**666**
沈阳市	12600	12600	7281	7140	141	1733	310	297	450	173
大连市	9289	9289	4804	4660	144	1080	113	146	217	223
鞍山市	2547	2547	1448	1413	35	372	41	64	84	43
抚顺市	1349	1349	899	858	41	130	27	16	28	16
本溪市	982	982	747	718	29	134	18	17	34	11
丹东市	1563	1563	1096	1062	34	182	27	23	44	20
锦州市	2337	2337	1333	1298	35	284	33	42	71	36
营口市	1975	1975	1045	1005	40	273	25	44	59	31
阜新市	1093	1093	738	717	21	98	9	16	18	18
辽阳市	1404	1404	958	933	25	147	5	26	39	22
盘锦市	1511	1511	907	879	28	159	24	12	45	26
铁岭市	874	874	528	512	16	89	2	19	19	16
朝阳市	2056	2056	1032	1011	21	128	15	21	37	18
葫芦岛市	1516	1516	924	910	14	96	13	20	12	11
辽宁省沈抚新区管委会	203	203	72	71	1	20	1	1	6	2

4-4a 续表 12

单位：人

地区 性别	娱乐业	公共管理、社会保障和社会组织							国际组织	
		小计	中国共产党机关	国家机构	人民政协、民主党派	社会保障	群众团体、社会团体和其他成员组织	基层群众自治组织	小计	国际组织
辽宁	**3832**	**63796**	**1956**	**52080**	**208**	**633**	**3024**	**5895**	**22**	**22**
沈阳市	1142	15192	396	12302	53	170	918	1353	7	7
大连市	917	9773	361	7716	25	93	628	950	7	7
鞍山市	315	4323	145	3253	13	42	401	469	3	3
抚顺市	105	2874	86	2349	9	18	91	321		
本溪市	118	2225	56	1878	11	25	71	184		
丹东市	175	3202	117	2735	10	32	132	176	3	3
锦州市	210	4053	118	3536	14	36	100	249		
营口市	256	3944	143	3363	17	31	76	314		
阜新市	78	2528	40	1950	10	17	101	410		
辽阳市	113	2859	110	2351	16	38	110	234		
盘锦市	115	3498	99	2857	7	38	82	415		
铁岭市	67	1785	75	1502	2	33	65	108	1	1
朝阳市	94	4028	155	3368	14	45	203	243	1	1
葫芦岛市	93	3257	52	2704	7	14	39	441		
辽宁省沈抚新区管委会	34	255	3	216		1	7	28		
男	**2163**	**39026**	**1260**	**33947**	**135**	**272**	**1590**	**1822**	**14**	**14**
沈阳市	639	9427	251	8164	39	74	468	431	4	4
大连市	536	6129	236	5181	18	41	333	320	3	3
鞍山市	175	2621	104	2091	9	15	231	171	3	3
抚顺市	62	1726	46	1542	5	7	50	76		
本溪市	64	1393	34	1271	8	13	36	31		
丹东市	107	1977	68	1773	5	10	68	53	2	2
锦州市	108	2520	93	2286	6	20	49	66		
营口市	142	2397	90	2142	10	13	34	108		
阜新市	41	1479	27	1233	8	6	58	147		
辽阳市	58	1718	69	1506	10	11	67	55		
盘锦市	63	2061	53	1813	4	20	39	132		
铁岭市	34	1107	57	954	1	19	33	43	1	1
朝阳市	57	2424	99	2132	7	18	102	66	1	1
葫芦岛市	53	1890	30	1720	5	4	18	113		
辽宁省沈抚新区管委会	24	157	3	139		1	4	10		
女	**1669**	**24770**	**696**	**18133**	**73**	**361**	**1434**	**4073**	**8**	**8**
沈阳市	503	5765	145	4138	14	96	450	922	3	3
大连市	381	3644	125	2535	7	52	295	630	4	4
鞍山市	140	1702	41	1162	4	27	170	298		
抚顺市	43	1148	40	807	4	11	41	245		
本溪市	54	832	22	607	3	12	35	153		
丹东市	68	1225	49	962	5	22	64	123	1	1
锦州市	102	1533	25	1250	8	16	51	183		
营口市	114	1547	53	1221	7	18	42	206		
阜新市	37	1049	13	717	2	11	43	263		
辽阳市	55	1141	41	845	6	27	43	179		
盘锦市	52	1437	46	1044	3	18	43	283		
铁岭市	33	678	18	548	1	14	32	65		
朝阳市	37	1604	56	1236	7	27	101	177		
葫芦岛市	40	1367	22	984	2	10	21	328		
辽宁省沈抚新区管委会	10	98		77			3	18		

4–4b　各地区分性别、行业大类的就业人口(镇)

单位：人

地区 性别	合计	农、林、牧、渔业						采矿业	
		小计	农业	林业	畜牧业	渔业	农、林、牧、渔专业及辅助性活动	小计	煤炭开采和洗选业
辽宁	**219695**	**53851**	**46349**	**537**	**4260**	**1714**	**991**	**2781**	**686**
沈阳市	21769	5374	4639	39	488	39	169	334	300
大连市	10863	2561	1195	28	192	1046	100	13	2
鞍山市	30342	6302	5574	34	538	26	130	268	
抚顺市	9357	2112	1864	100	105	4	39	267	4
本溪市	11730	1111	916	49	104	15	27	268	18
丹东市	17233	4032	3286	42	296	335	73	241	4
锦州市	14049	3538	3111	7	380	6	34	78	55
营口市	7375	2227	1940	8	227	32	20	84	2
阜新市	13891	4813	4271	68	403	7	64	136	74
辽阳市	8860	1495	1256	23	154	17	45	71	27
盘锦市	6333	1560	1412	5	78	21	44	72	
铁岭市	27621	7717	7163	72	408	11	63	227	180
朝阳市	22430	7123	6503	22	511	9	78	522	14
葫芦岛市	17842	3886	3219	40	376	146	105	200	6
辽宁省沈抚新区管委会									
男	**132693**	**31119**	**25929**	**384**	**2730**	**1430**	**646**	**2436**	**638**
沈阳市	12917	3054	2590	32	297	28	107	318	287
大连市	7153	1813	746	22	142	837	66	13	2
鞍山市	17841	3349	2895	24	324	18	88	207	
抚顺市	5804	1289	1102	74	79	4	30	233	3
本溪市	7131	720	586	35	70	13	16	239	13
丹东市	10729	2549	1948	31	202	323	45	221	4
锦州市	8438	1987	1717	5	237	6	22	72	52
营口市	4533	1295	1099	4	155	25	12	69	1
阜新市	8081	2684	2354	44	235	5	46	121	71
辽阳市	5499	902	740	18	100	13	31	65	26
盘锦市	3880	908	810	3	47	17	31	64	
铁岭市	16205	4403	4050	55	243	10	45	203	161
朝阳市	13370	3795	3368	16	346	7	58	434	12
葫芦岛市	11112	2371	1924	21	253	124	49	177	6
辽宁省沈抚新区管委会									
女	**87002**	**22732**	**20420**	**153**	**1530**	**284**	**345**	**345**	**48**
沈阳市	8852	2320	2049	7	191	11	62	16	13
大连市	3710	748	449	6	50	209	34		
鞍山市	12501	2953	2679	10	214	8	42	61	
抚顺市	3553	823	762	26	26		9	34	1
本溪市	4599	391	330	14	34	2	11	29	5
丹东市	6504	1483	1338	11	94	12	28	20	
锦州市	5611	1551	1394	2	143		12	6	3
营口市	2842	932	841	4	72	7	8	15	1
阜新市	5810	2129	1917	24	168	2	18	15	3
辽阳市	3361	593	516	5	54	4	14	6	1
盘锦市	2453	652	602	2	31	4	13	8	
铁岭市	11416	3314	3113	17	165	1	18	24	19
朝阳市	9060	3328	3135	6	165	2	20	88	2
葫芦岛市	6730	1515	1295	19	123	22	56	23	
辽宁省沈抚新区管委会									

4-4b 续表 1

单位：人

地区 性别	采矿业						制造业		
	石油和天然气开采业	黑色金属矿采选业	有色金属矿采选业	非金属矿采选业	开采专业及辅助性活动	其他采矿业	小计	农副食品加工业	食品制造业
辽宁	**89**	**606**	**797**	**436**	**112**	**55**	**27415**	**2964**	**1010**
沈阳市	8	3	1	7	13	2	2968	269	106
大连市	1	1		8	1		2204	345	59
鞍山市	10	45	66	129	10	8	6128	525	162
抚顺市	1	44	210	7	1		921	57	36
本溪市	1	108	101	33	3	4	1503	57	50
丹东市	1	41	166	18	4	7	2493	395	111
锦州市	11		2	6	2	2	1110	157	60
营口市		4	48	28	1	1	1354	81	32
阜新市	2	4	10	29	9	8	947	98	68
辽阳市		20		13	6	5	1700	68	44
盘锦市	34			5	31	2	899	128	25
铁岭市	8	5	1	15	11	7	1999	405	106
朝阳市	9	297	54	123	17	8	1723	215	79
葫芦岛市	3	34	138	15	3	1	1466	164	72
辽宁省沈抚新区管委会									
男	**81**	**524**	**689**	**355**	**100**	**49**	**17979**	**1844**	**512**
沈阳市	8	3		7	12	1	1910	165	44
大连市	1	1		8	1		1456	193	32
鞍山市	10	38	44	100	7	8	3728	327	85
抚顺市	1	37	185	6	1		679	34	15
本溪市	1	97	91	31	3	3	1048	34	22
丹东市	1	38	151	17	3	7	1532	248	57
锦州市	9		1	6	2	2	742	106	36
营口市		3	40	23	1	1	875	61	21
阜新市	2	2	8	24	7	7	646	57	38
辽阳市		16		12	6	5	1156	43	20
盘锦市	30			5	28	1	649	78	13
铁岭市	7	5	1	13	10	6	1372	259	52
朝阳市	8	252	50	89	16	7	1194	131	35
葫芦岛市	3	32	118	14	3	1	992	108	42
辽宁省沈抚新区管委会									
女	**8**	**82**	**108**	**81**	**12**	**6**	**9436**	**1120**	**498**
沈阳市			1		1	1	1058	104	62
大连市							748	152	27
鞍山市		7	22	29	3		2400	198	77
抚顺市		7	25	1			242	23	21
本溪市		11	10	2		1	455	23	28
丹东市		3	15	1	1		961	147	54
锦州市	2		1				368	51	24
营口市		1	8	5			479	20	11
阜新市		2	2	5	2	1	301	41	30
辽阳市		4		1			544	25	24
盘锦市	4				3	1	250	50	12
铁岭市	1			2	1	1	627	146	54
朝阳市	1	45	4	34	1	1	529	84	44
葫芦岛市		2	20	1			474	56	30
辽宁省沈抚新区管委会									

4-4b　续表 2

单位：人

地区 性别	制造业								
	酒、饮料和精制茶制造业	烟草制品业	纺织业	纺织服装、服饰业	皮革、毛皮、羽毛及其制品和制鞋业	木材加工和木、竹、藤、棕、草制品业	家具制造业	造纸和纸制品业	印刷和记录媒介复制业
辽宁	**348**	**13**	**638**	**3321**	**1070**	**811**	**639**	**386**	**208**
沈阳市	45	2	47	105	22	116	279	48	35
大连市	8	1	24	193	3	57	81	55	14
鞍山市	24	2	237	1439	716	144	59	66	20
抚顺市	22		9	27	1	148	9	7	4
本溪市	39		14	29	5	52	40	10	8
丹东市	20	2	102	477	6	68	23	50	34
锦州市	18	1	23	88	62	20	13	15	16
营口市	15		38	347	16	12	14	7	7
阜新市	69	1	8	35	2	45	11	10	6
辽阳市	2		58	210	210	34	12	7	11
盘锦市	4		16	23		20	6	48	3
铁岭市	29	2	24	47	7	39	37	28	27
朝阳市	31	2	13	90	7	39	34	25	13
葫芦岛市	22		25	211	13	17	21	10	10
辽宁省沈抚新区管委会									
男	**227**	**11**	**292**	**988**	**567**	**585**	**418**	**227**	**114**
沈阳市	33	2	18	26	10	79	177	31	21
大连市	6	1	11	51	2	34	45	28	9
鞍山市	17	1	131	544	372	93	38	39	11
抚顺市	15		3	5	1	111	8	5	1
本溪市	22		6	5	3	44	24	6	4
丹东市	11	1	35	108	3	56	19	31	22
锦州市	13	1	13	12	37	16	10	6	7
营口市	12		12	90	9	9	11	4	5
阜新市	41	1	2	4	1	34	7	5	2
辽阳市	2		26	72	113	18	8	4	5
盘锦市	4		6	6		17	5	35	1
铁岭市	16	2	11	13	4	29	27	15	14
朝阳市	19	2	3	14	3	30	22	13	8
葫芦岛市	16		15	38	9	15	17	5	4
辽宁省沈抚新区管委会									
女	**121**	**2**	**346**	**2333**	**503**	**226**	**221**	**159**	**94**
沈阳市	12		29	79	12	37	102	17	14
大连市	2		13	142	1	23	36	27	5
鞍山市	7	1	106	895	344	51	21	27	9
抚顺市	7		6	22		37	1	2	3
本溪市	17		8	24	2	8	16	4	4
丹东市	9	1	67	369	3	12	4	19	12
锦州市	5		10	76	25	4	3	9	9
营口市	3		26	257	7	3	3	3	2
阜新市	28		6	31	1	11	4	5	4
辽阳市			32	138	97	16	4	3	6
盘锦市			10	17		3	1	13	2
铁岭市	13		13	34	3	10	10	13	13
朝阳市	12		10	76	4	9	12	12	5
葫芦岛市	6		10	173	4	2	4	5	6
辽宁省沈抚新区管委会									

4-4b 续表 3

单位：人

地区 性别	制造业								
	文教、工美、体育和娱乐用品制造业	石油、煤炭及其他燃料加工业	化学原料和化学制品制造业	医药制造业	化学纤维制造业	橡胶和塑料制品业	非金属矿物制品业	黑色金属冶炼和压延加工业	有色金属冶炼和压延加工业
辽宁	**661**	**356**	**918**	**340**	**22**	**1108**	**2937**	**984**	**436**
沈阳市	32	8	42	27	1	247	689	13	16
大连市	15	11	84	24	1	111	72	6	8
鞍山市	418	37	106	23	2	203	734	199	45
抚顺市	11	3	64	31		26	39	58	7
本溪市	20	30	38	98		11	125	274	18
丹东市	34	5	90	23	3	20	152	9	43
锦州市	29	21	78	15	1	41	90	20	9
营口市	9	9	36	2	1	86	182	160	100
阜新市	33	4	51	19		16	72	16	6
辽阳市	15		29	3	10	35	168	111	91
盘锦市	4	196	94	12	1	53	70	5	3
铁岭市	23	8	83	33	1	144	108	11	8
朝阳市	7	11	90	13	1	96	323	74	14
葫芦岛市	11	13	33	17		19	113	28	68
辽宁省沈抚新区管委会									
男	**408**	**288**	**682**	**192**	**16**	**684**	**2207**	**856**	**355**
沈阳市	9	7	24	18	1	141	464	10	10
大连市	7	10	73	12	1	65	59	3	7
鞍山市	283	31	77	12	2	107	565	170	36
抚顺市	6	3	49	23		11	34	48	6
本溪市	9	24	26	54		7	93	243	14
丹东市	21	2	68	11	1	13	124	8	37
锦州市	6	17	58	10	1	25	72	17	8
营口市	5	7	27	1		66	145	150	74
阜新市	26	2	39	9		10	57	12	4
辽阳市	8		20	3	7	20	130	96	81
盘锦市	3	156	73	7	1	33	53	5	3
铁岭市	15	8	53	19	1	95	88	8	7
朝阳市	4	9	68	8	1	77	238	61	12
葫芦岛市	6	12	27	5		14	85	25	56
辽宁省沈抚新区管委会									
女	**253**	**68**	**236**	**148**	**6**	**424**	**730**	**128**	**81**
沈阳市	23	1	18	9		106	225	3	6
大连市	8	1	11	12		46	13	3	1
鞍山市	135	6	29	11		96	169	29	9
抚顺市	5		15	8		15	5	10	1
本溪市	11	6	12	44		4	32	31	4
丹东市	13	3	22	12	2	7	28	1	6
锦州市	23	4	20	5		16	18	3	1
营口市	4	2	9	1	1	20	37	10	26
阜新市	7	2	12	10		6	15	4	2
辽阳市	7		9		3	15	38	15	10
盘锦市	1	40	21	5		20	17		
铁岭市	8		30	14		49	20	3	1
朝阳市	3	2	22	5		19	85	13	2
葫芦岛市	5	1	6	12		5	28	3	12
辽宁省沈抚新区管委会									

4-4b　续表 4

单位：人

地　区 性　别	制造业								
	金　属 制品业	通用设备 制造业	专用设备 制造业	汽　车 制造业	铁路、船舶、 航空航天和 其他运输 设备制造业	电气机械 和器材 制造业	计算机、 通信和其 他电子设 备制造业	仪器仪表 制造业	其　他 制造业
辽宁	**2843**	**1861**	**532**	**872**	**247**	**560**	**326**	**135**	**183**
沈阳市	189	213	63	85	75	91	30	11	14
大连市	167	362	67	104	23	70	97	21	23
鞍山市	452	246	65	11	22	19	18	9	58
抚顺市	79	57	7	16	8	151	7	4	5
本溪市	121	94	19	247	4	16	18	2	4
丹东市	348	203	67	52	6	39	28	35	7
锦州市	95	59	43	20	11	19	13	4	1
营口市	94	45	10	10	1	27		2	3
阜新市	162	63	27	31	7	5	9	1	15
辽阳市	325	119	16	26	8	11	23	4	1
盘锦市	98	27	14	8		14	8	3	1
铁岭市	180	204	48	159	20	56	14	35	37
朝阳市	214	80	32	85	26	13	47	1	10
葫芦岛市	319	89	54	18	36	29	14	3	4
辽宁省沈抚新区管委会									
男	**2387**	**1523**	**408**	**600**	**217**	**381**	**212**	**90**	**109**
沈阳市	151	165	49	68	63	57	20	6	7
大连市	138	291	48	81	23	35	74	19	14
鞍山市	389	209	49	7	20	13	11	6	29
抚顺市	70	50	5	13	7	120	2	4	5
本溪市	110	81	18	120	3	10	11		3
丹东市	293	171	47	38	5	30	15	15	3
锦州市	73	47	38	15	10	12	9	2	1
营口市	75	39	8	9	1	24		2	1
阜新市	128	52	17	27	6	4	3	1	9
辽阳市	288	95	13	19	7	4	10	4	
盘锦市	88	23	9	7		5	3	3	1
铁岭市	147	162	37	114	17	35	11	25	26
朝阳市	171	68	28	68	22	9	33	1	6
葫芦岛市	266	70	42	14	33	23	10	2	4
辽宁省沈抚新区管委会									
女	**456**	**338**	**124**	**272**	**30**	**179**	**114**	**45**	**74**
沈阳市	38	48	14	17	12	34	10	5	7
大连市	29	71	19	23		35	23	2	9
鞍山市	63	37	16	4	2	6	7	3	29
抚顺市	9	7	2	3	1	31	5		
本溪市	11	13	1	127	1	6	7	2	1
丹东市	55	32	20	14	1	9	13	20	4
锦州市	22	12	5	5	1	7	4	2	
营口市	19	6	2	1		3			2
阜新市	34	11	10	4	1	1	6		6
辽阳市	37	24	3	7	1	7	13		1
盘锦市	10	4	5	1		9	5		
铁岭市	33	42	11	45	3	21	3	10	11
朝阳市	43	12	4	17	4	4	14		4
葫芦岛市	53	19	12	4	3	6	4	1	
辽宁省沈抚新区管委会									

4-4b 续表 5

单位：人

地区 性别	制造业		电力、热力、燃气及水生产和供应业				建筑业		
	废弃资源综合利用业	金属制品、机械和设备修理业	小计	电力、热力生产和供应业	燃气生产和供应业	水的生产和供应业	小计	房屋建筑业	土木工程建筑业
辽宁	**250**	**436**	**3024**	**2283**	**283**	**458**	**16108**	**8325**	**1723**
沈阳市	28	20	295	202	37	56	1418	688	149
大连市	27	71	205	181	14	10	951	454	210
鞍山市	42	25	259	195	30	34	1668	769	103
抚顺市	14	14	139	109	16	14	706	338	170
本溪市	20	40	257	201	17	39	885	400	123
丹东市	4	37	215	171	14	30	1381	758	157
锦州市	12	56	163	116	8	39	1049	527	80
营口市		8	55	43	2	10	427	228	29
阜新市	29	28	172	118	24	30	695	309	99
辽阳市	21	28	84	61	6	17	603	227	51
盘锦市	7	8	76	43	9	24	389	171	35
铁岭市	28	48	522	382	58	82	1560	552	209
朝阳市	12	26	235	166	29	40	2257	1496	181
葫芦岛市	6	27	347	295	19	33	2119	1408	127
辽宁省沈抚新区管委会									
男	**167**	**412**	**2299**	**1791**	**207**	**301**	**14119**	**7375**	**1486**
沈阳市	16	18	216	157	23	36	1180	589	122
大连市	19	65	173	157	9	7	845	419	170
鞍山市	29	25	176	141	15	20	1461	671	91
抚顺市	11	14	98	76	13	9	630	306	146
本溪市	14	38	185	150	14	21	769	351	112
丹东市	2	37	184	147	11	26	1262	702	139
锦州市	10	54	123	91	3	29	958	488	72
营口市		7	40	33	1	6	379	208	26
阜新市	21	27	137	99	18	20	610	271	85
辽阳市	12	28	65	48	4	13	505	207	43
盘锦市	5	6	63	35	9	19	337	146	31
铁岭市	15	47	392	294	48	50	1351	499	178
朝阳市	8	22	181	137	22	22	2048	1369	165
葫芦岛市	5	24	266	226	17	23	1784	1149	106
辽宁省沈抚新区管委会									
女	**83**	**24**	**725**	**492**	**76**	**157**	**1989**	**950**	**237**
沈阳市	12	2	79	45	14	20	238	99	27
大连市	8	6	32	24	5	3	106	35	40
鞍山市	13		83	54	15	14	207	98	12
抚顺市	3		41	33	3	5	76	32	24
本溪市	6	2	72	51	3	18	116	49	11
丹东市	2		31	24	3	4	119	56	18
锦州市	2	2	40	25	5	10	91	39	8
营口市		1	15	10	1	4	48	20	3
阜新市	8	1	35	19	6	10	85	38	14
辽阳市	9		19	13	2	4	98	20	8
盘锦市	2	2	13	8		5	52	25	4
铁岭市	13	1	130	88	10	32	209	53	31
朝阳市	4	4	54	29	7	18	209	127	16
葫芦岛市	1	3	81	69	2	10	335	259	21
辽宁省沈抚新区管委会									

4-4b　续表 6　　　　单位：人

地区 性别	建筑业		批发和零售业			交通运输、仓储和邮政业			
	建筑安装业	建筑装饰、装修和其他建筑业	小计	批发业	零售业	小计	铁路运输业	道路运输业	水上运输业
辽宁	**895**	**5165**	**32052**	**8035**	**24017**	**15802**	**792**	**10564**	**239**
沈阳市	68	513	3001	746	2255	1302	19	843	5
大连市	56	231	1431	623	808	570	3	345	69
鞍山市	102	694	5557	1898	3659	2389	18	1762	6
抚顺市	39	159	1259	201	1058	711	32	517	5
本溪市	45	317	1897	239	1658	1172	55	655	9
丹东市	74	392	2694	583	2111	1257	46	906	38
锦州市	48	394	2184	438	1746	1356	134	818	10
营口市	23	147	1019	266	753	623	22	406	47
阜新市	44	243	1945	459	1486	836	72	553	3
辽阳市	23	302	1455	397	1058	694	14	509	1
盘锦市	25	158	795	233	562	622	6	345	12
铁岭市	112	687	3732	919	2813	1572	117	1008	5
朝阳市	123	457	2453	526	1927	1267	184	818	5
葫芦岛市	113	471	2630	507	2123	1431	70	1079	24
辽宁省沈抚新区管委会									
男	**813**	**4445**	**15380**	**4867**	**10513**	**13567**	**733**	**9481**	**219**
沈阳市	62	407	1432	436	996	1056	15	715	5
大连市	51	205	775	398	377	487	3	314	64
鞍山市	92	607	2708	1043	1665	2067	12	1613	5
抚顺市	35	143	589	124	465	618	30	465	5
本溪市	40	266	842	153	689	977	54	583	9
丹东市	70	351	1330	393	937	1104	41	815	36
锦州市	45	353	1023	271	752	1145	128	735	9
营口市	22	123	477	167	310	548	19	370	41
阜新市	40	214	924	271	653	718	67	485	3
辽阳市	19	236	707	260	447	605	13	468	1
盘锦市	23	137	366	137	229	499	6	306	11
铁岭市	97	577	1781	542	1239	1348	110	892	4
朝阳市	115	399	1153	348	805	1127	173	743	5
葫芦岛市	102	427	1273	324	949	1268	62	977	21
辽宁省沈抚新区管委会									
女	**82**	**720**	**16672**	**3168**	**13504**	**2235**	**59**	**1083**	**20**
沈阳市	6	106	1569	310	1259	246	4	128	
大连市	5	26	656	225	431	83		31	5
鞍山市	10	87	2849	855	1994	322	6	149	1
抚顺市	4	16	670	77	593	93	2	52	
本溪市	5	51	1055	86	969	195	1	72	
丹东市	4	41	1364	190	1174	153	5	91	2
锦州市	3	41	1161	167	994	211	6	83	1
营口市	1	24	542	99	443	75	3	36	6
阜新市	4	29	1021	188	833	118	5	68	
辽阳市	4	66	748	137	611	89	1	41	
盘锦市	2	21	429	96	333	123		39	1
铁岭市	15	110	1951	377	1574	224	7	116	1
朝阳市	8	58	1300	178	1122	140	11	75	
葫芦岛市	11	44	1357	183	1174	163	8	102	3
辽宁省沈抚新区管委会									

4-4b 续表 7

单位：人

地　区 性　别	交通运输、仓储和邮政业					住宿和餐饮业		
	航　空 运输业	管　道 运输业	多式联运 和运输 代理业	装卸搬运 和仓储业	邮政业	小计	住宿业	餐饮业
辽宁	**59**	**17**	**261**	**2096**	**1774**	**10589**	**780**	**9809**
沈阳市	20		31	174	210	981	69	912
大连市	4	1	24	57	67	376	48	328
鞍山市	2	3	38	384	176	1324	46	1278
抚顺市	1			82	74	542	34	508
本溪市	2		15	305	131	840	67	773
丹东市	5	2	12	132	116	939	102	837
锦州市	5	4	17	245	123	731	52	679
营口市			19	109	20	298	18	280
阜新市		1	16	105	86	630	43	587
辽阳市	5		13	44	108	380	19	361
盘锦市			6	72	181	220	17	203
铁岭市	11	5	44	122	260	1516	117	1399
朝阳市		1	9	150	100	989	72	917
葫芦岛市	4		17	115	122	823	76	747
辽宁省沈抚新区管委会								
男	**34**	**14**	**214**	**1654**	**1218**	**5130**	**317**	**4813**
沈阳市	14		23	130	154	507	28	479
大连市	2	1	19	36	48	174	23	151
鞍山市	1	2	32	287	115	704	23	681
抚顺市				68	50	244	13	231
本溪市	1		13	225	92	413	28	385
丹东市		2	9	123	78	460	35	425
锦州市	3	3	14	174	79	340	18	322
营口市			18	89	11	166	8	158
阜新市		1	12	87	63	285	10	275
辽阳市	4		10	36	73	179	6	173
盘锦市			6	61	109	90	3	87
铁岭市	5	4	35	110	188	715	54	661
朝阳市		1	8	129	68	444	35	409
葫芦岛市	4		15	99	90	409	33	376
辽宁省沈抚新区管委会								
女	**25**	**3**	**47**	**442**	**556**	**5459**	**463**	**4996**
沈阳市	6		8	44	56	474	41	433
大连市	2		5	21	19	202	25	177
鞍山市	1	1	6	97	61	620	23	597
抚顺市	1			14	24	298	21	277
本溪市	1		2	80	39	427	39	388
丹东市	5		3	9	38	479	67	412
锦州市	2	1	3	71	44	391	34	357
营口市			1	20	9	132	10	122
阜新市			4	18	23	345	33	312
辽阳市	1		3	8	35	201	13	188
盘锦市				11	72	130	14	116
铁岭市	6	1	9	12	72	801	63	738
朝阳市			1	21	32	545	37	508
葫芦岛市			2	16	32	414	43	371
辽宁省沈抚新区管委会								

4-4b　续表 8　　　　单位：人

地区 性别	信息传输、软件和信息技术服务业				金融业				
	小计	电信、广播电视和卫星传输服务	互联网和相关服务	软件和信息技术服务业	小计	货币金融服务	资本市场服务	保险业	其他金融业
辽宁	**2356**	**1053**	**617**	**686**	**3570**	**2397**	**51**	**989**	**133**
沈阳市	311	103	92	116	357	206	7	127	17
大连市	275	25	70	180	102	44	5	46	7
鞍山市	224	91	90	43	355	242	2	98	13
抚顺市	106	68	24	14	258	190	4	61	3
本溪市	158	80	33	45	284	199	9	67	9
丹东市	160	85	50	25	222	159	3	54	6
锦州市	137	73	34	30	230	172	2	55	1
营口市	42	26	7	9	77	54	4	18	1
阜新市	136	55	48	33	205	124	1	67	13
辽阳市	55	21	17	17	88	44		39	5
盘锦市	37	23	2	12	48	32	3	13	
铁岭市	364	201	82	81	660	437	9	167	47
朝阳市	204	111	42	51	304	213	2	82	7
葫芦岛市	147	91	26	30	380	281		95	4
辽宁省沈抚新区管委会									
男	**1421**	**613**	**383**	**425**	**1738**	**1295**	**26**	**356**	**61**
沈阳市	193	57	56	80	149	98	3	40	8
大连市	142	16	30	96	47	26	2	15	4
鞍山市	128	52	47	29	189	138	2	43	6
抚顺市	67	40	15	12	122	97	3	22	
本溪市	85	46	19	20	143	108	7	25	3
丹东市	106	50	38	18	116	91	2	18	5
锦州市	83	39	31	13	112	91	1	19	1
营口市	29	18	6	5	31	24	2	5	
阜新市	90	33	32	25	99	71	1	21	6
辽阳市	33	14	8	11	43	28		13	2
盘锦市	23	10	1	12	20	17		3	
铁岭市	225	113	59	53	333	241	2	69	21
朝阳市	120	64	23	33	152	122	1	26	3
葫芦岛市	97	61	18	18	182	143		37	2
辽宁省沈抚新区管委会									
女	**935**	**440**	**234**	**261**	**1832**	**1102**	**25**	**633**	**72**
沈阳市	118	46	36	36	208	108	4	87	9
大连市	133	9	40	84	55	18	3	31	3
鞍山市	96	39	43	14	166	104		55	7
抚顺市	39	28	9	2	136	93	1	39	3
本溪市	73	34	14	25	141	91	2	42	6
丹东市	54	35	12	7	106	68	1	36	1
锦州市	54	34	3	17	118	81	1	36	
营口市	13	8	1	4	46	30	2	13	1
阜新市	46	22	16	8	106	53		46	7
辽阳市	22	7	9	6	45	16		26	3
盘锦市	14	13	1		28	15	3	10	
铁岭市	139	88	23	28	327	196	7	98	26
朝阳市	84	47	19	18	152	91	1	56	4
葫芦岛市	50	30	8	12	198	138		58	2
辽宁省沈抚新区管委会									

4-4b 续表 9

单位：人

地区 性别	房地产业		租赁和商务服务业			科学研究和技术服务业			
	小计	房地产业	小计	租赁业	商务服务业	小计	研究和试验发展	专业技术服务业	科技推广和应用服务业
辽宁	**2688**	**2688**	**3979**	**317**	**3662**	**1474**	**146**	**1037**	**291**
沈阳市	511	511	506	31	475	207	32	127	48
大连市	156	156	322	23	299	137	17	87	33
鞍山市	243	243	514	35	479	172	5	126	41
抚顺市	75	75	88	14	74	49	11	33	5
本溪市	213	213	204	11	193	81	10	59	12
丹东市	180	180	209	21	188	86	1	73	12
锦州市	117	117	230	17	213	107	5	81	21
营口市	80	80	78	12	66	33	8	18	7
阜新市	98	98	215	13	202	89	10	60	19
辽阳市	70	70	505	16	489	48	7	34	7
盘锦市	83	83	122	42	80	53	8	37	8
铁岭市	437	437	524	17	507	233	19	172	42
朝阳市	187	187	325	41	284	101	5	80	16
葫芦岛市	238	238	137	24	113	78	8	50	20
辽宁省沈抚新区管委会									
男	**1537**	**1537**	**2680**	**296**	**2384**	**1024**	**93**	**742**	**189**
沈阳市	283	283	330	27	303	138	19	88	31
大连市	102	102	221	23	198	101	9	68	24
鞍山市	143	143	336	33	303	118	5	88	25
抚顺市	46	46	62	14	48	32	8	21	3
本溪市	131	131	123	10	113	63	7	48	8
丹东市	114	114	144	21	123	64		57	7
锦州市	66	66	168	17	151	78	4	59	15
营口市	40	40	55	12	43	23	6	12	5
阜新市	48	48	139	10	129	63	5	46	12
辽阳市	30	30	355	15	340	31	4	21	6
盘锦市	34	34	88	41	47	38	4	30	4
铁岭市	247	247	328	12	316	158	16	114	28
朝阳市	103	103	236	39	197	67	1	56	10
葫芦岛市	150	150	95	22	73	50	5	34	11
辽宁省沈抚新区管委会									
女	**1151**	**1151**	**1299**	**21**	**1278**	**450**	**53**	**295**	**102**
沈阳市	228	228	176	4	172	69	13	39	17
大连市	54	54	101		101	36	8	19	9
鞍山市	100	100	178	2	176	54		38	16
抚顺市	29	29	26		26	17	3	12	2
本溪市	82	82	81	1	80	18	3	11	4
丹东市	66	66	65		65	22	1	16	5
锦州市	51	51	62		62	29	1	22	6
营口市	40	40	23		23	10	2	6	2
阜新市	50	50	76	3	73	26	5	14	7
辽阳市	40	40	150	1	149	17	3	13	1
盘锦市	49	49	34	1	33	15	4	7	4
铁岭市	190	190	196	5	191	75	3	58	14
朝阳市	84	84	89	2	87	34	4	24	6
葫芦岛市	88	88	42	2	40	28	3	16	9
辽宁省沈抚新区管委会									

4-4b　续表 10　　　　　　　　　　　　　　　　　　　　　　　　　　　　　单位：人

地　区 性　别	水利、环境和公共设施管理业					居民服务、修理和其他服务业			
	小计	水　利 管理业	生态保护 和环境 治理业	公共设施 管理业	土　地 管理业	小计	居　民 服务业	机动车、 电子产品 和日用产 品修理业	其　他 服务业
辽宁	**1662**	**200**	**219**	**1206**	**37**	**10345**	**6274**	**2788**	**1283**
沈阳市	148	20	9	116	3	1102	749	230	123
大连市	68	1	6	61		385	211	97	77
鞍山市	126	15	9	101	1	1683	1078	407	198
抚顺市	64	16	7	41		409	287	86	36
本溪市	167	26	17	122	2	665	461	127	77
丹东市	90	12	3	74	1	789	498	218	73
锦州市	113	18	4	81	10	650	375	227	48
营口市	37	8		26	3	323	193	110	20
阜新市	113	11	13	88	1	609	314	205	90
辽阳市	48	2	4	39	3	467	250	139	78
盘锦市	174	15	110	48	1	294	153	106	35
铁岭市	205	29	21	147	8	1332	772	306	254
朝阳市	172	13	6	149	4	914	515	288	111
葫芦岛市	137	14	10	113		723	418	242	63
辽宁省沈抚新区管委会									
男	**1149**	**162**	**170**	**793**	**24**	**5536**	**2569**	**2355**	**612**
沈阳市	103	14	6	81	2	562	328	183	51
大连市	52	1	5	46		226	101	85	40
鞍山市	85	12	8	64	1	911	475	337	99
抚顺市	41	10	6	25		246	143	77	26
本溪市	107	21	14	71	1	307	162	117	28
丹东市	74	11	3	60		411	187	195	29
锦州市	71	11	2	52	6	362	153	186	23
营口市	27	8		19		184	77	96	11
阜新市	85	9	9	66	1	318	119	167	32
辽阳市	31	2	2	25	2	283	133	116	34
盘锦市	133	15	89	28	1	162	55	87	20
铁岭市	149	23	13	107	6	714	318	259	137
朝阳市	103	13	6	80	4	472	179	243	50
葫芦岛市	88	12	7	69		378	139	207	32
辽宁省沈抚新区管委会									
女	**513**	**38**	**49**	**413**	**13**	**4809**	**3705**	**433**	**671**
沈阳市	45	6	3	35	1	540	421	47	72
大连市	16		1	15		159	110	12	37
鞍山市	41	3	1	37		772	603	70	99
抚顺市	23	6	1	16		163	144	9	10
本溪市	60	5	3	51	1	358	299	10	49
丹东市	16	1		14	1	378	311	23	44
锦州市	42	7	2	29	4	288	222	41	25
营口市	10			7	3	139	116	14	9
阜新市	28	2	4	22		291	195	38	58
辽阳市	17		2	14	1	184	117	23	44
盘锦市	41		21	20		132	98	19	15
铁岭市	56	6	8	40	2	618	454	47	117
朝阳市	69			69		442	336	45	61
葫芦岛市	49	2	3	44		345	279	35	31
辽宁省沈抚新区管委会									

4-4b 续表 11 单位：人

地 区 性 别	教育		卫生和社会工作			文化、体育和娱乐业				
	小计	教育	小计	卫生	社会工作	小计	新闻和出版业	广播、电视、电影和录音制作业	文化艺术业	体育
辽宁	**11573**	**11573**	**5544**	**5305**	**239**	**1116**	**74**	**149**	**254**	**141**
沈阳市	1094	1094	464	447	17	131	6	20	35	15
大连市	487	487	178	167	11	61	2	9	9	14
鞍山市	1103	1103	566	544	22	99	5	12	17	16
抚顺市	550	550	283	270	13	39	1	8	14	4
本溪市	638	638	393	385	8	102	7	13	15	16
丹东市	883	883	470	436	34	96	2	10	16	10
锦州市	804	804	406	392	14	88	4	14	26	6
营口市	278	278	110	102	8	39	2	7	8	1
阜新市	820	820	444	431	13	62	5	10	11	10
辽阳市	433	433	174	164	10	36	2	4	11	7
盘锦市	310	310	147	129	18	20	2	1	3	7
铁岭市	1652	1652	767	736	31	168	24	21	46	16
朝阳市	1391	1391	647	632	15	107	8	8	25	10
葫芦岛市	1130	1130	495	470	25	68	4	12	18	9
辽宁省沈抚新区管委会										
男	**4021**	**4021**	**1955**	**1871**	**84**	**623**	**40**	**80**	**136**	**83**
沈阳市	380	380	164	159	5	73	2	14	19	9
大连市	201	201	71	67	4	34	1	5	5	10
鞍山市	375	375	200	194	6	55	2	6	9	10
抚顺市	198	198	81	76	5	21		3	7	1
本溪市	229	229	117	115	2	58	4	8	6	9
丹东市	311	311	178	164	14	47	1	5	7	3
锦州市	267	267	132	127	5	42	1	5	16	5
营口市	100	100	44	40	4	24	2	3	3	1
阜新市	288	288	184	177	7	31	1	5	6	6
辽阳市	146	146	51	47	4	24	1	4	8	5
盘锦市	87	87	43	43		11		1	3	3
铁岭市	578	578	306	289	17	94	16	10	20	10
朝阳市	494	494	212	208	4	63	6	6	13	6
葫芦岛市	367	367	172	165	7	46	3	5	14	5
辽宁省沈抚新区管委会										
女	**7552**	**7552**	**3589**	**3434**	**155**	**493**	**34**	**69**	**118**	**58**
沈阳市	714	714	300	288	12	58	4	6	16	6
大连市	286	286	107	100	7	27	1	4	4	4
鞍山市	728	728	366	350	16	44	3	6	8	6
抚顺市	352	352	202	194	8	18	1	5	7	3
本溪市	409	409	276	270	6	44	3	5	9	7
丹东市	572	572	292	272	20	49	1	5	9	7
锦州市	537	537	274	265	9	46	3	9	10	1
营口市	178	178	66	62	4	15		4	5	
阜新市	532	532	260	254	6	31	4	5	5	4
辽阳市	287	287	123	117	6	12	1		3	2
盘锦市	223	223	104	86	18	9	2			4
铁岭市	1074	1074	461	447	14	74	8	11	26	6
朝阳市	897	897	435	424	11	44	2	2	12	4
葫芦岛市	763	763	323	305	18	22	1	7	4	4
辽宁省沈抚新区管委会										

4-4b 续表 12

单位：人

地 区 性 别	娱乐业	公共管理、社会保障和社会组织							国际组织	
		小计	中国共产党机关	国家机构	人民政协、民主党派	社会保障	群众团体、社会团体和其他成员组织	基层群众自治组织	小计	国际组织
辽宁	**498**	**13765**	**403**	**11719**	**34**	**157**	**411**	**1041**	**1**	**1**
沈阳市	55	1265	43	1088	4	15	37	78		
大连市	27	381	16	260	2	9	40	54		
鞍山市	49	1362	25	1165	2	5	57	108		
抚顺市	12	779	15	697	1	7	19	40		
本溪市	51	891	25	776	3	11	15	61	1	1
丹东市	58	796	27	677		7	7	78		
锦州市	38	958	32	834	2	18	14	58		
营口市	21	191	2	145	1		5	38		
阜新市	26	926	26	786	2	10	27	75		
辽阳市	12	454	14	364		4	39	33		
盘锦市	7	412	7	306		3	16	80		
铁岭市	61	2434	115	2061	8	45	69	136		
朝阳市	56	1509	52	1266	6	17	42	126		
葫芦岛市	25	1407	4	1294	3	6	24	76		
辽宁省沈抚新区管委会										
男	**284**	**8980**	**276**	**7885**	**20**	**77**	**221**	**501**		
沈阳市	29	869	26	771	3	7	22	40		
大连市	13	220	11	164	1	2	21	21		
鞍山市	28	901	20	782		2	32	65		
抚顺市	10	508	11	471		3	9	14		
本溪市	31	575	15	524	3	4	8	21		
丹东市	31	522	21	461		2	2	36		
锦州市	15	667	22	598		9	8	30		
营口市	15	127	2	96	1		3	25		
阜新市	13	611	21	536	2	4	12	36		
辽阳市	6	288	10	236		2	25	15		
盘锦市	4	265	5	206		1	10	43		
铁岭市	38	1508	77	1315	5	30	33	48		
朝阳市	32	972	33	836	4	9	23	67		
葫芦岛市	19	947	2	889	1	2	13	40		
辽宁省沈抚新区管委会										
女	**214**	**4785**	**127**	**3834**	**14**	**80**	**190**	**540**	**1**	**1**
沈阳市	26	396	17	317	1	8	15	38		
大连市	14	161	5	96	1	7	19	33		
鞍山市	21	461	5	383	2	3	25	43		
抚顺市	2	271	4	226	1	4	10	26		
本溪市	20	316	10	252		7	7	40	1	1
丹东市	27	274	6	216		5	5	42		
锦州市	23	291	10	236	2	9	6	28		
营口市	6	64		49			2	13		
阜新市	13	315	5	250		6	15	39		
辽阳市	6	166	4	128		2	14	18		
盘锦市	3	147	2	100		2	6	37		
铁岭市	23	926	38	746	3	15	36	88		
朝阳市	24	537	19	430	2	8	19	59		
葫芦岛市	6	460	2	405	2	4	11	36		
辽宁省沈抚新区管委会										

4-4c 各地区分性别、行业大类的就业人口(乡村)

单位：人

地区 性别	合计	农、林、牧、渔业						采矿业	
		小计	农业	林业	畜牧业	渔业	农、林、牧、渔专业及辅助性活动	小计	煤炭开采和洗选业
辽宁	**585143**	**405958**	**371374**	**833**	**25570**	**5178**	**3003**	**4464**	**385**
沈阳市	69430	51721	47370	82	3589	179	501	96	66
大连市	54022	33254	29117	81	1449	2011	596	140	5
鞍山市	45549	27633	25301	28	1918	79	307	501	5
抚顺市	18264	13256	12489	65	560	21	121	179	8
本溪市	12104	7222	6506	36	624	22	34	325	7
丹东市	33433	22752	19683	119	2009	756	185	435	8
锦州市	64761	48809	44934	28	3428	181	238	163	77
营口市	35685	19644	17440	61	1295	793	55	306	3
阜新市	34224	28982	26763	43	2080	17	79	143	50
辽阳市	25392	14421	12913	51	1172	113	172	457	48
盘锦市	14806	8718	8269	10	301	90	48	68	2
铁岭市	51673	42707	40570	104	1820	15	198	110	58
朝阳市	77362	55083	50985	68	3812	51	167	1230	33
葫芦岛市	46779	30997	28310	55	1486	850	296	307	14
辽宁省沈抚新区管委会	1659	759	724	2	27		6	4	1
男	**353554**	**232762**	**209564**	**662**	**16193**	**4344**	**1999**	**3985**	**374**
沈阳市	40301	28834	26079	64	2206	132	353	95	65
大连市	33709	20198	17128	67	942	1651	410	131	5
鞍山市	27087	15552	14119	21	1161	48	203	401	3
抚顺市	11352	7973	7440	57	382	18	76	168	8
本溪市	7974	4533	4029	33	427	20	24	289	6
丹东市	21090	13748	11571	96	1231	708	142	382	8
锦州市	38214	27318	24874	23	2113	153	155	152	75
营口市	22464	11824	10209	37	894	650	34	261	3
阜新市	19493	15971	14530	35	1324	16	66	136	50
辽阳市	15674	8405	7399	47	752	77	130	406	47
盘锦市	9049	5080	4781	9	176	74	40	64	2
铁岭市	30268	24191	22875	67	1109	13	127	99	56
朝阳市	46068	29917	27209	61	2470	42	135	1112	33
葫芦岛市	29789	18793	16921	43	987	742	100	286	13
辽宁省沈抚新区管委会	1022	425	400	2	19		4	3	
女	**231589**	**173196**	**161810**	**171**	**9377**	**834**	**1004**	**479**	**11**
沈阳市	29129	22887	21291	18	1383	47	148	1	1
大连市	20313	13056	11989	14	507	360	186	9	
鞍山市	18462	12081	11182	7	757	31	104	100	2
抚顺市	6912	5283	5049	8	178	3	45	11	
本溪市	4130	2689	2477	3	197	2	10	36	1
丹东市	12343	9004	8112	23	778	48	43	53	
锦州市	26547	21491	20060	5	1315	28	83	11	2
营口市	13221	7820	7231	24	401	143	21	45	
阜新市	14731	13011	12233	8	756	1	13	7	
辽阳市	9718	6016	5514	4	420	36	42	51	1
盘锦市	5757	3638	3488	1	125	16	8	4	
铁岭市	21405	18516	17695	37	711	2	71	11	2
朝阳市	31294	25166	23776	7	1342	9	32	118	
葫芦岛市	16990	12204	11389	12	499	108	196	21	1
辽宁省沈抚新区管委会	637	334	324		8		2	1	1

4-4c　续表 1　　　　单位：人

地区 性别	采矿业						制造业		
	石油和天然气开采业	黑色金属矿采选业	有色金属矿采选业	非金属矿采选业	开采专业及辅助性活动	其他采矿业	小计	农副食品加工业	食品制造业
辽宁	**158**	**1559**	**988**	**1007**	**215**	**152**	**45945**	**6769**	**1429**
沈阳市	8	1	1	7	12	1	4906	726	308
大连市		1	2	114	13	5	6684	1663	166
鞍山市	7	140	67	245	11	26	6395	832	115
抚顺市		146	11	10	1	3	1173	168	37
本溪市		247	32	36	1	2	787	119	31
丹东市	3	111	237	72	1	3	2997	832	87
锦州市	23	1	9	30	9	14	2773	554	127
营口市	3	9	175	110	5	1	5998	282	125
阜新市	4	22	16	27	11	13	978	144	51
辽阳市	2	299	5	62	15	26	3805	179	46
盘锦市	19			9	38		1391	312	48
铁岭市	2	4		18	5	23	1506	335	53
朝阳市	79	508	274	215	87	34	3204	340	151
葫芦岛市	8	68	159	52	5	1	3153	281	73
辽宁省沈抚新区管委会		2			1		195	2	11
男	**148**	**1392**	**855**	**886**	**203**	**127**	**28701**	**3895**	**672**
沈阳市	8	1	1	7	12	1	3167	447	163
大连市		1	2	106	12	5	4064	828	74
鞍山市	6	120	57	189	8	18	3643	448	40
抚顺市		138	10	10		2	802	106	13
本溪市		219	30	31	1	2	537	77	13
丹东市	2	96	205	68	1	2	1943	502	48
锦州市	19	1	8	29	8	12	1860	346	60
营口市	3	9	137	104	4	1	3561	171	69
阜新市	3	21	15	25	11	11	687	82	22
辽阳市	2	263	2	55	14	23	2292	106	20
盘锦市	19			8	35		950	175	16
铁岭市	2	4		14	5	18	1059	201	27
朝阳市	77	455	238	192	86	31	2370	226	67
葫芦岛市	7	62	150	48	5	1	1641	178	36
辽宁省沈抚新区管委会		2			1		125	2	4
女	**10**	**167**	**133**	**121**	**12**	**25**	**17244**	**2874**	**757**
沈阳市							1739	279	145
大连市				8	1		2620	835	92
鞍山市	1	20	10	56	3	8	2752	384	75
抚顺市		8	1		1	1	371	62	24
本溪市		28	2	5			250	42	18
丹东市	1	15	32	4		1	1054	330	39
锦州市	4		1	1	1	2	913	208	67
营口市			38	6	1		2437	111	56
阜新市	1	1	1	2		2	291	62	29
辽阳市		36	3	7	1	3	1513	73	26
盘锦市				1	3		441	137	32
铁岭市				4		5	447	134	26
朝阳市	2	53	36	23	1	3	834	114	84
葫芦岛市	1	6	9	4			1512	103	37
辽宁省沈抚新区管委会							70		7

4-4c 续表 2 单位：人

地 区 性 别	制造业								
	酒、饮料和精制茶制造业	烟 草制品业	纺织业	纺织服装、服饰业	皮革、毛皮、羽毛及其制品和制鞋业	木材加工和木、竹、藤、棕、草制品业	家 具制造业	造纸和纸制品业	印刷和记录媒介复制业
辽宁	**468**	**8**	**1185**	**8050**	**1948**	**1540**	**843**	**505**	**144**
沈阳市	107	2	98	176	86	265	379	68	44
大连市	27	1	71	786	16	205	110	114	12
鞍山市	21		276	2422	315	65	43	36	12
抚顺市	24		13	16	3	357	21	6	
本溪市	17		4	18	2	41	15	7	3
丹东市	39	2	86	280	9	77	19	56	9
锦州市	25		67	135	228	51	18	27	9
营口市	35	1	127	1685	464	70	38	32	14
阜新市	13		8	23	15	59	24	6	3
辽阳市	32	1	199	969	685	62	38	43	7
盘锦市	6		25	43	3	43	25	26	3
铁岭市	30	1	16	52	10	44	32	37	6
朝阳市	66		40	141	22	158	51	18	18
葫芦岛市	26		152	1304	57	42	30	15	4
辽宁省沈抚新区管委会			3		33	1		14	
男	**324**	**7**	**484**	**2352**	**976**	**1078**	**574**	**298**	**91**
沈阳市	75	1	43	53	41	196	251	37	25
大连市	19	1	33	219	9	109	69	61	8
鞍山市	16		138	943	136	45	30	19	8
抚顺市	15		5	6	2	235	14	4	
本溪市	13			7	1	34	10	3	2
丹东市	22	2	24	52	4	61	16	38	5
锦州市	14		29	31	124	36	13	15	6
营口市	24	1	48	346	241	53	28	19	9
阜新市	10		3	6	13	34	16	3	1
辽阳市	26	1	70	364	326	46	24	22	3
盘锦市	4		7	8	2	37	14	19	2
铁岭市	22	1	5	22	6	34	24	31	5
朝阳市	43		20	47	10	123	38	12	14
葫芦岛市	21		58	248	45	35	27	10	3
辽宁省沈抚新区管委会			1		16			5	
女	**144**	**1**	**701**	**5698**	**972**	**462**	**269**	**207**	**53**
沈阳市	32	1	55	123	45	69	128	31	19
大连市	8		38	567	7	96	41	53	4
鞍山市	5		138	1479	179	20	13	17	4
抚顺市	9		8	10	1	122	7	2	
本溪市	4		4	11	1	7	5	4	1
丹东市	17		62	228	5	16	3	18	4
锦州市	11		38	104	104	15	5	12	3
营口市	11		79	1339	223	17	10	13	5
阜新市	3		5	17	2	25	8	3	2
辽阳市	6		129	605	359	16	14	21	4
盘锦市	2		18	35	1	6	11	7	1
铁岭市	8		11	30	4	10	8	6	1
朝阳市	23		20	94	12	35	13	6	4
葫芦岛市	5		94	1056	12	7	3	5	1
辽宁省沈抚新区管委会			2		17	1		9	

4-4c　续表 3

单位：人

地　区 性　别	制造业								
	文教、工美、体育和娱乐用品制造业	石油、煤炭及其他燃料加工业	化学原料和化学制品制造业	医　药制造业	化学纤维制造业	橡胶和塑　料制品业	非金属矿　物制品业	黑色金属冶炼和压延加工业	有色金属冶炼和压延加工业
辽宁	**630**	**556**	**1120**	**372**	**52**	**1942**	**4751**	**1405**	**834**
沈阳市	45	31	99	41	4	582	522	52	40
大连市	74	21	154	23	3	187	451	67	17
鞍山市	262	27	26	5	9	177	668	112	57
抚顺市	7	16	39	41	2	20	84	104	10
本溪市	11	3	10	107	1	14	79	74	7
丹东市	30	10	61	23	3	67	349	22	32
锦州市	36	50	95	27	19	144	212	89	44
营口市	22	41	194	9	1	309	1001	258	361
阜新市	50		139	5		8	87	12	30
辽阳市	27	14	51	6	4	119	279	317	116
盘锦市	6	299	74	17		33	162	19	5
铁岭市	14	6	48	8	2	70	154	17	20
朝阳市	37	18	88	27	2	163	477	177	51
葫芦岛市	8	18	40	33	2	42	209	60	41
辽宁省沈抚新区管委会	1	2	2			7	17	25	3
男	**392**	**460**	**844**	**196**	**35**	**1222**	**3799**	**1230**	**701**
沈阳市	16	22	67	18	1	340	372	41	31
大连市	30	18	117	11	3	127	388	61	14
鞍山市	204	23	17	3	6	113	542	96	46
抚顺市	2	13	28	26		5	73	80	7
本溪市	7	2	10	54	1	10	63	64	5
丹东市	15	10	45	8	2	46	290	20	23
锦州市	21	35	75	13	14	97	171	76	37
营口市	14	37	138	5	1	194	823	250	302
阜新市	33		116	5		6	69	9	28
辽阳市	15	14	43	4	3	82	215	269	109
盘锦市	1	247	53	10		19	122	17	4
铁岭市	7	5	34	6		41	126	14	17
朝阳市	22	16	67	13	2	117	364	158	41
葫芦岛市	5	17	33	20	2	23	168	51	35
辽宁省沈抚新区管委会		1	1			2	13	24	2
女	**238**	**96**	**276**	**176**	**17**	**720**	**952**	**175**	**133**
沈阳市	29	9	32	23	3	242	150	11	9
大连市	44	3	37	12		60	63	6	3
鞍山市	58	4	9	2	3	64	126	16	11
抚顺市	5	3	11	15	2	15	11	24	3
本溪市	4	1		53		4	16	10	2
丹东市	15		16	15	1	21	59	2	9
锦州市	15	15	20	14	5	47	41	13	7
营口市	8	4	56	4		115	178	8	59
阜新市	17		23			2	18	3	2
辽阳市	12		8	2	1	37	64	48	7
盘锦市	5	52	21	7		14	40	2	1
铁岭市	7	1	14	2	2	29	28	3	3
朝阳市	15	2	21	14		46	113	19	10
葫芦岛市	3	1	7	13		19	41	9	6
辽宁省沈抚新区管委会	1	1	1			5	4	1	1

4-4c　续表 4

单位：人

地　区 性　别	制造业								
	金　属 制品业	通用设备 制造业	专用设备 制造业	汽　车 制造业	铁路、船舶、 航空航天和 其他运输 设备制造业	电气机械 和器材 制造业	计算机、 通信和其 他电子设 备制造业	仪器仪表 制造业	其　他 制造业
辽宁	**3851**	**2903**	**645**	**967**	**480**	**731**	**542**	**134**	**241**
沈阳市	286	271	84	148	38	193	31	13	25
大连市	576	1104	115	111	116	127	151	29	44
鞍山市	311	319	51	30	22	21	29	10	51
抚顺市	68	48	14	11	8	8	8	2	4
本溪市	84	34	8	56	2	11	7		6
丹东市	314	211	79	128	20	41	39	21	10
锦州市	257	143	47	91	57	79	50	14	6
营口市	517	163	34	66	23	42	13	12	11
阜新市	105	40	19	21	19	13	32	5	13
辽阳市	316	119	21	23	10	9	11	4	17
盘锦市	116	35	13	12	4	25	21	2	1
铁岭市	182	93	37	94	7	51	13	7	23
朝阳市	442	200	73	143	51	48	86	10	19
葫芦岛市	252	105	41	31	100	62	48	5	11
辽宁省沈抚新区管委会	25	18	9	2	3	1	3		
男	**3303**	**2388**	**480**	**718**	**427**	**483**	**251**	**95**	**148**
沈阳市	235	217	63	106	30	122	14	8	16
大连市	450	879	78	93	103	66	25	24	27
鞍山市	289	266	38	25	22	17	15	6	30
抚顺市	59	41	8	9	8	5	4	2	4
本溪市	69	25	6	29	1	8	5		4
丹东市	271	179	63	88	18	28	13	6	6
锦州市	217	114	33	69	51	53	34	12	2
营口市	437	148	28	58	23	30	8	12	3
阜新市	88	30	12	16	14	11	18	5	8
辽阳市	296	102	15	17	10	5	4	1	15
盘锦市	96	30	11	8	3	17	12	2	1
铁岭市	160	78	25	56	4	39	9	4	13
朝阳市	378	174	61	118	43	35	55	9	13
葫芦岛市	236	91	33	25	94	47	35	4	6
辽宁省沈抚新区管委会	22	14	6	1	3				
女	**548**	**515**	**165**	**249**	**53**	**248**	**291**	**39**	**93**
沈阳市	51	54	21	42	8	71	17	5	9
大连市	126	225	37	18	13	61	126	5	17
鞍山市	22	53	13	5		4	14	4	21
抚顺市	9	7	6	2		3	4		
本溪市	15	9	2	27	1	3	2		2
丹东市	43	32	16	40	2	13	26	15	4
锦州市	40	29	14	22	6	26	16	2	4
营口市	80	15	6	8		12	5		8
阜新市	17	10	7	5	5	2	14		5
辽阳市	20	17	6	6		4	7	3	2
盘锦市	20	5	2	4	1	8	9		
铁岭市	22	15	12	38	3	12	4	3	10
朝阳市	64	26	12	25	8	13	31	1	6
葫芦岛市	16	14	8	6	6	15	13	1	5
辽宁省沈抚新区管委会	3	4	3	1		1	3		

4-4c　续表 5　　　　单位：人

地　区 性　别	制造业		电力、热力、燃气及水生产和供应业				建筑业		
	废弃资源综合利用业	金属制品、机械和设备修理业	小计	电力、热力生产和供应业	燃气生产和供应业	水的生产和供应业	小计	房屋建筑业	土木工程建筑业
辽宁	**443**	**457**	**2153**	**1700**	**224**	**229**	**29686**	**17897**	**2115**
沈阳市	93	49	259	175	42	42	1837	845	155
大连市	69	74	371	306	32	33	1887	849	340
鞍山市	37	34	78	61	8	9	1793	1058	120
抚顺市	20	14	51	37	4	10	744	455	83
本溪市	3	13	126	119	3	4	726	448	71
丹东市	11	30	99	79	8	12	1835	1165	148
锦州市	37	35	241	196	13	32	3083	1764	208
营口市	16	32	106	74	9	23	1806	1078	64
阜新市	11	23	120	64	48	8	792	460	59
辽阳市	61	20	71	47	17	7	1412	789	90
盘锦市	6	7	85	61	8	16	747	264	101
铁岭市	12	32	126	111	4	11	1789	990	103
朝阳市	31	56	260	230	19	11	6207	4226	364
葫芦岛市	25	36	154	134	9	11	4769	3280	206
辽宁省沈抚新区管委会	11	2	6	6			259	226	3
男	**350**	**428**	**1879**	**1517**	**166**	**196**	**26879**	**16238**	**1955**
沈阳市	73	43	222	158	33	31	1629	766	133
大连市	52	68	319	269	20	30	1725	779	310
鞍山市	32	30	67	56	4	7	1612	963	115
抚顺市	14	14	44	31	3	10	664	403	77
本溪市	2	12	109	104	2	3	682	424	70
丹东市	9	29	89	72	6	11	1707	1080	139
锦州市	28	34	219	182	7	30	2771	1585	190
营口市	12	29	94	67	7	20	1675	1007	62
阜新市	8	21	97	55	36	6	717	416	53
辽阳市	46	19	63	45	13	5	1286	728	84
盘锦市	6	7	71	50	7	14	690	246	93
铁岭市	11	32	112	100	4	8	1578	883	98
朝阳市	31	53	229	202	16	11	5622	3855	336
葫芦岛市	19	36	138	120	8	10	4301	2913	193
辽宁省沈抚新区管委会	7	1	6	6			220	190	2
女	**93**	**29**	**274**	**183**	**58**	**33**	**2807**	**1659**	**160**
沈阳市	20	6	37	17	9	11	208	79	22
大连市	17	6	52	37	12	3	162	70	30
鞍山市	5	4	11	5	4	2	181	95	5
抚顺市	6		7	6	1		80	52	6
本溪市	1	1	17	15	1	1	44	24	1
丹东市	2	1	10	7	2	1	128	85	9
锦州市	9	1	22	14	6	2	312	179	18
营口市	4	3	12	7	2	3	131	71	2
阜新市	3	2	23	9	12	2	75	44	6
辽阳市	15	1	8	2	4	2	126	61	6
盘锦市			14	11	1	2	57	18	8
铁岭市	1		14	11		3	211	107	5
朝阳市		3	31	28	3		585	371	28
葫芦岛市	6		16	14	1	1	468	367	13
辽宁省沈抚新区管委会	4	1					39	36	1

4-4c 续表 6 单位：人

地 区 性 别	建筑业		批发和零售业			交通运输、仓储和邮政业			
	建 筑 安装业	建筑装 饰、装修 和其他 建筑业	小计	批发业	零售业	小计	铁 路 运输业	道 路 运输业	水 上 运输业
辽宁	**1368**	**8306**	**30010**	**11041**	**18969**	**16725**	**247**	**12019**	**302**
沈阳市	96	741	2982	1191	1791	1952	22	1185	3
大连市	139	559	5454	3592	1862	1271	9	897	41
鞍山市	119	496	3187	1280	1907	1816	15	1507	11
抚顺市	27	179	757	170	587	448	5	366	3
本溪市	31	176	650	147	503	531	19	357	6
丹东市	74	448	1664	451	1213	1017	15	725	62
锦州市	150	961	2677	655	2022	2054	47	1477	43
营口市	76	588	2478	796	1682	2016	10	1558	68
阜新市	40	233	800	261	539	448	13	298	4
辽阳市	55	478	1625	454	1171	1050	8	839	1
盘锦市	78	304	1004	330	674	573	2	352	11
铁岭市	64	632	1496	515	981	719	8	509	3
朝阳市	265	1352	2947	784	2163	1482	45	948	13
葫芦岛市	153	1130	2190	391	1799	1257	28	944	33
辽宁省沈抚新区管委会	1	29	99	24	75	91	1	57	
男	**1288**	**7398**	**15963**	**6998**	**8965**	**14973**	**200**	**11150**	**286**
沈阳市	91	639	1581	741	840	1634	17	1061	3
大连市	127	509	3081	2186	895	1154	6	841	41
鞍山市	100	434	1715	761	954	1676	10	1428	9
抚顺市	26	158	359	106	253	406	2	340	2
本溪市	31	157	340	106	234	478	13	328	6
丹东市	71	417	838	310	528	917	14	665	61
锦州市	148	848	1349	437	912	1812	38	1354	38
营口市	72	534	1298	515	783	1869	9	1475	67
阜新市	37	211	423	168	255	402	10	283	4
辽阳市	49	425	849	300	549	955	6	781	1
盘锦市	75	276	484	219	265	496	2	323	10
铁岭市	57	540	790	332	458	638	6	469	3
朝阳市	253	1178	1572	526	1046	1307	41	860	10
葫芦岛市	150	1045	1241	275	966	1152	25	893	31
辽宁省沈抚新区管委会	1	27	43	16	27	77	1	49	
女	**80**	**908**	**14047**	**4043**	**10004**	**1752**	**47**	**869**	**16**
沈阳市	5	102	1401	450	951	318	5	124	
大连市	12	50	2373	1406	967	117	3	56	
鞍山市	19	62	1472	519	953	140	5	79	2
抚顺市	1	21	398	64	334	42	3	26	1
本溪市		19	310	41	269	53	6	29	
丹东市	3	31	826	141	685	100	1	60	1
锦州市	2	113	1328	218	1110	242	9	123	5
营口市	4	54	1180	281	899	147	1	83	1
阜新市	3	22	377	93	284	46	3	15	
辽阳市	6	53	776	154	622	95	2	58	
盘锦市	3	28	520	111	409	77		29	1
铁岭市	7	92	706	183	523	81	2	40	
朝阳市	12	174	1375	258	1117	175	4	88	3
葫芦岛市	3	85	949	116	833	105	3	51	2
辽宁省沈抚新区管委会		2	56	8	48	14		8	

4-4c　续表 7　　　　单位：人

地　区 性　别	交通运输、仓储和邮政业					住宿和餐饮业		
	航　空 运输业	管　道 运输业	多式联运 和运输 代理业	装卸搬运 和仓储业	邮政业	小计	住宿业	餐饮业
辽宁	**110**	**11**	**268**	**2266**	**1502**	**10603**	**585**	**10018**
沈阳市	67	2	46	352	275	979	40	939
大连市	1	1	41	173	108	565	59	506
鞍山市	2		17	158	106	920	40	880
抚顺市	1			32	41	505	18	487
本溪市			4	117	28	407	52	355
丹东市	4	1	5	146	59	610	79	531
锦州市	9	2	18	252	206	1132	50	1082
营口市	2		72	251	55	598	45	553
阜新市	2	1	13	71	46	491	24	467
辽阳市		1	9	86	106	604	19	585
盘锦市	1	1	3	121	82	366	21	345
铁岭市	2	1	10	112	74	837	26	811
朝阳市	13	1	16	253	193	1468	55	1413
葫芦岛市	6		14	131	101	1078	52	1026
辽宁省沈抚新区管委会				11	22	43	5	38
男	**68**	**7**	**227**	**1902**	**1133**	**5386**	**240**	**5146**
沈阳市	36		35	281	201	449	12	437
大连市		1	41	138	86	309	25	284
鞍山市	1		14	130	84	516	20	496
抚顺市	1			27	34	235	7	228
本溪市			4	103	24	202	26	176
丹东市	4	1	5	128	39	290	37	253
锦州市	8	1	14	207	152	585	16	569
营口市	1		59	216	42	333	16	317
阜新市	1	1	11	59	33	242	9	233
辽阳市		1	8	74	84	280	8	272
盘锦市	1	1	3	98	58	170	9	161
铁岭市	1	1	6	96	56	418	8	410
朝阳市	11		13	221	151	734	22	712
葫芦岛市	3		14	113	73	606	24	582
辽宁省沈抚新区管委会				11	16	17	1	16
女	**42**	**4**	**41**	**364**	**369**	**5217**	**345**	**4872**
沈阳市	31	2	11	71	74	530	28	502
大连市	1			35	22	256	34	222
鞍山市	1		3	28	22	404	20	384
抚顺市				5	7	270	11	259
本溪市				14	4	205	26	179
丹东市				18	20	320	42	278
锦州市	1	1	4	45	54	547	34	513
营口市	1		13	35	13	265	29	236
阜新市	1		2	12	13	249	15	234
辽阳市			1	12	22	324	11	313
盘锦市				23	24	196	12	184
铁岭市	1		4	16	18	419	18	401
朝阳市	2	1	3	32	42	734	33	701
葫芦岛市	3			18	28	472	28	444
辽宁省沈抚新区管委会					6	26	4	22

4-4c 续表 8

单位：人

地区 性别	信息传输、软件和信息技术服务业				金融业				
	小计	电信、广播电视和卫星传输服务	互联网和相关服务	软件和信息技术服务业	小计	货币金融服务	资本市场服务	保险业	其他金融业
辽宁	**1390**	**406**	**447**	**537**	**1274**	**571**	**29**	**602**	**72**
沈阳市	135	45	43	47	119	35	4	69	11
大连市	96	28	18	50	137	49	2	79	7
鞍山市	105	22	44	39	79	39		32	8
抚顺市	49	19	10	20	32	21	1	8	2
本溪市	40	17	7	16	45	30	1	12	2
丹东市	52	18	20	14	75	44	1	28	2
锦州市	194	42	75	77	148	69	2	70	7
营口市	70	32	15	23	90	51		37	2
阜新市	62	11	28	23	45	18	1	21	5
辽阳市	50	15	19	16	50	17		31	2
盘锦市	52	19	8	25	49	22	1	25	1
铁岭市	64	22	20	22	86	46	1	34	5
朝阳市	302	78	94	130	196	81	6	95	14
葫芦岛市	112	33	45	34	115	45	9	57	4
辽宁省沈抚新区管委会	7	5	1	1	8	4		4	
男	**861**	**258**	**278**	**325**	**625**	**331**	**18**	**240**	**36**
沈阳市	94	36	25	33	58	17	4	29	8
大连市	61	15	11	35	71	33	1	33	4
鞍山市	55	14	24	17	39	20		14	5
抚顺市	34	12	5	17	18	14	1	2	1
本溪市	17	8	2	7	20	14		5	1
丹东市	31	14	9	8	43	30		13	
锦州市	127	26	54	47	55	30	2	22	1
营口市	42	19	9	14	41	30		9	2
阜新市	35	6	19	10	23	14		7	2
辽阳市	27	6	14	7	22	9		13	
盘锦市	28	8	4	16	24	14		9	1
铁岭市	37	11	15	11	43	23	1	16	3
朝阳市	197	55	57	85	106	53	5	43	5
葫芦岛市	71	24	29	18	58	28	4	23	3
辽宁省沈抚新区管委会	5	4	1		4	2		2	
女	**529**	**148**	**169**	**212**	**649**	**240**	**11**	**362**	**36**
沈阳市	41	9	18	14	61	18		40	3
大连市	35	13	7	15	66	16	1	46	3
鞍山市	50	8	20	22	40	19		18	3
抚顺市	15	7	5	3	14	7		6	1
本溪市	23	9	5	9	25	16	1	7	1
丹东市	21	4	11	6	32	14	1	15	2
锦州市	67	16	21	30	93	39		48	6
营口市	28	13	6	9	49	21		28	
阜新市	27	5	9	13	22	4	1	14	3
辽阳市	23	9	5	9	28	8		18	2
盘锦市	24	11	4	9	25	8	1	16	
铁岭市	27	11	5	11	43	23		18	2
朝阳市	105	23	37	45	90	28	1	52	9
葫芦岛市	41	9	16	16	57	17	5	34	1
辽宁省沈抚新区管委会	2	1		1	4	2		2	

4-4c　续表 9　　　　单位：人

地区 性别	房地产业		租赁和商务服务业			科学研究和技术服务业			
	小计	房地产业	小计	租赁业	商务服务业	小计	研究和试验发展	专业技术服务业	科技推广和应用服务业
辽宁	**1987**	**1987**	**4337**	**468**	**3869**	**1689**	**129**	**860**	**700**
沈阳市	316	316	603	44	559	214	9	108	97
大连市	184	184	708	69	639	446	9	123	314
鞍山市	125	125	409	38	371	128	11	66	51
抚顺市	27	27	80	17	63	27	5	17	5
本溪市	47	47	101	19	82	27	8	15	4
丹东市	93	93	127	30	97	61	5	53	3
锦州市	217	217	426	31	395	144	15	108	21
营口市	123	123	191	31	160	71	15	49	7
阜新市	64	64	172	20	152	49	9	36	4
辽阳市	69	69	290	22	268	36	2	26	8
盘锦市	127	127	233	46	187	63	8	35	20
铁岭市	138	138	285	6	279	82	9	31	42
朝阳市	249	249	524	68	456	289	17	154	118
葫芦岛市	184	184	176	23	153	48	7	35	6
辽宁省沈抚新区管委会	24	24	12	4	8	4		4	
男	**1265**	**1265**	**3072**	**447**	**2625**	**1122**	**88**	**596**	**438**
沈阳市	188	188	409	44	365	135	5	70	60
大连市	125	125	507	66	441	273	5	77	191
鞍山市	85	85	292	33	259	97	9	57	31
抚顺市	18	18	56	17	39	16	4	12	
本溪市	29	29	83	19	64	18	4	11	3
丹东市	60	60	99	29	70	46	4	40	2
锦州市	132	132	296	28	268	95	10	71	14
营口市	68	68	136	27	109	53	11	35	7
阜新市	38	38	116	20	96	33	7	23	3
辽阳市	45	45	210	21	189	25	1	18	6
盘锦市	78	78	180	46	134	46	6	24	16
铁岭市	88	88	184	6	178	56	6	22	28
朝阳市	173	173	371	66	305	200	11	115	74
葫芦岛市	126	126	124	21	103	27	5	19	3
辽宁省沈抚新区管委会	12	12	9	4	5	2		2	
女	**722**	**722**	**1265**	**21**	**1244**	**567**	**41**	**264**	**262**
沈阳市	128	128	194		194	79	4	38	37
大连市	59	59	201	3	198	173	4	46	123
鞍山市	40	40	117	5	112	31	2	9	20
抚顺市	9	9	24		24	11	1	5	5
本溪市	18	18	18		18	9	4	4	1
丹东市	33	33	28	1	27	15	1	13	1
锦州市	85	85	130	3	127	49	5	37	7
营口市	55	55	55	4	51	18	4	14	
阜新市	26	26	56		56	16	2	13	1
辽阳市	24	24	80	1	79	11	1	8	2
盘锦市	49	49	53		53	17	2	11	4
铁岭市	50	50	101		101	26	3	9	14
朝阳市	76	76	153	2	151	89	6	39	44
葫芦岛市	58	58	52	2	50	21	2	16	3
辽宁省沈抚新区管委会	12	12	3		3	2		2	

4-4c 续表 10 单位：人

地区 性别	水利、环境和公共设施管理业					居民服务、修理和其他服务业			
	小计	水利管理业	生态保护和环境治理业	公共设施管理业	土地管理业	小计	居民服务业	机动车、电子产品和日用产品修理业	其他服务业
辽宁	**1981**	**197**	**213**	**1562**	**9**	**10424**	**5769**	**3082**	**1573**
沈阳市	374	20	39	314	1	1087	665	237	185
大连市	156	15	15	124	2	931	485	221	225
鞍山市	124	24	7	93		1028	571	291	166
抚顺市	57	9	3	45		386	249	98	39
本溪市	140	1	27	112		289	153	68	68
丹东市	98	15	4	79		571	309	190	72
锦州市	107	7	11	87	2	1117	586	423	108
营口市	169	40	3	125	1	882	465	312	105
阜新市	39	4	3	31	1	347	180	100	67
辽阳市	114	6	5	103		695	435	157	103
盘锦市	220	25	59	134	2	422	256	97	69
铁岭市	87	8	12	67		607	335	164	108
朝阳市	166	14	10	142		1203	615	453	135
葫芦岛市	97	9	15	73		801	442	263	96
辽宁省沈抚新区管委会	33			33		58	23	8	27
男	**1360**	**174**	**174**	**1005**	**7**	**6094**	**2451**	**2794**	**849**
沈阳市	258	18	30	209	1	548	253	207	88
大连市	118	13	14	90	1	590	243	204	143
鞍山市	83	17	7	59		627	270	268	89
抚顺市	44	8	2	34		240	129	83	28
本溪市	89	1	25	63		165	58	62	45
丹东市	75	14	4	57		323	108	174	41
锦州市	73	6	7	58	2	647	221	377	49
营口市	117	39	3	74	1	528	186	282	60
阜新市	25	3	3	18	1	202	72	94	36
辽阳市	75	5	4	66		407	214	133	60
盘锦市	142	22	42	77	1	218	110	80	28
铁岭市	63	7	12	44		336	129	151	56
朝阳市	116	13	8	95		729	240	429	60
葫芦岛市	64	8	13	43		502	211	243	48
辽宁省沈抚新区管委会	18			18		32	7	7	18
女	**621**	**23**	**39**	**557**	**2**	**4330**	**3318**	**288**	**724**
沈阳市	116	2	9	105		539	412	30	97
大连市	38	2	1	34	1	341	242	17	82
鞍山市	41	7		34		401	301	23	77
抚顺市	13	1	1	11		146	120	15	11
本溪市	51		2	49		124	95	6	23
丹东市	23	1		22		248	201	16	31
锦州市	34	1	4	29		470	365	46	59
营口市	52	1		51		354	279	30	45
阜新市	14	1		13		145	108	6	31
辽阳市	39	1	1	37		288	221	24	43
盘锦市	78	3	17	57	1	204	146	17	41
铁岭市	24	1		23		271	206	13	52
朝阳市	50	1	2	47		474	375	24	75
葫芦岛市	33	1	2	30		299	231	20	48
辽宁省沈抚新区管委会	15			15		26	16	1	9

4-4c 续表 11 单位：人

地区 性别	教育		卫生和社会工作			文化、体育和娱乐业				
	小计	教育	小计	卫生	社会工作	小计	新闻和出版业	广播、电视、电影和录音制作业	文化艺术业	体育
辽宁	**5881**	**5881**	**3406**	**3116**	**290**	**735**	**21**	**61**	**130**	**124**
沈阳市	614	614	316	272	44	67	2	9	12	14
大连市	583	583	278	244	34	49		4	11	10
鞍山市	481	481	254	239	15	49	1	4	11	10
抚顺市	146	146	97	84	13	19	2		3	4
本溪市	134	134	102	91	11	61	1	3	6	4
丹东市	292	292	237	211	26	70	1	5	7	18
锦州市	550	550	356	329	27	62	2	6	8	13
营口市	414	414	270	253	17	67	2	4	12	7
阜新市	273	273	143	135	8	34	1	1	7	8
辽阳市	228	228	149	137	12	36		4	10	2
盘锦市	228	228	118	99	19	30	2	3	3	7
铁岭市	353	353	242	227	15	37		6	2	6
朝阳市	1015	1015	546	517	29	97	7	6	20	15
葫芦岛市	551	551	292	276	16	49		5	16	6
辽宁省沈抚新区管委会	19	19	6	2	4	8		1	2	
男	**2306**	**2306**	**1446**	**1343**	**103**	**458**	**8**	**32**	**86**	**77**
沈阳市	240	240	147	131	16	40		2	10	7
大连市	264	264	136	118	18	26		2	4	5
鞍山市	193	193	117	113	4	26		2	6	7
抚顺市	59	59	41	36	5	12	2		2	3
本溪市	55	55	38	36	2	40	1	1	4	2
丹东市	111	111	88	80	8	45		3	6	13
锦州市	188	188	128	121	7	35	1	3	4	7
营口市	153	153	101	98	3	43	1	3	6	3
阜新市	100	100	63	59	4	23	1		7	5
辽阳市	92	92	62	59	3	23		2	6	1
盘锦市	71	71	40	34	6	18	2	3	2	3
铁岭市	160	160	118	113	5	26		5	2	6
朝阳市	414	414	242	230	12	59		4	11	10
葫芦岛市	201	201	123	115	8	40		2	14	5
辽宁省沈抚新区管委会	5	5	2		2	2			2	
女	**3575**	**3575**	**1960**	**1773**	**187**	**277**	**13**	**29**	**44**	**47**
沈阳市	374	374	169	141	28	27	2	7	2	7
大连市	319	319	142	126	16	23		2	7	5
鞍山市	288	288	137	126	11	23	1	2	5	3
抚顺市	87	87	56	48	8	7			1	1
本溪市	79	79	64	55	9	21		2	2	2
丹东市	181	181	149	131	18	25	1	2	1	5
锦州市	362	362	228	208	20	27	1	3	4	6
营口市	261	261	169	155	14	24	1	1	6	4
阜新市	173	173	80	76	4	11		1		3
辽阳市	136	136	87	78	9	13		2	4	1
盘锦市	157	157	78	65	13	12			1	4
铁岭市	193	193	124	114	10	11		1		
朝阳市	601	601	304	287	17	38	7	2	9	5
葫芦岛市	350	350	169	161	8	9		3	2	1
辽宁省沈抚新区管委会	14	14	4	2	2	6		1		

4-4c 续表 12　　　　单位：人

地区 性别	娱乐业	公共管理、社会保障和社会组织							国际组织	
		小计	中国共产党机关	国家机构	人民政协、民主党派	社会保障	群众团体、社会团体和其他成员组织	基层群众自治组织	小计	国际组织
辽宁	**399**	**6492**	**149**	**3197**	**11**	**30**	**499**	**2606**	**3**	**3**
沈阳市	30	853	26	325	1	3	68	430		
大连市	24	827	11	237	2	4	125	448	1	1
鞍山市	23	444	11	183		1	59	190		
抚顺市	10	231	6	138		3	16	68		
本溪市	47	344	12	205	2	3	5	117		
丹东市	39	348	2	145			10	191		
锦州市	33	508	8	304		1	14	181		
营口市	42	386		218			14	154		
阜新市	17	242	8	139	2	3	30	60		
辽阳市	20	228	10	101		5	25	87	2	2
盘锦市	15	312	8	160			14	130		
铁岭市	23	402	25	204	1	3	53	116		
朝阳市	49	894	21	549	3	2	58	261		
葫芦岛市	22	449	1	280		1	7	160		
辽宁省沈抚新区管委会	5	24		9		1	1	13		
男	**255**	**4416**	**116**	**2318**	**8**	**15**	**269**	**1690**	**1**	**1**
沈阳市	21	573	22	243	1	2	36	269		
大连市	15	557	11	187	1	3	77	278		
鞍山市	11	291	7	143		1	21	119		
抚顺市	5	163	5	107		2	9	40		
本溪市	32	250	10	160	2	1	1	76		
丹东市	23	255	2	113			8	132		
锦州市	20	372	5	231		1	12	123		
营口市	30	267		159			6	102		
阜新市	10	160	6	92	1	2	18	41		
辽阳市	14	149	5	70		1	14	59	1	1
盘锦市	8	199	4	109			4	82		
铁岭市	13	272	21	138		1	25	87		
朝阳市	34	598	17	371	3		34	173		
葫芦岛市	19	295	1	189			3	102		
辽宁省沈抚新区管委会		15		6		1	1	7		
女	**144**	**2076**	**33**	**879**	**3**	**15**	**230**	**916**	**2**	**2**
沈阳市	9	280	4	82		1	32	161		
大连市	9	270		50	1	1	48	170	1	1
鞍山市	12	153	4	40			38	71		
抚顺市	5	68	1	31		1	7	28		
本溪市	15	94	2	45		2	4	41		
丹东市	16	93		32			2	59		
锦州市	13	136	3	73			2	58		
营口市	12	119		59			8	52		
阜新市	7	82	2	47	1	1	12	19		
辽阳市	6	79	5	31		4	11	28	1	1
盘锦市	7	113	4	51			10	48		
铁岭市	10	130	4	66	1	2	28	29		
朝阳市	15	296	4	178		2	24	88		
葫芦岛市	3	154		91		1	4	58		
辽宁省沈抚新区管委会	5	9		3				6		

4–5　全省分年龄、性别、行业大类的就业人口

单位：人

年龄组 性　别	合计	农、林、牧、渔业						采矿业	
		小计	农业	林业	畜牧业	渔业	农、林、牧、渔专业及辅助性活动	小计	煤炭开采和洗选业
总　计	**1799414**	**488325**	**437812**	**2052**	**32896**	**10132**	**5433**	**22202**	**5276**
16–19岁	11215	2684	2492	6	128	21	37	23	1
20–24岁	69173	8825	7874	42	612	146	151	315	68
25–29岁	146902	15870	13811	95	1262	414	288	1157	278
30–34岁	252821	27294	23335	178	2311	971	499	2847	711
35–39岁	226622	28063	23771	180	2602	1016	494	2559	623
40–44岁	236756	42200	36058	281	3811	1339	711	3401	733
45–49岁	259102	61308	53152	333	4926	2037	860	4542	1098
50–54岁	235261	82138	72867	396	5999	1989	887	4281	1209
55–59岁	181550	78109	70532	299	5100	1423	755	2484	471
60–64岁	86362	62831	58613	138	3202	480	398	412	49
65–69岁	60640	50057	47448	62	2061	244	242	130	18
70–74岁	23636	20723	19885	33	677	47	81	32	10
75岁及以上	9374	8223	7974	9	205	5	30	19	7
男	**1075189**	**281564**	**247000**	**1524**	**20945**	**8473**	**3622**	**18558**	**4738**
16–19岁	7111	1852	1702	5	97	19	29	18	
20–24岁	39596	5880	5157	30	457	122	114	271	61
25–29岁	85288	10339	8777	71	895	379	217	968	241
30–34岁	146419	16765	13893	137	1550	835	350	2344	619
35–39岁	129002	16468	13513	128	1647	835	345	2067	545
40–44岁	134052	23854	19794	199	2293	1125	443	2609	623
45–49岁	146443	33743	28384	232	2906	1666	555	3545	969
50–54岁	150013	45245	39073	303	3646	1660	563	3848	1161
55–59岁	125207	42680	37569	233	3188	1192	498	2350	446
60–64岁	52551	35695	32786	104	2147	392	266	377	45
65–69岁	37542	29981	28113	45	1464	202	157	117	14
70–74岁	15442	13361	12733	29	499	41	59	29	8
75岁及以上	6523	5701	5506	8	156	5	26	15	6
女	**724225**	**206761**	**190812**	**528**	**11951**	**1659**	**1811**	**3644**	**538**
16–19岁	4104	832	790	1	31	2	8	5	1
20–24岁	29577	2945	2717	12	155	24	37	44	7
25–29岁	61614	5531	5034	24	367	35	71	189	37
30–34岁	106402	10529	9442	41	761	136	149	503	92
35–39岁	97620	11595	10258	52	955	181	149	492	78
40–44岁	102704	18346	16264	82	1518	214	268	792	110
45–49岁	112659	27565	24768	101	2020	371	305	997	129
50–54岁	85248	36893	33794	93	2353	329	324	433	48
55–59岁	56343	35429	32963	66	1912	231	257	134	25
60–64岁	33811	27136	25827	34	1055	88	132	35	4
65–69岁	23098	20076	19335	17	597	42	85	13	4
70–74岁	8194	7362	7152	4	178	6	22	3	2
75岁及以上	2851	2522	2468	1	49		4	4	1

4-5 续表 1

单位：人

年龄组 性 别	采矿业						制造业		
	石油和天然气开采业	黑色金属矿采选业	有色金属矿采选业	非金属矿采选业	开采专业及辅助性活动	其他采矿业	小计	农副食品加工业	食品制造业
总　计	**3429**	**4663**	**2167**	**2115**	**4007**	**545**	**244089**	**18665**	**7971**
16-19岁	2	7	4	8	1		1385	83	78
20-24岁	36	73	26	57	42	13	9560	529	547
25-29岁	179	215	105	124	223	33	21486	1207	862
30-34岁	494	458	254	241	616	73	42239	2312	1452
35-39岁	416	476	232	191	572	49	35831	2210	1174
40-44岁	561	687	332	248	772	68	37158	2614	1247
45-49岁	854	911	436	384	749	110	39213	3284	1141
50-54岁	569	927	406	424	638	108	30631	3072	818
55-59岁	305	684	284	302	371	67	19690	2026	471
60-64岁	9	166	51	100	21	16	4298	783	121
65-69岁	3	47	28	26	2	6	1955	399	42
70-74岁	1	8	5	6		2	488	112	12
75岁及以上		4	4	4			155	34	6
男	**2500**	**4099**	**1843**	**1811**	**3115**	**452**	**163661**	**10894**	**3942**
16-19岁	1	6	4	6	1		1065	65	43
20-24岁	27	64	22	55	33	9	6989	349	280
25-29岁	123	199	84	110	181	30	15508	780	460
30-34岁	362	416	208	213	468	58	28751	1436	716
35-39岁	302	399	194	165	421	41	22570	1267	539
40-44岁	360	567	270	209	532	48	22216	1416	563
45-49岁	532	751	358	299	552	84	23269	1708	467
50-54岁	484	839	360	357	549	98	22220	1726	447
55-59岁	297	653	264	271	358	61	16039	1259	315
60-64岁	8	153	46	92	18	15	3135	502	69
65-69岁	3	43	25	24	2	6	1440	282	30
70-74岁	1	7	5	6		2	341	78	8
75岁及以上		2	3	4			118	26	5
女	**929**	**564**	**324**	**304**	**892**	**93**	**80428**	**7771**	**4029**
16-19岁	1	1		2			320	18	35
20-24岁	9	9	4	2	9	4	2571	180	267
25-29岁	56	16	21	14	42	3	5978	427	402
30-34岁	132	42	46	28	148	15	13488	876	736
35-39岁	114	77	38	26	151	8	13261	943	635
40-44岁	201	120	62	39	240	20	14942	1198	684
45-49岁	322	160	78	85	197	26	15944	1576	674
50-54岁	85	88	46	67	89	10	8411	1346	371
55-59岁	8	31	20	31	13	6	3651	767	156
60-64岁	1	13	5	8	3	1	1163	281	52
65-69岁		4	3	2			515	117	12
70-74岁		1					147	34	4
75岁及以上		2	1				37	8	1

4-5　续表 2　　　　单位：人

年龄组 性　别	制造业								
	酒、饮料和精制茶制造业	烟　草制品业	纺织业	纺织服装、服饰业	皮革、毛皮、羽毛及其制品和制鞋业	木材加工和木、竹、藤、棕、草制品业	家　具制造业	造纸和纸制品业	印刷和记录媒介复制业
总　计	**2551**	**288**	**3952**	**22376**	**4582**	**5231**	**4887**	**2586**	**2193**
16-19岁	4		22	175	38	15	26	12	12
20-24岁	67	12	131	723	180	116	180	70	102
25-29岁	212	21	245	1594	327	310	442	207	211
30-34岁	407	34	502	3861	785	727	862	398	361
35-39岁	419	42	496	3550	670	664	753	324	358
40-44岁	439	45	638	3945	860	839	759	413	357
45-49岁	377	41	743	4064	768	866	804	448	350
50-54岁	299	38	549	2533	526	837	604	372	228
55-59岁	218	49	402	1235	260	544	332	244	180
60-64岁	65	4	119	434	92	181	86	58	23
65-69岁	34	2	73	199	53	106	28	32	9
70-74岁	10		24	50	17	20	10	8	
75岁及以上			8	13	6	6	1		2
男	**1716**	**218**	**1742**	**6386**	**2320**	**3519**	**3136**	**1570**	**1264**
16-19岁	2		17	88	24	12	22	9	5
20-24岁	43	8	71	327	115	81	125	52	64
25-29岁	147	18	136	615	203	208	292	149	127
30-34岁	291	25	224	1269	420	474	557	221	222
35-39岁	272	26	187	974	322	431	469	187	191
40-44岁	258	32	234	965	392	521	442	216	182
45-49岁	217	26	245	821	355	524	459	242	150
50-54岁	218	32	268	651	262	599	413	233	150
55-59岁	183	47	241	403	140	421	260	189	152
60-64岁	48	3	62	157	50	140	65	44	15
65-69岁	27	1	41	82	29	87	24	22	6
70-74岁	10		10	23	7	16	7	6	
75岁及以上			6	11	1	5	1		
女	**835**	**70**	**2210**	**15990**	**2262**	**1712**	**1751**	**1016**	**929**
16-19岁	2		5	87	14	3	4	3	7
20-24岁	24	4	60	396	65	35	55	18	38
25-29岁	65	3	109	979	124	102	150	58	84
30-34岁	116	9	278	2592	365	253	305	177	139
35-39岁	147	16	309	2576	348	233	284	137	167
40-44岁	181	13	404	2980	468	318	317	197	175
45-49岁	160	15	498	3243	413	342	345	206	200
50-54岁	81	6	281	1882	264	238	191	139	78
55-59岁	35	2	161	832	120	123	72	55	28
60-64岁	17	1	57	277	42	41	21	14	8
65-69岁	7	1	32	117	24	19	4	10	3
70-74岁			14	27	10	4	3	2	
75岁及以上			2	2	5	1			2

4-5 续表 3

单位：人

年龄组 性 别	制造业								
	文教、工美、体育和娱乐用品制造业	石油、煤炭及其他燃料加工业	化学原料和化学制品制造业	医 药制造业	化学纤维制造业	橡胶和塑 料制品业	非金属矿 物制品业	黑色金属冶炼和压延加工业	有色金属冶炼和压延加工业
总 计	**2790**	**7734**	**9995**	**4172**	**306**	**9610**	**15530**	**13242**	**5070**
16-19岁	21	10	21	13	1	59	39	11	8
20-24岁	95	357	549	252	6	307	359	369	154
25-29岁	241	708	902	592	19	768	1018	976	528
30-34岁	521	898	1494	935	34	1550	2081	1952	890
35-39岁	468	849	1256	669	50	1431	1945	1706	680
40-44岁	459	1075	1518	561	45	1611	2375	1878	828
45-49岁	409	1680	1774	532	67	1636	2727	2464	931
50-54岁	293	1179	1435	364	57	1178	2574	2332	672
55-59岁	196	898	842	194	25	751	1741	1338	326
60-64岁	46	52	132	40	2	203	449	143	36
65-69岁	30	25	57	15		89	171	53	12
70-74岁	6	2	8	2		23	44	12	3
75岁及以上	5	1	7	3		4	7	8	2
男	**1527**	**5958**	**7400**	**2206**	**213**	**6194**	**11959**	**11412**	**4235**
16-19岁	13	7	18	9	1	46	29	11	6
20-24岁	59	298	420	126	5	241	283	324	132
25-29岁	133	580	675	305	12	559	812	867	477
30-34岁	296	704	1063	466	24	1018	1578	1722	748
35-39岁	250	633	845	327	33	849	1411	1457	581
40-44岁	214	738	1006	280	25	953	1655	1537	628
45-49岁	199	1087	1197	245	41	930	1952	1941	724
50-54岁	177	971	1232	253	48	790	2119	2092	604
55-59岁	131	868	770	158	22	573	1525	1275	292
60-64岁	30	50	112	24	2	155	401	127	30
65-69岁	17	19	51	10		64	154	42	8
70-74岁	5	2	6	1		15	35	10	3
75岁及以上	3	1	5	2		1	5	7	2
女	**1263**	**1776**	**2595**	**1966**	**93**	**3416**	**3571**	**1830**	**835**
16-19岁	8	3	3	4		13	10		2
20-24岁	36	59	129	126	1	66	76	45	22
25-29岁	108	128	227	287	7	209	206	109	51
30-34岁	225	194	431	469	10	532	503	230	142
35-39岁	218	216	411	342	17	582	534	249	99
40-44岁	245	337	512	281	20	658	720	341	200
45-49岁	210	593	577	287	26	706	775	523	207
50-54岁	116	208	203	111	9	388	455	240	68
55-59岁	65	30	72	36	3	178	216	63	34
60-64岁	16	2	20	16		48	48	16	6
65-69岁	13	6	6	5		25	17	11	4
70-74岁	1		2	1		8	9	2	
75岁及以上	2		2	1		3	2	1	

4-5　续表 4　　单位：人

年龄组 性　别	制造业								
	金　属 制品业	通用设备 制造业	专用设备 制造业	汽　车 制造业	铁路、船舶、 航空航天和 其他运输 设备制造业	电气机械 和器材 制造业	计算机、 通信和其 他电子设 备制造业	仪器仪表 制造业	其　他 制造业
总　计	**19931**	**25475**	**7760**	**12068**	**11524**	**7663**	**5907**	**2209**	**1757**
16-19岁	110	187	50	139	51	103	60	5	8
20-24岁	650	908	305	784	494	479	509	85	60
25-29岁	1815	2145	760	1763	1148	798	898	191	135
30-34岁	3557	5045	1476	3086	2412	1560	1399	418	363
35-39岁	2909	3959	1262	2106	2151	1216	1121	420	287
40-44岁	2997	3743	1160	1620	1696	1113	890	339	245
45-49岁	3219	3766	1108	1253	1535	1047	612	304	264
50-54岁	2562	2960	867	772	1058	779	242	222	188
55-59岁	1568	2218	632	464	889	458	146	181	161
60-64岁	359	346	80	61	58	77	20	30	33
65-69岁	152	160	40	13	23	24	9	8	10
70-74岁	26	27	15	3	4	5	1	5	3
75岁及以上	7	11	5	4	5	4		1	
男	**16324**	**19914**	**5466**	**8985**	**9361**	**5154**	**3073**	**1399**	**1136**
16-19岁	107	172	37	125	47	86	31	4	7
20-24岁	588	745	220	667	421	368	303	61	45
25-29岁	1567	1769	520	1466	962	573	507	115	90
30-34岁	2976	3972	1018	2394	1987	986	735	266	235
35-39岁	2238	2859	836	1437	1672	769	540	237	175
40-44岁	2302	2656	725	996	1289	620	373	185	125
45-49岁	2460	2684	703	784	1143	611	260	167	149
50-54岁	2175	2540	723	617	896	639	168	171	141
55-59岁	1423	2050	568	427	863	417	135	161	135
60-64岁	331	291	68	54	51	59	15	22	23
65-69岁	129	144	33	12	21	18	6	6	10
70-74岁	21	22	12	3	4	4		3	1
75岁及以上	7	10	3	3	5	4		1	
女	**3607**	**5561**	**2294**	**3083**	**2163**	**2509**	**2834**	**810**	**621**
16-19岁	3	15	13	14	4	17	29	1	1
20-24岁	62	163	85	117	73	111	206	24	15
25-29岁	248	376	240	297	186	225	391	76	45
30-34岁	581	1073	458	692	425	574	664	152	128
35-39岁	671	1100	426	669	479	447	581	183	112
40-44岁	695	1087	435	624	407	493	517	154	120
45-49岁	759	1082	405	469	392	436	352	137	115
50-54岁	387	420	144	155	162	140	74	51	47
55-59岁	145	168	64	37	26	41	11	20	26
60-64岁	28	55	12	7	7	18	5	8	10
65-69岁	23	16	7	1	2	6	3	2	
70-74岁	5	5	3			1	1	2	2
75岁及以上		1	2	1					

4-5 续表 5 单位：人

年龄组 性别	制造业		电力、热力、燃气及水生产和供应业				建筑业		
	废弃资源综合利用业	金属制品、机械和设备修理业	小计	电力、热力生产和供应业	燃气生产和供应业	水的生产和供应业	小计	房屋建筑业	土木工程建筑业
总 计	**1911**	**4153**	**24369**	**16928**	**3277**	**4164**	**114880**	**47931**	**13233**
16-19岁	8	16	33	28	3	2	470	242	33
20-24岁	32	149	661	505	84	72	3773	1493	517
25-29岁	81	362	1973	1407	258	308	9053	3438	1208
30-34岁	172	695	3507	2255	601	651	16400	6200	2098
35-39岁	166	520	3282	2117	530	635	14355	5258	1836
40-44岁	251	598	3489	2284	523	682	16056	6394	1692
45-49岁	365	634	4556	3273	513	770	18783	7824	2131
50-54岁	390	631	3635	2751	388	496	18349	8291	1922
55-59岁	256	445	2839	2063	308	468	12450	5802	1415
60-64岁	100	65	272	169	52	51	3638	2074	270
65-69岁	60	27	94	60	11	23	1259	736	90
70-74岁	27	9	19	12	2	5	226	134	16
75岁及以上	3	2	9	4	4	1	68	45	5
男	**1354**	**3684**	**18358**	**13129**	**2341**	**2888**	**96827**	**41890**	**10951**
16-19岁	6	16	27	23	2	2	409	206	30
20-24岁	25	143	494	386	61	47	2965	1209	420
25-29岁	58	326	1432	1047	191	194	7524	2961	957
30-34岁	108	600	2545	1689	418	438	13492	5352	1666
35-39岁	113	443	2296	1544	344	408	11634	4448	1454
40-44岁	178	510	2286	1583	312	391	13178	5510	1336
45-49岁	245	533	3103	2290	339	474	15371	6701	1687
50-54岁	280	585	3112	2368	332	412	16095	7414	1696
55-59岁	201	435	2734	1992	292	450	11415	5345	1351
60-64岁	77	58	232	150	38	44	3340	1918	252
65-69岁	41	24	77	47	8	22	1150	673	84
70-74岁	20	9	14	7	2	5	202	119	14
75岁及以上	2	2	6	3	2	1	52	34	4
女	**557**	**469**	**6011**	**3799**	**936**	**1276**	**18053**	**6041**	**2282**
16-19岁	2		6	5	1		61	36	3
20-24岁	7	6	167	119	23	25	808	284	97
25-29岁	23	36	541	360	67	114	1529	477	251
30-34岁	64	95	962	566	183	213	2908	848	432
35-39岁	53	77	986	573	186	227	2721	810	382
40-44岁	73	88	1203	701	211	291	2878	884	356
45-49岁	120	101	1453	983	174	296	3412	1123	444
50-54岁	110	46	523	383	56	84	2254	877	226
55-59岁	55	10	105	71	16	18	1035	457	64
60-64岁	23	7	40	19	14	7	298	156	18
65-69岁	19	3	17	13	3	1	109	63	6
70-74岁	7		5	5			24	15	2
75岁及以上	1		3	1	2		16	11	1

4-5　续表 6

单位：人

年龄组 性别	建筑业		批发和零售业			交通运输、仓储和邮政业			
	建筑安装业	建筑装饰、装修和其他建筑业	小计	批发业	零售业	小计	铁路运输业	道路运输业	水上运输业
总　计	**7551**	**46165**	**247689**	**73056**	**174633**	**112000**	**7082**	**71578**	**3491**
16-19岁	21	174	1362	288	1074	368	17	121	6
20-24岁	213	1550	10348	2370	7978	3545	286	1516	117
25-29岁	703	3704	23468	5955	17513	8963	548	4544	375
30-34岁	1275	6827	44463	12189	32274	17579	893	10569	716
35-39岁	1083	6178	41700	11667	30033	17614	945	11712	528
40-44岁	1077	6893	41538	11439	30099	19321	931	13726	474
45-49岁	1191	7637	37595	11215	26380	18755	1119	12816	539
50-54岁	1109	7027	24029	8379	15650	14153	1082	9352	449
55-59岁	671	4562	14609	5804	8805	9396	1172	5826	250
60-64岁	153	1141	4760	1940	2820	1555	59	969	28
65-69岁	44	389	2563	1182	1381	559	21	324	8
70-74岁	8	68	901	459	442	144	4	79	1
75岁及以上	3	15	353	169	184	48	5	24	
男	**6517**	**37469**	**121241**	**43591**	**77650**	**94763**	**6060**	**62963**	**2961**
16-19岁	20	153	692	187	505	269	9	86	5
20-24岁	177	1159	4814	1357	3457	2722	235	1228	91
25-29岁	625	2981	11482	3492	7990	7065	401	3774	316
30-34岁	1080	5394	20889	6968	13921	14247	728	8988	600
35-39岁	907	4825	18775	6458	12317	14601	813	10121	435
40-44岁	915	5417	18096	6211	11885	16374	804	12064	387
45-49岁	977	6006	16932	6387	10545	15707	886	11185	441
50-54岁	991	5994	14115	5675	8440	12804	980	8646	407
55-59岁	633	4086	10147	4365	5782	8891	1133	5565	244
60-64岁	140	1030	2861	1257	1604	1419	51	909	26
65-69岁	43	350	1609	786	823	498	14	306	8
70-74岁	7	62	579	327	252	129	4	73	1
75岁及以上	2	12	250	121	129	37	2	18	
女	**1034**	**8696**	**126448**	**29465**	**96983**	**17237**	**1022**	**8615**	**530**
16-19岁	1	21	670	101	569	99	8	35	1
20-24岁	36	391	5534	1013	4521	823	51	288	26
25-29岁	78	723	11986	2463	9523	1898	147	770	59
30-34岁	195	1433	23574	5221	18353	3332	165	1581	116
35-39岁	176	1353	22925	5209	17716	3013	132	1591	93
40-44岁	162	1476	23442	5228	18214	2947	127	1662	87
45-49岁	214	1631	20663	4828	15835	3048	233	1631	98
50-54岁	118	1033	9914	2704	7210	1349	102	706	42
55-59岁	38	476	4462	1439	3023	505	39	261	6
60-64岁	13	111	1899	683	1216	136	8	60	2
65-69岁	1	39	954	396	558	61	7	18	
70-74岁	1	6	322	132	190	15		6	
75岁及以上	1	3	103	48	55	11	3	6	

4-5 续表 7

单位：人

年龄组 性别	交通运输、仓储和邮政业					住宿和餐饮业		
	航空运输业	管道运输业	多式联运和运输代理业	装卸搬运和仓储业	邮政业	小计	住宿业	餐饮业
总计	**2427**	**166**	**3335**	**10886**	**13035**	**74479**	**6494**	**67985**
16-19岁	18		8	61	137	1614	104	1510
20-24岁	175	3	128	330	990	5370	426	4944
25-29岁	419	5	334	707	2031	8119	631	7488
30-34岁	564	22	586	1205	3024	12478	969	11509
35-39岁	367	19	598	1196	2249	11267	863	10404
40-44岁	260	36	550	1475	1869	11652	945	10707
45-49岁	320	38	531	1919	1473	11085	1116	9969
50-54岁	169	26	360	1949	766	7138	740	6398
55-59岁	123	15	213	1372	425	4093	514	3579
60-64岁	9	2	22	422	44	1159	133	1026
65-69岁	2		2	185	17	381	44	337
70-74岁	1		2	52	5	82	7	75
75岁及以上			1	13	5	41	2	39
男	**1446**	**112**	**2439**	**8972**	**9810**	**38349**	**2796**	**35553**
16-19岁	12		3	52	102	1076	63	1013
20-24岁	89	2	85	255	737	3397	197	3200
25-29岁	238	5	215	539	1577	4992	269	4723
30-34岁	304	15	387	972	2253	6973	422	6551
35-39岁	197	11	420	923	1681	5917	344	5573
40-44岁	150	20	398	1192	1359	5483	342	5141
45-49岁	213	19	402	1529	1032	4449	355	4094
50-54岁	128	24	307	1694	618	3079	358	2721
55-59岁	108	14	199	1233	395	2173	342	1831
60-64岁	5	2	19	372	35	536	74	462
65-69岁	1		2	155	12	198	24	174
70-74岁	1		1	44	5	51	4	47
75岁及以上			1	12	4	25	2	23
女	**981**	**54**	**896**	**1914**	**3225**	**36130**	**3698**	**32432**
16-19岁	6		5	9	35	538	41	497
20-24岁	86	1	43	75	253	1973	229	1744
25-29岁	181		119	168	454	3127	362	2765
30-34岁	260	7	199	233	771	5505	547	4958
35-39岁	170	8	178	273	568	5350	519	4831
40-44岁	110	16	152	283	510	6169	603	5566
45-49岁	107	19	129	390	441	6636	761	5875
50-54岁	41	2	53	255	148	4059	382	3677
55-59岁	15	1	14	139	30	1920	172	1748
60-64岁	4		3	50	9	623	59	564
65-69岁	1			30	5	183	20	163
70-74岁			1	8		31	3	28
75岁及以上				1	1	16		16

4-5　续表 8　　　　单位：人

年龄组 性　别	信息传输、软件和信息技术服务业				金融业				
	小计	电信、广播电视和卫星传输服务	互联网和相关服务	软件和信息技术服务业	小计	货币金融服务	资本市场服务	保险业	其他金融业
总　计	**31935**	**8166**	**6796**	**16973**	**35273**	**18771**	**1805**	**11791**	**2906**
16–19岁	230	45	110	75	64	14	4	41	5
20–24岁	3200	369	957	1874	1842	761	84	820	177
25–29岁	6255	923	1589	3743	5135	2618	243	1816	458
30–34岁	8116	1970	1728	4418	8089	4177	473	2698	741
35–39岁	6073	1404	1066	3603	5900	2748	331	2302	519
40–44岁	3710	1171	646	1893	4126	1853	247	1750	276
45–49岁	2295	1110	374	811	4580	2646	254	1348	332
50–54岁	1206	675	201	330	3505	2518	109	647	231
55–59岁	768	457	114	197	1832	1327	56	295	154
60–64岁	45	25	6	14	132	64	3	55	10
65–69岁	21	11	1	9	52	35	1	14	2
70–74岁	8	3	3	2	13	7		5	1
75岁及以上	8	3	1	4	3	3			
男	**19010**	**4516**	**4179**	**10315**	**16479**	**9223**	**1016**	**4741**	**1499**
16–19岁	120	21	61	38	32	7	1	23	1
20–24岁	1698	158	507	1033	804	297	37	393	77
25–29岁	3462	414	952	2096	2301	1102	118	873	208
30–34岁	4567	874	1044	2649	3420	1753	253	1061	353
35–39岁	3618	680	676	2262	2485	1177	192	860	256
40–44岁	2381	699	429	1253	1687	819	139	594	135
45–49岁	1465	698	234	533	2000	1266	143	424	167
50–54岁	940	520	166	254	2031	1510	82	290	149
55–59岁	692	419	101	172	1582	1206	49	183	144
60–64岁	37	20	5	12	84	49	2	27	6
65–69岁	18	9	1	8	39	29		8	2
70–74岁	6	2	2	2	12	6		5	1
75岁及以上	6	2	1	3	2	2			
女	**12925**	**3650**	**2617**	**6658**	**18794**	**9548**	**789**	**7050**	**1407**
16–19岁	110	24	49	37	32	7	3	18	4
20–24岁	1502	211	450	841	1038	464	47	427	100
25–29岁	2793	509	637	1647	2834	1516	125	943	250
30–34岁	3549	1096	684	1769	4669	2424	220	1637	388
35–39岁	2455	724	390	1341	3415	1571	139	1442	263
40–44岁	1329	472	217	640	2439	1034	108	1156	141
45–49岁	830	412	140	278	2580	1380	111	924	165
50–54岁	266	155	35	76	1474	1008	27	357	82
55–59岁	76	38	13	25	250	121	7	112	10
60–64岁	8	5	1	2	48	15	1	28	4
65–69岁	3	2		1	13	6	1	6	
70–74岁	2	1	1		1	1			
75岁及以上	2	1		1	1	1			

4-5 续表 9

单位：人

年龄组 性别	房地产业		租赁和商务服务业			科学研究和技术服务业			
	小计	房地产业	小计	租赁业	商务服务业	小计	研究和试验发展	专业技术服务业	科技推广和应用服务业
总　计	**33988**	**33988**	**48133**	**2632**	**45501**	**22969**	**3834**	**15116**	**4019**
16-19岁	142	142	246	11	235	55	3	36	16
20-24岁	1900	1900	2772	102	2670	1199	145	822	232
25-29岁	4004	4004	5875	319	5556	2879	451	1956	472
30-34岁	6184	6184	8958	578	8380	4919	827	3290	802
35-39岁	5125	5125	7588	417	7171	4185	771	2750	664
40-44岁	4207	4207	6565	380	6185	2971	525	1934	512
45-49岁	4048	4048	6284	323	5961	2640	440	1722	478
50-54岁	3442	3442	4911	284	4627	2067	347	1352	368
55-59岁	3348	3348	3597	155	3442	1697	300	1102	295
60-64岁	1056	1056	819	43	776	202	17	90	95
65-69岁	446	446	366	13	353	110	8	52	50
70-74岁	70	70	111	5	106	34		7	27
75岁及以上	16	16	41	2	39	11		3	8
男	**20121**	**20121**	**29208**	**2234**	**26974**	**15121**	**2518**	**10059**	**2544**
16-19岁	94	94	159	10	149	40	2	25	13
20-24岁	1131	1131	1378	92	1286	718	95	487	136
25-29岁	2323	2323	2935	273	2662	1746	250	1232	264
30-34岁	3314	3314	4851	493	4358	3090	523	2065	502
35-39岁	2722	2722	4178	338	3840	2620	479	1734	407
40-44岁	2170	2170	3926	315	3611	1922	367	1223	332
45-49岁	2077	2077	3817	265	3552	1701	268	1130	303
50-54岁	2375	2375	3761	251	3510	1513	250	1028	235
55-59岁	2702	2702	3140	142	2998	1501	266	1001	234
60-64岁	791	791	651	37	614	162	15	84	63
65-69岁	351	351	292	12	280	79	3	42	34
70-74岁	59	59	89	4	85	20		5	15
75岁及以上	12	12	31	2	29	9		3	6
女	**13867**	**13867**	**18925**	**398**	**18527**	**7848**	**1316**	**5057**	**1475**
16-19岁	48	48	87	1	86	15	1	11	3
20-24岁	769	769	1394	10	1384	481	50	335	96
25-29岁	1681	1681	2940	46	2894	1133	201	724	208
30-34岁	2870	2870	4107	85	4022	1829	304	1225	300
35-39岁	2403	2403	3410	79	3331	1565	292	1016	257
40-44岁	2037	2037	2639	65	2574	1049	158	711	180
45-49岁	1971	1971	2467	58	2409	939	172	592	175
50-54岁	1067	1067	1150	33	1117	554	97	324	133
55-59岁	646	646	457	13	444	196	34	101	61
60-64岁	265	265	168	6	162	40	2	6	32
65-69岁	95	95	74	1	73	31	5	10	16
70-74岁	11	11	22	1	21	14		2	12
75岁及以上	4	4	10		10	2			2

4-5 续表 10

单位：人

年龄组 性别	水利、环境和公共设施管理业					居民服务、修理和其他服务业			
	小计	水利管理业	生态保护和环境治理业	公共设施管理业	土地管理业	小计	居民服务业	机动车、电子产品和日用产品修理业	其他服务业
总计	**13060**	**1269**	**1139**	**10391**	**261**	**69527**	**42844**	**16083**	**10600**
16-19岁	11	1	2	8		1313	886	374	53
20-24岁	200	22	23	150	5	4723	2910	1408	405
25-29岁	586	72	87	415	12	7463	4463	2126	874
30-34岁	1252	162	146	894	50	11150	6626	3256	1268
35-39岁	1438	187	175	1025	51	9246	5636	2461	1149
40-44岁	1618	197	176	1202	43	9461	5858	2226	1377
45-49岁	2240	217	190	1789	44	9967	6381	1753	1833
50-54岁	2164	200	151	1781	32	7685	4888	1218	1579
55-59岁	2179	164	141	1858	16	5296	3192	843	1261
60-64岁	885	21	26	835	3	1918	1188	232	498
65-69岁	417	14	16	385	2	920	548	131	241
70-74岁	58	7	4	44	3	272	185	42	45
75岁及以上	12	5	2	5		113	83	13	17
男	**8537**	**925**	**837**	**6624**	**151**	**36020**	**17080**	**13585**	**5355**
16-19岁	8		2	6		779	385	364	30
20-24岁	131	19	15	95	2	2805	1277	1300	228
25-29岁	372	49	56	260	7	4383	2003	1869	511
30-34岁	816	105	107	580	24	6258	2782	2772	704
35-39岁	871	119	118	604	30	4836	2217	2017	602
40-44岁	937	135	123	652	27	4438	2058	1793	587
45-49岁	1204	150	133	894	27	4032	1975	1355	702
50-54岁	1458	155	125	1164	14	3740	1987	990	763
55-59岁	1729	154	124	1436	15	3039	1545	753	741
60-64岁	639	18	20	598	3	1011	521	204	286
65-69岁	313	12	8	292	1	492	215	116	161
70-74岁	50	5	4	40	1	149	78	41	30
75岁及以上	9	4	2	3		58	37	11	10
女	**4523**	**344**	**302**	**3767**	**110**	**33507**	**25764**	**2498**	**5245**
16-19岁	3	1		2		534	501	10	23
20-24岁	69	3	8	55	3	1918	1633	108	177
25-29岁	214	23	31	155	5	3080	2460	257	363
30-34岁	436	57	39	314	26	4892	3844	484	564
35-39岁	567	68	57	421	21	4410	3419	444	547
40-44岁	681	62	53	550	16	5023	3800	433	790
45-49岁	1036	67	57	895	17	5935	4406	398	1131
50-54岁	706	45	26	617	18	3945	2901	228	816
55-59岁	450	10	17	422	1	2257	1647	90	520
60-64岁	246	3	6	237		907	667	28	212
65-69岁	104	2	8	93	1	428	333	15	80
70-74岁	8	2		4	2	123	107	1	15
75岁及以上	3	1		2		55	46	2	7

4-5 续表 11　　　　单位：人

年龄组 性别	教育		卫生和社会工作			文化、体育和娱乐业				
	小计	教育	小计	卫生	社会工作	小计	新闻和出版业	广播、电视、电影和录音制作业	文化艺术业	体育
总　计	**77494**	**77494**	**42567**	**41018**	**1549**	**12356**	**1436**	**1953**	**2464**	**1774**
16-19岁	633	633	232	230	2	219		23	29	63
20-24岁	4765	4765	2567	2526	41	1175	49	182	226	255
25-29岁	9313	9313	5762	5682	80	1845	121	279	337	410
30-34岁	12512	12512	8372	8251	121	2450	213	442	471	369
35-39岁	11614	11614	6585	6432	153	1944	254	349	406	241
40-44岁	10778	10778	5108	4910	198	1472	256	233	307	152
45-49岁	10815	10815	5835	5540	295	1311	214	179	271	121
50-54岁	9853	9853	4295	4029	266	983	176	133	204	81
55-59岁	6223	6223	2610	2395	215	769	141	118	174	71
60-64岁	570	570	614	498	116	113	9	11	23	8
65-69岁	253	253	386	337	49	49	3	2	11	2
70-74岁	80	80	137	127	10	17			3	1
75岁及以上	85	85	64	61	3	9		2	2	
男	**25068**	**25068**	**13206**	**12624**	**582**	**6661**	**726**	**1091**	**1139**	**1003**
16-19岁	185	185	51	51		140		14	13	41
20-24岁	924	924	404	392	12	629	17	100	83	165
25-29岁	2160	2160	1007	975	32	966	37	140	131	233
30-34岁	3227	3227	1781	1736	45	1276	87	228	208	196
35-39岁	3428	3428	2027	1967	60	978	110	174	181	127
40-44岁	3348	3348	1705	1653	52	720	114	129	144	64
45-49岁	3639	3639	2010	1928	82	642	111	105	113	58
50-54岁	3801	3801	1747	1656	91	603	122	95	102	58
55-59岁	3704	3704	1724	1607	117	587	120	99	135	53
60-64岁	369	369	349	296	53	73	6	5	18	6
65-69岁	161	161	243	214	29	31	2		7	2
70-74岁	58	58	109	102	7	12			3	
75岁及以上	64	64	49	47	2	4		2	1	
女	**52426**	**52426**	**29361**	**28394**	**967**	**5695**	**710**	**862**	**1325**	**771**
16-19岁	448	448	181	179	2	79		9	16	22
20-24岁	3841	3841	2163	2134	29	546	32	82	143	90
25-29岁	7153	7153	4755	4707	48	879	84	139	206	177
30-34岁	9285	9285	6591	6515	76	1174	126	214	263	173
35-39岁	8186	8186	4558	4465	93	966	144	175	225	114
40-44岁	7430	7430	3403	3257	146	752	142	104	163	88
45-49岁	7176	7176	3825	3612	213	669	103	74	158	63
50-54岁	6052	6052	2548	2373	175	380	54	38	102	23
55-59岁	2519	2519	886	788	98	182	21	19	39	18
60-64岁	201	201	265	202	63	40	3	6	5	2
65-69岁	92	92	143	123	20	18	1	2	4	
70-74岁	22	22	28	25	3	5				1
75岁及以上	21	21	15	14	1	5			1	

4-5 续表 12

单位：人

年龄组 性别	娱乐业	公共管理、社会保障和社会组织							国际组织	
		小计	中国共产党机关	国家机构	人民政协、民主党派	社会保障	群众团体、社会团体和其他成员组织	基层群众自治组织	小计	国际组织
总计	**4729**	**84053**	**2508**	**66996**	**253**	**820**	**3934**	**9542**	**26**	**26**
16-19岁	104	131	2	96			24	9		
20-24岁	463	2432	52	2105		22	143	110	1	1
25-29岁	698	7692	180	6503	9	92	350	558	4	4
30-34岁	955	14006	472	11615	28	137	599	1155	6	6
35-39岁	694	12251	374	9887	35	148	547	1260	2	2
40-44岁	524	11921	345	9412	38	139	516	1471	4	4
45-49岁	526	13244	379	10291	41	120	600	1813	6	6
50-54岁	389	10794	385	8567	27	97	527	1191	2	2
55-59岁	265	9560	293	7739	68	57	432	971	1	1
60-64岁	62	1083	18	470	4	6	102	483		
65-69岁	31	622	5	213	2	1	66	335		
70-74岁	13	221	3	57	1		20	140		
75岁及以上	5	96		41		1	8	46		
男	**2702**	**52422**	**1652**	**44150**	**163**	**364**	**2080**	**4013**	**15**	**15**
16-19岁	72	95	1	77			12	5		
20-24岁	264	1441	25	1309		9	59	39	1	1
25-29岁	425	4321	97	3861	4	31	169	159	2	2
30-34岁	557	7812	270	6865	16	50	272	339	1	1
35-39岁	386	6909	235	6012	18	58	276	310	2	2
40-44岁	269	6719	225	5773	19	53	244	405	3	3
45-49岁	255	7734	247	6496	26	52	303	610	3	3
50-54岁	226	7524	270	6148	16	59	313	718	2	2
55-59岁	180	8377	259	6984	57	48	314	715	1	1
60-64岁	38	790	17	375	4	3	59	332		
65-69岁	20	453	3	173	2		44	231		
70-74岁	9	172	3	42	1		12	114		
75岁及以上	1	75		35		1	3	36		
女	**2027**	**31631**	**856**	**22846**	**90**	**456**	**1854**	**5529**	**11**	**11**
16-19岁	32	36	1	19			12	4		
20-24岁	199	991	27	796		13	84	71		
25-29岁	273	3371	83	2642	5	61	181	399	2	2
30-34岁	398	6194	202	4750	12	87	327	816	5	5
35-39岁	308	5342	139	3875	17	90	271	950		
40-44岁	255	5202	120	3639	19	86	272	1066	1	1
45-49岁	271	5510	132	3795	15	68	297	1203	3	3
50-54岁	163	3270	115	2419	11	38	214	473		
55-59岁	85	1183	34	755	11	9	118	256		
60-64岁	24	293	1	95		3	43	151		
65-69岁	11	169	2	40		1	22	104		
70-74岁	4	49		15			8	26		
75岁及以上	4	21		6			5	10		

4–5a 全省分年龄、性别、行业大类的就业人口(城市)

单位：人

年龄组 性 别	合计	农、林、牧、渔业						采矿业	
		小计	农业	林业	畜牧业	渔业	农、林、牧、渔专业及辅助性活动	小计	煤炭开采和洗选业
总 计	**994576**	**28516**	**20089**	**682**	**3066**	**3240**	**1439**	**14957**	**4205**
16–19岁	4560	59	50	2	3	2	2	6	1
20–24岁	41621	411	276	13	61	35	26	171	52
25–29岁	99030	1133	694	48	179	134	78	778	223
30–34岁	178588	2417	1439	79	331	378	190	2051	606
35–39岁	161156	2572	1574	77	336	410	175	1847	539
40–44岁	150290	3352	2072	109	432	502	237	2368	577
45–49岁	150549	4141	2631	99	477	713	221	3160	835
50–54岁	111111	4483	3094	109	483	591	206	2796	916
55–59岁	75015	4035	3015	87	395	356	182	1597	404
60–64岁	13499	2641	2250	37	213	82	59	132	33
65–69岁	6489	2106	1912	11	112	32	39	36	10
70–74岁	1901	842	780	8	30	4	20	9	5
75岁及以上	767	324	302	3	14	1	4	6	4
男	**588942**	**17683**	**11507**	**478**	**2022**	**2699**	**977**	**12137**	**3726**
16–19岁	2781	46	38	2	3	2	1	5	
20–24岁	22506	267	173	7	40	31	16	140	45
25–29岁	54655	758	429	34	126	114	55	627	191
30–34岁	99955	1564	836	56	234	313	125	1625	524
35–39岁	89478	1621	900	56	217	321	127	1449	466
40–44岁	83242	2068	1156	74	272	419	147	1729	474
45–49岁	83819	2540	1442	66	300	587	145	2372	727
50–54岁	76217	2782	1760	71	306	499	146	2502	873
55–59岁	61142	2497	1699	72	267	316	143	1538	383
60–64岁	9130	1527	1268	25	140	64	30	110	30
65–69岁	4274	1263	1121	7	81	28	26	30	7
70–74岁	1224	520	475	6	23	4	12	7	3
75岁及以上	519	230	210	2	13	1	4	3	3
女	**405634**	**10833**	**8582**	**204**	**1044**	**541**	**462**	**2820**	**479**
16–19岁	1779	13	12				1	1	1
20–24岁	19115	144	103	6	21	4	10	31	7
25–29岁	44375	375	265	14	53	20	23	151	32
30–34岁	78633	853	603	23	97	65	65	426	82
35–39岁	71678	951	674	21	119	89	48	398	73
40–44岁	67048	1284	916	35	160	83	90	639	103
45–49岁	66730	1601	1189	33	177	126	76	788	108
50–54岁	34894	1701	1334	38	177	92	60	294	43
55–59岁	13873	1538	1316	15	128	40	39	59	21
60–64岁	4369	1114	982	12	73	18	29	22	3
65–69岁	2215	843	791	4	31	4	13	6	3
70–74岁	677	322	305	2	7		8	2	2
75岁及以上	248	94	92	1	1			3	1

4-5a 续表 1

单位：人

年龄组 性　别	采矿业						制造业		
	石油和天然气开采业	黑色金属矿采选业	有色金属矿采选业	非金属矿采选业	开采专业及辅助性活　动	其　他采矿业	小计	农副食品加工业	食　品制造业
总　计	**3182**	**2498**	**382**	**672**	**3680**	**338**	**170729**	**8932**	**5532**
16-19岁	1	1	1	2			729	25	42
20-24岁	22	37	10	13	29	8	6155	234	317
25-29岁	153	119	29	41	193	20	15268	637	597
30-34岁	434	219	69	105	572	46	31511	1296	1108
35-39岁	375	244	60	64	534	31	27200	1263	874
40-44岁	526	379	36	82	721	47	26510	1376	869
45-49岁	827	529	74	124	694	77	27507	1617	791
50-54岁	542	514	51	130	582	61	20184	1347	553
55-59岁	293	392	43	89	336	40	13026	770	306
60-64岁	7	47	5	18	17	5	1722	218	53
65-69岁	1	14	4	2	2	3	675	109	13
70-74岁	1	1		2			168	28	5
75岁及以上		2					74	12	4
男	**2271**	**2183**	**299**	**570**	**2812**	**276**	**116981**	**5155**	**2758**
16-19岁	1	1	1	2			575	21	23
20-24岁	17	32	8	13	20	5	4553	151	165
25-29岁	100	107	24	35	153	17	10996	388	316
30-34岁	304	198	49	89	426	35	21709	763	544
35-39岁	263	206	50	52	386	26	17410	705	405
40-44岁	328	310	28	69	485	35	16101	736	387
45-49岁	507	430	50	95	506	57	16664	834	332
50-54岁	457	467	43	111	494	57	15590	796	331
55-59岁	286	381	40	85	326	37	11433	520	215
60-64岁	6	38	3	15	14	4	1284	142	26
65-69岁	1	12	3	2	2	3	510	77	9
70-74岁	1	1		2			104	14	2
75岁及以上							52	8	3
女	**911**	**315**	**83**	**102**	**868**	**62**	**53748**	**3777**	**2774**
16-19岁							154	4	19
20-24岁	5	5	2		9	3	1602	83	152
25-29岁	53	12	5	6	40	3	4272	249	281
30-34岁	130	21	20	16	146	11	9802	533	564
35-39岁	112	38	10	12	148	5	9790	558	469
40-44岁	198	69	8	13	236	12	10409	640	482
45-49岁	320	99	24	29	188	20	10843	783	459
50-54岁	85	47	8	19	88	4	4594	551	222
55-59岁	7	11	3	4	10	3	1593	250	91
60-64岁	1	9	2	3	3	1	438	76	27
65-69岁		2	1				165	32	4
70-74岁							64	14	3
75岁及以上		2					22	4	1

4-5a 续表 2

单位：人

年龄组 性 别	制造业 酒、饮料和精制茶制造业	烟 草制品业	纺织业	纺织服装、服饰业	皮革、毛皮、羽毛及其制品和制鞋业	木材加工和木、竹、藤、棕、草制品业	家 具制造业	造纸和纸制品业	印刷和记录媒介复制业
总 计	**1735**	**267**	**2129**	**11005**	**1564**	**2880**	**3405**	**1695**	**1841**
16-19岁	3		7	56	4	6	10	6	9
20-24岁	43	10	52	292	54	67	115	45	75
25-29岁	129	20	121	788	119	190	294	130	163
30-34岁	306	31	304	1891	311	457	637	274	298
35-39岁	347	37	273	1836	248	400	579	229	313
40-44岁	317	44	363	2102	278	470	545	270	295
45-49岁	258	35	445	2220	275	474	539	318	312
50-54岁	175	38	279	1166	164	461	391	223	191
55-59岁	127	46	223	478	84	265	225	164	161
60-64岁	21	4	38	120	16	59	48	24	14
65-69岁	7	2	17	35	7	26	17	10	8
70-74岁	2		4	17	4	4	4	2	
75岁及以上			3	4		1	1		2
男	**1165**	**200**	**966**	**3046**	**777**	**1856**	**2144**	**1045**	**1059**
16-19岁	2		5	25	3	5	10	4	2
20-24岁	31	6	27	126	34	43	74	33	45
25-29岁	85	17	60	303	80	118	191	95	94
30-34岁	225	22	145	628	159	272	398	146	182
35-39岁	232	22	112	461	104	256	350	132	165
40-44岁	178	31	123	500	118	288	313	145	151
45-49岁	147	22	148	429	124	267	303	177	135
50-54岁	129	32	155	324	85	324	271	153	132
55-59岁	114	44	162	187	53	208	178	135	138
60-64岁	14	3	17	48	11	48	37	16	10
65-69岁	6	1	9	8	6	22	15	8	5
70-74岁	2		2	4		4	3	1	
75岁及以上			1	3		1	1		
女	**570**	**67**	**1163**	**7959**	**787**	**1024**	**1261**	**650**	**782**
16-19岁	1		2	31	1	1		2	7
20-24岁	12	4	25	166	20	24	41	12	30
25-29岁	44	3	61	485	39	72	103	35	69
30-34岁	81	9	159	1263	152	185	239	128	116
35-39岁	115	15	161	1375	144	144	229	97	148
40-44岁	139	13	240	1602	160	182	232	125	144
45-49岁	111	13	297	1791	151	207	236	141	177
50-54岁	46	6	124	842	79	137	120	70	59
55-59岁	13	2	61	291	31	57	47	29	23
60-64岁	7	1	21	72	5	11	11	8	4
65-69岁	1	1	8	27	1	4	2	2	3
70-74岁			2	13	4		1	1	
75岁及以上			2	1					2

4-5a　续表 3　　　　单位：人

年龄组 性　别	制造业								
	文教、工美、体育和娱乐用品制造业	石油、煤炭及其他燃料加工业	化学原料和化学制品制造业	医　药 制造业	化学纤维 制造业	橡胶和 塑　料 制品业	非金属 矿　物 制品业	黑色金属 冶炼和压 延加工业	有色金属 冶炼和压 延加工业
总　计	**1499**	**6822**	**7957**	**3460**	**232**	**6560**	**7842**	**10853**	**3800**
16-19岁	10	5	12	10	1	30	9	5	4
20-24岁	53	264	463	191	1	185	171	237	98
25-29岁	139	553	710	510	14	522	557	740	402
30-34岁	297	792	1237	817	22	1128	1167	1634	690
35-39岁	279	757	1045	592	38	1075	1133	1482	536
40-44岁	250	973	1210	478	37	1157	1265	1547	645
45-49岁	231	1528	1400	442	51	1096	1365	2052	706
50-54岁	132	1078	1126	267	46	723	1190	1942	491
55-59岁	87	825	652	129	21	486	785	1104	207
60-64岁	11	36	69	14	1	101	143	67	16
65-69岁	4	9	27	7		38	44	31	3
70-74岁	1	1	4	1		16	10	7	1
75岁及以上	5	1	2	2		3	3	5	1
男	**727**	**5210**	**5874**	**1818**	**162**	**4288**	**5953**	**9326**	**3179**
16-19岁	6	4	11	7	1	21	7	5	2
20-24岁	27	221	369	97	1	144	132	210	88
25-29岁	66	449	536	256	9	374	434	645	360
30-34岁	142	617	871	402	14	743	868	1436	567
35-39岁	121	560	691	284	25	651	796	1260	457
40-44岁	105	663	784	241	21	683	856	1266	487
45-49岁	98	968	952	206	31	634	956	1608	557
50-54岁	81	885	966	196	40	525	1014	1751	451
55-59岁	67	800	606	114	19	396	715	1056	195
60-64岁	8	34	58	8	1	78	127	55	12
65-69岁	2	7	25	5		28	40	25	1
70-74岁	1	1	3	1		10	7	5	1
75岁及以上	3	1	2	1		1	1	4	1
女	**772**	**1612**	**2083**	**1642**	**70**	**2272**	**1889**	**1527**	**621**
16-19岁	4	1	1	3		9	2		2
20-24岁	26	43	94	94		41	39	27	10
25-29岁	73	104	174	254	5	148	123	95	42
30-34岁	155	175	366	415	8	385	299	198	123
35-39岁	158	197	354	308	13	424	337	222	79
40-44岁	145	310	426	237	16	474	409	281	158
45-49岁	133	560	448	236	20	462	409	444	149
50-54岁	51	193	160	71	6	198	176	191	40
55-59岁	20	25	46	15	2	90	70	48	12
60-64岁	3	2	11	6		23	16	12	4
65-69岁	2	2	2	2		10	4	6	2
70-74岁			1			6	3	2	
75岁及以上	2			1		2	2	1	

4-5a 续表 4

单位：人

年龄组 性 别	制造业								
	金 属 制品业	通用设备 制造业	专用设备 制造业	汽 车 制造业	铁路、船舶、航空航天和其他运输设备制造业	电气机械和器材制造业	计算机、通信和其他电子设备制造业	仪器仪表 制造业	其 他 制造业
总 计	**13237**	**20711**	**6583**	**10229**	**10797**	**6372**	**5039**	**1940**	**1333**
16-19岁	55	113	39	100	42	82	26	1	6
20-24岁	368	647	227	607	420	364	335	63	43
25-29岁	1130	1721	617	1502	1048	619	723	168	103
30-34岁	2449	4235	1295	2700	2250	1343	1230	373	268
35-39岁	2066	3426	1139	1890	2070	1059	1030	382	245
40-44岁	2021	3105	1003	1370	1624	954	789	299	194
45-49岁	2204	3095	940	1006	1450	878	538	276	206
50-54岁	1698	2284	717	614	987	617	219	196	130
55-59岁	1015	1806	521	397	843	387	130	153	113
60-64岁	157	187	53	34	40	45	14	22	17
65-69岁	57	77	24	7	17	17	4	4	6
70-74岁	12	13	6		1	3	1	2	2
75岁及以上	5	2	2	2	5	4		1	
男	**10634**	**16003**	**4578**	**7667**	**8717**	**4290**	**2610**	**1214**	**879**
16-19岁	54	101	29	91	39	71	10	1	5
20-24岁	330	520	163	512	353	279	195	41	33
25-29岁	949	1397	405	1244	872	438	400	95	66
30-34岁	2007	3280	880	2103	1843	850	643	241	180
35-39岁	1546	2440	743	1305	1605	672	498	217	152
40-44岁	1496	2157	612	863	1226	535	343	163	99
45-49岁	1650	2183	588	641	1074	519	231	146	120
50-54岁	1465	1987	608	503	830	513	156	153	101
55-59岁	946	1699	482	368	819	361	122	136	104
60-64岁	132	158	45	30	35	33	10	15	13
65-69岁	43	70	18	6	15	13	2	3	6
70-74岁	11	9	5		1	2		2	
75岁及以上	5	2		1	5	4		1	
女	**2603**	**4708**	**2005**	**2562**	**2080**	**2082**	**2429**	**726**	**454**
16-19岁	1	12	10	9	3	11	16		1
20-24岁	38	127	64	95	67	85	140	22	10
25-29岁	181	324	212	258	176	181	323	73	37
30-34岁	442	955	415	597	407	493	587	132	88
35-39岁	520	986	396	585	465	387	532	165	93
40-44岁	525	948	391	507	398	419	446	136	95
45-49岁	554	912	352	365	376	359	307	130	86
50-54岁	233	297	109	111	157	104	63	43	29
55-59岁	69	107	39	29	24	26	8	17	9
60-64岁	25	29	8	4	5	12	4	7	4
65-69岁	14	7	6	1	2	4	2	1	
70-74岁	1	4	1			1	1		2
75岁及以上			2	1					

4-5a　续表 5　　　　单位：人

年龄组 性　别	制造业		电力、热力、燃气及水生产和供应业				建筑业		
	废弃资源综　合利用业	金属制品、机械和设备修理业	小计	电力、热力生产和供应业	燃气生产和供应业	水的生产和供应业	小计	房　屋建筑业	土木工程建筑业
总　计	**1218**	**3260**	**19192**	**12945**	**2770**	**3477**	**69086**	**21709**	**9395**
16-19岁	4	7	17	13	3	1	181	59	15
20-24岁	22	92	418	310	48	60	2029	569	278
25-29岁	55	247	1439	961	220	258	5380	1514	816
30-34岁	117	554	2809	1725	514	570	10575	3018	1628
35-39岁	115	442	2746	1712	473	561	9662	2728	1432
40-44岁	164	496	2796	1761	463	572	10091	3012	1258
45-49岁	239	520	3627	2559	440	628	11754	3803	1507
50-54岁	242	497	2884	2162	316	406	10566	3652	1317
55-59岁	158	358	2267	1615	265	387	6920	2464	977
60-64岁	48	32	142	91	25	26	1371	633	121
65-69岁	36	12	37	26	3	8	433	196	38
70-74岁	16	1	7	7			90	42	6
75岁及以上	2	2	3	3			34	19	2
男	**837**	**2844**	**14180**	**9821**	**1968**	**2391**	**55829**	**18277**	**7510**
16-19岁	3	7	14	11	2	1	152	51	13
20-24岁	16	87	295	222	36	37	1502	447	213
25-29岁	39	215	998	670	163	165	4245	1241	622
30-34岁	73	465	1991	1250	351	390	8251	2478	1245
35-39岁	74	369	1881	1220	307	354	7489	2195	1099
40-44岁	111	420	1784	1192	272	320	7864	2464	949
45-49岁	154	430	2410	1737	289	384	9183	3120	1138
50-54岁	173	460	2455	1850	271	334	9078	3209	1138
55-59岁	123	351	2198	1567	256	375	6331	2269	939
60-64岁	34	26	119	77	19	23	1243	575	114
65-69岁	24	11	28	18	2	8	383	176	34
70-74岁	12	1	5	5			80	36	4
75岁及以上	1	2	2	2			28	16	2
女	**381**	**416**	**5012**	**3124**	**802**	**1086**	**13257**	**3432**	**1885**
16-19岁	1		3	2	1		29	8	2
20-24岁	6	5	123	88	12	23	527	122	65
25-29岁	16	32	441	291	57	93	1135	273	194
30-34岁	44	89	818	475	163	180	2324	540	383
35-39岁	41	73	865	492	166	207	2173	533	333
40-44岁	53	76	1012	569	191	252	2227	548	309
45-49岁	85	90	1217	822	151	244	2571	683	369
50-54岁	69	37	429	312	45	72	1488	443	179
55-59岁	35	7	69	48	9	12	589	195	38
60-64岁	14	6	23	14	6	3	128	58	7
65-69岁	12	1	9	8	1		50	20	4
70-74岁	4		2	2			10	6	2
75岁及以上	1		1	1			6	3	

4-5a 续表 6

单位：人

年龄组 性 别	建筑业		批发和零售业			交通运输、仓储和邮政业			
	建筑安装业	建筑装饰、装修和其他建筑业	小计	批发业	零售业	小计	铁路运输业	道路运输业	水上运输业
总 计	**5288**	**32694**	**185627**	**53980**	**131647**	**79473**	**6043**	**48995**	**2950**
16-19岁	9	98	730	144	586	194	12	67	1
20-24岁	121	1061	7270	1706	5564	2319	205	1000	90
25-29岁	445	2605	17985	4642	13343	6304	486	3060	295
30-34岁	885	5044	35371	9895	25476	12812	787	7343	615
35-39岁	800	4702	34037	9753	24284	12889	839	8103	477
40-44岁	782	5039	32394	9014	23380	13604	815	9266	404
45-49岁	875	5569	28499	8383	20116	13551	956	8965	457
50-54岁	780	4817	16609	5644	10965	9958	888	6436	377
55-59岁	489	2990	9421	3615	5806	6869	1002	4197	214
60-64岁	75	542	2006	680	1326	674	33	395	16
65-69岁	18	181	920	343	577	229	13	119	4
70-74岁	6	36	278	120	158	46	2	31	
75岁及以上	3	10	107	41	66	24	5	13	
男	**4416**	**25626**	**89898**	**31726**	**58172**	**66223**	**5127**	**42332**	**2456**
16-19岁	8	80	379	96	283	143	6	46	1
20-24岁	93	749	3374	947	2427	1746	171	780	67
25-29岁	380	2002	8659	2649	6010	4807	354	2434	243
30-34岁	711	3817	16537	5527	11010	10082	631	6032	504
35-39岁	643	3552	15271	5321	9950	10467	714	6834	388
40-44岁	642	3809	14013	4836	9177	11373	698	8035	324
45-49岁	693	4232	12542	4662	7880	11149	740	7693	363
50-54岁	692	4039	10051	3959	6092	9019	799	5950	337
55-59岁	459	2664	7053	2945	4108	6567	973	4020	211
60-64岁	70	484	1220	456	764	619	28	368	14
65-69岁	18	155	570	222	348	195	9	105	4
70-74岁	5	35	158	78	80	41	2	27	
75岁及以上	2	8	71	28	43	15	2	8	
女	**872**	**7068**	**95729**	**22254**	**73475**	**13250**	**916**	**6663**	**494**
16-19岁	1	18	351	48	303	51	6	21	
20-24岁	28	312	3896	759	3137	573	34	220	23
25-29岁	65	603	9326	1993	7333	1497	132	626	52
30-34岁	174	1227	18834	4368	14466	2730	156	1311	111
35-39岁	157	1150	18766	4432	14334	2422	125	1269	89
40-44岁	140	1230	18381	4178	14203	2231	117	1231	80
45-49岁	182	1337	15957	3721	12236	2402	216	1272	94
50-54岁	88	778	6558	1685	4873	939	89	486	40
55-59岁	30	326	2368	670	1698	302	29	177	3
60-64岁	5	58	786	224	562	55	5	27	2
65-69岁		26	350	121	229	34	4	14	
70-74岁	1	1	120	42	78	5		4	
75岁及以上	1	2	36	13	23	9	3	5	

4-5a　续表 7

单位：人

年龄组 性　别	交通运输、仓储和邮政业					住宿和餐饮业		
	航　空 运输业	管　道 运输业	多式联运 和运输 代理业	装卸搬运 和仓储业	邮政业	小计	住宿业	餐饮业
总　计	**2258**	**138**	**2806**	**6524**	**9759**	**53287**	**5129**	**48158**
16-19岁	12		8	28	66	832	60	772
20-24岁	146	2	96	153	627	3470	300	3170
25-29岁	393	1	282	386	1401	5688	482	5206
30-34岁	538	18	503	715	2293	9263	797	8466
35-39岁	356	16	512	774	1812	8492	714	7778
40-44岁	248	34	458	916	1463	8568	794	7774
45-49岁	301	32	451	1237	1152	8249	927	7322
50-54岁	153	23	294	1219	568	5020	558	4462
55-59岁	103	11	182	828	332	2767	386	2381
60-64岁	6	1	17	177	29	665	83	582
65-69岁	1		2	78	12	208	23	185
70-74岁	1			9	3	42	3	39
75岁及以上			1	4	1	23	2	21
男	**1344**	**91**	**1998**	**5416**	**7459**	**27833**	**2239**	**25594**
16-19岁	10		3	25	52	546	38	508
20-24岁	73	1	62	123	469	2182	137	2045
25-29岁	219	1	174	296	1086	3457	200	3257
30-34岁	286	13	321	564	1731	5116	344	4772
35-39岁	192	9	347	602	1381	4577	294	4283
40-44岁	142	19	321	741	1093	4129	291	3838
45-49岁	202	15	333	972	831	3403	298	3105
50-54岁	119	21	249	1074	470	2329	300	2029
55-59岁	96	11	171	772	313	1630	279	1351
60-64岁	3	1	14	169	22	318	44	274
65-69岁	1		2	66	8	107	11	96
70-74岁	1			8	3	24	1	23
75岁及以上			1	4		15	2	13
女	**914**	**47**	**808**	**1108**	**2300**	**25454**	**2890**	**22564**
16-19岁	2		5	3	14	286	22	264
20-24岁	73	1	34	30	158	1288	163	1125
25-29岁	174		108	90	315	2231	282	1949
30-34岁	252	5	182	151	562	4147	453	3694
35-39岁	164	7	165	172	431	3915	420	3495
40-44岁	106	15	137	175	370	4439	503	3936
45-49岁	99	17	118	265	321	4846	629	4217
50-54岁	34	2	45	145	98	2691	258	2433
55-59岁	7		11	56	19	1137	107	1030
60-64岁	3		3	8	7	347	39	308
65-69岁				12	4	101	12	89
70-74岁				1		18	2	16
75岁及以上					1	8		8

4-5a 续表 8

单位：人

年龄组 性 别	信息传输、软件和信息技术服务业				金融业				
	小计	电信、广播电视和卫星传输服务	互联网和相关服务	软件和信息技术服务业	小计	货币金融服务	资本市场服务	保险业	其他金融业
总 计	**28189**	**6707**	**5732**	**15750**	**30429**	**15803**	**1725**	**10200**	**2701**
16-19岁	145	26	69	50	44	8	4	28	4
20-24岁	2602	257	728	1617	1450	576	73	649	152
25-29岁	5421	754	1303	3364	4249	2086	223	1526	414
30-34岁	7279	1659	1492	4128	7189	3640	455	2399	695
35-39岁	5658	1214	963	3481	5397	2467	322	2113	495
40-44岁	3368	957	574	1837	3681	1627	238	1556	260
45-49岁	1995	899	326	770	3977	2279	249	1133	316
50-54岁	1024	554	170	300	2865	2014	106	530	215
55-59岁	648	367	99	182	1464	1043	51	231	139
60-64岁	31	16	5	10	81	42	3	28	8
65-69岁	10	3	1	6	27	17	1	7	2
70-74岁	3	1	1	1	4	3			1
75岁及以上	5		1	4	1	1			
男	**16728**	**3645**	**3518**	**9565**	**14116**	**7597**	**972**	**4145**	**1402**
16-19岁	71	11	36	24	24	4	1	18	1
20-24岁	1376	106	396	874	621	215	31	307	68
25-29岁	2969	328	763	1878	1910	875	109	736	190
30-34岁	4113	738	905	2470	3033	1514	243	949	327
35-39岁	3368	576	604	2188	2276	1041	186	799	250
40-44岁	2153	562	376	1215	1516	712	134	542	128
45-49岁	1269	557	205	507	1760	1087	141	371	161
50-54岁	786	417	137	232	1618	1155	80	243	140
55-59岁	583	335	89	159	1280	945	45	161	129
60-64岁	25	12	4	9	54	32	2	15	5
65-69岁	8	2	1	5	20	14		4	2
70-74岁	3	1	1	1	4	3			1
75岁及以上	4		1	3					
女	**11461**	**3062**	**2214**	**6185**	**16313**	**8206**	**753**	**6055**	**1299**
16-19岁	74	15	33	26	20	4	3	10	3
20-24岁	1226	151	332	743	829	361	42	342	84
25-29岁	2452	426	540	1486	2339	1211	114	790	224
30-34岁	3166	921	587	1658	4156	2126	212	1450	368
35-39岁	2290	638	359	1293	3121	1426	136	1314	245
40-44岁	1215	395	198	622	2165	915	104	1014	132
45-49岁	726	342	121	263	2217	1192	108	762	155
50-54岁	238	137	33	68	1247	859	26	287	75
55-59岁	65	32	10	23	184	98	6	70	10
60-64岁	6	4	1	1	27	10	1	13	3
65-69岁	2	1		1	7	3	1	3	
70-74岁									
75岁及以上	1			1	1	1			

4-5a 续表 9

单位：人

年龄组 性　别	房地产业		租赁和商务服务业			科学研究和技术服务业			
	小计	房地产业	小计	租赁业	商　务 服务业	小计	研究和 试验发展	专业技术 服务业	科技推广 和应用 服务业
总　计	**29313**	**29313**	**39817**	**1847**	**37970**	**19806**	**3559**	**13219**	**3028**
16-19岁	94	94	140	5	135	35	2	20	13
20-24岁	1513	1513	2061	50	2011	898	112	610	176
25-29岁	3372	3372	4821	195	4626	2411	395	1610	406
30-34岁	5438	5438	7671	398	7273	4370	772	2910	688
35-39岁	4670	4670	6725	319	6406	3906	746	2573	587
40-44岁	3775	3775	5647	275	5372	2633	504	1722	407
45-49岁	3564	3564	5297	250	5047	2244	407	1503	334
50-54岁	2909	2909	3959	207	3752	1723	325	1180	218
55-59岁	2799	2799	2806	120	2686	1426	278	986	162
60-64岁	792	792	442	19	423	96	12	63	21
65-69岁	329	329	189	6	183	54	6	35	13
70-74岁	46	46	45	2	43	6		4	2
75岁及以上	12	12	14	1	13	4		3	1
男	**17319**	**17319**	**23456**	**1491**	**21965**	**12975**	**2337**	**8721**	**1917**
16-19岁	59	59	86	5	81	28	1	16	11
20-24岁	898	898	981	41	940	519	75	349	95
25-29岁	1941	1941	2289	153	2136	1437	217	998	222
30-34岁	2910	2910	4009	320	3689	2699	487	1791	421
35-39岁	2472	2472	3607	248	3359	2449	462	1624	363
40-44岁	1959	1959	3294	214	3080	1699	356	1075	268
45-49岁	1819	1819	3136	201	2935	1446	243	983	220
50-54岁	2044	2044	3038	178	2860	1281	237	896	148
55-59岁	2327	2327	2477	109	2368	1293	248	899	146
60-64岁	588	588	345	15	330	85	10	59	16
65-69岁	256	256	149	5	144	33	1	26	6
70-74岁	37	37	36	1	35	3		2	1
75岁及以上	9	9	9	1	8	3		3	
女	**11994**	**11994**	**16361**	**356**	**16005**	**6831**	**1222**	**4498**	**1111**
16-19岁	35	35	54		54	7	1	4	2
20-24岁	615	615	1080	9	1071	379	37	261	81
25-29岁	1431	1431	2532	42	2490	974	178	612	184
30-34岁	2528	2528	3662	78	3584	1671	285	1119	267
35-39岁	2198	2198	3118	71	3047	1457	284	949	224
40-44岁	1816	1816	2353	61	2292	934	148	647	139
45-49岁	1745	1745	2161	49	2112	798	164	520	114
50-54岁	865	865	921	29	892	442	88	284	70
55-59岁	472	472	329	11	318	133	30	87	16
60-64岁	204	204	97	4	93	11	2	4	5
65-69岁	73	73	40	1	39	21	5	9	7
70-74岁	9	9	9	1	8	3		2	1
75岁及以上	3	3	5		5	1			1

4-5a 续表 10 单位：人

年龄组 性 别	水利、环境和公共设施管理业					居民服务、修理和其他服务业			
	小计	水 利 管理业	生态保护 和环境 治理业	公共设施 管理业	土 地 管理业	小计	居 民 服务业	机动车、 电子产品 和日用产 品修理业	其 他 服务业
总 计	**9417**	**872**	**707**	**7623**	**215**	**48758**	**30801**	**10213**	**7744**
16—19岁	6	1	1	4		696	481	177	38
20—24岁	143	13	14	113	3	2914	1909	731	274
25—29岁	436	56	63	309	8	5290	3295	1285	710
30—34岁	1012	128	116	724	44	8187	5045	2151	991
35—39岁	1201	141	138	878	44	6944	4337	1702	905
40—44岁	1224	142	118	932	32	6894	4425	1457	1012
45—49岁	1632	147	103	1343	39	7358	4754	1213	1391
50—54岁	1509	132	68	1285	24	5324	3383	798	1143
55—59岁	1504	98	77	1315	14	3533	2122	555	856
60—64岁	486	7	7	470	2	1017	659	85	273
65—69岁	229	5	1	221	2	452	289	43	120
70—74岁	33	1	1	28	3	103	73	10	20
75岁及以上	2	1		1		46	29	6	11
男	**6028**	**589**	**493**	**4826**	**120**	**24390**	**12060**	**8436**	**3894**
16—19岁	4		1	3		412	219	170	23
20—24岁	86	12	6	67	1	1602	798	653	151
25—29岁	260	37	36	183	4	2937	1427	1104	406
30—34岁	647	79	83	464	21	4344	2015	1789	540
35—39岁	712	83	98	507	24	3533	1680	1373	480
40—44岁	705	92	74	518	21	3125	1544	1154	427
45—49岁	852	91	67	672	22	2885	1430	925	530
50—54岁	1003	93	54	846	10	2654	1438	648	568
55—59岁	1221	91	66	1051	13	2108	1087	498	523
60—64岁	344	5	6	331	2	498	275	70	153
65—69岁	165	4	1	159	1	220	104	38	78
70—74岁	28	1	1	25	1	50	32	9	9
75岁及以上	1	1				22	11	5	6
女	**3389**	**283**	**214**	**2797**	**95**	**24368**	**18741**	**1777**	**3850**
16—19岁	2	1		1		284	262	7	15
20—24岁	57	1	8	46	2	1312	1111	78	123
25—29岁	176	19	27	126	4	2353	1868	181	304
30—34岁	365	49	33	260	23	3843	3030	362	451
35—39岁	489	58	40	371	20	3411	2657	329	425
40—44岁	519	50	44	414	11	3769	2881	303	585
45—49岁	780	56	36	671	17	4473	3324	288	861
50—54岁	506	39	14	439	14	2670	1945	150	575
55—59岁	283	7	11	264	1	1425	1035	57	333
60—64岁	142	2	1	139		519	384	15	120
65—69岁	64	1		62	1	232	185	5	42
70—74岁	5			3	2	53	41	1	11
75岁及以上	1			1		24	18	1	5

4-5a　续表 11　　　　单位：人

年龄组 性　别	教育		卫生和社会工作			文化、体育和娱乐业				
	小计	教育	小计	卫生	社会工作	小计	新闻和出版业	广播、电视、电影和录音制作业	文　化艺术业	体育
总　计	**60040**	**60040**	**33617**	**32597**	**1020**	**10505**	**1341**	**1743**	**2080**	**1509**
16-19岁	300	300	137	136	1	164		19	21	51
20-24岁	3496	3496	1781	1752	29	944	41	148	184	199
25-29岁	7260	7260	4540	4478	62	1553	100	245	292	337
30-34岁	10156	10156	7176	7080	96	2131	202	397	402	324
35-39岁	9725	9725	5629	5515	114	1761	241	326	356	218
40-44岁	8764	8764	3944	3808	136	1317	248	220	263	137
45-49岁	8426	8426	4473	4271	202	1083	201	154	223	109
50-54岁	7213	7213	3352	3187	165	811	170	118	166	70
55-59岁	4182	4182	1986	1852	134	631	130	102	151	57
60-64岁	331	331	329	274	55	69	7	10	14	6
65-69岁	133	133	185	162	23	26	1	2	5	1
70-74岁	33	33	55	52	3	9			2	
75岁及以上	21	21	30	30		6		2	1	
男	**18741**	**18741**	**9805**	**9410**	**395**	**5580**	**678**	**979**	**917**	**843**
16-19岁	71	71	35	35		96		11	8	31
20-24岁	684	684	279	269	10	487	15	85	56	123
25-29岁	1690	1690	802	779	23	790	29	123	109	188
30-34岁	2644	2644	1468	1431	37	1102	80	205	170	172
35-39岁	2828	2828	1633	1583	50	883	105	162	152	116
40-44岁	2677	2677	1226	1186	40	637	112	123	118	56
45-49岁	2718	2718	1401	1340	61	529	104	91	91	54
50-54岁	2664	2664	1302	1242	60	504	118	86	79	52
55-59岁	2456	2456	1326	1244	82	493	111	87	118	46
60-64岁	196	196	169	151	18	37	4	4	11	4
65-69岁	80	80	105	93	12	14			3	1
70-74岁	22	22	40	38	2	6			2	
75岁及以上	11	11	19	19		2		2		
女	**41299**	**41299**	**23812**	**23187**	**625**	**4925**	**663**	**764**	**1163**	**666**
16-19岁	229	229	102	101	1	68		8	13	20
20-24岁	2812	2812	1502	1483	19	457	26	63	128	76
25-29岁	5570	5570	3738	3699	39	763	71	122	183	149
30-34岁	7512	7512	5708	5649	59	1029	122	192	232	152
35-39岁	6897	6897	3996	3932	64	878	136	164	204	102
40-44岁	6087	6087	2718	2622	96	680	136	97	145	81
45-49岁	5708	5708	3072	2931	141	554	97	63	132	55
50-54岁	4549	4549	2050	1945	105	307	52	32	87	18
55-59岁	1726	1726	660	608	52	138	19	15	33	11
60-64岁	135	135	160	123	37	32	3	6	3	2
65-69岁	53	53	80	69	11	12	1	2	2	
70-74岁	11	11	15	14	1	3				
75岁及以上	10	10	11	11		4			1	

4-5a 续表 12

单位：人

年龄组 性 别		公共管理、社会保障和社会组织							国际组织	
	娱乐业	小计	中国共产党机关	国家机构	人民政协、民主党派	社会保障	群众团体、社会团体和其他成员组织	基层群众自治组织	小计	国际组织
总 计	**3832**	**63796**	**1956**	**52080**	**208**	**633**	**3024**	**5895**	**22**	**22**
16-19岁	73	51	1	39			10	1		
20-24岁	372	1576	33	1370		15	90	68		
25-29岁	579	5698	129	4803	8	66	261	431	4	4
30-34岁	806	11166	394	9254	24	113	483	898	4	4
35-39岁	620	10093	300	8162	31	124	467	1009	2	2
40-44岁	449	9356	283	7465	31	104	417	1056	4	4
45-49岁	396	10007	274	7887	37	91	483	1235	5	5
50-54岁	287	7920	300	6580	20	74	388	558	2	2
55-59岁	191	7133	226	6082	52	43	323	407	1	1
60-64岁	32	472	12	290	3	2	55	110		
65-69岁	17	211	3	96	1	1	34	76		
70-74岁	7	82	1	35	1		11	34		
75岁及以上	3	31		17			2	12		
男	**2163**	**39026**	**1260**	**33947**	**135**	**272**	**1590**	**1822**	**14**	**14**
16-19岁	46	35		30			4	1		
20-24岁	208	914	16	834		6	35	23		
25-29岁	341	3081	68	2769	4	22	121	97	2	2
30-34岁	475	6110	222	5408	15	42	210	213	1	1
35-39岁	348	5550	183	4884	15	46	236	186	2	2
40-44岁	228	5187	181	4562	16	39	192	197	3	3
45-49岁	189	5738	174	4957	24	41	252	290	3	3
50-54岁	169	5515	207	4697	12	40	240	319	2	2
55-59岁	131	6330	196	5467	44	35	245	343	1	1
60-64岁	14	349	11	226	3	1	34	74		
65-69岁	10	138	1	75	1		16	45		
70-74岁	4	56	1	24	1		5	25		
75岁及以上		23		14				9		
女	**1669**	**24770**	**696**	**18133**	**73**	**361**	**1434**	**4073**	**8**	**8**
16-19岁	27	16	1	9			6			
20-24岁	164	662	17	536		9	55	45		
25-29岁	238	2617	61	2034	4	44	140	334	2	2
30-34岁	331	5056	172	3846	9	71	273	685	3	3
35-39岁	272	4543	117	3278	16	78	231	823		
40-44岁	221	4169	102	2903	15	65	225	859	1	1
45-49岁	207	4269	100	2930	13	50	231	945	2	2
50-54岁	118	2405	93	1883	8	34	148	239		
55-59岁	60	803	30	615	8	8	78	64		
60-64岁	18	123	1	64		1	21	36		
65-69岁	7	73	2	21		1	18	31		
70-74岁	3	26		11			6	9		
75岁及以上	3	8		3			2	3		

4-5b 全省分年龄、性别、行业大类的就业人口(镇)

单位：人

年龄组 性别	合计	农、林、牧、渔业						采矿业	
		小计	农业	林业	畜牧业	渔业	农、林、牧、渔专业及辅助性活动	小计	煤炭开采和洗选业
总　计	**219695**	**53851**	**46349**	**537**	**4260**	**1714**	**991**	**2781**	**686**
16-19岁	1359	236	214		14		8	4	
20-24岁	8004	1003	841	7	99	31	25	55	10
25-29岁	17955	1977	1648	16	198	62	53	141	36
30-34岁	29967	3659	2974	53	371	159	102	403	76
35-39岁	25536	3655	2986	47	361	170	91	305	59
40-44岁	30511	5304	4339	83	527	224	131	421	98
45-49岁	33448	7033	5798	107	612	339	177	552	156
50-54岁	29908	8674	7277	105	769	373	150	567	201
55-59岁	22203	8228	7176	72	606	238	136	262	40
60-64岁	10350	6229	5699	28	350	80	72	51	6
65-69岁	7004	5127	4789	14	263	31	30	14	2
70-74岁	2462	1947	1855	4	70	7	11	5	2
75岁及以上	988	779	753	1	20		5	1	
男	**132693**	**31119**	**25929**	**384**	**2730**	**1430**	**646**	**2436**	**638**
16-19岁	834	168	149		13		6	3	
20-24岁	4620	622	498	6	73	26	19	52	10
25-29岁	10707	1242	993	11	140	57	41	123	31
30-34岁	17783	2237	1728	39	259	141	70	358	67
35-39岁	15013	2166	1702	29	232	139	64	264	55
40-44岁	17516	3033	2394	49	315	189	86	351	92
45-49岁	19130	3912	3103	72	354	275	108	462	141
50-54岁	18929	4924	3954	82	487	308	93	522	196
55-59岁	15064	4557	3833	61	379	200	84	237	37
60-64岁	6483	3525	3158	21	238	61	47	46	5
65-69岁	4369	3016	2778	10	182	28	18	13	2
70-74岁	1579	1201	1141	3	44	6	7	5	2
75岁及以上	666	516	498	1	14		3		
女	**87002**	**22732**	**20420**	**153**	**1530**	**284**	**345**	**345**	**48**
16-19岁	525	68	65		1		2	1	
20-24岁	3384	381	343	1	26	5	6	3	
25-29岁	7248	735	655	5	58	5	12	18	5
30-34岁	12184	1422	1246	14	112	18	32	45	9
35-39岁	10523	1489	1284	18	129	31	27	41	4
40-44岁	12995	2271	1945	34	212	35	45	70	6
45-49岁	14318	3121	2695	35	258	64	69	90	15
50-54岁	10979	3750	3323	23	282	65	57	45	5
55-59岁	7139	3671	3343	11	227	38	52	25	3
60-64岁	3867	2704	2541	7	112	19	25	5	1
65-69岁	2635	2111	2011	4	81	3	12	1	
70-74岁	883	746	714	1	26	1	4		
75岁及以上	322	263	255		6		2	1	

4-5b 续表 1

单位：人

年龄组 性　别	采矿业						制造业		
	石油和天然气开采业	黑色金属矿采选业	有色金属矿采选业	非金属矿采选业	开采专业及辅助性活　动	其　他采矿业	小计	农副食品加工业	食　品制造业
总　计	**89**	**606**	**797**	**436**	**112**	**55**	**27415**	**2964**	**1010**
16-19岁	1	1	2				166	11	11
20-24岁	4	11	5	20	4	1	1068	82	67
25-29岁	9	21	32	33	7	3	2463	211	99
30-34岁	18	106	113	55	22	13	4510	379	156
35-39岁	17	81	83	44	15	6	3575	342	132
40-44岁	15	86	136	61	20	5	4261	412	165
45-49岁	10	111	170	87	13	5	4482	502	151
50-54岁	10	94	160	71	17	14	3466	436	105
55-59岁	4	67	86	44	14	7	2214	339	77
60-64岁		22	7	15		1	745	161	32
65-69岁	1	5	1	5			348	69	10
70-74岁		1	1	1			92	17	3
75岁及以上			1				25	3	2
男	**81**	**524**	**689**	**355**	**100**	**49**	**17979**	**1844**	**512**
16-19岁		1	2				123	8	5
20-24岁	3	10	5	19	4	1	776	56	43
25-29岁	7	21	27	28	6	3	1819	146	55
30-34岁	17	96	95	50	21	12	3029	256	78
35-39岁	17	67	67	40	13	5	2248	217	60
40-44岁	14	68	111	46	17	3	2551	237	85
45-49岁	8	89	149	62	9	4	2568	278	61
50-54岁	10	86	143	57	17	13	2349	254	44
55-59岁	4	59	81	36	13	7	1638	222	53
60-64岁		21	7	12		1	544	105	18
65-69岁	1	5	1	4			252	50	6
70-74岁		1	1	1			62	12	2
75岁及以上							20	3	2
女	**8**	**82**	**108**	**81**	**12**	**6**	**9436**	**1120**	**498**
16-19岁	1						43	3	6
20-24岁	1	1		1			292	26	24
25-29岁	2		5	5	1		644	65	44
30-34岁	1	10	18	5	1	1	1481	123	78
35-39岁		14	16	4	2	1	1327	125	72
40-44岁	1	18	25	15	3	2	1710	175	80
45-49岁	2	22	21	25	4	1	1914	224	90
50-54岁		8	17	14		1	1117	182	61
55-59岁		8	5	8	1		576	117	24
60-64岁		1		3			201	56	14
65-69岁				1			96	19	4
70-74岁							30	5	1
75岁及以上			1				5		

4–5b　续表 2　　　　　　　　　　　　　　　　　　　　　　　　　　　　单位：人

年龄组 性　别	制造业								
	酒、饮料和精制茶制造业	烟　草制品业	纺织业	纺织服装、服饰业	皮革、毛皮、羽毛及其制品和制鞋业	木材加工和木、竹、藤、棕、草制品业	家　具制造业	造纸和纸制品业	印刷和记录媒介复制业
总　计	**348**	**13**	**638**	**3321**	**1070**	**811**	**639**	**386**	**208**
16–19岁			8	21	10	2	4	2	1
20–24岁	11	2	38	84	44	20	21	8	8
25–29岁	32	1	58	223	69	47	80	36	20
30–34岁	56	3	68	606	192	113	118	56	40
35–39岁	37	1	73	533	152	109	84	43	31
40–44岁	61		93	584	223	155	106	70	37
45–49岁	56	3	109	609	169	124	107	57	28
50–54岁	49		95	331	108	99	70	58	24
55–59岁	34	3	51	194	57	91	40	34	9
60–64岁	5		23	78	26	28	7	9	9
65–69岁	6		11	41	11	22	2	10	1
70–74岁	1		9	13	6	1		3	
75岁及以上			2	4	3				
男	**227**	**11**	**292**	**988**	**567**	**585**	**418**	**227**	**114**
16–19岁			5	10	6	2	3	1	1
20–24岁	4	2	21	38	26	12	16	4	4
25–29岁	22	1	36	85	45	38	54	29	14
30–34岁	34	3	33	193	106	88	81	32	23
35–39岁	21	1	25	157	84	71	56	24	18
40–44岁	41		42	159	108	103	65	31	17
45–49岁	33	1	34	119	80	84	60	29	12
50–54岁	37		40	93	60	81	49	35	12
55–59岁	26	3	30	64	30	71	30	27	7
60–64岁	4		16	35	14	18	3	7	5
65–69岁	4		5	23	6	17	1	5	1
70–74岁	1		3	8	2			3	
75岁及以上			2	4					
女	**121**	**2**	**346**	**2333**	**503**	**226**	**221**	**159**	**94**
16–19岁			3	11	4		1	1	
20–24岁	7		17	46	18	8	5	4	4
25–29岁	10		22	138	24	9	26	7	6
30–34岁	22		35	413	86	25	37	24	17
35–39岁	16		48	376	68	38	28	19	13
40–44岁	20		51	425	115	52	41	39	20
45–49岁	23	2	75	490	89	40	47	28	16
50–54岁	12		55	238	48	18	21	23	12
55–59岁	8		21	130	27	20	10	7	2
60–64岁	1		7	43	12	10	4	2	4
65–69岁	2		6	18	5	5	1	5	
70–74岁			6	5	4	1			
75岁及以上					3				

4-5b 续表 3 单位：人

年龄组 性 别	制造业								
	文教、工美、体育和娱乐用品制造业	石油、煤炭及其他燃料加工业	化学原料和化学制品制造业	医 药制造业	化学纤维制造业	橡胶和塑 料制品业	非金属矿 物制品业	黑色金属冶炼和压延加工业	有色金属冶炼和压延加工业
总 计	**661**	**356**	**918**	**340**	**22**	**1108**	**2937**	**984**	**436**
16-19岁	4	2	2	1		11	5	2	
20-24岁	17	32	30	24	1	43	65	58	17
25-29岁	48	56	99	35		106	211	87	32
30-34岁	122	49	138	54	4	149	405	156	66
35-39岁	105	50	108	47	6	141	374	107	50
40-44岁	121	45	140	32	4	166	479	139	72
45-49岁	89	65	160	51	7	207	526	178	77
50-54岁	79	24	138	48		152	467	139	63
55-59岁	48	24	73	30		92	288	93	50
60-64岁	17	4	20	14		26	76	19	4
65-69岁	8	4	8	2		12	31	4	5
70-74岁	3	1		1		2	9	1	
75岁及以上			2	1		1	1	1	
男	**408**	**288**	**682**	**192**	**16**	**684**	**2207**	**856**	**355**
16-19岁	1	2	1	1		10	1	2	
20-24岁	14	24	17	14		37	46	49	13
25-29岁	29	45	72	22		77	171	81	30
30-34岁	83	41	101	26	3	98	297	144	59
35-39岁	70	41	86	27	6	73	276	94	44
40-44岁	62	33	98	18	1	99	339	116	54
45-49岁	53	53	101	24	6	111	365	142	59
50-54岁	46	20	118	27		86	372	120	50
55-59岁	32	22	64	20		62	233	85	39
60-64岁	11	4	16	11		21	70	18	3
65-69岁	5	2	7	1		8	28	3	4
70-74岁	2	1				2	8	1	
75岁及以上			1	1			1	1	
女	**253**	**68**	**236**	**148**	**6**	**424**	**730**	**128**	**81**
16-19岁	3		1			1	4		
20-24岁	3	8	13	10	1	6	19	9	4
25-29岁	19	11	27	13		29	40	6	2
30-34岁	39	8	37	28	1	51	108	12	7
35-39岁	35	9	22	20		68	98	13	6
40-44岁	59	12	42	14	3	67	140	23	18
45-49岁	36	12	59	27	1	96	161	36	18
50-54岁	33	4	20	21		66	95	19	13
55-59岁	16	2	9	10		30	55	8	11
60-64岁	6		4	3		5	6	1	1
65-69岁	3	2	1	1		4	3	1	1
70-74岁	1			1			1		
75岁及以上			1			1			

4-5b 续表 4 单位：人

年龄组 性别	制造业								
	金属制品业	通用设备制造业	专用设备制造业	汽车制造业	铁路、船舶、航空航天和其他运输设备制造业	电气机械和器材制造业	计算机、通信和其他电子设备制造业	仪器仪表制造业	其他制造业
总计	**2843**	**1861**	**532**	**872**	**247**	**560**	**326**	**135**	**183**
16-19岁	17	31	2	3	1	5	3	1	1
20-24岁	82	98	23	56	20	27	50	7	8
25-29岁	285	181	67	129	34	77	72	8	14
30-34岁	519	359	86	208	67	113	65	22	46
35-39岁	396	220	63	125	25	75	40	23	18
40-44岁	453	268	63	118	22	57	42	24	24
45-49岁	463	247	93	126	26	84	28	16	23
50-54岁	320	249	70	68	25	76	12	12	26
55-59岁	205	127	44	32	19	34	8	14	17
60-64岁	67	46	9	4	6	9	3	1	6
65-69岁	32	25	8	1	1	3	3	4	
70-74岁	4	7	2	2	1			3	
75岁及以上		3	2						
男	**2387**	**1523**	**408**	**600**	**217**	**381**	**212**	**90**	**109**
16-19岁	16	31	2	1	1	4	3		1
20-24岁	72	87	19	47	18	19	37	7	6
25-29岁	250	155	57	106	31	58	53	6	9
30-34岁	448	292	67	150	57	71	41	12	26
35-39岁	322	184	45	81	20	48	23	13	8
40-44岁	376	200	44	57	19	32	20	14	12
45-49岁	366	178	59	71	20	47	15	11	12
50-54岁	262	213	58	50	24	63	8	8	19
55-59岁	178	114	38	30	19	30	7	14	13
60-64岁	65	39	8	4	6	7	3	1	3
65-69岁	28	21	8	1	1	2	2	3	
70-74岁	4	6	1	2	1			1	
75岁及以上		3	2						
女	**456**	**338**	**124**	**272**	**30**	**179**	**114**	**45**	**74**
16-19岁	1			2		1		1	
20-24岁	10	11	4	9	2	8	13		2
25-29岁	35	26	10	23	3	19	19	2	5
30-34岁	71	67	19	58	10	42	24	10	20
35-39岁	74	36	18	44	5	27	17	10	10
40-44岁	77	68	19	61	3	25	22	10	12
45-49岁	97	69	34	55	6	37	13	5	11
50-54岁	58	36	12	18	1	13	4	4	7
55-59岁	27	13	6	2		4	1		4
60-64岁	2	7	1			2			3
65-69岁	4	4				1	1	1	
70-74岁		1	1					2	
75岁及以上									

4-5b 续表 5

单位：人

年龄组 性 别	制造业		电力、热力、燃气及水生产和供应业				建筑业		
	废弃资源综合利用业	金属制品、机械和设备修理业	小计	电力、热力生产和供应业	燃气生产和供应业	水的生产和供应业	小计	房屋建筑业	土木工程建筑业
总　计	**250**	**436**	**3024**	**2283**	**283**	**458**	**16108**	**8325**	**1723**
16-19岁	1	4	6	6			61	44	2
20-24岁	4	21	112	94	11	7	496	222	88
25-29岁	6	40	255	193	24	38	1254	549	176
30-34岁	17	78	385	280	47	58	2232	1060	235
35-39岁	23	42	338	240	41	57	1893	938	203
40-44岁	34	52	491	363	39	89	2406	1234	222
45-49岁	44	57	599	455	44	100	2650	1395	323
50-54岁	52	71	445	356	35	54	2489	1375	244
55-59岁	39	48	309	240	23	46	1768	981	174
60-64岁	17	19	53	35	12	6	591	358	43
65-69岁	10	4	22	16	4	2	222	141	10
70-74岁	3		8	5	2	1	37	23	1
75岁及以上			1		1		9	5	2
男	**167**	**412**	**2299**	**1791**	**207**	**301**	**14119**	**7375**	**1486**
16-19岁	1	4	4	4			52	36	2
20-24岁	3	21	88	74	9	5	405	182	76
25-29岁	3	39	192	156	17	19	1093	486	138
30-34岁	12	74	286	220	33	33	1968	936	201
35-39岁	13	40	240	174	27	39	1629	834	172
40-44岁	22	47	333	256	24	53	2087	1077	192
45-49岁	32	52	414	329	28	57	2272	1211	273
50-54岁	33	67	380	304	32	44	2205	1227	219
55-59岁	28	47	295	228	22	45	1626	903	165
60-64岁	11	18	43	31	8	4	536	327	36
65-69岁	7	3	18	13	4	1	205	129	10
70-74岁	2		5	2	2	1	33	22	1
75岁及以上			1		1		8	5	1
女	**83**	**24**	**725**	**492**	**76**	**157**	**1989**	**950**	**237**
16-19岁			2	2			9	8	
20-24岁	1		24	20	2	2	91	40	12
25-29岁	3	1	63	37	7	19	161	63	38
30-34岁	5	4	99	60	14	25	264	124	34
35-39岁	10	2	98	66	14	18	264	104	31
40-44岁	12	5	158	107	15	36	319	157	30
45-49岁	12	5	185	126	16	43	378	184	50
50-54岁	19	4	65	52	3	10	284	148	25
55-59岁	11	1	14	12	1	1	142	78	9
60-64岁	6	1	10	4	4	2	55	31	7
65-69岁	3	1	4	3		1	17	12	
70-74岁	1		3	3			4	1	
75岁及以上							1		1

4-5b　续表 6

单位：人

年龄组 性　别	建筑业		批发和零售业			交通运输、仓储和邮政业			
	建　筑 安装业	建筑装 饰、装修 和其他 建筑业	小计	批发业	零售业	小计	铁　路 运输业	道　路 运输业	水　上 运输业
总　计	**895**	**5165**	**32052**	**8035**	**24017**	**15802**	**792**	**10564**	**239**
16–19岁	3	12	226	60	166	48	1	14	
20–24岁	32	154	1229	263	966	433	32	180	13
25–29岁	88	441	2873	658	2215	1217	30	671	30
30–34岁	162	775	5295	1231	4064	2360	87	1510	47
35–39岁	119	633	4619	1026	3593	2408	92	1768	17
40–44岁	134	816	5375	1237	4138	2921	103	2186	40
45–49岁	122	810	5015	1263	3752	2691	146	1885	39
50–54岁	122	748	3582	1038	2544	2011	154	1323	29
55–59岁	80	533	2211	731	1480	1240	134	752	19
60–64岁	27	163	933	292	641	322	10	192	5
65–69岁	5	66	482	159	323	105	2	59	
70–74岁	1	12	144	55	89	37	1	20	
75岁及以上		2	68	22	46	9		4	
男	**813**	**4445**	**15380**	**4867**	**10513**	**13567**	**733**	**9481**	**219**
16–19岁	3	11	104	36	68	30	1	8	
20–24岁	25	122	558	154	404	338	29	155	12
25–29岁	81	388	1440	426	1014	1004	25	594	26
30–34岁	153	678	2434	744	1690	1977	79	1330	43
35–39岁	108	515	2051	592	1459	2047	86	1573	16
40–44岁	120	698	2228	670	1558	2482	94	1940	36
45–49岁	108	680	2277	768	1509	2297	132	1677	36
50–54岁	107	652	1948	661	1287	1814	147	1224	27
55–59岁	75	483	1328	458	870	1153	128	719	18
60–64岁	27	146	566	200	366	291	10	182	5
65–69岁	5	61	298	99	199	95	1	57	
70–74岁	1	9	99	44	55	32	1	19	
75岁及以上		2	49	15	34	7		3	
女	**82**	**720**	**16672**	**3168**	**13504**	**2235**	**59**	**1083**	**20**
16–19岁		1	122	24	98	18		6	
20–24岁	7	32	671	109	562	95	3	25	1
25–29岁	7	53	1433	232	1201	213	5	77	4
30–34岁	9	97	2861	487	2374	383	8	180	4
35–39岁	11	118	2568	434	2134	361	6	195	1
40–44岁	14	118	3147	567	2580	439	9	246	4
45–49岁	14	130	2738	495	2243	394	14	208	3
50–54岁	15	96	1634	377	1257	197	7	99	2
55–59岁	5	50	883	273	610	87	6	33	1
60–64岁		17	367	92	275	31		10	
65–69岁		5	184	60	124	10	1	2	
70–74岁		3	45	11	34	5		1	
75岁及以上			19	7	12	2		1	

4-5b 续表 7

单位：人

年龄组 性 别	交通运输、仓储和邮政业					住宿和餐饮业		
	航 空 运输业	管 道 运输业	多式联运 和运输 代理业	装卸搬运 和仓储业	邮政业	小计	住宿业	餐饮业
总 计	**59**	**17**	**261**	**2096**	**1774**	**10589**	**780**	**9809**
16-19岁	1			14	18	191	17	174
20-24岁	11	1	11	46	139	570	56	514
25-29岁	11	2	17	136	320	1061	75	986
30-34岁	15	2	44	245	410	1725	103	1622
35-39岁	3	1	46	231	250	1593	82	1511
40-44岁	3	2	50	288	249	1745	101	1644
45-49岁	6	3	44	366	202	1641	119	1522
50-54岁	4	2	32	347	120	1111	115	996
55-59岁	5	4	15	258	53	619	70	549
60-64岁			1	107	7	227	24	203
65-69岁				41	3	82	15	67
70-74岁			1	14	1	16	3	13
75岁及以上				3	2	8		8
男	**34**	**14**	**214**	**1654**	**1218**	**5130**	**317**	**4813**
16-19岁				10	11	125	9	116
20-24岁	3	1	6	34	98	363	31	332
25-29岁	8	2	15	96	238	648	33	615
30-34岁	10	2	36	196	281	986	45	941
35-39岁		1	39	167	165	760	32	728
40-44岁	2	1	37	221	151	768	29	739
45-49岁	3	2	35	289	123	614	38	576
50-54岁	3	2	31	289	91	432	39	393
55-59岁	5	3	14	216	50	276	37	239
60-64岁			1	88	5	103	14	89
65-69岁				35	2	42	8	34
70-74岁				11	1	10	2	8
75岁及以上				2	2	3		3
女	**25**	**3**	**47**	**442**	**556**	**5459**	**463**	**4996**
16-19岁	1			4	7	66	8	58
20-24岁	8		5	12	41	207	25	182
25-29岁	3		2	40	82	413	42	371
30-34岁	5		8	49	129	739	58	681
35-39岁	3		7	64	85	833	50	783
40-44岁	1	1	13	67	98	977	72	905
45-49岁	3	1	9	77	79	1027	81	946
50-54岁	1		1	58	29	679	76	603
55-59岁		1	1	42	3	343	33	310
60-64岁				19	2	124	10	114
65-69岁				6	1	40	7	33
70-74岁			1	3		6	1	5
75岁及以上				1		5		5

4-5b　续表 8　　　　单位：人

年龄组 性　别	信息传输、软件和信息技术服务业				金融业				
	小计	电信、广播电视和卫星传输服务	互联网和相关服务	软件和信息技术服务业	小计	货币金融服　务	资本市场服　务	保险业	其　他金融业
总　计	**2356**	**1053**	**617**	**686**	**3570**	**2397**	**51**	**989**	**133**
16-19岁	47	9	28	10	5	3		1	1
20-24岁	255	50	104	101	173	101	6	54	12
25-29岁	474	121	164	189	630	420	12	171	27
30-34岁	542	236	126	180	699	442	12	216	29
35-39岁	298	141	67	90	401	244	7	130	20
40-44岁	256	153	53	50	354	197	7	140	10
45-49岁	239	165	40	34	482	309	2	157	14
50-54岁	136	94	23	19	509	422	3	73	11
55-59岁	93	69	12	12	271	230	2	31	8
60-64岁	6	6			28	16		11	1
65-69岁	6	5		1	13	10		3	
70-74岁	1	1			5	3		2	
75岁及以上	3	3							
男	**1421**	**613**	**383**	**425**	**1738**	**1295**	**26**	**356**	**61**
16-19岁	34	5	21	8	3	2		1	
20-24岁	143	26	43	74	80	48	3	25	4
25-29岁	276	56	111	109	265	177	3	73	12
30-34岁	272	100	72	100	294	193	6	79	16
35-39岁	166	72	42	52	173	117	4	47	5
40-44岁	160	89	37	34	139	91	5	38	5
45-49岁	155	108	25	22	194	147	1	41	5
50-54岁	117	81	22	14	328	288	2	32	6
55-59岁	85	64	10	11	234	211	2	13	8
60-64岁	6	6			14	12		2	
65-69岁	5	4		1	10	7		3	
70-74岁					4	2		2	
75岁及以上	2	2							
女	**935**	**440**	**234**	**261**	**1832**	**1102**	**25**	**633**	**72**
16-19岁	13	4	7	2	2	1			1
20-24岁	112	24	61	27	93	53	3	29	8
25-29岁	198	65	53	80	365	243	9	98	15
30-34岁	270	136	54	80	405	249	6	137	13
35-39岁	132	69	25	38	228	127	3	83	15
40-44岁	96	64	16	16	215	106	2	102	5
45-49岁	84	57	15	12	288	162	1	116	9
50-54岁	19	13	1	5	181	134	1	41	5
55-59岁	8	5	2	1	37	19		18	
60-64岁					14	4		9	1
65-69岁	1	1			3	3			
70-74岁	1	1			1	1			
75岁及以上	1	1							

4-5b 续表 9 单位：人

年龄组 性别	房地产业		租赁和商务服务业			科学研究和技术服务业			
	小计	房地产业	小计	租赁业	商务服务业	小计	研究和试验发展	专业技术服务业	科技推广和应用服务业
总计	**2688**	**2688**	**3979**	**317**	**3662**	**1474**	**146**	**1037**	**291**
16-19岁	11	11	35		35	3		3	
20-24岁	138	138	230	9	221	100	13	72	15
25-29岁	280	280	493	55	438	219	23	167	29
30-34岁	472	472	699	81	618	302	26	225	51
35-39岁	315	315	504	42	462	173	19	127	27
40-44岁	295	295	486	45	441	178	12	128	38
45-49岁	331	331	499	26	473	199	26	132	41
50-54岁	321	321	459	32	427	156	13	100	43
55-59岁	308	308	359	15	344	120	10	70	40
60-64岁	142	142	136	10	126	15	3	7	5
65-69岁	58	58	50	2	48	7	1	5	1
70-74岁	14	14	20		20	2		1	1
75岁及以上	3	3	9		9				
男	**1537**	**1537**	**2680**	**296**	**2384**	**1024**	**93**	**742**	**189**
16-19岁	6	6	20		20	3		3	
20-24岁	71	71	134	8	126	68	8	49	11
25-29岁	154	154	307	53	254	145	13	114	18
30-34岁	244	244	437	78	359	214	14	165	35
35-39岁	162	162	314	36	278	111	13	80	18
40-44岁	140	140	314	44	270	116	7	87	22
45-49岁	167	167	321	20	301	126	19	86	21
50-54岁	201	201	349	31	318	116	7	82	27
55-59岁	223	223	307	14	293	105	8	64	33
60-64岁	106	106	113	10	103	12	3	6	3
65-69岁	48	48	42	2	40	7	1	5	1
70-74岁	13	13	15		15	1		1	
75岁及以上	2	2	7		7				
女	**1151**	**1151**	**1299**	**21**	**1278**	**450**	**53**	**295**	**102**
16-19岁	5	5	15		15				
20-24岁	67	67	96	1	95	32	5	23	4
25-29岁	126	126	186	2	184	74	10	53	11
30-34岁	228	228	262	3	259	88	12	60	16
35-39岁	153	153	190	6	184	62	6	47	9
40-44岁	155	155	172	1	171	62	5	41	16
45-49岁	164	164	178	6	172	73	7	46	20
50-54岁	120	120	110	1	109	40	6	18	16
55-59岁	85	85	52	1	51	15	2	6	7
60-64岁	36	36	23		23	3		1	2
65-69岁	10	10	8		8				
70-74岁	1	1	5		5	1			1
75岁及以上	1	1	2		2				

4-5b　续表 10　　　　单位：人

年龄组 性别	水利、环境和公共设施管理业					居民服务、修理和其他服务业			
	小计	水利管理业	生态保护和环境治理业	公共设施管理业	土地管理业	小计	居民服务业	机动车、电子产品和日用产品修理业	其他服务业
总　计	**1662**	**200**	**219**	**1206**	**37**	**10345**	**6274**	**2788**	**1283**
16-19岁						154	108	44	2
20-24岁	31	4	3	23	1	659	390	224	45
25-29岁	68	7	10	47	4	1031	592	369	70
30-34岁	136	20	15	95	6	1616	937	541	138
35-39岁	130	26	27	72	5	1351	805	422	124
40-44岁	238	38	32	158	10	1489	890	430	169
45-49岁	325	47	52	222	4	1468	952	276	240
50-54岁	289	30	45	209	5	1162	742	223	197
55-59岁	257	25	29	201	2	804	498	135	171
60-64岁	123	2	4	117		350	214	62	74
65-69岁	56	1		55		180	95	43	42
70-74岁	7		1	6		59	35	15	9
75岁及以上	2		1	1		22	16	4	2
男	**1149**	**162**	**170**	**793**	**24**	**5536**	**2569**	**2355**	**612**
16-19岁						87	44	42	1
20-24岁	24	4	3	16	1	410	177	209	24
25-29岁	52	7	8	34	3	640	280	322	38
30-34岁	93	14	10	66	3	967	421	470	76
35-39岁	84	19	14	47	4	737	328	350	59
40-44岁	130	28	25	72	5	748	320	352	76
45-49岁	193	37	37	115	4	615	312	208	95
50-54岁	214	27	41	144	2	543	283	176	84
55-59岁	213	23	26	162	2	444	238	117	89
60-64岁	94	2	4	88		192	101	56	35
65-69岁	44	1		43		102	42	35	25
70-74岁	6		1	5		38	15	15	8
75岁及以上	2		1	1		13	8	3	2
女	**513**	**38**	**49**	**413**	**13**	**4809**	**3705**	**433**	**671**
16-19岁						67	64	2	1
20-24岁	7			7		249	213	15	21
25-29岁	16		2	13	1	391	312	47	32
30-34岁	43	6	5	29	3	649	516	71	62
35-39岁	46	7	13	25	1	614	477	72	65
40-44岁	108	10	7	86	5	741	570	78	93
45-49岁	132	10	15	107		853	640	68	145
50-54岁	75	3	4	65	3	619	459	47	113
55-59岁	44	2	3	39		360	260	18	82
60-64岁	29			29		158	113	6	39
65-69岁	12			12		78	53	8	17
70-74岁	1			1		21	20		1
75岁及以上						9	8	1	

4–5b 续表 11

单位：人

年龄组 性别	教育		卫生和社会工作			文化、体育和娱乐业				
	小计	教育	小计	卫生	社会工作	小计	新闻和出版业	广播、电视、电影和录音制作业	文化艺术业	体育
总　计	**11573**	**11573**	**5544**	**5305**	**239**	**1116**	**74**	**149**	**254**	**141**
16–19岁	83	83	34	34		25		3	4	6
20–24岁	534	534	370	367	3	100	4	17	21	26
25–29岁	1216	1216	785	773	12	171	14	18	29	40
30–34岁	1655	1655	898	883	15	192	8	33	45	21
35–39岁	1447	1447	675	648	27	133	10	19	37	12
40–44岁	1527	1527	708	673	35	109	8	11	30	13
45–49岁	1837	1837	880	835	45	171	11	22	39	8
50–54岁	1918	1918	596	555	41	106	5	10	29	7
55–59岁	1177	1177	396	367	29	83	11	15	14	6
60–64岁	105	105	104	85	19	15	2	1	3	2
65–69岁	40	40	68	58	10	7	1		1	
70–74岁	13	13	22	19	3	2			1	
75岁及以上	21	21	8	8		2			1	
男	**4021**	**4021**	**1955**	**1871**	**84**	**623**	**40**	**80**	**136**	**83**
16–19岁	26	26	5	5		20		3	2	6
20–24岁	87	87	63	62	1	58	1	8	12	18
25–29岁	254	254	131	126	5	100	7	7	12	26
30–34岁	386	386	223	216	7	101	5	15	24	11
35–39岁	454	454	263	256	7	69	4	11	20	5
40–44岁	482	482	243	236	7	59	2	5	17	7
45–49岁	698	698	357	347	10	75	6	12	15	2
50–54岁	810	810	272	259	13	62	3	6	18	3
55–59岁	696	696	259	248	11	59	9	12	11	3
60–64岁	74	74	66	50	16	14	2	1	3	2
65–69岁	27	27	48	43	5	4	1			
70–74岁	12	12	18	16	2	1			1	
75岁及以上	15	15	7	7		1			1	
女	**7552**	**7552**	**3589**	**3434**	**155**	**493**	**34**	**69**	**118**	**58**
16–19岁	57	57	29	29		5			2	
20–24岁	447	447	307	305	2	42	3	9	9	8
25–29岁	962	962	654	647	7	71	7	11	17	14
30–34岁	1269	1269	675	667	8	91	3	18	21	10
35–39岁	993	993	412	392	20	64	6	8	17	7
40–44岁	1045	1045	465	437	28	50	6	6	13	6
45–49岁	1139	1139	523	488	35	96	5	10	24	6
50–54岁	1108	1108	324	296	28	44	2	4	11	4
55–59岁	481	481	137	119	18	24	2	3	3	3
60–64岁	31	31	38	35	3	1				
65–69岁	13	13	20	15	5	3			1	
70–74岁	1	1	4	3	1	1				
75岁及以上	6	6	1	1		1				

4-5b　续表 12　　　　　　　　　　　　　　　　　　　　　　　　　　　　　　单位：人

年龄组 性　别	娱乐业	公共管理、社会保障和社会组织							国际组织	
		小计	中国共产党机关	国家机构	人民政协、民主党派	社会保障	群众团体、社会团体和其他成员组织	基层群众自治组织	小计	国际组织
总　计	**498**	**13765**	**403**	**11719**	**34**	**157**	**411**	**1041**	**1**	**1**
16–19岁	12	24		21			3			
20–24岁	32	448	7	404		6	19	12		
25–29岁	70	1347	32	1196	1	20	35	63		
30–34岁	85	2187	58	1919	3	20	76	111		
35–39岁	55	1723	65	1476	2	19	40	121		
40–44岁	47	1947	55	1647	5	32	56	152		
45–49岁	91	2353	77	2000	4	25	53	194	1	1
50–54岁	55	1911	60	1598	6	20	69	158		
55–59岁	37	1484	45	1275	11	14	39	100		
60–64岁	7	175	1	96	1	1	10	66		
65–69岁	5	117	2	61	1		6	47		
70–74岁	1	31	1	15			4	11		
75岁及以上	1	18		11			1	6		
男	**284**	**8980**	**276**	**7885**	**20**	**77**	**221**	**501**		
16–19岁	9	21		18			3			
20–24岁	19	280	3	264		3	6	4		
25–29岁	48	822	18	750		8	19	27		
30–34岁	46	1277	32	1158		5	36	46		
35–39岁	29	1075	44	955	2	9	18	47		
40–44岁	28	1152	38	1015	2	13	30	54		
45–49岁	40	1413	52	1253	2	9	23	74		
50–54岁	32	1343	42	1152	3	16	40	90		
55–59岁	24	1329	43	1170	9	13	29	65		
60–64岁	6	138	1	79	1	1	8	48		
65–69岁	3	93	2	52	1		6	32		
70–74岁		24	1	11			3	9		
75岁及以上		13		8				5		
女	**214**	**4785**	**127**	**3834**	**14**	**80**	**190**	**540**	**1**	**1**
16–19岁	3	3		3						
20–24岁	13	168	4	140		3	13	8		
25–29岁	22	525	14	446	1	12	16	36		
30–34岁	39	910	26	761	3	15	40	65		
35–39岁	26	648	21	521		10	22	74		
40–44岁	19	795	17	632	3	19	26	98		
45–49岁	51	940	25	747	2	16	30	120	1	1
50–54岁	23	568	18	446	3	4	29	68		
55–59岁	13	155	2	105	2	1	10	35		
60–64岁	1	37		17			2	18		
65–69岁	2	24		9				15		
70–74岁	1	7		4			1	2		
75岁及以上	1	5		3			1	1		

4-5c 全省分年龄、性别、行业大类的就业人口(乡村)

单位：人

年龄组 性别	合计	农、林、牧、渔业						采矿业	
		小计	农业	林业	畜牧业	渔业	农、林、牧、渔专业及辅助性活动	小计	煤炭开采和洗选业
总 计	**585143**	**405958**	**371374**	**833**	**25570**	**5178**	**3003**	**4464**	**385**
16-19岁	5296	2389	2228	4	111	19	27	13	
20-24岁	19548	7411	6757	22	452	80	100	89	6
25-29岁	29917	12760	11469	31	885	218	157	238	19
30-34岁	44266	21218	18922	46	1609	434	207	393	29
35-39岁	39930	21836	19211	56	1905	436	228	407	25
40-44岁	55955	33544	29647	89	2852	613	343	612	58
45-49岁	75105	50134	44723	127	3837	985	462	830	107
50-54岁	94242	68981	62496	182	4747	1025	531	918	92
55-59岁	84332	65846	60341	140	4099	829	437	625	27
60-64岁	62513	53961	50664	73	2639	318	267	229	10
65-69岁	47147	42824	40747	37	1686	181	173	80	6
70-74岁	19273	17934	17250	21	577	36	50	18	3
75岁及以上	7619	7120	6919	5	171	4	21	12	3
男	**353554**	**232762**	**209564**	**662**	**16193**	**4344**	**1999**	**3985**	**374**
16-19岁	3496	1638	1515	3	81	17	22	10	
20-24岁	12470	4991	4486	17	344	65	79	79	6
25-29岁	19926	8339	7355	26	629	208	121	218	19
30-34岁	28681	12964	11329	42	1057	381	155	361	28
35-39岁	24511	12681	10911	43	1198	375	154	354	24
40-44岁	33294	18753	16244	76	1706	517	210	529	57
45-49岁	43494	27291	23839	94	2252	804	302	711	101
50-54岁	54867	37539	33359	150	2853	853	324	824	92
55-59岁	49001	35626	32037	100	2542	676	271	575	26
60-64岁	36938	30643	28360	58	1769	267	189	221	10
65-69岁	28899	25702	24214	28	1201	146	113	74	5
70-74岁	12639	11640	11117	20	432	31	40	17	3
75岁及以上	5338	4955	4798	5	129	4	19	12	3
女	**231589**	**173196**	**161810**	**171**	**9377**	**834**	**1004**	**479**	**11**
16-19岁	1800	751	713	1	30	2	5	3	
20-24岁	7078	2420	2271	5	108	15	21	10	
25-29岁	9991	4421	4114	5	256	10	36	20	
30-34岁	15585	8254	7593	4	552	53	52	32	1
35-39岁	15419	9155	8300	13	707	61	74	53	1
40-44岁	22661	14791	13403	13	1146	96	133	83	1
45-49岁	31611	22843	20884	33	1585	181	160	119	6
50-54岁	39375	31442	29137	32	1894	172	207	94	
55-59岁	35331	30220	28304	40	1557	153	166	50	1
60-64岁	25575	23318	22304	15	870	51	78	8	
65-69岁	18248	17122	16533	9	485	35	60	6	1
70-74岁	6634	6294	6133	1	145	5	10	1	
75岁及以上	2281	2165	2121		42		2		

4-5c 续表 1

单位：人

年龄组 性 别	采矿业						制造业		
	石油和天然气开采业	黑色金属矿采选业	有色金属矿采选业	非金属矿采选业	开采专业及辅助性活动	其他采矿业	小计	农副食品加工业	食品制造业
总 计	**158**	**1559**	**988**	**1007**	**215**	**152**	**45945**	**6769**	**1429**
16-19岁		5	1	6	1		490	47	25
20-24岁	10	25	11	24	9	4	2337	213	163
25-29岁	17	75	44	50	23	10	3755	359	166
30-34岁	42	133	72	81	22	14	6218	637	188
35-39岁	24	151	89	83	23	12	5056	605	168
40-44岁	20	222	160	105	31	16	6387	826	213
45-49岁	17	271	192	173	42	28	7224	1165	199
50-54岁	17	319	195	223	39	33	6981	1289	160
55-59岁	8	225	155	169	21	20	4450	917	88
60-64岁	2	97	39	67	4	10	1831	404	36
65-69岁	1	28	23	19		3	932	221	19
70-74岁		6	4	3		2	228	67	4
75岁及以上		2	3	4			56	19	
男	**148**	**1392**	**855**	**886**	**203**	**127**	**28701**	**3895**	**672**
16-19岁		4	1	4	1		367	36	15
20-24岁	7	22	9	23	9	3	1660	142	72
25-29岁	16	71	33	47	22	10	2693	246	89
30-34岁	41	122	64	74	21	11	4013	417	94
35-39岁	22	126	77	73	22	10	2912	345	74
40-44岁	18	189	131	94	30	10	3564	443	91
45-49岁	17	232	159	142	37	23	4037	596	74
50-54岁	17	286	174	189	38	28	4281	676	72
55-59岁	7	213	143	150	19	17	2968	517	47
60-64岁	2	94	36	65	4	10	1307	255	25
65-69岁	1	26	21	18		3	678	155	15
70-74岁		5	4	3		2	175	52	4
75岁及以上		2	3	4			46	15	
女	**10**	**167**	**133**	**121**	**12**	**25**	**17244**	**2874**	**757**
16-19岁		1		2			123	11	10
20-24岁	3	3	2	1		1	677	71	91
25-29岁	1	4	11	3	1		1062	113	77
30-34岁	1	11	8	7	1	3	2205	220	94
35-39岁	2	25	12	10	1	2	2144	260	94
40-44岁	2	33	29	11	1	6	2823	383	122
45-49岁		39	33	31	5	5	3187	569	125
50-54岁		33	21	34	1	5	2700	613	88
55-59岁	1	12	12	19	2	3	1482	400	41
60-64岁		3	3	2			524	149	11
65-69岁		2	2	1			254	66	4
70-74岁		1					53	15	
75岁及以上							10	4	

4-5c 续表 2

单位：人

年龄组 性 别	制造业								
	酒、饮料和精制茶制造业	烟 草制品业	纺织业	纺织服装、服饰业	皮革、毛皮、羽毛及其制品和制鞋业	木材加工和木、竹、藤、棕、草制品业	家 具制造业	造纸和纸制品业	印刷和记录媒介复制业
总 计	**468**	**8**	**1185**	**8050**	**1948**	**1540**	**843**	**505**	**144**
16-19岁	1		7	98	24	7	12	4	2
20-24岁	13		41	347	82	29	44	17	19
25-29岁	51		66	583	139	73	68	41	28
30-34岁	45		130	1364	282	157	107	68	23
35-39岁	35	4	150	1181	270	155	90	52	14
40-44岁	61	1	182	1259	359	214	108	73	25
45-49岁	63	3	189	1235	324	268	158	73	10
50-54岁	75		175	1036	254	277	143	91	13
55-59岁	57		128	563	119	188	67	46	10
60-64岁	39		58	236	50	94	31	25	
65-69岁	21		45	123	35	58	9	12	
70-74岁	7		11	20	7	15	6	3	
75岁及以上			3	5	3	5			
男	**324**	**7**	**484**	**2352**	**976**	**1078**	**574**	**298**	**91**
16-19岁			7	53	15	5	9	4	2
20-24岁	8		23	163	55	26	35	15	15
25-29岁	40		40	227	78	52	47	25	19
30-34岁	32		46	448	155	114	78	43	17
35-39岁	19	3	50	356	134	104	63	31	8
40-44岁	39	1	69	306	166	130	64	40	14
45-49岁	37	3	63	273	151	173	96	36	3
50-54岁	52		73	234	117	194	93	45	6
55-59岁	43		49	152	57	142	52	27	7
60-64岁	30		29	74	25	74	25	21	
65-69岁	17		27	51	17	48	8	9	
70-74岁	7		5	11	5	12	4	2	
75岁及以上			3	4	1	4			
女	**144**	**1**	**701**	**5698**	**972**	**462**	**269**	**207**	**53**
16-19岁	1			45	9	2	3		
20-24岁	5		18	184	27	3	9	2	4
25-29岁	11		26	356	61	21	21	16	9
30-34岁	13		84	916	127	43	29	25	6
35-39岁	16	1	100	825	136	51	27	21	6
40-44岁	22		113	953	193	84	44	33	11
45-49岁	26		126	962	173	95	62	37	7
50-54岁	23		102	802	137	83	50	46	7
55-59岁	14		79	411	62	46	15	19	3
60-64岁	9		29	162	25	20	6	4	
65-69岁	4		18	72	18	10	1	3	
70-74岁			6	9	2	3	2	1	
75岁及以上				1	2	1			

4-5c　续表 3

单位：人

年龄组 性　别	制造业								
	文教、工美、体育和娱乐用品制造业	石油、煤炭及其他燃料加工业	化学原料和化学制品制造业	医　药制造业	化学纤维制造业	橡胶和塑　料制品业	非金属矿　物制品业	黑色金属冶炼和压延加工业	有色金属冶炼和压延加工业
总　计	**630**	**556**	**1120**	**372**	**52**	**1942**	**4751**	**1405**	**834**
16-19岁	7	3	7	2		18	25	4	4
20-24岁	25	61	56	37	4	79	123	74	39
25-29岁	54	99	93	47	5	140	250	149	94
30-34岁	102	57	119	64	8	273	509	162	134
35-39岁	84	42	103	30	6	215	438	117	94
40-44岁	88	57	168	51	4	288	631	192	111
45-49岁	89	87	214	39	9	333	836	234	148
50-54岁	82	77	171	49	11	303	917	251	118
55-59岁	61	49	117	35	4	173	668	141	69
60-64岁	18	12	43	12	1	76	230	57	16
65-69岁	18	12	22	6		39	96	18	4
70-74岁	2		4			5	25	4	2
75岁及以上			3				3	2	1
男	**392**	**460**	**844**	**196**	**35**	**1222**	**3799**	**1230**	**701**
16-19岁	6	1	6	1		15	21	4	4
20-24岁	18	53	34	15	4	60	105	65	31
25-29岁	38	86	67	27	3	108	207	141	87
30-34岁	71	46	91	38	7	177	413	142	122
35-39岁	59	32	68	16	2	125	339	103	80
40-44岁	47	42	124	21	3	171	460	155	87
45-49岁	48	66	144	15	4	185	631	191	108
50-54岁	50	66	148	30	8	179	733	221	103
55-59岁	32	46	100	24	3	115	577	134	58
60-64岁	11	12	38	5	1	56	204	54	15
65-69岁	10	10	19	4		28	86	14	3
70-74岁	2		3			3	20	4	2
75岁及以上			2				3	2	1
女	**238**	**96**	**276**	**176**	**17**	**720**	**952**	**175**	**133**
16-19岁	1	2	1	1		3	4		
20-24岁	7	8	22	22		19	18	9	8
25-29岁	16	13	26	20	2	32	43	8	7
30-34岁	31	11	28	26	1	96	96	20	12
35-39岁	25	10	35	14	4	90	99	14	14
40-44岁	41	15	44	30	1	117	171	37	24
45-49岁	41	21	70	24	5	148	205	43	40
50-54岁	32	11	23	19	3	124	184	30	15
55-59岁	29	3	17	11	1	58	91	7	11
60-64岁	7		5	7		20	26	3	1
65-69岁	8	2	3	2		11	10	4	1
70-74岁			1			2	5		
75岁及以上			1						

4-5c 续表 4

单位：人

年龄组 性 别	制造业								
	金 属 制品业	通用设备 制造业	专用设备 制造业	汽 车 制造业	铁路、船舶、 航空航天和 其他运输 设备制造业	电气机械 和器材 制造业	计算机、 通信和其 他电子设 备制造业	仪器仪表 制造业	其 他 制造业
总 计	**3851**	**2903**	**645**	**967**	**480**	**731**	**542**	**134**	**241**
16-19岁	38	43	9	36	8	16	31	3	1
20-24岁	200	163	55	121	54	88	124	15	9
25-29岁	400	243	76	132	66	102	103	15	18
30-34岁	589	451	95	178	95	104	104	23	49
35-39岁	447	313	60	91	56	82	51	15	24
40-44岁	523	370	94	132	50	102	59	16	27
45-49岁	552	424	75	121	59	85	46	12	35
50-54岁	544	427	80	90	46	86	11	14	32
55-59岁	348	285	67	35	27	37	8	14	31
60-64岁	135	113	18	23	12	23	3	7	10
65-69岁	63	58	8	5	5	4	2		4
70-74岁	10	7	7	1	2	2			1
75岁及以上	2	6	1	2					
男	**3303**	**2388**	**480**	**718**	**427**	**483**	**251**	**95**	**148**
16-19岁	37	40	6	33	7	11	18	3	1
20-24岁	186	138	38	108	50	70	71	13	6
25-29岁	368	217	58	116	59	77	54	14	15
30-34岁	521	400	71	141	87	65	51	13	29
35-39岁	370	235	48	51	47	49	19	7	15
40-44岁	430	299	69	76	44	53	10	8	14
45-49岁	444	323	56	72	49	45	14	10	17
50-54岁	448	340	57	64	42	63	4	10	21
55-59岁	299	237	48	29	25	26	6	11	18
60-64岁	134	94	15	20	10	19	2	6	7
65-69岁	58	53	7	5	5	3	2		4
70-74岁	6	7	6	1	2	2			1
75岁及以上	2	5	1	2					
女	**548**	**515**	**165**	**249**	**53**	**248**	**291**	**39**	**93**
16-19岁	1	3	3	3	1	5	13		
20-24岁	14	25	17	13	4	18	53	2	3
25-29岁	32	26	18	16	7	25	49	1	3
30-34岁	68	51	24	37	8	39	53	10	20
35-39岁	77	78	12	40	9	33	32	8	9
40-44岁	93	71	25	56	6	49	49	8	13
45-49岁	108	101	19	49	10	40	32	2	18
50-54岁	96	87	23	26	4	23	7	4	11
55-59岁	49	48	19	6	2	11	2	3	13
60-64岁	1	19	3	3	2	4	1	1	3
65-69岁	5	5	1			1			
70-74岁	4		1						
75岁及以上		1							

4-5c 续表 5

单位：人

年龄组 性别	制造业		电力、热力、燃气及水生产和供应业				建筑业		
	废弃资源综合利用业	金属制品、机械和设备修理业	小计	电力、热力生产和供应业	燃气生产和供应业	水的生产和供应业	小计	房屋建筑业	土木工程建筑业
总 计	**443**	**457**	**2153**	**1700**	**224**	**229**	**29686**	**17897**	**2115**
16—19岁	3	5	10	9		1	228	139	16
20—24岁	6	36	131	101	25	5	1248	702	151
25—29岁	20	75	279	253	14	12	2419	1375	216
30—34岁	38	63	313	250	40	23	3593	2122	235
35—39岁	28	36	198	165	16	17	2800	1592	201
40—44岁	53	50	202	160	21	21	3559	2148	212
45—49岁	82	57	330	259	29	42	4379	2626	301
50—54岁	96	63	306	233	37	36	5294	3264	361
55—59岁	59	39	263	208	20	35	3762	2357	264
60—64岁	35	14	77	43	15	19	1676	1083	106
65—69岁	14	11	35	18	4	13	604	399	42
70—74岁	8	8	4			4	99	69	9
75岁及以上	1		5	1	3	1	25	21	1
男	**350**	**428**	**1879**	**1517**	**166**	**196**	**26879**	**16238**	**1955**
16—19岁	2	5	9	8		1	205	119	15
20—24岁	6	35	111	90	16	5	1058	580	131
25—29岁	16	72	242	221	11	10	2186	1234	197
30—34岁	23	61	268	219	34	15	3273	1938	220
35—39岁	26	34	175	150	10	15	2516	1419	183
40—44岁	45	43	169	135	16	18	3227	1969	195
45—49岁	59	51	279	224	22	33	3916	2370	276
50—54岁	74	58	277	214	29	34	4812	2978	339
55—59岁	50	37	241	197	14	30	3458	2173	247
60—64岁	32	14	70	42	11	17	1561	1016	102
65—69岁	10	10	31	16	2	13	562	368	40
70—74岁	6	8	4			4	89	61	9
75岁及以上	1		3	1	1	1	16	13	1
女	**93**	**29**	**274**	**183**	**58**	**33**	**2807**	**1659**	**160**
16—19岁	1		1	1			23	20	1
20—24岁		1	20	11	9		190	122	20
25—29岁	4	3	37	32	3	2	233	141	19
30—34岁	15	2	45	31	6	8	320	184	15
35—39岁	2	2	23	15	6	2	284	173	18
40—44岁	8	7	33	25	5	3	332	179	17
45—49岁	23	6	51	35	7	9	463	256	25
50—54岁	22	5	29	19	8	2	482	286	22
55—59岁	9	2	22	11	6	5	304	184	17
60—64岁	3		7	1	4	2	115	67	4
65—69岁	4	1	4	2	2		42	31	2
70—74岁	2						10	8	
75岁及以上			2		2		9	8	

4–5c 续表 6

单位：人

年龄组 性别	建筑业		批发和零售业			交通运输、仓储和邮政业			
	建筑安装业	建筑装饰、装修和其他建筑业	小计	批发业	零售业	小计	铁路运输业	道路运输业	水上运输业
总计	**1368**	**8306**	**30010**	**11041**	**18969**	**16725**	**247**	**12019**	**302**
16–19岁	9	64	406	84	322	126	4	40	5
20–24岁	60	335	1849	401	1448	793	49	336	14
25–29岁	170	658	2610	655	1955	1442	32	813	50
30–34岁	228	1008	3797	1063	2734	2407	19	1716	54
35–39岁	164	843	3044	888	2156	2317	14	1841	34
40–44岁	161	1038	3769	1188	2581	2796	13	2274	30
45–49岁	194	1258	4081	1569	2512	2513	17	1966	43
50–54岁	207	1462	3838	1697	2141	2184	40	1593	43
55–59岁	102	1039	2977	1458	1519	1287	36	877	17
60–64岁	51	436	1821	968	853	559	16	382	7
65–69岁	21	142	1161	680	481	225	6	146	4
70–74岁	1	20	479	284	195	61	1	28	1
75岁及以上		3	178	106	72	15		7	
男	**1288**	**7398**	**15963**	**6998**	**8965**	**14973**	**200**	**11150**	**286**
16–19岁	9	62	209	55	154	96	2	32	4
20–24岁	59	288	882	256	626	638	35	293	12
25–29岁	164	591	1383	417	966	1254	22	746	47
30–34岁	216	899	1918	697	1221	2188	18	1626	53
35–39岁	156	758	1453	545	908	2087	13	1714	31
40–44岁	153	910	1855	705	1150	2519	12	2089	27
45–49岁	176	1094	2113	957	1156	2261	14	1815	42
50–54岁	192	1303	2116	1055	1061	1971	34	1472	43
55–59岁	99	939	1766	962	804	1171	32	826	15
60–64岁	43	400	1075	601	474	509	13	359	7
65–69岁	20	134	741	465	276	208	4	144	4
70–74岁	1	18	322	205	117	56	1	27	1
75岁及以上		2	130	78	52	15		7	
女	**80**	**908**	**14047**	**4043**	**10004**	**1752**	**47**	**869**	**16**
16–19岁		2	197	29	168	30	2	8	1
20–24岁	1	47	967	145	822	155	14	43	2
25–29岁	6	67	1227	238	989	188	10	67	3
30–34岁	12	109	1879	366	1513	219	1	90	1
35–39岁	8	85	1591	343	1248	230	1	127	3
40–44岁	8	128	1914	483	1431	277	1	185	3
45–49岁	18	164	1968	612	1356	252	3	151	1
50–54岁	15	159	1722	642	1080	213	6	121	
55–59岁	3	100	1211	496	715	116	4	51	2
60–64岁	8	36	746	367	379	50	3	23	
65–69岁	1	8	420	215	205	17	2	2	
70–74岁		2	157	79	78	5		1	
75岁及以上		1	48	28	20				

4-5c　续表 7

单位：人

年龄组 性　别	交通运输、仓储和邮政业					住宿和餐饮业		
	航　空 运输业	管　道 运输业	多式联运 和运输 代理业	装卸搬运 和仓储业	邮政业	小计	住宿业	餐饮业
总　计	**110**	**11**	**268**	**2266**	**1502**	**10603**	**585**	**10018**
16-19岁	5			19	53	591	27	564
20-24岁	18		21	131	224	1330	70	1260
25-29岁	15	2	35	185	310	1370	74	1296
30-34岁	11	2	39	245	321	1490	69	1421
35-39岁	8	2	40	191	187	1182	67	1115
40-44岁	9		42	271	157	1339	50	1289
45-49岁	13	3	36	316	119	1195	70	1125
50-54岁	12	1	34	383	78	1007	67	940
55-59岁	15		16	286	40	707	58	649
60-64岁	3	1	4	138	8	267	26	241
65-69岁	1			66	2	91	6	85
70-74岁			1	29	1	24	1	23
75岁及以上				6	2	10		10
男	**68**	**7**	**227**	**1902**	**1133**	**5386**	**240**	**5146**
16-19岁	2			17	39	405	16	389
20-24岁	13		17	98	170	852	29	823
25-29岁	11	2	26	147	253	887	36	851
30-34岁	8		30	212	241	871	33	838
35-39岁	5	1	34	154	135	580	18	562
40-44岁	6		40	230	115	586	22	564
45-49岁	8	2	34	268	78	432	19	413
50-54岁	6	1	27	331	57	318	19	299
55-59岁	7		14	245	32	267	26	241
60-64岁	2	1	4	115	8	115	16	99
65-69岁				54	2	49	5	44
70-74岁			1	25	1	17	1	16
75岁及以上				6	2	7		7
女	**42**	**4**	**41**	**364**	**369**	**5217**	**345**	**4872**
16-19岁	3			2	14	186	11	175
20-24岁	5		4	33	54	478	41	437
25-29岁	4		9	38	57	483	38	445
30-34岁	3	2	9	33	80	619	36	583
35-39岁	3	1	6	37	52	602	49	553
40-44岁	3		2	41	42	753	28	725
45-49岁	5	1	2	48	41	763	51	712
50-54岁	6		7	52	21	689	48	641
55-59岁	8		2	41	8	440	32	408
60-64岁	1			23		152	10	142
65-69岁	1			12		42	1	41
70-74岁				4		7		7
75岁及以上						3		3

4-5c 续表 8

单位：人

年龄组 性　别	信息传输、软件和信息技术服务业				金融业				
	小计	电信、广播电视和卫星传输服务	互联网和相关服务	软件和信息技术服务业	小计	货币金融服　务	资本市场服　务	保险业	其　他金融业
总　计	**1390**	**406**	**447**	**537**	**1274**	**571**	**29**	**602**	**72**
16-19岁	38	10	13	15	15	3		12	
20-24岁	343	62	125	156	219	84	5	117	13
25-29岁	360	48	122	190	256	112	8	119	17
30-34岁	295	75	110	110	201	95	6	83	17
35-39岁	117	49	36	32	102	37	2	59	4
40-44岁	86	61	19	6	91	29	2	54	6
45-49岁	61	46	8	7	121	58	3	58	2
50-54岁	46	27	8	11	131	82		44	5
55-59岁	27	21	3	3	97	54	3	33	7
60-64岁	8	3	1	4	23	6		16	1
65-69岁	5	3		2	12	8		4	
70-74岁	4	1	2	1	4	1		3	
75岁及以上					2	2			
男	**861**	**258**	**278**	**325**	**625**	**331**	**18**	**240**	**36**
16-19岁	15	5	4	6	5	1		4	
20-24岁	179	26	68	85	103	34	3	61	5
25-29岁	217	30	78	109	126	50	6	64	6
30-34岁	182	36	67	79	93	46	4	33	10
35-39岁	84	32	30	22	36	19	2	14	1
40-44岁	68	48	16	4	32	16		14	2
45-49岁	41	33	4	4	46	32	1	12	1
50-54岁	37	22	7	8	85	67		15	3
55-59岁	24	20	2	2	68	50	2	9	7
60-64岁	6	2	1	3	16	5		10	1
65-69岁	5	3		2	9	8		1	
70-74岁	3	1	1	1	4	1		3	
75岁及以上					2	2			
女	**529**	**148**	**169**	**212**	**649**	**240**	**11**	**362**	**36**
16-19岁	23	5	9	9	10	2		8	
20-24岁	164	36	57	71	116	50	2	56	8
25-29岁	143	18	44	81	130	62	2	55	11
30-34岁	113	39	43	31	108	49	2	50	7
35-39岁	33	17	6	10	66	18		45	3
40-44岁	18	13	3	2	59	13	2	40	4
45-49岁	20	13	4	3	75	26	2	46	1
50-54岁	9	5	1	3	46	15		29	2
55-59岁	3	1	1	1	29	4	1	24	
60-64岁	2	1		1	7	1		6	
65-69岁					3			3	
70-74岁	1		1						
75岁及以上									

4-5c　续表 9　　　　　　　　　　　　　　　　单位：人

年龄组 性　别	房地产业		租赁和商务服务业			科学研究和技术服务业			
	小计	房地产业	小计	租赁业	商　务 服务业	小计	研究和 试验发展	专业技术 服务业	科技推广 和应用 服务业
总　计	**1987**	**1987**	**4337**	**468**	**3869**	**1689**	**129**	**860**	**700**
16－19岁	37	37	71	6	65	17	1	13	3
20－24岁	249	249	481	43	438	201	20	140	41
25－29岁	352	352	561	69	492	249	33	179	37
30－34岁	274	274	588	99	489	247	29	155	63
35－39岁	140	140	359	56	303	106	6	50	50
40－44岁	137	137	432	60	372	160	9	84	67
45－49岁	153	153	488	47	441	197	7	87	103
50－54岁	212	212	493	45	448	188	9	72	107
55－59岁	241	241	432	20	412	151	12	46	93
60－64岁	122	122	241	14	227	91	2	20	69
65－69岁	59	59	127	5	122	49	1	12	36
70－74岁	10	10	46	3	43	26		2	24
75岁及以上	1	1	18	1	17	7			7
男	**1265**	**1265**	**3072**	**447**	**2625**	**1122**	**88**	**596**	**438**
16－19岁	29	29	53	5	48	9	1	6	2
20－24岁	162	162	263	43	220	131	12	89	30
25－29岁	228	228	339	67	272	164	20	120	24
30－34岁	160	160	405	95	310	177	22	109	46
35－39岁	88	88	257	54	203	60	4	30	26
40－44岁	71	71	318	57	261	107	4	61	42
45－49岁	91	91	360	44	316	129	6	61	62
50－54岁	130	130	374	42	332	116	6	50	60
55－59岁	152	152	356	19	337	103	10	38	55
60－64岁	97	97	193	12	181	65	2	19	44
65－69岁	47	47	101	5	96	39	1	11	27
70－74岁	9	9	38	3	35	16		2	14
75岁及以上	1	1	15	1	14	6			6
女	**722**	**722**	**1265**	**21**	**1244**	**567**	**41**	**264**	**262**
16－19岁	8	8	18	1	17	8		7	1
20－24岁	87	87	218		218	70	8	51	11
25－29岁	124	124	222	2	220	85	13	59	13
30－34岁	114	114	183	4	179	70	7	46	17
35－39岁	52	52	102	2	100	46	2	20	24
40－44岁	66	66	114	3	111	53	5	23	25
45－49岁	62	62	128	3	125	68	1	26	41
50－54岁	82	82	119	3	116	72	3	22	47
55－59岁	89	89	76	1	75	48	2	8	38
60－64岁	25	25	48	2	46	26		1	25
65－69岁	12	12	26		26	10		1	9
70－74岁	1	1	8		8	10			10
75岁及以上			3		3	1			1

4-5c 续表 10

单位：人

年龄组 性 别	水利、环境和公共设施管理业					居民服务、修理和其他服务业			
	小计	水 利 管理业	生态保护 和环境 治理业	公共设施 管理业	土 地 管理业	小计	居 民 服务业	机动车、 电子产品 和日用产 品修理业	其 他 服务业
总 计	**1981**	**197**	**213**	**1562**	**9**	**10424**	**5769**	**3082**	**1573**
16-19岁	5		1	4		463	297	153	13
20-24岁	26	5	6	14	1	1150	611	453	86
25-29岁	82	9	14	59		1142	576	472	94
30-34岁	104	14	15	75		1347	644	564	139
35-39岁	107	20	10	75	2	951	494	337	120
40-44岁	156	17	26	112	1	1078	543	339	196
45-49岁	283	23	35	224	1	1141	675	264	202
50-54岁	366	38	38	287	3	1199	763	197	239
55-59岁	418	41	35	342		959	572	153	234
60-64岁	276	12	15	248	1	551	315	85	151
65-69岁	132	8	15	109		288	164	45	79
70-74岁	18	6	2	10		110	77	17	16
75岁及以上	8	4	1	3		45	38	3	4
男	**1360**	**174**	**174**	**1005**	**7**	**6094**	**2451**	**2794**	**849**
16-19岁	4		1	3		280	122	152	6
20-24岁	21	3	6	12		793	302	438	53
25-29岁	60	5	12	43		806	296	443	67
30-34岁	76	12	14	50		947	346	513	88
35-39岁	75	17	6	50	2	566	209	294	63
40-44岁	102	15	24	62	1	565	194	287	84
45-49岁	159	22	29	107	1	532	233	222	77
50-54岁	241	35	30	174	2	543	266	166	111
55-59岁	295	40	32	223		487	220	138	129
60-64岁	201	11	10	179	1	321	145	78	98
65-69岁	104	7	7	90		170	69	43	58
70-74岁	16	4	2	10		61	31	17	13
75岁及以上	6	3	1	2		23	18	3	2
女	**621**	**23**	**39**	**557**	**2**	**4330**	**3318**	**288**	**724**
16-19岁	1			1		183	175	1	7
20-24岁	5	2		2	1	357	309	15	33
25-29岁	22	4	2	16		336	280	29	27
30-34岁	28	2	1	25		400	298	51	51
35-39岁	32	3	4	25		385	285	43	57
40-44岁	54	2	2	50		513	349	52	112
45-49岁	124	1	6	117		609	442	42	125
50-54岁	125	3	8	113	1	656	497	31	128
55-59岁	123	1	3	119		472	352	15	105
60-64岁	75	1	5	69		230	170	7	53
65-69岁	28	1	8	19		118	95	2	21
70-74岁	2	2				49	46		3
75岁及以上	2	1		1		22	20		2

4-5c　续表 11　　　　单位：人

年龄组 性　别	教育		卫生和社会工作			文化、体育和娱乐业				
	小计	教育	小计	卫生	社会工作	小计	新闻和出版业	广播、电视、电影和录音制作业	文化艺术业	体育
总　计	**5881**	**5881**	**3406**	**3116**	**290**	**735**	**21**	**61**	**130**	**124**
16-19岁	250	250	61	60	1	30		1	4	6
20-24岁	735	735	416	407	9	131	4	17	21	30
25-29岁	837	837	437	431	6	121	7	16	16	33
30-34岁	701	701	298	288	10	127	3	12	24	24
35-39岁	442	442	281	269	12	50	3	4	13	11
40-44岁	487	487	456	429	27	46		2	14	2
45-49岁	552	552	482	434	48	57	2	3	9	4
50-54岁	722	722	347	287	60	66	1	5	9	4
55-59岁	864	864	228	176	52	55		1	9	8
60-64岁	134	134	181	139	42	29			6	
65-69岁	80	80	133	117	16	16	1		5	1
70-74岁	34	34	60	56	4	6				1
75岁及以上	43	43	26	23	3	1				
男	**2306**	**2306**	**1446**	**1343**	**103**	**458**	**8**	**32**	**86**	**77**
16-19岁	88	88	11	11		24			3	4
20-24岁	153	153	62	61	1	84	1	7	15	24
25-29岁	216	216	74	70	4	76	1	10	10	19
30-34岁	197	197	90	89	1	73	2	8	14	13
35-39岁	146	146	131	128	3	26	1	1	9	6
40-44岁	189	189	236	231	5	24		1	9	1
45-49岁	223	223	252	241	11	38	1	2	7	2
50-54岁	327	327	173	155	18	37	1	3	5	3
55-59岁	552	552	139	115	24	35			6	4
60-64岁	99	99	114	95	19	22			4	
65-69岁	54	54	90	78	12	13	1		4	1
70-74岁	24	24	51	48	3	5				
75岁及以上	38	38	23	21	2	1				
女	**3575**	**3575**	**1960**	**1773**	**187**	**277**	**13**	**29**	**44**	**47**
16-19岁	162	162	50	49	1	6		1	1	2
20-24岁	582	582	354	346	8	47	3	10	6	6
25-29岁	621	621	363	361	2	45	6	6	6	14
30-34岁	504	504	208	199	9	54	1	4	10	11
35-39岁	296	296	150	141	9	24	2	3	4	5
40-44岁	298	298	220	198	22	22		1	5	1
45-49岁	329	329	230	193	37	19	1	1	2	2
50-54岁	395	395	174	132	42	29		2	4	1
55-59岁	312	312	89	61	28	20		1	3	4
60-64岁	35	35	67	44	23	7			2	
65-69岁	26	26	43	39	4	3			1	
70-74岁	10	10	9	8	1	1				1
75岁及以上	5	5	3	2	1					

4－5c 续表 12

单位：人

年龄组 性 别		公共管理、社会保障和社会组织							国际组织	
	娱乐业	小计	中国共产党机关	国家机构	人民政协、民主党派	社会保障	群众团体、社会团体和其他成员组织	基层群众自治组织	小计	国际组织
总　计	**399**	**6492**	**149**	**3197**	**11**	**30**	**499**	**2606**	**3**	**3**
16－19岁	19	56	1	36			11	8		
20－24岁	59	408	12	331		1	34	30	1	1
25－29岁	49	647	19	504		6	54	64		
30－34岁	64	653	20	442	1	4	40	146	2	2
35－39岁	19	435	9	249	2	5	40	130		
40－44岁	28	618	7	300	2	3	43	263		
45－49岁	39	884	28	404		4	64	384		
50－54岁	47	963	25	389	1	3	70	475		
55－59岁	37	943	22	382	5		70	464		
60－64岁	23	436	5	84		3	37	307		
65－69岁	9	294		56			26	212		
70－74岁	5	108	1	7			5	95		
75岁及以上	1	47		13		1	5	28		
男	**255**	**4416**	**116**	**2318**	**8**	**15**	**269**	**1690**	**1**	**1**
16－19岁	17	39	1	29			5	4		
20－24岁	37	247	6	211			18	12	1	1
25－29岁	36	418	11	342		1	29	35		
30－34岁	36	425	16	299	1	3	26	80		
35－39岁	9	284	8	173	1	3	22	77		
40－44岁	13	380	6	196	1	1	22	154		
45－49岁	26	583	21	286		2	28	246		
50－54岁	25	666	21	299	1	3	33	309		
55－59岁	25	718	20	347	4		40	307		
60－64岁	18	303	5	70		1	17	210		
65－69岁	7	222		46			22	154		
70－74岁	5	92	1	7			4	80		
75岁及以上	1	39		13		1	3	22		
女	**144**	**2076**	**33**	**879**	**3**	**15**	**230**	**916**	**2**	**2**
16－19岁	2	17		7			6	4		
20－24岁	22	161	6	120		1	16	18		
25－29岁	13	229	8	162		5	25	29		
30－34岁	28	228	4	143		1	14	66	2	2
35－39岁	10	151	1	76	1	2	18	53		
40－44岁	15	238	1	104	1	2	21	109		
45－49岁	13	301	7	118		2	36	138		
50－54岁	22	297	4	90			37	166		
55－59岁	12	225	2	35	1		30	157		
60－64岁	5	133		14		2	20	97		
65－69岁	2	72		10			4	58		
70－74岁		16					1	15		
75岁及以上		8					2	6		

4—6 各地区分性别、职业中类的就业人口

单位：人

地区 性别	合计	党的机关、国家机关、群众团体和社会组织、企事业单位负责人						
		小计	中国共产党机关负责人	国家机关负责人	民主党派和工商联负责人	人民团体和群众团体、社会组织及其他成员组织负责人	基层群众自治组织负责人	企事业单位负责人
辽宁	**1799414**	**43358**	**176**	**2450**	**13**	**1415**	**902**	**38402**
沈阳市	377743	12256	22	410	4	307	119	11394
大连市	299391	11637	22	318	2	187	57	11051
鞍山市	153512	2795	12	167	2	118	66	2430
抚顺市	58912	1089	8	141	1	51	41	847
本溪市	51803	1168	6	135		46	38	943
丹东市	91319	2145	36	180		111	90	1728
锦州市	127254	1842	11	137		70	102	1522
营口市	100203	2318	13	111	1	102	61	2030
阜新市	70294	1121	5	126		38	29	923
辽阳市	67023	1829	6	149	2	116	43	1513
盘锦市	63489	1386	9	96		80	25	1176
铁岭市	100768	1225	7	154	1	88	44	931
朝阳市	136014	1704	11	221		84	128	1260
葫芦岛市	95301	683	8	98		16	57	504
辽宁省沈抚新区管委会	6388	160		7		1	2	150
男	**1075189**	**30336**	**134**	**1897**	**9**	**820**	**656**	**26820**
沈阳市	220433	8474	16	308	2	178	83	7887
大连市	177575	8086	18	233	2	119	34	7680
鞍山市	90625	1929	9	127	1	78	47	1667
抚顺市	36849	778	6	103	1	25	25	618
本溪市	32671	832	3	98		28	26	677
丹东市	56439	1571	25	142		71	69	1264
锦州市	75642	1288	9	118		34	88	1039
营口市	61641	1641	10	87	1	53	46	1444
阜新市	40689	772	3	100		18	22	629
辽阳市	40638	1250	5	113	2	69	28	1033
盘锦市	38215	965	7	78		30	13	837
铁岭市	59760	864	6	116		52	32	658
朝阳市	81106	1264	10	177		54	100	923
葫芦岛市	58977	507	7	90		10	42	358
辽宁省沈抚新区管委会	3929	115		7		1	1	106
女	**724225**	**13022**	**42**	**553**	**4**	**595**	**246**	**11582**
沈阳市	157310	3782	6	102	2	129	36	3507
大连市	121816	3551	4	85		68	23	3371
鞍山市	62887	866	3	40	1	40	19	763
抚顺市	22063	311	2	38		26	16	229
本溪市	19132	336	3	37		18	12	266
丹东市	34880	574	11	38		40	21	464
锦州市	51612	554	2	19		36	14	483
营口市	38562	677	3	24		49	15	586
阜新市	29605	349	2	26		20	7	294
辽阳市	26385	579	1	36		47	15	480
盘锦市	25274	421	2	18		50	12	339
铁岭市	41008	361	1	38	1	36	12	273
朝阳市	54908	440	1	44		30	28	337
葫芦岛市	36324	176	1	8		6	15	146
辽宁省沈抚新区管委会	2459	45					1	44

4-6 续表 1 单位：人

地区 性别	专业技术人员									
	小计	科学研究人员	工程技术人员	农业技术人员	飞机和船舶技术人员	卫生专业技术人员	经济和金融专业人员	法律、社会和宗教专业人员	教学人员	文学艺术、体育专业人员
辽宁	**203350**	**1392**	**46641**	**1413**	**653**	**34082**	**40133**	**5598**	**64467**	**3110**
沈阳市	59468	624	15739	296	210	8906	12354	1918	16523	1211
大连市	43237	328	11228	229	300	5774	10562	1109	11732	717
鞍山市	13827	83	3419	105	5	2468	2484	373	4308	217
抚顺市	6526	29	1346	33		1290	1053	159	2268	75
本溪市	6100	22	1410	33	1	1217	1039	183	1889	80
丹东市	8269	30	1328	82	24	1785	1500	188	2940	91
锦州市	10824	51	1963	93	16	2087	2010	227	3968	169
营口市	7979	22	1234	44	60	1490	1768	168	2903	118
阜新市	5854	20	851	87	3	1294	869	148	2379	67
辽阳市	6619	18	1402	46	7	1256	1163	187	2240	69
盘锦市	8312	47	2583	60	2	1187	1619	261	2241	74
铁岭市	7262	26	1207	100	3	1478	1063	196	2848	74
朝阳市	10716	36	1650	142	7	2146	1482	277	4635	80
葫芦岛市	7741	50	1150	58	14	1624	1046	189	3356	59
辽宁省沈抚新区管委会	616	6	131	5	1	80	121	15	237	9
男	**86682**	**805**	**38114**	**993**	**595**	**9711**	**11053**	**2206**	**18576**	**1716**
沈阳市	26288	367	12597	193	173	2447	3503	753	4793	664
大连市	18457	178	8983	152	280	1496	2555	449	3401	392
鞍山市	6025	55	2850	65	5	766	647	138	1151	119
抚顺市	2797	14	1137	27		353	316	65	680	45
本溪市	2617	13	1190	23	1	298	283	67	554	48
丹东市	3357	18	1123	62	24	542	439	78	868	45
锦州市	4424	24	1636	68	16	595	643	93	1155	92
营口市	3021	15	1046	33	60	452	465	83	732	63
阜新市	2305	11	724	63	3	380	225	62	733	38
辽阳市	2714	15	1198	30	7	328	340	57	566	41
盘锦市	3693	26	2053	46	2	317	447	95	565	35
铁岭市	3224	15	1036	81	3	555	349	84	909	47
朝阳市	4453	17	1432	109	7	682	481	109	1436	51
葫芦岛市	3050	33	997	36	13	485	322	65	967	33
辽宁省沈抚新区管委会	257	4	112	5	1	15	38	8	66	3
女	**116668**	**587**	**8527**	**420**	**58**	**24371**	**29080**	**3392**	**45891**	**1394**
沈阳市	33180	257	3142	103	37	6459	8851	1165	11730	547
大连市	24780	150	2245	77	20	4278	8007	660	8331	325
鞍山市	7802	28	569	40		1702	1837	235	3157	98
抚顺市	3729	15	209	6		937	737	94	1588	30
本溪市	3483	9	220	10		919	756	116	1335	32
丹东市	4912	12	205	20		1243	1061	110	2072	46
锦州市	6400	27	327	25		1492	1367	134	2813	77
营口市	4958	7	188	11		1038	1303	85	2171	55
阜新市	3549	9	127	24		914	644	86	1646	29
辽阳市	3905	3	204	16		928	823	130	1674	28
盘锦市	4619	21	530	14		870	1172	166	1676	39
铁岭市	4038	11	171	19		923	714	112	1939	27
朝阳市	6263	19	218	33		1464	1001	168	3199	29
葫芦岛市	4691	17	153	22	1	1139	724	124	2389	26
辽宁省沈抚新区管委会	359	2	19			65	83	7	171	6

4-6　续表 2

单位：人

地　区 性　别	专业技术人员		办事人员和有关人员				社会生产服务和生活服务人员		
	新闻出版、文化专业人员	其他专业技术人员	小计	办事人员	安全和消防人员	其他办事人员和有关人员	小计	批发与零售服务人员	交通运输、仓储和邮政业服务人员
辽宁	**3911**	**1950**	**143261**	**114836**	**26652**	**1773**	**602151**	**235182**	**128475**
沈阳市	1260	427	36989	30430	6171	388	151584	65731	26542
大连市	813	445	26166	20726	5014	426	104829	40636	20115
鞍山市	199	166	10835	8586	2099	150	59086	25381	12194
抚顺市	117	156	6011	4737	1179	95	18714	6821	4236
本溪市	114	112	4874	3668	1102	104	19541	6531	5199
丹东市	195	106	6294	4834	1376	84	29827	11986	7031
锦州市	205	35	8147	6382	1741	24	35250	12626	9270
营口市	151	21	7289	6405	865	19	37711	13323	11023
阜新市	108	28	4417	3479	906	32	17464	6126	3963
辽阳市	105	126	5052	3909	1066	77	21996	8181	5453
盘锦市	169	69	6634	5361	1206	67	23136	7847	5115
铁岭市	150	117	5893	4717	1071	105	22715	8103	4753
朝阳市	186	75	7041	5462	1520	59	31554	11177	6932
葫芦岛市	129	66	6981	5662	1179	140	26272	9905	6004
辽宁省沈抚新区管委会	10	1	638	478	157	3	2472	808	645
男	**1435**	**1478**	**87354**	**62098**	**24230**	**1026**	**348753**	**109826**	**112391**
沈阳市	483	315	21693	15886	5577	230	87302	32667	22521
大连市	258	313	15556	10690	4637	229	59647	18969	17136
鞍山市	96	133	6787	4742	1958	87	33778	11653	10750
抚顺市	39	121	3781	2605	1116	60	11069	3089	3831
本溪市	46	94	3136	2059	1016	61	11203	2689	4561
丹东市	71	87	3987	2697	1238	52	17866	5732	6365
锦州市	75	27	5253	3650	1587	16	20789	5604	8146
营口市	61	11	4207	3456	740	11	23190	6006	9951
阜新市	46	20	2799	1941	837	21	10063	2659	3536
辽阳市	29	103	3147	2135	968	44	12690	3644	4856
盘锦市	51	56	3983	2929	1013	41	12834	3323	4435
铁岭市	60	85	3735	2721	949	65	13039	3605	4242
朝阳市	68	61	4486	3080	1371	35	18264	5165	6052
葫芦岛市	48	51	4403	3252	1078	73	15604	4644	5441
辽宁省沈抚新区管委会	4	1	401	255	145	1	1415	377	568
女	**2476**	**472**	**55907**	**52738**	**2422**	**747**	**253398**	**125356**	**16084**
沈阳市	777	112	15296	14544	594	158	64282	33064	4021
大连市	555	132	10610	10036	377	197	45182	21667	2979
鞍山市	103	33	4048	3844	141	63	25308	13728	1444
抚顺市	78	35	2230	2132	63	35	7645	3732	405
本溪市	68	18	1738	1609	86	43	8338	3842	638
丹东市	124	19	2307	2137	138	32	11961	6254	666
锦州市	130	8	2894	2732	154	8	14461	7022	1124
营口市	90	10	3082	2949	125	8	14521	7317	1072
阜新市	62	8	1618	1538	69	11	7401	3467	427
辽阳市	76	23	1905	1774	98	33	9306	4537	597
盘锦市	118	13	2651	2432	193	26	10302	4524	680
铁岭市	90	32	2158	1996	122	40	9676	4498	511
朝阳市	118	14	2555	2382	149	24	13290	6012	880
葫芦岛市	81	15	2578	2410	101	67	10668	5261	563
辽宁省沈抚新区管委会	6		237	223	12	2	1057	431	77

4-6 续表 3

单位：人

地区 性别	社会生产服务和生活服务人员								
	住宿和餐饮服务人员	信息传输、软件和信息技术服务人员	金融服务人员	房地产服务人员	租赁和商务服务人员	技术辅助服务人员	水利、环境和公共设施管理服务人员	居民服务人员	电力、燃气及水供应服务人员
辽宁	**71799**	**16766**	**18592**	**11569**	**12193**	**11854**	**22686**	**40097**	**6887**
沈阳市	16865	4686	4701	4976	3509	3529	5253	8527	1473
大连市	10610	6275	3572	2507	2655	3222	3819	6260	887
鞍山市	7534	891	1475	746	515	731	1651	4813	665
抚顺市	2843	369	684	148	285	281	576	1404	254
本溪市	2520	352	654	193	327	258	854	1507	310
丹东市	3654	449	922	364	449	469	886	1932	333
锦州市	4211	667	1198	373	662	622	1351	1960	535
营口市	3902	456	969	594	1279	545	1267	2351	338
阜新市	2339	370	535	160	221	252	992	1321	271
辽阳市	2817	318	632	150	281	285	922	1705	237
盘锦市	2715	395	615	481	614	451	1760	1629	503
铁岭市	3496	398	714	240	304	309	762	2127	334
朝阳市	4602	639	929	315	610	457	1306	2453	440
葫芦岛市	3383	466	931	285	443	408	1125	1877	293
辽宁省沈抚新区管委会	308	35	61	37	39	35	162	231	14
男	**34592**	**10627**	**8314**	**6516**	**8356**	**7321**	**9419**	**15204**	**5496**
沈阳市	8494	3192	2121	2838	2226	2215	2178	3250	1180
大连市	5311	3920	1483	1464	1568	1820	1659	2252	744
鞍山市	3796	558	685	461	348	476	629	1888	508
抚顺市	1364	227	303	91	203	195	291	600	206
本溪市	1132	218	271	107	220	157	342	584	248
丹东市	1750	291	429	217	339	296	412	650	273
锦州市	1955	396	550	203	487	396	515	670	426
营口市	1884	280	417	282	1109	351	490	811	251
阜新市	1060	204	260	104	158	170	487	466	215
辽阳市	1224	171	281	84	191	172	343	734	189
盘锦市	1165	218	258	199	448	283	749	636	356
铁岭市	1605	236	345	117	229	208	329	897	279
朝阳市	2053	400	463	178	488	290	534	885	370
葫芦岛市	1677	294	423	153	329	275	403	782	238
辽宁省沈抚新区管委会	122	22	25	18	13	17	58	99	13
女	**37207**	**6139**	**10278**	**5053**	**3837**	**4533**	**13267**	**24893**	**1391**
沈阳市	8371	1494	2580	2138	1283	1314	3075	5277	293
大连市	5299	2355	2089	1043	1087	1402	2160	4008	143
鞍山市	3738	333	790	285	167	255	1022	2925	157
抚顺市	1479	142	381	57	82	86	285	804	48
本溪市	1388	134	383	86	107	101	512	923	62
丹东市	1904	158	493	147	110	173	474	1282	60
锦州市	2256	271	648	170	175	226	836	1290	109
营口市	2018	176	552	312	170	194	777	1540	87
阜新市	1279	166	275	56	63	82	505	855	56
辽阳市	1593	147	351	66	90	113	579	971	48
盘锦市	1550	177	357	282	166	168	1011	993	147
铁岭市	1891	162	369	123	75	101	433	1230	55
朝阳市	2549	239	466	137	122	167	772	1568	70
葫芦岛市	1706	172	508	132	114	133	722	1095	55
辽宁省沈抚新区管委会	186	13	36	19	26	18	104	132	1

4-6 续表 4

单位：人

地区 性别	社会生产服务和生活服务人员				农、林、牧、渔业生产及辅助人员				
	修理及制作服务人员	文化、体育和娱乐服务人员	健康服务人员	其他社会生产和生活服务人员	小计	农业生产人员	林业生产人员	畜牧业生产人员	渔业生产人员
辽宁	**19840**	**3604**	**1677**	**930**	**489644**	**441361**	**2195**	**33072**	**10272**
沈阳市	4143	914	514	221	62154	56552	202	4849	280
大连市	3130	672	304	165	45812	37504	406	2422	5009
鞍山市	1894	361	108	127	36622	33156	159	2863	171
抚顺市	603	99	59	52	15776	14670	210	743	43
本溪市	621	135	51	29	8819	7748	191	793	36
丹东市	1074	173	74	31	28642	23898	245	2339	1704
锦州市	1462	217	89	7	54813	50175	80	4059	309
营口市	1328	236	53	47	23410	20627	80	1621	965
阜新市	713	124	42	35	34047	31339	106	2525	24
辽阳市	755	115	57	88	16741	14992	56	1447	133
盘锦市	765	146	58	42	11213	10258	30	459	374
铁岭市	917	130	82	46	51966	49226	147	2399	42
朝阳市	1419	156	100	19	63325	58443	180	4517	63
葫芦岛市	947	105	84	16	35399	31933	96	1982	1115
辽宁省沈抚新区管委会	69	21	2	5	905	840	7	54	4
男	**17594**	**2032**	**520**	**545**	**282016**	**248967**	**1687**	**20978**	**8696**
沈阳市	3634	509	153	124	34814	31250	159	2993	215
大连市	2802	352	91	76	28550	22209	288	1576	4193
鞍山市	1693	215	32	86	20425	18310	108	1732	104
抚顺市	545	63	22	39	9535	8727	183	514	33
本溪市	575	69	16	14	5557	4770	178	535	32
丹东市	962	105	24	21	17634	14127	204	1452	1595
锦州市	1291	117	28	5	30746	27766	60	2516	265
营口市	1173	133	19	33	14018	11999	53	1113	784
阜新市	627	81	15	21	18769	17040	79	1587	23
辽阳市	659	69	18	55	9691	8539	44	938	96
盘锦市	650	71	19	24	6609	5933	23	279	307
铁岭市	822	77	22	26	29414	27716	105	1447	37
朝阳市	1258	88	30	10	34242	31017	137	2941	53
葫芦岛市	840	67	30	8	21501	19095	60	1322	956
辽宁省沈抚新区管委会	63	16	1	3	511	469	6	33	3
女	**2246**	**1572**	**1157**	**385**	**207628**	**192394**	**508**	**12094**	**1576**
沈阳市	509	405	361	97	27340	25302	43	1856	65
大连市	328	320	213	89	17262	15295	118	846	816
鞍山市	201	146	76	41	16197	14846	51	1131	67
抚顺市	58	36	37	13	6241	5943	27	229	10
本溪市	46	66	35	15	3262	2978	13	258	4
丹东市	112	68	50	10	11008	9771	41	887	109
锦州市	171	100	61	2	24067	22409	20	1543	44
营口市	155	103	34	14	9392	8628	27	508	181
阜新市	86	43	27	14	15278	14299	27	938	1
辽阳市	96	46	39	33	7050	6453	12	509	37
盘锦市	115	75	39	18	4604	4325	7	180	67
铁岭市	95	53	60	20	22552	21510	42	952	5
朝阳市	161	68	70	9	29083	27426	43	1576	10
葫芦岛市	107	38	54	8	13898	12838	36	660	159
辽宁省沈抚新区管委会	6	5	1	2	394	371	1	21	1

4–6 续表 5

单位：人

地　区 性　别	农林牧渔生产辅助人　员	其他农、林、牧、渔业生产加工人员	生产制造及有关人员						
			小计	农副产品加工人员	食品、饮料生产加工人员	烟草及其制品加工人员	纺织、针织、印染人员	纺织品、服装和皮革、毛皮制品加工制作人员	木材加工、家具与木制品制作人员
辽宁	**2348**	**396**	**310578**	**9740**	**6544**	**136**	**2315**	**26378**	**9449**
沈阳市	225	46	52411	1009	1683	48	304	1932	2525
大连市	293	178	66029	3078	1268	3	226	6530	2290
鞍山市	255	18	29854	762	560		338	6594	490
抚顺市	96	14	10571	221	209	2	54	202	561
本溪市	47	4	11165	175	215	3	20	154	217
丹东市	425	31	15796	1261	364	13	130	1161	441
锦州市	187	3	16378	698	356	1	96	714	375
营口市	105	12	21481	350	361	58	219	3786	518
阜新市	49	4	7289	269	227		41	200	203
辽阳市	104	9	14563	191	217		576	1865	403
盘锦市	77	15	12753	371	156		25	150	216
铁岭市	119	33	11389	523	290	6	36	229	296
朝阳市	113	9	21355	469	363	1	83	477	551
葫芦岛市	253	20	17953	354	221	1	162	2224	339
辽宁省沈抚新区管委会			1591	9	54		5	160	24
男	**1468**	**220**	**235498**	**5411**	**3375**	**100**	**860**	**8058**	**7365**
沈阳市	172	25	40096	661	905	34	115	747	1856
大连市	192	92	46161	1402	590	2	72	1784	1584
鞍山市	160	11	21359	428	270		189	2571	397
抚顺市	67	11	8737	138	121	2	23	69	402
本溪市	40	2	9240	107	120	2	1	52	178
丹东市	240	16	11802	701	170	6	33	212	408
锦州市	136	3	13142	445	187		37	255	344
营口市	64	5	15551	219	201	48	68	880	444
阜新市	36	4	5915	162	122		11	69	151
辽阳市	67	7	10994	113	116		231	657	339
盘锦市	56	11	10090	205	70		6	23	188
铁岭市	88	21	9273	312	157	5	6	78	261
朝阳市	86	8	18174	306	196	1	13	129	482
葫芦岛市	64	4	13738	208	124		53	463	312
辽宁省沈抚新区管委会			1226	4	26		2	69	19
女	**880**	**176**	**75080**	**4329**	**3169**	**36**	**1455**	**18320**	**2084**
沈阳市	53	21	12315	348	778	14	189	1185	669
大连市	101	86	19868	1676	678	1	154	4746	706
鞍山市	95	7	8495	334	290		149	4023	93
抚顺市	29	3	1834	83	88		31	133	159
本溪市	7	2	1925	68	95	1	19	102	39
丹东市	185	15	3994	560	194	7	97	949	33
锦州市	51		3236	253	169	1	59	459	31
营口市	41	7	5930	131	160	10	151	2906	74
阜新市	13		1374	107	105		30	131	52
辽阳市	37	2	3569	78	101		345	1208	64
盘锦市	21	4	2663	166	86		19	127	28
铁岭市	31	12	2116	211	133	1	30	151	35
朝阳市	27	1	3181	163	167		70	348	69
葫芦岛市	189	16	4215	146	97	1	109	1761	27
辽宁省沈抚新区管委会			365	5	28		3	91	5

4-6　续表 6　　　　　　　　　　　　　　　　　　　　　　　　　单位：人

地　区 性　别	生产制造及有关人员								
	纸及纸制品生产加工人员	印刷和记录媒介复制人员	文教、工美、体育和娱乐用品制造人　员	石油加工和炼焦、煤化工生产人员	化学原料和化学制品制造人　员	医药制造人　　员	化学纤维制造人员	橡胶和塑料制品制造人员	非金属矿物制品制造人员
辽宁	**1284**	**1469**	**1948**	**2894**	**3972**	**1700**	**211**	**4638**	**6449**
沈阳市	311	449	293	86	322	609	11	1116	950
大连市	280	308	306	249	893	267	12	1160	722
鞍山市	76	106	588	93	156	28	16	371	869
抚顺市	47	33	50	424	268	49	47	82	134
本溪市	22	32	40	97	74	285	4	49	213
丹东市	96	86	90	26	121	74	13	89	295
锦州市	108	99	142	381	149	74	40	189	298
营口市	65	69	87	115	338	31	11	657	1517
阜新市	16	36	102	26	206	59		88	122
辽阳市	55	40	50	122	456	31	43	176	248
盘锦市	53	41	44	745	429	34	5	144	163
铁岭市	64	42	47	13	83	33	4	190	128
朝阳市	44	79	76	51	139	35	1	254	533
葫芦岛市	19	42	28	447	312	85	4	51	232
辽宁省沈抚新区管委会	28	7	5	19	26	6		22	25
男	**766**	**864**	**1138**	**2377**	**3161**	**889**	**153**	**2920**	**5293**
沈阳市	186	287	142	68	238	311	4	726	682
大连市	157	187	150	219	754	127	8	704	593
鞍山市	38	63	443	85	123	16	10	211	725
抚顺市	34	19	28	336	193	28	35	59	117
本溪市	13	15	22	83	60	154	2	31	175
丹东市	63	44	35	21	82	33	9	55	253
锦州市	75	44	62	315	129	36	33	119	245
营口市	36	48	49	98	244	15	7	389	1341
阜新市	8	15	64	22	172	45		66	101
辽阳市	29	22	20	105	388	18	37	115	193
盘锦市	38	19	34	604	345	15	3	88	123
铁岭市	40	29	24	10	60	20	3	113	111
朝阳市	22	45	48	48	110	21		195	427
葫芦岛市	12	23	16	348	242	45	2	34	189
辽宁省沈抚新区管委会	15	4	1	15	21	5		15	18
女	**518**	**605**	**810**	**517**	**811**	**811**	**58**	**1718**	**1156**
沈阳市	125	162	151	18	84	298	7	390	268
大连市	123	121	156	30	139	140	4	456	129
鞍山市	38	43	145	8	33	12	6	160	144
抚顺市	13	14	22	88	75	21	12	23	17
本溪市	9	17	18	14	14	131	2	18	38
丹东市	33	42	55	5	39	41	4	34	42
锦州市	33	55	80	66	20	38	7	70	53
营口市	29	21	38	17	94	16	4	268	176
阜新市	8	21	38	4	34	14		22	21
辽阳市	26	18	30	17	68	13	6	61	55
盘锦市	15	22	10	141	84	19	2	56	40
铁岭市	24	13	23	3	23	13	1	77	17
朝阳市	22	34	28	3	29	14	1	59	106
葫芦岛市	7	19	12	99	70	40	2	17	43
辽宁省沈抚新区管委会	13	3	4	4	5	1		7	7

4-6 续表 7 单位：人

地区 性别	生产制造及有关人员								
	采矿人员	金属冶炼和压延加工人员	机械制造基础加工人员	金属制品制造人员	通用设备制造人员	专用设备制造人员	汽车制造人员	铁路、船舶、航空设备制造人员	电气机械和器材制造人员
辽宁	**12048**	**9301**	**24351**	**5544**	**4503**	**1134**	**6666**	**2324**	**2085**
沈阳市	833	354	3633	1066	938	386	3009	696	610
大连市	227	627	7695	1407	1355	282	1868	843	796
鞍山市	1406	1632	1712	529	394	65	112	28	76
抚顺市	850	712	593	158	149	36	32	13	38
本溪市	864	1546	565	152	161	33	308	19	47
丹东市	422	115	1763	294	157	43	310	28	64
锦州市	223	326	1022	248	181	35	246	70	122
营口市	249	1776	1504	362	186	62	102	28	71
阜新市	697	68	521	136	60	16	90	12	29
辽阳市	607	656	1195	315	236	19	137	11	27
盘锦市	3110	45	672	118	92	41	35	6	20
铁岭市	1014	72	820	192	157	37	193	17	67
朝阳市	1149	749	1276	298	175	32	166	47	57
葫芦岛市	384	508	1235	226	234	34	47	500	47
辽宁省沈抚新区管委会	13	115	145	43	28	13	11	6	14
男	**10423**	**8288**	**22287**	**4473**	**3984**	**839**	**5069**	**1986**	**1465**
沈阳市	781	302	3293	845	812	308	2485	574	460
大连市	198	546	6943	1079	1146	168	1331	764	498
鞍山市	1179	1417	1610	453	365	48	81	25	57
抚顺市	772	658	560	133	144	30	30	13	31
本溪市	777	1385	519	126	146	26	147	16	39
丹东市	383	103	1540	227	139	31	229	27	43
锦州市	209	286	959	197	169	27	161	65	89
营口市	204	1611	1429	312	173	50	79	25	48
阜新市	667	57	474	106	47	13	76	10	16
辽阳市	558	589	1115	279	221	15	109	9	21
盘锦市	2359	39	627	91	87	36	27	5	17
铁岭市	936	60	755	155	145	27	123	16	48
朝阳市	1041	678	1187	248	166	24	144	42	51
葫芦岛市	346	448	1145	192	197	26	38	390	37
辽宁省沈抚新区管委会	13	109	131	30	27	10	9	5	10
女	**1625**	**1013**	**2064**	**1071**	**519**	**295**	**1597**	**338**	**620**
沈阳市	52	52	340	221	126	78	524	122	150
大连市	29	81	752	328	209	114	537	79	298
鞍山市	227	215	102	76	29	17	31	3	19
抚顺市	78	54	33	25	5	6	2		7
本溪市	87	161	46	26	15	7	161	3	8
丹东市	39	12	223	67	18	12	81	1	21
锦州市	14	40	63	51	12	8	85	5	33
营口市	45	165	75	50	13	12	23	3	23
阜新市	30	11	47	30	13	3	14	2	13
辽阳市	49	67	80	36	15	4	28	2	6
盘锦市	751	6	45	27	5	5	8	1	3
铁岭市	78	12	65	37	12	10	70	1	19
朝阳市	108	71	89	50	9	8	22	5	6
葫芦岛市	38	60	90	34	37	8	9	110	10
辽宁省沈抚新区管委会		6	14	13	1	3	2	1	4

4-6 续表 8 单位：人

地区 性别	生产制造及有关人员								不便分类的其他从业人员
	计算机、通信和其他电子设备制造人员	仪器仪表制造人员	废弃资源综合利用人员	电力、热力、气体、水生产和输配人员	建筑施工人员	运输设备和通用工程机械操作人员及有关人员	生产辅助人员	其他生产制造及有关人员	
辽宁	**14573**	**665**	**580**	**4534**	**90019**	**12597**	**38733**	**1794**	**7072**
沈阳市	3313	77	130	730	16050	1904	6506	528	2881
大连市	5803	108	115	561	14152	2398	9804	396	1681
鞍山市	1028	37	42	251	7295	1157	2871	172	493
抚顺市	459	75	31	274	2388	646	1619	115	225
本溪市	300	21	24	303	2285	804	2024	109	136
丹东市	697	115	13	259	4757	624	1778	97	346
锦州市	594	66	33	308	6582	701	1885	16	
营口市	438	24	38	294	4582	804	2730	49	15
阜新市	217	12	13	220	2278	351	950	24	102
辽阳市	591	33	55	192	3353	668	1924	71	223
盘锦市	242	52	23	245	3056	623	1769	28	55
铁岭市	240	10	20	286	4568	375	1257	80	318
朝阳市	402	9	23	244	10671	886	1961	54	319
葫芦岛市	226	23	17	352	7481	595	1476	47	272
辽宁省沈抚新区管委会	23	3	3	15	521	61	179	8	6
男	**9472**	**438**	**408**	**3973**	**78015**	**11752**	**28593**	**1303**	**4550**
沈阳市	2331	41	85	645	13216	1770	4794	392	1766
大连市	3291	76	86	512	12235	2169	6520	266	1118
鞍山市	769	25	27	228	6124	1083	2170	129	322
抚顺市	354	57	20	235	2131	611	1266	88	152
本溪市	200	19	20	265	2016	736	1700	88	86
丹东市	361	39	9	234	4340	607	1292	73	222
锦州市	425	58	21	280	5756	674	1428	12	
营口市	343	15	25	257	4011	772	2079	31	13
阜新市	151	9	10	194	2003	335	723	16	66
辽阳市	448	23	38	165	2900	598	1472	51	152
盘锦市	159	43	15	198	2670	595	1339	22	41
铁岭市	158	6	15	244	3975	347	978	56	211
朝阳市	301	7	22	214	9556	844	1569	37	223
葫芦岛市	171	18	13	291	6619	554	1146	36	174
辽宁省沈抚新区管委会	10	2	2	11	463	57	117	6	4
女	**5101**	**227**	**172**	**561**	**12004**	**845**	**10140**	**491**	**2522**
沈阳市	982	36	45	85	2834	134	1712	136	1115
大连市	2512	32	29	49	1917	229	3284	130	563
鞍山市	259	12	15	23	1171	74	701	43	171
抚顺市	105	18	11	39	257	35	353	27	73
本溪市	100	2	4	38	269	68	324	21	50
丹东市	336	76	4	25	417	17	486	24	124
锦州市	169	8	12	28	826	27	457	4	
营口市	95	9	13	37	571	32	651	18	2
阜新市	66	3	3	26	275	16	227	8	36
辽阳市	143	10	17	27	453	70	452	20	71
盘锦市	83	9	8	47	386	28	430	6	14
铁岭市	82	4	5	42	593	28	279	24	107
朝阳市	101	2	1	30	1115	42	392	17	96
葫芦岛市	55	5	4	61	862	41	330	11	98
辽宁省沈抚新区管委会	13	1	1	4	58	4	62	2	2

4-6a 各地区分性别、职业中类的就业人口(城市)

单位：人

地区 性别	合计	党的机关、国家机关、群众团体和社会组织、企事业单位负责人						
		小计	中国共产党机关负责人	国家机关负责人	民主党派和工商联负责人	人民团体和群众团体、社会组织及其他成员组织负责人	基层群众自治组织负责人	企事业单位负责人
辽宁	**994576**	**36471**	**121**	**1811**	**9**	**1028**	**252**	**33250**
沈阳市	286544	11351	16	366	4	276	42	10647
大连市	234506	11093	20	291	2	157	45	10578
鞍山市	77621	2077	8	104		83	13	1869
抚顺市	31291	767	5	92	1	28	12	629
本溪市	27969	810	4	89		38	10	669
丹东市	40653	1552	23	116		83	21	1309
锦州市	48444	1425	2	103		52	20	1248
营口市	57143	1912	13	100	1	88	27	1683
阜新市	22179	825	4	84		22	3	712
辽阳市	32771	1380	6	134		66	13	1161
盘锦市	42350	1237	8	79		49	16	1085
铁岭市	21474	460	2	50	1	36	2	369
朝阳市	36222	997	7	141		38	17	794
葫芦岛市	30680	435	3	55		11	10	356
辽宁省沈抚新区管委会	4729	150		7		1	1	141
男	**588942**	**25226**	**93**	**1378**	**6**	**609**	**133**	**23007**
沈阳市	167215	7826	11	276	2	162	24	7351
大连市	136713	7663	16	213	2	101	23	7308
鞍山市	45697	1413	7	76		57	4	1269
抚顺市	19693	540	4	64	1	13	5	453
本溪市	17566	554	2	60		24	6	462
丹东市	24620	1107	16	93		56	12	930
锦州市	28990	972	2	85		29	13	843
营口市	34644	1345	10	77	1	45	19	1193
阜新市	13115	557	2	65		11	3	476
辽阳市	19465	933	5	101		37	6	784
盘锦市	25286	873	7	67		22	4	773
铁岭市	13287	316	2	38		21	1	254
朝阳市	21668	708	6	107		22	10	563
葫芦岛市	18076	308	3	49		8	2	246
辽宁省沈抚新区管委会	2907	111		7		1	1	102
女	**405634**	**11245**	**28**	**433**	**3**	**419**	**119**	**10243**
沈阳市	119329	3525	5	90	2	114	18	3296
大连市	97793	3430	4	78		56	22	3270
鞍山市	31924	664	1	28		26	9	600
抚顺市	11598	227	1	28		15	7	176
本溪市	10403	256	2	29		14	4	207
丹东市	16033	445	7	23		27	9	379
锦州市	19454	453		18		23	7	405
营口市	22499	567	3	23		43	8	490
阜新市	9064	268	2	19		11		236
辽阳市	13306	447	1	33		29	7	377
盘锦市	17064	364	1	12		27	12	312
铁岭市	8187	144		12	1	15	1	115
朝阳市	14554	289	1	34		16	7	231
葫芦岛市	12604	127		6		3	8	110
辽宁省沈抚新区管委会	1822	39						39

4-6a　续表 1　　　　单位：人

地　区 性　别	专业技术人员									
	小计	科学研究人员	工程技术人员	农业技术人员	飞机和船舶技术人员	卫生专业技术人员	经济和金融专业人员	法律、社会和宗教专业人员	教学人员	文学艺术、体育专业人员
辽宁	**167561**	**1280**	**40597**	**640**	**514**	**26927**	**35157**	**4917**	**49764**	**2740**
沈阳市	55738	609	14957	187	200	8296	11786	1819	15134	1144
大连市	40687	313	10457	124	248	5400	10193	1077	10999	692
鞍山市	10572	71	2841	46	3	1776	2065	324	2960	178
抚顺市	5162	25	1164	12		1000	851	135	1688	62
本溪市	4280	19	1060	15	1	822	784	141	1217	53
丹东市	5915	28	1007	25	13	1231	1177	159	1963	73
锦州市	7998	40	1521	44	8	1499	1556	189	2807	143
营口市	6545	13	1058	16	18	1187	1532	149	2325	95
阜新市	3650	17	560	20	2	788	611	115	1385	54
辽阳市	5263	16	1149	23	6	995	950	168	1699	52
盘锦市	7217	45	2373	38	2	984	1443	231	1820	68
铁岭市	3169	13	653	23	1	654	512	65	1086	31
朝阳市	6025	24	876	45	1	1182	896	179	2610	46
葫芦岛市	4765	41	804	18	10	1035	691	151	1844	40
辽宁省沈抚新区管委会	575	6	117	4	1	78	110	15	227	9
男	**70543**	**737**	**32816**	**422**	**456**	**7050**	**9428**	**1896**	**13804**	**1493**
沈阳市	24559	361	11940	117	163	2218	3324	710	4348	628
大连市	17038	167	8315	81	228	1336	2426	438	3143	377
鞍山市	4611	46	2360	26	3	513	533	119	726	95
抚顺市	2203	12	977	10		255	245	56	476	37
本溪市	1815	11	880	8	1	179	211	53	335	28
丹东市	2325	16	840	19	13	344	322	62	554	32
锦州市	3204	18	1241	30	8	399	488	71	795	77
营口市	2387	9	885	11	18	335	394	74	548	52
阜新市	1335	10	469	12	2	178	139	47	398	32
辽阳市	2109	13	963	14	6	233	282	46	410	29
盘锦市	3245	26	1869	26	2	251	406	78	466	30
铁岭市	1367	8	555	19	1	216	149	27	301	21
朝阳市	2292	10	734	35	1	307	283	64	748	32
葫芦岛市	1815	26	688	10	9	271	193	43	490	20
辽宁省沈抚新区管委会	238	4	100	4	1	15	33	8	66	3
女	**97018**	**543**	**7781**	**218**	**58**	**19877**	**25729**	**3021**	**35960**	**1247**
沈阳市	31179	248	3017	70	37	6078	8462	1109	10786	516
大连市	23649	146	2142	43	20	4064	7767	639	7856	315
鞍山市	5961	25	481	20		1263	1532	205	2234	83
抚顺市	2959	13	187	2		745	606	79	1212	25
本溪市	2465	8	180	7		643	573	88	882	25
丹东市	3590	12	167	6		887	855	97	1409	41
锦州市	4794	22	280	14		1100	1068	118	2012	66
营口市	4158	4	173	5		852	1138	75	1777	43
阜新市	2315	7	91	8		610	472	68	987	22
辽阳市	3154	3	186	9		762	668	122	1289	23
盘锦市	3972	19	504	12		733	1037	153	1354	38
铁岭市	1802	5	98	4		438	363	38	785	10
朝阳市	3733	14	142	10		875	613	115	1862	14
葫芦岛市	2950	15	116	8	1	764	498	108	1354	20
辽宁省沈抚新区管委会	337	2	17			63	77	7	161	6

4-6a 续表 2 单位：人

地区 性别	专业技术人员		办事人员和有关人员				社会生产服务和生活服务人员		
	新闻出版、文化专业人员	其他专业技术人员	小计	办事人员	安全和消防人员	其他办事人员和有关人员	小计	批发与零售服务人员	交通运输、仓储和邮政业服务人员
辽宁	**3444**	**1581**	**119508**	**97292**	**20761**	**1455**	**442301**	**177051**	**88250**
沈阳市	1211	395	34224	28531	5352	341	135524	60093	22567
大连市	789	395	24691	19844	4448	399	94962	36820	17774
鞍山市	178	130	8629	6928	1589	112	39217	17142	7310
抚顺市	93	132	4978	3947	954	77	12714	4749	2800
本溪市	77	91	3401	2557	768	76	11628	3843	3193
丹东市	160	79	4877	3863	943	71	18653	7745	4147
锦州市	161	30	6419	5129	1272	18	21204	7681	5300
营口市	137	15	6527	5747	761	19	27926	10023	7781
阜新市	84	14	3120	2470	636	14	10162	3374	2409
辽阳市	95	110	4194	3339	788	67	13380	4988	2991
盘锦市	157	56	5827	4772	996	59	17452	6080	3584
铁岭市	79	52	2571	2068	460	43	8835	3035	1999
朝阳市	122	44	4693	3708	947	38	15582	5744	3309
葫芦岛市	93	38	4770	3936	716	118	12973	5029	2553
辽宁省沈抚新区管委会	8		587	453	131	3	2089	705	533
男	**1249**	**1192**	**71310**	**51657**	**18811**	**842**	**252276**	**81934**	**76592**
沈阳市	458	292	19801	14774	4824	203	77970	30005	19124
大连市	249	278	14479	10174	4089	216	53661	17081	15049
鞍山市	85	105	5277	3726	1487	64	21639	7604	6373
抚顺市	34	101	3114	2159	905	50	7548	2154	2550
本溪市	34	75	2149	1395	710	44	6591	1465	2786
丹东市	60	63	3005	2124	836	45	11118	3709	3755
锦州市	54	23	4029	2866	1150	13	12228	3259	4650
营口市	52	9	3726	3066	649	11	16673	4342	6976
阜新市	39	9	1927	1330	587	10	5830	1394	2158
辽阳市	24	89	2565	1814	714	37	7368	2116	2624
盘锦市	47	44	3434	2569	826	39	9465	2551	3104
铁岭市	32	38	1620	1179	415	26	5050	1248	1792
朝阳市	43	35	2902	2035	845	22	8726	2515	2875
葫芦岛市	34	31	2915	2200	654	61	7211	2158	2304
辽宁省沈抚新区管委会	4		367	246	120	1	1198	333	472
女	**2195**	**389**	**48198**	**45635**	**1950**	**613**	**190025**	**95117**	**11658**
沈阳市	753	103	14423	13757	528	138	57554	30088	3443
大连市	540	117	10212	9670	359	183	41301	19739	2725
鞍山市	93	25	3352	3202	102	48	17578	9538	937
抚顺市	59	31	1864	1788	49	27	5166	2595	250
本溪市	43	16	1252	1162	58	32	5037	2378	407
丹东市	100	16	1872	1739	107	26	7535	4036	392
锦州市	107	7	2390	2263	122	5	8976	4422	650
营口市	85	6	2801	2681	112	8	11253	5681	805
阜新市	45	5	1193	1140	49	4	4332	1980	251
辽阳市	71	21	1629	1525	74	30	6012	2872	367
盘锦市	110	12	2393	2203	170	20	7987	3529	480
铁岭市	47	14	951	889	45	17	3785	1787	207
朝阳市	79	9	1791	1673	102	16	6856	3229	434
葫芦岛市	59	7	1855	1736	62	57	5762	2871	249
辽宁省沈抚新区管委会	4		220	207	11	2	891	372	61

4−6a　续表 3　　　　单位：人

地　区 性　别	社会生产服务和生活服务人员 住宿和餐饮服务人　员	信息传输、软件和信息技术服务人　员	金融服务人　员	房地产服务人员	租赁和商务服务人　员	技术辅助服务人员	水利、环境和公共设施管理服务人员	居民服务人　员	电力、燃气及水供应服务人　员
辽宁	**49624**	**14591**	**15397**	**10195**	**9863**	**10236**	**16065**	**27897**	**5053**
沈阳市	14795	4446	4429	4705	3260	3353	4217	7263	1262
大连市	9427	6040	3409	2439	2523	3078	3332	5571	773
鞍山市	5217	728	1185	624	415	584	1133	2793	488
抚顺市	1763	279	515	112	235	222	402	938	198
本溪市	1289	240	432	122	212	194	485	890	198
丹东市	2073	337	708	292	313	372	530	1126	227
锦州市	2323	474	904	255	465	457	860	1088	365
营口市	2917	377	876	503	907	450	918	1716	265
阜新市	1189	255	362	104	134	179	710	800	179
辽阳市	1732	255	525	115	199	224	580	1010	164
盘锦市	2039	340	541	435	447	395	1181	1254	408
铁岭市	1194	178	258	91	142	152	290	926	161
朝阳市	1968	317	571	172	313	244	647	1349	205
葫芦岛市	1436	293	627	199	263	302	664	976	147
辽宁省沈抚新区管委会	262	32	55	27	35	30	116	197	13
男	**24310**	**9304**	**6803**	**5744**	**6522**	**6346**	**6469**	**10266**	**3957**
沈阳市	7567	3036	2001	2698	2044	2103	1738	2757	999
大连市	4776	3784	1405	1426	1465	1752	1419	1963	647
鞍山市	2596	466	540	388	278	391	401	959	365
抚顺市	899	164	235	69	168	157	194	379	166
本溪市	562	149	170	66	145	118	177	359	158
丹东市	1059	217	323	178	229	242	241	357	182
锦州市	1049	280	420	131	327	301	339	371	286
营口市	1396	233	382	246	778	298	329	558	189
阜新市	545	134	170	66	97	126	357	276	136
辽阳市	748	142	222	62	127	135	198	415	128
盘锦市	897	194	229	178	308	249	442	477	274
铁岭市	549	110	122	46	107	103	110	414	133
朝阳市	875	197	276	82	248	147	265	503	171
葫芦岛市	686	178	287	96	189	208	219	395	111
辽宁省沈抚新区管委会	106	20	21	12	12	16	40	83	12
女	**25314**	**5287**	**8594**	**4451**	**3341**	**3890**	**9596**	**17631**	**1096**
沈阳市	7228	1410	2428	2007	1216	1250	2479	4506	263
大连市	4651	2256	2004	1013	1058	1326	1913	3608	126
鞍山市	2621	262	645	236	137	193	732	1834	123
抚顺市	864	115	280	43	67	65	208	559	32
本溪市	727	91	262	56	67	76	308	531	40
丹东市	1014	120	385	114	84	130	289	769	45
锦州市	1274	194	484	124	138	156	521	717	79
营口市	1521	144	494	257	129	152	589	1158	76
阜新市	644	121	192	38	37	53	353	524	43
辽阳市	984	113	303	53	72	89	382	595	36
盘锦市	1142	146	312	257	139	146	739	777	134
铁岭市	645	68	136	45	35	49	180	512	28
朝阳市	1093	120	295	90	65	97	382	846	34
葫芦岛市	750	115	340	103	74	94	445	581	36
辽宁省沈抚新区管委会	156	12	34	15	23	14	76	114	1

4−6a 续表 4

单位：人

地区 性别	社会生产服务和生活服务人员				农、林、牧、渔业生产及辅助人员				
	修理及制作服务人员	文化、体育和娱乐服务人员	健康服务人员	其他社会生产和生活服务人员	小计	农业生产人员	林业生产人员	畜牧业生产人员	渔业生产人员
辽宁	**13169**	**2912**	**1342**	**656**	**27067**	**19523**	**532**	**3020**	**3357**
沈阳市	3610	851	476	197	4763	3981	80	528	73
大连市	2697	647	285	147	7311	4533	142	666	1833
鞍山市	1157	289	82	70	2022	1554	30	322	59
抚顺市	367	75	42	17	385	282	19	63	16
本溪市	402	74	29	25	458	344	22	77	5
丹东市	595	114	53	21	1912	934	45	158	597
锦州市	789	170	67	6	2594	2107	36	304	127
营口市	917	191	46	39	1612	1235	24	122	217
阜新市	340	80	27	20	545	394	21	117	6
辽阳市	421	91	48	37	1188	993	13	151	14
盘锦市	551	115	47	35	960	576	12	70	259
铁岭市	310	51	36	12	1318	1127	25	134	11
朝阳市	588	82	60	13	1260	988	47	197	6
葫芦岛市	366	64	42	12	593	358	11	90	131
辽宁省沈抚新区管委会	59	18	2	5	146	117	5	21	3
男	**11641**	**1625**	**398**	**365**	**16766**	**11132**	**391**	**1971**	**2868**
沈阳市	3175	474	136	113	2789	2248	58	347	61
大连市	2410	340	81	63	4933	2762	103	423	1559
鞍山市	1036	174	19	49	1134	844	22	203	34
抚顺市	339	47	14	13	242	169	15	45	9
本溪市	375	40	9	12	262	184	19	46	5
丹东市	525	70	17	14	1399	596	37	103	561
锦州市	701	91	19	4	1528	1174	26	204	110
营口市	800	106	14	26	983	697	19	81	176
阜新市	297	55	7	12	310	208	17	76	6
辽阳市	364	52	16	19	643	511	9	100	11
盘锦市	468	58	18	18	650	347	9	52	212
铁岭市	274	28	8	6	733	610	19	82	10
朝阳市	507	38	21	6	675	493	28	134	6
葫芦岛市	316	39	18	7	398	220	6	63	106
辽宁省沈抚新区管委会	54	13	1	3	87	69	4	12	2
女	**1528**	**1287**	**944**	**291**	**10301**	**8391**	**141**	**1049**	**489**
沈阳市	435	377	340	84	1974	1733	22	181	12
大连市	287	307	204	84	2378	1771	39	243	274
鞍山市	121	115	63	21	888	710	8	119	25
抚顺市	28	28	28	4	143	113	4	18	7
本溪市	27	34	20	13	196	160	3	31	
丹东市	70	44	36	7	513	338	8	55	36
锦州市	88	79	48	2	1066	933	10	100	17
营口市	117	85	32	13	629	538	5	41	41
阜新市	43	25	20	8	235	186	4	41	
辽阳市	57	39	32	18	545	482	4	51	3
盘锦市	83	57	29	17	310	229	3	18	47
铁岭市	36	23	28	6	585	517	6	52	1
朝阳市	81	44	39	7	585	495	19	63	
葫芦岛市	50	25	24	5	195	138	5	27	25
辽宁省沈抚新区管委会	5	5	1	2	59	48	1	9	1

4–6a　续表 5　　　　　　　　　　　　　　　　　　　　　　　　单位：人

地区 性别	农林牧渔生产辅助人员	其他农、林、牧、渔业生产加工人员	生产制造及有关人员 小计	农副产品加工人员	食品、饮料生产加工人员	烟草及其制品加工人员	纺织、针织、印染人员	纺织品、服装和皮革、毛皮制品加工制作人员	木材加工、家具与木制品制作人员
辽宁	**538**	**97**	**196496**	**4177**	**4229**	**120**	**812**	**12443**	**5371**
沈阳市	89	12	42367	602	1292	47	152	1510	1674
大连市	85	52	54791	1920	1017	3	172	5334	1835
鞍山市	52	5	14824	121	359		86	1532	186
抚顺市	5		7116	65	130	2	32	137	91
本溪市	9	1	7270	46	137	3	12	103	83
丹东市	176	2	7471	470	187	3	39	437	177
锦州市	19	1	8804	199	201		55	198	205
营口市	13	1	12613	143	235	58	110	1381	327
阜新市	7		3843	104	100		29	108	68
辽阳市	14	3	7244	48	110		26	402	189
盘锦市	32	11	9622	141	102		11	63	127
铁岭市	15	6	5017	154	118	3	14	109	115
朝阳市	21	1	7436	121	111		48	214	139
葫芦岛市	1	2	6902	35	84	1	21	790	135
辽宁省沈抚新区管委会			1176	8	46		5	125	20
男	**349**	**55**	**149547**	**2251**	**2181**	**92**	**298**	**3622**	**4122**
沈阳市	70	5	32696	392	684	33	61	606	1233
大连市	60	26	38314	869	476	2	58	1458	1279
鞍山市	28	3	11438	78	178		46	556	150
抚顺市	4		5929	39	78	2	16	53	76
本溪市	8		6118	28	79	2	1	40	68
丹东市	101	1	5489	240	87	3	13	87	163
锦州市	13	1	7029	128	110		24	56	189
营口市	9	1	9522	87	134	48	35	290	273
阜新市	3		3132	70	52		9	40	55
辽阳市	10	2	5763	30	57		11	90	157
盘锦市	21	9	7591	88	51		1	10	111
铁岭市	8	4	4139	98	67	2	5	30	102
朝阳市	13	1	6209	80	59		5	59	131
葫芦岛市	1	2	5276	21	48		11	195	120
辽宁省沈抚新区管委会			902	3	21		2	52	15
女	**189**	**42**	**46949**	**1926**	**2048**	**28**	**514**	**8821**	**1249**
沈阳市	19	7	9671	210	608	14	91	904	441
大连市	25	26	16477	1051	541	1	114	3876	556
鞍山市	24	2	3386	43	181		40	976	36
抚顺市	1		1187	26	52		16	84	15
本溪市	1	1	1152	18	58	1	11	63	15
丹东市	75	1	1982	230	100		26	350	14
锦州市	6		1775	71	91		31	142	16
营口市	4		3091	56	101	10	75	1091	54
阜新市	4		711	34	48		20	68	13
辽阳市	4	1	1481	18	53		15	312	32
盘锦市	11	2	2031	53	51		10	53	16
铁岭市	7	2	878	56	51	1	9	79	13
朝阳市	8		1227	41	52		43	155	8
葫芦岛市			1626	14	36	1	10	595	15
辽宁省沈抚新区管委会			274	5	25		3	73	5

4-6a 续表 6

单位：人

地区 性别	生产制造及有关人员								
	纸及纸制品生产加工人员	印刷和记录媒介复制人员	文教、工美、体育和娱乐用品制造人员	石油加工和炼焦、煤化工生产人员	化学原料和化学制品制造人员	医药制造人员	化学纤维制造人员	橡胶和塑料制品制造人员	非金属矿物制品制造人员
辽宁	**801**	**1131**	**868**	**2509**	**2944**	**1313**	**169**	**2738**	**2602**
沈阳市	244	375	232	79	262	583	8	542	361
大连市	209	281	225	227	749	237	9	989	462
鞍山市	26	84	48	59	89	15	10	135	167
抚顺市	41	26	32	410	227	24	47	65	86
本溪市	8	22	15	80	50	137	4	31	115
丹东市	33	55	47	18	47	41	7	32	62
锦州市	84	71	72	353	85	61	26	73	134
营口市	46	48	62	96	235	27	9	399	830
阜新市	6	26	27	14	122	38		26	71
辽阳市	25	29	28	115	395	23	41	106	71
盘锦市	14	35	18	559	328	19	3	108	54
铁岭市	30	12	18	8	43	19	1	91	34
朝阳市	12	39	30	32	28	15	1	99	76
葫芦岛市	3	21	10	440	259	68	3	26	63
辽宁省沈抚新区管委会	20	7	4	19	25	6		16	16
男	**506**	**675**	**451**	**2039**	**2350**	**691**	**126**	**1782**	**2157**
沈阳市	150	245	122	64	198	298	4	413	270
大连市	122	170	119	198	638	112	5	596	372
鞍山市	14	53	28	53	71	8	7	85	141
抚顺市	31	17	19	324	165	14	35	48	73
本溪市	7	11	11	71	40	81	2	21	98
丹东市	23	27	15	14	31	19	5	23	55
锦州市	64	32	32	290	73	31	23	43	106
营口市	27	33	33	80	167	12	6	225	731
阜新市	3	12	13	11	97	32		19	59
辽阳市	16	17	10	98	332	12	35	73	53
盘锦市	11	17	14	444	264	7	2	68	39
铁岭市	19	8	10	6	30	13	1	52	30
朝阳市	6	19	18	30	22	8		86	66
葫芦岛市	2	10	6	341	202	39	1	17	51
辽宁省沈抚新区管委会	11	4	1	15	20	5		13	13
女	**295**	**456**	**417**	**470**	**594**	**622**	**43**	**956**	**445**
沈阳市	94	130	110	15	64	285	4	129	91
大连市	87	111	106	29	111	125	4	393	90
鞍山市	12	31	20	6	18	7	3	50	26
抚顺市	10	9	13	86	62	10	12	17	13
本溪市	1	11	4	9	10	56	2	10	17
丹东市	10	28	32	4	16	22	2	9	7
锦州市	20	39	40	63	12	30	3	30	28
营口市	19	15	29	16	68	15	3	174	99
阜新市	3	14	14	3	25	6		7	12
辽阳市	9	12	18	17	63	11	6	33	18
盘锦市	3	18	4	115	64	12	1	40	15
铁岭市	11	4	8	2	13	6		39	4
朝阳市	6	20	12	2	6	7	1	13	10
葫芦岛市	1	11	4	99	57	29	2	9	12
辽宁省沈抚新区管委会	9	3	3	4	5	1		3	3

4-6a　续表 7　　　　　　　　　　　　　　　　　　　　　　　　单位：人

地　区 性　别	生产制造及有关人员								
	采矿人员	金属冶炼和压延加工人员	机械制造基础加工人员	金属制品制造人员	通用设备制造人员	专用设备制造人员	汽车制造人员	铁路、船舶、航空设备制造人员	电气机械和器材制造人员
辽宁	**7934**	**6941**	**16993**	**3656**	**3305**	**935**	**5583**	**2090**	**1645**
沈阳市	516	281	3109	872	836	355	2835	665	507
大连市	138	487	6414	1180	1149	256	1750	805	719
鞍山市	859	1321	1001	300	221	43	77	19	65
抚顺市	638	619	434	106	104	28	19	10	28
本溪市	562	1336	392	93	113	31	81	12	29
丹东市	87	27	934	147	81	31	245	18	35
锦州市	74	196	573	127	129	19	166	44	93
营口市	105	1220	909	247	137	54	88	18	54
阜新市	495	32	305	41	33	10	61	3	16
辽阳市	379	348	699	182	144	12	95	8	19
盘锦市	3007	24	443	69	77	38	22	5	12
铁岭市	822	26	428	55	65	20	52	5	17
朝阳市	173	509	547	111	87	12	69	7	20
葫芦岛市	66	414	677	95	104	16	14	465	17
辽宁省沈抚新区管委会	13	101	128	31	25	10	9	6	14
男	**6699**	**6182**	**15485**	**2938**	**2907**	**703**	**4325**	**1778**	**1161**
沈阳市	470	241	2823	695	721	286	2357	546	390
大连市	111	416	5766	896	968	153	1237	734	457
鞍山市	742	1149	933	261	201	35	52	16	48
抚顺市	568	578	411	91	100	25	18	10	24
本溪市	504	1192	360	76	105	25	47	10	26
丹东市	82	23	810	105	72	22	185	18	22
锦州市	68	173	531	108	123	15	102	41	70
营口市	90	1114	858	215	128	43	67	15	38
阜新市	474	26	280	34	26	8	51	3	9
辽阳市	346	313	652	162	135	11	77	7	14
盘锦市	2271	18	406	55	72	34	17	4	10
铁岭市	756	18	391	41	59	17	40	4	12
朝阳市	152	461	516	99	82	9	59	6	17
葫芦岛市	52	364	633	77	91	12	8	359	14
辽宁省沈抚新区管委会	13	96	115	23	24	8	8	5	10
女	**1235**	**759**	**1508**	**718**	**398**	**232**	**1258**	**312**	**484**
沈阳市	46	40	286	177	115	69	478	119	117
大连市	27	71	648	284	181	103	513	71	262
鞍山市	117	172	68	39	20	8	25	3	17
抚顺市	70	41	23	15	4	3	1		4
本溪市	58	144	32	17	8	6	34	2	3
丹东市	5	4	124	42	9	9	60		13
锦州市	6	23	42	19	6	4	64	3	23
营口市	15	106	51	32	9	11	21	3	16
阜新市	21	6	25	7	7	2	10		7
辽阳市	33	35	47	20	9	1	18	1	5
盘锦市	736	6	37	14	5	4	5	1	2
铁岭市	66	8	37	14	6	3	12	1	5
朝阳市	21	48	31	12	5	3	10	1	3
葫芦岛市	14	50	44	18	13	4	6	106	3
辽宁省沈抚新区管委会		5	13	8	1	2	1	1	4

4-6a 续表 8 单位：人

地　区 性　别	生产制造及有关人员								不便分类的其他从业人员
	计算机、通信和其他电子设备制造人员	仪器仪表制造人员	废弃资源综合利用人员	电力、热力、气体、水生产和输配人员	建筑施工人员	运输设备和通用工程机械操作人员及有关人员	生产辅助人员	其他生产制造及有关人员	
辽宁	**12369**	**593**	**341**	**3270**	**49592**	**8660**	**29008**	**1354**	**5172**
沈阳市	2978	71	76	626	13221	1608	5379	469	2577
大连市	5232	103	78	469	11449	2063	8515	315	971
鞍山市	880	31	25	160	4136	784	1879	106	280
抚顺市	408	71	18	222	1150	449	1316	81	169
本溪市	240	18	21	196	962	585	1655	98	122
丹东市	561	98	6	122	2032	306	1007	79	273
锦州市	486	63	19	205	2925	421	1437	10	
营口市	357	20	24	213	2781	490	1871	19	8
阜新市	130	9	4	169	966	186	641	3	34
辽阳市	450	31	24	154	1397	407	1231	56	122
盘锦市	192	48	18	184	2032	447	1405	17	35
铁岭市	108	4	7	194	1594	165	652	34	104
朝阳市	206	4	15	137	3211	362	972	29	229
葫芦岛市	121	19	6	207	1456	346	890	30	242
辽宁省沈抚新区管委会	20	3		12	280	41	158	8	6
男	**8045**	**403**	**225**	**2822**	**41809**	**7972**	**21743**	**1007**	**3274**
沈阳市	2110	40	47	552	10748	1483	4065	349	1574
大连市	2968	72	57	422	9776	1848	5743	216	625
鞍山市	664	22	12	146	3351	722	1533	83	185
抚顺市	320	56	12	186	1022	426	1032	60	117
本溪市	166	17	17	170	831	526	1406	80	77
丹东市	295	36	3	105	1811	296	740	59	177
锦州市	341	55	11	183	2483	402	1113	9	
营口市	274	13	14	182	2345	467	1461	17	8
阜新市	95	7	3	147	824	180	492	1	24
辽阳市	348	23	15	133	1180	358	957	41	84
盘锦市	130	39	12	141	1754	422	1066	13	28
铁岭市	71	3	5	163	1383	153	522	28	62
朝阳市	158	3	14	118	2763	336	805	22	156
葫芦岛市	96	15	3	166	1283	313	703	23	153
辽宁省沈抚新区管委会	9	2		8	255	40	105	6	4
女	**4324**	**190**	**116**	**448**	**7783**	**688**	**7265**	**347**	**1898**
沈阳市	868	31	29	74	2473	125	1314	120	1003
大连市	2264	31	21	47	1673	215	2772	99	346
鞍山市	216	9	13	14	785	62	346	23	95
抚顺市	88	15	6	36	128	23	284	21	52
本溪市	74	1	4	26	131	59	249	18	45
丹东市	266	62	3	17	221	10	267	20	96
锦州市	145	8	8	22	442	19	324	1	
营口市	83	7	10	31	436	23	410	2	
阜新市	35	2	1	22	142	6	149	2	10
辽阳市	102	8	9	21	217	49	274	15	38
盘锦市	62	9	6	43	278	25	339	4	7
铁岭市	37	1	2	31	211	12	130	6	42
朝阳市	48	1	1	19	448	26	167	7	73
葫芦岛市	25	4	3	41	173	33	187	7	89
辽宁省沈抚新区管委会	11	1		4	25	1	53	2	2

4-6b　各地区分性别、职业中类的就业人口(镇)

单位：人

地　区 性　别	合计	党的机关、国家机关、群众团体和社会组织、企事业单位负责人						
		小计	中国共产党机关负责人	国家机关负责人	民主党派和工商联负责人	人民团体和群众团体、社会组织及其他成员组织负责人	基层群众自治组织负责人	企事业单位负责人
辽宁	**219695**	**3977**	**29**	**523**	**2**	**197**	**166**	**3060**
沈阳市	21769	501	2	34		13	8	444
大连市	10863	210		13		13	2	182
鞍山市	30342	476	1	57	2	26	20	370
抚顺市	9357	238	2	44		15	8	169
本溪市	11730	253	2	40		4	8	199
丹东市	17233	374	8	56		24	20	266
锦州市	14049	171	6	27		4	19	115
营口市	7375	128		5		5	9	109
阜新市	13891	211		35		13	10	153
辽阳市	8860	236		10		10	6	210
盘锦市	6333	58		14		10	1	33
铁岭市	27621	621	3	96		44	11	467
朝阳市	22430	355	3	59		14	29	250
葫芦岛市	17842	145	2	33		2	15	93
辽宁省沈抚新区管委会								
男	**132693**	**2893**	**22**	**418**	**1**	**105**	**126**	**2221**
沈阳市	12917	352	1	26		5	5	315
大连市	7153	152		7		8	2	135
鞍山市	17841	338	1	46	1	14	15	261
抚顺市	5804	177	1	34		9	5	128
本溪市	7131	200	1	34		2	6	157
丹东市	10729	282	5	43		12	17	205
锦州市	8438	134	6	27		3	17	81
营口市	4533	87		4		2	8	73
阜新市	8081	145		28		6	6	105
辽阳市	5499	163		8		6	5	144
盘锦市	3880	36		9		3	1	23
铁岭市	16205	437	2	72		25	6	332
朝阳市	13370	272	3	49		10	22	188
葫芦岛市	11112	118	2	31			11	74
辽宁省沈抚新区管委会								
女	**87002**	**1084**	**7**	**105**	**1**	**92**	**40**	**839**
沈阳市	8852	149	1	8		8	3	129
大连市	3710	58		6		5		47
鞍山市	12501	138		11	1	12	5	109
抚顺市	3553	61	1	10		6	3	41
本溪市	4599	53	1	6		2	2	42
丹东市	6504	92	3	13		12	3	61
锦州市	5611	37				1	2	34
营口市	2842	41		1		3	1	36
阜新市	5810	66		7		7	4	48
辽阳市	3361	73		2		4	1	66
盘锦市	2453	22		5		7		10
铁岭市	11416	184	1	24		19	5	135
朝阳市	9060	83		10		4	7	62
葫芦岛市	6730	27		2		2	4	19
辽宁省沈抚新区管委会								

4-6b 续表 1

单位：人

地区 性别	专业技术人员									
	小计	科学研究人员	工程技术人员	农业技术人员	飞机和船舶技术人员	卫生专业技术人员	经济和金融专业人员	法律、社会和宗教专业人员	教学人员	文学艺术、体育专业人员
辽宁	**22285**	**63**	**3203**	**284**	**69**	**4355**	**3087**	**441**	**10055**	**198**
沈阳市	2367	11	505	37	4	355	349	65	937	46
大连市	1086	5	296	6	47	146	177	17	358	15
鞍山市	2158	4	317	27	1	475	292	19	973	16
抚顺市	1043	4	134	8		206	153	20	471	10
本溪市	1428	3	238	2		318	200	32	572	16
丹东市	1609	2	208	18	1	365	204	18	745	8
锦州市	1484	6	135	23	4	310	230	23	710	11
营口市	520	3	89	7	4	88	71	6	238	6
阜新市	1601	3	173	40	1	378	189	28	755	9
辽阳市	771	1	132	6		135	115	12	353	6
盘锦市	572		86	10		116	93	14	241	1
铁岭市	3281	11	425	44	2	599	457	107	1480	35
朝阳市	2452	5	285	35	2	506	314	53	1191	13
葫芦岛市	1913	5	180	21	3	358	243	27	1031	6
辽宁省沈抚新区管委会										
男	**9276**	**35**	**2759**	**199**	**69**	**1460**	**964**	**198**	**3189**	**124**
沈阳市	1050	5	416	30	4	109	99	27	299	27
大连市	551	4	240	3	47	58	52	4	122	9
鞍山市	873	2	267	18	1	161	76	14	301	11
抚顺市	442	2	121	7		63	54	8	165	6
本溪市	584	2	211	2		85	56	9	183	14
丹东市	651	2	177	10	1	127	68	7	231	6
锦州市	574	2	120	16	4	95	78	12	223	6
营口市	237	2	84	5	4	35	18	4	77	3
阜新市	660	1	155	24	1	144	54	12	257	4
辽阳市	302	1	118	3		43	27	6	94	4
盘锦市	211		74	9		35	24	8	55	1
铁岭市	1408	6	361	36	2	227	161	44	486	19
朝阳市	989	3	252	23	2	162	104	27	385	8
葫芦岛市	744	3	163	13	3	116	93	16	311	6
辽宁省沈抚新区管委会										
女	**13009**	**28**	**444**	**85**		**2895**	**2123**	**243**	**6866**	**74**
沈阳市	1317	6	89	7		246	250	38	638	19
大连市	535	1	56	3		88	125	13	236	6
鞍山市	1285	2	50	9		314	216	5	672	5
抚顺市	601	2	13	1		143	99	12	306	4
本溪市	844	1	27			233	144	23	389	2
丹东市	958		31	8		238	136	11	514	2
锦州市	910	4	15	7		215	152	11	487	5
营口市	283	1	5	2		53	53	2	161	3
阜新市	941	2	18	16		234	135	16	498	5
辽阳市	469		14	3		92	88	6	259	2
盘锦市	361		12	1		81	69	6	186	
铁岭市	1873	5	64	8		372	296	63	994	16
朝阳市	1463	2	33	12		344	210	26	806	5
葫芦岛市	1169	2	17	8		242	150	11	720	
辽宁省沈抚新区管委会										

4-6b　续表 2

单位：人

地　区 性　别	专业技术人员		办事人员和有关人员				社会生产服务和生活服务人员		
	新闻出版、文化专业人员	其他专业技术人员	小计	办事人员	安全和消防人员	其他办事人员和有关人员	小计	批发与零售服务人员	交通运输、仓储和邮政业服务人员
辽宁	**336**	**194**	**16535**	**12915**	**3415**	**205**	**81852**	**31751**	**18755**
沈阳市	38	20	1816	1343	445	28	7812	3070	1641
大连市	10	9	615	415	188	12	3265	1166	711
鞍山市	14	20	1737	1368	343	26	12206	5275	2755
抚顺市	21	16	840	661	163	16	3584	1302	867
本溪市	35	12	1136	889	224	23	5494	1990	1279
丹东市	24	16	964	687	269	8	6548	2588	1513
锦州市	28	4	1078	841	237		5778	2240	1507
营口市	7	1	286	253	33		2674	1018	706
阜新市	17	8	991	779	198	14	4786	1961	984
辽阳市	6	5	550	416	132	2	3741	1504	995
盘锦市	8	3	468	365	98	5	2563	791	768
铁岭市	62	59	2925	2376	494	55	9695	3774	1787
朝阳市	42	6	1498	1198	297	3	6980	2442	1567
葫芦岛市	24	15	1631	1324	294	13	6726	2630	1675
辽宁省沈抚新区管委会									
男	**131**	**148**	**10933**	**7702**	**3116**	**115**	**47206**	**14526**	**16380**
沈阳市	20	14	1228	793	417	18	4298	1368	1357
大连市	5	7	425	238	181	6	1899	568	610
鞍山市	7	15	1164	836	315	13	7155	2507	2404
抚顺市	4	12	535	369	156	10	2062	580	763
本溪市	11	11	742	527	202	13	3081	871	1106
丹东市	7	15	660	409	246	5	3838	1211	1348
锦州市	15	3	750	530	220		3378	1010	1306
营口市	5		167	135	32		1658	473	633
阜新市	2	6	668	480	181	7	2720	883	865
辽阳市	2	4	366	246	119	1	2208	683	883
盘锦市	3	2	303	219	84		1518	338	643
铁岭市	24	42	1841	1374	432	35	5444	1716	1576
朝阳市	18	5	991	723	267	1	3951	1088	1385
葫芦岛市	8	12	1093	823	264	6	3996	1230	1501
辽宁省沈抚新区管委会									
女	**205**	**46**	**5602**	**5213**	**299**	**90**	**34646**	**17225**	**2375**
沈阳市	18	6	588	550	28	10	3514	1702	284
大连市	5	2	190	177	7	6	1366	598	101
鞍山市	7	5	573	532	28	13	5051	2768	351
抚顺市	17	4	305	292	7	6	1522	722	104
本溪市	24	1	394	362	22	10	2413	1119	173
丹东市	17	1	304	278	23	3	2710	1377	165
锦州市	13	1	328	311	17		2400	1230	201
营口市	2	1	119	118	1		1016	545	73
阜新市	15	2	323	299	17	7	2066	1078	119
辽阳市	4	1	184	170	13	1	1533	821	112
盘锦市	5	1	165	146	14	5	1045	453	125
铁岭市	38	17	1084	1002	62	20	4251	2058	211
朝阳市	24	1	507	475	30	2	3029	1354	182
葫芦岛市	16	3	538	501	30	7	2730	1400	174
辽宁省沈抚新区管委会									

4-6b 续表 3

单位：人

地区 性别	社会生产服务和生活服务人员								
	住宿和餐饮服务人员	信息传输、软件和信息技术服务人员	金融服务人员	房地产服务人员	租赁和商务服务人员	技术辅助服务人员	水利、环境和公共设施管理服务人员	居民服务人员	电力、燃气及水供应服务人员
辽宁	**10789**	**1317**	**2351**	**836**	**1097**	**885**	**2844**	**6212**	**1021**
沈阳市	966	161	202	186	117	109	322	590	121
大连市	435	169	83	39	53	50	159	210	27
鞍山市	1357	117	244	89	56	97	282	1299	122
抚顺市	554	63	154	18	26	33	96	252	36
本溪市	829	89	191	60	77	49	193	444	81
丹东市	942	79	158	56	81	63	180	498	60
锦州市	693	76	185	44	100	77	181	325	84
营口市	314	33	43	33	100	30	66	175	17
阜新市	642	69	147	35	61	52	174	315	69
辽阳市	443	30	67	20	31	29	151	227	33
盘锦市	265	17	39	25	71	27	229	158	46
铁岭市	1449	187	394	124	120	130	279	818	127
朝阳市	1066	131	211	56	120	88	307	485	115
葫芦岛市	834	96	233	51	84	51	225	416	83
辽宁省沈抚新区管委会									
男	**4898**	**792**	**1096**	**437**	**838**	**563**	**1205**	**2455**	**812**
沈阳市	458	99	87	96	82	71	106	228	98
大连市	189	94	36	20	39	29	61	94	21
鞍山市	682	66	122	46	39	63	116	596	94
抚顺市	230	42	59	11	16	21	46	118	25
本溪市	393	56	88	34	51	29	78	150	61
丹东市	421	50	74	30	66	38	84	188	51
锦州市	306	50	91	25	84	48	75	112	62
营口市	160	21	16	9	93	16	34	69	15
阜新市	278	42	74	24	43	30	86	116	57
辽阳市	193	17	37	11	24	19	49	96	27
盘锦市	95	10	11	12	57	18	140	54	38
铁岭市	653	105	194	53	88	87	135	328	105
朝阳市	449	78	104	35	94	61	111	152	90
葫芦岛市	391	62	103	31	62	33	84	154	68
辽宁省沈抚新区管委会									
女	**5891**	**525**	**1255**	**399**	**259**	**322**	**1639**	**3757**	**209**
沈阳市	508	62	115	90	35	38	216	362	23
大连市	246	75	47	19	14	21	98	116	6
鞍山市	675	51	122	43	17	34	166	703	28
抚顺市	324	21	95	7	10	12	50	134	11
本溪市	436	33	103	26	26	20	115	294	20
丹东市	521	29	84	26	15	25	96	310	9
锦州市	387	26	94	19	16	29	106	213	22
营口市	154	12	27	24	7	14	32	106	2
阜新市	364	27	73	11	18	22	88	199	12
辽阳市	250	13	30	9	7	10	102	131	6
盘锦市	170	7	28	13	14	9	89	104	8
铁岭市	796	82	200	71	32	43	144	490	22
朝阳市	617	53	107	21	26	27	196	333	25
葫芦岛市	443	34	130	20	22	18	141	262	15
辽宁省沈抚新区管委会									

4-6b 续表 4 单位：人

地区 性别	社会生产服务和生活服务人员				农、林、牧、渔业生产及辅助人员				
	修理及制作服务人员	文化、体育和娱乐服务人员	健康服务人员	其他社会生产和生活服务人员	小计	农业生产人员	林业生产人员	畜牧业生产人员	渔业生产人员
辽宁	**3239**	**391**	**222**	**142**	**53588**	**46703**	**460**	**4303**	**1577**
沈阳市	255	40	23	9	5345	4762	31	489	38
大连市	141	9	8	5	2646	1379	21	203	946
鞍山市	421	48	15	29	6443	5790	14	578	24
抚顺市	130	16	16	21	2094	1847	97	114	3
本溪市	150	43	18	1	1128	948	59	100	13
丹东市	275	32	16	7	4047	3286	46	277	326
锦州市	229	28	9		3509	3099	10	368	4
营口市	118	14	3	4	2184	1918	6	216	28
阜新市	232	24	7	14	4725	4253	53	398	5
辽阳市	160	12	4	35	1297	1113	3	150	18
盘锦市	115	7	4	1	1531	1397	9	96	20
铁岭市	398	55	40	13	7701	7193	29	408	11
朝阳市	324	39	28	1	7087	6485	45	530	6
葫芦岛市	291	24	31	2	3851	3233	37	376	135
辽宁省沈抚新区管委会									
男	**2822**	**218**	**76**	**88**	**30907**	**26129**	**354**	**2757**	**1323**
沈阳市	211	21	12	4	3035	2666	26	294	29
大连市	129	3	3	3	1861	869	17	154	758
鞍山市	368	28	6	18	3423	3024	10	345	17
抚顺市	116	12	7	16	1286	1093	83	84	3
本溪市	138	20	6		739	599	52	69	11
丹东市	248	18	6	5	2550	1954	37	191	316
锦州市	193	12	4		1970	1708	7	228	4
营口市	107	7	2	3	1269	1090	2	148	23
阜新市	198	12	4	8	2636	2351	37	231	4
辽阳市	137	8		24	774	651	3	99	12
盘锦市	96	4	1	1	881	797	5	57	15
铁岭市	351	35	12	6	4377	4052	23	243	10
朝阳市	275	24	5		3762	3346	34	361	5
葫芦岛市	255	14	8		2344	1929	18	253	116
辽宁省沈抚新区管委会									
女	**417**	**173**	**146**	**54**	**22681**	**20574**	**106**	**1546**	**254**
沈阳市	44	19	11	5	2310	2096	5	195	9
大连市	12	6	5	2	785	510	4	49	188
鞍山市	53	20	9	11	3020	2766	4	233	7
抚顺市	14	4	9	5	808	754	14	30	
本溪市	12	23	12	1	389	349	7	31	2
丹东市	27	14	10	2	1497	1332	9	86	10
锦州市	36	16	5		1539	1391	3	140	
营口市	11	7	1	1	915	828	4	68	5
阜新市	34	12	3	6	2089	1902	16	167	1
辽阳市	23	4	4	11	523	462		51	6
盘锦市	19	3	3		650	600	4	39	5
铁岭市	47	20	28	7	3324	3141	6	165	1
朝阳市	49	15	23	1	3325	3139	11	169	1
葫芦岛市	36	10	23	2	1507	1304	19	123	19
辽宁省沈抚新区管委会									

4-6b 续表 5

单位：人

地区 性别			生产制造及有关人员						
	农林牧渔生产辅助人员	其他农、林、牧、渔业生产加工人员	小计	农副产品加工人员	食品、饮料生产加工人员	烟草及其制品加工人员	纺织、针织、印染人员	纺织品、服装和皮革、毛皮制品加工制作人员	木材加工、家具与木制品制作人员
辽宁	**460**	**85**	**40773**	**1537**	**882**	**6**	**364**	**4519**	**1443**
沈阳市	20	5	3744	93	103	1	34	143	330
大连市	58	39	2926	161	63		10	242	121
鞍山市	36	1	7233	238	118		120	2342	180
抚顺市	29	4	1531	45	32		8	36	121
本溪市	8		2285	43	46		5	38	90
丹东市	102	10	3655	222	87	2	48	446	123
锦州市	28		2029	100	48		4	147	42
营口市	15	1	1582	42	27		19	333	31
阜新市	14	2	1551	62	64		5	45	53
辽阳市	11	2	2242	37	35		71	344	60
盘锦市	6	3	1135	50	20		3	29	31
铁岭市	51	9	3256	207	90	2	9	59	80
朝阳市	17	4	4040	137	82	1	14	96	121
葫芦岛市	65	5	3564	100	67		14	219	60
辽宁省沈抚新区管委会									
男	**297**	**47**	**31018**	**932**	**461**	**5**	**143**	**1557**	**1165**
沈阳市	15	5	2838	60	55	1	9	48	239
大连市	42	21	2181	79	31		2	62	86
鞍山市	27		4827	145	59		72	993	136
抚顺市	21	2	1284	32	16		1	6	93
本溪市	8		1784	26	24			9	74
丹东市	49	3	2726	138	45	1	12	80	116
锦州市	23		1632	66	29		2	48	40
营口市	6		1114	33	16		4	69	30
阜新市	11	2	1235	35	34		1	7	41
辽阳市	8	1	1671	23	18		31	141	54
盘锦市	6	1	926	33	11			5	29
铁岭市	41	8	2599	123	44	2	1	24	71
朝阳市	13	3	3391	80	40	1	3	16	99
葫芦岛市	27	1	2810	59	39		5	49	57
辽宁省沈抚新区管委会									
女	**163**	**38**	**9755**	**605**	**421**	**1**	**221**	**2962**	**278**
沈阳市	5		906	33	48		25	95	91
大连市	16	18	745	82	32		8	180	35
鞍山市	9	1	2406	93	59		48	1349	44
抚顺市	8	2	247	13	16		7	30	28
本溪市			501	17	22		5	29	16
丹东市	53	7	929	84	42	1	36	366	7
锦州市	5		397	34	19		2	99	2
营口市	9	1	468	9	11		15	264	1
阜新市	3		316	27	30		4	38	12
辽阳市	3	1	571	14	17		40	203	6
盘锦市		2	209	17	9		3	24	2
铁岭市	10	1	657	84	46		8	35	9
朝阳市	4	1	649	57	42		11	80	22
葫芦岛市	38	4	754	41	28		9	170	3
辽宁省沈抚新区管委会									

4-6b 续表 6 单位：人

地区 性别	生产制造及有关人员								
	纸及纸制品生产加工人员	印刷和记录媒介复制人员	文教、工美、体育和娱乐用品制造人员	石油加工和炼焦、煤化工生产人员	化学原料和化学制品制造人员	医药制造人员	化学纤维制造人员	橡胶和塑料制品制造人员	非金属矿物制品制造人员
辽宁	**212**	**191**	**478**	**127**	**434**	**183**	**11**	**609**	**1333**
沈阳市	23	33	9	2	15	9	1	148	294
大连市	24	11	8	3	60	22	1	75	31
鞍山市	29	15	287	17	54	10	1	114	337
抚顺市	2	5	9	2	27	9		7	18
本溪市	8	6	16	17	18	64		9	54
丹东市	29	22	22	3	48	16	5	13	56
锦州市	10	16	35	6	27	6	1	24	42
营口市	8	7	8	2	12	1	1	44	109
阜新市	6	8	31	4	19	15		13	17
辽阳市	6	8	8	2	11	3		20	66
盘锦市	26	2	7	60	47	5		19	40
铁岭市	19	25	18	4	25	10	1	54	32
朝阳市	15	19	11	5	46	8		57	192
葫芦岛市	7	14	9		25	5		12	45
辽宁省沈抚新区管委会									
男	**120**	**106**	**316**	**107**	**331**	**95**	**5**	**359**	**1056**
沈阳市	12	22	5	2	6	3		77	206
大连市	14	7	4	3	49	12	1	46	26
鞍山市	17	6	216	15	41	5		51	274
抚顺市	1	1	4	1	17	6		6	15
本溪市	4	3	6	12	14	34		4	41
丹东市	18	13	13	2	35	9	3	8	47
锦州市	4	6	7	6	26	2		15	34
营口市	3	6	4	2	9	1		33	94
阜新市	3	3	24	3	16	8		8	12
辽阳市	4	3	5	2	11	3		11	58
盘锦市	18	1	6	51	37	3		11	31
铁岭市	10	18	8	3	18	5	1	34	30
朝阳市	8	11	9	5	33	4		45	152
葫芦岛市	4	6	5		19			10	36
辽宁省沈抚新区管委会									
女	**92**	**85**	**162**	**20**	**103**	**88**	**6**	**250**	**277**
沈阳市	11	11	4		9	6	1	71	88
大连市	10	4	4		11	10		29	5
鞍山市	12	9	71	2	13	5	1	63	63
抚顺市	1	4	5	1	10	3		1	3
本溪市	4	3	10	5	4	30		5	13
丹东市	11	9	9	1	13	7	2	5	9
锦州市	6	10	28		1	4	1	9	8
营口市	5	1	4		3		1	11	15
阜新市	3	5	7	1	3	7		5	5
辽阳市	2	5	3					9	8
盘锦市	8	1	1	9	10	2		8	9
铁岭市	9	7	10	1	7	5		20	2
朝阳市	7	8	2		13	4		12	40
葫芦岛市	3	8	4		6	5		2	9
辽宁省沈抚新区管委会									

4-6b 续表 7

单位：人

地区 性别	生产制造及有关人员								
	采矿人员	金属冶炼和压延加工人员	机械制造基础加工人员	金属制品制造人员	通用设备制造人员	专用设备制造人员	汽车制造人员	铁路、船舶、航空设备制造人员	电气机械和器材制造人员
辽宁	**1542**	**852**	**2858**	**732**	**485**	**78**	**496**	**84**	**159**
沈阳市	233	16	202	57	32	14	56	22	41
大连市	3	40	339	56	32	11	54	5	26
鞍山市	186	174	372	124	53	5	10	5	8
抚顺市	114	32	94	26	25	3	6		6
本溪市	145	150	104	36	37	2	189	4	10
丹东市	97	49	350	72	42	2	29	3	13
锦州市	56	23	147	32	13	13	10	5	8
营口市	37	130	91	28	5	1	5		2
阜新市	89	21	122	55	18	3	17	5	5
辽阳市	39	92	230	50	42	1	13	1	5
盘锦市	49	9	117	14	8	2	4	1	2
铁岭市	119	15	227	60	55	9	67	7	18
朝阳市	267	60	206	61	30	7	26	15	7
葫芦岛市	108	41	257	61	93	5	10	11	8
辽宁省沈抚新区管委会									
男	**1394**	**763**	**2618**	**593**	**427**	**57**	**311**	**79**	**108**
沈阳市	230	11	178	40	29	11	36	20	25
大连市	3	38	317	42	31	8	44	5	17
鞍山市	148	150	350	102	50	4	7	5	6
抚顺市	108	29	85	22	24	2	6		5
本溪市	131	140	95	31	32	1	84	4	7
丹东市	91	47	309	59	36	1	21	3	10
锦州市	52	19	141	25	12	9	9	5	5
营口市	31	119	86	24	5	1	4		2
阜新市	81	18	109	41	14	3	16	5	3
辽阳市	39	80	209	43	37	1	6	1	4
盘锦市	42	9	114	10	8	1	4	1	1
铁岭市	110	13	208	52	50	5	40	7	11
朝阳市	232	54	191	52	29	6	24	13	6
葫芦岛市	96	36	226	50	70	4	10	10	6
辽宁省沈抚新区管委会									
女	**148**	**89**	**240**	**139**	**58**	**21**	**185**	**5**	**51**
沈阳市	3	5	24	17	3	3	20	2	16
大连市		2	22	14	1	3	10		9
鞍山市	38	24	22	22	3	1	3		2
抚顺市	6	3	9	4	1	1			1
本溪市	14	10	9	5	5	1	105		3
丹东市	6	2	41	13	6	1	8		3
锦州市	4	4	6	7	1	4	1		3
营口市	6	11	5	4			1		
阜新市	8	3	13	14	4		1		2
辽阳市		12	21	7	5		7		1
盘锦市	7		3	4		1			1
铁岭市	9	2	19	8	5	4	27		7
朝阳市	35	6	15	9	1	1	2	2	1
葫芦岛市	12	5	31	11	23	1		1	2
辽宁省沈抚新区管委会									

4-6b　续表 8

单位：人

地　区 性　别	生产制造及有关人员								不便分类的其他从业人员
	计算机、通信和其他电子设备制造人员	仪器仪表制造人员	废弃资源综合利用人员	电力、热力、气体、水生产和输配人员	建筑施工人员	运输设备和通用工程机械操作人员及有关人员	生产辅助人员	其他生产制造及有关人员	
辽宁	**816**	**32**	**66**	**637**	**13527**	**1626**	**4253**	**201**	**685**
沈阳市	107	3	3	54	1100	111	435	20	184
大连市	139	3	14	33	779	90	443	27	115
鞍山市	72	3	8	50	1521	195	529	56	89
抚顺市	27		3	30	560	100	175	9	27
本溪市	42	2	2	63	701	118	258	8	6
丹东市	76	6	3	75	1124	158	403	11	36
锦州市	15	1	5	34	895	91	173		
营口市	23			20	328	71	191	6	1
阜新市	29	2	5	25	546	87	163	17	26
辽阳市	93	1	12	25	618	95	246	8	23
盘锦市	18	1	2	16	317	70	166		6
铁岭市	80	6	5	70	1282	145	432	24	142
朝阳市	59	1	1	47	1908	177	357	7	18
葫芦岛市	36	3	3	95	1848	118	282	8	12
辽宁省沈抚新区管委会									
男	**564**	**18**	**50**	**563**	**11902**	**1561**	**3113**	**139**	**460**
沈阳市	82	1	1	48	946	109	310	16	116
大连市	92	3	10	31	716	86	300	16	84
鞍山市	54	2	7	44	1296	188	346	38	61
抚顺市	17		2	29	508	94	146	8	18
本溪市	23	1	2	54	599	112	212	5	1
丹东市	40	1	3	68	1036	156	297	8	22
锦州市	11	1	4	29	807	90	128		
营口市	20			19	297	69	130	3	1
阜新市	18	2	5	24	487	82	120	12	17
辽阳市	71		7	21	506	86	191	5	15
盘锦市	8	1	2	16	276	69	128		5
铁岭市	55	3	4	59	1120	134	321	15	99
朝阳市	46	1	1	40	1745	172	268	5	14
葫芦岛市	27	2	2	81	1563	114	216	8	7
辽宁省沈抚新区管委会									
女	**252**	**14**	**16**	**74**	**1625**	**65**	**1140**	**62**	**225**
沈阳市	25	2	2	6	154	2	125	4	68
大连市	47		4	2	63	4	143	11	31
鞍山市	18	1	1	6	225	7	183	18	28
抚顺市	10		1	1	52	6	29	1	9
本溪市	19	1		9	102	6	46	3	5
丹东市	36	5		7	88	2	106	3	14
锦州市	4		1	5	88	1	45		
营口市	3			1	31	2	61	3	
阜新市	11			1	59	5	43	5	9
辽阳市	22	1	5	4	112	9	55	3	8
盘锦市	10				41	1	38		1
铁岭市	25	3	1	11	162	11	111	9	43
朝阳市	13			7	163	5	89	2	4
葫芦岛市	9	1	1	14	285	4	66		5
辽宁省沈抚新区管委会									

4-6c 各地区分性别、职业中类的就业人口(乡村)

单位：人

地区 性别	合计	党的机关、国家机关、群众团体和社会组织、企事业单位负责人						
		小计	中国共产党机关负责人	国家机关负责人	民主党派和工商联负责人	人民团体和群众团体、社会组织及其他成员组织负责人	基层群众自治组织负责人	企事业单位负责人
辽宁	**585143**	**2910**	**26**	**116**	**2**	**190**	**484**	**2092**
沈阳市	69430	404	4	10		18	69	303
大连市	54022	334	2	14		17	10	291
鞍山市	45549	242	3	6		9	33	191
抚顺市	18264	84	1	5		8	21	49
本溪市	12104	105		6		4	20	75
丹东市	33433	219	5	8		4	49	153
锦州市	64761	246	3	7		14	63	159
营口市	35685	278		6		9	25	238
阜新市	34224	85	1	7		3	16	58
辽阳市	25392	213		5	2	40	24	142
盘锦市	14806	91	1	3		21	8	58
铁岭市	51673	144	2	8		8	31	95
朝阳市	77362	352	1	21		32	82	216
葫芦岛市	46779	103	3	10		3	32	55
辽宁省沈抚新区管委会	1659	10					1	9
男	**353554**	**2217**	**19**	**101**	**2**	**106**	**397**	**1592**
沈阳市	40301	296	4	6		11	54	221
大连市	33709	271	2	13		10	9	237
鞍山市	27087	178	1	5		7	28	137
抚顺市	11352	61	1	5		3	15	37
本溪市	7974	78		4		2	14	58
丹东市	21090	182	4	6		3	40	129
锦州市	38214	182	1	6		2	58	115
营口市	22464	209		6		6	19	178
阜新市	19493	70	1	7		1	13	48
辽阳市	15674	154		4	2	26	17	105
盘锦市	9049	56		2		5	8	41
铁岭市	30268	111	2	6		6	25	72
朝阳市	46068	284	1	21		22	68	172
葫芦岛市	29789	81	2	10		2	29	38
辽宁省沈抚新区管委会	1022	4						4
女	**231589**	**693**	**7**	**15**		**84**	**87**	**500**
沈阳市	29129	108		4		7	15	82
大连市	20313	63		1		7	1	54
鞍山市	18462	64	2	1		2	5	54
抚顺市	6912	23				5	6	12
本溪市	4130	27		2		2	6	17
丹东市	12343	37	1	2		1	9	24
锦州市	26547	64	2	1		12	5	44
营口市	13221	69				3	6	60
阜新市	14731	15				2	3	10
辽阳市	9718	59		1		14	7	37
盘锦市	5757	35	1	1		16		17
铁岭市	21405	33		2		2	6	23
朝阳市	31294	68				10	14	44
葫芦岛市	16990	22	1			1	3	17
辽宁省沈抚新区管委会	637	6					1	5

4-6c 续表 1

单位：人

地区 性别	专业技术人员									
	小计	科学研究人员	工程技术人员	农业技术人员	飞机和船舶技术人员	卫生专业技术人员	经济和金融专业人员	法律、社会和宗教专业人员	教学人员	文学艺术、体育专业人员
辽宁	**13504**	**49**	**2841**	**489**	**70**	**2800**	**1889**	**240**	**4648**	**172**
沈阳市	1363	4	277	72	6	255	219	34	452	21
大连市	1464	10	475	99	5	228	192	15	375	10
鞍山市	1097	8	261	32	1	217	127	30	375	23
抚顺市	321		48	13		84	49	4	109	3
本溪市	392		112	16		77	55	10	100	11
丹东市	745		113	39	10	189	119	11	232	10
锦州市	1342	5	307	26	4	278	224	15	451	15
营口市	914	6	87	21	38	215	165	13	340	17
阜新市	603		118	27		128	69	5	239	4
辽阳市	585	1	121	17	1	126	98	7	188	11
盘锦市	523	2	124	12		87	83	16	180	5
铁岭市	812	2	129	33		225	94	24	282	8
朝阳市	2239	7	489	62	4	458	272	45	834	21
葫芦岛市	1063	4	166	19	1	231	112	11	481	13
辽宁省沈抚新区管委会	41		14	1		2	11		10	
男	**6863**	**33**	**2539**	**372**	**70**	**1201**	**661**	**112**	**1583**	**99**
沈阳市	679	1	241	46	6	120	80	16	146	9
大连市	868	7	428	68	5	102	77	7	136	6
鞍山市	541	7	223	21	1	92	38	5	124	13
抚顺市	152		39	10		35	17	1	39	2
本溪市	218		99	13		34	16	5	36	6
丹东市	381		106	33	10	71	49	9	83	7
锦州市	646	4	275	22	4	101	77	10	137	9
营口市	397	4	77	17	38	82	53	5	107	8
阜新市	310		100	27		58	32	3	78	2
辽阳市	303	1	117	13	1	52	31	5	62	8
盘锦市	237		110	11		31	17	9	44	4
铁岭市	449	1	120	26		112	39	13	122	7
朝阳市	1172	4	446	51	4	213	94	18	303	11
葫芦岛市	491	4	146	13	1	98	36	6	166	7
辽宁省沈抚新区管委会	19		12	1			5			
女	**6641**	**16**	**302**	**117**		**1599**	**1228**	**128**	**3065**	**73**
沈阳市	684	3	36	26		135	139	18	306	12
大连市	596	3	47	31		126	115	8	239	4
鞍山市	556	1	38	11		125	89	25	251	10
抚顺市	169		9	3		49	32	3	70	1
本溪市	174		13	3		43	39	5	64	5
丹东市	364		7	6		118	70	2	149	3
锦州市	696	1	32	4		177	147	5	314	6
营口市	517	2	10	4		133	112	8	233	9
阜新市	293		18			70	37	2	161	2
辽阳市	282		4	4		74	67	2	126	3
盘锦市	286	2	14	1		56	66	7	136	1
铁岭市	363	1	9	7		113	55	11	160	1
朝阳市	1067	3	43	11		245	178	27	531	10
葫芦岛市	572		20	6		133	76	5	315	6
辽宁省沈抚新区管委会	22		2			2	6		10	

4-6c 续表 2

单位：人

地区 性别	专业技术人员		办事人员和有关人员				社会生产服务和生活服务人员		
	新闻出版、文化专业人员	其他专业技术人员	小计	办事人员	安全和消防人员	其他办事人员和有关人员	小计	批发与零售服务人员	交通运输、仓储和邮政业服务人员
辽宁	**131**	**175**	**7218**	**4629**	**2476**	**113**	**77998**	**26380**	**21470**
沈阳市	11	12	949	556	374	19	8248	2568	2334
大连市	14	41	860	467	378	15	6602	2650	1630
鞍山市	7	16	469	290	167	12	7663	2964	2129
抚顺市	3	8	193	129	62	2	2416	770	569
本溪市	2	9	337	222	110	5	2419	698	727
丹东市	11	11	453	284	164	5	4626	1653	1371
锦州市	16	1	650	412	232	6	8268	2705	2463
营口市	7	5	476	405	71		7111	2282	2536
阜新市	7	6	306	230	72	4	2516	791	570
辽阳市	4	11	308	154	146	8	4875	1689	1467
盘锦市	4	10	339	224	112	3	3121	976	763
铁岭市	9	6	397	273	117	7	4185	1294	967
朝阳市	22	25	850	556	276	18	8992	2991	2056
葫芦岛市	12	13	580	402	169	9	6573	2246	1776
辽宁省沈抚新区管委会	2	1	51	25	26		383	103	112
男	**55**	**138**	**5111**	**2739**	**2303**	**69**	**49271**	**13366**	**19419**
沈阳市	5	9	664	319	336	9	5034	1294	2040
大连市	4	28	652	278	367	7	4087	1320	1477
鞍山市	4	13	346	180	156	10	4984	1542	1973
抚顺市	1	8	132	77	55		1459	355	518
本溪市	1	8	245	137	104	4	1531	353	669
丹东市	4	9	322	164	156	2	2910	812	1262
锦州市	6	1	474	254	217	3	5183	1335	2190
营口市	4	2	314	255	59		4859	1191	2342
阜新市	5	5	204	131	69	4	1513	382	513
辽阳市	3	10	216	75	135	6	3114	845	1349
盘锦市	1	10	246	141	103	2	1851	434	688
铁岭市	4	5	274	168	102	4	2545	641	874
朝阳市	7	21	593	322	259	12	5587	1562	1792
葫芦岛市	6	8	395	229	160	6	4397	1256	1636
辽宁省沈抚新区管委会		1	34	9	25		217	44	96
女	**76**	**37**	**2107**	**1890**	**173**	**44**	**28727**	**13014**	**2051**
沈阳市	6	3	285	237	38	10	3214	1274	294
大连市	10	13	208	189	11	8	2515	1330	153
鞍山市	3	3	123	110	11	2	2679	1422	156
抚顺市	2		61	52	7	2	957	415	51
本溪市	1	1	92	85	6	1	888	345	58
丹东市	7	2	131	120	8	3	1716	841	109
锦州市	10		176	158	15	3	3085	1370	273
营口市	3	3	162	150	12		2252	1091	194
阜新市	2	1	102	99	3		1003	409	57
辽阳市	1	1	92	79	11	2	1761	844	118
盘锦市	3		93	83	9	1	1270	542	75
铁岭市	5	1	123	105	15	3	1640	653	93
朝阳市	15	4	257	234	17	6	3405	1429	264
葫芦岛市	6	5	185	173	9	3	2176	990	140
辽宁省沈抚新区管委会	2		17	16	1		166	59	16

4-6c　续表 3　　单位：人

地　区 性　别	社会生产服务和生活服务人员								
	住宿和餐饮服务人　员	信息传输、软件和信息技术服务人　员	金融服务人　员	房地产服务人员	租赁和商务服务人　员	技术辅助服务人员	水利、环境和公共设施管理服务人员	居民服务人　员	电力、燃气及水供应服务人　员
辽宁	**11386**	**858**	**844**	**538**	**1233**	**733**	**3777**	**5988**	**813**
沈阳市	1104	79	70	85	132	67	714	674	90
大连市	748	66	80	29	79	94	328	479	87
鞍山市	960	46	46	33	44	50	236	721	55
抚顺市	526	27	15	18	24	26	78	214	20
本溪市	402	23	31	11	38	15	176	173	31
丹东市	639	33	56	16	55	34	176	308	46
锦州市	1195	117	109	74	97	88	310	547	86
营口市	671	46	50	58	272	65	283	460	56
阜新市	508	46	26	21	26	21	108	206	23
辽阳市	642	33	40	15	51	32	191	468	40
盘锦市	411	38	35	21	96	29	350	217	49
铁岭市	853	33	62	25	42	27	193	383	46
朝阳市	1568	191	147	87	177	125	352	619	120
葫芦岛市	1113	77	71	35	96	55	236	485	63
辽宁省沈抚新区管委会	46	3	6	10	4	5	46	34	1
男	**5384**	**531**	**415**	**335**	**996**	**412**	**1745**	**2483**	**727**
沈阳市	469	57	33	44	100	41	334	265	83
大连市	346	42	42	18	64	39	179	195	76
鞍山市	518	26	23	27	31	22	112	333	49
抚顺市	235	21	9	11	19	17	51	103	15
本溪市	177	13	13	7	24	10	87	75	29
丹东市	270	24	32	9	44	16	87	105	40
锦州市	600	66	39	47	76	47	101	187	78
营口市	328	26	19	27	238	37	127	184	47
阜新市	237	28	16	14	18	14	44	74	22
辽阳市	283	12	22	11	40	18	96	223	34
盘锦市	173	14	18	9	83	16	167	105	44
铁岭市	403	21	29	18	34	18	84	155	41
朝阳市	729	125	83	61	146	82	158	230	109
葫芦岛市	600	54	33	26	78	34	100	233	59
辽宁省沈抚新区管委会	16	2	4	6	1	1	18	16	1
女	**6002**	**327**	**429**	**203**	**237**	**321**	**2032**	**3505**	**86**
沈阳市	635	22	37	41	32	26	380	409	7
大连市	402	24	38	11	15	55	149	284	11
鞍山市	442	20	23	6	13	28	124	388	6
抚顺市	291	6	6	7	5	9	27	111	5
本溪市	225	10	18	4	14	5	89	98	2
丹东市	369	9	24	7	11	18	89	203	6
锦州市	595	51	70	27	21	41	209	360	8
营口市	343	20	31	31	34	28	156	276	9
阜新市	271	18	10	7	8	7	64	132	1
辽阳市	359	21	18	4	11	14	95	245	6
盘锦市	238	24	17	12	13	13	183	112	5
铁岭市	450	12	33	7	8	9	109	228	5
朝阳市	839	66	64	26	31	43	194	389	11
葫芦岛市	513	23	38	9	18	21	136	252	4
辽宁省沈抚新区管委会	30	1	2	4	3	4	28	18	

4-6c 续表 4　　　　单位：人

地　区 性　别	社会生产服务和生活服务人员				农、林、牧、渔业生产及辅助人员				
	修理及制作服务人员	文化、体育和娱乐服务人员	健康服务人员	其他社会生产和生活服务人员	小计	农业生产人员	林业生产人员	畜牧业生产人员	渔业生产人员
辽宁	**3432**	**301**	**113**	**132**	**408989**	**375135**	**1203**	**25749**	**5338**
沈阳市	278	23	15	15	52046	47809	91	3832	169
大连市	292	16	11	13	35855	31592	243	1553	2230
鞍山市	316	24	11	28	28157	25812	115	1963	88
抚顺市	106	8	1	14	13297	12541	94	566	24
本溪市	69	18	4	3	7233	6456	110	616	18
丹东市	204	27	5	3	22683	19678	154	1904	781
锦州市	444	19	13	1	48710	44969	34	3387	178
营口市	293	31	4	4	19614	17474	50	1283	720
阜新市	141	20	8	1	28777	26692	32	2010	13
辽阳市	174	12	5	16	14256	12886	40	1146	101
盘锦市	99	24	7	6	8722	8285	9	293	95
铁岭市	209	24	6	21	42947	40906	93	1857	20
朝阳市	507	35	12	5	54978	50970	88	3790	51
葫芦岛市	290	17	11	2	30955	28342	48	1516	849
辽宁省沈抚新区管委会	10	3			759	723	2	33	1
男	**3131**	**189**	**46**	**92**	**234343**	**211706**	**942**	**16250**	**4505**
沈阳市	248	14	5	7	28990	26336	75	2352	125
大连市	263	9	7	10	21756	18578	168	999	1876
鞍山市	289	13	7	19	15868	14442	76	1184	53
抚顺市	90	4	1	10	8007	7465	85	385	21
本溪市	62	9	1	2	4556	3987	107	420	16
丹东市	189	17	1	2	13685	11577	130	1158	718
锦州市	397	14	5	1	27248	24884	27	2084	151
营口市	266	20	3	4	11766	10212	32	884	585
阜新市	132	14	4	1	15823	14481	25	1280	13
辽阳市	158	9	2	12	8274	7377	32	739	73
盘锦市	86	9		5	5078	4789	9	170	80
铁岭市	197	14	2	14	24304	23054	63	1122	17
朝阳市	476	26	4	4	29805	27178	75	2446	42
葫芦岛市	269	14	4	1	18759	16946	36	1006	734
辽宁省沈抚新区管委会	9	3			424	400	2	21	1
女	**301**	**112**	**67**	**40**	**174646**	**163429**	**261**	**9499**	**833**
沈阳市	30	9	10	8	23056	21473	16	1480	44
大连市	29	7	4	3	14099	13014	75	554	354
鞍山市	27	11	4	9	12289	11370	39	779	35
抚顺市	16	4		4	5290	5076	9	181	3
本溪市	7	9	3	1	2677	2469	3	196	2
丹东市	15	10	4	1	8998	8101	24	746	63
锦州市	47	5	8		21462	20085	7	1303	27
营口市	27	11	1		7848	7262	18	399	135
阜新市	9	6	4		12954	12211	7	730	
辽阳市	16	3	3	4	5982	5509	8	407	28
盘锦市	13	15	7	1	3644	3496		123	15
铁岭市	12	10	4	7	18643	17852	30	735	3
朝阳市	31	9	8	1	25173	23792	13	1344	9
葫芦岛市	21	3	7	1	12196	11396	12	510	115
辽宁省沈抚新区管委会	1				335	323		12	

4-6c　续表 5　　　　　　　　单位：人

地　区 性　别	农林牧渔生产辅助人员	其他农、林、牧、渔业生产加工人员	生产制造及有关人员						
			小计	农副产品加工人员	食品、饮料生产加工人员	烟草及其制品加工人员	纺织、针织、印染人员	纺织品、服装和皮革、毛皮制品加工制作人员	木材加工、家具与木制品制作人员
辽宁	**1350**	**214**	**73309**	**4026**	**1433**	**10**	**1139**	**9416**	**2635**
沈阳市	116	29	6300	314	288		118	279	521
大连市	150	87	8312	997	188		44	954	334
鞍山市	167	12	7797	403	83		132	2720	124
抚顺市	62	10	1924	111	47		14	29	349
本溪市	30	3	1610	86	32		3	13	44
丹东市	147	19	4670	569	90	8	43	278	141
锦州市	140	2	5545	399	107	1	37	369	128
营口市	77	10	7286	165	99		90	2072	160
阜新市	28	2	1895	103	63		7	47	82
辽阳市	79	4	5077	106	72		479	1119	154
盘锦市	39	1	1996	180	34		11	58	58
铁岭市	53	18	3116	162	82	1	13	61	101
朝阳市	75	4	9879	211	170		21	167	291
葫芦岛市	187	13	7487	219	70		127	1215	144
辽宁省沈抚新区管委会			415	1	8			35	4
男	**822**	**118**	**54933**	**2228**	**733**	**3**	**419**	**2879**	**2078**
沈阳市	87	15	4562	209	166		45	93	384
大连市	90	45	5666	454	83		12	264	219
鞍山市	105	8	5094	205	33		71	1022	111
抚顺市	42	9	1524	67	27		6	10	233
本溪市	24	2	1338	53	17			3	36
丹东市	90	12	3587	323	38	2	8	45	129
锦州市	100	2	4481	251	48		11	151	115
营口市	49	4	4915	99	51		29	521	141
阜新市	22	2	1548	57	36		1	22	55
辽阳市	49	4	3560	60	41		189	426	128
盘锦市	29	1	1573	84	8		5	8	48
铁岭市	39	9	2535	91	46	1		24	88
朝阳市	60	4	8574	146	97		5	54	252
葫芦岛市	36	1	5652	128	37		37	219	135
辽宁省沈抚新区管委会			324	1	5			17	4
女	**528**	**96**	**18376**	**1798**	**700**	**7**	**720**	**6537**	**557**
沈阳市	29	14	1738	105	122		73	186	137
大连市	60	42	2646	543	105		32	690	115
鞍山市	62	4	2703	198	50		61	1698	13
抚顺市	20	1	400	44	20		8	19	116
本溪市	6	1	272	33	15		3	10	8
丹东市	57	7	1083	246	52	6	35	233	12
锦州市	40		1064	148	59	1	26	218	13
营口市	28	6	2371	66	48		61	1551	19
阜新市	6		347	46	27		6	25	27
辽阳市	30		1517	46	31		290	693	26
盘锦市	10		423	96	26		6	50	10
铁岭市	14	9	581	71	36		13	37	13
朝阳市	15		1305	65	73		16	113	39
葫芦岛市	151	12	1835	91	33		90	996	9
辽宁省沈抚新区管委会			91		3			18	

4-6c 续表 6

单位：人

地区 性别	生产制造及有关人员								
	纸及纸制品生产加工人员	印刷和记录媒介复制人员	文教、工美、体育和娱乐用品制造人员	石油加工和炼焦、煤化工生产人员	化学原料和化学制品制造人员	医药制造人员	化学纤维制造人员	橡胶和塑料制品制造人员	非金属矿物制品制造人员
辽宁	**271**	**147**	**602**	**258**	**594**	**204**	**31**	**1291**	**2514**
沈阳市	44	41	52	5	45	17	2	426	295
大连市	47	16	73	19	84	8	2	96	229
鞍山市	21	7	253	17	13	3	5	122	365
抚顺市	4	2	9	12	14	16		10	30
本溪市	6	4	9		6	84		9	44
丹东市	34	9	21	5	26	17	1	44	177
锦州市	14	12	35	22	37	7	13	92	122
营口市	11	14	17	17	91	3	1	214	578
阜新市	4	2	44	8	65	6		49	34
辽阳市	24	3	14	5	50	5	2	50	111
盘锦市	13	4	19	126	54	10	2	17	69
铁岭市	15	5	11	1	15	4	2	45	62
朝阳市	17	21	35	14	65	12		98	265
葫芦岛市	9	7	9	7	28	12	1	13	124
辽宁省沈抚新区管委会	8		1		1			6	9
男	**140**	**83**	**371**	**231**	**480**	**103**	**22**	**779**	**2080**
沈阳市	24	20	15	2	34	10		236	206
大连市	21	10	27	18	67	3	2	62	195
鞍山市	7	4	199	17	11	3	3	75	310
抚顺市	2	1	5	11	11	8		5	29
本溪市	2	1	5		6	39		6	36
丹东市	22	4	7	5	16	5	1	24	151
锦州市	7	6	23	19	30	3	10	61	105
营口市	6	9	12	16	68	2	1	131	516
阜新市	2		27	8	59	5		39	30
辽阳市	9	2	5	5	45	3	2	31	82
盘锦市	9	1	14	109	44	5	1	9	53
铁岭市	11	3	6	1	12	2	1	27	51
朝阳市	8	15	21	13	55	9		64	209
葫芦岛市	6	7	5	7	21	6	1	7	102
辽宁省沈抚新区管委会	4				1			2	5
女	**131**	**64**	**231**	**27**	**114**	**101**	**9**	**512**	**434**
沈阳市	20	21	37	3	11	7	2	190	89
大连市	26	6	46	1	17	5		34	34
鞍山市	14	3	54		2		2	47	55
抚顺市	2	1	4	1	3	8		5	1
本溪市	4	3	4			45		3	8
丹东市	12	5	14		10	12		20	26
锦州市	7	6	12	3	7	4	3	31	17
营口市	5	5	5	1	23	1		83	62
阜新市	2	2	17		6	1		10	4
辽阳市	15	1	9		5	2		19	29
盘锦市	4	3	5	17	10	5	1	8	16
铁岭市	4	2	5		3	2	1	18	11
朝阳市	9	6	14	1	10	3		34	56
葫芦岛市	3		4		7	6		6	22
辽宁省沈抚新区管委会	4		1					4	4

4-6c　续表 7

单位：人

地　区 性　别	生产制造及有关人员								
	采矿人员	金属冶炼和压延加工人员	机械制造基础加工人　员	金属制品制造人员	通用设备制造人员	专用设备制造人员	汽车制造人　员	铁路、船舶、航空设备制造人　员	电气机械和器材制造人员
辽宁	**2572**	**1508**	**4500**	**1156**	**713**	**121**	**587**	**150**	**281**
沈阳市	84	57	322	137	70	17	118	9	62
大连市	86	100	942	171	174	15	64	33	51
鞍山市	361	137	339	105	120	17	25	4	3
抚顺市	98	61	65	26	20	5	7	3	4
本溪市	157	60	69	23	11		38	3	8
丹东市	238	39	479	75	34	10	36	7	16
锦州市	93	107	302	89	39	3	70	21	21
营口市	107	426	504	87	44	7	9	10	15
阜新市	113	15	94	40	9	3	12	4	8
辽阳市	189	216	266	83	50	6	29	2	3
盘锦市	54	12	112	35	7	1	9		6
铁岭市	73	31	165	77	37	8	74	5	32
朝阳市	709	180	523	126	58	13	71	25	30
葫芦岛市	210	53	301	70	37	13	23	24	22
辽宁省沈抚新区管委会		14	17	12	3	3	2		
男	**2330**	**1343**	**4184**	**942**	**650**	**79**	**433**	**129**	**196**
沈阳市	81	50	292	110	62	11	92	8	45
大连市	84	92	860	141	147	7	50	25	24
鞍山市	289	118	327	90	114	9	22	4	3
抚顺市	96	51	64	20	20	3	6	3	2
本溪市	142	53	64	19	9		16	2	6
丹东市	210	33	421	63	31	8	23	6	11
锦州市	89	94	287	64	34	3	50	19	14
营口市	83	378	485	73	40	6	8	10	8
阜新市	112	13	85	31	7	2	9	2	4
辽阳市	173	196	254	74	49	3	26	1	3
盘锦市	46	12	107	26	7	1	6		6
铁岭市	70	29	156	62	36	5	43	5	25
朝阳市	657	163	480	97	55	9	61	23	28
葫芦岛市	198	48	286	65	36	10	20	21	17
辽宁省沈抚新区管委会		13	16	7	3	2	1		
女	**242**	**165**	**316**	**214**	**63**	**42**	**154**	**21**	**85**
沈阳市	3	7	30	27	8	6	26	1	17
大连市	2	8	82	30	27	8	14	8	27
鞍山市	72	19	12	15	6	8	3		
抚顺市	2	10	1	6		2	1		2
本溪市	15	7	5	4	2		22	1	2
丹东市	28	6	58	12	3	2	13	1	5
锦州市	4	13	15	25	5		20	2	7
营口市	24	48	19	14	4	1	1		7
阜新市	1	2	9	9	2	1	3	2	4
辽阳市	16	20	12	9	1	3	3	1	
盘锦市	8		5	9			3		
铁岭市	3	2	9	15	1	3	31		7
朝阳市	52	17	43	29	3	4	10	2	2
葫芦岛市	12	5	15	5	1	3	3	3	5
辽宁省沈抚新区管委会		1	1	5		1	1		

4-6c　续表 8　　　　　　　　　　　　　　　　　　　　　　　　　　　　　单位：人

地区 性别	生产制造及有关人员								不便分类的其他从业人员
	计算机、通信和其他电子设备制造人员	仪器仪表制造人员	废弃资源综合利用人员	电力、热力、气体、水生产和输配人员	建筑施工人员	运输设备和通用工程机械操作人员及有关人员	生产辅助人员	其他生产制造及有关人员	
辽宁	**1388**	**40**	**173**	**627**	**26900**	**2311**	**5472**	**239**	**1215**
沈阳市	228	3	51	50	1729	185	692	39	120
大连市	432	2	23	59	1924	245	846	54	595
鞍山市	76	3	9	41	1638	178	463	10	124
抚顺市	24	4	10	22	678	97	128	25	29
本溪市	18	1	1	44	622	101	111	3	8
丹东市	60	11	4	62	1601	160	368	7	37
锦州市	93	2	9	69	2762	189	275	6	
营口市	58	4	14	61	1473	243	668	24	6
阜新市	58	1	4	26	766	78	146	4	42
辽阳市	48	1	19	13	1338	166	447	7	78
盘锦市	32	3	3	45	707	106	198	11	14
铁岭市	52		8	22	1692	65	173	22	72
朝阳市	137	4	7	60	5552	347	632	18	72
葫芦岛市	69	1	8	50	4177	131	304	9	18
辽宁省沈抚新区管委会	3		3	3	241	20	21		
男	**863**	**17**	**133**	**588**	**24304**	**2219**	**3737**	**157**	**816**
沈阳市	139		37	45	1522	178	419	27	76
大连市	231	1	19	59	1743	235	477	34	409
鞍山市	51	1	8	38	1477	173	291	8	76
抚顺市	17	1	6	20	601	91	88	20	17
本溪市	11	1	1	41	586	98	82	3	8
丹东市	26	2	3	61	1493	155	255	6	23
锦州市	73	2	6	68	2466	182	187	3	
营口市	49	2	11	56	1369	236	488	11	4
阜新市	38		2	23	692	73	111	3	25
辽阳市	29		16	11	1214	154	324	5	53
盘锦市	21	3	1	41	640	104	145	9	8
铁岭市	32		6	22	1472	60	135	13	50
朝阳市	97	3	7	56	5048	336	496	10	53
葫芦岛市	48	1	8	44	3773	127	227	5	14
辽宁省沈抚新区管委会	1		2	3	208	17	12		
女	**525**	**23**	**40**	**39**	**2596**	**92**	**1735**	**82**	**399**
沈阳市	89	3	14	5	207	7	273	12	44
大连市	201	1	4		181	10	369	20	186
鞍山市	25	2	1	3	161	5	172	2	48
抚顺市	7	3	4	2	77	6	40	5	12
本溪市	7			3	36	3	29		
丹东市	34	9	1	1	108	5	113	1	14
锦州市	20		3	1	296	7	88	3	
营口市	9	2	3	5	104	7	180	13	2
阜新市	20	1	2	3	74	5	35	1	17
辽阳市	19	1	3	2	124	12	123	2	25
盘锦市	11		2	4	67	2	53	2	6
铁岭市	20		2		220	5	38	9	22
朝阳市	40	1		4	504	11	136	8	19
葫芦岛市	21			6	404	4	77	4	4
辽宁省沈抚新区管委会	2		1		33	3	9		

4—7　全省分年龄、性别、职业中类的就业人口

单位：人

年龄组 性　别	合计	党的机关、国家机关、群众团体和社会组织、企事业单位负责人						
		小计	中国共产党机关负责人	国家机关负责人	民主党派和工商联负责人	人民团体和群众团体、社会组织及其他成员组织负责人	基层群众自治组织负责人	企事业单位负责人
总　计	**1799414**	**43358**	**176**	**2450**	**13**	**1415**	**902**	**38402**
16—19岁	11215	25				1	1	23
20—24岁	69173	550		7		23	4	516
25—29岁	146902	2680	3	43		92	22	2520
30—34岁	252821	7056	18	185		248	61	6544
35—39岁	226622	7833	18	271		217	80	7247
40—44岁	236756	7530	34	372	2	201	120	6801
45—49岁	259102	7172	41	539	1	238	147	6206
50—54岁	235261	5635	34	495	4	184	180	4738
55—59岁	181550	3909	22	489	5	166	162	3065
60—64岁	86362	607	3	32		24	71	477
65—69岁	60640	271	2	15	1	16	44	193
70—74岁	23636	62	1	2		4	10	45
75岁及以上	9374	28				1		27
男	**1075189**	**30336**	**134**	**1897**	**9**	**820**	**656**	**26820**
16—19岁	7111	19					1	18
20—24岁	39596	362		4		16	1	341
25—29岁	85288	1709		26		45	13	1625
30—34岁	146419	4596	16	124		138	35	4283
35—39岁	129002	5107	15	197		122	47	4726
40—44岁	134052	5096	22	277	1	108	75	4613
45—49岁	146443	4925	29	413	1	127	102	4253
50—54岁	150013	4335	29	393	2	110	141	3660
55—59岁	125207	3419	18	423	5	122	140	2711
60—64岁	52551	485	3	28		17	57	380
65—69岁	37542	209	2	11		12	35	149
70—74岁	15442	51		1		2	9	39
75岁及以上	6523	23				1		22
女	**724225**	**13022**	**42**	**553**	**4**	**595**	**246**	**11582**
16—19岁	4104	6				1		5
20—24岁	29577	188		3		7	3	175
25—29岁	61614	971	3	17		47	9	895
30—34岁	106402	2460	2	61		110	26	2261
35—39岁	97620	2726	3	74		95	33	2521
40—44岁	102704	2434	12	95	1	93	45	2188
45—49岁	112659	2247	12	126		111	45	1953
50—54岁	85248	1300	5	102	2	74	39	1078
55—59岁	56343	490	4	66		44	22	354
60—64岁	33811	122		4		7	14	97
65—69岁	23098	62		4	1	4	9	44
70—74岁	8194	11	1	1		2	1	6
75岁及以上	2851	5						5

4–7 续表 1

单位：人

年龄组 性 别	专业技术人员 小计	科学研究人员	工程技术人员	农业技术人员	飞机和船舶技术人员	卫生专业技术人员	经济和金融专业人员	法律、社会和宗教专业人员	教学人员	文学艺术、体育专业人员
总 计	**203350**	**1392**	**46641**	**1413**	**653**	**34082**	**40133**	**5598**	**64467**	**3110**
16–19岁	954	1	96	10	1	236	59	3	451	61
20–24岁	11855	53	2105	90	26	2376	1972	158	4273	439
25–29岁	26768	145	5661	127	89	5075	5356	616	8291	670
30–34岁	40428	287	10181	168	123	7034	8879	1094	10738	758
35–39岁	34318	287	8426	164	105	5307	7632	1010	9865	523
40–44岁	27358	199	6011	164	73	4010	5866	907	9039	298
45–49岁	26537	143	5608	238	102	4467	5406	854	8795	152
50–54岁	20157	144	4534	177	71	3116	3034	499	7920	105
55–59岁	12503	117	3610	165	60	1631	1522	358	4569	87
60–64岁	1329	7	267	56	1	398	227	50	278	11
65–69岁	706	7	112	37	1	257	121	36	120	4
70–74岁	252	1	18	10		118	37	11	51	2
75岁及以上	185	1	12	7	1	57	22	2	77	
男	**86682**	**805**	**38114**	**993**	**595**	**9711**	**11053**	**2206**	**18576**	**1716**
16–19岁	294	1	85	5	1	53	18	1	77	36
20–24岁	3634	32	1660	56	21	344	439	43	680	202
25–29岁	9371	83	4499	96	85	801	1268	169	1717	344
30–34岁	15945	163	8263	124	105	1356	2154	358	2501	392
35–39岁	14171	145	6647	117	92	1579	1890	331	2647	303
40–44岁	11208	124	4740	108	65	1305	1369	332	2594	173
45–49岁	11221	75	4435	144	95	1503	1392	328	2766	95
50–54岁	10081	81	3953	122	69	1199	1182	304	2751	80
55–59岁	9027	89	3472	130	59	1029	1091	276	2490	77
60–64岁	906	5	242	46	1	225	131	30	188	9
65–69岁	486	5	97	30	1	174	78	24	69	3
70–74岁	200	1	14	10		96	27	9	37	2
75岁及以上	138	1	7	5	1	47	14	1	59	
女	**116668**	**587**	**8527**	**420**	**58**	**24371**	**29080**	**3392**	**45891**	**1394**
16–19岁	660		11	5		183	41	2	374	25
20–24岁	8221	21	445	34	5	2032	1533	115	3593	237
25–29岁	17397	62	1162	31	4	4274	4088	447	6574	326
30–34岁	24483	124	1918	44	18	5678	6725	736	8237	366
35–39岁	20147	142	1779	47	13	3728	5742	679	7218	220
40–44岁	16150	75	1271	56	8	2705	4497	575	6445	125
45–49岁	15316	68	1173	94	7	2964	4014	526	6029	57
50–54岁	10076	63	581	55	2	1917	1852	195	5169	25
55–59岁	3476	28	138	35	1	602	431	82	2079	10
60–64岁	423	2	25	10		173	96	20	90	2
65–69岁	220	2	15	7		83	43	12	51	1
70–74岁	52		4			22	10	2	14	
75岁及以上	47		5	2		10	8	1	18	

4-7　续表 2　　单位：人

年龄组 性　别	专业技术人员		办事人员和有关人员				社会生产服务和生活服务人员		
	新闻出版、文化专业人员	其他专业技术人员	小计	办事人员	安全和消防人员	其他办事人员和有关人员	小计	批发与零售服务人　员	交通运输、仓储和邮政业服务人员
总　计	**3911**	**1950**	**143261**	**114836**	**26652**	**1773**	**602151**	**235182**	**128475**
16-19岁	18	18	262	143	112	7	5333	1405	446
20-24岁	270	93	4863	3574	1211	78	31483	11358	3794
25-29岁	539	199	14374	11477	2746	151	61601	24688	9413
30-34岁	803	363	26292	22173	3811	308	102978	44285	18721
35-39岁	732	267	23166	20082	2763	321	92634	40182	19361
40-44岁	535	256	19874	17250	2371	253	92909	39048	22257
45-49岁	475	297	20184	16719	3203	262	90099	34523	22050
50-54岁	315	242	16483	12406	3869	208	64004	20976	17589
55-59岁	202	182	14434	9664	4613	157	42222	12063	11743
60-64岁	13	21	1861	799	1050	12	11681	3817	2142
65-69岁	4	7	1018	368	639	11	5275	1934	759
70-74岁	2	2	331	121	207	3	1433	650	152
75岁及以上	3	3	119	60	57	2	499	253	48
男	**1435**	**1478**	**87354**	**62098**	**24230**	**1026**	**348753**	**109826**	**112391**
16-19岁	5	12	180	70	107	3	3228	641	361
20-24岁	89	68	2501	1366	1109	26	18023	5161	3119
25-29岁	167	142	7413	4867	2472	74	35921	11844	7924
30-34岁	259	270	13556	10079	3313	164	58489	20104	16104
35-39岁	226	194	12463	9906	2386	171	51716	17480	16653
40-44岁	209	189	11088	8890	2061	137	50323	16178	19192
45-49岁	177	211	12003	9029	2823	151	47373	14762	18888
50-54岁	139	201	12127	8341	3642	144	40745	11658	16164
55-59岁	148	166	13206	8567	4500	139	30858	8002	11148
60-64岁	10	19	1590	591	991	8	7407	2259	1965
65-69岁	2	3	854	265	582	7	3412	1167	694
70-74岁	2	2	271	80	190	1	923	394	136
75岁及以上	2	1	102	47	54	1	335	176	43
女	**2476**	**472**	**55907**	**52738**	**2422**	**747**	**253398**	**125356**	**16084**
16-19岁	13	6	82	73	5	4	2105	764	85
20-24岁	181	25	2362	2208	102	52	13460	6197	675
25-29岁	372	57	6961	6610	274	77	25680	12844	1489
30-34岁	544	93	12736	12094	498	144	44489	24181	2617
35-39岁	506	73	10703	10176	377	150	40918	22702	2708
40-44岁	326	67	8786	8360	310	116	42586	22870	3065
45-49岁	298	86	8181	7690	380	111	42726	19761	3162
50-54岁	176	41	4356	4065	227	64	23259	9318	1425
55-59岁	54	16	1228	1097	113	18	11364	4061	595
60-64岁	3	2	271	208	59	4	4274	1558	177
65-69岁	2	4	164	103	57	4	1863	767	65
70-74岁			60	41	17	2	510	256	16
75岁及以上	1	2	17	13	3	1	164	77	5

4-7 续表 3 单位：人

年龄组 性别	社会生产服务和生活服务人员								
	住宿和餐饮服务人员	信息传输、软件和信息技术服务人员	金融服务人员	房地产服务人员	租赁和商务服务人员	技术辅助服务人员	水利、环境和公共设施管理服务人员	居民服务人员	电力、燃气及水供应服务人员
总计	**71799**	**16766**	**18592**	**11569**	**12193**	**11854**	**22686**	**40097**	**6887**
16-19岁	1609	140	38	57	125	106	20	841	9
20-24岁	5038	1900	1121	869	803	1238	162	2586	192
25-29岁	7171	3570	3088	1590	1440	2271	415	3859	500
30-34岁	11095	4303	4439	2328	1978	3004	945	5848	958
35-39岁	10296	3205	2947	1841	1614	2096	1309	5084	916
40-44岁	11262	1738	2043	1458	1323	1291	2555	5541	1063
45-49岁	11536	1022	2185	1254	1322	869	4838	6382	1235
50-54岁	7580	553	1750	926	1362	539	4801	4730	979
55-59岁	4418	294	902	859	1480	384	4429	3153	889
60-64岁	1251	24	53	254	410	33	2091	1160	103
65-69岁	424	10	18	104	250	16	942	606	30
70-74岁	87	5	5	23	74	5	153	214	9
75岁及以上	32	2	3	6	12	2	26	93	4
男	**34592**	**10627**	**8314**	**6516**	**8356**	**7321**	**9419**	**15204**	**5496**
16-19岁	1080	83	20	36	63	55	14	380	7
20-24岁	3170	1090	485	516	418	698	101	1162	154
25-29岁	4377	2163	1383	930	728	1349	238	1734	384
30-34岁	6024	2616	1800	1214	1076	1869	464	2420	738
35-39岁	5138	2097	1197	938	924	1338	466	1877	658
40-44岁	4883	1160	765	691	850	769	712	1849	758
45-49岁	4126	678	884	591	969	480	1158	1821	903
50-54岁	2916	434	970	632	1213	381	1895	1766	902
55-59岁	2093	270	763	691	1426	339	2427	1418	861
60-64岁	514	20	31	180	388	26	1190	448	90
65-69岁	206	10	9	76	223	12	619	216	29
70-74岁	46	4	5	17	67	4	119	71	8
75岁及以上	19	2	2	4	11	1	16	42	4
女	**37207**	**6139**	**10278**	**5053**	**3837**	**4533**	**13267**	**24893**	**1391**
16-19岁	529	57	18	21	62	51	6	461	2
20-24岁	1868	810	636	353	385	540	61	1424	38
25-29岁	2794	1407	1705	660	712	922	177	2125	116
30-34岁	5071	1687	2639	1114	902	1135	481	3428	220
35-39岁	5158	1108	1750	903	690	758	843	3207	258
40-44岁	6379	578	1278	767	473	522	1843	3692	305
45-49岁	7410	344	1301	663	353	389	3680	4561	332
50-54岁	4664	119	780	294	149	158	2906	2964	77
55-59岁	2325	24	139	168	54	45	2002	1735	28
60-64岁	737	4	22	74	22	7	901	712	13
65-69岁	218		9	28	27	4	323	390	1
70-74岁	41	1		6	7	1	34	143	1
75岁及以上	13		1	2	1	1	10	51	

4-7 续表 4

单位：人

年龄组 性别	社会生产服务和生活服务人员				农、林、牧、渔业生产及辅助人员				
	修理及制作服务人员	文化、体育和娱乐服务人员	健康服务人员	其他社会生产和生活服务人员	小计	农业生产人员	林业生产人员	畜牧业生产人员	渔业生产人员
总 计	**19840**	**3604**	**1677**	**930**	**489644**	**441361**	**2195**	**33072**	**10272**
16–19岁	407	117	10	3	2656	2483	4	129	24
20–24岁	1669	559	130	64	8668	7878	27	568	143
25–29岁	2536	752	228	80	15500	13711	71	1212	391
30–34岁	3872	745	325	132	26826	23246	159	2245	951
35–39岁	2910	467	273	133	27698	23687	172	2560	1041
40–44岁	2682	314	199	135	41954	36149	288	3810	1363
45–49岁	2217	296	241	129	61408	53499	397	4982	2079
50–54岁	1770	179	151	119	82631	73556	427	6089	2089
55–59岁	1302	130	86	90	78851	71407	384	5206	1439
60–64岁	280	24	16	23	63552	59435	144	3268	494
65–69岁	142	12	13	15	50614	48067	76	2109	223
70–74岁	43	4	4	5	20964	20164	37	683	32
75岁及以上	10	5	1	2	8322	8079	9	211	3
男	**17594**	**2032**	**520**	**545**	**282016**	**248967**	**1687**	**20978**	**8696**
16–19岁	400	84	2	2	1836	1705	4	97	21
20–24岁	1569	314	31	35	5777	5163	23	431	125
25–29岁	2322	446	55	44	10092	8730	57	857	361
30–34岁	3450	451	86	73	16471	13853	137	1498	827
35–39岁	2541	257	74	78	16209	13428	135	1617	879
40–44岁	2264	138	54	60	23727	19849	221	2282	1166
45–49岁	1845	123	78	67	33757	28555	287	2939	1713
50–54岁	1570	103	59	82	45407	39400	320	3667	1767
55–59岁	1204	87	59	70	43023	38005	307	3255	1206
60–64岁	253	15	10	18	36108	33291	100	2178	412
65–69岁	125	9	8	9	30318	28486	54	1498	185
70–74岁	42	2	3	5	13529	12922	34	505	31
75岁及以上	9	3	1	2	5762	5580	8	154	3
女	**2246**	**1572**	**1157**	**385**	**207628**	**192394**	**508**	**12094**	**1576**
16–19岁	7	33	8	1	820	778		32	3
20–24岁	100	245	99	29	2891	2715	4	137	18
25–29岁	214	306	173	36	5408	4981	14	355	30
30–34岁	422	294	239	59	10355	9393	22	747	124
35–39岁	369	210	199	55	11489	10259	37	943	162
40–44岁	418	176	145	75	18227	16300	67	1528	197
45–49岁	372	173	163	62	27651	24944	110	2043	366
50–54岁	200	76	92	37	37224	34156	107	2422	322
55–59岁	98	43	27	20	35828	33402	77	1951	233
60–64岁	27	9	6	5	27444	26144	44	1090	82
65–69岁	17	3	5	6	20296	19581	22	611	38
70–74岁	1	2	1		7435	7242	3	178	1
75岁及以上	1	2			2560	2499	1	57	

4—7 续表 5 单位：人

年龄组 性 别	农林牧渔生产辅助人员	其他农、林、牧、渔业生产加工人员	生产制造及有关人员 小计	农副产品加工人员	食品、饮料生产加工人员	烟草及其制品加工人员	纺织、针织、印染人员	纺织品、服装和皮革、毛皮制品加工制作人员	木材加工、家具与木制品制作人员
总 计	**2348**	**396**	**310578**	**9740**	**6544**	**136**	**2315**	**26378**	**9449**
16—19岁	14	2	1791	41	75		15	213	31
20—24岁	46	6	11408	242	458	7	96	869	230
25—29岁	102	13	25213	557	682	11	165	1802	604
30—34岁	193	32	48084	1057	1010	14	292	4567	1302
35—39岁	190	48	40047	1097	904	15	295	4149	1206
40—44岁	282	62	46192	1383	1007	22	384	4771	1450
45—49岁	368	83	52705	1807	1055	21	426	4811	1605
50—54岁	404	66	45586	1689	735	20	315	3037	1577
55—59岁	367	48	29022	1113	426	23	182	1410	1003
60—64岁	191	20	7140	452	119	1	77	467	284
65—69岁	126	13	2649	217	52	2	53	204	131
70—74岁	46	2	547	68	19		13	58	20
75岁及以上	19	1	194	17	2		2	20	6
男	**1468**	**220**	**235498**	**5411**	**3375**	**100**	**860**	**8058**	**7365**
16—19岁	9		1449	33	49		9	115	29
20—24岁	32	3	9068	172	267	4	59	409	205
25—29岁	79	8	20309	363	409	10	88	769	500
30—34岁	136	20	36649	678	556	12	127	1563	1002
35—39岁	128	22	28746	608	426	9	84	1225	901
40—44岁	171	38	32057	691	471	17	133	1284	1050
45—49岁	220	43	36576	863	423	11	108	1083	1138
50—54岁	220	33	36788	882	378	14	107	845	1282
55—59岁	219	31	25177	644	273	22	81	480	868
60—64岁	118	9	5919	261	75		32	169	251
65—69岁	85	10	2182	154	32	1	25	79	116
70—74岁	35	2	431	47	14		5	25	17
75岁及以上	16	1	147	15	2		2	12	6
女	**880**	**176**	**75080**	**4329**	**3169**	**36**	**1455**	**18320**	**2084**
16—19岁	5	2	342	8	26		6	98	2
20—24岁	14	3	2340	70	191	3	37	460	25
25—29岁	23	5	4904	194	273	1	77	1033	104
30—34岁	57	12	11435	379	454	2	165	3004	300
35—39岁	62	26	11301	489	478	6	211	2924	305
40—44岁	111	24	14135	692	536	5	251	3487	400
45—49岁	148	40	16129	944	632	10	318	3728	467
50—54岁	184	33	8798	807	357	6	208	2192	295
55—59岁	148	17	3845	469	153	1	101	930	135
60—64岁	73	11	1221	191	44	1	45	298	33
65—69岁	41	3	467	63	20	1	28	125	15
70—74岁	11		116	21	5		8	33	3
75岁及以上	3		47	2				8	

4-7　续表 6

单位：人

年龄组 性　别	生产制造及有关人员								
	纸及纸制品生产加工人员	印刷和记录媒介复制人员	文教、工美、体育和娱乐用品制造人　员	石油加工和炼焦、煤化工生产人员	化学原料和化学制品制造人　员	医药制造人　　员	化学纤维制造人员	橡胶和塑料制品制造人员	非金属矿物制品制造人员
总　计	**1284**	**1469**	**1948**	**2894**	**3972**	**1700**	**211**	**4638**	**6449**
16-19岁	8	12	15	5	5	6	1	37	23
20-24岁	32	87	59	171	285	101	7	170	141
25-29岁	107	150	157	297	399	207	16	366	353
30-34岁	189	245	351	326	561	328	18	740	761
35-39岁	151	208	319	281	413	252	27	634	725
40-44岁	224	254	326	402	623	235	35	767	986
45-49岁	217	212	299	637	756	285	42	845	1176
50-54岁	180	151	205	456	558	178	38	618	1233
55-59岁	130	127	154	289	313	83	26	315	738
60-64岁	31	13	33	21	33	15	1	87	217
65-69岁	10	6	23	8	20	7		47	80
70-74岁	5	1	5	1	3	2		10	13
75岁及以上		3	2		3	1		2	3
男	**766**	**864**	**1138**	**2377**	**3161**	**889**	**153**	**2920**	**5293**
16-19岁	6	7	12	4	4	3	1	28	19
20-24岁	26	60	38	152	244	62	6	136	120
25-29岁	82	99	106	256	345	115	12	277	304
30-34岁	114	153	230	278	443	177	14	499	632
35-39岁	82	114	193	229	316	114	15	363	573
40-44岁	115	127	161	285	438	109	20	440	759
45-49岁	110	101	142	447	535	121	28	477	921
50-54岁	99	90	121	417	499	118	35	386	1022
55-59岁	101	97	96	283	286	58	21	213	659
60-64岁	21	10	19	19	28	7	1	64	194
65-69岁	6	4	15	6	18	3		32	75
70-74岁	4	1	4	1	2	2		5	12
75岁及以上		1	1		3				3
女	**518**	**605**	**810**	**517**	**811**	**811**	**58**	**1718**	**1156**
16-19岁	2	5	3	1	1	3		9	4
20-24岁	6	27	21	19	41	39	1	34	21
25-29岁	25	51	51	41	54	92	4	89	49
30-34岁	75	92	121	48	118	151	4	241	129
35-39岁	69	94	126	52	97	138	12	271	152
40-44岁	109	127	165	117	185	126	15	327	227
45-49岁	107	111	157	190	221	164	14	368	255
50-54岁	81	61	84	39	59	60	3	232	211
55-59岁	29	30	58	6	27	25	5	102	79
60-64岁	10	3	14	2	5	8		23	23
65-69岁	4	2	8	2	2	4		15	5
70-74岁	1		1		1			5	1
75岁及以上		2	1			1		2	

4－7 续表 7

单位：人

年龄组 性　别	生产制造及有关人员								
	采矿人员	金属冶炼和压延加工人员	机械制造基础加工人员	金属制品制造人员	通用设备制造人员	专用设备制造人员	汽车制造人员	铁路、船舶、航空设备制造人员	电气机械和器材制造人员
总　计	**12048**	**9301**	**24351**	**5544**	**4503**	**1134**	**6666**	**2324**	**2085**
16－19岁	11	14	242	28	28	17	99	6	54
20－24岁	121	266	999	190	170	75	533	130	230
25－29岁	548	686	2338	483	412	144	1032	253	245
30－34岁	1315	1390	4723	1045	891	221	1731	473	377
35－39岁	1231	1136	3237	867	617	188	1077	401	296
40－44岁	1924	1391	3473	902	651	161	939	347	307
45－49岁	2737	1772	3689	911	627	154	659	308	265
50－54岁	2519	1603	3157	603	597	98	382	228	176
55－59岁	1359	849	1964	410	400	65	180	150	118
60－64岁	204	135	359	80	72	7	20	18	15
65－69岁	45	45	137	21	34	3	9	5	1
70－74岁	18	10	22	2	1	1	4	2	1
75岁及以上	16	4	11	2	3		1	3	
男	**10423**	**8288**	**22287**	**4473**	**3984**	**839**	**5069**	**1986**	**1465**
16－19岁	10	14	237	26	27	13	91	5	46
20－24岁	110	244	953	176	158	64	473	118	191
25－29岁	488	636	2227	432	379	113	920	225	188
30－34岁	1141	1256	4419	870	804	162	1389	407	236
35－39岁	1068	1013	2943	664	524	139	734	343	211
40－44岁	1563	1176	3042	686	528	104	550	274	159
45－49岁	2174	1483	3160	670	526	98	398	244	167
50－54岁	2339	1489	2915	490	552	81	316	202	151
55－59岁	1277	804	1887	367	385	56	171	144	104
60－64岁	183	123	344	71	64	5	14	15	11
65－69岁	40	38	129	18	33	3	8	5	1
70－74岁	16	8	21	1	1	1	4	2	
75岁及以上	14	4	10	2	3		1	2	
女	**1625**	**1013**	**2064**	**1071**	**519**	**295**	**1597**	**338**	**620**
16－19岁	1		5	2	1	4	8	1	8
20－24岁	11	22	46	14	12	11	60	12	39
25－29岁	60	50	111	51	33	31	112	28	57
30－34岁	174	134	304	175	87	59	342	66	141
35－39岁	163	123	294	203	93	49	343	58	85
40－44岁	361	215	431	216	123	57	389	73	148
45－49岁	563	289	529	241	101	56	261	64	98
50－54岁	180	114	242	113	45	17	66	26	25
55－59岁	82	45	77	43	15	9	9	6	14
60－64岁	21	12	15	9	8	2	6	3	4
65－69岁	5	7	8	3	1		1		
70－74岁	2	2	1	1					1
75岁及以上	2		1					1	

4-7　续表 8

单位：人

年龄组 性　别	生产制造及有关人员								不便分类的其他从业人员
	计算机、通信和其他电子设备制造人　员	仪器仪表制造人员	废弃资源综合利用人　员	电力、热力、气体、水生产和输配人员	建筑施工人　员	运输设备和通用工程机械操作人员及有关人员	生产辅助人　员	其他生产制造及有关人员	
总　计	**14573**	**665**	**580**	**4534**	**90019**	**12597**	**38733**	**1794**	**7072**
16−19岁	152		4	8	420	46	165	10	194
20−24岁	933	25	7	118	2545	459	1583	69	346
25−29岁	1798	51	24	312	5993	1402	3474	145	766
30−34岁	3101	102	44	504	11197	2292	6596	321	1157
35−39岁	2273	98	49	459	10314	1741	5130	257	926
40−44岁	2187	108	83	518	12675	1889	5506	262	939
45−49岁	2005	135	98	902	15642	1902	6427	278	997
50−54岁	1188	77	113	819	15907	1652	5245	232	765
55−59岁	790	68	84	656	10571	1067	3786	173	609
60−64岁	95		39	159	3355	113	583	35	192
65−69岁	35		27	65	1140	29	185	8	107
70−74岁	12		5	13	199	2	35	2	47
75岁及以上	4	1	3	1	61	3	18	2	27
男	**9472**	**438**	**408**	**3973**	**78015**	**11752**	**28593**	**1303**	**4550**
16−19岁	109		4	8	369	42	121	8	105
20−24岁	661	17	6	103	2165	437	1184	48	231
25−29岁	1278	34	17	277	5287	1334	2627	112	473
30−34岁	2015	66	32	423	9717	2168	4825	241	713
35−39岁	1353	61	28	373	8733	1598	3524	185	590
40−44岁	1164	53	60	404	10684	1704	3643	163	553
45−49岁	1108	79	66	730	13032	1704	4250	179	588
50−54岁	953	65	80	778	14018	1577	4306	181	530
55−59岁	722	62	62	646	9675	1047	3436	150	497
60−64岁	73		30	154	3066	110	479	26	136
65−69岁	24		18	63	1047	28	154	7	81
70−74岁	8		5	13	179	2	30	1	37
75岁及以上	4	1		1	43	1	14	2	16
女	**5101**	**227**	**172**	**561**	**12004**	**845**	**10140**	**491**	**2522**
16−19岁	43				51	4	44	2	89
20−24岁	272	8	1	15	380	22	399	21	115
25−29岁	520	17	7	35	706	68	847	33	293
30−34岁	1086	36	12	81	1480	124	1771	80	444
35−39岁	920	37	21	86	1581	143	1606	72	336
40−44岁	1023	55	23	114	1991	185	1863	99	386
45−49岁	897	56	32	172	2610	198	2177	99	409
50−54岁	235	12	33	41	1889	75	939	51	235
55−59岁	68	6	22	10	896	20	350	23	112
60−64岁	22		9	5	289	3	104	9	56
65−69岁	11		9	2	93	1	31	1	26
70−74岁	4				20		5	1	10
75岁及以上			3		18	2	4		11

4-7a 全省分年龄、性别、职业中类的就业人口(城市)

单位：人

年龄组 性别	合计	党的机关、国家机关、群众团体和社会组织、企事业单位负责人						
		小计	中国共产党机关负责人	国家机关负责人	民主党派和工商联负责人	人民团体和群众团体、社会组织及其他成员组织负责人	基层群众自治组织负责人	企事业单位负责人
总　计	**994576**	**36471**	**121**	**1811**	**9**	**1028**	**252**	**33250**
16-19岁	4560	18				1	1	16
20-24岁	41621	455		6		18	2	429
25-29岁	99030	2266	2	34		68	10	2152
30-34岁	178588	6229	13	136		201	31	5848
35-39岁	161156	7071	12	209		179	40	6631
40-44岁	150290	6512	23	276	1	151	51	6010
45-49岁	150549	5944	33	369		174	42	5326
50-54岁	111111	4473	21	373	3	114	33	3929
55-59岁	75015	2984	16	382	5	107	28	2446
60-64岁	13499	341		16		11	11	303
65-69岁	6489	131	1	8		2	3	117
70-74岁	1901	29		2		2		25
75岁及以上	767	18						18
男	**588942**	**25226**	**93**	**1378**	**6**	**609**	**133**	**23007**
16-19岁	2781	14					1	13
20-24岁	22506	298		4		12	1	281
25-29岁	54655	1449		20		32	4	1393
30-34岁	99955	4016	12	90		110	13	3791
35-39岁	89478	4573	9	148		105	18	4293
40-44岁	83242	4379	16	207		82	19	4055
45-49岁	83819	4023	23	278		93	22	3607
50-54岁	76217	3436	19	291	1	78	22	3025
55-59岁	61142	2635	13	321	5	86	22	2188
60-64岁	9130	272		14		8	9	241
65-69岁	4274	95	1	4		2	2	86
70-74岁	1224	23		1		1		21
75岁及以上	519	13						13
女	**405634**	**11245**	**28**	**433**	**3**	**419**	**119**	**10243**
16-19岁	1779	4				1		3
20-24岁	19115	157		2		6	1	148
25-29岁	44375	817	2	14		36	6	759
30-34岁	78633	2213	1	46		91	18	2057
35-39岁	71678	2498	3	61		74	22	2338
40-44岁	67048	2133	7	69	1	69	32	1955
45-49岁	66730	1921	10	91		81	20	1719
50-54岁	34894	1037	2	82	2	36	11	904
55-59岁	13873	349	3	61		21	6	258
60-64岁	4369	69		2		3	2	62
65-69岁	2215	36		4			1	31
70-74岁	677	6		1		1		4
75岁及以上	248	5						5

4-7a 续表 1

单位：人

年龄组 性 别	专业技术人员 小计	科学研究人员	工程技术人员	农业技术人员	飞机和船舶技术人员	卫生专业技术人员	经济和金融专业人员	法律、社会和宗教专业人员	教学人员	文学艺术、体育专业人员
总 计	**167561**	**1280**	**40597**	**640**	**514**	**26927**	**35157**	**4917**	**49764**	**2740**
16-19岁	544		49	4	1	143	40	1	233	51
20-24岁	8781	46	1583	34	21	1643	1523	124	3155	356
25-29岁	21642	125	4693	54	78	3982	4544	532	6419	600
30-34岁	34789	269	8959	100	103	6072	7945	1005	8644	691
35-39岁	30397	278	7746	99	93	4571	7099	928	8226	470
40-44岁	23179	193	5364	86	60	3075	5294	817	7323	272
45-49岁	21782	126	4904	110	73	3387	4768	749	6860	134
50-54岁	15841	128	3888	70	51	2449	2542	422	5739	84
55-59岁	9410	106	3142	65	33	1225	1205	282	2940	74
60-64岁	716	6	173	13		208	125	27	137	4
65-69岁	308	2	72	3		100	48	22	55	2
70-74岁	99		14			44	14	7	16	2
75岁及以上	73	1	10	2	1	28	10	1	17	
男	**70543**	**737**	**32816**	**422**	**456**	**7050**	**9428**	**1896**	**13804**	**1493**
16-19岁	164		45	1	1	37	14		27	30
20-24岁	2687	27	1205	19	16	239	346	35	512	163
25-29岁	7582	68	3660	34	74	640	1070	136	1352	298
30-34岁	13678	152	7182	72	85	1118	1917	324	2039	354
35-39岁	12503	140	6070	67	80	1272	1753	301	2184	272
40-44岁	9404	122	4197	51	52	892	1237	293	2060	157
45-49岁	8966	66	3821	61	66	988	1200	281	2062	84
50-54岁	7845	72	3371	51	49	872	940	261	1887	63
55-59岁	6951	83	3035	54	32	770	865	226	1542	66
60-64岁	464	5	155	8		110	54	19	92	3
65-69岁	183	1	60	2		60	20	13	26	1
70-74岁	72		10			32	8	6	12	2
75岁及以上	44	1	5	2	1	20	4	1	9	
女	**97018**	**543**	**7781**	**218**	**58**	**19877**	**25729**	**3021**	**35960**	**1247**
16-19岁	380		4	3		106	26	1	206	21
20-24岁	6094	19	378	15	5	1404	1177	89	2643	193
25-29岁	14060	57	1033	20	4	3342	3474	396	5067	302
30-34岁	21111	117	1777	28	18	4954	6028	681	6605	337
35-39岁	17894	138	1676	32	13	3299	5346	627	6042	198
40-44岁	13775	71	1167	35	8	2183	4057	524	5263	115
45-49岁	12816	60	1083	49	7	2399	3568	468	4798	50
50-54岁	7996	56	517	19	2	1577	1602	161	3852	21
55-59岁	2459	23	107	11	1	455	340	56	1398	8
60-64岁	252	1	18	5		98	71	8	45	1
65-69岁	125	1	12	1		40	28	9	29	1
70-74岁	27		4			12	6	1	4	
75岁及以上	29		5			8	6		8	

4-7a 续表 2 单位：人

年龄组 性 别	专业技术人员		办事人员和有关人员				社会生产服务和生活服务人员		
	新闻出版、文化专业人员	其他专业技术人员	小计	办事人员	安全和消防人员	其他办事人员和有关人员	小计	批发与零售服务人 员	交通运输、仓储和邮政业服务人员
总 计	**3444**	**1581**	**119508**	**97292**	**20761**	**1455**	**442301**	**177051**	**88250**
16-19岁	14	8	151	90	55	6	2857	757	224
20-24岁	221	75	3549	2692	797	60	21536	8024	2354
25-29岁	460	155	11674	9496	2055	123	45854	18922	6250
30-34岁	702	299	22650	19284	3114	252	79611	35198	13061
35-39岁	659	228	20549	17897	2372	280	72857	32732	13641
40-44岁	486	209	17095	14918	1971	206	69634	30308	15268
45-49岁	419	252	16890	14020	2654	216	67007	26173	15578
50-54岁	286	182	13512	10217	3122	173	44673	14323	12180
55-59岁	181	157	11685	7891	3670	124	29089	7764	8333
60-64岁	11	12	1033	479	547	7	5973	1734	973
65-69岁	2	2	533	220	307	6	2453	782	308
70-74岁	1	1	143	61	80	2	559	240	56
75岁及以上	2	1	44	27	17		198	94	24
男	**1249**	**1192**	**71310**	**51657**	**18811**	**842**	**252276**	**81934**	**76592**
16-19岁	3	6	100	44	53	3	1715	350	188
20-24岁	71	54	1723	980	723	20	12039	3664	1926
25-29岁	139	111	5797	3917	1824	56	25991	8965	5168
30-34岁	221	214	11428	8613	2682	133	44265	16026	11053
35-39岁	201	163	10818	8633	2035	150	39967	14229	11576
40-44岁	185	158	9419	7591	1717	111	36936	12445	13048
45-49岁	157	180	9905	7445	2334	126	34439	10931	13170
50-54岁	128	151	9904	6833	2951	120	28983	8143	11252
55-59岁	134	144	10741	7029	3597	115	22285	5507	7982
60-64岁	8	10	890	364	522	4	3667	1031	885
65-69岁			440	153	284	3	1532	455	273
70-74岁	1	1	109	35	73	1	334	134	49
75岁及以上	1		36	20	16		123	54	22
女	**2195**	**389**	**48198**	**45635**	**1950**	**613**	**190025**	**95117**	**11658**
16-19岁	11	2	51	46	2	3	1142	407	36
20-24岁	150	21	1826	1712	74	40	9497	4360	428
25-29岁	321	44	5877	5579	231	67	19863	9957	1082
30-34岁	481	85	11222	10671	432	119	35346	19172	2008
35-39岁	458	65	9731	9264	337	130	32890	18503	2065
40-44岁	301	51	7676	7327	254	95	32698	17863	2220
45-49岁	262	72	6985	6575	320	90	32568	15242	2408
50-54岁	158	31	3608	3384	171	53	15690	6180	928
55-59岁	47	13	944	862	73	9	6804	2257	351
60-64岁	3	2	143	115	25	3	2306	703	88
65-69岁	2	2	93	67	23	3	921	327	35
70-74岁			34	26	7	1	225	106	7
75岁及以上	1	1	8	7	1		75	40	2

4-7a　续表 3　　单位：人

年龄组 性别	社会生产服务和生活服务人员								
	住宿和餐饮服务人员	信息传输、软件和信息技术服务人员	金融服务人员	房地产服务人员	租赁和商务服务人员	技术辅助服务人员	水利、环境和公共设施管理服务人员	居民服务人员	电力、燃气及水供应服务人员
总　计	**49624**	**14591**	**15397**	**10195**	**9863**	**10236**	**16065**	**27897**	**5053**
16-19岁	832	84	24	39	81	71	12	446	4
20-24岁	3185	1534	834	723	617	986	98	1590	112
25-29岁	4863	3045	2435	1377	1198	1931	276	2749	368
30-34岁	7944	3844	3824	2074	1700	2634	678	4269	752
35-39岁	7496	2986	2640	1707	1445	1937	951	3789	732
40-44岁	8040	1541	1768	1329	1122	1142	1897	4078	773
45-49岁	8335	849	1818	1105	1088	734	3641	4663	922
50-54岁	5145	448	1346	798	1068	436	3461	3226	678
55-59岁	2870	240	672	736	1168	325	3136	2043	655
60-64岁	648	12	27	203	228	25	1290	626	46
65-69岁	207	5	6	83	117	9	541	310	9
70-74岁	43	1	3	16	27	5	75	74	1
75岁及以上	16	2		5	4	1	9	34	1
男	**24310**	**9304**	**6803**	**5744**	**6522**	**6346**	**6469**	**10266**	**3957**
16-19岁	546	48	15	24	38	39	9	211	3
20-24岁	1975	904	362	431	303	559	57	666	80
25-29岁	2937	1850	1079	808	568	1137	154	1189	273
30-34岁	4275	2349	1544	1082	897	1632	344	1652	577
35-39岁	3856	1963	1065	874	810	1236	337	1365	525
40-44岁	3558	1037	678	644	703	683	513	1337	535
45-49岁	3063	565	743	516	767	415	821	1269	650
50-54岁	2160	350	722	548	953	326	1350	1253	623
55-59岁	1541	221	575	604	1138	291	1781	959	640
60-64岁	263	9	16	139	217	18	696	223	41
65-69岁	108	5	1	60	102	5	347	104	8
70-74岁	17	1	3	11	23	4	55	22	1
75岁及以上	11	2		3	3	1	5	16	1
女	**25314**	**5287**	**8594**	**4451**	**3341**	**3890**	**9596**	**17631**	**1096**
16-19岁	286	36	9	15	43	32	3	235	1
20-24岁	1210	630	472	292	314	427	41	924	32
25-29岁	1926	1195	1356	569	630	794	122	1560	95
30-34岁	3669	1495	2280	992	803	1002	334	2617	175
35-39岁	3640	1023	1575	833	635	701	614	2424	207
40-44岁	4482	504	1090	685	419	459	1384	2741	238
45-49岁	5272	284	1075	589	321	319	2820	3394	272
50-54岁	2985	98	624	250	115	110	2111	1973	55
55-59岁	1329	19	97	132	30	34	1355	1084	15
60-64岁	385	3	11	64	11	7	594	403	5
65-69岁	99		5	23	15	4	194	206	1
70-74岁	26			5	4	1	20	52	
75岁及以上	5			2	1		4	18	

4-7a 续表 4

单位：人

年龄组 性别	社会生产服务和生活服务人员				农、林、牧、渔业生产及辅助人员				
	修理及制作服务人员	文化、体育和娱乐服务人员	健康服务人员	其他社会生产和生活服务人员	小计	农业生产人员	林业生产人员	畜牧业生产人员	渔业生产人员
总　计	**13169**	**2912**	**1342**	**656**	**27067**	**19523**	**532**	**3020**	**3357**
16-19岁	190	84	7	2	57	49		3	4
20-24岁	904	437	97	41	362	258	4	52	39
25-29岁	1574	620	185	61	917	584	21	162	125
30-34岁	2634	626	272	101	2049	1255	52	312	369
35-39岁	2054	404	235	108	2247	1378	50	304	435
40-44岁	1837	257	168	106	2985	1900	79	409	518
45-49岁	1584	233	193	91	3904	2495	86	460	749
50-54岁	1253	129	106	76	4405	3081	88	499	620
55-59岁	937	94	58	58	4024	3059	92	419	378
60-64岁	127	14	9	11	2705	2337	29	227	84
65-69岁	58	9	8	1	2196	1988	19	128	31
70-74岁	12	3	3		876	821	10	29	4
75岁及以上	5	2	1		340	318	2	16	1
男	**11641**	**1625**	**398**	**365**	**16766**	**11132**	**391**	**1971**	**2868**
16-19岁	186	54	2	2	45	38		3	3
20-24岁	834	236	23	19	244	163	4	35	36
25-29岁	1429	357	47	30	639	376	15	119	109
30-34岁	2329	381	73	51	1347	737	41	215	312
35-39岁	1790	224	58	59	1441	785	38	199	365
40-44岁	1552	111	44	48	1864	1061	56	258	444
45-49岁	1325	100	57	47	2415	1372	57	286	628
50-54岁	1130	79	42	52	2681	1717	58	303	541
55-59岁	888	68	41	49	2444	1700	76	280	331
60-64岁	111	7	4	7	1560	1312	21	145	68
65-69岁	52	7	4	1	1310	1158	13	91	26
70-74岁	11	1	2		538	495	10	22	4
75岁及以上	4		1		238	218	2	15	1
女	**1528**	**1287**	**944**	**291**	**10301**	**8391**	**141**	**1049**	**489**
16-19岁	4	30	5		12	11			1
20-24岁	70	201	74	22	118	95		17	3
25-29岁	145	263	138	31	278	208	6	43	16
30-34岁	305	245	199	50	702	518	11	97	57
35-39岁	264	180	177	49	806	593	12	105	70
40-44岁	285	146	124	58	1121	839	23	151	74
45-49岁	259	133	136	44	1489	1123	29	174	121
50-54岁	123	50	64	24	1724	1364	30	196	79
55-59岁	49	26	17	9	1580	1359	16	139	47
60-64岁	16	7	5	4	1145	1025	8	82	16
65-69岁	6	2	4		886	830	6	37	5
70-74岁	1	2	1		338	326		7	
75岁及以上	1	2			102	100		1	

4−7a　续表 5

单位：人

年龄组 性　别	农林牧渔生产辅助人员	其他农、林、牧、渔业生产加工人员	生产制造及有关人员						
			小计	农副产品加工人员	食品、饮料生产加工人员	烟草及其制品加工人员	纺织、针织、印染人员	纺织品、服装和皮革、毛皮制品加工制作人员	木材加工、家具与木制品制作人员
总　计	**538**	**97**	**196496**	**4177**	**4229**	**120**	**812**	**12443**	**5371**
16−19岁	1		863	10	37		2	65	13
20−24岁	8	1	6709	100	275	6	17	369	126
25−29岁	22	3	16047	276	462	11	49	855	341
30−34岁	55	6	32316	517	690	11	82	2180	779
35−39岁	64	16	27270	546	629	14	102	2008	751
40−44岁	61	18	30144	676	663	19	144	2364	842
45−49岁	93	21	34284	808	705	18	203	2510	924
50−54岁	101	16	27670	660	448	16	122	1357	872
55−59岁	67	9	17420	394	256	23	71	548	545
60−64岁	25	3	2665	121	36		13	128	119
65−69岁	27	3	838	50	16	2	5	40	52
70−74岁	11	1	189	16	10		1	14	6
75岁及以上	3		81	3	2		1	5	1
男	**349**	**55**	**149547**	**2251**	**2181**	**92**	**298**	**3622**	**4122**
16−19岁	1		707	9	23		1	32	13
20−24岁	5	1	5363	66	165	3	11	175	111
25−29岁	18	2	12820	161	273	10	18	368	275
30−34岁	37	5	24647	318	377	10	34	742	581
35−39岁	46	8	19688	288	302	9	26	542	555
40−44岁	37	8	20815	341	303	14	51	579	602
45−49岁	61	11	23653	374	282	10	46	513	646
50−54岁	54	8	22991	343	233	13	52	391	708
55−59岁	50	7	15741	237	183	22	47	225	469
60−64岁	13	1	2230	71	21		8	41	108
65−69岁	19	3	690	33	11	1	2	9	47
70−74岁	6	1	143	7	6		1	2	6
75岁及以上	2		59	3	2		1	3	1
女	**189**	**42**	**46949**	**1926**	**2048**	**28**	**514**	**8821**	**1249**
16−19岁			156	1	14		1	33	
20−24岁	3		1346	34	110	3	6	194	15
25−29岁	4	1	3227	115	189	1	31	487	66
30−34岁	18	1	7669	199	313	1	48	1438	198
35−39岁	18	8	7582	258	327	5	76	1466	196
40−44岁	24	10	9329	335	360	5	93	1785	240
45−49岁	32	10	10631	434	423	8	157	1997	278
50−54岁	47	8	4679	317	215	3	70	966	164
55−59岁	17	2	1679	157	73	1	24	323	76
60−64岁	12	2	435	50	15		5	87	11
65−69岁	8		148	17	5	1	3	31	5
70−74岁	5		46	9	4			12	
75岁及以上	1		22					2	

4-7a 续表 6

单位：人

年龄组 性别	生产制造及有关人员								
	纸及纸制品生产加工人员	印刷和记录媒介复制人员	文教、工美、体育和娱乐用品制造人员	石油加工和炼焦、煤化工生产人员	化学原料和化学品制造人员	医药制造人员	化学纤维制造人员	橡胶和塑料制品制造人员	非金属矿物制品制造人员
总　计	**801**	**1131**	**868**	**2509**	**2944**	**1313**	**169**	**2738**	**2602**
16-19岁	3	10	4	4	4	2	1	20	4
20-24岁	22	54	24	132	242	67	4	93	60
25-29岁	59	101	71	235	301	166	13	223	181
30-34岁	116	185	154	274	419	275	11	450	374
35-39岁	96	161	163	243	322	217	22	389	342
40-44岁	133	195	164	359	457	189	27	496	413
45-49岁	155	175	136	580	566	225	34	502	453
50-54岁	103	124	78	405	387	118	36	336	455
55-59岁	95	109	66	259	218	45	21	163	248
60-64岁	15	9	6	16	16	4		37	51
65-69岁	3	6	2	2	10	3		19	18
70-74岁	1				1	1		8	2
75岁及以上		2			1	1		2	1
男	**506**	**675**	**451**	**2039**	**2350**	**691**	**126**	**1782**	**2157**
16-19岁	2	5	3	3	3	1	1	14	4
20-24岁	19	36	14	119	214	40	3	76	50
25-29岁	48	66	45	200	263	87	9	175	157
30-34岁	70	114	83	231	328	148	10	309	317
35-39岁	55	93	80	199	242	99	12	237	267
40-44岁	73	100	72	249	323	93	16	287	320
45-49岁	81	86	53	399	402	96	23	287	354
50-54岁	66	77	49	371	347	86	33	232	390
55-59岁	77	87	47	253	204	36	19	120	235
60-64岁	11	7	3	14	13	3		28	44
65-69岁	3	4	2	1	9	1		12	16
70-74岁	1				1	1		5	2
75岁及以上					1				1
女	**295**	**456**	**417**	**470**	**594**	**622**	**43**	**956**	**445**
16-19岁	1	5	1	1	1	1		6	
20-24岁	3	18	10	13	28	27	1	17	10
25-29岁	11	35	26	35	38	79	4	48	24
30-34岁	46	71	71	43	91	127	1	141	57
35-39岁	41	68	83	44	80	118	10	152	75
40-44岁	60	95	92	110	134	96	11	209	93
45-49岁	74	89	83	181	164	129	11	215	99
50-54岁	37	47	29	34	40	32	3	104	65
55-59岁	18	22	19	6	14	9	2	43	13
60-64岁	4	2	3	2	3	1		9	7
65-69岁		2		1	1	2		7	2
70-74岁								3	
75岁及以上		2				1		2	

4-7a 续表 7

单位：人

年龄组 性别	生产制造及有关人员								
	采矿人员	金属冶炼和压延加工人员	机械制造基础加工人员	金属制品制造人员	通用设备制造人员	专用设备制造人员	汽车制造人员	铁路、船舶、航空设备制造人员	电气机械和器材制造人员
总 计	**7934**	**6941**	**16993**	**3656**	**3305**	**935**	**5583**	**2090**	**1645**
16－19岁	3	6	148	15	16	12	69	4	45
20－24岁	68	165	621	105	114	61	412	98	183
25－29岁	393	507	1563	301	285	114	867	219	195
30－34岁	949	1093	3337	704	695	186	1502	424	310
35－39岁	872	906	2374	577	474	164	940	382	241
40－44岁	1333	1037	2456	608	491	134	786	316	233
45－49岁	1851	1351	2612	632	466	126	540	283	208
50－54岁	1574	1180	2204	412	414	80	302	209	129
55－59岁	805	610	1458	263	302	49	144	137	90
60－64岁	65	56	162	31	34	7	14	11	9
65－69岁	9	23	48	6	12	2	6	4	1
70－74岁	7	5	8	1			1		1
75岁及以上	5	2	2	1	2			3	
男	**6699**	**6182**	**15485**	**2938**	**2907**	**703**	**4325**	**1778**	**1161**
16－19岁	2	6	143	14	16	11	62	4	37
20－24岁	61	152	589	98	104	53	364	87	153
25－29岁	342	468	1479	265	254	90	775	194	151
30－34岁	802	985	3102	582	619	140	1225	365	188
35－39岁	741	813	2139	439	401	122	661	327	172
40－44岁	1041	872	2131	452	393	83	482	247	121
45－49岁	1399	1124	2235	469	391	82	344	224	133
50－54岁	1475	1108	2056	342	388	70	257	184	114
55－59岁	768	585	1409	244	297	45	140	132	84
60－64岁	52	47	150	26	30	5	9	8	7
65－69岁	7	17	42	5	12	2	5	4	1
70－74岁	5	3	8	1			1		
75岁及以上	4	2	2	1	2			2	
女	**1235**	**759**	**1508**	**718**	**398**	**232**	**1258**	**312**	**484**
16－19岁	1		5	1		1	7		8
20－24岁	7	13	32	7	10	8	48	11	30
25－29岁	51	39	84	36	31	24	92	25	44
30－34岁	147	108	235	122	76	46	277	59	122
35－39岁	131	93	235	138	73	42	279	55	69
40－44岁	292	165	325	156	98	51	304	69	112
45－49岁	452	227	377	163	75	44	196	59	75
50－54岁	99	72	148	70	26	10	45	25	15
55－59岁	37	25	49	19	5	4	4	5	6
60－64岁	13	9	12	5	4	2	5	3	2
65－69岁	2	6	6	1			1		
70－74岁	2	2							1
75岁及以上	1							1	

4–7a 续表 8　　　　单位：人

年龄组 性　别	生产制造及有关人员								不便分类的其他从业人员
	计算机、通信和其他电子设备制造人员	仪器仪表制造人员	废弃资源综合利用人员	电力、热力、气体、水生产和输配人员	建筑施工人员	运输设备和通用工程机械操作人员及有关人员	生产辅助人员	其他生产制造及有关人员	
总　计	**12369**	**593**	**341**	**3270**	**49592**	**8660**	**29008**	**1354**	**5172**
16–19岁	92		2	5	148	15	95	9	70
20–24岁	672	15	3	79	1185	235	1059	43	229
25–29岁	1448	41	14	219	3153	775	2511	98	630
30–34岁	2698	89	28	364	6403	1477	5284	256	944
35–39岁	2032	89	30	362	6249	1271	4091	211	765
40–44岁	1889	96	54	398	7382	1365	4222	203	741
45–49岁	1747	126	59	691	9209	1424	4750	215	738
50–54岁	1013	72	65	605	8722	1205	3793	174	537
55–59岁	684	64	45	468	5446	811	2859	124	403
60–64岁	61		19	58	1232	64	254	17	66
65–69岁	21		16	17	362	15	66	2	30
70–74岁	10		4	4	77		10	1	6
75岁及以上	2	1	2		24	3	14	1	13
男	**8045**	**403**	**225**	**2822**	**41809**	**7972**	**21743**	**1007**	**3274**
16–19岁	66		2	5	130	12	75	8	36
20–24岁	464	10	2	68	1010	217	796	33	152
25–29岁	1018	26	8	189	2728	723	1878	77	377
30–34岁	1749	60	21	300	5398	1369	3871	199	574
35–39岁	1221	59	16	293	5135	1147	2843	153	488
40–44岁	1012	50	39	308	5983	1215	2831	132	425
45–49岁	973	76	34	547	7374	1263	3199	134	418
50–54岁	835	62	43	575	7540	1151	3263	137	377
55–59岁	636	59	32	460	4978	798	2697	116	345
60–64岁	45		14	56	1119	62	213	15	47
65–69岁	16		10	17	328	14	57	2	24
70–74岁	8		4	4	68		9		5
75岁及以上	2	1			18	1	11	1	6
女	**4324**	**190**	**116**	**448**	**7783**	**688**	**7265**	**347**	**1898**
16–19岁	26				18	3	20	1	34
20–24岁	208	5	1	11	175	18	263	10	77
25–29岁	430	15	6	30	425	52	633	21	253
30–34岁	949	29	7	64	1005	108	1413	57	370
35–39岁	811	30	14	69	1114	124	1248	58	277
40–44岁	877	46	15	90	1399	150	1391	71	316
45–49岁	774	50	25	144	1835	161	1551	81	320
50–54岁	178	10	22	30	1182	54	530	37	160
55–59岁	48	5	13	8	468	13	162	8	58
60–64岁	16		5	2	113	2	41	2	19
65–69岁	5		6		34	1	9		6
70–74岁	2				9		1	1	1
75岁及以上			2		6	2	3		7

4-7b　全省分年龄、性别、职业中类的就业人口(镇)

单位：人

年龄组 性　别	合计	党的机关、国家机关、群众团体和社会组织、企事业单位负责人						
		小计	中国共产党机关负责人	国家机关负责人	民主党派和工商联负责人	人民团体和群众团体、社会组织及其他成员组织负责人	基层群众自治组织负责人	企事业单位负责人
总　计	**219695**	**3977**	**29**	**523**	**2**	**197**	**166**	**3060**
16-19岁	1359	3						3
20-24岁	8004	44		1		2		41
25-29岁	17955	241	1	5		16	5	214
30-34岁	29967	548		35		26	14	473
35-39岁	25536	495	5	56		21	21	392
40-44岁	30511	644	6	86	1	33	14	504
45-49岁	33448	717	7	144		28	21	517
50-54岁	29908	652	5	98		40	39	470
55-59岁	22203	467	2	86		22	27	330
60-64岁	10350	100	2	7		3	13	75
65-69岁	7004	54	1	5	1	5	11	31
70-74岁	2462	11				1	1	9
75岁及以上	988	1						1
男	**132693**	**2893**	**22**	**418**	**1**	**105**	**126**	**2221**
16-19岁	834	1						1
20-24岁	4620	29				1		28
25-29岁	10707	151		3		7	5	136
30-34岁	17783	375		23		14	11	327
35-39岁	15013	341	5	43		8	13	272
40-44岁	17516	440	3	62	1	17	11	346
45-49岁	19130	515	5	111		13	15	371
50-54岁	18929	506	4	83		20	30	369
55-59岁	15064	403	2	82		17	22	280
60-64岁	6483	78	2	6		3	10	57
65-69岁	4369	43	1	5		4	8	25
70-74岁	1579	10				1	1	8
75岁及以上	666	1						1
女	**87002**	**1084**	**7**	**105**	**1**	**92**	**40**	**839**
16-19岁	525	2						2
20-24岁	3384	15		1		1		13
25-29岁	7248	90	1	2		9		78
30-34岁	12184	173		12		12	3	146
35-39岁	10523	154		13		13	8	120
40-44岁	12995	204	3	24		16	3	158
45-49岁	14318	202	2	33		15	6	146
50-54岁	10979	146	1	15		20	9	101
55-59岁	7139	64		4		5	5	50
60-64岁	3867	22		1			3	18
65-69岁	2635	11			1	1	3	6
70-74岁	883	1						1
75岁及以上	322							

4-7b 续表 1 单位：人

年龄组 性 别	专业技术人员									
	小计	科学研究人员	工程技术人员	农业技术人员	飞机和船舶技术人员	卫生专业技术人员	经济和金融专业人员	法律、社会和宗教专业人员	教学人员	文学艺术、体育专业人员
总 计	**22285**	**63**	**3203**	**284**	**69**	**4355**	**3087**	**441**	**10055**	**198**
16-19岁	122		12	1		32	9		60	6
20-24岁	1302	2	214	17	3	339	158	20	489	31
25-29岁	2921	5	431	32	3	695	462	57	1128	42
30-34岁	3805	9	694	25	13	724	623	62	1511	34
35-39岁	2799	7	402	25	5	503	382	61	1292	35
40-44岁	2869	6	386	35	4	546	401	55	1352	10
45-49岁	3325	16	400	52	13	685	456	77	1545	11
50-54岁	2916	10	351	42	13	417	342	45	1633	14
55-59岁	1799	5	251	43	14	265	197	46	935	10
60-64岁	237	1	45	5	1	64	37	13	62	5
65-69岁	117	2	14	5		55	14	5	19	
70-74岁	39		2	1		23	4		8	
75岁及以上	34		1	1		7	2		21	
男	**9276**	**35**	**2759**	**199**	**69**	**1460**	**964**	**198**	**3189**	**124**
16-19岁	39		12			6	3		13	4
20-24岁	365	2	176	12	3	49	29	4	60	16
25-29岁	914	4	369	29	3	106	124	18	204	27
30-34岁	1392	6	598	18	13	162	164	21	329	19
35-39岁	1102	4	331	18	5	186	104	17	373	22
40-44岁	1123	2	321	23	4	202	85	24	417	6
45-49岁	1430	8	343	33	13	294	110	34	560	5
50-54岁	1424	5	322	27	13	185	162	31	639	12
55-59岁	1180	2	232	31	14	167	146	35	519	9
60-64岁	165		40	3	1	38	25	9	41	4
65-69岁	86	2	12	3		40	11	5	11	
70-74岁	30		2	1		18	1		7	
75岁及以上	26		1	1		7			16	
女	**13009**	**28**	**444**	**85**		**2895**	**2123**	**243**	**6866**	**74**
16-19岁	83			1		26	6		47	2
20-24岁	937		38	5		290	129	16	429	15
25-29岁	2007	1	62	3		589	338	39	924	15
30-34岁	2413	3	96	7		562	459	41	1182	15
35-39岁	1697	3	71	7		317	278	44	919	13
40-44岁	1746	4	65	12		344	316	31	935	4
45-49岁	1895	8	57	19		391	346	43	985	6
50-54岁	1492	5	29	15		232	180	14	994	2
55-59岁	619	3	19	12		98	51	11	416	1
60-64岁	72	1	5	2		26	12	4	21	1
65-69岁	31		2	2		15	3		8	
70-74岁	9					5	3		1	
75岁及以上	8						2		5	

4-7b　续表 2

单位：人

年龄组 性　别	专业技术人员		办事人员和有关人员				社会生产服务和生活服务人员		
	新闻出版、文化专业人员	其他专业技术人员	小计	办事人员	安全和消防人员	其他办事人员和有关人员	小计	批发与零售服务人　员	交通运输、仓储和邮政业服务人员
总　计	**336**	**194**	**16535**	**12915**	**3415**	**205**	**81852**	**31751**	**18755**
16-19岁	1	1	39	19	20		727	238	57
20-24岁	23	6	673	452	215	6	3625	1311	507
25-29岁	43	23	1767	1329	426	12	7764	3065	1389
30-34岁	68	42	2752	2234	479	39	12925	5342	2685
35-39岁	61	26	2086	1782	271	33	11400	4583	2877
40-44岁	45	29	2164	1869	264	31	13180	5278	3476
45-49岁	48	22	2548	2145	366	37	12898	4936	3197
50-54岁	27	22	2116	1624	468	24	9649	3459	2458
55-59岁	18	15	1804	1261	525	18	6067	2041	1537
60-64岁	1	3	325	115	210		2205	877	398
65-69岁		3	164	47	114	3	1036	441	133
70-74岁	1		66	25	40	1	266	118	32
75岁及以上		2	31	13	17	1	110	62	9
男	**131**	**148**	**10933**	**7702**	**3116**	**115**	**47206**	**14526**	**16380**
16-19岁		1	31	11	20		411	100	42
20-24岁	9	5	411	214	196	1	2113	582	406
25-29岁	14	16	1046	645	393	8	4625	1477	1178
30-34岁	25	37	1570	1125	424	21	7381	2283	2331
35-39岁	21	21	1303	1044	242	17	6436	1950	2505
40-44岁	22	17	1270	1031	221	18	7115	2100	2978
45-49岁	17	13	1581	1241	321	19	6828	2115	2762
50-54岁	10	18	1564	1115	433	16	5842	1791	2225
55-59岁	11	14	1657	1129	515	13	4114	1224	1431
60-64岁	1	3	289	88	201		1398	507	362
65-69岁		2	133	34	97	2	685	271	125
70-74岁	1		53	16	37		181	78	28
75岁及以上		1	25	9	16		77	48	7
女	**205**	**46**	**5602**	**5213**	**299**	**90**	**34646**	**17225**	**2375**
16-19岁	1		8	8			316	138	15
20-24岁	14	1	262	238	19	5	1512	729	101
25-29岁	29	7	721	684	33	4	3139	1588	211
30-34岁	43	5	1182	1109	55	18	5544	3059	354
35-39岁	40	5	783	738	29	16	4964	2633	372
40-44岁	23	12	894	838	43	13	6065	3178	498
45-49岁	31	9	967	904	45	18	6070	2821	435
50-54岁	17	4	552	509	35	8	3807	1668	233
55-59岁	7	1	147	132	10	5	1953	817	106
60-64岁			36	27	9		807	370	36
65-69岁		1	31	13	17	1	351	170	8
70-74岁			13	9	3	1	85	40	4
75岁及以上		1	6	4	1	1	33	14	2

4-7b 续表 3

单位：人

年龄组 性 别	社会生产服务和生活服务人员								
	住宿和餐饮服务人员	信息传输、软件和信息技术服务人员	金融服务人员	房地产服务人员	租赁和商务服务人员	技术辅助服务人员	水利、环境和公共设施管理服务人员	居民服务人员	电力、燃气及水供应服务人员
总 计	**10789**	**1317**	**2351**	**836**	**1097**	**885**	**2844**	**6212**	**1021**
16-19岁	191	27	3	5	16	10	1	110	3
20-24岁	548	157	118	49	58	99	24	389	32
25-29岁	975	290	469	90	127	167	55	537	69
30-34岁	1674	279	482	164	159	230	132	930	113
35-39岁	1586	158	239	98	90	107	178	801	113
40-44岁	1771	146	227	97	123	96	332	874	196
45-49岁	1760	136	298	115	121	82	627	995	193
50-54岁	1209	73	324	89	139	56	563	740	161
55-59岁	702	40	171	83	145	31	492	478	110
60-64岁	255	7	14	27	63	2	282	188	19
65-69岁	99	3	4	14	46	5	131	101	8
70-74岁	13	1	1	4	8		22	48	4
75岁及以上	6		1	1	2		5	21	
男	**4898**	**792**	**1096**	**437**	**838**	**563**	**1205**	**2455**	**812**
16-19岁	126	18	1	2	11	4		45	3
20-24岁	356	82	55	26	35	61	19	183	28
25-29岁	586	171	209	41	84	114	34	245	55
30-34岁	908	154	194	88	96	147	59	425	84
35-39岁	708	92	105	42	50	68	63	311	72
40-44岁	735	81	69	35	83	57	97	296	145
45-49岁	611	87	113	55	106	41	165	317	146
50-54岁	421	60	194	52	127	36	231	271	145
55-59岁	284	36	146	59	135	28	265	210	105
60-64岁	108	7	5	21	58	2	162	81	18
65-69岁	45	3	4	11	43	5	89	43	8
70-74岁	8	1	1	4	8		18	17	3
75岁及以上	2			1	2		3	11	
女	**5891**	**525**	**1255**	**399**	**259**	**322**	**1639**	**3757**	**209**
16-19岁	65	9	2	3	5	6	1	65	
20-24岁	192	75	63	23	23	38	5	206	4
25-29岁	389	119	260	49	43	53	21	292	14
30-34岁	766	125	288	76	63	83	73	505	29
35-39岁	878	66	134	56	40	39	115	490	41
40-44岁	1036	65	158	62	40	39	235	578	51
45-49岁	1149	49	185	60	15	41	462	678	47
50-54岁	788	13	130	37	12	20	332	469	16
55-59岁	418	4	25	24	10	3	227	268	5
60-64岁	147		9	6	5		120	107	1
65-69岁	54			3	3		42	58	
70-74岁	5						4	31	1
75岁及以上	4		1				2	10	

4-7b　续表 4

单位：人

年龄组 性　别	社会生产服务和生活服务人员				农、林、牧、渔业生产及辅助人员				
	修理及制作服务人　员	文化、体育和娱乐服务人员	健康服务人　　员	其他社会生产和生活服务人　员	小计	农业生产人　　员	林业生产人　　员	畜牧业生产人员	渔业生产人　　员
总　计	**3239**	**391**	**222**	**142**	**53588**	**46703**	**460**	**4303**	**1577**
16−19岁	46	17	2	1	222	208		12	
20−24岁	253	53	20	7	966	843	3	83	28
25−29岁	420	76	28	7	1908	1632	14	185	56
30−34岁	618	60	39	18	3565	2969	37	356	148
35−39岁	492	41	23	14	3579	2982	43	360	150
40−44岁	486	34	22	22	5264	4382	69	526	208
45−49岁	333	47	38	20	6979	5824	93	643	322
50−54岁	292	34	29	23	8653	7343	91	771	353
55−59岁	177	25	18	17	8267	7262	81	641	205
60−64岁	64	3	2	4	6265	5778	16	362	77
65−69岁	42		1	8	5162	4831	10	272	26
70−74岁	14			1	1976	1892	2	71	4
75岁及以上	2	1			782	757	1	21	
男	**2822**	**218**	**76**	**88**	**30907**	**26129**	**354**	**2757**	**1323**
16−19岁	44	15			158	147		11	
20−24岁	238	32	5	5	593	498	3	61	24
25−29岁	377	45	4	5	1194	987	11	129	53
30−34岁	554	35	11	12	2187	1736	33	251	130
35−39岁	426	24	10	10	2107	1687	31	232	126
40−44岁	408	16	5	10	3012	2420	47	313	177
45−49岁	268	17	16	9	3865	3110	68	377	258
50−54岁	247	17	9	16	4911	3996	76	484	296
55−59岁	152	13	14	12	4553	3865	67	403	171
60−64岁	59	3	1	4	3553	3220	9	246	60
65−69岁	33		1	4	3033	2798	6	190	24
70−74岁	14			1	1226	1168	2	45	4
75岁及以上	2	1			515	497	1	15	
女	**417**	**173**	**146**	**54**	**22681**	**20574**	**106**	**1546**	**254**
16−19岁	2	2	2	1	64	61		1	
20−24岁	15	21	15	2	373	345		22	4
25−29岁	43	31	24	2	714	645	3	56	3
30−34岁	64	25	28	6	1378	1233	4	105	18
35−39岁	66	17	13	4	1472	1295	12	128	24
40−44岁	78	18	17	12	2252	1962	22	213	31
45−49岁	65	30	22	11	3114	2714	25	266	64
50−54岁	45	17	20	7	3742	3347	15	287	57
55−59岁	25	12	4	5	3714	3397	14	238	34
60−64岁	5		1		2712	2558	7	116	17
65−69岁	9			4	2129	2033	4	82	2
70−74岁					750	724		26	
75岁及以上					267	260		6	

4-7b 续表 5　　单位：人

年龄组 性　别	农林牧渔生产辅助人员	其他农、林、牧、渔业生产加工人员	生产制造及有关人员 小计	农副产品加工人员	食品、饮料生产加工人员	烟草及其制品加工人员	纺织、针织、印染人员	纺织品、服装和皮革、毛皮制品加工制作人员	木材加工、家具与木制品制作人员
总　计	**460**	**85**	**40773**	**1537**	**882**	**6**	**364**	**4519**	**1443**
16-19岁	1	1	223	4	7		3	37	4
20-24岁	9		1358	31	57	1	15	136	35
25-29岁	19	2	3295	101	77		34	290	115
30-34岁	46	9	6267	178	133	1	63	824	219
35-39岁	33	11	5102	182	114		54	741	187
40-44岁	66	13	6299	204	150	1	62	838	244
45-49岁	80	17	6861	274	134	2	62	779	222
50-54岁	83	12	5849	244	115	1	42	456	201
55-59岁	63	15	3732	188	65		17	246	153
60-64岁	29	3	1191	84	20		6	101	38
65-69岁	21	2	465	35	8		3	46	21
70-74岁	7		103	10	2		2	16	4
75岁及以上	3		28	2			1	9	
男	**297**	**47**	**31018**	**932**	**461**	**5**	**143**	**1557**	**1165**
16-19岁			179	3	6		2	21	4
20-24岁	7		1084	24	32	1	8	69	29
25-29岁	13	1	2735	76	45		23	137	104
30-34岁	33	4	4813	122	77	1	34	298	181
35-39岁	23	8	3679	115	52		18	241	141
40-44岁	45	10	4499	102	78	1	20	280	185
45-49岁	42	10	4826	144	56	1	19	195	165
50-54岁	54	5	4631	141	62	1	9	150	171
55-59岁	40	7	3108	119	38		6	82	132
60-64岁	17	1	980	51	10		3	49	31
65-69岁	14	1	385	27	4			21	19
70-74岁	7		78	6	1			8	3
75岁及以上	2		21	2			1	6	
女	**163**	**38**	**9755**	**605**	**421**	**1**	**221**	**2962**	**278**
16-19岁	1	1	44	1	1		1	16	
20-24岁	2		274	7	25		7	67	6
25-29岁	6	1	560	25	32		11	153	11
30-34岁	13	5	1454	56	56		29	526	38
35-39岁	10	3	1423	67	62		36	500	46
40-44岁	21	3	1800	102	72		42	558	59
45-49岁	38	7	2035	130	78	1	43	584	57
50-54岁	29	7	1218	103	53		33	306	30
55-59岁	23	8	624	69	27		11	164	21
60-64岁	12	2	211	33	10		3	52	7
65-69岁	7	1	80	8	4		3	25	2
70-74岁			25	4	1		2	8	1
75岁及以上	1		7					3	

4-7b　续表 6

单位：人

年龄组 性　别	生产制造及有关人员								
	纸及纸制品生产加工人员	印刷和记录媒介复制人员	文教、工美、体育和娱乐用品制造人　员	石油加工和炼焦、煤化工生产人员	化学原料和化学制品制造人　员	医药制造人　　员	化学纤维制造人员	橡胶和塑料制品制造人员	非金属矿物制品制造人员
总　计	**212**	**191**	**478**	**127**	**434**	**183**	**11**	**609**	**1333**
16-19岁	2	1	3		1	2		4	4
20-24岁	3	12	11	10	19	9	1	26	28
25-29岁	21	19	36	22	36	18		57	77
30-34岁	35	34	96	22	76	27	2	98	159
35-39岁	25	33	81	16	49	24	1	83	143
40-44岁	44	37	78	12	72	18	4	82	222
45-49岁	25	27	60	21	68	31	2	116	270
50-54岁	27	17	53	14	68	27		91	233
55-59岁	19	8	37	6	31	22	1	42	147
60-64岁	6	3	13	1	9	3		8	40
65-69岁	3		7	2	4	2		2	7
70-74岁	2		3	1					3
75岁及以上					1				
男	**120**	**106**	**316**	**107**	**331**	**95**	**5**	**359**	**1056**
16-19岁	1	1	1		1	1		3	2
20-24岁		9	9	7	11	6	1	21	21
25-29岁	15	13	23	21	32	14		43	67
30-34岁	22	22	73	19	59	12	1	68	124
35-39岁	13	14	61	12	40	11	1	39	109
40-44岁	21	18	43	10	45	9	1	45	171
45-49岁	12	11	33	16	46	13	1	63	207
50-54岁	16	10	32	13	60	15		45	185
55-59岁	14	6	24	6	26	11		23	124
60-64岁	4	2	9	1	7	2		7	37
65-69岁			6	1	3	1		2	6
70-74岁	2		2	1					3
75岁及以上					1				
女	**92**	**85**	**162**	**20**	**103**	**88**	**6**	**250**	**277**
16-19岁	1		2			1		1	2
20-24岁	3	3	2	3	8	3		5	7
25-29岁	6	6	13	1	4	4		14	10
30-34岁	13	12	23	3	17	15	1	30	35
35-39岁	12	19	20	4	9	13		44	34
40-44岁	23	19	35	2	27	9	3	37	51
45-49岁	13	16	27	5	22	18	1	53	63
50-54岁	11	7	21	1	8	12		46	48
55-59岁	5	2	13		5	11	1	19	23
60-64岁	2	1	4		2	1		1	3
65-69岁	3		1	1	1	1			1
70-74岁			1						
75岁及以上									

4-7b 续表 7 单位：人

年龄组 性别	生产制造及有关人员								
	采矿人员	金属冶炼和压延加工人员	机械制造基础加工人员	金属制品制造人员	通用设备制造人员	专用设备制造人员	汽车制造人员	铁路、船舶、航空设备制造人员	电气机械和器材制造人员
总 计	**1542**	**852**	**2858**	**732**	**485**	**78**	**496**	**84**	**159**
16-19岁	2	1	44	3	2	2	1		1
20-24岁	20	42	100	18	20	3	35	8	7
25-29岁	53	56	296	62	45	14	84	15	19
30-34岁	198	128	574	134	89	16	130	23	29
35-39岁	155	82	368	139	67	10	76	8	22
40-44岁	239	138	426	123	75	11	67	10	27
45-49岁	348	147	428	120	70	10	56	5	25
50-54岁	336	154	342	73	65	7	27	6	19
55-59岁	152	84	181	43	32	5	14	5	9
60-64岁	27	15	65	12	13		2	4	1
65-69岁	8	4	26	4	7		2		
70-74岁	2		8				2		
75岁及以上	2	1		1					
男	**1394**	**763**	**2618**	**593**	**427**	**57**	**311**	**79**	**108**
16-19岁	2	1	44	2	2	1	1		1
20-24岁	19	38	97	16	18	3	32	7	5
25-29岁	48	52	282	56	45	12	72	14	13
30-34岁	184	117	537	112	84	11	86	21	24
35-39岁	143	73	341	110	56	7	39	8	14
40-44岁	209	124	377	101	63	8	22	9	15
45-49岁	307	125	360	85	56	6	20	5	13
50-54岁	314	135	308	60	57	4	21	6	15
55-59岁	134	78	175	37	29	5	12	5	7
60-64岁	25	15	64	10	11		2	4	1
65-69岁	6	4	26	3	6		2		
70-74岁	2		7				2		
75岁及以上	1	1		1					
女	**148**	**89**	**240**	**139**	**58**	**21**	**185**	**5**	**51**
16-19岁				1		1			
20-24岁	1	4	3	2	2		3	1	2
25-29岁	5	4	14	6		2	12	1	6
30-34岁	14	11	37	22	5	5	44	2	5
35-39岁	12	9	27	29	11	3	37		8
40-44岁	30	14	49	22	12	3	45	1	12
45-49岁	41	22	68	35	14	4	36		12
50-54岁	22	19	34	13	8	3	6		4
55-59岁	18	6	6	6	3		2		2
60-64岁	2		1	2	2				
65-69岁	2			1	1				
70-74岁			1						
75岁及以上	1								

4-7b　续表 8　　　　单位：人

年龄组 性　别	生产制造及有关人员								不便分类的其他从业人员
	计算机、通信和其他电子设备制造人　员	仪器仪表制造人员	废弃资源综合利用人　　员	电力、热力、气体、水生产和输配人员	建筑施工人　　员	运输设备和通用工程机械操作人员及有关人员	生产辅助人　　员	其他生产制造及有关人员	
总　计	**816**	**32**	**66**	**637**	**13527**	**1626**	**4253**	**201**	**685**
16−19岁	9			1	56	5	24		23
20−24岁	80	5		16	355	70	173	12	36
25−29岁	133	4	3	46	899	236	398	29	59
30−34岁	158	5	7	71	1743	331	635	29	105
35−39岁	97	3	11	50	1543	218	494	26	75
40−44岁	122	4	8	67	2042	229	614	29	91
45−49岁	107	7	11	119	2315	217	753	30	120
50−54岁	68	2	9	105	2219	197	608	23	73
55−59岁	30	2	8	100	1562	107	401	15	67
60−64岁	5		4	40	541	12	110	8	27
65−69岁	4		4	19	213	4	30		6
70−74岁	1		1	3	31		12		1
75岁及以上	2				8		1		2
男	**564**	**18**	**50**	**563**	**11902**	**1561**	**3113**	**139**	**460**
16−19岁	8			1	48	5	17		15
20−24岁	65	3		13	293	70	147	10	25
25−29岁	105	4	3	43	811	228	314	20	42
30−34岁	114	1	6	61	1534	325	461	22	65
35−39岁	55	2	6	39	1352	205	344	18	45
40−44岁	71	1	4	50	1782	215	406	13	57
45−49岁	58	3	9	99	1989	198	489	22	85
50−54岁	52	2	8	99	1965	194	463	18	51
55−59岁	27	2	6	99	1419	105	345	12	49
60−64岁	4		3	38	482	12	92	4	20
65−69岁	3		4	18	193	4	26		4
70−74岁			1	3	28		9		1
75岁及以上	2				6				1
女	**252**	**14**	**16**	**74**	**1625**	**65**	**1140**	**62**	**225**
16−19岁	1				8		7		8
20−24岁	15	2		3	62		26	2	11
25−29岁	28			3	88	8	84	9	17
30−34岁	44	4	1	10	209	6	174	7	40
35−39岁	42	1	5	11	191	13	150	8	30
40−44岁	51	3	4	17	260	14	208	16	34
45−49岁	49	4	2	20	326	19	264	8	35
50−54岁	16		1	6	254	3	145	5	22
55−59岁	3		2	1	143	2	56	3	18
60−64岁	1		1	2	59		18	4	7
65−69岁	1			1	20		4		2
70−74岁	1				3		3		
75岁及以上					2		1		1

4-7c 全省分年龄、性别、职业中类的就业人口(乡村)

单位：人

年龄组 性 别	合计	党的机关、国家机关、群众团体和社会组织、企事业单位负责人						
		小计	中国共产党机关负责人	国家机关负责人	民主党派和工商联负责人	人民团体和群众团体、社会组织及其他成员组织负责人	基层群众自治组织负责人	企事业单位负责人
总　计	**585143**	**2910**	**26**	**116**	**2**	**190**	**484**	**2092**
16-19岁	5296	4						4
20-24岁	19548	51				3	2	46
25-29岁	29917	173		4		8	7	154
30-34岁	44266	279	5	14		21	16	223
35-39岁	39930	267	1	6		17	19	224
40-44岁	55955	374	5	10		17	55	287
45-49岁	75105	511	1	26	1	36	84	363
50-54岁	94242	510	8	24	1	30	108	339
55-59岁	84332	458	4	21		37	107	289
60-64岁	62513	166	1	9		10	47	99
65-69岁	47147	86		2		9	30	45
70-74岁	19273	22	1			1	9	11
75岁及以上	7619	9				1		8
男	**353554**	**2217**	**19**	**101**	**2**	**106**	**397**	**1592**
16-19岁	3496	4						4
20-24岁	12470	35				3		32
25-29岁	19926	109		3		6	4	96
30-34岁	28681	205	4	11		14	11	165
35-39岁	24511	193	1	6		9	16	161
40-44岁	33294	277	3	8		9	45	212
45-49岁	43494	387	1	24	1	21	65	275
50-54岁	54867	393	6	19	1	12	89	266
55-59岁	49001	381	3	20		19	96	243
60-64岁	36938	135	1	8		6	38	82
65-69岁	28899	71		2		6	25	38
70-74岁	12639	18					8	10
75岁及以上	5338	9				1		8
女	**231589**	**693**	**7**	**15**		**84**	**87**	**500**
16-19岁	1800							
20-24岁	7078	16					2	14
25-29岁	9991	64		1		2	3	58
30-34岁	15585	74	1	3		7	5	58
35-39岁	15419	74				8	3	63
40-44岁	22661	97	2	2		8	10	75
45-49岁	31611	124		2		15	19	88
50-54岁	39375	117	2	5		18	19	73
55-59岁	35331	77	1	1		18	11	46
60-64岁	25575	31		1		4	9	17
65-69岁	18248	15				3	5	7
70-74岁	6634	4	1			1	1	1
75岁及以上	2281							

4–7c　续表 1　　　　单位：人

年龄组 性　别	专业技术人员									
	小计	科学研究人　员	工程技术人　员	农业技术人　员	飞机和船舶技术人　员	卫生专业技术人员	经济和金融专业人　员	法律、社会和宗教专业人员	教学人员	文学艺术、体育专业人员
总　计	**13504**	**49**	**2841**	**489**	**70**	**2800**	**1889**	**240**	**4648**	**172**
16–19岁	288	1	35	5		61	10	2	158	4
20–24岁	1772	5	308	39	2	394	291	14	629	52
25–29岁	2205	15	537	41	8	398	350	27	744	28
30–34岁	1834	9	528	43	7	238	311	27	583	33
35–39岁	1122	2	278	40	7	233	151	21	347	18
40–44岁	1310		261	43	9	389	171	35	364	16
45–49岁	1430	1	304	76	16	395	182	28	390	7
50–54岁	1400	6	295	65	7	250	150	32	548	7
55–59岁	1294	6	217	57	13	141	120	30	694	3
60–64岁	376		49	38		126	65	10	79	2
65–69岁	281	3	26	29	1	102	59	9	46	2
70–74岁	114	1	2	9		51	19	4	27	
75岁及以上	78		1	4		22	10	1	39	
男	**6863**	**33**	**2539**	**372**	**70**	**1201**	**661**	**112**	**1583**	**99**
16–19岁	91	1	28	4		10	1	1	37	2
20–24岁	582	3	279	25	2	56	64	4	108	23
25–29岁	875	11	470	33	8	55	74	15	161	19
30–34岁	875	5	483	34	7	76	73	13	133	19
35–39岁	566	1	246	32	7	121	33	13	90	9
40–44岁	681		222	34	9	211	47	15	117	10
45–49岁	825	1	271	50	16	221	82	13	144	6
50–54岁	812	4	260	44	7	142	80	12	225	5
55–59岁	896	4	205	45	13	92	80	15	429	2
60–64岁	277		47	35		77	52	2	55	2
65–69岁	217	2	25	25	1	74	47	6	32	2
70–74岁	98	1	2	9		46	18	3	18	
75岁及以上	68		1	2		20	10		34	
女	**6641**	**16**	**302**	**117**		**1599**	**1228**	**128**	**3065**	**73**
16–19岁	197		7	1		51	9	1	121	2
20–24岁	1190	2	29	14		338	227	10	521	29
25–29岁	1330	4	67	8		343	276	12	583	9
30–34岁	959	4	45	9		162	238	14	450	14
35–39岁	556	1	32	8		112	118	8	257	9
40–44岁	629		39	9		178	124	20	247	6
45–49岁	605		33	26		174	100	15	246	1
50–54岁	588	2	35	21		108	70	20	323	2
55–59岁	398	2	12	12		49	40	15	265	1
60–64岁	99		2	3		49	13	8	24	
65–69岁	64	1	1	4		28	12	3	14	
70–74岁	16					5	1	1	9	
75岁及以上	10			2		2		1	5	

4-7c 续表 2

单位：人

年龄组 性别	专业技术人员		办事人员和有关人员				社会生产服务和生活服务人员		
	新闻出版、文化专业人员	其他专业技术人员	小计	办事人员	安全和消防人员	其他办事人员和有关人员	小计	批发与零售服务人员	交通运输、仓储和邮政业服务人员
总　计	**131**	**175**	**7218**	**4629**	**2476**	**113**	**77998**	**26380**	**21470**
16-19岁	3	9	72	34	37	1	1749	410	165
20-24岁	26	12	641	430	199	12	6322	2023	933
25-29岁	36	21	933	652	265	16	7983	2701	1774
30-34岁	33	22	890	655	218	17	10442	3745	2975
35-39岁	12	13	531	403	120	8	8377	2867	2843
40-44岁	4	18	615	463	136	16	10095	3462	3513
45-49岁	8	23	746	554	183	9	10194	3414	3275
50-54岁	2	38	855	565	279	11	9682	3194	2951
55-59岁	3	10	945	512	418	15	7066	2258	1873
60-64岁	1	6	503	205	293	5	3503	1206	771
65-69岁	2	2	321	101	218	2	1786	711	318
70-74岁		1	122	35	87		608	292	64
75岁及以上	1		44	20	23	1	191	97	15
男	**55**	**138**	**5111**	**2739**	**2303**	**69**	**49271**	**13366**	**19419**
16-19岁	2	5	49	15	34		1102	191	131
20-24岁	9	9	367	172	190	5	3871	915	787
25-29岁	14	15	570	305	255	10	5305	1402	1578
30-34岁	13	19	558	341	207	10	6843	1795	2720
35-39岁	4	10	342	229	109	4	5313	1301	2572
40-44岁	2	14	399	268	123	8	6272	1633	3166
45-49岁	3	18	517	343	168	6	6106	1716	2956
50-54岁	1	32	659	393	258	8	5920	1724	2687
55-59岁	3	8	808	409	388	11	4459	1271	1735
60-64岁	1	6	411	139	268	4	2342	721	718
65-69岁	2	1	281	78	201	2	1195	441	296
70-74岁		1	109	29	80		408	182	59
75岁及以上	1		41	18	22	1	135	74	14
女	**76**	**37**	**2107**	**1890**	**173**	**44**	**28727**	**13014**	**2051**
16-19岁	1	4	23	19	3	1	647	219	34
20-24岁	17	3	274	258	9	7	2451	1108	146
25-29岁	22	6	363	347	10	6	2678	1299	196
30-34岁	20	3	332	314	11	7	3599	1950	255
35-39岁	8	3	189	174	11	4	3064	1566	271
40-44岁	2	4	216	195	13	8	3823	1829	347
45-49岁	5	5	229	211	15	3	4088	1698	319
50-54岁	1	6	196	172	21	3	3762	1470	264
55-59岁		2	137	103	30	4	2607	987	138
60-64岁			92	66	25	1	1161	485	53
65-69岁		1	40	23	17		591	270	22
70-74岁			13	6	7		200	110	5
75岁及以上			3	2	1		56	23	1

4-7c 续表 3

单位：人

年龄组 性 别	社会生产服务和生活服务人员								
	住宿和餐饮服务人员	信息传输、软件和信息技术服务人员	金融服务人员	房地产服务人员	租赁和商务服务人员	技术辅助服务人员	水利、环境和公共设施管理服务人员	居民服务人员	电力、燃气及水供应服务人员
总 计	**11386**	**858**	**844**	**538**	**1233**	**733**	**3777**	**5988**	**813**
16-19岁	586	29	11	13	28	25	7	285	2
20-24岁	1305	209	169	97	128	153	40	607	48
25-29岁	1333	235	184	123	115	173	84	573	63
30-34岁	1477	180	133	90	119	140	135	649	93
35-39岁	1214	61	68	36	79	52	180	494	71
40-44岁	1451	51	48	32	78	53	326	589	94
45-49岁	1441	37	69	34	113	53	570	724	120
50-54岁	1226	32	80	39	155	47	777	764	140
55-59岁	846	14	59	40	167	28	801	632	124
60-64岁	348	5	12	24	119	6	519	346	38
65-69岁	118	2	8	7	87	2	270	195	13
70-74岁	31	3	1	3	39		56	92	4
75岁及以上	10		2		6	1	12	38	3
男	**5384**	**531**	**415**	**335**	**996**	**412**	**1745**	**2483**	**727**
16-19岁	408	17	4	10	14	12	5	124	1
20-24岁	839	104	68	59	80	78	25	313	46
25-29岁	854	142	95	81	76	98	50	300	56
30-34岁	841	113	62	44	83	90	61	343	77
35-39岁	574	42	27	22	64	34	66	201	61
40-44岁	590	42	18	12	64	29	102	216	78
45-49岁	452	26	28	20	96	24	172	235	107
50-54岁	335	24	54	32	133	19	314	242	134
55-59岁	268	13	42	28	153	20	381	249	116
60-64岁	143	4	10	20	113	6	332	144	31
65-69岁	53	2	4	5	78	2	183	69	13
70-74岁	21	2	1	2	36		46	32	4
75岁及以上	6		2		6		8	15	3
女	**6002**	**327**	**429**	**203**	**237**	**321**	**2032**	**3505**	**86**
16-19岁	178	12	7	3	14	13	2	161	1
20-24岁	466	105	101	38	48	75	15	294	2
25-29岁	479	93	89	42	39	75	34	273	7
30-34岁	636	67	71	46	36	50	74	306	16
35-39岁	640	19	41	14	15	18	114	293	10
40-44岁	861	9	30	20	14	24	224	373	16
45-49岁	989	11	41	14	17	29	398	489	13
50-54岁	891	8	26	7	22	28	463	522	6
55-59岁	578	1	17	12	14	8	420	383	8
60-64岁	205	1	2	4	6		187	202	7
65-69岁	65		4	2	9		87	126	
70-74岁	10	1		1	3		10	60	
75岁及以上	4					1	4	23	

4－7c 续表 4

单位：人

年龄组 性 别	社会生产服务和生活服务人员				农、林、牧、渔业生产及辅助人员				
	修理及制作服务人员	文化、体育和娱乐服务人员	健康服务人员	其他社会生产和生活服务人员	小计	农业生产人员	林业生产人员	畜牧业生产人员	渔业生产人员
总 计	**3432**	**301**	**113**	**132**	**408989**	**375135**	**1203**	**25749**	**5338**
16－19岁	171	16	1		2377	2226	4	114	20
20－24岁	512	69	13	16	7340	6777	20	433	76
25－29岁	542	56	15	12	12675	11495	36	865	210
30－34岁	620	59	14	13	21212	19022	70	1577	434
35－39岁	364	22	15	11	21872	19327	79	1896	456
40－44岁	359	23	9	7	33705	29867	140	2875	637
45－49岁	300	16	10	18	50525	45180	218	3879	1008
50－54岁	225	16	16	20	69573	63132	248	4819	1116
55－59岁	188	11	10	15	66560	61086	211	4146	856
60－64岁	89	7	5	8	54582	51320	99	2679	333
65－69岁	42	3	4	6	43256	41248	47	1709	166
70－74岁	17	1	1	4	18112	17451	25	583	24
75岁及以上	3	2		2	7200	7004	6	174	2
男	**3131**	**189**	**46**	**92**	**234343**	**211706**	**942**	**16250**	**4505**
16－19岁	170	15			1633	1520	4	83	18
20－24岁	497	46	3	11	4940	4502	16	335	65
25－29岁	516	44	4	9	8259	7367	31	609	199
30－34岁	567	35	2	10	12937	11380	63	1032	385
35－39岁	325	9	6	9	12661	10956	66	1186	388
40－44岁	304	11	5	2	18851	16368	118	1711	545
45－49岁	252	6	5	11	27477	24073	162	2276	827
50－54岁	193	7	8	14	37815	33687	186	2880	930
55－59岁	164	6	4	9	36026	32440	164	2572	704
60－64岁	83	5	5	7	30995	28759	70	1787	284
65－69岁	40	2	3	4	25975	24530	35	1217	135
70－74岁	17	1	1	4	11765	11259	22	438	23
75岁及以上	3	2		2	5009	4865	5	124	2
女	**301**	**112**	**67**	**40**	**174646**	**163429**	**261**	**9499**	**833**
16－19岁	1	1	1		744	706		31	2
20－24岁	15	23	10	5	2400	2275	4	98	11
25－29岁	26	12	11	3	4416	4128	5	256	11
30－34岁	53	24	12	3	8275	7642	7	545	49
35－39岁	39	13	9	2	9211	8371	13	710	68
40－44岁	55	12	4	5	14854	13499	22	1164	92
45－49岁	48	10	5	7	23048	21107	56	1603	181
50－54岁	32	9	8	6	31758	29445	62	1939	186
55－59岁	24	5	6	6	30534	28646	47	1574	152
60－64岁	6	2		1	23587	22561	29	892	49
65－69岁	2	1	1	2	17281	16718	12	492	31
70－74岁					6347	6192	3	145	1
75岁及以上					2191	2139	1	50	

4-7c　续表 5　　　　　　　　　　　　　　　　　　　　　　单位：人

年龄组 性　别			生产制造及有关人员						
	农林牧渔生产辅助人　员	其他农、林、牧、渔业生产加工人员	小计	农副产品加工人员	食品、饮料生产加工人员	烟草及其制品加工人员	纺织、针织、印染人员	纺织品、服装和皮革、毛皮制品加工制作人员	木材加工、家具与木制品制作人员
总　计	**1350**	**214**	**73309**	**4026**	**1433**	**10**	**1139**	**9416**	**2635**
16-19岁	12	1	705	27	31		10	111	14
20-24岁	29	5	3341	111	126		64	364	69
25-29岁	61	8	5871	180	143		82	657	148
30-34岁	92	17	9501	362	187	2	147	1563	304
35-39岁	93	21	7675	369	161	1	139	1400	268
40-44岁	155	31	9749	503	194	2	178	1569	364
45-49岁	195	45	11560	725	216	1	161	1522	459
50-54岁	220	38	12067	785	172	3	151	1224	504
55-59岁	237	24	7870	531	105		94	616	305
60-64岁	137	14	3284	247	63	1	58	238	127
65-69岁	78	8	1346	132	28		45	118	58
70-74岁	28	1	255	42	7		10	28	10
75岁及以上	13	1	85	12				6	5
男	**822**	**118**	**54933**	**2228**	**733**	**3**	**419**	**2879**	**2078**
16-19岁	8		563	21	20		6	62	12
20-24岁	20	2	2621	82	70		40	165	65
25-29岁	48	5	4754	126	91		47	264	121
30-34岁	66	11	7189	238	102	1	59	523	240
35-39岁	59	6	5379	205	72		40	442	205
40-44岁	89	20	6743	248	90	2	62	425	263
45-49岁	117	22	8097	345	85		43	375	327
50-54岁	112	20	9166	398	83		46	304	403
55-59岁	129	17	6328	288	52		28	173	267
60-64岁	88	7	2709	139	44		21	79	112
65-69岁	52	6	1107	94	17		23	49	50
70-74岁	22	1	210	34	7		4	15	8
75岁及以上	12	1	67	10				3	5
女	**528**	**96**	**18376**	**1798**	**700**	**7**	**720**	**6537**	**557**
16-19岁	4	1	142	6	11		4	49	2
20-24岁	9	3	720	29	56		24	199	4
25-29岁	13	3	1117	54	52		35	393	27
30-34岁	26	6	2312	124	85	1	88	1040	64
35-39岁	34	15	2296	164	89	1	99	958	63
40-44岁	66	11	3006	255	104		116	1144	101
45-49岁	78	23	3463	380	131	1	118	1147	132
50-54岁	108	18	2901	387	89	3	105	920	101
55-59岁	108	7	1542	243	53		66	443	38
60-64岁	49	7	575	108	19	1	37	159	15
65-69岁	26	2	239	38	11		22	69	8
70-74岁	6		45	8			6	13	2
75岁及以上	1		18	2				3	

4-7c 续表 6 单位：人

年龄组 性别	生产制造及有关人员								
	纸及纸制品生产加工人员	印刷和记录媒介复制人员	文教、工美、体育和娱乐用品制造人员	石油加工和炼焦、煤化工生产人员	化学原料和化学制品制造人员	医药制造人员	化学纤维制造人员	橡胶和塑料制品制造人员	非金属矿物制品制造人员
总计	**271**	**147**	**602**	**258**	**594**	**204**	**31**	**1291**	**2514**
16-19岁	3	1	8	1		2		13	15
20-24岁	7	21	24	29	24	25	2	51	53
25-29岁	27	30	50	40	62	23	3	86	95
30-34岁	38	26	101	30	66	26	5	192	228
35-39岁	30	14	75	22	42	11	4	162	240
40-44岁	47	22	84	31	94	28	4	189	351
45-49岁	37	10	103	36	122	29	6	227	453
50-54岁	50	10	74	37	103	33	2	191	545
55-59岁	16	10	51	24	64	16	4	110	343
60-64岁	10	1	14	4	8	8	1	42	126
65-69岁	4		14	4	6	2		26	55
70-74岁	2	1	2		2	1		2	8
75岁及以上		1	2		1				2
男	**140**	**83**	**371**	**231**	**480**	**103**	**22**	**779**	**2080**
16-19岁	3	1	8	1		1		11	13
20-24岁	7	15	15	26	19	16	2	39	49
25-29岁	19	20	38	35	50	14	3	59	80
30-34岁	22	17	74	28	56	17	3	122	191
35-39岁	14	7	52	18	34	4	2	87	197
40-44岁	21	9	46	26	70	7	3	108	268
45-49岁	17	4	56	32	87	12	4	127	360
50-54岁	17	3	40	33	92	17	2	109	447
55-59岁	10	4	25	24	56	11	2	70	300
60-64岁	6	1	7	4	8	2	1	29	113
65-69岁	3		7	4	6	1		18	53
70-74岁	1	1	2		1	1			7
75岁及以上		1	1		1				2
女	**131**	**64**	**231**	**27**	**114**	**101**	**9**	**512**	**434**
16-19岁						1		2	2
20-24岁		6	9	3	5	9		12	4
25-29岁	8	10	12	5	12	9		27	15
30-34岁	16	9	27	2	10	9	2	70	37
35-39岁	16	7	23	4	8	7	2	75	43
40-44岁	26	13	38	5	24	21	1	81	83
45-49岁	20	6	47	4	35	17	2	100	93
50-54岁	33	7	34	4	11	16		82	98
55-59岁	6	6	26		8	5	2	40	43
60-64岁	4		7			6		13	13
65-69岁	1		7			1		8	2
70-74岁	1				1			2	1
75岁及以上			1						

4-7c　续表 7　　　　单位：人

年龄组 性　别	生产制造及有关人员								
	采矿人员	金属冶炼和压延加工人员	机械制造基础加工人　员	金属制品制造人员	通用设备制造人员	专用设备制造人员	汽车制造人　员	铁路、船舶、航空设备制造人　员	电气机械和器材制造人员
总　计	**2572**	**1508**	**4500**	**1156**	**713**	**121**	**587**	**150**	**281**
16-19岁	6	7	50	10	10	3	29	2	8
20-24岁	33	59	278	67	36	11	86	24	40
25-29岁	102	123	479	120	82	16	81	19	31
30-34岁	168	169	812	207	107	19	99	26	38
35-39岁	204	148	495	151	76	14	61	11	33
40-44岁	352	216	591	171	85	16	86	21	47
45-49岁	538	274	649	159	91	18	63	20	32
50-54岁	609	269	611	118	118	11	53	13	28
55-59岁	402	155	325	104	66	11	22	8	19
60-64岁	112	64	132	37	25		4	3	5
65-69岁	28	18	63	11	15	1	1	1	
70-74岁	9	5	6	1	1	1	1	2	
75岁及以上	9	1	9		1		1		
男	**2330**	**1343**	**4184**	**942**	**650**	**79**	**433**	**129**	**196**
16-19岁	6	7	50	10	9	1	28	1	8
20-24岁	30	54	267	62	36	8	77	24	33
25-29岁	98	116	466	111	80	11	73	17	24
30-34岁	155	154	780	176	101	11	78	21	24
35-39岁	184	127	463	115	67	10	34	8	25
40-44岁	313	180	534	133	72	13	46	18	23
45-49岁	468	234	565	116	79	10	34	15	21
50-54岁	550	246	551	88	107	7	38	12	22
55-59岁	375	141	303	86	59	6	19	7	13
60-64岁	106	61	130	35	23		3	3	3
65-69岁	27	17	61	10	15	1	1	1	
70-74岁	9	5	6		1	1	1	2	
75岁及以上	9	1	8		1		1		
女	**242**	**165**	**316**	**214**	**63**	**42**	**154**	**21**	**85**
16-19岁					1	2	1	1	
20-24岁	3	5	11	5		3	9		7
25-29岁	4	7	13	9	2	5	8	2	7
30-34岁	13	15	32	31	6	8	21	5	14
35-39岁	20	21	32	36	9	4	27	3	8
40-44岁	39	36	57	38	13	3	40	3	24
45-49岁	70	40	84	43	12	8	29	5	11
50-54岁	59	23	60	30	11	4	15	1	6
55-59岁	27	14	22	18	7	5	3	1	6
60-64岁	6	3	2	2	2		1		2
65-69岁	1	1	2	1					
70-74岁				1					
75岁及以上			1						

4−7c 续表 8 单位：人

年龄组 性 别	生产制造及有关人员								不便分类的其他从业人员
	计算机、通信和其他电子设备制造人员	仪器仪表制造人员	废弃资源综合利用人员	电力、热力、气体、水生产和输配人员	建筑施工人员	运输设备和通用工程机械操作人员及有关人员	生产辅助人员	其他生产制造及有关人员	
总 计	**1388**	**40**	**173**	**627**	**26900**	**2311**	**5472**	**239**	**1215**
16−19岁	51		2	2	216	26	46	1	101
20−24岁	181	5	4	23	1005	154	351	14	81
25−29岁	217	6	7	47	1941	391	565	18	77
30−34岁	245	8	9	69	3051	484	677	36	108
35−39岁	144	6	8	47	2522	252	545	20	86
40−44岁	176	8	21	53	3251	295	670	30	107
45−49岁	151	2	28	92	4118	261	924	33	139
50−54岁	107	3	39	109	4966	250	844	35	155
55−59岁	76	2	31	88	3563	149	526	34	139
60−64岁	29		16	61	1582	37	219	10	99
65−69岁	10		7	29	565	10	89	6	71
70−74岁	1			6	91	2	13	1	40
75岁及以上			1	1	29		3	1	12
男	**863**	**17**	**133**	**588**	**24304**	**2219**	**3737**	**157**	**816**
16−19岁	35		2	2	191	25	29		54
20−24岁	132	4	4	22	862	150	241	5	54
25−29岁	155	4	6	45	1748	383	435	15	54
30−34岁	152	5	5	62	2785	474	493	20	74
35−39岁	77		6	41	2246	246	337	14	57
40−44岁	81	2	17	46	2919	274	406	18	71
45−49岁	77		23	84	3669	243	562	23	85
50−54岁	66	1	29	104	4513	232	580	26	102
55−59岁	59	1	24	87	3278	144	394	22	103
60−64岁	24		13	60	1465	36	174	7	69
65−69岁	5		4	28	526	10	71	5	53
70−74岁				6	83	2	12	1	31
75岁及以上				1	19		3	1	9
女	**525**	**23**	**40**	**39**	**2596**	**92**	**1735**	**82**	**399**
16−19岁	16				25	1	17	1	47
20−24岁	49	1		1	143	4	110	9	27
25−29岁	62	2	1	2	193	8	130	3	23
30−34岁	93	3	4	7	266	10	184	16	34
35−39岁	67	6	2	6	276	6	208	6	29
40−44岁	95	6	4	7	332	21	264	12	36
45−49岁	74	2	5	8	449	18	362	10	54
50−54岁	41	2	10	5	453	18	264	9	53
55−59岁	17	1	7	1	285	5	132	12	36
60−64岁	5		3	1	117	1	45	3	30
65−69岁	5		3	1	39		18	1	18
70−74岁	1				8		1		9
75岁及以上			1		10				3

第二部分　长表数据资料

第五卷　婚姻

5-1　各地区分性别、婚姻状况的15岁及以上人口

单位：人

地　区	15岁及以上人口			未　婚		
	合计	男	女	小计	男	女
辽宁	**3633278**	**1809089**	**1824189**	**576058**	**335948**	**240110**
沈阳市	762479	378333	384146	144851	81471	63380
大连市	616586	305140	311446	105380	59010	46370
鞍山市	297967	149819	148148	46741	28031	18710
抚顺市	148066	73363	74703	19985	12460	7525
本溪市	118219	58209	60010	16542	9898	6644
丹东市	190086	94110	95976	25316	15215	10101
锦州市	248068	123435	124633	40058	22842	17216
营口市	193270	97177	96093	27127	16615	10512
阜新市	140731	69386	71345	17966	10784	7182
辽阳市	137420	68473	68947	18865	11322	7543
盘锦市	121986	60628	61358	18160	10491	7669
铁岭市	196559	98498	98061	25901	15607	10294
朝阳市	246528	124045	122483	36276	21890	14386
葫芦岛市	201216	101393	99823	29875	18657	11218
辽宁省沈抚新区管委会	14097	7080	7017	3015	1655	1360

5-1　续表

单位：人

地　区	有配偶			离　婚			丧　偶		
	小计	男	女	小计	男	女	小计	男	女
辽宁	**2648437**	**1326910**	**1321527**	**161824**	**80072**	**81752**	**246959**	**66159**	**180800**
沈阳市	534932	268427	266505	37735	17518	20217	44961	10917	34044
大连市	451680	225759	225921	22526	10356	12170	37000	10015	26985
鞍山市	213149	107271	105878	16660	8367	8293	21417	6150	15267
抚顺市	103797	51992	51805	11185	5760	5425	13099	3151	9948
本溪市	85171	42636	42535	7117	3426	3691	9389	2249	7140
丹东市	141876	70776	71100	8643	4237	4406	14251	3882	10369
锦州市	180400	90634	89766	9989	5157	4832	17621	4802	12819
营口市	144779	72650	72129	8517	4318	4199	12847	3594	9253
阜新市	104461	52255	52206	6456	3424	3032	11848	2923	8925
辽阳市	101046	50657	50389	7056	3755	3301	10453	2739	7714
盘锦市	92234	46202	46032	4694	2171	2523	6898	1764	5134
铁岭市	148091	74339	73752	7992	4310	3682	14575	4242	10333
朝阳市	186687	93391	93296	6011	3402	2609	17554	5362	12192
葫芦岛市	150548	75044	75504	6545	3518	3027	14248	4174	10074
辽宁省沈抚新区管委会	9586	4877	4709	698	353	345	798	195	603

5-1a　各地区分性别、婚姻状况的15岁及以上人口(城市)

单位：人

地　区	15岁及以上人口			未　婚		
	合计	男	女	小计	男	女
辽宁	**2175490**	**1065593**	**1109897**	**383635**	**214305**	**169330**
沈阳市	610725	300973	309752	124095	68948	55147
大连市	482312	236581	245731	90896	49617	41279
鞍山市	172068	84991	87077	28120	16148	11972
抚顺市	95324	46372	48952	13628	8265	5363
本溪市	68834	33400	35434	9650	5599	4051
丹东市	94507	45773	48734	13510	7762	5748
锦州市	112090	54069	58021	22308	11645	10663
营口市	116483	57391	59092	17551	10152	7399
阜新市	59766	28670	31096	8630	4895	3735
辽阳市	73497	35666	37831	11086	6196	4890
盘锦市	81732	40389	41343	12369	7104	5265
铁岭市	51067	24964	26103	7303	4201	3102
朝阳市	77225	37274	39951	11424	6164	5260
葫芦岛市	69025	33658	35367	10843	6322	4521
辽宁省沈抚新区管委会	10835	5422	5413	2222	1287	935

5-1a　续表

单位：人

地　区	有配偶			离　婚			丧　偶		
	小计	男	女	小计	男	女	小计	男	女
辽宁	**1544234**	**769275**	**774959**	**116419**	**51444**	**64975**	**131202**	**30569**	**100633**
沈阳市	421445	210619	210826	31958	13931	18027	33227	7475	25752
大连市	346743	172670	174073	19397	8327	11070	25276	5967	19309
鞍山市	119300	59832	59468	12430	5750	6680	12218	3261	8957
抚顺市	64272	32009	32263	8800	4210	4590	8624	1888	6736
本溪市	48746	24339	24407	4897	2262	2635	5541	1200	4341
丹东市	69088	34173	34915	5423	2281	3142	6486	1557	4929
锦州市	77267	38451	38816	5782	2441	3341	6733	1532	5201
营口市	86050	42864	43186	6141	2737	3404	6741	1638	5103
阜新市	41888	20736	21152	4148	1937	2211	5100	1102	3998
辽阳市	52900	26247	26653	4533	2081	2452	4978	1142	3836
盘锦市	61586	30822	30764	3610	1495	2115	4167	968	3199
铁岭市	37589	18673	18916	2944	1332	1612	3231	758	2473
朝阳市	58696	28920	29776	2689	1114	1575	4416	1076	3340
葫芦岛市	51233	25204	26029	3093	1269	1824	3856	863	2993
辽宁省沈抚新区管委会	7431	3716	3715	574	277	297	608	142	466

5-1b 各地区分性别、婚姻状况的15岁及以上人口(镇)

单位：人

地 区	15岁及以上人口			未 婚		
	合计	男	女	小计	男	女
辽宁	**437231**	**216526**	**220705**	**63568**	**36890**	**26678**
沈阳市	38306	19174	19132	5429	3202	2227
大连市	23840	11931	11909	4421	2340	2081
鞍山市	52855	26657	26198	8272	4976	3296
抚顺市	20772	10240	10532	2584	1513	1071
本溪市	25454	12455	12999	3881	2292	1589
丹东市	36559	17858	18701	5317	2966	2351
锦州市	29518	14526	14992	3730	2163	1567
营口市	13906	7061	6845	2248	1336	912
阜新市	27293	13348	13945	3604	2099	1505
辽阳市	17909	8937	8972	2584	1565	1019
盘锦市	11630	5821	5809	1468	882	586
铁岭市	58903	28777	30126	8726	4791	3935
朝阳市	40550	20193	20357	5708	3440	2268
葫芦岛市	39736	19548	20188	5596	3325	2271
辽宁省沈抚新区管委会						

5-1b 续表

单位：人

地 区	有配偶			离 婚			丧 偶		
	小计	男	女	小计	男	女	小计	男	女
辽宁	**327604**	**163564**	**164040**	**17207**	**8611**	**8596**	**28852**	**7461**	**21391**
沈阳市	28578	14511	14067	1999	954	1045	2300	507	1793
大连市	17375	8859	8516	629	338	291	1415	394	1021
鞍山市	39479	19803	19676	1960	985	975	3144	893	2251
抚顺市	15548	7768	7780	1093	595	498	1547	364	1183
本溪市	18498	9155	9343	1350	592	758	1725	416	1309
丹东市	27166	13455	13711	1528	774	754	2548	663	1885
锦州市	22621	11268	11353	1062	569	493	2105	526	1579
营口市	10292	5177	5115	494	270	224	872	278	594
阜新市	20561	10247	10314	1056	544	512	2072	458	1614
辽阳市	13263	6650	6613	833	425	408	1229	297	932
盘锦市	9147	4567	4580	330	175	155	685	197	488
铁岭市	43611	21716	21895	2666	1245	1421	3900	1025	2875
朝阳市	31343	15540	15803	931	488	443	2568	725	1843
葫芦岛市	30122	14848	15274	1276	657	619	2742	718	2024
辽宁省沈抚新区管委会									

5-1c 各地区分性别、婚姻状况的15岁及以上人口(乡村)

单位：人

地区	15岁及以上人口			未婚		
	合计	男	女	小计	男	女
辽宁	**1020557**	**526970**	**493587**	**128855**	**84753**	**44102**
沈阳市	113448	58186	55262	15327	9321	6006
大连市	110434	56628	53806	10063	7053	3010
鞍山市	73044	38171	34873	10349	6907	3442
抚顺市	31970	16751	15219	3773	2682	1091
本溪市	23931	12354	11577	3011	2007	1004
丹东市	59020	30479	28541	6489	4487	2002
锦州市	106460	54840	51620	14020	9034	4986
营口市	62881	32725	30156	7328	5127	2201
阜新市	53672	27368	26304	5732	3790	1942
辽阳市	46014	23870	22144	5195	3561	1634
盘锦市	28624	14418	14206	4323	2505	1818
铁岭市	86589	44757	41832	9872	6615	3257
朝阳市	128753	66578	62175	19144	12286	6858
葫芦岛市	92455	48187	44268	13436	9010	4426
辽宁省沈抚新区管委会	3262	1658	1604	793	368	425

5-1c 续表

单位：人

地区	有配偶			离婚			丧偶		
	小计	男	女	小计	男	女	小计	男	女
辽宁	**776599**	**394071**	**382528**	**28198**	**20017**	**8181**	**86905**	**28129**	**58776**
沈阳市	84909	43297	41612	3778	2633	1145	9434	2935	6499
大连市	87562	44230	43332	2500	1691	809	10309	3654	6655
鞍山市	54370	27636	26734	2270	1632	638	6055	1996	4059
抚顺市	23977	12215	11762	1292	955	337	2928	899	2029
本溪市	17927	9142	8785	870	572	298	2123	633	1490
丹东市	45622	23148	22474	1692	1182	510	5217	1662	3555
锦州市	80512	40915	39597	3145	2147	998	8783	2744	6039
营口市	48437	24609	23828	1882	1311	571	5234	1678	3556
阜新市	42012	21272	20740	1252	943	309	4676	1363	3313
辽阳市	34883	17760	17123	1690	1249	441	4246	1300	2946
盘锦市	21501	10813	10688	754	501	253	2046	599	1447
铁岭市	66891	33950	32941	2382	1733	649	7444	2459	4985
朝阳市	96648	48931	47717	2391	1800	591	10570	3561	7009
葫芦岛市	69193	34992	34201	2176	1592	584	7650	2593	5057
辽宁省沈抚新区管委会	2155	1161	994	124	76	48	190	53	137

5-2 全省分性别、职业、婚姻状况的人口

单位：人

职业大类	15岁及以上人口			未　婚		
	合计	男	女	小计	男	女
总　计	**1799980**	**1075544**	**724436**	**243668**	**157086**	**86582**
党的机关、国家机关、群众团体和社会组织、企事业单位负责人	43358	30336	13022	3317	2137	1180
专业技术人员	203392	86705	116687	39570	15668	23902
办事人员和有关人员	143263	87355	55908	21570	12155	9415
社会生产服务和生活服务人员	602369	348894	253475	106646	66552	40094
农、林、牧、渔业生产及辅助人员	489847	282147	207700	29408	24160	5248
生产制造及有关人员	310622	235528	75094	41582	35363	6219
不便分类的其他从业人员	7129	4579	2550	1575	1051	524

5-2 续表

单位：人

职业大类	有配偶			离　婚			丧　偶		
	小计	男	女	小计	男	女	小计	男	女
总　计	**1442026**	**856756**	**585270**	**80570**	**47910**	**32660**	**33716**	**13792**	**19924**
党的机关、国家机关、群众团体和社会组织、企事业单位负责人	38116	27252	10864	1706	856	850	219	91	128
专业技术人员	155434	68158	87276	7259	2551	4708	1129	328	801
办事人员和有关人员	114480	71091	43389	6268	3592	2676	945	517	428
社会生产服务和生活服务人员	453390	262325	191065	35364	17973	17391	6969	2044	4925
农、林、牧、渔业生产及辅助人员	425361	238255	187106	13683	10609	3074	21395	9123	12272
生产制造及有关人员	250122	186404	63718	15937	12105	3832	2981	1656	1325
不便分类的其他从业人员	5123	3271	1852	353	224	129	78	33	45

5-2a　全省分性别、职业、婚姻状况的人口(城市)

单位：人

职业大类	15岁及以上人口			未婚		
	合计	男	女	小计	男	女
总　计	**994718**	**589038**	**405680**	**163301**	**98504**	**64797**
党的机关、国家机关、群众团体和社会组织、企事业单位负责人	36471	25226	11245	2924	1869	1055
专业技术人员	167573	70549	97024	32128	12793	19335
办事人员和有关人员	119509	71310	48199	17829	9758	8071
社会生产服务和生活服务人员	442404	252348	190056	81139	49563	31576
农、林、牧、渔业生产及辅助人员	27069	16768	10301	1364	1110	254
生产制造及有关人员	196507	149555	46952	26817	22680	4137
不便分类的其他从业人员	5185	3282	1903	1100	731	369

5-2a　续表

单位：人

职业大类	有配偶			离婚			丧偶		
	小计	男	女	小计	男	女	小计	男	女
总　计	**771830**	**460292**	**311538**	**51445**	**27355**	**24090**	**8142**	**2887**	**5255**
党的机关、国家机关、群众团体和社会组织、企事业单位负责人	31912	22587	9325	1477	711	766	158	59	99
专业技术人员	128549	55492	73057	6098	2057	4041	798	207	591
办事人员和有关人员	95682	58197	37485	5341	3018	2323	657	337	320
社会生产服务和生活服务人员	329999	188456	141543	27031	13177	13854	4235	1152	3083
农、林、牧、渔业生产及辅助人员	23815	14645	9170	1025	674	351	865	339	526
生产制造及有关人员	158086	118535	39551	10205	7557	2648	1399	783	616
不便分类的其他从业人员	3787	2380	1407	268	161	107	30	10	20

5－2b 全省分性别、职业、婚姻状况的人口(镇)

单位：人

职业大类	15岁及以上人口			未婚		
	合计	男	女	小计	男	女
总　计	**219773**	**132740**	**87033**	**23239**	**15565**	**7674**
党的机关、国家机关、群众团体和社会组织、企事业单位负责人	3977	2893	1084	189	128	61
专业技术人员	22291	9278	13013	3390	1262	2128
办事人员和有关人员	16535	10933	5602	2116	1359	757
社会生产服务和生活服务人员	81888	47228	34660	9903	6432	3471
农、林、牧、渔业生产及辅助人员	53612	30923	22689	3028	2392	636
生产制造及有关人员	40780	31023	9757	4475	3895	580
不便分类的其他从业人员	690	462	228	138	97	41

5－2b 续表

单位：人

职业大类	有配偶			离婚			丧偶		
	小计	男	女	小计	男	女	小计	男	女
总　计	**182761**	**110055**	**72706**	**9632**	**5615**	**4017**	**4141**	**1505**	**2636**
党的机关、国家机关、群众团体和社会组织、企事业单位负责人	3631	2685	946	132	67	65	25	13	12
专业技术人员	17976	7705	10271	761	269	492	164	42	122
办事人员和有关人员	13591	9095	4496	700	410	290	128	69	59
社会生产服务和生活服务人员	66524	38334	28190	4336	2136	2200	1125	326	799
农、林、牧、渔业生产及辅助人员	46679	26512	20167	1649	1201	448	2256	818	1438
生产制造及有关人员	33849	25386	8463	2020	1509	511	436	233	203
不便分类的其他从业人员	511	338	173	34	23	11	7	4	3

5-2c　全省分性别、职业、婚姻状况的人口(乡村)

单位：人

职业大类	15岁及以上人口			未婚		
	合计	男	女	小计	男	女
总　计	**585489**	**353766**	**231723**	**57128**	**43017**	**14111**
党的机关、国家机关、群众团体和社会组织、企事业单位负责人	2910	2217	693	204	140	64
专业技术人员	13528	6878	6650	4052	1613	2439
办事人员和有关人员	7219	5112	2107	1625	1038	587
社会生产服务和生活服务人员	78077	49318	28759	15604	10557	5047
农、林、牧、渔业生产及辅助人员	409166	234456	174710	25016	20658	4358
生产制造及有关人员	73335	54950	18385	10290	8788	1502
不便分类的其他从业人员	1254	835	419	337	223	114

5-2c　续表

单位：人

职业大类	有配偶			离婚			丧偶		
	小计	男	女	小计	男	女	小计	男	女
总　计	**487435**	**286409**	**201026**	**19493**	**14940**	**4553**	**21433**	**9400**	**12033**
党的机关、国家机关、群众团体和社会组织、企事业单位负责人	2573	1980	593	97	78	19	36	19	17
专业技术人员	8909	4961	3948	400	225	175	167	79	88
办事人员和有关人员	5207	3799	1408	227	164	63	160	111	49
社会生产服务和生活服务人员	56867	35535	21332	3997	2660	1337	1609	566	1043
农、林、牧、渔业生产及辅助人员	354867	197098	157769	11009	8734	2275	18274	7966	10308
生产制造及有关人员	58187	42483	15704	3712	3039	673	1146	640	506
不便分类的其他从业人员	825	553	272	51	40	11	41	19	22

5-3 全省分年龄、性别、受教育

受教育程度 年龄	15岁及以上人口 合计	男	女	未婚 小计	男	女
总　计	**3633278**	**1809089**	**1824189**	**576058**	**335948**	**240110**
15-19岁	**166964**	**86844**	**80120**	**166547**	**86756**	**79791**
15	33633	17824	15809	33626	17823	15803
16	35981	18792	17189	35969	18787	17182
17	28899	15029	13870	28862	15021	13841
18	32759	17036	15723	32662	17020	15642
19	35692	18163	17529	35428	18105	17323
20-24岁	**167606**	**85789**	**81817**	**151887**	**80895**	**70992**
20	37124	18820	18304	36477	18723	17754
21	32376	16546	15830	31194	16277	14917
22	31691	16320	15371	29316	15618	13698
23	32133	16541	15592	27785	15127	12658
24	34282	17562	16720	27115	15150	11965
25-29岁	**205830**	**106139**	**99691**	**104439**	**63396**	**41043**
25	37230	19301	17929	26087	15093	10994
26	39980	20670	19310	24120	14329	9791
27	41631	21486	20145	21141	12939	8202
28	42510	21810	20700	18121	11334	6787
29	44479	22872	21607	14970	9701	5269
30-34岁	**332362**	**169292**	**163070**	**66649**	**43691**	**22958**
30	60379	30992	29387	17094	11168	5926
31	63338	32226	31112	14740	9699	5041
32	67023	34156	32867	13227	8665	4562
33	77041	39141	37900	12376	8157	4219
34	64581	32777	31804	9212	6002	3210
35-39岁	**292705**	**148638**	**144067**	**29031**	**18682**	**10349**
35	50973	25770	25203	6638	4322	2316
36	48508	24572	23936	5503	3460	2043
37	57168	29023	28145	5826	3745	2081
38	74426	37985	36441	6425	4148	2277
39	61630	31288	30342	4639	3007	1632
40-44岁	**304069**	**155156**	**148913**	**16456**	**10931**	**5525**
40	60034	30613	29421	4069	2677	1392
41	70698	36020	34678	4019	2638	1381
42	65199	33293	31906	3460	2296	1164
43	53354	27432	25922	2503	1703	800
44	54784	27798	26986	2405	1617	788
45-49岁	**342562**	**173115**	**169447**	**12550**	**8918**	**3632**
45	56545	28651	27894	2316	1620	696
46	63621	32066	31555	2467	1723	744
47	72202	36486	35716	2758	1952	806
48	72463	36566	35897	2491	1805	686
49	77731	39346	38385	2518	1818	700
50-54岁	**378904**	**189587**	**189317**	**9225**	**7202**	**2023**
50	80884	40529	40355	2342	1750	592
51	75816	38152	37664	1983	1540	443
52	81654	41023	40631	1946	1504	442
53	64206	31949	32257	1382	1112	270
54	76344	37934	38410	1572	1296	276
55-59岁	**388783**	**192246**	**196537**	**6629**	**5141**	**1488**
55	85418	42555	42863	1630	1266	364
56	87446	43272	44174	1543	1194	349
57	109908	54639	55269	1848	1444	404
58	65420	32203	33217	1063	821	242
59	40591	19577	21014	545	416	129
60-64岁	**342612**	**167953**	**174659**	**4576**	**3652**	**924**
60	70606	34833	35773	1030	805	225
61	58414	28878	29536	785	618	167
62	71324	35068	36256	889	710	179
63	73735	36048	37687	925	761	164
64	68533	33126	35407	947	758	189
65岁及以上	**710881**	**334330**	**376551**	**8069**	**6684**	**1385**

程度、婚姻状况的人口

单位：人

有配偶			离婚			丧偶		
小计	男	女	小计	男	女	小计	男	女
2648437	**1326910**	**1321527**	**161824**	**80072**	**81752**	**246959**	**66159**	**180800**
413	**87**	**326**	**3**	**1**	**2**	**1**		**1**
7	1	6						
12	5	7						
37	8	29						
95	16	79	1		1	1		1
262	57	205	2	1	1			
15446	**4801**	**10645**	**263**	**88**	**175**	**10**	**5**	**5**
639	93	546	7	3	4	1	1	
1171	267	904	10	2	8	1		1
2336	691	1645	38	10	28	1	1	
4265	1385	2880	79	26	53	4	3	1
7035	2365	4670	129	47	82	3		3
98784	**41531**	**57253**	**2531**	**1196**	**1335**	**76**	**16**	**60**
10923	4126	6797	215	82	133	5		5
15480	6179	9301	371	161	210	9	1	8
20006	8322	11684	472	223	249	12	2	10
23732	10166	13566	637	304	333	20	6	14
28643	12738	15905	836	426	410	30	7	23
253855	**119523**	**134332**	**11478**	**5968**	**5510**	**380**	**110**	**270**
41751	19037	22714	1497	777	720	37	10	27
46680	21551	25129	1864	958	906	54	18	36
51477	24309	27168	2249	1166	1083	70	16	54
61570	29397	32173	2983	1551	1432	112	36	76
52377	25229	27148	2885	1516	1369	107	30	77
246556	**121304**	**125252**	**16327**	**8470**	**7857**	**791**	**182**	**609**
41878	20170	21708	2359	1256	1103	98	22	76
40416	19844	20572	2487	1244	1243	102	24	78
48017	23633	24384	3172	1606	1566	153	39	114
63282	31390	31892	4489	2389	2100	230	58	172
52963	26267	26696	3820	1975	1845	208	39	169
264573	**132879**	**131694**	**21140**	**10865**	**10275**	**1900**	**481**	**1419**
51942	25909	26033	3735	1949	1786	288	78	210
61337	30729	30608	4947	2553	2394	395	100	295
56681	28499	28182	4644	2400	2244	414	98	316
46607	23697	22910	3858	1934	1924	386	98	288
48006	24045	23961	3956	2029	1927	417	107	310
300559	**150868**	**149691**	**24906**	**12330**	**12576**	**4547**	**999**	**3548**
49545	24873	24672	4093	2026	2067	591	132	459
55848	27882	27966	4592	2295	2297	714	166	548
63362	31744	31618	5188	2584	2604	894	206	688
63616	31919	31697	5273	2602	2671	1083	240	843
68188	34450	33738	5760	2823	2937	1265	255	1010
332224	**166773**	**165451**	**27104**	**13132**	**13972**	**10351**	**2480**	**7871**
70823	35505	35318	6058	2882	3176	1661	392	1269
66225	33326	32899	5802	2832	2970	1806	454	1352
71633	36146	35487	5869	2843	3026	2206	530	1676
56522	28201	28321	4240	2126	2114	2062	510	1552
67021	33595	33426	5135	2449	2686	2616	594	2022
337178	**169841**	**167337**	**26662**	**12970**	**13692**	**18314**	**4294**	**14020**
74573	37581	36992	5929	2933	2996	3286	775	2511
75934	38193	37741	6187	3007	3180	3782	878	2904
95298	48335	46963	7448	3605	3843	5314	1255	4059
56491	28440	28051	4388	2104	2284	3478	838	2640
34882	17292	17590	2710	1321	1389	2454	548	1906
292791	**148819**	**143972**	**17227**	**8400**	**8827**	**28018**	**7082**	**20936**
60692	30821	29871	4134	2024	2110	4750	1183	3567
50016	25474	24542	3244	1642	1602	4369	1144	3225
61045	31102	29943	3643	1806	1837	5747	1450	4297
63007	32102	30905	3348	1545	1803	6455	1640	4815
58031	29320	28711	2858	1383	1475	6697	1665	5032
506058	**270484**	**235574**	**14183**	**6652**	**7531**	**182571**	**50510**	**132061**

5-3 续表 1

受教育程度 年龄	15岁及以上人口			未婚		
	合计	男	女	小计	男	女
未上过学	**39892**	**10850**	**29042**	**6509**	**5170**	**1339**
15—19岁	**364**	**227**	**137**	**364**	**227**	**137**
15	73	46	27	73	46	27
16	80	50	30	80	50	30
17	68	43	25	68	43	25
18	74	48	26	74	48	26
19	69	40	29	69	40	29
20—24岁	**487**	**324**	**163**	**481**	**324**	**157**
20	108	68	40	108	68	40
21	94	62	32	93	62	31
22	95	64	31	94	64	30
23	88	63	25	87	63	24
24	102	67	35	99	67	32
25—29岁	**518**	**305**	**213**	**445**	**292**	**153**
25	88	51	37	85	51	34
26	115	77	38	106	74	32
27	95	56	39	82	54	28
28	106	57	49	88	55	33
29	114	64	50	84	58	26
30—34岁	**773**	**424**	**349**	**576**	**376**	**200**
30	147	82	65	119	76	43
31	154	84	70	117	73	44
32	160	90	70	120	80	40
33	183	98	85	130	85	45
34	129	70	59	90	62	28
35—39岁	**629**	**322**	**307**	**388**	**266**	**122**
35	113	62	51	78	56	22
36	105	50	55	60	37	23
37	123	73	50	86	63	23
38	152	64	88	82	51	31
39	136	73	63	82	59	23
40—44岁	**824**	**443**	**381**	**488**	**352**	**136**
40	138	79	59	81	60	21
41	198	106	92	128	91	37
42	174	105	69	110	84	26
43	159	84	75	89	65	24
44	155	69	86	80	52	28
45—49岁	**1200**	**624**	**576**	**590**	**482**	**108**
45	174	93	81	95	79	16
46	223	118	105	120	94	26
47	254	145	109	135	114	21
48	241	107	134	92	73	19
49	308	161	147	148	122	26
50—54岁	**1545**	**726**	**819**	**599**	**503**	**96**
50	283	128	155	113	90	23
51	293	142	151	124	104	20
52	323	150	173	119	97	22
53	306	137	169	111	96	15
54	340	169	171	132	116	16
55—59岁	**1779**	**697**	**1082**	**525**	**453**	**72**
55	406	192	214	152	128	24
56	365	138	227	112	93	19
57	472	186	286	143	127	16
58	292	106	186	73	63	10
59	244	75	169	45	42	3
60—64岁	**2992**	**889**	**2103**	**510**	**458**	**52**
60	447	161	286	96	87	9
61	418	124	294	73	62	11
62	596	183	413	98	90	8
63	765	216	549	118	105	13
64	766	205	561	125	114	11
65岁及以上	**28781**	**5869**	**22912**	**1543**	**1437**	**106**

单位：人

有配偶			离婚			丧偶		
小计	男	女	小计	男	女	小计	男	女
15032	**3483**	**11549**	**447**	**196**	**251**	**17904**	**2001**	**15903**
6		**6**						
1		1						
1		1						
1		1						
3		3						
67	**13**	**54**	**6**		**6**			
3		3						
9	3	6						
13	2	11						
14	2	12	4		4			
28	6	22	2		2			
183	**44**	**139**	**11**	**4**	**7**	**3**		**3**
25	4	21	2	2		1		1
35	10	25	2	1	1			
37	9	28	2	1	1	1		1
49	13	36	4		4			
37	8	29	1		1	1		1
219	**52**	**167**	**19**	**4**	**15**	**3**		**3**
30	5	25	4	1	3	1		1
42	12	30	3	1	2			
36	10	26	1		1			
64	12	52	4	1	3	2		2
47	13	34	7	1	6			
302	**79**	**223**	**24**	**11**	**13**	**10**	**1**	**9**
55	17	38	1	1		1	1	
57	12	45	10	3	7	3		3
55	17	38	8	4	4	1		1
63	17	46	4	2	2	3		3
72	16	56	1	1		2		2
545	**120**	**425**	**30**	**16**	**14**	**35**	**6**	**29**
72	11	61	1	1		6	2	4
93	20	73	6	4	2	4		4
105	24	81	8	6	2	6	1	5
133	30	103	5	2	3	11	2	9
142	35	107	10	3	7	8	1	7
820	**187**	**633**	**42**	**25**	**17**	**84**	**11**	**73**
150	36	114	5	1	4	15	1	14
150	30	120	9	7	2	10	1	9
176	44	132	12	8	4	16	1	15
166	34	132	7	5	2	22	2	20
178	43	135	9	4	5	21	6	15
1038	**196**	**842**	**63**	**34**	**29**	**153**	**14**	**139**
204	51	153	19	9	10	31	4	27
211	36	175	12	6	6	30	3	27
276	43	233	17	12	5	36	4	32
177	36	141	11	5	6	31	2	29
170	30	140	4	2	2	25	1	24
1940	**351**	**1589**	**76**	**36**	**40**	**466**	**44**	**422**
278	58	220	16	7	9	57	9	48
267	52	215	16	5	11	62	5	57
390	74	316	15	10	5	93	9	84
503	92	411	15	9	6	129	10	119
502	75	427	14	5	9	125	11	114
9912	**2441**	**7471**	**176**	**66**	**110**	**17150**	**1925**	**15225**

5-3 续表 2

受教育程度 年 龄	15岁及以上人口			未 婚		
	合计	男	女	小计	男	女
学前教育	**1013**	**351**	**662**	**190**	**118**	**72**
15—19岁	**80**	**40**	**40**	**80**	**40**	**40**
15	40	17	23	40	17	23
16	21	12	9	21	12	9
17	8	4	4	8	4	4
18	6	5	1	6	5	1
19	5	2	3	5	2	3
20—24岁	**31**	**16**	**15**	**30**	**16**	**14**
20	6	3	3	6	3	3
21	9	4	5	9	4	5
22	8	5	3	8	5	3
23	4	1	3	3	1	2
24	4	3	1	4	3	1
25—29岁	**33**	**20**	**13**	**20**	**12**	**8**
25	13	7	6	9	4	5
26	5	4	1	5	4	1
27	3	3		1	1	
28	3	1	2	1		1
29	9	5	4	4	3	1
30—34岁	**38**	**14**	**24**	**6**	**5**	**1**
30	8	6	2	3	3	
31	11	3	8			
32	4	1	3	1	1	
33	7	3	4	2	1	1
34	8	1	7			
35—39岁	**26**	**15**	**11**	**5**	**2**	**3**
35	6	5	1	2	1	1
36	5	4	1			
37	5	2	3			
38	7	3	4	2	1	1
39	3	1	2	1		1
40—44岁	**19**	**10**	**9**	**4**	**4**	
40	5	3	2	1	1	
41	3	2	1	2	2	
42	4	2	2	1	1	
43	2	2				
44	5	1	4			
45—49岁	**33**	**17**	**16**	**7**	**6**	**1**
45	5	4	1	2	1	1
46	7	4	3	1	1	
47	6		6			
48	9	6	3	3	3	
49	6	3	3	1	1	
50—54岁	**39**	**18**	**21**	**7**	**7**	
50	10	5	5	2	2	
51	5	2	3			
52	4	2	2	1	1	
53	9	3	6	1	1	
54	11	6	5	3	3	
55—59岁	**52**	**23**	**29**	**2**	**2**	
55	11	6	5			
56	10	6	4			
57	12	6	6	2	2	
58	10	3	7			
59	9	2	7			
60—64岁	**73**	**25**	**48**	**6**	**5**	**1**
60	12	4	8	2	1	1
61	11	4	7			
62	15	5	10			
63	18	5	13			
64	17	7	10	4	4	
65岁及以上	**589**	**153**	**436**	**23**	**19**	**4**

单位：人

有配偶			离婚			丧偶		
小计	男	女	小计	男	女	小计	男	女
504	**179**	**325**	**21**	**10**	**11**	**298**	**44**	**254**
1		**1**						
1		1						
13	**8**	**5**						
4	3	1						
2	2							
2	1	1						
5	2	3						
32	**9**	**23**						
5	3	2						
11	3	8						
3		3						
5	2	3						
8	1	7						
19	**11**	**8**	**2**	**2**				
4	4							
5	4	1						
4	1	3	1	1				
4	1	3	1	1				
2	1	1						
13	**6**	**7**	**2**		**2**			
4	2	2						
1		1						
3	1	2						
2	2							
3	1	2	2		2			
23	**11**	**12**	**3**		**3**			
3	3							
6	3	3						
5		5	1		1			
6	3	3						
3	2	1	2		2			
27	**10**	**17**	**4**	**1**	**3**	**1**		**1**
7	3	4	1		1			
5	2	3						
2		2	1	1				
7	2	5	1		1			
6	3	3	1		1	1		1
38	**15**	**23**	**5**	**4**	**1**	**7**	**2**	**5**
10	5	5	1	1				
8	4	4	1	1		1	1	
9	4	5				1		1
5	1	4	2	1	1	3	1	2
6	1	5	1	1		2		2
59	**16**	**43**	**1**	**1**		**7**	**3**	**4**
9	3	6				1		1
9	3	6	1	1		1		1
13	4	9				2	1	1
16	3	13				2	2	
12	3	9				1		1
279	**93**	**186**	**4**	**2**	**2**	**283**	**39**	**244**

5-3　续表 3

受教育程度 年　　龄	15岁及以上人口			未　　婚		
	合计	男	女	小计	男	女
小　学	**561423**	**246300**	**315123**	**23532**	**19872**	**3660**
15—19岁	**1401**	**842**	**559**	**1365**	**839**	**526**
15	257	147	110	255	147	108
16	217	125	92	217	125	92
17	242	147	95	239	147	92
18	341	209	132	329	209	120
19	344	214	130	325	211	114
20—24岁	**2644**	**1555**	**1089**	**1999**	**1335**	**664**
20	440	240	200	397	234	163
21	402	228	174	328	209	119
22	537	316	221	421	281	140
23	554	326	228	401	276	125
24	711	445	266	452	335	117
25—29岁	**5642**	**3241**	**2401**	**2139**	**1637**	**502**
25	848	496	352	459	336	123
26	978	579	399	434	342	92
27	1085	627	458	422	315	107
28	1252	697	555	410	314	96
29	1479	842	637	414	330	84
30—34岁	**12300**	**6882**	**5418**	**2416**	**1936**	**480**
30	2023	1156	867	494	397	97
31	2443	1371	1072	537	424	113
32	2506	1404	1102	482	374	108
33	2896	1609	1287	503	409	94
34	2432	1342	1090	400	332	68
35—39岁	**10238**	**5319**	**4919**	**1318**	**1112**	**206**
35	1741	919	822	259	210	49
36	1632	818	814	190	158	32
37	1858	924	934	254	213	41
38	2432	1292	1140	326	278	48
39	2575	1366	1209	289	253	36
40—44岁	**17134**	**8693**	**8441**	**1641**	**1434**	**207**
40	2951	1513	1438	338	288	50
41	3757	1936	1821	371	329	42
42	3515	1803	1712	352	307	45
43	3196	1615	1581	273	236	37
44	3715	1826	1889	307	274	33
45—49岁	**31629**	**15372**	**16257**	**2046**	**1845**	**201**
45	4250	2063	2187	321	277	44
46	5484	2731	2753	376	339	37
47	6456	3191	3265	450	406	44
48	7146	3359	3787	430	402	28
49	8293	4028	4265	469	421	48
50—54岁	**57297**	**27112**	**30185**	**2417**	**2222**	**195**
50	9770	4678	5092	469	419	50
51	10663	5136	5527	486	450	36
52	12318	5808	6510	529	477	52
53	11107	5150	5957	426	394	32
54	13439	6340	7099	507	482	25
55—59岁	**63206**	**28018**	**35188**	**2013**	**1852**	**161**
55	14212	6505	7707	492	449	43
56	13979	6347	7632	482	450	32
57	16931	7634	9297	542	492	50
58	11035	4704	6331	326	307	19
59	7049	2828	4221	171	154	17
60—64岁	**77136**	**32500**	**44636**	**1916**	**1796**	**120**
60	13449	5694	7755	386	364	22
61	12323	5248	7075	325	302	23
62	15975	6794	9181	359	337	22
63	17750	7551	10199	417	389	28
64	17639	7213	10426	429	404	25
65岁及以上	**282796**	**116766**	**166030**	**4262**	**3864**	**398**

单位：人

有配偶			离婚			丧偶		
小计	男	女	小计	男	女	小计	男	女
414827	**189418**	**225409**	**14736**	**8747**	**5989**	**108328**	**28263**	**80065**
35	**3**	**32**				**1**		**1**
2		2						
3		3						
11		11				1		1
19	3	16						
623	**215**	**408**	**20**	**5**	**15**	**2**		**2**
42	6	36	1		1			
73	19	54	1		1			
109	32	77	7	3	4			
147	49	98	5	1	4	1		1
252	109	143	6	1	5	1		1
3316	**1508**	**1808**	**174**	**93**	**81**	**13**	**3**	**10**
375	155	220	11	5	6	3		3
517	224	293	27	13	14			
628	293	335	33	18	15	2	1	1
797	360	437	42	22	20	3	1	2
999	476	523	61	35	26	5	1	4
9171	**4528**	**4643**	**671**	**403**	**268**	**42**	**15**	**27**
1432	703	729	94	55	39	3	1	2
1776	871	905	124	72	52	6	4	2
1885	954	931	133	76	57	6		6
2214	1093	1121	162	98	64	17	9	8
1864	907	957	158	102	56	10	1	9
8137	**3722**	**4415**	**705**	**458**	**247**	**78**	**27**	**51**
1354	632	722	112	73	39	16	4	12
1320	587	733	110	70	40	12	3	9
1456	620	836	134	87	47	14	4	10
1909	895	1014	176	110	66	21	9	12
2098	988	1110	173	118	55	15	7	8
14096	**6421**	**7675**	**1196**	**771**	**425**	**201**	**67**	**134**
2384	1085	1299	195	131	64	34	9	25
3047	1399	1648	307	198	109	32	10	22
2878	1321	1557	245	164	81	40	11	29
2657	1228	1429	218	127	91	48	24	24
3130	1388	1742	231	151	80	47	13	34
27128	**12183**	**14945**	**1850**	**1192**	**658**	**605**	**152**	**453**
3621	1610	2011	248	160	88	60	16	44
4660	2143	2517	364	229	135	84	20	64
5515	2512	3003	383	246	137	108	27	81
6172	2670	3502	394	248	146	150	39	111
7160	3248	3912	461	309	152	203	50	153
50144	**22677**	**27467**	**2625**	**1661**	**964**	**2111**	**552**	**1559**
8520	3849	4671	498	326	172	283	84	199
9298	4252	5046	537	343	194	342	91	251
10769	4859	5910	576	356	220	444	116	328
9749	4349	5400	463	288	175	469	119	350
11808	5368	6440	551	348	203	573	142	431
54633	**23718**	**30915**	**2337**	**1436**	**901**	**4223**	**1012**	**3211**
12409	5511	6898	563	357	206	748	188	560
12082	5346	6736	570	347	223	845	204	641
14640	6483	8157	595	380	215	1154	279	875
9458	3958	5500	384	221	163	867	218	649
6044	2420	3624	225	131	94	609	123	486
64627	**27540**	**37087**	**2011**	**1157**	**854**	**8582**	**2007**	**6575**
11407	4807	6600	395	227	168	1261	296	965
10402	4456	5946	365	218	147	1231	272	959
13478	5759	7719	447	271	176	1691	427	1264
14879	6472	8407	401	219	182	2053	471	1582
14461	6046	8415	403	222	181	2346	541	1805
182917	**86903**	**96014**	**3147**	**1571**	**1576**	**92470**	**24428**	**68042**

5-3 续表 4

受教育程度 年　　龄	15岁及以上人口			未　婚		
	合计	男	女	小计	男	女
初　中	**1627668**	**837169**	**790499**	**133090**	**92362**	**40728**
15-19岁	**33804**	**19427**	**14377**	**33528**	**19367**	**14161**
15	13886	7735	6151	13884	7735	6149
16	6813	3805	3008	6805	3802	3003
17	4232	2487	1745	4205	2482	1723
18	4398	2655	1743	4330	2643	1687
19	4475	2745	1730	4304	2705	1599
20-24岁	**33501**	**19588**	**13913**	**24769**	**16759**	**8010**
20	4713	2763	1950	4280	2705	1575
21	4984	2992	1992	4278	2817	1461
22	6403	3842	2561	5021	3415	1606
23	7841	4557	3284	5422	3738	1684
24	9560	5434	4126	5768	4084	1684
25-29岁	**66088**	**37164**	**28924**	**24611**	**18369**	**6242**
25	11300	6553	4747	5976	4367	1609
26	12357	7055	5302	5431	4011	1420
27	13370	7523	5847	4992	3762	1230
28	13678	7656	6022	4349	3275	1074
29	15383	8377	7006	3863	2954	909
30-34岁	**125685**	**66501**	**59184**	**18895**	**14409**	**4486**
30	21855	11870	9985	4569	3493	1076
31	23190	12215	10975	4091	3137	954
32	24856	13110	11746	3640	2809	831
33	29938	15718	14220	3704	2809	895
34	25846	13588	12258	2891	2161	730
35-39岁	**123358**	**64043**	**59315**	**8937**	**6638**	**2299**
35	20276	10528	9748	1990	1479	511
36	19294	9912	9382	1590	1157	433
37	23194	12173	11021	1718	1299	419
38	31901	16600	15301	2020	1499	521
39	28693	14830	13863	1619	1204	415
40-44岁	**154421**	**79950**	**74471**	**6473**	**4874**	**1599**
40	28922	14999	13923	1482	1132	350
41	35629	18366	17263	1535	1144	391
42	32732	17030	15702	1379	1037	342
43	27859	14575	13284	1044	801	243
44	29279	14980	14299	1033	760	273
45-49岁	**190781**	**96338**	**94443**	**5616**	**4263**	**1353**
45	30746	15636	15110	1056	800	256
46	35593	17856	17737	1077	811	266
47	40386	20456	19930	1232	944	288
48	40608	20449	20159	1158	886	272
49	43448	21941	21507	1093	822	271
50-54岁	**219857**	**110482**	**109375**	**4132**	**3277**	**855**
50	45642	22829	22813	1060	834	226
51	43345	21831	21514	937	734	203
52	47380	23990	23390	888	712	176
53	38348	19263	19085	586	462	124
54	45142	22569	22573	661	535	126
55-59岁	**219057**	**109300**	**109757**	**2852**	**2167**	**685**
55	50466	25225	25241	707	547	160
56	49854	24814	25040	666	495	171
57	61214	30632	30582	804	614	190
58	35741	17872	17869	456	340	116
59	21782	10757	11025	219	171	48
60-64岁	**183348**	**92280**	**91068**	**1601**	**1124**	**477**
60	38462	19306	19156	372	265	107
61	31893	16108	15785	295	205	90
62	38793	19510	19283	328	229	99
63	39069	19659	19410	297	217	80
64	35131	17697	17434	309	208	101
65岁及以上	**277768**	**142096**	**135672**	**1676**	**1115**	**561**

单位：人

有配偶			离婚			丧偶		
小计	男	女	小计	男	女	小计	男	女
1314737	**670726**	**644011**	**90954**	**47916**	**43038**	**88887**	**26165**	**62722**
274	**59**	**215**	**2**	**1**	**1**			
2		2						
8	3	5						
27	5	22						
68	12	56						
169	39	130	2	1	1			
8527	**2752**	**5775**	**199**	**74**	**125**	**6**	**3**	**3**
430	58	372	3		3			
699	173	526	6	2	4	1		1
1353	419	934	28	7	21	1	1	
2356	796	1560	61	21	40	2	2	
3689	1306	2383	101	44	57	2		2
39851	**17979**	**21872**	**1576**	**806**	**770**	**50**	**10**	**40**
5169	2123	3046	153	63	90	2		2
6673	2919	3754	246	124	122	7	1	6
8077	3612	4465	293	148	145	8	1	7
8925	4177	4748	391	201	190	13	3	10
11007	5148	5859	493	270	223	20	5	15
100322	**48420**	**51902**	**6250**	**3596**	**2654**	**218**	**76**	**142**
16386	7858	8528	876	511	365	24	8	16
18062	8497	9565	1005	569	436	32	12	20
19918	9567	10351	1255	723	532	43	11	32
24575	11961	12614	1606	927	679	53	21	32
21381	10537	10844	1508	866	642	66	24	42
105911	**52541**	**53370**	**8061**	**4753**	**3308**	**449**	**111**	**338**
17031	8322	8709	1205	714	491	50	13	37
16398	8049	8349	1255	693	562	51	13	38
19884	9960	9924	1501	888	613	91	26	65
27590	13754	13836	2163	1312	851	128	35	93
25008	12456	12552	1937	1146	791	129	24	105
135672	**68446**	**67226**	**11148**	**6317**	**4831**	**1128**	**313**	**815**
25361	12710	12651	1916	1110	806	163	47	116
31254	15693	15561	2600	1459	1141	240	70	170
28681	14538	14143	2435	1389	1046	237	66	171
24492	12553	11939	2087	1160	927	236	61	175
25884	12952	12932	2110	1199	911	252	69	183
168774	**84134**	**84640**	**13591**	**7289**	**6302**	**2800**	**652**	**2148**
27087	13532	13555	2235	1211	1024	368	93	275
31535	15555	15980	2541	1382	1159	440	108	332
35739	17815	17924	2845	1558	1287	570	139	431
35937	17919	18018	2845	1486	1359	668	158	510
38476	19313	19163	3125	1652	1473	754	154	600
193606	**97561**	**96045**	**15767**	**8054**	**7713**	**6352**	**1590**	**4762**
40240	20064	20176	3325	1690	1635	1017	241	776
37975	19069	18906	3337	1737	1600	1096	291	805
41677	21155	20522	3465	1774	1691	1350	349	1001
33934	17136	16798	2552	1344	1208	1276	321	955
39780	20137	19643	3088	1509	1579	1613	388	1225
189805	**96409**	**93396**	**16081**	**8205**	**7876**	**10319**	**2519**	**7800**
44091	22342	21749	3706	1861	1845	1962	475	1487
43270	21886	21384	3735	1915	1820	2183	518	1665
52960	26969	25991	4440	2300	2140	3010	749	2261
30865	15784	15081	2542	1275	1267	1878	473	1405
18619	9428	9191	1658	854	804	1286	304	982
156746	**82090**	**74656**	**10607**	**5208**	**5399**	**14394**	**3858**	**10536**
33033	17129	15904	2509	1238	1271	2548	674	1874
27258	14219	13039	2036	1044	992	2304	640	1664
33209	17384	15825	2244	1120	1124	3012	777	2235
33353	17555	15798	2097	964	1133	3322	923	2399
29893	15803	14090	1721	842	879	3208	844	2364
215249	**120335**	**94914**	**7672**	**3613**	**4059**	**53171**	**17033**	**36138**

5-3 续表 5

受教育程度 年 龄	15岁及以上人口			未 婚		
	合计	男	女	小计	男	女
高 中	**602958**	**311356**	**291602**	**147037**	**84279**	**62758**
15-19岁	**85797**	**44896**	**40901**	**85722**	**44877**	**40845**
15	18854	9619	9235	18851	9618	9233
16	27865	14307	13558	27861	14305	13556
17	21385	11044	10341	21379	11041	10338
18	12330	6863	5467	12318	6860	5458
19	5363	3063	2300	5313	3053	2260
20-24岁	**22037**	**12400**	**9637**	**19361**	**11588**	**7773**
20	4352	2380	1972	4252	2366	1886
21	3960	2224	1736	3734	2189	1545
22	4244	2388	1856	3841	2275	1566
23	4485	2597	1888	3727	2344	1383
24	4996	2811	2185	3807	2414	1393
25-29岁	**31462**	**17512**	**13950**	**15748**	**10665**	**5083**
25	5452	3068	2384	3621	2376	1245
26	6169	3582	2587	3660	2522	1138
27	6398	3514	2884	3213	2121	1092
28	6562	3582	2980	2836	1964	872
29	6881	3766	3115	2418	1682	736
30-34岁	**51840**	**27509**	**24331**	**11953**	**8250**	**3703**
30	9321	4980	4341	2861	1987	874
31	9734	5247	4487	2563	1787	776
32	10589	5769	4820	2502	1763	739
33	12318	6364	5954	2398	1617	781
34	9878	5149	4729	1629	1096	533
35-39岁	**47198**	**24168**	**23030**	**5741**	**3806**	**1935**
35	7705	3981	3724	1241	827	414
36	7252	3701	3551	1031	676	355
37	9009	4630	4379	1129	741	388
38	12764	6569	6195	1402	940	462
39	10468	5287	5181	938	622	316
40-44岁	**56430**	**28314**	**28116**	**3497**	**2131**	**1366**
40	10615	5312	5303	834	539	295
41	13257	6721	6536	898	540	358
42	12421	6176	6245	742	437	305
43	10029	5055	4974	519	323	196
44	10108	5050	5058	504	292	212
45-49岁	**58228**	**29249**	**28979**	**2247**	**1330**	**917**
45	10090	5100	4990	420	249	171
46	10725	5322	5403	467	279	188
47	12304	6137	6167	479	272	207
48	12103	6086	6017	426	249	177
49	13006	6604	6402	455	281	174
50-54岁	**54274**	**26881**	**27393**	**1230**	**778**	**452**
50	13357	6699	6658	416	263	153
51	11612	5744	5868	255	168	87
52	11834	5860	5974	236	134	102
53	7889	3879	4010	162	106	56
54	9582	4699	4883	161	107	54
55-59岁	**64790**	**31607**	**33183**	**800**	**459**	**341**
55	11721	5812	5909	184	103	81
56	13883	6730	7153	180	109	71
57	19565	9516	10049	238	143	95
58	11871	5846	6025	129	71	58
59	7750	3703	4047	69	33	36
60-64岁	**56120**	**28404**	**27716**	**376**	**214**	**162**
60	12957	6467	6490	124	71	53
61	10021	5122	4899	68	41	27
62	11519	5889	5630	68	39	29
63	11481	5817	5664	64	41	23
64	10142	5109	5033	52	22	30
65岁及以上	**74782**	**40416**	**34366**	**362**	**181**	**181**

单位：人

有配偶			离婚			丧偶		
小计	男	女	小计	男	女	小计	男	女
402169	**206753**	**195416**	**32062**	**14083**	**17979**	**21690**	**6241**	**15449**
74	**19**	**55**	**1**		**1**			
3	1	2						
4	2	2						
6	3	3						
11	3	8	1		1			
50	10	40						
2651	**805**	**1846**	**23**	**5**	**18**	**2**	**2**	
99	13	86				1	1	
225	35	190	1		1			
401	113	288	2		2			
748	249	499	9	3	6	1	1	
1178	395	783	11	2	9			
15350	**6692**	**8658**	**358**	**154**	**204**	**6**	**1**	**5**
1809	684	1125	22	8	14			
2461	1046	1415	48	14	34			
3118	1365	1753	66	28	38	1		1
3636	1577	2059	88	40	48	2	1	1
4326	2020	2306	134	64	70	3		3
38050	**18397**	**19653**	**1789**	**855**	**934**	**48**	**7**	**41**
6233	2897	3336	224	96	128	3		3
6880	3321	3559	283	138	145	8	1	7
7729	3832	3897	350	173	177	8	1	7
9445	4529	4916	458	216	242	17	2	15
7763	3818	3945	474	232	242	12	3	9
38279	**18861**	**19418**	**3074**	**1482**	**1592**	**104**	**19**	**85**
6076	2963	3113	374	188	186	14	3	11
5797	2819	2978	409	202	207	15	4	11
7269	3583	3686	602	303	299	9	3	6
10427	5188	5239	903	437	466	32	4	28
8710	4308	4402	786	352	434	34	5	29
47946	**23984**	**23962**	**4673**	**2143**	**2530**	**314**	**56**	**258**
8985	4406	4579	746	355	391	50	12	38
11200	5655	5545	1096	514	582	63	12	51
10553	5245	5308	1050	484	566	76	10	66
8566	4334	4232	887	392	495	57	6	51
8642	4344	4298	894	398	496	68	16	52
49744	**25392**	**24352**	**5579**	**2415**	**3164**	**658**	**112**	**546**
8668	4442	4226	916	397	519	86	12	74
9142	4600	4542	1000	417	583	116	26	90
10498	5343	5155	1207	506	701	120	16	104
10339	5271	5068	1175	536	639	163	30	133
11097	5736	5361	1281	559	722	173	28	145
46341	**23568**	**22773**	**5471**	**2309**	**3162**	**1232**	**226**	**1006**
11327	5807	5520	1387	586	801	227	43	184
9904	5010	4894	1223	517	706	230	49	181
10192	5224	4968	1136	458	678	270	44	226
6754	3394	3360	755	331	424	218	48	170
8164	4133	4031	970	417	553	287	42	245
55590	**28256**	**27334**	**5732**	**2380**	**3352**	**2668**	**512**	**2156**
10094	5151	4943	1080	491	589	363	67	296
11892	5994	5898	1291	529	762	520	98	422
16786	8544	8242	1717	671	1046	824	158	666
10164	5228	4936	1032	442	590	546	105	441
6654	3339	3315	612	247	365	415	84	331
48790	**25841**	**22949**	**3290**	**1456**	**1834**	**3664**	**893**	**2771**
11213	5829	5384	905	411	494	715	156	559
8730	4631	4099	600	270	330	623	180	443
9985	5364	4621	683	303	380	783	183	600
10012	5328	4684	616	264	352	789	184	605
8850	4689	4161	486	208	278	754	190	564
59354	**34938**	**24416**	**2072**	**884**	**1188**	**12994**	**4413**	**8581**

5-3 续表 6

受教育程度 / 年龄	15岁及以上人口			未婚		
	合计	男	女	小计	男	女
大学专科	**384702**	**196733**	**187969**	**111631**	**60051**	**51580**
15-19岁	**22406**	**10796**	**11610**	**22380**	**10791**	**11589**
15	474	232	242	474	232	242
16	815	409	406	815	409	406
17	1899	894	1005	1899	894	1005
18	7912	3854	4058	7908	3853	4055
19	11306	5407	5899	11284	5403	5881
20-24岁	**42362**	**20889**	**21473**	**39739**	**20148**	**19591**
20	10723	5341	5382	10662	5328	5334
21	7768	3790	3978	7627	3755	3872
22	7756	3770	3986	7390	3675	3715
23	7938	3957	3981	7194	3752	3442
24	8177	4031	4146	6866	3638	3228
25-29岁	**46272**	**23173**	**23099**	**25362**	**14767**	**10595**
25	8779	4369	4410	6517	3595	2922
26	9279	4582	4697	5998	3409	2589
27	9477	4792	4685	5157	3041	2116
28	9372	4688	4684	4229	2542	1687
29	9365	4742	4623	3461	2180	1281
30-34岁	**62275**	**30999**	**31276**	**14221**	**8878**	**5343**
30	12061	6107	5954	3752	2392	1360
31	12294	6162	6132	3237	2032	1205
32	12707	6347	6360	2864	1773	1091
33	13961	6921	7040	2518	1567	951
34	11252	5462	5790	1850	1114	736
35-39岁	**46231**	**22873**	**23358**	**5556**	**3286**	**2270**
35	8558	4300	4258	1362	854	508
36	7952	4017	3935	1144	675	469
37	9433	4630	4803	1143	680	463
38	11468	5716	5752	1116	645	471
39	8820	4210	4610	791	432	359
40-44岁	**37390**	**18409**	**18981**	**2214**	**1125**	**1089**
40	7984	3885	4099	632	313	319
41	8914	4362	4552	564	286	278
42	8276	4053	4223	450	235	215
43	6201	3087	3114	303	155	148
44	6015	3022	2993	265	136	129
45-49岁	**32602**	**16459**	**16143**	**1184**	**612**	**572**
45	6016	2977	3039	245	130	115
46	6189	3134	3055	243	123	120
47	6813	3394	3419	267	142	125
48	6744	3468	3276	221	116	105
49	6840	3486	3354	208	101	107
50-54岁	**25185**	**12922**	**12263**	**479**	**238**	**241**
50	6520	3317	3203	159	79	80
51	5452	2809	2643	93	44	49
52	5306	2747	2559	110	57	53
53	3534	1818	1716	56	30	26
54	4373	2231	2142	61	28	33
55-59岁	**23985**	**12805**	**11180**	**272**	**131**	**141**
55	5028	2701	2327	57	25	32
56	5563	2926	2637	70	35	35
57	7051	3749	3302	75	38	37
58	4015	2139	1876	43	24	19
59	2328	1290	1038	27	9	18
60-64岁	**15650**	**9030**	**6620**	**105**	**35**	**70**
60	3373	1933	1440	32	11	21
61	2626	1533	1093	16	4	12
62	3094	1784	1310	24	10	14
63	3190	1857	1333	17	6	11
64	3367	1923	1444	16	4	12
65岁及以上	**30344**	**18378**	**11966**	**119**	**40**	**79**

单位：人

有配偶			离婚			丧偶		
小计	男	女	小计	男	女	小计	男	女
252484	**129126**	**123358**	**14105**	**5484**	**8621**	**6482**	**2072**	**4410**
26	**5**	**21**						
4	1	3						
22	4	18						
2609	**739**	**1870**	**14**	**2**	**12**			
60	12	48	1	1				
139	35	104	2		2			
365	95	270	1		1			
740	204	536	4	1	3			
1305	393	912	6		6			
20650	**8313**	**12337**	**255**	**91**	**164**	**5**	**2**	**3**
2245	770	1475	17	4	13			
3247	1165	2082	32	8	24	2		2
4265	1732	2533	55	19	36			
5071	2117	2954	70	28	42	2	1	1
5822	2529	3293	81	32	49	1	1	
46497	**21479**	**25018**	**1521**	**631**	**890**	**36**	**11**	**25**
8127	3645	4482	178	69	109	4	1	3
8803	4024	4779	248	105	143	6	1	5
9555	4461	5094	281	109	172	7	4	3
11002	5176	5826	431	175	256	10	3	7
9010	4173	4837	383	173	210	9	2	7
38335	**18636**	**19699**	**2279**	**943**	**1336**	**61**	**8**	**53**
6871	3305	3566	319	141	178	6		6
6451	3201	3250	346	139	207	11	2	9
7798	3774	4024	477	174	303	15	2	13
9686	4766	4920	651	304	347	15	1	14
7529	3590	3939	486	185	301	14	3	11
32583	**16268**	**16315**	**2444**	**992**	**1452**	**149**	**24**	**125**
6842	3366	3476	489	203	286	21	3	18
7748	3833	3915	569	240	329	33	3	30
7245	3590	3655	544	222	322	37	6	31
5458	2767	2691	411	159	252	29	6	23
5290	2712	2578	431	168	263	29	6	23
28821	**14933**	**13888**	**2322**	**862**	**1460**	**275**	**52**	**223**
5313	2689	2624	409	151	258	49	7	42
5495	2847	2648	409	158	251	42	6	36
6052	3074	2978	441	161	280	53	17	36
5931	3142	2789	536	204	332	56	6	50
6030	3181	2849	527	188	339	75	16	59
22369	**11962**	**10407**	**1971**	**670**	**1301**	**366**	**52**	**314**
5756	3054	2702	520	169	351	85	15	70
4869	2609	2260	414	143	271	76	13	63
4689	2528	2161	432	155	277	75	7	68
3160	1687	1473	270	92	178	48	9	39
3895	2084	1811	335	111	224	82	8	74
21444	**11938**	**9506**	**1627**	**576**	**1051**	**642**	**160**	**482**
4484	2510	1974	358	136	222	129	30	99
4956	2722	2234	420	135	285	117	34	83
6336	3508	2828	443	159	284	197	44	153
3590	1996	1594	260	90	170	122	29	93
2078	1202	876	146	56	90	77	23	54
13957	**8431**	**5526**	**888**	**376**	**512**	**700**	**188**	**512**
2995	1794	1201	219	100	119	127	28	99
2334	1426	908	159	71	88	117	32	85
2751	1662	1089	187	74	113	132	38	94
2887	1747	1140	166	68	98	120	36	84
2990	1802	1188	157	63	94	204	54	150
25193	**16422**	**8771**	**784**	**341**	**443**	**4248**	**1575**	**2673**

5-3 续表 7

受教育程度 年龄	15岁及以上人口			未婚		
	合计	男	女	小计	男	女
大学本科	**375346**	**187216**	**188130**	**138333**	**67355**	**70978**
15-19岁	**23083**	**10602**	**12481**	**23079**	**10601**	**12478**
15	49	28	21	49	28	21
16	170	84	86	170	84	86
17	1063	410	653	1062	410	652
18	7687	3397	4290	7686	3397	4289
19	14114	6683	7431	14112	6682	7430
20-24岁	**60714**	**28577**	**32137**	**59697**	**28292**	**31405**
20	16743	8008	8735	16733	8002	8731
21	14938	7167	7771	14904	7162	7742
22	11471	5472	5999	11365	5440	5925
23	9144	4150	4994	8876	4064	4812
24	8418	3780	4638	7819	3624	4195
25-29岁	**48076**	**21514**	**26562**	**29719**	**14875**	**14844**
25	8689	3862	4827	7410	3485	3925
26	9325	4071	5254	6865	3286	3579
27	9757	4383	5374	6071	3121	2950
28	10228	4596	5632	5286	2774	2512
29	10077	4602	5475	4087	2209	1878
30-34岁	**71274**	**33592**	**37682**	**16323**	**8827**	**7496**
30	13389	6185	7204	4599	2509	2090
31	13830	6468	7362	3649	1995	1654
32	14510	6747	7763	3190	1678	1512
33	16045	7704	8341	2792	1510	1282
34	13500	6488	7012	2093	1135	958
35-39岁	**57289**	**28271**	**29018**	**6250**	**3219**	**3031**
35	11207	5366	5841	1515	809	706
36	10806	5393	5413	1296	677	619
37	11944	5837	6107	1317	669	648
38	13802	6854	6948	1323	673	650
39	9530	4821	4709	799	391	408
40-44岁	**33447**	**16995**	**16452**	**1873**	**908**	**965**
40	8235	4205	4030	606	310	296
41	7836	3961	3875	462	228	234
42	7120	3614	3506	371	169	202
43	5284	2666	2618	244	107	137
44	4972	2549	2423	190	94	96
45-49岁	**25697**	**13675**	**12022**	**776**	**354**	**422**
45	4805	2530	2275	158	77	81
46	4953	2641	2312	159	68	91
47	5455	2874	2581	177	68	109
48	5122	2790	2332	150	76	74
49	5362	2840	2522	132	65	67
50-54岁	**19089**	**10444**	**8645**	**331**	**169**	**162**
50	4896	2629	2267	110	61	49
51	4087	2258	1829	82	39	43
52	4164	2277	1887	57	25	32
53	2753	1532	1221	37	21	16
54	3189	1748	1441	45	23	22
55-59岁	**14490**	**8780**	**5710**	**149**	**67**	**82**
55	3252	1892	1360	33	11	22
56	3428	2065	1363	32	12	20
57	4244	2609	1635	40	25	15
58	2266	1394	872	32	14	18
59	1300	820	480	12	5	7
60-64岁	**6759**	**4415**	**2344**	**54**	**15**	**39**
60	1770	1159	611	16	5	11
61	1030	674	356	6	2	4
62	1237	825	412	10	4	6
63	1346	854	492	11	2	9
64	1376	903	473	11	2	9
65岁及以上	**15428**	**10351**	**5077**	**82**	**28**	**54**

单位：人

有配偶			离婚			丧偶		
小计	男	女	小计	男	女	小计	男	女
224926	**115141**	**109785**	**8805**	**3380**	**5425**	**3282**	**1340**	**1942**
4	**1**	**3**						
1		1						
1		1						
2	1	1						
1010	**283**	**727**	**7**	**2**	**5**			
8	4	4	2	2				
34	5	29						
106	32	74						
268	86	182						
594	156	438	5		5			
18196	**6588**	**11608**	**159**	**51**	**108**	**2**		**2**
1267	375	892	12	2	10			
2442	783	1659	18	2	16			
3662	1253	2409	23	9	14	1		1
4901	1809	3092	41	13	28			
5924	2368	3556	65	25	40	1		1
53749	**24311**	**29438**	**1171**	**453**	**718**	**31**	**1**	**30**
8673	3636	5037	115	40	75	2		2
9991	4405	5586	188	68	120	2		2
11099	4988	6111	216	81	135	5		5
12934	6063	6871	305	130	175	14	1	13
11052	5219	5833	347	134	213	8		8
48951	**24267**	**24684**	**1995**	**768**	**1227**	**93**	**17**	**76**
9373	4430	4943	310	125	185	9	2	7
9162	4587	4575	335	127	208	13	2	11
10184	5020	5164	419	144	275	24	4	20
11911	5962	5949	536	210	326	32	9	23
8321	4268	4053	395	162	233	15		15
29974	**15493**	**14481**	**1509**	**575**	**934**	**91**	**19**	**72**
7265	3759	3506	348	131	217	16	5	11
7023	3601	3422	328	127	201	23	5	18
6400	3318	3082	326	122	204	23	5	18
4791	2469	2322	239	89	150	10	1	9
4495	2346	2149	268	106	162	19	3	16
23332	**12786**	**10546**	**1422**	**512**	**910**	**167**	**23**	**144**
4363	2352	2011	262	99	163	22	2	20
4510	2468	2042	257	100	157	27	5	22
4959	2702	2257	284	98	186	35	6	29
4644	2595	2049	296	114	182	32	5	27
4856	2669	2187	323	101	222	51	5	46
17431	**9851**	**7580**	**1131**	**379**	**752**	**196**	**45**	**151**
4458	2463	1995	296	98	198	32	7	25
3689	2132	1557	267	79	188	49	8	41
3828	2151	1677	230	89	141	49	12	37
2511	1441	1070	176	59	117	29	11	18
2945	1664	1281	162	54	108	37	7	30
13293	**8327**	**4966**	**762**	**315**	**447**	**286**	**71**	**215**
2986	1803	1183	183	68	115	50	10	40
3170	1963	1207	148	71	77	78	19	59
3893	2483	1410	224	82	142	87	19	68
2056	1303	753	147	67	80	31	10	21
1188	775	413	60	27	33	40	13	27
6175	**4159**	**2016**	**335**	**159**	**176**	**195**	**82**	**113**
1627	1096	531	87	39	48	40	19	21
935	628	307	62	31	31	27	13	14
1134	781	353	62	28	34	31	12	19
1243	817	426	52	21	31	40	14	26
1236	837	399	72	40	32	57	24	33
12811	**9075**	**3736**	**314**	**166**	**148**	**2221**	**1082**	**1139**

5-3 续表 8

受教育程度 年　　龄	15岁及以上人口			未　　婚		
	合计	男	女	小计	男	女
硕士研究生	**36175**	**16865**	**19310**	**14302**	**5973**	**8329**
15-19岁	**29**	**14**	**15**	**29**	**14**	**15**
15						
16						
17	2		2	2		2
18	11	5	6	11	5	6
19	16	9	7	16	9	7
20-24岁	**5685**	**2362**	**3323**	**5666**	**2355**	**3311**
20	38	16	22	38	16	22
21	212	74	138	212	74	138
22	1159	452	707	1158	452	706
23	2038	867	1171	2034	866	1168
24	2238	953	1285	2224	947	1277
25-29岁	**6871**	**2747**	**4124**	**5631**	**2367**	**3264**
25	1918	826	1092	1873	814	1059
26	1568	616	952	1447	582	865
27	1258	491	767	1029	435	594
28	1104	426	678	753	321	432
29	1023	388	635	529	215	314
30-34岁	**7357**	**2954**	**4403**	**1906**	**823**	**1083**
30	1406	525	881	592	256	336
31	1513	589	924	451	203	248
32	1525	599	926	354	147	207
33	1517	639	878	280	133	147
34	1396	602	794	229	84	145
35-39岁	**6957**	**3196**	**3761**	**717**	**283**	**434**
35	1247	539	708	160	66	94
36	1303	586	717	162	60	102
37	1455	678	777	160	68	92
38	1713	786	927	132	51	81
39	1239	607	632	103	38	65
40-44岁	**3805**	**2019**	**1786**	**235**	**88**	**147**
40	1029	527	502	83	27	56
41	956	484	472	51	16	35
42	828	441	387	49	24	25
43	532	302	230	28	13	15
44	460	265	195	24	8	16
45-49岁	**2078**	**1216**	**862**	**71**	**23**	**48**
45	397	219	178	16	7	9
46	380	223	157	20	7	13
47	466	257	209	15	4	11
48	421	262	159	8		8
49	414	255	159	12	5	7
50-54岁	**1388**	**868**	**520**	**24**	**7**	**17**
50	347	212	135	9	2	7
51	308	196	112	6	1	5
52	284	163	121	6	1	5
53	216	141	75	2	2	
54	233	156	77	1	1	
55-59岁	**1223**	**886**	**337**	**14**	**8**	**6**
55	285	205	80	5	3	2
56	314	214	100	1		1
57	348	257	91	3	2	1
58	166	123	43	3	1	2
59	110	87	23	2	2	
60-64岁	**443**	**344**	**99**	**8**	**5**	**3**
60	113	92	21	2	1	1
61	77	57	20	2	2	
62	81	68	13	2	1	1
63	94	72	22	1	1	
64	78	55	23	1		1
65岁及以上	**339**	**259**	**80**	**1**		**1**

单位：人

有配偶			离婚			丧偶		
小计	男	女	小计	男	女	小计	男	女
21176	**10635**	**10541**	**623**	**229**	**394**	**74**	**28**	**46**
19	**7**	**12**						
1		1						
4	1	3						
14	6	8						
1237	**379**	**858**	**3**	**1**	**2**			
45	12	33						
121	34	87						
227	55	172	2	1	1			
350	105	245	1		1			
494	173	321						
5391	**2108**	**3283**	**58**	**23**	**35**	**2**		**2**
807	266	541	7	3	4			
1048	381	667	14	5	9			
1162	449	713	9	3	6			
1221	502	719	15	4	11	1		1
1153	510	643	13	8	5	1		1
6056	**2859**	**3197**	**181**	**54**	**127**	**3**		**3**
1051	460	591	34	13	21	2		2
1113	514	599	28	12	16			
1260	602	658	35	8	27			
1528	722	806	53	13	40			
1104	561	543	31	8	23	1		1
3437	**1879**	**1558**	**127**	**51**	**76**	**6**	**1**	**5**
906	483	423	37	16	21	3	1	2
873	458	415	31	10	21	1		1
747	403	344	32	14	18			
492	284	208	10	5	5	2		2
419	251	168	17	6	11			
1907	**1152**	**755**	**95**	**40**	**55**	**5**	**1**	**4**
362	205	157	19	7	12			
344	210	134	15	5	10	1	1	
434	246	188	16	7	9	1		1
391	251	140	19	11	8	3		3
376	240	136	26	10	16			
1274	**831**	**443**	**82**	**26**	**56**	**8**	**4**	**4**
315	201	114	22	8	14	1	1	
286	188	98	13	6	7	3	1	2
259	159	100	17	2	15	2	1	1
202	135	67	12	4	8			
212	148	64	18	6	12	2	1	1
1149	**857**	**292**	**47**	**19**	**28**	**13**	**2**	**11**
263	192	71	15	10	5	2		2
297	210	87	8	3	5	8	1	7
330	253	77	12	1	11	3	1	2
154	119	35	9	3	6			
105	83	22	3	2	1			
409	**325**	**84**	**17**	**7**	**10**	**9**	**7**	**2**
107	88	19	3	2	1	1	1	
66	51	15	5	2	3	4	2	2
72	64	8	4		4	3	3	
92	71	21	1		1			
72	51	21	4	3	1	1	1	
297	**238**	**59**	**13**	**8**	**5**	**28**	**13**	**15**

5-3 续表 9

受教育程度 年龄	15岁及以上人口			未婚		
	合计	男	女	小计	男	女
博士研究生	**4101**	**2249**	**1852**	**1434**	**768**	**666**
15-19岁						
15						
16						
17						
18						
19						
20-24岁	**145**	**78**	**67**	**145**	**78**	**67**
20	1	1		1	1	
21	9	5	4	9	5	4
22	18	11	7	18	11	7
23	41	23	18	41	23	18
24	76	38	38	76	38	38
25-29岁	**868**	**463**	**405**	**764**	**412**	**352**
25	143	69	74	137	65	72
26	184	104	80	174	99	75
27	188	97	91	174	89	85
28	205	107	98	169	89	80
29	148	86	62	110	70	40
30-34岁	**820**	**417**	**403**	**353**	**187**	**166**
30	169	81	88	105	55	50
31	169	87	82	95	48	47
32	166	89	77	74	40	34
33	176	85	91	49	26	23
34	140	75	65	30	18	12
35-39岁	**779**	**431**	**348**	**119**	**70**	**49**
35	120	70	50	31	20	11
36	159	91	68	30	20	10
37	147	76	71	19	12	7
38	187	101	86	22	10	12
39	166	93	73	17	8	9
40-44岁	**599**	**323**	**276**	**31**	**15**	**16**
40	155	90	65	12	7	5
41	148	82	66	8	2	6
42	129	69	60	6	2	4
43	92	46	46	3	3	
44	75	36	39	2	1	1
45-49岁	**314**	**165**	**149**	**13**	**3**	**10**
45	62	29	33	3		3
46	67	37	30	4	1	3
47	62	32	30	3	2	1
48	69	39	30	3		3
49	54	28	26			
50-54岁	**230**	**134**	**96**	**6**	**1**	**5**
50	59	32	27	4		4
51	51	34	17			
52	41	26	15			
53	44	26	18	1		1
54	35	16	19	1	1	
55-59岁	**201**	**130**	**71**	**2**	**2**	
55	37	17	20			
56	50	32	18			
57	71	50	21	1	1	
58	24	16	8	1	1	
59	19	15	4			
60-64岁	**91**	**66**	**25**			
60	23	17	6			
61	15	8	7			
62	14	10	4			
63	22	17	5			
64	17	14	3			
65岁及以上	**54**	**42**	**12**	**1**		**1**

单位：人

有配偶			离婚			丧偶		
小计	男	女	小计	男	女	小计	男	女
2582	**1449**	**1133**	**71**	**27**	**44**	**14**	**5**	**9**
104	**51**	**53**						
6	4	2						
10	5	5						
14	8	6						
36	18	18						
38	16	22						
460	**227**	**233**	**7**	**3**	**4**			
63	25	38	1	1				
74	39	35						
89	49	40	3		3			
125	58	67	2	1	1			
109	56	53	1	1				
649	**355**	**294**	**11**	**6**	**5**			
88	49	39	1	1				
128	71	57	1		1			
126	63	63	2	1	1			
163	90	73	2	1	1			
144	82	62	5	3	2			
550	**303**	**247**	**17**	**5**	**12**	**1**		**1**
140	81	59	3	2	1			
134	78	56	6	2	4			
119	66	53	4	1	3			
86	43	43	2		2	1		1
71	35	36	2		2			
285	**157**	**128**	**14**	**4**	**10**	**2**	**1**	**1**
56	29	27	3		3			
63	36	27						
55	28	27	3	2	1	1		1
63	38	25	3	1	2			
48	26	22	5	1	4	1	1	
212	**126**	**86**	**11**	**7**	**4**	**1**		**1**
50	28	22	4	4		1		1
49	34	15	2		2			
41	26	15						
39	23	16	4	3	1			
33	15	18	1		1			
188	**125**	**63**	**8**	**1**	**7**	**3**	**2**	**1**
32	16	16	4		4	1	1	
48	32	16	2		2			
68	48	20				2	1	1
22	15	7	1		1			
18	14	4	1	1				
88	**66**	**22**	**2**		**2**	**1**		**1**
23	17	6						
15	8	7						
13	10	3	1		1			
22	17	5						
15	14	1	1		1	1		1
46	**39**	**7**	**1**	**1**		**6**	**2**	**4**

5-3a 全省分年龄、性别、受教育

受教育程度 年　　龄	15岁及以上人口			未　婚		
	合计	男	女	小计	男	女
总　计	**2175490**	**1065593**	**1109897**	**383635**	**214305**	**169330**
15-19岁	**98648**	**50944**	**47704**	**98503**	**50917**	**47586**
15	18359	9675	8684	18358	9675	8683
16	20928	10805	10123	20924	10804	10120
17	16325	8510	7815	16315	8507	7808
18	19480	9995	9485	19451	9990	9461
19	23556	11959	11597	23455	11941	11514
20-24岁	**113763**	**57405**	**56358**	**105793**	**55043**	**50750**
20	25866	13143	12723	25613	13100	12513
21	22744	11484	11260	22221	11371	10850
22	21484	10871	10613	20347	10566	9781
23	21174	10659	10515	18956	9956	9000
24	22495	11248	11247	18656	10050	8606
25-29岁	**137739**	**68768**	**68971**	**74125**	**43042**	**31083**
25	24223	12151	12072	17919	9900	8019
26	26620	13269	13351	17003	9631	7372
27	27876	13876	14000	15069	8803	6266
28	28995	14414	14581	13292	7995	5297
29	30025	15058	14967	10842	6713	4129
30-34岁	**232114**	**115376**	**116738**	**50034**	**31291**	**18743**
30	41437	20630	20807	12650	7914	4736
31	44164	21978	22186	11045	6946	4099
32	47203	23507	23696	10055	6306	3749
33	53806	26668	27138	9292	5812	3480
34	45504	22593	22911	6992	4313	2679
35-39岁	**207047**	**103102**	**103945**	**22865**	**13952**	**8913**
35	36696	18145	18551	5258	3270	1988
36	35089	17531	17558	4427	2674	1753
37	41441	20626	20815	4712	2887	1825
38	52678	26335	26343	5044	3078	1966
39	41143	20465	20678	3424	2043	1381
40-44岁	**192854**	**96326**	**96528**	**11366**	**6724**	**4642**
40	39155	19603	19552	2910	1712	1198
41	45145	22507	22638	2818	1654	1164
42	41732	20839	20893	2389	1408	981
43	33406	16791	16615	1674	1008	666
44	33416	16586	16830	1575	942	633
45-49岁	**200520**	**99492**	**101028**	**7846**	**4861**	**2985**
45	34032	16805	17227	1450	875	575
46	37390	18496	18894	1559	946	613
47	42447	21027	21420	1753	1079	674
48	42095	20950	21145	1514	964	550
49	44556	22214	22342	1570	997	573
50-54岁	**202695**	**99680**	**103015**	**5082**	**3482**	**1600**
50	45445	22321	23124	1421	948	473
51	42174	20910	21264	1133	771	362
52	44188	21835	22353	1065	710	355
53	32011	15716	16295	717	509	208
54	38877	18898	19979	746	544	202
55-59岁	**218371**	**107568**	**110803**	**3620**	**2404**	**1216**
55	45594	22492	23102	912	620	292
56	49276	24197	25079	825	546	279
57	63480	31493	31987	1035	688	347
58	36182	17784	18398	549	357	192
59	23839	11602	12237	299	193	106
60-64岁	**192269**	**93380**	**98889**	**1910**	**1153**	**757**
60	40191	19779	20412	479	291	188
61	32795	16111	16684	347	215	132
62	40338	19662	20676	383	236	147
63	40910	19690	21220	335	208	127
64	38035	18138	19897	366	203	163
65岁及以上	**379470**	**173552**	**205918**	**2491**	**1436**	**1055**

程度、婚姻状况的人口(城市)

单位：人

有配偶			离婚			丧偶		
小计	男	女	小计	男	女	小计	男	女
1544234	**769275**	**774959**	**116419**	**51444**	**64975**	**131202**	**30569**	**100633**
144	**27**	**117**	**1**		**1**			
1		1						
4	1	3						
10	3	7						
28	5	23	1		1			
101	18	83						
7905	**2341**	**5564**	**63**	**19**	**44**	**2**	**2**	
249	40	209	3	2	1	1	1	
521	113	408	2		2			
1131	305	826	6		6			
2203	697	1506	14	5	9	1	1	
3801	1186	2615	38	12	26			
62573	**25313**	**37260**	**1020**	**407**	**613**	**21**	**6**	**15**
6235	2233	4002	68	18	50	1		1
9493	3599	5894	121	39	82	3		3
12628	4995	7633	177	78	99	2		2
15445	6320	9125	251	96	155	7	3	4
18772	8166	10606	403	176	227	8	3	5
175573	**81218**	**94355**	**6328**	**2829**	**3499**	**179**	**38**	**141**
28066	12412	15654	704	302	402	17	2	15
32110	14595	17515	987	433	554	22	4	18
35852	16629	19223	1254	563	691	42	9	33
42802	20114	22688	1664	730	934	48	12	36
36743	17468	19275	1719	801	918	50	11	39
172879	**84220**	**88659**	**10881**	**4861**	**6020**	**422**	**69**	**353**
29873	14156	15717	1516	711	805	49	8	41
28996	14170	14826	1601	678	923	65	9	56
34479	16780	17699	2169	940	1229	81	19	62
44457	21805	22652	3057	1432	1625	120	20	100
35074	17309	17765	2538	1100	1438	107	13	94
166449	**83214**	**83235**	**14061**	**6197**	**7864**	**978**	**191**	**787**
33685	16788	16897	2405	1068	1337	155	35	120
38897	19372	19525	3235	1447	1788	195	34	161
35949	17977	17972	3168	1411	1757	226	43	183
28974	14648	14326	2579	1104	1475	179	31	148
28944	14429	14515	2674	1167	1507	223	48	175
172785	**86721**	**86064**	**17541**	**7534**	**10007**	**2348**	**376**	**1972**
29474	14712	14762	2788	1170	1618	320	48	272
32318	16106	16212	3163	1378	1785	350	66	284
36602	18321	18281	3636	1553	2083	456	74	382
36267	18277	17990	3765	1624	2141	549	85	464
38124	19305	18819	4189	1809	2380	673	103	570
172208	**86534**	**85674**	**20113**	**8676**	**11437**	**5292**	**988**	**4304**
38766	19390	19376	4415	1838	2577	843	145	698
35656	18031	17625	4410	1917	2493	975	191	784
37577	18983	18594	4403	1930	2473	1143	212	931
27247	13651	13596	3063	1349	1714	984	207	777
32962	16479	16483	3822	1642	2180	1347	233	1114
183549	**93502**	**90047**	**21240**	**9681**	**11559**	**9962**	**1981**	**7981**
38429	19485	18944	4555	2069	2486	1698	318	1380
41412	20970	20442	4947	2252	2695	2092	429	1663
53477	27461	26016	6012	2749	3263	2956	595	2361
30323	15497	14826	3492	1570	1922	1818	360	1458
19908	10089	9819	2234	1041	1193	1398	279	1119
161102	**82455**	**78647**	**14045**	**6425**	**7620**	**15212**	**3347**	**11865**
33727	17383	16344	3370	1542	1828	2615	563	2052
27403	14076	13327	2637	1257	1380	2408	563	1845
33724	17314	16410	2981	1395	1586	3250	717	2533
34387	17513	16874	2766	1201	1565	3422	768	2654
31861	16169	15692	2291	1030	1261	3517	736	2781
269067	**143730**	**125337**	**11126**	**4815**	**6311**	**96786**	**23571**	**73215**

5-3a 续表 1

受教育程度 年 龄	15岁及以上人口			未 婚		
	合计	男	女	小计	男	女
未上过学	**12754**	**3147**	**9607**	**1895**	**1332**	**563**
15-19岁	**125**	**80**	**45**	**125**	**80**	**45**
15	30	18	12	30	18	12
16	26	17	9	26	17	9
17	22	15	7	22	15	7
18	28	20	8	28	20	8
19	19	10	9	19	10	9
20-24岁	**184**	**122**	**62**	**182**	**122**	**60**
20	46	27	19	46	27	19
21	42	28	14	42	28	14
22	29	21	8	29	21	8
23	31	23	8	31	23	8
24	36	23	13	34	23	11
25-29岁	**185**	**112**	**73**	**160**	**105**	**55**
25	38	23	15	36	23	13
26	39	27	12	36	25	11
27	35	23	12	31	21	10
28	39	21	18	33	21	12
29	34	18	16	24	15	9
30-34岁	**285**	**158**	**127**	**210**	**131**	**79**
30	49	30	19	38	26	12
31	53	28	25	39	22	17
32	61	37	24	45	31	14
33	78	41	37	52	33	19
34	44	22	22	36	19	17
35-39岁	**247**	**133**	**114**	**156**	**105**	**51**
35	48	24	24	29	19	10
36	44	22	22	26	15	11
37	56	36	20	42	32	10
38	50	25	25	28	18	10
39	49	26	23	31	21	10
40-44岁	**258**	**132**	**126**	**149**	**87**	**62**
40	53	31	22	32	20	12
41	62	33	29	36	22	14
42	42	24	18	24	15	9
43	53	21	32	30	14	16
44	48	23	25	27	16	11
45-49岁	**405**	**202**	**203**	**183**	**133**	**50**
45	54	23	31	23	15	8
46	69	33	36	33	23	10
47	99	56	43	52	40	12
48	80	30	50	26	17	9
49	103	60	43	49	38	11
50-54岁	**507**	**252**	**255**	**190**	**147**	**43**
50	98	44	54	37	27	10
51	110	60	50	47	40	7
52	103	49	54	37	26	11
53	97	44	53	32	24	8
54	99	55	44	37	30	7
55-59岁	**550**	**234**	**316**	**161**	**119**	**42**
55	134	74	60	54	42	12
56	108	40	68	31	21	10
57	149	65	84	48	35	13
58	92	31	61	17	12	5
59	67	24	43	11	9	2
60-64岁	**763**	**236**	**527**	**108**	**77**	**31**
60	112	39	73	21	14	7
61	115	37	78	22	17	5
62	156	51	105	15	11	4
63	183	55	128	18	11	7
64	197	54	143	32	24	8
65岁及以上	**9245**	**1486**	**7759**	**271**	**226**	**45**

单位：人

有配偶			离婚			丧偶		
小计	男	女	小计	男	女	小计	男	女
4146	**1172**	**2974**	**234**	**97**	**137**	**6479**	**546**	**5933**
2		**2**						
2		2						
24	**7**	**17**	**1**		**1**			
2		2						
3	2	1						
4	2	2						
5		5	1		1			
10	3	7						
70	**24**	**46**	**5**	**3**	**2**			
9	2	7	2	2				
13	5	8	1	1				
16	6	10						
24	8	16	2		2			
8	3	5						
79	**28**	**51**	**10**		**10**	**2**		**2**
17	5	12	1		1	1		1
16	7	9	2		2			
14	4	10						
19	7	12	2		2	1		1
13	5	8	5		5			
94	**40**	**54**	**13**	**5**	**8**	**2**		**2**
20	10	10	1	1				
19	9	10	6	2	4	1		1
14	8	6	4	1	3			
20	6	14	2	1	1	1		1
21	7	14						
200	**58**	**142**	**14**	**9**	**5**	**8**	**2**	**6**
30	8	22				1		1
30	7	23	4	3	1	2		2
41	13	28	5	3	2	1		1
50	11	39	2	1	1	2	1	1
49	19	30	3	2	1	2	1	1
273	**88**	**185**	**27**	**14**	**13**	**17**	**3**	**14**
56	17	39	2		2	3		3
55	15	40	6	4	2	2	1	1
54	17	37	10	6	4	2		2
56	17	39	3	2	1	6	1	5
52	22	30	6	2	4	4	1	3
301	**86**	**215**	**41**	**21**	**20**	**47**	**8**	**39**
57	23	34	13	6	7	10	3	7
57	13	44	10	5	5	10	1	9
76	21	55	10	7	3	15	2	13
61	15	46	6	2	4	8	2	6
50	14	36	2	1	1	4		4
495	**132**	**363**	**42**	**17**	**25**	**118**	**10**	**108**
68	20	48	10	3	7	13	2	11
66	17	49	9	3	6	18		18
114	33	81	6	4	2	21	3	18
127	38	89	9	4	5	29	2	27
120	24	96	8	3	5	37	3	34
2608	**709**	**1899**	**81**	**28**	**53**	**6285**	**523**	**5762**

5-3a 续表 2

受教育程度 年 龄	15岁及以上人口			未 婚		
	合计	男	女	小计	男	女
学前教育	**410**	**149**	**261**	**98**	**53**	**45**
15-19岁	**44**	**19**	**25**	**44**	**19**	**25**
15	24	7	17	24	7	17
16	9	7	2	9	7	2
17	5	1	4	5	1	4
18	4	3	1	4	3	1
19	2	1	1	2	1	1
20-24岁	**17**	**9**	**8**	**16**	**9**	**7**
20	3	2	1	3	2	1
21	6	3	3	6	3	3
22	4	3	1	4	3	1
23	2		2	1		1
24	2	1	1	2	1	1
25-29岁	**17**	**12**	**5**	**12**	**8**	**4**
25	9	6	3	6	4	2
26	4	3	1	4	3	1
27	1	1		1	1	
28	1	1				
29	2	1	1	1		1
30-34岁	**20**	**8**	**12**	**3**	**2**	**1**
30	2	2		1	1	
31	6	2	4			
32	2	1	1	1	1	
33	5	2	3	1		1
34	5	1	4			
35-39岁	**17**	**11**	**6**	**4**	**2**	**2**
35	3	2	1	2	1	1
36	4	3	1			
37	4	2	2			
38	5	3	2	2	1	1
39	1	1				
40-44岁	**13**	**7**	**6**	**2**	**2**	
40	5	3	2	1	1	
41	1	1		1	1	
42	2	1	1			
43	2	2				
44	3		3			
45-49岁	**16**	**8**	**8**	**5**	**4**	**1**
45	3	2	1	2	1	1
46	3	1	2			
47	2		2			
48	3	3		2	2	
49	5	2	3	1	1	
50-54岁	**16**	**6**	**10**	**2**	**2**	
50	2		2			
51	1	1				
52	2	1	1			
53	4	1	3	1	1	
54	7	3	4	1	1	
55-59岁	**23**	**14**	**9**	**1**	**1**	
55	3	3				
56	4	3	1			
57	7	4	3	1	1	
58	6	3	3			
59	3	1	2			
60-64岁	**21**	**8**	**13**	**1**		**1**
60	4		4	1		1
61	3	1	2			
62	5	3	2			
63	4	1	3			
64	5	3	2			
65岁及以上	**206**	**47**	**159**	**8**	**4**	**4**

单位：人

有配偶			离婚			丧偶		
小计	男	女	小计	男	女	小计	男	女
167	**72**	**95**	**19**	**9**	**10**	**126**	**15**	**111**
1		**1**						
1		1						
5	**4**	**1**						
3	2	1						
1	1							
1	1							
17	**6**	**11**						
1	1							
6	2	4						
1		1						
4	2	2						
5	1	4						
11	**7**	**4**	**2**	**2**				
1	1							
4	3	1						
3	1	2	1	1				
2	1	1	1	1				
1	1							
10	**5**	**5**	**1**		**1**			
4	2	2						
2	1	1						
2	2							
2		2	1		1			
8	**4**	**4**	**3**		**3**			
1	1							
3	1	2						
1		1	1		1			
1	1							
2	1	1	2		2			
9	**3**	**6**	**4**	**1**	**3**	**1**		**1**
1		1	1		1			
1	1							
1		1	1	1				
2		2	1		1			
4	2	2	1		1	1		1
14	**8**	**6**	**5**	**4**	**1**	**3**	**1**	**2**
2	2		1	1				
3	2	1	1	1				
5	3	2				1		1
3	1	2	2	1	1	1	1	
1		1	1	1		1		1
19	**8**	**11**				**1**		**1**
3		3						
2	1	1				1		1
5	3	2						
4	1	3						
5	3	2						
73	**27**	**46**	**4**	**2**	**2**	**121**	**14**	**107**

5-3a　续表 3

受教育程度 年　　龄	15岁及以上人口			未　　婚		
	合计	男	女	小计	男	女
小　学	**167372**	**67320**	**100052**	**5797**	**4258**	**1539**
15-19岁	**318**	**197**	**121**	**310**	**196**	**114**
15	58	29	29	58	29	29
16	50	32	18	50	32	18
17	47	31	16	45	31	14
18	89	51	38	86	51	35
19	74	54	20	71	53	18
20-24岁	**765**	**447**	**318**	**587**	**382**	**205**
20	128	71	57	109	67	42
21	112	61	51	97	56	41
22	164	92	72	132	86	46
23	159	90	69	116	73	43
24	202	133	69	133	100	33
25-29岁	**1813**	**1046**	**767**	**693**	**500**	**193**
25	247	141	106	132	94	38
26	299	174	125	135	98	37
27	341	194	147	142	94	48
28	411	239	172	136	99	37
29	515	298	217	148	115	33
30-34岁	**4782**	**2655**	**2127**	**897**	**680**	**217**
30	801	444	357	193	147	46
31	951	549	402	196	155	41
32	994	552	442	180	132	48
33	1112	593	519	185	137	48
34	924	517	407	143	109	34
35-39岁	**3726**	**1921**	**1805**	**464**	**345**	**119**
35	721	391	330	105	74	31
36	631	303	328	74	57	17
37	686	320	366	97	72	25
38	866	467	399	112	85	27
39	822	440	382	76	57	19
40-44岁	**5622**	**2757**	**2865**	**435**	**338**	**97**
40	975	479	496	85	63	22
41	1248	637	611	102	82	20
42	1165	571	594	92	71	21
43	1044	513	531	73	54	19
44	1190	557	633	83	68	15
45-49岁	**9356**	**4461**	**4895**	**473**	**373**	**100**
45	1353	631	722	79	53	26
46	1719	874	845	93	80	13
47	1941	943	998	109	88	21
48	2020	913	1107	93	79	14
49	2323	1100	1223	99	73	26
50-54岁	**14466**	**6698**	**7768**	**486**	**386**	**100**
50	2596	1218	1378	102	75	27
51	2787	1318	1469	98	80	18
52	3239	1490	1749	119	95	24
53	2683	1220	1463	86	71	15
54	3161	1452	1709	81	65	16
55-59岁	**14292**	**6298**	**7994**	**404**	**313**	**91**
55	3301	1533	1768	110	89	21
56	3150	1403	1747	92	71	21
57	3826	1724	2102	118	86	32
58	2384	981	1403	51	42	9
59	1631	657	974	33	25	8
60-64岁	**17838**	**7222**	**10616**	**314**	**239**	**75**
60	2946	1201	1745	56	46	10
61	2759	1170	1589	58	41	17
62	3779	1579	2200	57	44	13
63	4187	1674	2513	69	52	17
64	4167	1598	2569	74	56	18
65岁及以上	**94394**	**33618**	**60776**	**734**	**506**	**228**

单位：人

有配偶			离婚			丧偶		
小计	男	女	小计	男	女	小计	男	女
113148	**51555**	**61593**	**6310**	**2904**	**3406**	**42117**	**8603**	**33514**
8	**1**	**7**						
2		2						
3		3						
3	1	2						
177	**65**	**112**	**1**		**1**			
19	4	15						
15	5	10						
31	6	25	1		1			
43	17	26						
69	33	36						
1083	**529**	**554**	**34**	**16**	**18**	**3**	**1**	**2**
112	47	65	2		2	1		1
160	75	85	4	1	3			
193	97	96	6	3	3			
266	136	130	9	4	5			
352	174	178	13	8	5	2	1	1
3654	**1855**	**1799**	**220**	**118**	**102**	**11**	**2**	**9**
584	285	299	22	11	11	2	1	1
711	370	341	43	24	19	1		1
766	396	370	45	24	21	3		3
869	427	442	57	28	29	1	1	
724	377	347	53	31	22	4		4
2999	**1459**	**1540**	**237**	**113**	**124**	**26**	**4**	**22**
568	295	273	42	21	21	6	1	5
518	232	286	34	14	20	5		5
540	229	311	43	17	26	6	2	4
686	350	336	62	31	31	6	1	5
687	353	334	56	30	26	3		3
4712	**2198**	**2514**	**417**	**203**	**214**	**58**	**18**	**40**
818	383	435	60	30	30	12	3	9
1039	501	538	99	51	48	8	3	5
972	451	521	95	48	47	6	1	5
879	420	459	79	33	46	13	6	7
1004	443	561	84	41	43	19	5	14
8040	**3728**	**4312**	**683**	**325**	**358**	**160**	**35**	**125**
1172	534	638	82	40	42	20	4	16
1463	715	748	144	77	67	19	2	17
1650	781	869	146	64	82	36	10	26
1753	772	981	137	54	83	37	8	29
2002	926	1076	174	90	84	48	11	37
12363	**5698**	**6665**	**1046**	**505**	**541**	**571**	**109**	**462**
2224	1027	1197	190	97	93	80	19	61
2362	1098	1264	233	117	116	94	23	71
2776	1268	1508	226	107	119	118	20	98
2293	1043	1250	181	83	98	123	23	100
2708	1262	1446	216	101	115	156	24	132
11845	**5288**	**6557**	**1016**	**500**	**516**	**1027**	**197**	**830**
2779	1287	1492	239	127	112	173	30	143
2595	1179	1416	247	110	137	216	43	173
3167	1441	1726	262	136	126	279	61	218
1979	826	1153	163	75	88	191	38	153
1325	555	770	105	52	53	168	25	143
14315	**6117**	**8198**	**971**	**455**	**516**	**2238**	**411**	**1827**
2385	1012	1373	187	88	99	318	55	263
2215	985	1230	172	88	84	314	56	258
3038	1318	1720	220	113	107	464	104	360
3406	1448	1958	192	80	112	520	94	426
3271	1354	1917	200	86	114	622	102	520
53952	**24617**	**29335**	**1685**	**669**	**1016**	**38023**	**7826**	**30197**

5-3a 续表 4

受教育程度 年 龄	15岁及以上人口			未 婚		
	合计	男	女	小计	男	女
初 中	**836363**	**410950**	**425413**	**61058**	**41067**	**19991**
15-19岁	**12422**	**7086**	**5336**	**12348**	**7074**	**5274**
15	5571	3112	2459	5571	3112	2459
16	2524	1361	1163	2522	1360	1162
17	1433	851	582	1428	850	578
18	1422	852	570	1405	849	556
19	1472	910	562	1422	903	519
20-24岁	**12620**	**7136**	**5484**	**9320**	**6121**	**3199**
20	1518	885	633	1398	870	528
21	1770	1028	742	1518	972	546
22	2414	1383	1031	1904	1243	661
23	3028	1717	1311	2108	1400	708
24	3890	2123	1767	2392	1636	756
25-29岁	**28448**	**15528**	**12920**	**10994**	**7890**	**3104**
25	4587	2579	2008	2492	1747	745
26	5182	2860	2322	2334	1653	681
27	5792	3147	2645	2268	1643	625
28	6033	3262	2771	2070	1496	574
29	6854	3680	3174	1830	1351	479
30-34岁	**59894**	**30934**	**28960**	**9826**	**7176**	**2650**
30	10047	5297	4750	2256	1664	592
31	10972	5661	5311	2102	1545	557
32	11969	6153	5816	1946	1441	505
33	14270	7334	6936	1949	1412	537
34	12636	6489	6147	1573	1114	459
35-39岁	**60480**	**30578**	**29902**	**5268**	**3738**	**1530**
35	10136	5117	5019	1168	835	333
36	9717	4911	4806	946	665	281
37	11770	6069	5701	1090	789	301
38	15553	7801	7752	1186	836	350
39	13304	6680	6624	878	613	265
40-44岁	**71773**	**35948**	**35825**	**3564**	**2426**	**1138**
40	13304	6721	6583	809	554	255
41	16487	8198	8289	838	555	283
42	15273	7704	7569	776	534	242
43	13047	6596	6451	570	403	167
44	13662	6729	6933	571	380	191
45-49岁	**88871**	**43197**	**45674**	**3270**	**2263**	**1007**
45	14372	6976	7396	579	393	186
46	16595	8006	8589	618	422	196
47	18789	9167	9622	730	510	220
48	18948	9203	9745	672	470	202
49	20167	9845	10322	671	468	203
50-54岁	**103268**	**50045**	**53223**	**2515**	**1868**	**647**
50	21263	10171	11092	643	474	169
51	21032	10257	10775	591	427	164
52	22542	11024	11518	538	399	139
53	17281	8441	8840	358	264	94
54	21150	10152	10998	385	304	81
55-59岁	**115128**	**55928**	**59200**	**1934**	**1380**	**554**
55	25213	12161	13052	492	361	131
56	26290	12750	13540	445	312	133
57	32763	16019	16744	545	383	162
58	18381	8965	9416	299	209	90
59	12481	6033	6448	153	115	38
60-64岁	**109446**	**52474**	**56972**	**1027**	**622**	**405**
60	22118	10714	11404	249	157	92
61	18856	9151	9705	188	119	69
62	23500	11257	12243	219	133	86
63	23562	11215	12347	176	110	66
64	21410	10137	11273	195	103	92
65岁及以上	**174013**	**82096**	**91917**	**992**	**509**	**483**

单位：人

有配偶			离婚			丧偶		
小计	男	女	小计	男	女	小计	男	女
659123	**327883**	**331240**	**60322**	**28188**	**32134**	**55860**	**13812**	**42048**
74	**12**	**62**						
2	1	1						
5	1	4						
17	3	14						
50	7	43						
3263	**1000**	**2263**	**37**	**15**	**22**			
119	15	104	1		1			
251	56	195	1		1			
507	140	367	3		3			
913	314	599	7	3	4			
1473	475	998	25	12	13			
17004	**7442**	**9562**	**439**	**193**	**246**	**11**	**3**	**8**
2061	820	1241	34	12	22			
2790	1184	1606	56	23	33	2		2
3452	1467	1985	72	37	35			
3860	1729	2131	99	36	63	4	1	3
4841	2242	2599	178	85	93	5	2	3
47638	**22619**	**25019**	**2357**	**1116**	**1241**	**73**	**23**	**50**
7502	3500	4002	282	132	150	7	1	6
8509	3951	4558	353	162	191	8	3	5
9513	4473	5040	487	233	254	23	6	17
11705	5641	6064	599	274	325	17	7	10
10409	5054	5355	636	315	321	18	6	12
51158	**24911**	**26247**	**3889**	**1901**	**1988**	**165**	**28**	**137**
8393	3995	4398	562	285	277	13	2	11
8170	3995	4175	575	247	328	26	4	22
9897	4886	5011	755	386	369	28	8	20
13280	6427	6853	1039	531	508	48	7	41
11418	5608	5810	958	452	506	50	7	43
61817	**30651**	**31166**	**5938**	**2780**	**3158**	**454**	**91**	**363**
11503	5715	5788	926	438	488	66	14	52
14199	6989	7210	1364	641	723	86	13	73
13053	6513	6540	1341	634	707	103	23	80
11263	5659	5604	1128	518	610	86	16	70
11799	5775	6024	1179	549	630	113	25	88
75964	**36932**	**39032**	**8388**	**3815**	**4573**	**1249**	**187**	**1062**
12330	5980	6350	1299	576	723	164	27	137
14291	6851	7440	1504	697	807	182	36	146
16081	7821	8260	1733	806	927	245	30	215
16178	7893	8285	1807	797	1010	291	43	248
17084	8387	8697	2045	939	1106	367	51	316
86331	**42393**	**43938**	**11226**	**5167**	**6059**	**3196**	**617**	**2579**
17931	8649	9282	2219	976	1243	470	72	398
17442	8591	8851	2427	1126	1301	572	113	459
18781	9283	9498	2536	1204	1332	687	138	549
14522	7217	7305	1780	831	949	621	129	492
17655	8653	9002	2264	1030	1234	846	165	681
94647	**47198**	**47449**	**12703**	**6171**	**6532**	**5844**	**1179**	**4665**
20827	10286	10541	2819	1308	1511	1075	206	869
21624	10714	10910	2972	1462	1510	1249	262	987
26972	13518	13454	3544	1773	1771	1702	345	1357
15054	7598	7456	1991	950	1041	1037	208	829
10170	5082	5088	1377	678	699	781	158	623
90398	**45640**	**44758**	**8918**	**4175**	**4743**	**9103**	**2037**	**7066**
18242	9245	8997	2076	963	1113	1551	349	1202
15525	7859	7666	1708	841	867	1435	332	1103
19393	9784	9609	1911	917	994	1977	423	1554
19479	9810	9669	1796	792	1004	2111	503	1608
17759	8942	8817	1427	662	765	2029	430	1599
130829	**69085**	**61744**	**6427**	**2855**	**3572**	**35765**	**9647**	**26118**

5-3a 续表 5

受教育程度 年 龄	15岁及以上人口			未 婚		
	合计	男	女	小计	男	女
高 中	**470683**	**238194**	**232489**	**100665**	**58464**	**42201**
15—19岁	**53507**	**28182**	**25325**	**53459**	**28171**	**25288**
15	12439	6394	6045	12438	6394	6044
16	17779	9140	8639	17777	9140	8637
17	12951	6823	6128	12949	6821	6128
18	7149	4038	3111	7142	4036	3106
19	3189	1787	1402	3153	1780	1373
20—24岁	**14377**	**8098**	**6279**	**12616**	**7569**	**5047**
20	2629	1436	1193	2564	1427	1137
21	2497	1412	1085	2361	1392	969
22	2833	1588	1245	2573	1519	1054
23	2994	1728	1266	2485	1560	925
24	3424	1934	1490	2633	1671	962
25—29岁	**23179**	**12861**	**10318**	**11793**	**7946**	**3847**
25	3825	2133	1692	2576	1676	900
26	4501	2596	1905	2704	1855	849
27	4666	2556	2110	2381	1561	820
28	4971	2713	2258	2212	1536	676
29	5216	2863	2353	1920	1318	602
30—34岁	**41964**	**22150**	**19814**	**10016**	**6886**	**3130**
30	7187	3848	3339	2276	1588	688
31	7823	4178	3645	2156	1488	668
32	8592	4664	3928	2111	1478	633
33	10113	5172	4941	2048	1375	673
34	8249	4288	3961	1425	957	468
35—39岁	**40011**	**20325**	**19686**	**5168**	**3414**	**1754**
35	6488	3321	3167	1108	739	369
36	6095	3076	3019	928	606	322
37	7685	3915	3770	1020	668	352
38	10954	5618	5336	1274	854	420
39	8789	4395	4394	838	547	291
40—44岁	**47338**	**23483**	**23855**	**3160**	**1897**	**1263**
40	8870	4391	4479	749	475	274
41	11129	5570	5559	823	490	333
42	10453	5143	5310	667	383	284
43	8475	4235	4240	466	287	179
44	8411	4144	4267	455	262	193
45—49岁	**48503**	**24052**	**24451**	**2016**	**1177**	**839**
45	8354	4151	4203	375	219	156
46	8885	4352	4533	419	240	179
47	10302	5081	5221	427	239	188
48	10125	5035	5090	370	220	150
49	10837	5433	5404	425	259	166
50—54岁	**44626**	**21711**	**22915**	**1121**	**705**	**416**
50	11168	5541	5627	381	241	140
51	9567	4655	4912	231	149	82
52	9775	4762	5013	208	115	93
53	6340	3032	3308	153	101	52
54	7776	3721	4055	148	99	49
55—59岁	**53372**	**25483**	**27889**	**715**	**404**	**311**
55	9560	4645	4915	167	92	75
56	11554	5480	6074	160	98	62
57	16322	7793	8529	215	125	90
58	9625	4617	5008	110	60	50
59	6311	2948	3363	63	29	34
60—64岁	**43794**	**21271**	**22523**	**302**	**161**	**141**
60	10286	4988	5298	103	57	46
61	7754	3777	3977	55	30	25
62	8960	4412	4548	57	34	23
63	8872	4304	4568	46	26	20
64	7922	3790	4132	41	14	27
65岁及以上	**60012**	**30578**	**29434**	**299**	**134**	**165**

单位：人

有配偶			离婚			丧偶		
小计	男	女	小计	男	女	小计	男	女
324063	**163069**	**160994**	**28150**	**12074**	**16076**	**17805**	**4587**	**13218**
47	**11**	**36**	**1**		**1**			
1		1						
2		2						
2	2							
6	2	4	1		1			
36	7	29						
1746	**525**	**1221**	**13**	**2**	**11**	**2**	**2**	
64	8	56				1	1	
136	20	116						
258	69	189	2		2			
502	165	337	6	2	4	1	1	
786	263	523	5		5			
11145	**4816**	**6329**	**237**	**98**	**139**	**4**	**1**	**3**
1237	453	784	12	4	8			
1770	734	1036	27	7	20			
2240	975	1265	44	20	24	1		1
2699	1149	1550	58	27	31	2	1	1
3199	1505	1694	96	40	56	1		1
30515	**14607**	**15908**	**1395**	**651**	**744**	**38**	**6**	**32**
4746	2191	2555	162	69	93	3		3
5446	2589	2857	214	100	114	7	1	6
6194	3054	3140	281	132	149	6		6
7695	3631	4064	359	164	195	11	2	9
6434	3142	3292	379	186	193	11	3	8
32128	**15662**	**16466**	**2632**	**1236**	**1396**	**83**	**13**	**70**
5051	2424	2627	317	155	162	12	3	9
4815	2304	2511	342	165	177	10	1	9
6144	2998	3146	512	246	266	9	3	6
8859	4376	4483	797	385	412	24	3	21
7259	3560	3699	664	285	379	28	3	25
39911	**19777**	**20134**	**4004**	**1766**	**2238**	**263**	**43**	**220**
7466	3628	3838	614	278	336	41	10	31
9321	4651	4670	931	418	513	54	11	43
8809	4350	4459	909	402	507	68	8	60
7178	3611	3567	784	334	450	47	3	44
7137	3537	3600	766	334	432	53	11	42
41008	**20691**	**20317**	**4941**	**2100**	**2841**	**538**	**84**	**454**
7126	3601	3525	780	323	457	73	8	65
7492	3739	3753	884	355	529	90	18	72
8698	4386	4312	1083	443	640	94	13	81
8578	4314	4264	1040	477	563	137	24	113
9114	4651	4463	1154	502	652	144	21	123
37608	**18833**	**18775**	**4885**	**2004**	**2881**	**1012**	**169**	**843**
9356	4753	4603	1242	513	729	189	34	155
8040	4012	4028	1102	461	641	194	33	161
8343	4225	4118	1000	386	614	224	36	188
5346	2606	2740	673	289	384	168	36	132
6523	3237	3286	868	355	513	237	30	207
45247	**22543**	**22704**	**5202**	**2150**	**3052**	**2208**	**386**	**1822**
8130	4069	4061	974	437	537	289	47	242
9781	4825	4956	1175	480	695	438	77	361
13853	6936	6917	1561	608	953	693	124	569
8117	4082	4035	945	398	547	453	77	376
5366	2631	2735	547	227	320	335	61	274
37585	**19176**	**18409**	**2958**	**1281**	**1677**	**2949**	**653**	**2296**
8779	4450	4329	813	362	451	591	119	472
6652	3383	3269	539	230	309	508	134	374
7660	3973	3687	604	266	338	639	139	500
7645	3910	3735	562	241	321	619	127	492
6849	3460	3389	440	182	258	592	134	458
47123	**26428**	**20695**	**1882**	**786**	**1096**	**10708**	**3230**	**7478**

5-3a 续表 6

受教育程度 年 龄	15岁及以上人口			未 婚		
	合计	男	女	小计	男	女
大学专科	**314386**	**159935**	**154451**	**80336**	**44298**	**36038**
15-19岁	**12896**	**6415**	**6481**	**12884**	**6413**	**6471**
15	197	92	105	197	92	105
16	393	175	218	393	175	218
17	1006	459	547	1006	459	547
18	4460	2236	2224	4459	2236	2223
19	6840	3453	3387	6829	3451	3378
20-24岁	**28781**	**14572**	**14209**	**26910**	**14058**	**12852**
20	7021	3642	3379	6981	3633	3348
21	5149	2538	2611	5056	2510	2546
22	5200	2625	2575	4954	2562	2392
23	5549	2816	2733	5020	2683	2337
24	5862	2951	2911	4899	2670	2229
25-29岁	**35791**	**17868**	**17923**	**19338**	**11370**	**7968**
25	6469	3232	3237	4746	2650	2096
26	7043	3470	3573	4481	2563	1918
27	7367	3690	3677	3997	2372	1625
28	7429	3719	3710	3366	2049	1317
29	7483	3757	3726	2748	1736	1012
30-34岁	**52931**	**26040**	**26891**	**12114**	**7492**	**4622**
30	9876	4941	4935	3082	1945	1137
31	10334	5163	5171	2755	1726	1029
32	10836	5353	5483	2459	1508	951
33	11991	5832	6159	2180	1341	839
34	9894	4751	5143	1638	972	666
35-39岁	**41502**	**20306**	**21196**	**5110**	**3002**	**2108**
35	7582	3770	3812	1252	781	471
36	7088	3547	3541	1045	616	429
37	8521	4140	4381	1063	628	435
38	10410	5125	5285	1031	587	444
39	7901	3724	4177	719	390	329
40-44岁	**32704**	**15971**	**16733**	**2015**	**1016**	**999**
40	7079	3425	3654	573	283	290
41	7829	3805	4024	517	265	252
42	7312	3565	3747	416	214	202
43	5381	2654	2727	274	134	140
44	5103	2522	2581	235	120	115
45-49岁	**27904**	**13930**	**13974**	**1078**	**556**	**522**
45	5167	2532	2635	226	118	108
46	5253	2620	2633	224	112	112
47	5878	2911	2967	246	132	114
48	5768	2920	2848	194	102	92
49	5838	2947	2891	188	92	96
50-54岁	**21209**	**10729**	**10480**	**431**	**212**	**219**
50	5542	2771	2771	143	73	70
51	4674	2379	2295	86	40	46
52	4499	2306	2193	102	50	52
53	2936	1492	1444	48	26	22
54	3558	1781	1777	52	23	29
55-59岁	**20400**	**10659**	**9741**	**250**	**113**	**137**
55	4184	2192	1992	54	22	32
56	4704	2414	2290	67	32	35
57	6094	3198	2896	67	32	35
58	3415	1776	1639	37	19	18
59	2003	1079	924	25	8	17
60-64岁	**13626**	**7708**	**5918**	**99**	**34**	**65**
60	2934	1651	1283	32	11	21
61	2270	1293	977	16	4	12
62	2707	1532	1175	23	9	14
63	2749	1575	1174	15	6	9
64	2966	1657	1309	13	4	9
65岁及以上	**26642**	**15737**	**10905**	**107**	**32**	**75**

单位：人

有配偶			离婚			丧偶		
小计	男	女	小计	男	女	小计	男	女
215792	**109096**	**106696**	**12593**	**4814**	**7779**	**5665**	**1727**	**3938**
12	**2**	**10**						
1		1						
11	2	9						
1865	**514**	**1351**	**6**		**6**			
40	9	31						
92	28	64	1		1			
246	63	183						
528	133	395	1		1			
959	281	678	4		4			
16281	**6443**	**9838**	**170**	**54**	**116**	**2**	**1**	**1**
1714	581	1133	9	1	8			
2542	901	1641	19	6	13	1		1
3333	1306	2027	37	12	25			
4015	1653	2362	47	16	31	1	1	
4677	2002	2675	58	19	39			
39537	**18036**	**21501**	**1251**	**506**	**745**	**29**	**6**	**23**
6660	2946	3714	131	50	81	3		3
7375	3356	4019	200	81	119	4		4
8130	3747	4383	241	95	146	6	3	3
9449	4351	5098	355	139	216	7	1	6
7923	3636	4287	324	141	183	9	2	7
34276	**16461**	**17815**	**2061**	**835**	**1226**	**55**	**8**	**47**
6044	2868	3176	280	121	159	6		6
5726	2807	2919	306	122	184	11	2	9
7017	3361	3656	427	149	278	14	2	12
8766	4262	4504	601	275	326	12	1	11
6723	3163	3560	447	168	279	12	3	9
28414	**14079**	**14335**	**2162**	**857**	**1305**	**113**	**19**	**94**
6052	2959	3093	437	181	256	17	2	15
6789	3331	3458	498	207	291	25	2	23
6384	3150	3234	484	195	289	28	6	22
4724	2381	2343	362	134	228	21	5	16
4465	2258	2207	381	140	241	22	4	18
24501	**12562**	**11939**	**2087**	**768**	**1319**	**238**	**44**	**194**
4531	2272	2259	365	135	230	45	7	38
4623	2357	2266	373	146	227	33	5	28
5197	2629	2568	389	135	254	46	15	31
5041	2634	2407	481	180	301	52	4	48
5109	2670	2439	479	172	307	62	13	49
18671	**9861**	**8810**	**1792**	**610**	**1182**	**315**	**46**	**269**
4856	2530	2326	472	155	317	71	13	58
4138	2195	1943	381	131	250	69	13	56
3937	2111	1826	393	138	255	67	7	60
2600	1372	1228	248	87	161	40	7	33
3140	1653	1487	298	99	199	68	6	62
18086	**9880**	**8206**	**1508**	**527**	**981**	**556**	**139**	**417**
3702	2029	1673	321	119	202	107	22	85
4143	2229	1914	395	125	270	99	28	71
5434	2975	2459	412	149	263	181	42	139
3040	1654	1386	239	79	160	99	24	75
1767	993	774	141	55	86	70	23	47
12096	**7174**	**4922**	**819**	**343**	**476**	**612**	**157**	**455**
2599	1531	1068	198	88	110	105	21	84
2005	1198	807	146	64	82	103	27	76
2389	1419	970	177	69	108	118	35	83
2476	1477	999	155	64	91	103	28	75
2627	1549	1078	143	58	85	183	46	137
22053	**14084**	**7969**	**737**	**314**	**423**	**3745**	**1307**	**2438**

5-3a 续表 7

受教育程度 年龄	15岁及以上人口			未婚		
	合计	男	女	小计	男	女
大学本科	**335871**	**167821**	**168050**	**119776**	**58667**	**61109**
15-19岁	**19309**	**8952**	**10357**	**19306**	**8951**	**10355**
15	40	23	17	40	23	17
16	147	73	74	147	73	74
17	859	330	529	858	330	528
18	6318	2790	3528	6317	2790	3527
19	11945	5736	6209	11944	5735	6209
20-24岁	**51905**	**24793**	**27112**	**51065**	**24561**	**26504**
20	14484	7063	7421	14475	7057	7418
21	12975	6343	6632	12948	6339	6609
22	9816	4747	5069	9728	4720	5008
23	7580	3473	4107	7367	3406	3961
24	7050	3167	3883	6547	3039	3508
25-29岁	**41429**	**18415**	**23014**	**25526**	**12710**	**12816**
25	7277	3237	4040	6205	2922	3283
26	8013	3487	4526	5895	2820	3075
27	8386	3728	4658	5194	2638	2556
28	8917	3961	4956	4640	2412	2228
29	8836	4002	4834	3592	1918	1674
30-34岁	**64477**	**30225**	**34252**	**14865**	**7979**	**6886**
30	11988	5489	6499	4150	2247	1903
31	12430	5759	6671	3289	1778	1511
32	13153	6100	7053	2923	1545	1378
33	14616	7000	7616	2563	1361	1202
34	12290	5877	6413	1940	1048	892
35-39岁	**53582**	**26325**	**27257**	**5909**	**3015**	**2894**
35	10404	4939	5465	1415	739	676
36	10101	5018	5083	1224	639	585
37	11178	5417	5761	1240	627	613
38	12994	6436	6558	1266	641	625
39	8905	4515	4390	764	369	395
40-44岁	**30862**	**15751**	**15111**	**1785**	**860**	**925**
40	7712	3949	3763	569	284	285
41	7311	3708	3603	445	221	224
42	6560	3342	3218	359	165	194
43	4800	2434	2366	232	102	130
44	4479	2318	2161	180	88	92
45-49岁	**23145**	**12307**	**10838**	**741**	**330**	**411**
45	4281	2249	2032	147	69	78
46	4436	2363	2073	150	62	88
47	4922	2587	2335	171	64	107
48	4675	2557	2118	147	74	73
49	4831	2551	2280	126	61	65
50-54岁	**17060**	**9288**	**7772**	**307**	**154**	**153**
50	4385	2342	2043	102	56	46
51	3658	2021	1637	74	34	40
52	3722	2025	1697	55	24	31
53	2423	1329	1094	36	20	16
54	2872	1571	1301	40	20	20
55-59岁	**13243**	**7986**	**5257**	**143**	**67**	**76**
55	2894	1676	1218	31	11	20
56	3116	1871	1245	29	12	17
57	3916	2398	1518	39	25	14
58	2101	1281	820	32	14	18
59	1216	760	456	12	5	7
60-64岁	**6274**	**4073**	**2201**	**51**	**15**	**36**
60	1660	1082	578	15	5	10
61	950	619	331	6	2	4
62	1140	754	386	10	4	6
63	1245	783	462	10	2	8
64	1279	835	444	10	2	8
65岁及以上	**14585**	**9706**	**4879**	**78**	**25**	**53**

单位：人

有配偶			离婚			丧偶		
小计	男	女	小计	男	女	小计	男	女
204904	**104793**	**100111**	**8125**	**3112**	**5013**	**3066**	**1249**	**1817**
3	**1**	**2**						
1		1						
1		1						
1	1							
834	**230**	**604**	**6**	**2**	**4**			
7	4	3	2	2				
27	4	23						
88	27	61						
213	67	146						
499	128	371	4		4			
15766	**5660**	**10106**	**136**	**45**	**91**	**1**		**1**
1061	314	747	11	1	10			
2103	665	1438	15	2	13			
3175	1085	2090	16	5	11	1		1
4241	1536	2705	36	13	23			
5186	2060	3126	58	24	34			
48547	**21835**	**26712**	**1039**	**410**	**629**	**26**	**1**	**25**
7739	3208	4531	97	34	63	2		2
8975	3921	5054	164	60	104	2		2
10037	4479	5558	189	76	113	4		4
11766	5517	6249	276	121	155	11	1	10
10030	4710	5320	313	119	194	7		7
45722	**22579**	**23143**	**1863**	**715**	**1148**	**88**	**16**	**72**
8701	4083	4618	279	115	164	9	2	7
8550	4259	4291	314	118	196	13	2	11
9517	4653	4864	397	133	264	24	4	20
11198	5592	5606	501	195	306	29	8	21
7756	3992	3764	372	154	218	13		13
27609	**14341**	**13268**	**1387**	**531**	**856**	**81**	**19**	**62**
6798	3537	3261	329	123	206	16	5	11
6545	3366	3179	301	116	185	20	5	15
5879	3056	2823	301	116	185	21	5	16
4348	2252	2096	212	79	133	8	1	7
4039	2130	1909	244	97	147	16	3	13
20936	**11480**	**9456**	**1320**	**475**	**845**	**148**	**22**	**126**
3876	2088	1788	241	90	151	17	2	15
4023	2201	1822	240	96	144	23	4	19
4458	2424	2034	261	93	168	32	6	26
4225	2375	1850	276	103	173	27	5	22
4354	2392	1962	302	93	209	49	5	44
15535	**8748**	**6787**	**1046**	**345**	**701**	**172**	**41**	**131**
3989	2193	1796	266	87	179	28	6	22
3296	1908	1388	247	72	175	41	7	34
3403	1905	1498	221	86	135	43	10	33
2199	1247	952	162	51	111	26	11	15
2648	1495	1153	150	49	101	34	7	27
12128	**7564**	**4564**	**711**	**288**	**423**	**261**	**67**	**194**
2652	1595	1057	170	61	109	41	9	32
2878	1776	1102	137	66	71	72	17	55
3586	2279	1307	211	75	136	80	19	61
1904	1195	709	136	62	74	29	10	19
1108	719	389	57	24	33	39	12	27
5721	**3837**	**1884**	**320**	**148**	**172**	**182**	**73**	**109**
1526	1025	501	83	36	47	36	16	20
860	576	284	59	29	30	25	12	13
1043	713	330	58	26	32	29	11	18
1144	747	397	51	20	31	40	14	26
1148	776	372	69	37	32	52	20	32
12103	**8518**	**3585**	**297**	**153**	**144**	**2107**	**1010**	**1097**

5-3a 续表 8

受教育程度 年龄	15岁及以上人口			未婚		
	合计	男	女	小计	男	女
硕士研究生	**33829**	**15965**	**17864**	**12770**	**5480**	**7290**
15-19岁	**27**	**13**	**14**	**27**	**13**	**14**
15						
16						
17	2		2	2		2
18	10	5	5	10	5	5
19	15	8	7	15	8	7
20-24岁	**5000**	**2163**	**2837**	**4983**	**2156**	**2827**
20	36	16	20	36	16	20
21	186	68	118	186	68	118
22	1013	406	607	1012	406	606
23	1799	793	1006	1796	792	1004
24	1966	880	1086	1953	874	1079
25-29岁	**6114**	**2506**	**3608**	**4945**	**2141**	**2804**
25	1645	741	904	1606	729	877
26	1376	556	820	1261	523	738
27	1130	449	681	911	393	518
28	1013	401	612	686	300	386
29	950	359	591	481	196	285
30-34岁	**7003**	**2821**	**4182**	**1790**	**776**	**1014**
30	1331	503	828	559	244	315
31	1436	556	880	422	188	234
32	1445	566	879	325	135	190
33	1461	619	842	271	130	141
34	1330	577	753	213	79	134
35-39岁	**6736**	**3091**	**3645**	**682**	**268**	**414**
35	1199	514	685	151	64	87
36	1259	565	694	158	58	100
37	1402	655	747	145	61	84
38	1667	764	903	126	47	79
39	1209	593	616	102	38	64
40-44岁	**3705**	**1964**	**1741**	**229**	**85**	**144**
40	1007	516	491	83	27	56
41	933	474	459	49	16	33
42	802	423	379	49	24	25
43	516	292	224	26	11	15
44	447	259	188	22	7	15
45-49岁	**2012**	**1173**	**839**	**69**	**22**	**47**
45	388	213	175	16	7	9
46	365	211	154	19	6	13
47	452	250	202	15	4	11
48	409	251	158	8		8
49	398	248	150	11	5	6
50-54岁	**1318**	**819**	**499**	**24**	**7**	**17**
50	334	204	130	9	2	7
51	295	185	110	6	1	5
52	266	152	114	6	1	5
53	203	131	72	2	2	
54	220	147	73	1	1	
55-59岁	**1170**	**843**	**327**	**12**	**7**	**5**
55	268	191	77	4	3	1
56	301	205	96	1		1
57	336	246	90	2	1	1
58	157	116	41	3	1	2
59	108	85	23	2	2	
60-64岁	**419**	**324**	**95**	**8**	**5**	**3**
60	108	87	21	2	1	1
61	74	55	19	2	2	
62	77	64	13	2	1	1
63	88	68	20	1	1	
64	72	50	22	1		1
65岁及以上	**325**	**248**	**77**	**1**		**1**

单位：人

有配偶			离　婚			丧　偶		
小计	男	女	小计	男	女	小计	男	女
20388	**10238**	**10150**	**600**	**221**	**379**	**71**	**26**	**45**
17	**7**	**10**						
1		1						
3	1	2						
13	6	7						
1166	**364**	**802**	**3**	**1**	**2**			
39	12	27						
115	33	82						
217	55	162	2	1	1			
326	101	225	1		1			
469	163	306						
5156	**2022**	**3134**	**55**	**23**	**32**	**2**		**2**
765	256	509	7	3	4			
1002	363	639	12	5	7			
1112	428	684	8	3	5			
1174	485	689	15	4	11	1		1
1103	490	613	13	8	5	1		1
5875	**2770**	**3105**	**176**	**53**	**123**	**3**		**3**
1012	437	575	34	13	21	2		2
1074	495	579	27	12	15			
1225	587	638	32	7	25			
1489	704	785	52	13	39			
1075	547	528	31	8	23	1		1
3346	**1828**	**1518**	**124**	**50**	**74**	**6**	**1**	**5**
886	473	413	35	15	20	3	1	2
853	448	405	30	10	20	1		1
721	385	336	32	14	18			
478	276	202	10	5	5	2		2
408	246	162	17	6	11			
1847	**1112**	**735**	**91**	**38**	**53**	**5**	**1**	**4**
354	200	154	18	6	12			
331	200	131	14	4	10	1	1	
421	239	182	15	7	8	1		1
379	240	139	19	11	8	3		3
362	233	129	25	10	15			
1209	**785**	**424**	**78**	**24**	**54**	**7**	**3**	**4**
304	194	110	20	7	13	1	1	
273	177	96	13	6	7	3	1	2
242	148	94	16	2	14	2	1	1
190	126	64	11	3	8			
200	140	60	18	6	12	1		1
1099	**815**	**284**	**46**	**19**	**27**	**13**	**2**	**11**
248	178	70	14	10	4	2		2
284	201	83	8	3	5	8	1	7
319	243	76	12	1	11	3	1	2
145	112	33	9	3	6			
103	81	22	3	2	1			
388	**307**	**81**	**15**	**6**	**9**	**8**	**6**	**2**
102	83	19	3	2	1	1	1	
64	49	15	4	2	2	4	2	2
69	61	8	4		4	2	2	
86	67	19	1		1			
67	47	20	3	2	1	1	1	
285	**228**	**57**	**12**	**7**	**5**	**27**	**13**	**14**

5-3a 续表 9

受教育程度 年 龄	15岁及以上人口			未 婚		
	合计	男	女	小计	男	女
博士研究生	**3822**	**2112**	**1710**	**1240**	**686**	**554**
15-19岁						
15						
16						
17						
18						
19						
20-24岁	**114**	**65**	**49**	**114**	**65**	**49**
20	1	1		1	1	
21	7	3	4	7	3	4
22	11	6	5	11	6	5
23	32	19	13	32	19	13
24	63	36	27	63	36	27
25-29岁	**763**	**420**	**343**	**664**	**372**	**292**
25	126	59	67	120	55	65
26	163	96	67	153	91	62
27	158	88	70	144	80	64
28	181	97	84	149	82	67
29	135	80	55	98	64	34
30-34岁	**758**	**385**	**373**	**313**	**169**	**144**
30	156	76	80	95	52	43
31	159	82	77	86	44	42
32	151	81	70	65	35	30
33	160	75	85	43	23	20
34	132	71	61	24	15	9
35-39岁	**746**	**412**	**334**	**104**	**63**	**41**
35	115	67	48	28	18	10
36	150	86	64	26	18	8
37	139	72	67	15	10	5
38	179	96	83	19	9	10
39	163	91	72	16	8	8
40-44岁	**579**	**313**	**266**	**27**	**13**	**14**
40	150	88	62	9	5	4
41	145	81	64	7	2	5
42	123	66	57	6	2	4
43	88	44	44	3	3	
44	73	34	39	2	1	1
45-49岁	**308**	**162**	**146**	**11**	**3**	**8**
45	60	28	32	3		3
46	65	36	29	3	1	2
47	62	32	30	3	2	1
48	67	38	29	2		2
49	54	28	26			
50-54岁	**225**	**132**	**93**	**6**	**1**	**5**
50	57	30	27	4		4
51	50	34	16			
52	40	26	14			
53	44	26	18	1		1
54	34	16	18	1	1	
55-59岁	**193**	**123**	**70**			
55	37	17	20			
56	49	31	18			
57	67	46	21			
58	21	14	7			
59	19	15	4			
60-64岁	**88**	**64**	**24**			
60	23	17	6			
61	14	8	6			
62	14	10	4			
63	20	15	5			
64	17	14	3			
65岁及以上	**48**	**36**	**12**	**1**		**1**

单位：人

有配偶			离婚			丧偶		
小计	男	女	小计	男	女	小计	男	女
2503	**1397**	**1106**	**66**	**25**	**41**	**13**	**4**	**9**
99	**48**	**51**						
6	4	2						
10	5	5						
14	8	6						
32	15	17						
37	16	21						
439	**214**	**225**	**6**	**2**	**4**			
60	23	37	1	1				
73	38	35						
83	46	37	3		3			
116	52	64	1		1			
107	55	52	1	1				
631	**343**	**288**	**11**	**6**	**5**			
86	48	38	1	1				
123	68	55	1		1			
122	61	61	2	1	1			
158	86	72	2	1	1			
142	80	62	5	3	2			
536	**295**	**241**	**15**	**5**	**10**	**1**		**1**
138	81	57	3	2	1			
132	77	55	6	2	4			
115	63	52	2	1	1			
82	41	41	2		2	1		1
69	33	36	2		2			
281	**154**	**127**	**14**	**4**	**10**	**2**	**1**	**1**
54	28	26	3		3			
62	35	27						
55	28	27	3	2	1	1		1
62	37	25	3	1	2			
48	26	22	5	1	4	1	1	
209	**125**	**84**	**9**	**6**	**3**	**1**		**1**
49	27	22	3	3		1		1
49	34	15	1		1			
40	26	14						
39	23	16	4	3	1			
32	15	17	1		1			
182	**120**	**62**	**8**	**1**	**7**	**3**	**2**	**1**
32	16	16	4		4	1	1	
47	31	16	2		2			
65	45	20				2	1	1
20	14	6	1		1			
18	14	4	1	1				
85	**64**	**21**	**2**		**2**	**1**		**1**
23	17	6						
14	8	6						
13	10	3	1		1			
20	15	5						
15	14	1	1		1	1		1
41	**34**	**7**	**1**	**1**		**5**	**1**	**4**

5-3b 全省分年龄、性别、受教育

受教育程度 / 年龄	15岁及以上人口			未婚		
	合计	男	女	小计	男	女
总计	**437231**	**216526**	**220705**	**63568**	**36890**	**26678**
15-19岁	**25278**	**12929**	**12349**	**25202**	**12912**	**12290**
15	4954	2607	2347	4952	2606	2346
16	6075	3116	2959	6073	3115	2958
17	5287	2673	2614	5280	2670	2610
18	4899	2544	2355	4882	2543	2339
19	4063	1989	2074	4015	1978	2037
20-24岁	**17720**	**8691**	**9029**	**14938**	**7844**	**7094**
20	3670	1735	1935	3548	1722	1826
21	3150	1528	1622	2929	1489	1440
22	3305	1627	1678	2842	1487	1355
23	3557	1788	1769	2829	1550	1279
24	4038	2013	2025	2790	1596	1194
25-29岁	**25783**	**13090**	**12693**	**10370**	**6551**	**3819**
25	4693	2358	2335	2709	1619	1090
26	4816	2432	2384	2404	1469	935
27	5325	2744	2581	2141	1385	756
28	5276	2682	2594	1671	1096	575
29	5673	2874	2799	1445	982	463
30-34岁	**40275**	**20325**	**19950**	**5735**	**3960**	**1775**
30	7387	3721	3666	1444	975	469
31	7587	3815	3772	1315	908	407
32	8069	4068	4001	1134	788	346
33	9486	4803	4683	1079	762	317
34	7746	3918	3828	763	527	236
35-39岁	**33530**	**17181**	**16349**	**2190**	**1538**	**652**
35	5750	2957	2793	531	368	163
36	5483	2784	2699	405	275	130
37	6237	3262	2975	408	284	124
38	8469	4417	4052	480	347	133
39	7591	3761	3830	366	264	102
40-44岁	**39436**	**20089**	**19347**	**1374**	**1025**	**349**
40	7488	3816	3672	322	254	68
41	9156	4661	4495	321	234	87
42	8406	4288	4118	307	232	75
43	7010	3576	3434	219	159	60
44	7376	3748	3628	205	146	59
45-49岁	**44355**	**22383**	**21972**	**1111**	**860**	**251**
45	7476	3812	3664	205	169	36
46	8427	4306	4121	234	172	62
47	9339	4675	4664	211	162	49
48	9224	4585	4639	242	186	56
49	9889	5005	4884	219	171	48
50-54岁	**47285**	**23684**	**23601**	**802**	**655**	**147**
50	10075	5037	5038	175	140	35
51	9172	4628	4544	185	151	34
52	10161	5172	4989	181	152	29
53	8210	4076	4134	112	96	16
54	9667	4771	4896	149	116	33
55-59岁	**45563**	**22482**	**23081**	**554**	**444**	**110**
55	10535	5203	5332	133	106	27
56	10323	5091	5232	165	133	32
57	12454	6163	6291	116	97	19
58	7795	3881	3914	102	82	20
59	4456	2144	2312	38	26	12
60-64岁	**37723**	**18313**	**19410**	**394**	**310**	**84**
60	7629	3711	3918	79	64	15
61	6443	3161	3282	60	42	18
62	7963	3876	4087	73	52	21
63	8221	3977	4244	98	77	21
64	7467	3588	3879	84	75	9
65岁及以上	**80283**	**37359**	**42924**	**898**	**791**	**107**

程度、婚姻状况的人口(镇)

单位：人

有配偶			离婚			丧偶		
小计	男	女	小计	男	女	小计	男	女
327604	**163564**	**164040**	**17207**	**8611**	**8596**	**28852**	**7461**	**21391**
75	**17**	**58**	**1**		**1**			
2	1	1						
2	1	1						
7	3	4						
17	1	16						
47	11	36	1		1			
2738	**837**	**1901**	**42**	**8**	**34**	**2**	**2**	
121	13	108	1		1			
218	39	179	3		3			
455	139	316	7		7	1	1	
713	232	481	14	5	9	1	1	
1231	414	817	17	3	14			
14995	**6367**	**8628**	**404**	**172**	**232**	**14**		**14**
1943	724	1219	40	15	25	1		1
2350	938	1412	61	25	36	1		1
3097	1325	1772	85	34	51	2		2
3493	1536	1957	109	50	59	3		3
4112	1844	2268	109	48	61	7		7
32875	**15537**	**17338**	**1608**	**817**	**791**	**57**	**11**	**46**
5717	2642	3075	219	102	117	7	2	5
6001	2775	3226	261	129	132	10	3	7
6595	3099	3496	331	179	152	9	2	7
7966	3816	4150	424	222	202	17	3	14
6596	3205	3391	373	185	188	14	1	13
29409	**14640**	**14769**	**1808**	**972**	**836**	**123**	**31**	**92**
4939	2458	2481	267	131	136	13		13
4773	2353	2420	297	153	144	8	3	5
5468	2786	2682	337	186	151	24	6	18
7469	3791	3678	477	268	209	43	11	32
6760	3252	3508	430	234	196	35	11	24
35151	**17602**	**17549**	**2638**	**1398**	**1240**	**273**	**64**	**209**
6642	3286	3356	487	266	221	37	10	27
8131	4063	4068	655	351	304	49	13	36
7505	3770	3735	537	274	263	57	12	45
6234	3136	3098	494	269	225	63	12	51
6639	3347	3292	465	238	227	67	17	50
39803	**19987**	**19816**	**2828**	**1412**	**1416**	**613**	**124**	**489**
6668	3371	3297	524	257	267	79	15	64
7579	3857	3722	509	258	251	105	19	86
8412	4181	4231	598	308	290	118	24	94
8225	4066	4159	600	299	301	157	34	123
8919	4512	4407	597	290	307	154	32	122
42266	**21292**	**20974**	**2864**	**1442**	**1422**	**1353**	**295**	**1058**
9001	4528	4473	677	334	343	222	35	187
8177	4110	4067	583	299	284	227	68	159
9067	4650	4417	620	311	309	293	59	234
7358	3667	3691	460	252	208	280	61	219
8663	4337	4326	524	246	278	331	72	259
40265	**20356**	**19909**	**2493**	**1190**	**1303**	**2251**	**492**	**1759**
9396	4703	4693	587	298	289	419	96	323
9133	4628	4505	571	250	321	454	80	374
10997	5596	5401	672	320	352	669	150	519
6852	3492	3360	429	210	219	412	97	315
3887	1937	1950	234	112	122	297	69	228
32606	**16512**	**16094**	**1369**	**660**	**709**	**3354**	**831**	**2523**
6644	3317	3327	362	189	173	544	141	403
5607	2865	2742	250	120	130	526	134	392
6932	3541	3391	285	129	156	673	154	519
7092	3590	3502	240	108	132	791	202	589
6331	3199	3132	232	114	118	820	200	620
57421	**30417**	**27004**	**1152**	**540**	**612**	**20812**	**5611**	**15201**

5-3b 续表 1

受教育程度 年龄	15岁及以上人口			未婚		
	合计	男	女	小计	男	女
未上过学	**4224**	**1167**	**3057**	**762**	**593**	**169**
15-19岁	**46**	**31**	**15**	**46**	**31**	**15**
15	8	7	1	8	7	1
16	11	5	6	11	5	6
17	8	5	3	8	5	3
18	11	8	3	11	8	3
19	8	6	2	8	6	2
20-24岁	**60**	**40**	**20**	**60**	**40**	**20**
20	13	10	3	13	10	3
21	6	6		6	6	
22	18	10	8	18	10	8
23	9	5	4	9	5	4
24	14	9	5	14	9	5
25-29岁	**68**	**38**	**30**	**57**	**36**	**21**
25	9	4	5	9	4	5
26	14	12	2	13	12	1
27	11	6	5	9	6	3
28	18	10	8	15	9	6
29	16	6	10	11	5	6
30-34岁	**89**	**48**	**41**	**73**	**45**	**28**
30	23	12	11	22	12	10
31	21	12	9	16	11	5
32	15	9	6	13	9	4
33	19	11	8	15	10	5
34	11	4	7	7	3	4
35-39岁	**54**	**30**	**24**	**37**	**26**	**11**
35	12	9	3	11	9	2
36	8	3	5	4	3	1
37	11	8	3	9	7	2
38	14	5	9	7	3	4
39	9	5	4	6	4	2
40-44岁	**94**	**52**	**42**	**56**	**40**	**16**
40	13	9	4	4	4	
41	25	13	12	17	12	5
42	20	13	7	16	12	4
43	18	10	8	10	8	2
44	18	7	11	9	4	5
45-49岁	**128**	**68**	**60**	**76**	**56**	**20**
45	18	10	8	11	9	2
46	22	12	10	16	9	7
47	24	14	10	14	11	3
48	29	13	16	14	11	3
49	35	19	16	21	16	5
50-54岁	**154**	**69**	**85**	**65**	**48**	**17**
50	31	13	18	11	7	4
51	33	13	20	17	10	7
52	24	9	15	8	7	1
53	31	20	11	18	17	1
54	35	14	21	11	7	4
55-59岁	**156**	**68**	**88**	**52**	**48**	**4**
55	37	16	21	13	12	1
56	32	14	18	14	11	3
57	41	15	26	11	11	
58	24	14	10	10	10	
59	22	9	13	4	4	
60-64岁	**315**	**98**	**217**	**54**	**46**	**8**
60	50	22	28	13	12	1
61	30	12	18	6	5	1
62	71	19	52	11	8	3
63	87	32	55	15	14	1
64	77	13	64	9	7	2
65岁及以上	**3060**	**625**	**2435**	**186**	**177**	**9**

单位：人

有配偶			离婚			丧偶		
小计	男	女	小计	男	女	小计	男	女
1521	**352**	**1169**	**59**	**21**	**38**	**1882**	**201**	**1681**
10	**2**	**8**	**1**		**1**			
1		1						
2		2						
3	1	2						
4	1	3	1		1			
13	**3**	**10**	**1**		**1**	**2**		**2**
						1		1
4	1	3	1		1			
1		1				1		1
4	1	3						
4	1	3						
16	**4**	**12**				**1**		**1**
1		1						
4		4						
2	1	1						
6	2	4				1		1
3	1	2						
32	**11**	**21**	**2**		**2**	**4**	**1**	**3**
8	4	4				1	1	
7	1	6				1		1
3	1	2	1		1			
7	2	5	1		1			
7	3	4				2		2
46	**10**	**36**	**4**	**2**	**2**	**2**		**2**
6	1	5				1		1
4	2	2	1	1		1		1
10	3	7						
14	2	12	1		1			
12	2	10	2	1	1			
75	**16**	**59**	**7**	**4**	**3**	**7**	**1**	**6**
15	6	9	2		2	3		3
15	2	13	1	1				
14	1	13	1	1		1		1
11	2	9	1	1		1		1
20	5	15	2	1	1	2	1	1
77	**14**	**63**	**5**	**4**	**1**	**22**	**2**	**20**
19	3	16	1		1	4	1	3
12	3	9				6		6
24	3	21	1	1		5		5
9	2	7	2	2		3		3
13	3	10	1	1		4	1	3
209	**40**	**169**	**8**	**5**	**3**	**44**	**7**	**37**
30	6	24	2	2		5	2	3
17	6	11	2		2	5	1	4
44	8	36	3	2	1	13	1	12
62	15	47	1	1		9	2	7
56	5	51				12	1	11
1043	**252**	**791**	**31**	**6**	**25**	**1800**	**190**	**1610**

5-3b 续表 2

受教育程度 年龄	15岁及以上人口			未婚		
	合计	男	女	小计	男	女
学前教育	**123**	**38**	**85**	**25**	**14**	**11**
15—19岁	**15**	**8**	**7**	**15**	**8**	**7**
15	8	4	4	8	4	4
16	3		3	3		3
17	2	2		2	2	
18	2	2		2	2	
19						
20—24岁	**6**	**3**	**3**	**6**	**3**	**3**
20	3	1	2	3	1	2
21	2	1	1	2	1	1
22						
23	1	1		1	1	
24						
25—29岁	**5**	**2**	**3**	**1**		**1**
25	2	1	1	1		1
26						
27						
28						
29	3	1	2			
30—34岁	**4**	**1**	**3**			
30	1		1			
31	1	1				
32	1		1			
33						
34	1		1			
35—39岁	**3**	**2**	**1**			
35	1	1				
36	1	1				
37						
38	1		1			
39						
40—44岁	**2**	**1**	**1**	**1**	**1**	
40						
41	1		1			
42	1	1		1	1	
43						
44						
45—49岁	**4**	**2**	**2**			
45						
46	1	1				
47	1		1			
48	1		1			
49	1	1				
50—54岁	**2**	**2**				
50	1	1				
51	1	1				
52						
53						
54						
55—59岁	**1**	**1**				
55	1	1				
56						
57						
58						
59						
60—64岁	**9**	**2**	**7**			
60	1		1			
61	1	1				
62	3		3			
63	3	1	2			
64	1		1			
65岁及以上	**72**	**14**	**58**	**2**	**2**	

单位：人

有配偶			离婚			丧偶		
小计	男	女	小计	男	女	小计	男	女
60	**19**	**41**	**1**	**1**		**37**	**4**	**33**
4	**2**	**2**						
1	1							
3	1	2						
4	**1**	**3**						
1		1						
1	1							
1		1						
1		1						
3	**2**	**1**						
1	1							
1	1							
1		1						
1		**1**						
1		1						
4	**2**	**2**						
1	1							
1		1						
1		1						
1	1							
2	**2**							
1	1							
1	1							
1	**1**							
1	1							
6		**6**	**1**	**1**		**2**	**1**	**1**
1		1						
			1	1				
3		3						
2		2				1	1	
						1		1
35	**9**	**26**				**35**	**3**	**32**

5-3b 续表 3

受教育程度 年龄	15岁及以上人口			未婚		
	合计	男	女	小计	男	女
小 学	**65343**	**27490**	**37853**	**2655**	**2236**	**419**
15-19岁	**155**	**95**	**60**	**151**	**95**	**56**
15	26	14	12	26	14	12
16	24	12	12	24	12	12
17	32	21	11	31	21	10
18	36	26	10	35	26	9
19	37	22	15	35	22	13
20-24岁	**339**	**196**	**143**	**262**	**173**	**89**
20	54	28	26	50	28	22
21	52	29	23	41	27	14
22	65	38	27	55	35	20
23	72	44	28	54	38	16
24	96	57	39	62	45	17
25-29岁	**834**	**438**	**396**	**244**	**187**	**57**
25	146	81	65	66	46	20
26	128	69	59	46	39	7
27	167	80	87	45	33	12
28	183	102	81	39	31	8
29	210	106	104	48	38	10
30-34岁	**1842**	**977**	**865**	**284**	**215**	**69**
30	303	158	145	50	41	9
31	355	191	164	69	50	19
32	365	202	163	63	45	18
33	454	248	206	63	50	13
34	365	178	187	39	29	10
35-39岁	**1455**	**723**	**732**	**164**	**144**	**20**
35	234	121	113	38	31	7
36	251	116	135	19	15	4
37	270	135	135	31	29	2
38	324	175	149	40	36	4
39	376	176	200	36	33	3
40-44岁	**2191**	**1080**	**1111**	**179**	**160**	**19**
40	376	194	182	37	33	4
41	488	224	264	36	29	7
42	480	234	246	36	32	4
43	398	200	198	36	32	4
44	449	228	221	34	34	
45-49岁	**3574**	**1703**	**1871**	**215**	**197**	**18**
45	534	259	275	30	28	2
46	646	316	330	45	38	7
47	694	341	353	39	36	3
48	797	342	455	52	50	2
49	903	445	458	49	45	4
50-54岁	**6139**	**2853**	**3286**	**249**	**232**	**17**
50	1056	493	563	47	42	5
51	1138	573	565	55	53	2
52	1315	614	701	59	53	6
53	1179	499	680	38	35	3
54	1451	674	777	50	49	1
55-59岁	**6822**	**2939**	**3883**	**212**	**190**	**22**
55	1494	666	828	51	44	7
56	1528	695	833	65	60	5
57	1846	778	1068	44	41	3
58	1198	522	676	39	37	2
59	756	278	478	13	8	5
60-64岁	**8666**	**3454**	**5212**	**186**	**172**	**14**
60	1434	583	851	31	29	2
61	1383	546	837	25	22	3
62	1840	739	1101	34	31	3
63	2002	792	1210	44	39	5
64	2007	794	1213	52	51	1
65岁及以上	**33326**	**13032**	**20294**	**509**	**471**	**38**

单位：人

有配偶			离婚			丧偶		
小计	男	女	小计	男	女	小计	男	女
47949	**21314**	**26635**	**1737**	**920**	**817**	**13002**	**3020**	**9982**
4		**4**						
1		1						
1		1						
2		2						
77	**23**	**54**						
4		4						
11	2	9						
10	3	7						
18	6	12						
34	12	22						
566	**242**	**324**	**22**	**9**	**13**	**2**		**2**
78	34	44	1	1		1		1
80	30	50	2		2			
116	45	71	5	2	3	1		1
136	66	70	8	5	3			
156	67	89	6	1	5			
1461	**713**	**748**	**89**	**46**	**43**	**8**	**3**	**5**
239	110	129	13	7	6	1		1
275	136	139	10	4	6	1	1	
283	147	136	18	10	8	1		1
364	183	181	24	13	11	3	2	1
300	137	163	24	12	12	2		2
1195	**527**	**668**	**87**	**49**	**38**	**9**	**3**	**6**
183	84	99	12	6	6	1		1
213	90	123	18	11	7	1		1
223	98	125	15	8	7	1		1
262	127	135	19	10	9	3	2	1
314	128	186	23	14	9	3	1	2
1847	**827**	**1020**	**146**	**89**	**57**	**19**	**4**	**15**
312	147	165	25	14	11	2		2
407	169	238	41	26	15	4		4
408	180	228	30	20	10	6	2	4
329	149	180	31	18	13	2	1	1
391	182	209	19	11	8	5	1	4
3062	**1377**	**1685**	**225**	**123**	**102**	**72**	**6**	**66**
453	207	246	45	24	21	6		6
544	252	292	46	25	21	11	1	10
601	279	322	41	25	16	13	1	12
681	272	409	43	18	25	21	2	19
783	367	416	50	31	19	21	2	19
5333	**2394**	**2939**	**310**	**171**	**139**	**247**	**56**	**191**
912	410	502	66	32	34	31	9	22
968	471	497	71	39	32	44	10	34
1140	508	632	65	40	25	51	13	38
1038	423	615	51	30	21	52	11	41
1275	582	693	57	30	27	69	13	56
5824	**2503**	**3321**	**288**	**158**	**130**	**498**	**88**	**410**
1293	566	727	61	39	22	89	17	72
1310	590	720	68	33	35	85	12	73
1577	674	903	70	38	32	155	25	130
1003	430	573	56	31	25	100	24	76
641	243	398	33	17	16	69	10	59
7140	**2929**	**4211**	**225**	**114**	**111**	**1115**	**239**	**876**
1209	490	719	49	25	24	145	39	106
1145	473	672	41	18	23	172	33	139
1528	632	896	48	29	19	230	47	183
1637	670	967	46	25	21	275	58	217
1621	664	957	41	17	24	293	62	231
21440	**9779**	**11661**	**345**	**161**	**184**	**11032**	**2621**	**8411**

5-3b 续表 4

受教育程度 年龄	15岁及以上人口 合计	男	女	未婚 小计	男	女
初 中	**230734**	**117218**	**113516**	**17793**	**12188**	**5605**
15-19岁	**5089**	**2916**	**2173**	**5043**	**2906**	**2137**
15	2225	1257	968	2225	1257	968
16	1051	593	458	1050	593	457
17	562	324	238	559	322	237
18	617	358	259	604	357	247
19	634	384	250	605	377	228
20-24岁	**5019**	**2742**	**2277**	**3364**	**2246**	**1118**
20	688	384	304	597	376	221
21	729	412	317	602	390	212
22	947	519	428	654	421	233
23	1160	639	521	730	509	221
24	1495	788	707	781	550	231
25-29岁	**11182**	**5919**	**5263**	**3380**	**2501**	**879**
25	1891	1009	882	799	578	221
26	1990	1049	941	732	522	210
27	2308	1233	1075	706	528	178
28	2329	1241	1088	601	461	140
29	2664	1387	1277	542	412	130
30-34岁	**21702**	**10980**	**10722**	**2504**	**1880**	**624**
30	3668	1889	1779	575	423	152
31	3909	1943	1966	530	392	138
32	4327	2196	2131	489	385	104
33	5341	2676	2665	513	387	126
34	4457	2276	2181	397	293	104
35-39岁	**20909**	**10619**	**10290**	**1130**	**831**	**299**
35	3422	1729	1693	270	191	79
36	3245	1617	1628	197	149	48
37	3813	1989	1824	194	148	46
38	5478	2832	2646	263	195	68
39	4951	2452	2499	206	148	58
40-44岁	**25638**	**13157**	**12481**	**809**	**630**	**179**
40	4893	2512	2381	187	157	30
41	6081	3112	2969	196	150	46
42	5411	2805	2606	187	148	39
43	4551	2339	2212	122	89	33
44	4702	2389	2313	117	86	31
45-49岁	**28623**	**14361**	**14262**	**633**	**492**	**141**
45	4739	2404	2335	124	104	20
46	5409	2754	2655	131	98	33
47	6153	3075	3078	121	96	25
48	5965	2947	3018	135	100	35
49	6357	3181	3176	122	94	28
50-54岁	**30528**	**15272**	**15256**	**405**	**319**	**86**
50	6492	3218	3274	95	76	19
51	5819	2926	2893	94	74	20
52	6579	3367	3212	93	76	17
53	5397	2690	2707	52	41	11
54	6241	3071	3170	71	52	19
55-59岁	**28161**	**13887**	**14274**	**234**	**177**	**57**
55	6780	3325	3455	55	43	12
56	6440	3128	3312	69	54	15
57	7697	3839	3858	51	39	12
58	4719	2352	2367	41	29	12
59	2525	1243	1282	18	12	6
60-64岁	**20677**	**10312**	**10365**	**120**	**81**	**39**
60	4398	2172	2226	24	19	5
61	3638	1794	1844	24	11	13
62	4349	2177	2172	23	13	10
63	4394	2206	2188	31	22	9
64	3898	1963	1935	18	16	2
65岁及以上	**33206**	**17053**	**16153**	**171**	**125**	**46**

单位：人

有配偶			离婚			丧偶		
小计	男	女	小计	男	女	小计	男	女
190777	**95974**	**94803**	**11082**	**5787**	**5295**	**11082**	**3269**	**7813**
45	**10**	**35**	**1**		**1**			
1		1						
3	2	1						
13	1	12						
28	7	21	1		1			
1622	**488**	**1134**	**31**	**6**	**25**	**2**	**2**	
90	8	82	1		1			
125	22	103	2		2			
286	97	189	6		6	1	1	
419	125	294	10	4	6	1	1	
702	236	466	12	2	10			
7530	**3302**	**4228**	**264**	**116**	**148**	**8**		**8**
1060	420	640	32	11	21			
1217	506	711	40	21	19	1		1
1548	681	867	53	24	29	1		1
1657	748	909	69	32	37	2		2
2048	947	1101	70	28	42	4		4
18129	**8527**	**9602**	**1032**	**567**	**465**	**37**	**6**	**31**
2957	1396	1561	132	69	63	4	1	3
3205	1461	1744	168	89	79	6	1	5
3610	1678	1932	222	131	91	6	2	4
4540	2132	2408	277	156	121	11	1	10
3817	1860	1957	233	122	111	10	1	9
18518	**9095**	**9423**	**1168**	**669**	**499**	**93**	**24**	**69**
2968	1444	1524	174	94	80	10		10
2850	1363	1487	192	102	90	6	3	3
3385	1715	1670	212	120	92	22	6	16
4870	2437	2433	316	193	123	29	7	22
4445	2136	2309	274	160	114	26	8	18
22907	**11525**	**11382**	**1735**	**953**	**782**	**187**	**49**	**138**
4356	2164	2192	325	183	142	25	8	17
5432	2725	2707	418	225	193	35	12	23
4838	2463	2375	346	184	162	40	10	30
4047	2048	1999	336	194	142	46	8	38
4234	2125	2109	310	167	143	41	11	30
25690	**12772**	**12918**	**1873**	**995**	**878**	**427**	**102**	**325**
4228	2116	2112	332	170	162	55	14	41
4873	2463	2410	336	181	155	69	12	57
5538	2735	2803	405	222	183	89	22	67
5322	2604	2718	396	214	182	112	29	83
5729	2854	2875	404	208	196	102	25	77
27322	**13767**	**13555**	**1890**	**980**	**910**	**911**	**206**	**705**
5821	2893	2928	432	230	202	144	19	125
5196	2600	2596	378	202	176	151	50	101
5874	3046	2828	409	204	205	203	41	162
4831	2421	2410	318	184	134	196	44	152
5600	2807	2793	353	160	193	217	52	165
24912	**12568**	**12344**	**1646**	**807**	**839**	**1369**	**335**	**1034**
6060	3011	3049	407	208	199	258	63	195
5698	2840	2858	386	177	209	287	57	230
6799	3478	3321	436	215	221	411	107	304
4155	2129	2026	275	132	143	248	62	186
2200	1110	1090	142	75	67	165	46	119
17999	**9372**	**8627**	**834**	**400**	**434**	**1724**	**459**	**1265**
3839	1955	1884	226	123	103	309	75	234
3181	1634	1547	151	70	81	282	79	203
3829	2012	1817	162	67	95	335	85	250
3808	2003	1805	149	66	83	406	115	291
3342	1768	1574	146	74	72	392	105	287
26103	**14548**	**11555**	**608**	**294**	**314**	**6324**	**2086**	**4238**

5-3b 续表 5

受教育程度 年　　龄	15岁及以上人口			未　婚		
	合计	男	女	小计	男	女
高　中	**69761**	**36755**	**33006**	**20405**	**11256**	**9149**
15-19岁	**14856**	**7619**	**7237**	**14841**	**7614**	**7227**
15	2616	1303	1313	2614	1302	1312
16	4862	2446	2416	4861	2445	2416
17	4295	2134	2161	4292	2133	2159
18	2365	1308	1057	2364	1308	1056
19	718	428	290	710	426	284
20-24岁	**2727**	**1532**	**1195**	**2240**	**1378**	**862**
20	537	306	231	523	303	220
21	472	253	219	426	244	182
22	501	285	216	429	267	162
23	554	313	241	427	265	162
24	663	375	288	435	299	136
25-29岁	**4064**	**2177**	**1887**	**1616**	**1104**	**512**
25	737	400	337	410	275	135
26	774	429	345	384	262	122
27	865	466	399	347	241	106
28	812	423	389	254	167	87
29	876	459	417	221	159	62
30-34岁	**5559**	**2919**	**2640**	**937**	**662**	**275**
30	1118	559	559	255	172	83
31	1063	576	487	210	152	58
32	1119	593	526	205	154	51
33	1293	678	615	156	105	51
34	966	513	453	111	79	32
35-39岁	**4484**	**2340**	**2144**	**335**	**229**	**106**
35	765	405	360	83	53	30
36	736	399	337	63	42	21
37	795	414	381	58	38	20
38	1160	610	550	74	52	22
39	1028	512	516	57	44	13
40-44岁	**5716**	**2953**	**2763**	**178**	**113**	**65**
40	1080	565	515	39	27	12
41	1316	700	616	37	25	12
42	1247	633	614	44	28	16
43	986	499	487	33	21	12
44	1087	556	531	25	12	13
45-49岁	**6197**	**3218**	**2979**	**119**	**79**	**40**
45	1094	580	514	27	19	8
46	1195	618	577	26	20	6
47	1269	643	626	25	15	10
48	1292	665	627	28	17	11
49	1347	712	635	13	8	5
50-54岁	**5685**	**2899**	**2786**	**51**	**35**	**16**
50	1314	667	647	12	8	4
51	1203	597	606	12	10	2
52	1241	647	594	17	12	5
53	873	457	416	2	2	
54	1054	531	523	8	3	5
55-59岁	**6735**	**3366**	**3369**	**39**	**20**	**19**
55	1290	637	653	9	5	4
56	1430	728	702	14	7	7
57	1896	943	953	5	3	2
58	1276	644	632	9	4	5
59	843	414	429	2	1	1
60-64岁	**6245**	**3277**	**2968**	**27**	**11**	**16**
60	1338	674	664	10	4	6
61	1092	611	481	5	4	1
62	1341	701	640	5		5
63	1347	701	646	5	2	3
64	1127	590	537	2	1	1
65岁及以上	**7493**	**4455**	**3038**	**22**	**11**	**11**

单位：人

有配偶			离婚			丧偶		
小计	男	女	小计	男	女	小计	男	女
44617	**23603**	**21014**	**2642**	**1218**	**1424**	**2097**	**678**	**1419**
15	**5**	**10**						
2	1	1						
1	1							
3	1	2						
1		1						
8	2	6						
482	**153**	**329**	**5**	**1**	**4**			
14	3	11						
46	9	37						
72	18	54						
125	48	77	2		2			
225	75	150	3	1	2			
2389	**1049**	**1340**	**57**	**24**	**33**	**2**		**2**
326	125	201	1		1			
381	165	216	9	2	7			
506	223	283	12	2	10			
542	249	293	16	7	9			
634	287	347	19	13	6	2		2
4394	**2152**	**2242**	**225**	**105**	**120**	**3**		**3**
827	374	453	36	13	23			
813	404	409	39	20	19	1		1
872	417	455	42	22	20			
1079	547	532	57	26	31	1		1
803	410	393	51	24	27	1		1
3854	**1967**	**1887**	**282**	**141**	**141**	**13**	**3**	**10**
649	337	312	31	15	16	2		2
632	335	297	40	22	18	1		1
683	347	336	54	29	25			
1009	525	484	72	32	40	5	1	4
881	423	458	85	43	42	5	2	3
5075	**2606**	**2469**	**431**	**229**	**202**	**32**	**5**	**27**
957	492	465	78	46	32	6		6
1158	607	551	116	68	48	5		5
1107	558	549	91	47	44	5		5
883	445	438	64	31	33	6	2	4
970	504	466	82	37	45	10	3	7
5573	**2943**	**2630**	**438**	**187**	**251**	**67**	**9**	**58**
967	520	447	92	40	52	8	1	7
1076	558	518	79	36	43	14	4	10
1145	588	557	89	40	49	10		10
1150	607	543	98	40	58	16	1	15
1235	670	565	80	31	49	19	3	16
5077	**2632**	**2445**	**431**	**207**	**224**	**126**	**25**	**101**
1164	602	562	110	51	59	28	6	22
1085	539	546	86	41	45	20	7	13
1094	582	512	103	50	53	27	3	24
790	425	365	58	25	33	23	5	18
944	484	460	74	40	34	28	4	24
5998	**3131**	**2867**	**417**	**164**	**253**	**281**	**51**	**230**
1155	589	566	77	34	43	49	9	40
1269	684	585	90	31	59	57	6	51
1686	873	813	128	51	77	77	16	61
1151	599	552	71	32	39	45	9	36
737	386	351	51	16	35	53	11	42
5590	**3061**	**2529**	**235**	**107**	**128**	**393**	**98**	**295**
1194	623	571	65	28	37	69	19	50
989	566	423	45	25	20	53	16	37
1195	658	537	60	25	35	81	18	63
1220	666	554	35	13	22	87	20	67
992	548	444	30	16	14	103	25	78
6170	**3904**	**2266**	**121**	**53**	**68**	**1180**	**487**	**693**

5-3b 续表 6

受教育程度 年 龄	15岁及以上人口 合计	男	女	未 婚 小计	男	女
大学专科	**39211**	**20432**	**18779**	**11896**	**6180**	**5716**
15-19岁	**3469**	**1598**	**1871**	**3459**	**1596**	**1863**
15	65	19	46	65	19	46
16	114	54	60	114	54	60
17	319	153	166	319	153	166
18	1334	622	712	1332	622	710
19	1637	750	887	1629	748	881
20-24岁	**4951**	**2372**	**2579**	**4511**	**2234**	**2277**
20	1268	604	664	1255	602	653
21	892	452	440	860	447	413
22	932	424	508	859	407	452
23	903	435	468	787	392	395
24	956	457	499	750	386	364
25-29岁	**5205**	**2572**	**2633**	**2489**	**1459**	**1030**
25	1015	477	538	685	369	316
26	1066	522	544	641	370	271
27	1053	553	500	482	298	184
28	1039	505	534	365	220	145
29	1032	515	517	316	202	114
30-34岁	**5712**	**2876**	**2836**	**1000**	**634**	**366**
30	1234	625	609	265	170	95
31	1155	568	587	251	163	88
32	1167	582	585	195	119	76
33	1245	657	588	186	119	67
34	911	444	467	103	63	40
35-39岁	**3349**	**1778**	**1571**	**269**	**165**	**104**
35	642	338	304	59	41	18
36	616	323	293	69	36	33
37	643	338	305	46	28	18
38	777	432	345	56	38	18
39	671	347	324	39	22	17
40-44岁	**3472**	**1738**	**1734**	**92**	**51**	**41**
40	665	313	352	33	17	16
41	779	391	388	22	13	9
42	735	354	381	14	8	6
43	622	323	299	11	6	5
44	671	357	314	12	7	5
45-49岁	**3556**	**1828**	**1728**	**37**	**16**	**21**
45	625	315	310	4	2	2
46	689	354	335	7	2	5
47	734	359	375	8	2	6
48	744	406	338	11	6	5
49	764	394	370	7	4	3
50-54岁	**3000**	**1580**	**1420**	**17**	**12**	**5**
50	738	398	340	4	3	1
51	597	309	288	4	3	1
52	616	317	299	4	4	
53	445	235	210	1		1
54	604	321	283	4	2	2
55-59岁	**2616**	**1526**	**1090**	**11**	**9**	**2**
55	621	365	256	2	2	
56	615	350	265	1	1	
57	709	414	295	4	3	1
58	431	248	183	3	2	1
59	240	149	91	1	1	
60-64岁	**1411**	**886**	**525**	**5**		**5**
60	314	192	122			
61	237	155	82			
62	277	180	97			
63	303	183	120	2		2
64	280	176	104	3		3
65岁及以上	**2470**	**1678**	**792**	**6**	**4**	**2**

单位：人

有配偶			离婚			丧偶		
小计	男	女	小计	男	女	小计	男	女
25625	**13584**	**12041**	**1112**	**453**	**659**	**578**	**215**	**363**
10	**2**	**8**						
2		2						
8	2	6						
435	**137**	**298**	**5**	**1**	**4**			
13	2	11						
31	5	26	1		1			
72	17	55	1		1			
114	42	72	2	1	1			
205	71	134	1		1			
2672	**1095**	**1577**	**43**	**18**	**25**	**1**		**1**
325	106	219	5	2	3			
418	150	268	7	2	5			
561	252	309	10	3	7			
661	279	382	12	6	6	1		1
707	308	399	9	5	4			
4551	**2172**	**2379**	**158**	**68**	**90**	**3**	**2**	**1**
942	444	498	26	10	16	1	1	
879	395	484	23	9	14	2	1	1
946	452	494	26	11	15			
1014	517	497	45	21	24			
770	364	406	38	17	21			
2928	**1547**	**1381**	**149**	**66**	**83**	**3**		**3**
559	288	271	24	9	15			
520	277	243	27	10	17			
562	292	270	34	18	16	1		1
683	375	308	36	19	17	2		2
604	315	289	28	10	18			
3134	**1585**	**1549**	**223**	**97**	**126**	**23**	**5**	**18**
587	280	307	42	15	27	3	1	2
697	354	343	57	23	34	3	1	2
667	324	343	50	22	28	4		4
564	296	268	40	20	20	7	1	6
619	331	288	34	17	17	6	2	4
3291	**1731**	**1560**	**199**	**75**	**124**	**29**	**6**	**23**
580	298	282	37	15	22	4		4
644	341	303	31	10	21	7	1	6
678	338	340	43	18	25	5	1	4
683	379	304	47	19	28	3	2	1
706	375	331	41	13	28	10	2	8
2794	**1516**	**1278**	**149**	**50**	**99**	**40**	**2**	**38**
682	384	298	40	11	29	12		12
561	296	265	28	10	18	4		4
572	299	273	33	14	19	7		7
420	229	191	19	5	14	5	1	4
559	308	251	29	10	19	12	1	11
2446	**1468**	**978**	**96**	**36**	**60**	**63**	**13**	**50**
575	345	230	30	12	18	14	6	8
582	340	242	19	6	13	13	3	10
663	401	262	27	8	19	15	2	13
397	235	162	15	9	6	16	2	14
229	147	82	5	1	4	5		5
1285	**841**	**444**	**55**	**25**	**30**	**66**	**20**	**46**
284	180	104	17	9	8	13	3	10
217	146	71	8	5	3	12	4	8
256	174	82	9	4	5	12	2	10
280	175	105	8	2	6	13	6	7
248	166	82	13	5	8	16	5	11
2079	**1490**	**589**	**35**	**17**	**18**	**350**	**167**	**183**

5-3b 续表 7

受教育程度 年 龄	15岁及以上人口			未 婚		
	合计	男	女	小计	男	女
大学本科	**26435**	**12832**	**13603**	**9323**	**4178**	**5145**
15-19岁	**1646**	**661**	**985**	**1645**	**661**	**984**
15	6	3	3	6	3	3
16	10	6	4	10	6	4
17	69	34	35	69	34	35
18	533	220	313	533	220	313
19	1028	398	630	1027	398	629
20-24岁	**4335**	**1727**	**2608**	**4213**	**1691**	**2522**
20	1107	402	705	1107	402	705
21	988	370	618	983	369	614
22	778	334	444	763	330	433
23	756	311	445	719	300	419
24	706	310	396	641	290	351
25-29岁	**4063**	**1820**	**2243**	**2270**	**1148**	**1122**
25	777	343	434	627	304	323
26	766	322	444	516	236	280
27	850	385	465	489	258	231
28	839	384	455	359	194	165
29	831	386	445	279	156	123
30-34岁	**5091**	**2419**	**2672**	**859**	**490**	**369**
30	987	465	522	256	150	106
31	1021	497	524	217	129	88
32	1015	462	553	153	68	85
33	1086	513	573	137	87	50
34	982	482	500	96	56	40
35-39岁	**3088**	**1596**	**1492**	**227**	**130**	**97**
35	636	333	303	66	43	23
36	584	303	281	49	27	22
37	658	356	302	56	27	29
38	679	347	332	34	20	14
39	531	257	274	22	13	9
40-44岁	**2229**	**1056**	**1173**	**57**	**29**	**28**
40	444	215	229	22	16	6
41	448	212	236	13	5	8
42	485	230	255	9	3	6
43	418	196	222	7	3	4
44	434	203	231	6	2	4
45-49岁	**2217**	**1166**	**1051**	**28**	**19**	**9**
45	458	238	220	9	7	2
46	451	241	210	7	4	3
47	454	237	217	4	2	2
48	387	204	183	2	2	
49	467	246	221	6	4	2
50-54岁	**1716**	**969**	**747**	**15**	**9**	**6**
50	431	240	191	6	4	2
51	368	199	169	3	1	2
52	371	209	162			
53	273	166	107	1	1	
54	273	155	118	5	3	2
55-59岁	**1022**	**656**	**366**	**5**		**5**
55	297	181	116	2		2
56	265	167	98	2		2
57	254	164	90	1		1
58	137	94	43			
59	69	50	19			
60-64岁	**385**	**271**	**114**	**2**		**2**
60	90	64	26	1		1
61	61	41	20			
62	82	60	22			
63	80	59	21	1		1
64	72	47	25			
65岁及以上	**643**	**491**	**152**	**2**	**1**	**1**

单位：人

有配偶			离婚			丧偶		
小计	男	女	小计	男	女	小计	男	女
16389	**8378**	**8011**	**550**	**203**	**347**	**173**	**73**	**100**
1		**1**						
1		1						
121	**36**	**85**	**1**		**1**			
5	1	4						
15	4	11						
37	11	26						
64	20	44	1		1			
1775	**667**	**1108**	**17**	**5**	**12**	**1**		**1**
149	38	111	1	1				
247	86	161	3		3			
356	124	232	5	3	2			
476	190	286	4		4			
547	229	318	4	1	3	1		1
4129	**1899**	**2230**	**99**	**30**	**69**	**4**		**4**
719	312	407	12	3	9			
786	361	425	18	7	11			
839	389	450	22	5	17	1		1
927	421	506	20	5	15	2		2
858	416	442	27	10	17	1		1
2740	**1419**	**1321**	**117**	**46**	**71**	**4**	**1**	**3**
544	283	261	26	7	19			
516	268	248	19	8	11			
583	319	264	19	10	9			
609	312	297	33	14	19	3	1	2
488	237	251	20	7	13	1		1
2067	**998**	**1069**	**97**	**29**	**68**	**8**		**8**
407	192	215	15	7	8			
412	198	214	22	9	13	1		1
456	226	230	18	1	17	2		2
387	187	200	22	6	16	2		2
405	195	210	20	6	14	3		3
2088	**1118**	**970**	**85**	**28**	**57**	**16**	**1**	**15**
427	224	203	17	7	10	5		5
426	232	194	15	4	11	3	1	2
430	232	198	19	3	16	1		1
365	194	171	15	8	7	5		5
440	236	204	19	6	13	2		2
1608	**928**	**680**	**72**	**28**	**44**	**21**	**4**	**17**
396	226	170	25	9	16	4	1	3
339	191	148	18	6	12	8	1	7
359	205	154	8	2	6	4	2	2
257	159	98	12	6	6	3		3
257	147	110	9	5	4	2		2
959	**632**	**327**	**40**	**21**	**19**	**18**	**3**	**15**
280	176	104	10	5	5	5		5
249	162	87	8	3	5	6	2	4
237	157	80	10	7	3	6		6
127	90	37	10	4	6			
66	47	19	2	2		1	1	
363	**257**	**106**	**10**	**7**	**3**	**10**	**7**	**3**
83	59	24	3	2	1	3	3	
57	39	18	2	1	1	2	1	1
77	57	20	3	2	1	2	1	1
78	58	20	1	1				
68	44	24	1	1		3	2	1
538	**424**	**114**	**12**	**9**	**3**	**91**	**57**	**34**

5-3b 续表 8

受教育程度 年　　龄	15岁及以上人口			未　婚		
	合计	男	女	小计	男	女
硕士研究生	**1282**	**525**	**757**	**644**	**210**	**434**
15-19岁	**2**	**1**	**1**	**2**	**1**	**1**
15						
16						
17						
18	1		1	1		1
19	1	1		1	1	
20-24岁	**272**	**76**	**196**	**271**	**76**	**195**
20						
21	9	5	4	9	5	4
22	63	17	46	63	17	46
23	97	38	59	97	38	59
24	103	16	87	102	16	86
25-29岁	**327**	**103**	**224**	**280**	**96**	**184**
25	107	35	72	103	35	68
26	68	24	44	62	23	39
27	65	19	46	57	19	38
28	49	13	36	32	11	21
29	38	12	26	26	8	18
30-34岁	**249**	**89**	**160**	**64**	**26**	**38**
30	46	11	35	15	5	10
31	59	25	34	20	10	10
32	54	21	33	14	7	7
33	41	14	27	7	2	5
34	49	18	31	8	2	6
35-39岁	**171**	**82**	**89**	**22**	**9**	**13**
35	38	21	17	4		4
36	36	18	18	3	2	1
37	43	19	24	12	5	7
38	31	14	17	3	2	1
39	23	10	13			
40-44岁	**84**	**46**	**38**	**2**	**1**	**1**
40	17	8	9			
41	18	9	9			
42	23	16	7			
43	13	7	6			
44	13	6	7	2	1	1
45-49岁	**51**	**34**	**17**	**2**	**1**	**1**
45	6	5	1			
46	12	9	3	1	1	
47	10	6	4			
48	8	7	1			
49	15	7	8	1		1
50-54岁	**57**	**39**	**18**			
50	11	6	5			
51	12	10	2			
52	14	9	5			
53	12	9	3			
54	8	5	3			
55-59岁	**45**	**35**	**10**	**1**		**1**
55	15	12	3	1		1
56	12	8	4			
57	9	8	1			
58	8	6	2			
59	1	1				
60-64岁	**15**	**13**	**2**			
60	4	4				
61	1	1				
62						
63	5	3	2			
64	5	5				
65岁及以上	**9**	**7**	**2**			

单位：人

有配偶			离婚			丧偶		
小计	男	女	小计	男	女	小计	男	女
616	**307**	**309**	**21**	**7**	**14**	**1**	**1**	
1		**1**						
1		1						
47	**7**	**40**						
4		4						
6	1	5						
8		8						
17	2	15						
12	4	8						
182	**63**	**119**	**3**		**3**			
31	6	25						
37	15	22	2		2			
39	14	25	1		1			
34	12	22						
41	16	25						
144	**72**	**72**	**5**	**1**	**4**			
34	21	13						
32	16	16	1		1			
28	13	15	3	1	2			
27	12	15	1		1			
23	10	13						
79	**44**	**35**	**3**	**1**	**2**			
15	7	8	2	1	1			
17	9	8	1		1			
23	16	7						
13	7	6						
11	5	6						
45	**31**	**14**	**4**	**2**	**2**			
5	4	1	1	1				
10	7	3	1	1				
9	6	3	1		1			
8	7	1						
13	7	6	1		1			
52	**36**	**16**	**4**	**2**	**2**	**1**	**1**	
9	5	4	2	1	1			
12	10	2						
13	9	4	1		1			
11	8	3	1	1				
7	4	3				1	1	
43	**35**	**8**	**1**		**1**			
13	12	1	1		1			
12	8	4						
9	8	1						
8	6	2						
1	1							
14	**12**	**2**	**1**	**1**				
4	4							
1	1							
5	3	2						
4	4		1	1				
9	**7**	**2**						

5−3b 续表 9

受教育程度 年 龄	15岁及以上人口			未 婚		
	合计	男	女	小计	男	女
博士研究生	**118**	**69**	**49**	**65**	**35**	**30**
15−19岁						
15						
16						
17						
18						
19						
20−24岁	**11**	**3**	**8**	**11**	**3**	**8**
20						
21						
22	1		1	1		1
23	5	2	3	5	2	3
24	5	1	4	5	1	4
25−29岁	**35**	**21**	**14**	**33**	**20**	**13**
25	9	8	1	9	8	1
26	10	5	5	10	5	5
27	6	2	4	6	2	4
28	7	4	3	6	3	3
29	3	2	1	2	2	
30−34岁	**27**	**16**	**11**	**14**	**8**	**6**
30	7	2	5	6	2	4
31	3	2	1	2	1	1
32	6	3	3	2	1	1
33	7	6	1	2	2	
34	4	3	1	2	2	
35−39岁	**17**	**11**	**6**	**6**	**4**	**2**
35						
36	6	4	2	1	1	
37	4	3	1	2	2	
38	5	2	3	3	1	2
39	2	2				
40−44岁	**10**	**6**	**4**			
40						
41						
42	4	2	2			
43	4	2	2			
44	2	2				
45−49岁	**5**	**3**	**2**	**1**		**1**
45	2	1	1			
46	2	1	1	1		1
47						
48	1	1				
49						
50−54岁	**4**	**1**	**3**			
50	1	1				
51	1		1			
52	1		1			
53						
54	1		1			
55−59岁	**5**	**4**	**1**			
55						
56	1	1				
57	2	2				
58	2	1	1			
59						
60−64岁						
60						
61						
62						
63						
64						
65岁及以上	**4**	**4**				

单位：人

有配偶			离婚			丧偶		
小计	男	女	小计	男	女	小计	男	女
50	**33**	**17**	**3**	**1**	**2**			
2	**1**	**1**						
1	1							
1		1						
12	**7**	**5**	**1**	**1**				
1		1						
1	1							
4	2	2						
4	3	1	1	1				
2	1	1						
11	**7**	**4**						
5	3	2						
2	1	1						
2	1	1						
2	2							
9	**6**	**3**	**1**		**1**			
3	2	1	1		1			
4	2	2						
2	2							
4	**3**	**1**						
2	1	1						
1	1							
1	1							
3	**1**	**2**	**1**		**1**			
1	1							
			1		1			
1		1						
1		1						
5	**4**	**1**						
1	1							
2	2							
2	1	1						
4	**4**							

5-3c 全省分年龄、性别、受教育

受教育程度 年　龄	15岁及以上人口			未　婚		
	合计	男	女	小计	男	女
总　计	**1020557**	**526970**	**493587**	**128855**	**84753**	**44102**
15-19岁	**43038**	**22971**	**20067**	**42842**	**22927**	**19915**
15	10320	5542	4778	10316	5542	4774
16	8978	4871	4107	8972	4868	4104
17	7287	3846	3441	7267	3844	3423
18	8380	4497	3883	8329	4487	3842
19	8073	4215	3858	7958	4186	3772
20-24岁	**36123**	**19693**	**16430**	**31156**	**18008**	**13148**
20	7588	3942	3646	7316	3901	3415
21	6482	3534	2948	6044	3417	2627
22	6902	3822	3080	6127	3565	2562
23	7402	4094	3308	6000	3621	2379
24	7749	4301	3448	5669	3504	2165
25-29岁	**42308**	**24281**	**18027**	**19944**	**13803**	**6141**
25	8314	4792	3522	5459	3574	1885
26	8544	4969	3575	4713	3229	1484
27	8430	4866	3564	3931	2751	1180
28	8239	4714	3525	3158	2243	915
29	8781	4940	3841	2683	2006	677
30-34岁	**59973**	**33591**	**26382**	**10880**	**8440**	**2440**
30	11555	6641	4914	3000	2279	721
31	11587	6433	5154	2380	1845	535
32	11751	6581	5170	2038	1571	467
33	13749	7670	6079	2005	1583	422
34	11331	6266	5065	1457	1162	295
35-39岁	**52128**	**28355**	**23773**	**3976**	**3192**	**784**
35	8527	4668	3859	849	684	165
36	7936	4257	3679	671	511	160
37	9490	5135	4355	706	574	132
38	13279	7233	6046	901	723	178
39	12896	7062	5834	849	700	149
40-44岁	**71779**	**38741**	**33038**	**3716**	**3182**	**534**
40	13391	7194	6197	837	711	126
41	16397	8852	7545	880	750	130
42	15061	8166	6895	764	656	108
43	12938	7065	5873	610	536	74
44	13992	7464	6528	625	529	96
45-49岁	**97687**	**51240**	**46447**	**3593**	**3197**	**396**
45	15037	8034	7003	661	576	85
46	17804	9264	8540	674	605	69
47	20416	10784	9632	794	711	83
48	21144	11031	10113	735	655	80
49	23286	12127	11159	729	650	79
50-54岁	**128924**	**66223**	**62701**	**3341**	**3065**	**276**
50	25364	13171	12193	746	662	84
51	24470	12614	11856	665	618	47
52	27305	14016	13289	700	642	58
53	23985	12157	11828	553	507	46
54	27800	14265	13535	677	636	41
55-59岁	**124849**	**62196**	**62653**	**2455**	**2293**	**162**
55	29289	14860	14429	585	540	45
56	27847	13984	13863	553	515	38
57	33974	16983	16991	697	659	38
58	21443	10538	10905	412	382	30
59	12296	5831	6465	208	197	11
60-64岁	**112620**	**56260**	**56360**	**2272**	**2189**	**83**
60	22786	11343	11443	472	450	22
61	19176	9606	9570	378	361	17
62	23023	11530	11493	433	422	11
63	24604	12381	12223	492	476	16
64	23031	11400	11631	497	480	17
65岁及以上	**251128**	**123419**	**127709**	**4680**	**4457**	**223**

程度、婚姻状况的人口(乡村)

单位：人

有配偶			离婚			丧偶		
小计	男	女	小计	男	女	小计	男	女
776599	**394071**	**382528**	**28198**	**20017**	**8181**	**86905**	**28129**	**58776**
194	**43**	**151**	**1**	**1**		**1**		**1**
4		4						
6	3	3						
20	2	18						
50	10	40				1		1
114	28	86	1	1				
4803	**1623**	**3180**	**158**	**61**	**97**	**6**	**1**	**5**
269	40	229	3	1	2			
432	115	317	5	2	3	1		1
750	247	503	25	10	15			
1349	456	893	51	16	35	2	1	1
2003	765	1238	74	32	42	3		3
21216	**9851**	**11365**	**1107**	**617**	**490**	**41**	**10**	**31**
2745	1169	1576	107	49	58	3		3
3637	1642	1995	189	97	92	5	1	4
4281	2002	2279	210	111	99	8	2	6
4794	2310	2484	277	158	119	10	3	7
5759	2728	3031	324	202	122	15	4	11
45407	**22768**	**22639**	**3542**	**2322**	**1220**	**144**	**61**	**83**
7968	3983	3985	574	373	201	13	6	7
8569	4181	4388	616	396	220	22	11	11
9030	4581	4449	664	424	240	19	5	14
10802	5467	5335	895	599	296	47	21	26
9038	4556	4482	793	530	263	43	18	25
44268	**22444**	**21824**	**3638**	**2637**	**1001**	**246**	**82**	**164**
7066	3556	3510	576	414	162	36	14	22
6647	3321	3326	589	413	176	29	12	17
8070	4067	4003	666	480	186	48	14	34
11356	5794	5562	955	689	266	67	27	40
11129	5706	5423	852	641	211	66	15	51
62973	**32063**	**30910**	**4441**	**3270**	**1171**	**649**	**226**	**423**
11615	5835	5780	843	615	228	96	33	63
14309	7294	7015	1057	755	302	151	53	98
13227	6752	6475	939	715	224	131	43	88
11399	5913	5486	785	561	224	144	55	89
12423	6269	6154	817	624	193	127	42	85
87971	**44160**	**43811**	**4537**	**3384**	**1153**	**1586**	**499**	**1087**
13403	6790	6613	781	599	182	192	69	123
15951	7919	8032	920	659	261	259	81	178
18348	9242	9106	954	723	231	320	108	212
19124	9576	9548	908	679	229	377	121	256
21145	10633	10512	974	724	250	438	120	318
117750	**58947**	**58803**	**4127**	**3014**	**1113**	**3706**	**1197**	**2509**
23056	11587	11469	966	710	256	596	212	384
22392	11185	11207	809	616	193	604	195	409
24989	12513	12476	846	602	244	770	259	511
21917	10883	11034	717	525	192	798	242	556
25396	12779	12617	789	561	228	938	289	649
113364	**55983**	**57381**	**2929**	**2099**	**830**	**6101**	**1821**	**4280**
26748	13393	13355	787	566	221	1169	361	808
25389	12595	12794	669	505	164	1236	369	867
30824	15278	15546	764	536	228	1689	510	1179
19316	9451	9865	467	324	143	1248	381	867
11087	5266	5821	242	168	74	759	200	559
99083	**49852**	**49231**	**1813**	**1315**	**498**	**9452**	**2904**	**6548**
20321	10121	10200	402	293	109	1591	479	1112
17006	8533	8473	357	265	92	1435	447	988
20389	10247	10142	377	282	95	1824	579	1245
21528	10999	10529	342	236	106	2242	670	1572
19839	9952	9887	335	239	96	2360	729	1631
179570	**96337**	**83233**	**1905**	**1297**	**608**	**64973**	**21328**	**43645**

5-3c 续表 1

受教育程度 年龄	15岁及以上人口			未婚		
	合计	男	女	小计	男	女
未上过学	**22914**	**6536**	**16378**	**3852**	**3245**	**607**
15-19岁	**193**	**116**	**77**	**193**	**116**	**77**
15	35	21	14	35	21	14
16	43	28	15	43	28	15
17	38	23	15	38	23	15
18	35	20	15	35	20	15
19	42	24	18	42	24	18
20-24岁	**243**	**162**	**81**	**239**	**162**	**77**
20	49	31	18	49	31	18
21	46	28	18	45	28	17
22	48	33	15	47	33	14
23	48	35	13	47	35	12
24	52	35	17	51	35	16
25-29岁	**265**	**155**	**110**	**228**	**151**	**77**
25	41	24	17	40	24	16
26	62	38	24	57	37	20
27	49	27	22	42	27	15
28	49	26	23	40	25	15
29	64	40	24	49	38	11
30-34岁	**399**	**218**	**181**	**293**	**200**	**93**
30	75	40	35	59	38	21
31	80	44	36	62	40	22
32	84	44	40	62	40	22
33	86	46	40	63	42	21
34	74	44	30	47	40	7
35-39岁	**328**	**159**	**169**	**195**	**135**	**60**
35	53	29	24	38	28	10
36	53	25	28	30	19	11
37	56	29	27	35	24	11
38	88	34	54	47	30	17
39	78	42	36	45	34	11
40-44岁	**472**	**259**	**213**	**283**	**225**	**58**
40	72	39	33	45	36	9
41	111	60	51	75	57	18
42	112	68	44	70	57	13
43	88	53	35	49	43	6
44	89	39	50	44	32	12
45-49岁	**667**	**354**	**313**	**331**	**293**	**38**
45	102	60	42	61	55	6
46	132	73	59	71	62	9
47	131	75	56	69	63	6
48	132	64	68	52	45	7
49	170	82	88	78	68	10
50-54岁	**884**	**405**	**479**	**344**	**308**	**36**
50	154	71	83	65	56	9
51	150	69	81	60	54	6
52	196	92	104	74	64	10
53	178	73	105	61	55	6
54	206	100	106	84	79	5
55-59岁	**1073**	**395**	**678**	**312**	**286**	**26**
55	235	102	133	85	74	11
56	225	84	141	67	61	6
57	282	106	176	84	81	3
58	176	61	115	46	41	5
59	155	42	113	30	29	1
60-64岁	**1914**	**555**	**1359**	**348**	**335**	**13**
60	285	100	185	62	61	1
61	273	75	198	45	40	5
62	369	113	256	72	71	1
63	495	129	366	85	80	5
64	492	138	354	84	83	1
65岁及以上	**16476**	**3758**	**12718**	**1086**	**1034**	**52**

单位：人

有配偶			离　婚			丧　偶		
小计	男	女	小计	男	女	小计	男	女
9365	**1959**	**7406**	**154**	**78**	**76**	**9543**	**1254**	**8289**
4		**4**						
1		1						
1		1						
1		1						
1		1						
33	**4**	**29**	**4**		**4**			
1		1						
5	1	4						
7		7						
6	1	5	3		3			
14	2	12	1		1			
100	**17**	**83**	**5**	**1**	**4**	**1**		**1**
16	2	14						
18	4	14						
20	3	17	2	1	1			
21	4	17	2		2			
25	4	21	1		1	1		1
124	**20**	**104**	**9**	**4**	**5**			
12		12	3	1	2			
22	5	17	1	1				
20	5	15	1		1			
39	3	36	2	1	1			
31	7	24	2	1	1			
176	**28**	**148**	**9**	**6**	**3**	**4**		**4**
27	3	24						
31	2	29	4	1	3	1		1
38	8	30	3	3		1		1
36	9	27	1	1		2		2
44	6	38	1	1				
299	**52**	**247**	**12**	**5**	**7**	**25**	**4**	**21**
36	2	34	1	1		4	2	2
59	11	48	1		1	1		1
54	8	46	3	3		5	1	4
69	17	52	2	1	1	9	1	8
81	14	67	5		5	6		6
472	**83**	**389**	**8**	**7**	**1**	**60**	**7**	**53**
79	13	66	1	1		9	1	8
80	13	67	2	2		8		8
108	26	82	1	1		13	1	12
99	15	84	3	2	1	15	1	14
106	16	90	1	1		15	4	11
660	**96**	**564**	**17**	**9**	**8**	**84**	**4**	**80**
128	25	103	5	3	2	17		17
142	20	122	2	1	1	14	2	12
176	19	157	6	4	2	16	2	14
107	19	88	3	1	2	20		20
107	13	94	1		1	17		17
1236	**179**	**1057**	**26**	**14**	**12**	**304**	**27**	**277**
180	32	148	4	2	2	39	5	34
184	29	155	5	2	3	39	4	35
232	33	199	6	4	2	59	5	54
314	39	275	5	4	1	91	6	85
326	46	280	6	2	4	76	7	69
6261	**1480**	**4781**	**64**	**32**	**32**	**9065**	**1212**	**7853**

5-3c 续表 2

受教育程度 年　　龄	15岁及以上人口			未　　婚		
	合计	男	女	小计	男	女
学前教育	**480**	**164**	**316**	**67**	**51**	**16**
15-19岁	**21**	**13**	**8**	**21**	**13**	**8**
15	8	6	2	8	6	2
16	9	5	4	9	5	4
17	1	1		1	1	
18						
19	3	1	2	3	1	2
20-24岁	**8**	**4**	**4**	**8**	**4**	**4**
20						
21	1		1	1		1
22	4	2	2	4	2	2
23	1		1	1		1
24	2	2		2	2	
25-29岁	**11**	**6**	**5**	**7**	**4**	**3**
25	2		2	2		2
26	1	1		1	1	
27	2	2				
28	2		2	1		1
29	4	3	1	3	3	
30-34岁	**14**	**5**	**9**	**3**	**3**	
30	5	4	1	2	2	
31	4		4			
32	1		1			
33	2	1	1	1	1	
34	2		2			
35-39岁	**6**	**2**	**4**	**1**		**1**
35	2	2				
36						
37	1		1			
38	1		1			
39	2		2	1		1
40-44岁	**4**	**2**	**2**	**1**	**1**	
40						
41	1	1		1	1	
42	1		1			
43						
44	2	1	1			
45-49岁	**13**	**7**	**6**	**2**	**2**	
45	2	2				
46	3	2	1	1	1	
47	3		3			
48	5	3	2	1	1	
49						
50-54岁	**21**	**10**	**11**	**5**	**5**	
50	7	4	3	2	2	
51	3		3			
52	2	1	1	1	1	
53	5	2	3			
54	4	3	1	2	2	
55-59岁	**28**	**8**	**20**	**1**	**1**	
55	7	2	5			
56	6	3	3			
57	5	2	3	1	1	
58	4		4			
59	6	1	5			
60-64岁	**43**	**15**	**28**	**5**	**5**	
60	7	4	3	1	1	
61	7	2	5			
62	7	2	5			
63	11	3	8			
64	11	4	7	4	4	
65岁及以上	**311**	**92**	**219**	**13**	**13**	

单位：人

有配偶			离婚			丧偶		
小计	男	女	小计	男	女	小计	男	女
277	**88**	**189**	**1**		**1**	**135**	**25**	**110**
4	**2**	**2**						
2	2							
1		1						
1		1						
11	**2**	**9**						
3	2	1						
4		4						
1		1						
1		1						
2		2						
5	**2**	**3**						
2	2							
1		1						
1		1						
1		1						
2	**1**	**1**	**1**		**1**			
1		1						
1	1		1		1			
11	**5**	**6**						
2	2							
2	1	1						
3		3						
4	2	2						
16	**5**	**11**						
5	2	3						
3		3						
1		1						
5	2	3						
2	1	1						
23	**6**	**17**				**4**	**1**	**3**
7	2	5						
5	2	3				1	1	
4	1	3						
2		2				2		2
5	1	4				1		1
34	**8**	**26**				**4**	**2**	**2**
5	3	2				1		1
7	2	5						
5	1	4				2	1	1
10	2	8				1	1	
7		7						
171	**57**	**114**				**127**	**22**	**105**

5-3c 续表 3

受教育程度 年龄	15岁及以上人口 合计	男	女	未婚 小计	男	女
小 学	**328708**	**151490**	**177218**	**15080**	**13378**	**1702**
15-19岁	**928**	**550**	**378**	**904**	**548**	**356**
15	173	104	69	171	104	67
16	143	81	62	143	81	62
17	163	95	68	163	95	68
18	216	132	84	208	132	76
19	233	138	95	219	136	83
20-24岁	**1540**	**912**	**628**	**1150**	**780**	**370**
20	258	141	117	238	139	99
21	238	138	100	190	126	64
22	308	186	122	234	160	74
23	323	192	131	231	165	66
24	413	255	158	257	190	67
25-29岁	**2995**	**1757**	**1238**	**1202**	**950**	**252**
25	455	274	181	261	196	65
26	551	336	215	253	205	48
27	577	353	224	235	188	47
28	658	356	302	235	184	51
29	754	438	316	218	177	41
30-34岁	**5676**	**3250**	**2426**	**1235**	**1041**	**194**
30	919	554	365	251	209	42
31	1137	631	506	272	219	53
32	1147	650	497	239	197	42
33	1330	768	562	255	222	33
34	1143	647	496	218	194	24
35-39岁	**5057**	**2675**	**2382**	**690**	**623**	**67**
35	786	407	379	116	105	11
36	750	399	351	97	86	11
37	902	469	433	126	112	14
38	1242	650	592	174	157	17
39	1377	750	627	177	163	14
40-44岁	**9321**	**4856**	**4465**	**1027**	**936**	**91**
40	1600	840	760	216	192	24
41	2021	1075	946	233	218	15
42	1870	998	872	224	204	20
43	1754	902	852	164	150	14
44	2076	1041	1035	190	172	18
45-49岁	**18699**	**9208**	**9491**	**1358**	**1275**	**83**
45	2363	1173	1190	212	196	16
46	3119	1541	1578	238	221	17
47	3821	1907	1914	302	282	20
48	4329	2104	2225	285	273	12
49	5067	2483	2584	321	303	18
50-54岁	**36692**	**17561**	**19131**	**1682**	**1604**	**78**
50	6118	2967	3151	320	302	18
51	6738	3245	3493	333	317	16
52	7764	3704	4060	351	329	22
53	7245	3431	3814	302	288	14
54	8827	4214	4613	376	368	8
55-59岁	**42092**	**18781**	**23311**	**1397**	**1349**	**48**
55	9417	4306	5111	331	316	15
56	9301	4249	5052	325	319	6
57	11259	5132	6127	380	365	15
58	7453	3201	4252	236	228	8
59	4662	1893	2769	125	121	4
60-64岁	**50632**	**21824**	**28808**	**1416**	**1385**	**31**
60	9069	3910	5159	299	289	10
61	8181	3532	4649	242	239	3
62	10356	4476	5880	268	262	6
63	11561	5085	6476	304	298	6
64	11465	4821	6644	303	297	6
65岁及以上	**155076**	**70116**	**84960**	**3019**	**2887**	**132**

单位：人

有配偶			离婚			丧偶		
小计	男	女	小计	男	女	小计	男	女
253730	**116549**	**137181**	**6689**	**4923**	**1766**	**53209**	**16640**	**36569**
23	**2**	**21**				**1**		**1**
2		2						
7		7				1		1
14	2	12						
369	**127**	**242**	**19**	**5**	**14**	**2**		**2**
19	2	17	1		1			
47	12	35	1		1			
68	23	45	6	3	3			
86	26	60	5	1	4	1		1
149	64	85	6	1	5	1		1
1667	**737**	**930**	**118**	**68**	**50**	**8**	**2**	**6**
185	74	111	8	4	4	1		1
277	119	158	21	12	9			
319	151	168	22	13	9	1	1	
395	158	237	25	13	12	3	1	2
491	235	256	42	26	16	3		3
4056	**1960**	**2096**	**362**	**239**	**123**	**23**	**10**	**13**
609	308	301	59	37	22			
790	365	425	71	44	27	4	3	1
836	411	425	70	42	28	2		2
981	483	498	81	57	24	13	6	7
840	393	447	81	59	22	4	1	3
3943	**1736**	**2207**	**381**	**296**	**85**	**43**	**20**	**23**
603	253	350	58	46	12	9	3	6
589	265	324	58	45	13	6	3	3
693	293	400	76	62	14	7	2	5
961	418	543	95	69	26	12	6	6
1097	507	590	94	74	20	9	6	3
7537	**3396**	**4141**	**633**	**479**	**154**	**124**	**45**	**79**
1254	555	699	110	87	23	20	6	14
1601	729	872	167	121	46	20	7	13
1498	690	808	120	96	24	28	8	20
1449	659	790	108	76	32	33	17	16
1735	763	972	128	99	29	23	7	16
16026	**7078**	**8948**	**942**	**744**	**198**	**373**	**111**	**262**
1996	869	1127	121	96	25	34	12	22
2653	1176	1477	174	127	47	54	17	37
3264	1452	1812	196	157	39	59	16	43
3738	1626	2112	214	176	38	92	29	63
4375	1955	2420	237	188	49	134	37	97
32448	**14585**	**17863**	**1269**	**985**	**284**	**1293**	**387**	**906**
5384	2412	2972	242	197	45	172	56	116
5968	2683	3285	233	187	46	204	58	146
6853	3083	3770	285	209	76	275	83	192
6418	2883	3535	231	175	56	294	85	209
7825	3524	4301	278	217	61	348	105	243
36964	**15927**	**21037**	**1033**	**778**	**255**	**2698**	**727**	**1971**
8337	3658	4679	263	191	72	486	141	345
8177	3577	4600	255	204	51	544	149	395
9896	4368	5528	263	206	57	720	193	527
6476	2702	3774	165	115	50	576	156	420
4078	1622	2456	87	62	25	372	88	284
43172	**18494**	**24678**	**815**	**588**	**227**	**5229**	**1357**	**3872**
7813	3305	4508	159	114	45	798	202	596
7042	2998	4044	152	112	40	745	183	562
8912	3809	5103	179	129	50	997	276	721
9836	4354	5482	163	114	49	1258	319	939
9569	4028	5541	162	119	43	1431	377	1054
107525	**52507**	**55018**	**1117**	**741**	**376**	**43415**	**13981**	**29434**

5-3c 续表 4

受教育程度 年　　龄	15岁及以上人口			未　　婚		
	合计	男	女	小计	男	女
初　中	**560571**	**309001**	**251570**	**54239**	**39107**	**15132**
15-19岁	**16293**	**9425**	**6868**	**16137**	**9387**	**6750**
15	6090	3366	2724	6088	3366	2722
16	3238	1851	1387	3233	1849	1384
17	2237	1312	925	2218	1310	908
18	2359	1445	914	2321	1437	884
19	2369	1451	918	2277	1425	852
20-24岁	**15862**	**9710**	**6152**	**12085**	**8392**	**3693**
20	2507	1494	1013	2285	1459	826
21	2485	1552	933	2158	1455	703
22	3042	1940	1102	2463	1751	712
23	3653	2201	1452	2584	1829	755
24	4175	2523	1652	2595	1898	697
25-29岁	**26458**	**15717**	**10741**	**10237**	**7978**	**2259**
25	4822	2965	1857	2685	2042	643
26	5185	3146	2039	2365	1836	529
27	5270	3143	2127	2018	1591	427
28	5316	3153	2163	1678	1318	360
29	5865	3310	2555	1491	1191	300
30-34岁	**44089**	**24587**	**19502**	**6565**	**5353**	**1212**
30	8140	4684	3456	1738	1406	332
31	8309	4611	3698	1459	1200	259
32	8560	4761	3799	1205	983	222
33	10327	5708	4619	1242	1010	232
34	8753	4823	3930	921	754	167
35-39岁	**41969**	**22846**	**19123**	**2539**	**2069**	**470**
35	6718	3682	3036	552	453	99
36	6332	3384	2948	447	343	104
37	7611	4115	3496	434	362	72
38	10870	5967	4903	571	468	103
39	10438	5698	4740	535	443	92
40-44岁	**57010**	**30845**	**26165**	**2100**	**1818**	**282**
40	10725	5766	4959	486	421	65
41	13061	7056	6005	501	439	62
42	12048	6521	5527	416	355	61
43	10261	5640	4621	352	309	43
44	10915	5862	5053	345	294	51
45-49岁	**73287**	**38780**	**34507**	**1713**	**1508**	**205**
45	11635	6256	5379	353	303	50
46	13589	7096	6493	328	291	37
47	15444	8214	7230	381	338	43
48	15695	8299	7396	351	316	35
49	16924	8915	8009	300	260	40
50-54岁	**86061**	**45165**	**40896**	**1212**	**1090**	**122**
50	17887	9440	8447	322	284	38
51	16494	8648	7846	252	233	19
52	18259	9599	8660	257	237	20
53	15670	8132	7538	176	157	19
54	17751	9346	8405	205	179	26
55-59岁	**75768**	**39485**	**36283**	**684**	**610**	**74**
55	18473	9739	8734	160	143	17
56	17124	8936	8188	152	129	23
57	20754	10774	9980	208	192	16
58	12641	6555	6086	116	102	14
59	6776	3481	3295	48	44	4
60-64岁	**53225**	**29494**	**23731**	**454**	**421**	**33**
60	11946	6420	5526	99	89	10
61	9399	5163	4236	83	75	8
62	10944	6076	4868	86	83	3
63	11113	6238	4875	90	85	5
64	9823	5597	4226	96	89	7
65岁及以上	**70549**	**42947**	**27602**	**513**	**481**	**32**

单位：人

有配偶			离婚			丧偶		
小计	男	女	小计	男	女	小计	男	女
464837	**246869**	**217968**	**19550**	**13941**	**5609**	**21945**	**9084**	**12861**
155	**37**	**118**	**1**	**1**				
2		2						
5	2	3						
19	2	17						
38	8	30						
91	25	66	1	1				
3642	**1264**	**2378**	**131**	**53**	**78**	**4**	**1**	**3**
221	35	186	1		1			
323	95	228	3	2	1	1		1
560	182	378	19	7	12			
1024	357	667	44	14	30	1	1	
1514	595	919	64	30	34	2		2
15317	**7235**	**8082**	**873**	**497**	**376**	**31**	**7**	**24**
2048	883	1165	87	40	47	2		2
2666	1229	1437	150	80	70	4	1	3
3077	1464	1613	168	87	81	7	1	6
3408	1700	1708	223	133	90	7	2	5
4118	1959	2159	245	157	88	11	3	8
34555	**17274**	**17281**	**2861**	**1913**	**948**	**108**	**47**	**61**
5927	2962	2965	462	310	152	13	6	7
6348	3085	3263	484	318	166	18	8	10
6795	3416	3379	546	359	187	14	3	11
8330	4188	4142	730	497	233	25	13	12
7155	3623	3532	639	429	210	38	17	21
36235	**18535**	**17700**	**3004**	**2183**	**821**	**191**	**59**	**132**
5670	2883	2787	469	335	134	27	11	16
5378	2691	2687	488	344	144	19	6	13
6602	3359	3243	534	382	152	41	12	29
9440	4890	4550	808	588	220	51	21	30
9145	4712	4433	705	534	171	53	9	44
50948	**26270**	**24678**	**3475**	**2584**	**891**	**487**	**173**	**314**
9502	4831	4671	665	489	176	72	25	47
11623	5979	5644	818	593	225	119	45	74
10790	5562	5228	748	571	177	94	33	61
9182	4846	4336	623	448	175	104	37	67
9851	5052	4799	621	483	138	98	33	65
67120	**34430**	**32690**	**3330**	**2479**	**851**	**1124**	**363**	**761**
10529	5436	5093	604	465	139	149	52	97
12371	6241	6130	701	504	197	189	60	129
14120	7259	6861	707	530	177	236	87	149
14437	7422	7015	642	475	167	265	86	179
15663	8072	7591	676	505	171	285	78	207
79953	**41401**	**38552**	**2651**	**1907**	**744**	**2245**	**767**	**1478**
16488	8522	7966	674	484	190	403	150	253
15337	7878	7459	532	409	123	373	128	245
17022	8826	8196	520	366	154	460	170	290
14581	7498	7083	454	329	125	459	148	311
16525	8677	7848	471	319	152	550	171	379
70246	**36643**	**33603**	**1732**	**1227**	**505**	**3106**	**1005**	**2101**
17204	9045	8159	480	345	135	629	206	423
15948	8332	7616	377	276	101	647	199	448
19189	9973	9216	460	312	148	897	297	600
11656	6057	5599	276	193	83	593	203	390
6249	3236	3013	139	101	38	340	100	240
48349	**27078**	**21271**	**855**	**633**	**222**	**3567**	**1362**	**2205**
10952	5929	5023	207	152	55	688	250	438
8552	4726	3826	177	133	44	587	229	358
9987	5588	4399	171	136	35	700	269	431
10066	5742	4324	152	106	46	805	305	500
8792	5093	3699	148	106	42	787	309	478
58317	**36702**	**21615**	**637**	**464**	**173**	**11082**	**5300**	**5782**

5-3c 续表 5

受教育程度 年 龄	15岁及以上人口			未 婚		
	合计	男	女	小计	男	女
高 中	**62514**	**36407**	**26107**	**25967**	**14559**	**11408**
15-19岁	**17434**	**9095**	**8339**	**17422**	**9092**	**8330**
15	3799	1922	1877	3799	1922	1877
16	5224	2721	2503	5223	2720	2503
17	4139	2087	2052	4138	2087	2051
18	2816	1517	1299	2812	1516	1296
19	1456	848	608	1450	847	603
20-24岁	**4933**	**2770**	**2163**	**4505**	**2641**	**1864**
20	1186	638	548	1165	636	529
21	991	559	432	947	553	394
22	910	515	395	839	489	350
23	937	556	381	815	519	296
24	909	502	407	739	444	295
25-29岁	**4219**	**2474**	**1745**	**2339**	**1615**	**724**
25	890	535	355	635	425	210
26	894	557	337	572	405	167
27	867	492	375	485	319	166
28	779	446	333	370	261	109
29	789	444	345	277	205	72
30-34岁	**4317**	**2440**	**1877**	**1000**	**702**	**298**
30	1016	573	443	330	227	103
31	848	493	355	197	147	50
32	878	512	366	186	131	55
33	912	514	398	194	137	57
34	663	348	315	93	60	33
35-39岁	**2703**	**1503**	**1200**	**238**	**163**	**75**
35	452	255	197	50	35	15
36	421	226	195	40	28	12
37	529	301	228	51	35	16
38	650	341	309	54	34	20
39	651	380	271	43	31	12
40-44岁	**3376**	**1878**	**1498**	**159**	**121**	**38**
40	665	356	309	46	37	9
41	812	451	361	38	25	13
42	721	400	321	31	26	5
43	568	321	247	20	15	5
44	610	350	260	24	18	6
45-49岁	**3528**	**1979**	**1549**	**112**	**74**	**38**
45	642	369	273	18	11	7
46	645	352	293	22	19	3
47	733	413	320	27	18	9
48	686	386	300	28	12	16
49	822	459	363	17	14	3
50-54岁	**3963**	**2271**	**1692**	**58**	**38**	**20**
50	875	491	384	23	14	9
51	842	492	350	12	9	3
52	818	451	367	11	7	4
53	676	390	286	7	3	4
54	752	447	305	5	5	
55-59岁	**4683**	**2758**	**1925**	**46**	**35**	**11**
55	871	530	341	8	6	2
56	899	522	377	6	4	2
57	1347	780	567	18	15	3
58	970	585	385	10	7	3
59	596	341	255	4	3	1
60-64岁	**6081**	**3856**	**2225**	**47**	**42**	**5**
60	1333	805	528	11	10	1
61	1175	734	441	8	7	1
62	1218	776	442	6	5	1
63	1262	812	450	13	13	
64	1093	729	364	9	7	2
65岁及以上	**7277**	**5383**	**1894**	**41**	**36**	**5**

单位：人

有配偶			离婚			丧偶		
小计	男	女	小计	男	女	小计	男	女
33489	**20081**	**13408**	**1270**	**791**	**479**	**1788**	**976**	**812**
12	**3**	**9**						
1	1							
1		1						
4	1	3						
6	1	5						
423	**127**	**296**	**5**	**2**	**3**			
21	2	19						
43	6	37	1		1			
71	26	45						
121	36	85	1	1				
167	57	110	3	1	2			
1816	**827**	**989**	**64**	**32**	**32**			
246	106	140	9	4	5			
310	147	163	12	5	7			
372	167	205	10	6	4			
395	179	216	14	6	8			
493	228	265	19	11	8			
3141	**1638**	**1503**	**169**	**99**	**70**	**7**	**1**	**6**
660	332	328	26	14	12			
621	328	293	30	18	12			
663	361	302	27	19	8	2	1	1
671	351	320	42	26	16	5		5
526	266	260	44	22	22			
2297	**1232**	**1065**	**160**	**105**	**55**	**8**	**3**	**5**
376	202	174	26	18	8			
350	180	170	27	15	12	4	3	1
442	238	204	36	28	8			
559	287	272	34	20	14	3		3
570	325	245	37	24	13	1		1
2960	**1601**	**1359**	**238**	**148**	**90**	**19**	**8**	**11**
562	286	276	54	31	23	3	2	1
721	397	324	49	28	21	4	1	3
637	337	300	50	35	15	3	2	1
505	278	227	39	27	12	4	1	3
535	303	232	46	27	19	5	2	3
3163	**1758**	**1405**	**200**	**128**	**72**	**53**	**19**	**34**
575	321	254	44	34	10	5	3	2
574	303	271	37	26	11	12	4	8
655	369	286	35	23	12	16	3	13
611	350	261	37	19	18	10	5	5
748	415	333	47	26	21	10	4	6
3656	**2103**	**1553**	**155**	**98**	**57**	**94**	**32**	**62**
807	452	355	35	22	13	10	3	7
779	459	320	35	15	20	16	9	7
755	417	338	33	22	11	19	5	14
618	363	255	24	17	7	27	7	20
697	412	285	28	22	6	22	8	14
4345	**2582**	**1763**	**113**	**66**	**47**	**179**	**75**	**104**
809	493	316	29	20	9	25	11	14
842	485	357	26	18	8	25	15	10
1247	735	512	28	12	16	54	18	36
896	547	349	16	12	4	48	19	29
551	322	229	14	4	10	27	12	15
5615	**3604**	**2011**	**97**	**68**	**29**	**322**	**142**	**180**
1240	756	484	27	21	6	55	18	37
1089	682	407	16	15	1	62	30	32
1130	733	397	19	12	7	63	26	37
1147	752	395	19	10	9	83	37	46
1009	681	328	16	10	6	59	31	28
6061	**4606**	**1455**	**69**	**45**	**24**	**1106**	**696**	**410**

5-3c 续表 6

受教育程度 年 龄	15岁及以上人口			未 婚		
	合计	男	女	小计	男	女
大学专科	**31105**	**16366**	**14739**	**19399**	**9573**	**9826**
15-19岁	**6041**	**2783**	**3258**	**6037**	**2782**	**3255**
15	212	121	91	212	121	91
16	308	180	128	308	180	128
17	574	282	292	574	282	292
18	2118	996	1122	2117	995	1122
19	2829	1204	1625	2826	1204	1622
20-24岁	**8630**	**3945**	**4685**	**8318**	**3856**	**4462**
20	2434	1095	1339	2426	1093	1333
21	1727	800	927	1711	798	913
22	1624	721	903	1577	706	871
23	1486	706	780	1387	677	710
24	1359	623	736	1217	582	635
25-29岁	**5276**	**2733**	**2543**	**3535**	**1938**	**1597**
25	1295	660	635	1086	576	510
26	1170	590	580	876	476	400
27	1057	549	508	678	371	307
28	904	464	440	498	273	225
29	850	470	380	397	242	155
30-34岁	**3632**	**2083**	**1549**	**1107**	**752**	**355**
30	951	541	410	405	277	128
31	805	431	374	231	143	88
32	704	412	292	210	146	64
33	725	432	293	152	107	45
34	447	267	180	109	79	30
35-39岁	**1380**	**789**	**591**	**177**	**119**	**58**
35	334	192	142	51	32	19
36	248	147	101	30	23	7
37	269	152	117	34	24	10
38	281	159	122	29	20	9
39	248	139	109	33	20	13
40-44岁	**1214**	**700**	**514**	**107**	**58**	**49**
40	240	147	93	26	13	13
41	306	166	140	25	8	17
42	229	134	95	20	13	7
43	198	110	88	18	15	3
44	241	143	98	18	9	9
45-49岁	**1142**	**701**	**441**	**69**	**40**	**29**
45	224	130	94	15	10	5
46	247	160	87	12	9	3
47	201	124	77	13	8	5
48	232	142	90	16	8	8
49	238	145	93	13	5	8
50-54岁	**976**	**613**	**363**	**31**	**14**	**17**
50	240	148	92	12	3	9
51	181	121	60	3	1	2
52	191	124	67	4	3	1
53	153	91	62	7	4	3
54	211	129	82	5	3	2
55-59岁	**969**	**620**	**349**	**11**	**9**	**2**
55	223	144	79	1	1	
56	244	162	82	2	2	
57	248	137	111	4	3	1
58	169	115	54	3	3	
59	85	62	23	1		1
60-64岁	**613**	**436**	**177**	**1**	**1**	
60	125	90	35			
61	119	85	34			
62	110	72	38	1	1	
63	138	99	39			
64	121	90	31			
65岁及以上	**1232**	**963**	**269**	**6**	**4**	**2**

单位：人

有配偶			离　婚			丧　偶		
小计	男	女	小计	男	女	小计	男	女
11067	**6446**	**4621**	**400**	**217**	**183**	**239**	**130**	**109**
4	**1**	**3**						
1	1							
3		3						
309	**88**	**221**	**3**	**1**	**2**			
7	1	6	1	1				
16	2	14						
47	15	32						
98	29	69	1		1			
141	41	100	1		1			
1697	**775**	**922**	**42**	**19**	**23**	**2**	**1**	**1**
206	83	123	3	1	2			
287	114	173	6		6	1		1
371	174	197	8	4	4			
395	185	210	11	6	5			
438	219	219	14	8	6	1	1	
2409	**1271**	**1138**	**112**	**57**	**55**	**4**	**3**	**1**
525	255	270	21	9	12			
549	273	276	25	15	10			
479	262	217	14	3	11	1	1	
539	308	231	31	15	16	3	2	1
317	173	144	21	15	6			
1131	**628**	**503**	**69**	**42**	**27**	**3**		**3**
268	149	119	15	11	4			
205	117	88	13	7	6			
219	121	98	16	7	9			
237	129	108	14	10	4	1		1
202	112	90	11	7	4	2		2
1035	**604**	**431**	**59**	**38**	**21**	**13**		**13**
203	127	76	10	7	3	1		1
262	148	114	14	10	4	5		5
194	116	78	10	5	5	5		5
170	90	80	9	5	4	1		1
206	123	83	16	11	5	1		1
1029	**640**	**389**	**36**	**19**	**17**	**8**	**2**	**6**
202	119	83	7	1	6			
228	149	79	5	2	3	2		2
177	107	70	9	8	1	2	1	1
207	129	78	8	5	3	1		1
215	136	79	7	3	4	3	1	2
904	**585**	**319**	**30**	**10**	**20**	**11**	**4**	**7**
218	140	78	8	3	5	2	2	
170	118	52	5	2	3	3		3
180	118	62	6	3	3	1		1
140	86	54	3		3	3	1	2
196	123	73	8	2	6	2	1	1
912	**590**	**322**	**23**	**13**	**10**	**23**	**8**	**15**
207	136	71	7	5	2	8	2	6
231	153	78	6	4	2	5	3	2
239	132	107	4	2	2	1		1
153	107	46	6	2	4	7	3	4
82	62	20				2		2
576	**416**	**160**	**14**	**8**	**6**	**22**	**11**	**11**
112	83	29	4	3	1	9	4	5
112	82	30	5	2	3	2	1	1
106	69	37	1	1		2	1	1
131	95	36	3	2	1	4	2	2
115	87	28	1		1	5	3	2
1061	**848**	**213**	**12**	**10**	**2**	**153**	**101**	**52**

5-3c 续表 7

受教育程度 年 龄	15岁及以上人口			未 婚		
	合计	男	女	小计	男	女
大学本科	**13040**	**6563**	**6477**	**9234**	**4510**	**4724**
15-19岁	**2128**	**989**	**1139**	**2128**	**989**	**1139**
15	3	2	1	3	2	1
16	13	5	8	13	5	8
17	135	46	89	135	46	89
18	836	387	449	836	387	449
19	1141	549	592	1141	549	592
20-24岁	**4474**	**2057**	**2417**	**4419**	**2040**	**2379**
20	1152	543	609	1151	543	608
21	975	454	521	973	454	519
22	877	391	486	874	390	484
23	808	366	442	790	358	432
24	662	303	359	631	295	336
25-29岁	**2584**	**1279**	**1305**	**1923**	**1017**	**906**
25	635	282	353	578	259	319
26	546	262	284	454	230	224
27	521	270	251	388	225	163
28	472	251	221	287	168	119
29	410	214	196	216	135	81
30-34岁	**1706**	**948**	**758**	**599**	**358**	**241**
30	414	231	183	193	112	81
31	379	212	167	143	88	55
32	342	185	157	114	65	49
33	343	191	152	92	62	30
34	228	129	99	57	31	26
35-39岁	**619**	**350**	**269**	**114**	**74**	**40**
35	167	94	73	34	27	7
36	121	72	49	23	11	12
37	108	64	44	21	15	6
38	129	71	58	23	12	11
39	94	49	45	13	9	4
40-44岁	**356**	**188**	**168**	**31**	**19**	**12**
40	79	41	38	15	10	5
41	77	41	36	4	2	2
42	75	42	33	3	1	2
43	66	36	30	5	2	3
44	59	28	31	4	4	
45-49岁	**335**	**202**	**133**	**7**	**5**	**2**
45	66	43	23	2	1	1
46	66	37	29	2	2	
47	79	50	29	2	2	
48	60	29	31	1		1
49	64	43	21			
50-54岁	**313**	**187**	**126**	**9**	**6**	**3**
50	80	47	33	2	1	1
51	61	38	23	5	4	1
52	71	43	28	2	1	1
53	57	37	20			
54	44	22	22			
55-59岁	**225**	**138**	**87**	**1**		**1**
55	61	35	26			
56	47	27	20	1		1
57	74	47	27			
58	28	19	9			
59	15	10	5			
60-64岁	**100**	**71**	**29**	**1**		**1**
60	20	13	7			
61	19	14	5			
62	15	11	4			
63	21	12	9			
64	25	21	4	1		1
65岁及以上	**200**	**154**	**46**	**2**	**2**	

单位：人

有配偶			离婚			丧偶		
小计	男	女	小计	男	女	小计	男	女
3633	**1970**	**1663**	**130**	**65**	**65**	**43**	**18**	**25**
55	**17**	**38**						
1		1						
2		2						
3	1	2						
18	8	10						
31	8	23						
655	**261**	**394**	**6**	**1**	**5**			
57	23	34						
92	32	60						
131	44	87	2	1	1			
184	83	101	1		1			
191	79	112	3		3			
1073	**577**	**496**	**33**	**13**	**20**	**1**		**1**
215	116	99	6	3	3			
230	123	107	6	1	5			
223	120	103	5		5			
241	125	116	9	4	5	1		1
164	93	71	7	5	2			
489	**269**	**220**	**15**	**7**	**8**	**1**		**1**
128	64	64	5	3	2			
96	60	36	2	1	1			
84	48	36	3	1	2			
104	58	46	2	1	1			
77	39	38	3	1	2	1		1
298	**154**	**144**	**25**	**15**	**10**	**2**		**2**
60	30	30	4	1	3			
66	37	29	5	2	3	2		2
65	36	29	7	5	2			
56	30	26	5	4	1			
51	21	30	4	3	1			
308	**188**	**120**	**17**	**9**	**8**	**3**		**3**
60	40	20	4	2	2			
61	35	26	2		2	1		1
71	46	25	4	2	2	2		2
54	26	28	5	3	2			
62	41	21	2	2				
288	**175**	**113**	**13**	**6**	**7**	**3**		**3**
73	44	29	5	2	3			
54	33	21	2	1	1			
66	41	25	1	1		2		2
55	35	20	2	2				
40	22	18	3		3	1		1
206	**131**	**75**	**11**	**6**	**5**	**7**	**1**	**6**
54	32	22	3	2	1	4	1	3
43	25	18	3	2	1			
70	47	23	3		3	1		1
25	18	7	1	1		2		2
14	9	5	1	1				
91	**65**	**26**	**5**	**4**	**1**	**3**	**2**	**1**
18	12	6	1	1		1		1
18	13	5	1	1				
14	11	3	1		1			
21	12	9						
20	17	3	2	2		2	2	
170	**133**	**37**	**5**	**4**	**1**	**23**	**15**	**8**

5-3c 续表 8

受教育程度 年 龄	15岁及以上人口			未 婚		
	合计	男	女	小计	男	女
硕士研究生	**1064**	**375**	**689**	**888**	**283**	**605**
15-19岁						
15						
16						
17						
18						
19						
20-24岁	**413**	**123**	**290**	**412**	**123**	**289**
20	2		2	2		2
21	17	1	16	17	1	16
22	83	29	54	83	29	54
23	142	36	106	141	36	105
24	169	57	112	169	57	112
25-29岁	**430**	**138**	**292**	**406**	**130**	**276**
25	166	50	116	164	50	114
26	124	36	88	124	36	88
27	63	23	40	61	23	38
28	42	12	30	35	10	25
29	35	17	18	22	11	11
30-34岁	**105**	**44**	**61**	**52**	**21**	**31**
30	29	11	18	18	7	11
31	18	8	10	9	5	4
32	26	12	14	15	5	10
33	15	6	9	2	1	1
34	17	7	10	8	3	5
35-39岁	**50**	**23**	**27**	**13**	**6**	**7**
35	10	4	6	5	2	3
36	8	3	5	1		1
37	10	4	6	3	2	1
38	15	8	7	3	2	1
39	7	4	3	1		1
40-44岁	**16**	**9**	**7**	**4**	**2**	**2**
40	5	3	2			
41	5	1	4	2		2
42	3	2	1			
43	3	3		2	2	
44						
45-49岁	**15**	**9**	**6**			
45	3	1	2			
46	3	3				
47	4	1	3			
48	4	4				
49	1		1			
50-54岁	**13**	**10**	**3**			
50	2	2				
51	1	1				
52	4	2	2			
53	1	1				
54	5	4	1			
55-59岁	**8**	**8**		**1**	**1**	
55	2	2				
56	1	1				
57	3	3		1	1	
58	1	1				
59	1	1				
60-64岁	**9**	**7**	**2**			
60	1	1				
61	2	1	1			
62	4	4				
63	1	1				
64	1		1			
65岁及以上	**5**	**4**	**1**			

单位：人

有配偶			离婚			丧偶		
小计	男	女	小计	男	女	小计	男	女
172	**90**	**82**	**2**	**1**	**1**	**2**	**1**	**1**
1		**1**						
1		1						
24	**8**	**16**						
2		2						
2		2						
7	2	5						
13	6	7						
53	**23**	**30**						
11	4	7						
9	3	6						
11	7	4						
13	5	8						
9	4	5						
37	**17**	**20**						
5	2	3						
7	3	4						
7	2	5						
12	6	6						
6	4	2						
12	**7**	**5**						
5	3	2						
3	1	2						
3	2	1						
1	1							
15	**9**	**6**						
3	1	2						
3	3							
4	1	3						
4	4							
1		1						
13	**10**	**3**						
2	2							
1	1							
4	2	2						
1	1							
5	4	1						
7	**7**							
2	2							
1	1							
2	2							
1	1							
1	1							
7	**6**	**1**	**1**		**1**	**1**	**1**	
1	1							
1	1		1		1			
3	3					1	1	
1	1							
1		1						
3	**3**		**1**	**1**		**1**		**1**

5-3c 续表 9

受教育程度 年 龄	15岁及以上人口			未 婚		
	合计	男	女	小计	男	女
博士研究生	**161**	**68**	**93**	**129**	**47**	**82**
15-19岁						
15						
16						
17						
18						
19						
20-24岁	**20**	**10**	**10**	**20**	**10**	**10**
20						
21	2	2		2	2	
22	6	5	1	6	5	1
23	4	2	2	4	2	2
24	8	1	7	8	1	7
25-29岁	**70**	**22**	**48**	**67**	**20**	**47**
25	8	2	6	8	2	6
26	11	3	8	11	3	8
27	24	7	17	24	7	17
28	17	6	11	14	4	10
29	10	4	6	10	4	6
30-34岁	**35**	**16**	**19**	**26**	**10**	**16**
30	6	3	3	4	1	3
31	7	3	4	7	3	4
32	9	5	4	7	4	3
33	9	4	5	4	1	3
34	4	1	3	4	1	3
35-39岁	**16**	**8**	**8**	**9**	**3**	**6**
35	5	3	2	3	2	1
36	3	1	2	3	1	2
37	4	1	3	2		2
38	3	3				
39	1		1	1		1
40-44岁	**10**	**4**	**6**	**4**	**2**	**2**
40	5	2	3	3	2	1
41	3	1	2	1		1
42	2	1	1			
43						
44						
45-49岁	**1**		**1**	**1**		**1**
45						
46						
47						
48	1		1	1		1
49						
50-54岁	**1**	**1**				
50	1	1				
51						
52						
53						
54						
55-59岁	**3**	**3**		**2**	**2**	
55						
56						
57	2	2		1	1	
58	1	1		1	1	
59						
60-64岁	**3**	**2**	**1**			
60						
61	1		1			
62						
63	2	2				
64						
65岁及以上	**2**	**2**				

单位：人

有配偶			离　婚			丧　偶		
小计	男	女	小计	男	女	小计	男	女
29	**19**	**10**	**2**	**1**	**1**	**1**	**1**	
3	**2**	**1**						
3	2	1						
9	**6**	**3**						
2	2							
2	1	1						
5	3	2						
7	**5**	**2**						
2	1	1						
2	1	1						
3	3							
5	**2**	**3**	**1**		**1**			
2		2						
2	1	1						
1	1		1		1			
			1	**1**				
			1	1				
1	**1**							
1	1							
3	**2**	**1**						
1		1						
2	2							
1	**1**					**1**	**1**	

5-4 全省分初婚年龄、性别、初婚年份的人口

单位：人

初婚年龄	初婚年份								
	合计			1980年			1981年		
	合计	男	女	小计	男	女	小计	男	女
总　计	**2383135**	**1178695**	**1204440**	**92053**	**43994**	**48059**	**79320**	**37520**	**41800**
15岁以下	**1290**	**363**	**927**	**96**	**34**	**62**	**46**	**11**	**35**
15-19岁	**183077**	**53714**	**129363**	**6082**	**1584**	**4498**	**4833**	**1274**	**3559**
15	5580	1698	3882	373	122	251	237	76	161
16	10303	2774	7529	667	175	492	391	115	276
17	21114	5754	15360	1226	292	934	715	188	527
18	46877	13416	33461	1177	277	900	1689	416	1273
19	99203	30072	69131	2639	718	1921	1801	479	1322
20-24岁	**1289168**	**589645**	**699523**	**54864**	**23997**	**30867**	**49176**	**20938**	**28238**
20	173034	58830	114204	5476	1855	3621	3745	1099	2646
21	249994	107998	141996	8115	3413	4702	7243	2691	4552
22	310659	148749	161910	12469	5458	7011	10148	4214	5934
23	290929	138987	151942	14455	6579	7876	13968	6103	7865
24	264552	135081	129471	14349	6692	7657	14072	6831	7241
25-29岁	**686607**	**395909**	**290698**	**29011**	**16990**	**12021**	**24023**	**14450**	**9573**
25	230036	126056	103980	13466	7173	6293	11325	6352	4973
26	173604	99369	74235	8372	5085	3287	7119	4379	2740
27	126479	75071	51408	4011	2636	1375	3310	2167	1143
28	90733	54871	35862	2113	1400	713	1499	1041	458
29	65755	40542	25213	1049	696	353	770	511	259
30-34岁	**149669**	**93207**	**56462**	**1562**	**1070**	**492**	**1005**	**680**	**325**
30	48577	30165	18412	724	488	236	430	282	148
31	35673	22240	13433	346	245	101	252	171	81
32	27247	16995	10252	223	141	82	149	107	42
33	21110	13131	7979	144	99	45	98	68	30
34	17062	10676	6386	125	97	28	76	52	24
35-39岁	**42767**	**27069**	**15698**	**313**	**232**	**81**	**181**	**135**	**46**
35	13099	8252	4847	83	59	24	59	43	16
36	10009	6287	3722	66	52	14	41	33	8
37	8047	5105	2942	60	46	14	35	28	7
38	6283	4011	2272	52	39	13	25	15	10
39	5329	3414	1915	52	36	16	21	16	5
40-44岁	**16713**	**10512**	**6201**	**87**	**62**	**25**	**39**	**24**	**15**
40	4526	2842	1684	16	13	3	14	11	3
41	3809	2396	1413	27	21	6	11	6	5
42	3283	2072	1211	25	15	10	3	1	2
43	2750	1732	1018	7	5	2	5	3	2
44	2345	1470	875	12	8	4	6	3	3
45-49岁	**7266**	**4460**	**2806**	**28**	**17**	**11**	**12**	**6**	**6**
45	1966	1214	752	9	5	4	6	3	3
46	1702	1087	615	8	7	1	2	1	1
47	1332	816	516	3	1	2	2	1	1
48	1220	722	498	6	2	4	1	1	
49	1046	621	425	2	2		1		1
50岁及以上	**6578**	**3816**	**2762**	**10**	**8**	**2**	**5**	**2**	**3**
平均初婚年龄	**24.71**	**25.42**	**24.02**	**23.95**	**24.53**	**23.42**	**23.93**	**24.51**	**23.41**

5-4　续表 1　　　　　　　　　　　　　　　　　　　　　　　　　　　　　　　　单位：人

初婚年龄	初婚年份								
	1982年			1983年			1984年		
	小计	男	女	小计	男	女	小计	男	女
总　计	**73478**	**35162**	**38316**	**64372**	**30780**	**33592**	**74502**	**35735**	**38767**
15岁以下	**77**	**24**	**53**	**60**	**20**	**40**	**53**	**15**	**38**
15—19岁	**7486**	**2173**	**5313**	**7016**	**2131**	**4885**	**7511**	**2319**	**5192**
15	210	83	127	226	85	141	250	67	183
16	401	110	291	365	108	257	392	113	279
17	795	224	571	729	212	517	731	205	526
18	1922	550	1372	1638	448	1190	1832	532	1300
19	4158	1206	2952	4058	1278	2780	4306	1402	2904
20—24岁	**44009**	**19624**	**24385**	**38573**	**17202**	**21371**	**48715**	**21883**	**26832**
20	3724	1180	2544	7574	2726	4848	8269	2904	5365
21	6465	2556	3909	5339	2334	3005	13146	5606	7540
22	10706	4775	5931	7387	3330	4057	8401	3889	4512
23	11119	5022	6097	9694	4357	5337	9108	4194	4914
24	11995	6091	5904	8579	4455	4124	9791	5290	4501
25—29岁	**20373**	**12303**	**8070**	**17152**	**10379**	**6773**	**16409**	**10367**	**6042**
25	9269	5282	3987	7557	4413	3144	6666	4131	2535
26	5527	3401	2126	4676	2855	1821	4700	3029	1671
27	3147	2039	1108	2634	1632	1002	2610	1675	935
28	1639	1038	601	1472	961	511	1498	953	545
29	791	543	248	813	518	295	935	579	356
30—34岁	**1241**	**836**	**405**	**1289**	**852**	**437**	**1475**	**931**	**544**
30	473	316	157	524	348	176	574	353	221
31	334	228	106	323	209	114	376	240	136
32	193	118	75	205	136	69	245	157	88
33	152	110	42	151	103	48	156	96	60
34	89	64	25	86	56	30	124	85	39
35—39岁	**204**	**143**	**61**	**190**	**132**	**58**	**210**	**148**	**62**
35	59	42	17	66	43	23	56	40	16
36	59	39	20	47	36	11	48	34	14
37	24	18	6	23	11	12	55	40	15
38	32	24	8	26	20	6	27	13	14
39	30	20	10	28	22	6	24	21	3
40—44岁	**53**	**36**	**17**	**57**	**44**	**13**	**70**	**47**	**23**
40	15	11	4	17	15	2	19	14	5
41	17	14	3	15	12	3	15	9	6
42	4	3	1	11	8	3	18	15	3
43	8	4	4	8	5	3	7	4	3
44	9	4	5	6	4	2	11	5	6
45—49岁	**29**	**20**	**9**	**25**	**13**	**12**	**42**	**17**	**25**
45	11	7	4	7	4	3	9	3	6
46	3	2	1	6	5	1	12	5	7
47	3	2	1	3	1	2	7	3	4
48	6	4	2	7	3	4	11	6	5
49	6	5	1	2		2	3		3
50岁及以上	**6**	**3**	**3**	**10**	**7**	**3**	**17**	**8**	**9**
平均初婚年龄	**23.72**	**24.34**	**23.16**	**23.52**	**24.15**	**22.94**	**23.27**	**23.89**	**22.70**

5-4 续表 2

单位：人

初婚年龄	初婚年份								
	1985年			1986年			1987年		
	小计	男	女	小计	男	女	小计	男	女
总　计	**91164**	**44099**	**47065**	**87619**	**42416**	**45203**	**83627**	**40551**	**43076**
15岁以下	**63**	**16**	**47**	**36**	**7**	**29**	**40**	**14**	**26**
15-19岁	**9350**	**2953**	**6397**	**8384**	**2573**	**5811**	**8322**	**2611**	**5711**
15	302	91	211	193	52	141	173	48	125
16	594	177	417	438	116	322	361	90	271
17	1066	315	751	1025	284	741	884	265	619
18	2244	695	1549	2194	662	1532	2374	709	1665
19	5144	1675	3469	4534	1459	3075	4530	1499	3031
20-24岁	**61535**	**28432**	**33103**	**62598**	**29268**	**33330**	**61062**	**29116**	**31946**
20	9473	3381	6092	8852	3244	5608	7553	2720	4833
21	15214	6718	8496	13115	5919	7196	11966	5335	6631
22	20014	9629	10385	17240	8234	9006	14785	7237	7548
23	8948	4331	4617	17054	8367	8687	14430	7125	7305
24	7886	4373	3513	6337	3504	2833	12328	6699	5629
25-29岁	**17414**	**11007**	**6407**	**13827**	**8926**	**4901**	**11375**	**7146**	**4229**
25	7567	4653	2914	4838	3004	1834	4166	2469	1697
26	4087	2688	1399	4021	2685	1336	2706	1753	953
27	2928	1891	1037	2303	1546	757	2216	1480	736
28	1766	1138	628	1527	1000	527	1282	832	450
29	1066	637	429	1138	691	447	1005	612	393
30-34岁	**2207**	**1322**	**885**	**2097**	**1235**	**862**	**2198**	**1279**	**919**
30	816	503	313	751	441	310	701	391	310
31	568	323	245	507	291	216	539	310	229
32	372	208	164	395	230	165	416	253	163
33	257	155	102	264	164	100	294	177	117
34	194	133	61	180	109	71	248	148	100
35-39岁	**391**	**252**	**139**	**422**	**255**	**167**	**435**	**266**	**169**
35	135	87	48	140	87	53	146	91	55
36	94	58	36	110	76	34	109	68	41
37	63	42	21	58	32	26	91	53	38
38	51	29	22	67	37	30	56	36	20
39	48	36	12	47	23	24	33	18	15
40-44岁	**117**	**65**	**52**	**160**	**100**	**60**	**114**	**75**	**39**
40	36	19	17	44	28	16	33	23	10
41	24	16	8	36	22	14	32	20	12
42	27	14	13	36	21	15	19	13	6
43	20	11	9	24	15	9	12	8	4
44	10	5	5	20	14	6	18	11	7
45-49岁	**61**	**34**	**27**	**54**	**33**	**21**	**50**	**30**	**20**
45	16	10	6	13	8	5	10	7	3
46	16	8	8	11	6	5	11	7	4
47	7	3	4	9	6	3	11	4	7
48	6	2	4	12	8	4	8	5	3
49	16	11	5	9	5	4	10	7	3
50岁及以上	**26**	**18**	**8**	**41**	**19**	**22**	**31**	**14**	**17**
平均初婚年龄	**23.13**	**23.69**	**22.60**	**23.16**	**23.68**	**22.66**	**23.23**	**23.73**	**22.77**

5-4　续表 3　　单位：人

初婚年龄	初婚年份								
	1988年			1989年			1990年		
	小计	男	女	小计	男	女	小计	男	女
总　计	**80444**	**39109**	**41335**	**75188**	**36716**	**38472**	**81422**	**40271**	**41151**
15岁以下	**50**	**8**	**42**	**51**	**13**	**38**	**72**	**26**	**46**
15–19岁	**8839**	**2763**	**6076**	**8357**	**2668**	**5689**	**9733**	**3128**	**6605**
15	225	65	160	203	62	141	256	85	171
16	372	104	268	416	106	310	502	150	352
17	910	265	645	867	269	598	1072	289	783
18	2244	660	1584	2206	743	1463	2444	788	1656
19	5088	1669	3419	4665	1488	3177	5459	1816	3643
20–24岁	**54657**	**25978**	**28679**	**49748**	**23633**	**26115**	**53584**	**25805**	**27779**
20	7944	2833	5111	8583	3122	5461	8851	3224	5627
21	10384	4703	5681	10776	4836	5940	13029	6019	7010
22	13210	6472	6738	10960	5409	5551	13437	6761	6676
23	12418	6132	6286	10722	5408	5314	9805	5029	4776
24	10701	5838	4863	8707	4858	3849	8462	4772	3690
25–29岁	**14143**	**8656**	**5487**	**14292**	**8712**	**5580**	**15073**	**9405**	**5668**
25	8112	4875	3237	6706	3966	2740	6243	3793	2450
26	2318	1414	904	4406	2764	1642	4287	2735	1552
27	1543	980	563	1384	886	498	2865	1838	1027
28	1355	879	476	953	577	376	951	585	366
29	815	508	307	843	519	324	727	454	273
30–34岁	**2094**	**1300**	**794**	**1978**	**1214**	**764**	**2014**	**1297**	**717**
30	693	452	241	526	333	193	611	388	223
31	485	289	196	491	297	194	409	256	153
32	401	254	147	369	225	144	404	270	134
33	306	179	127	311	190	121	337	222	115
34	209	126	83	281	169	112	253	161	92
35–39岁	**454**	**283**	**171**	**538**	**344**	**194**	**635**	**401**	**234**
35	150	93	57	205	127	78	205	131	74
36	129	72	57	111	67	44	167	100	67
37	94	65	29	110	75	35	110	74	36
38	53	34	19	60	43	17	84	52	32
39	28	19	9	52	32	20	69	44	25
40–44岁	**116**	**74**	**42**	**126**	**76**	**50**	**201**	**143**	**58**
40	27	16	11	39	28	11	67	53	14
41	32	20	12	20	13	7	45	27	18
42	25	17	8	34	16	18	31	21	10
43	21	14	7	22	13	9	25	21	4
44	11	7	4	11	6	5	33	21	12
45–49岁	**59**	**30**	**29**	**64**	**36**	**28**	**60**	**40**	**20**
45	16	8	8	16	11	5	20	15	5
46	13	8	5	17	10	7	11	8	3
47	13	6	7	12	9	3	10	9	1
48	13	5	8	14	4	10	10	4	6
49	4	3	1	5	2	3	9	4	5
50岁及以上	**32**	**17**	**15**	**34**	**20**	**14**	**50**	**26**	**24**
平均初婚年龄	**23.25**	**23.79**	**22.75**	**23.26**	**23.81**	**22.72**	**23.18**	**23.77**	**22.60**

5-4 续表 4 单位：人

初婚年龄	初婚年份								
	1991年			1992年			1993年		
	小计	男	女	小计	男	女	小计	男	女
总　计	**56470**	**27759**	**28711**	**66516**	**32829**	**33687**	**65410**	**32270**	**33140**
15岁以下	**35**	**7**	**28**	**29**	**6**	**23**	**31**	**6**	**25**
15-19岁	**5794**	**1748**	**4046**	**6055**	**1835**	**4220**	**5243**	**1524**	**3719**
15	138	42	96	149	50	99	135	31	104
16	261	71	190	268	71	197	230	57	173
17	574	175	399	583	181	402	475	140	335
18	1482	442	1040	1486	437	1049	1276	386	890
19	3339	1018	2321	3569	1096	2473	3127	910	2217
20-24岁	**38155**	**17958**	**20197**	**45947**	**21631**	**24316**	**45198**	**21113**	**24085**
20	6210	2185	4025	6376	2201	4175	6155	2061	4094
21	8606	3783	4823	10252	4559	5693	9431	4174	5257
22	10366	5166	5200	11922	5866	6056	12075	5856	6219
23	7992	4052	3940	10289	5148	5141	10045	4926	5119
24	4981	2772	2209	7108	3857	3251	7492	4096	3396
25-29岁	**10563**	**6838**	**3725**	**11968**	**7763**	**4205**	**11850**	**7642**	**4208**
25	4215	2582	1633	4102	2535	1567	4935	3064	1871
26	2767	1838	929	3120	2050	1070	2507	1602	905
27	1879	1327	552	2153	1439	714	1937	1311	626
28	1297	825	472	1467	974	493	1413	951	462
29	405	266	139	1126	765	361	1058	714	344
30-34岁	**1276**	**807**	**469**	**1511**	**967**	**544**	**2008**	**1297**	**711**
30	339	207	132	362	223	139	861	561	300
31	306	194	112	353	236	117	324	208	116
32	227	150	77	295	194	101	284	184	100
33	219	141	78	247	143	104	280	185	95
34	185	115	70	254	171	83	259	159	100
35-39岁	**429**	**277**	**152**	**635**	**412**	**223**	**667**	**439**	**228**
35	146	97	49	191	115	76	197	135	62
36	91	57	34	164	116	48	156	96	60
37	84	49	35	110	71	39	109	78	31
38	62	41	21	100	64	36	103	66	37
39	46	33	13	70	46	24	102	64	38
40-44岁	**119**	**68**	**51**	**211**	**128**	**83**	**241**	**152**	**89**
40	30	16	14	59	35	24	65	40	25
41	38	23	15	45	32	13	57	42	15
42	18	7	11	43	23	20	55	34	21
43	15	10	5	36	21	15	32	17	15
44	18	12	6	28	17	11	32	19	13
45-49岁	**61**	**36**	**25**	**79**	**46**	**33**	**97**	**58**	**39**
45	17	11	6	19	12	7	22	13	9
46	13	8	5	17	12	5	24	16	8
47	7	3	4	16	8	8	22	16	6
48	10	8	2	10	4	6	18	8	10
49	14	6	8	17	10	7	11	5	6
50岁及以上	**38**	**20**	**18**	**81**	**41**	**40**	**75**	**39**	**36**
平均初婚年龄	**23.25**	**23.87**	**22.65**	**23.46**	**24.07**	**22.86**	**23.60**	**24.24**	**22.98**

5-4　续表 5　　　　单位：人

初婚年龄	初婚年份								
	1994年			1995年			1996年		
	小计	男	女	小计	男	女	小计	男	女
总　计	**58917**	**29243**	**29674**	**66512**	**33046**	**33466**	**57962**	**28949**	**29013**
15岁以下	**25**	**8**	**17**	**32**	**5**	**27**	**32**	**8**	**24**
15-19岁	**4484**	**1280**	**3204**	**4849**	**1405**	**3444**	**3839**	**1035**	**2804**
15	142	45	97	200	72	128	101	17	84
16	232	58	174	347	96	251	241	76	165
17	422	123	299	536	163	373	466	123	343
18	1033	283	750	1091	318	773	929	248	681
19	2655	771	1884	2675	756	1919	2102	571	1531
20-24岁	**39539**	**18474**	**21065**	**42730**	**19890**	**22840**	**35443**	**16288**	**19155**
20	5235	1798	3437	4960	1619	3341	4146	1279	2867
21	8342	3647	4695	8527	3713	4814	6505	2817	3688
22	9861	4863	4998	10952	5300	5652	8977	4342	4635
23	9260	4527	4733	9742	4703	5039	8675	4101	4574
24	6841	3639	3202	8549	4555	3994	7140	3749	3391
25-29岁	**11553**	**7397**	**4156**	**14497**	**9050**	**5447**	**14186**	**8870**	**5316**
25	5047	3094	1953	6113	3584	2529	6027	3518	2509
26	2760	1817	943	3877	2520	1357	3550	2227	1323
27	1583	1049	534	2198	1469	729	2336	1623	713
28	1206	794	412	1264	801	463	1432	936	496
29	957	643	314	1045	676	369	841	566	275
30-34岁	**2140**	**1372**	**768**	**2754**	**1707**	**1047**	**2720**	**1735**	**985**
30	771	488	283	845	526	319	758	479	279
31	629	417	212	751	479	272	653	408	245
32	267	166	101	673	404	269	584	390	194
33	236	140	96	260	161	99	510	328	182
34	237	161	76	225	137	88	215	130	85
35-39岁	**641**	**420**	**221**	**803**	**532**	**271**	**712**	**454**	**258**
35	165	121	44	236	162	74	169	112	57
36	148	94	54	166	109	57	181	118	63
37	121	72	49	160	114	46	113	69	44
38	108	67	41	122	77	45	138	89	49
39	99	66	33	119	70	49	111	66	45
40-44岁	**318**	**175**	**143**	**433**	**257**	**176**	**462**	**269**	**193**
40	93	49	44	104	59	45	113	69	44
41	61	29	32	106	56	50	115	71	44
42	60	32	28	77	45	32	96	61	35
43	65	41	24	87	58	29	86	42	44
44	39	24	15	59	39	20	52	26	26
45-49岁	**122**	**68**	**54**	**163**	**95**	**68**	**236**	**115**	**121**
45	33	19	14	60	36	24	39	25	14
46	27	18	9	36	22	14	61	34	27
47	13	6	7	26	16	10	39	20	19
48	24	11	13	24	15	9	53	18	35
49	25	14	11	17	6	11	44	18	26
50岁及以上	**95**	**49**	**46**	**251**	**105**	**146**	**332**	**175**	**157**
平均初婚年龄	**23.80**	**24.43**	**23.19**	**24.10**	**24.71**	**23.49**	**24.44**	**25.11**	**23.77**

5-4 续表 6

单位：人

初婚年龄	初婚年份								
	1997年			1998年			1999年		
	小计	男	女	小计	男	女	小计	男	女
总　计	**54897**	**27311**	**27586**	**59318**	**29784**	**29534**	**50816**	**25424**	**25392**
15岁以下	**18**	**3**	**15**	**33**	**11**	**22**	**31**	**8**	**23**
15-19岁	**4050**	**1103**	**2947**	**4880**	**1390**	**3490**	**4244**	**1175**	**3069**
15	108	33	75	90	25	65	90	24	66
16	155	28	127	262	66	196	217	67	150
17	454	120	334	400	119	281	465	120	345
18	1024	276	748	1244	351	893	980	266	714
19	2309	646	1663	2884	829	2055	2492	698	1794
20-24岁	**31574**	**14384**	**17190**	**32540**	**15059**	**17481**	**28578**	**13172**	**15406**
20	3628	1106	2522	4501	1440	3061	4750	1539	3211
21	5858	2478	3380	6020	2605	3415	6061	2610	3451
22	7547	3637	3910	7924	3839	4085	6686	3380	3306
23	7574	3599	3975	7363	3582	3781	5818	2888	2930
24	6967	3564	3403	6732	3593	3139	5263	2755	2508
25-29岁	**14580**	**9034**	**5546**	**16364**	**9991**	**6373**	**14035**	**8577**	**5458**
25	5524	3171	2353	5975	3390	2585	4714	2679	2035
26	4003	2521	1482	4163	2578	1585	3711	2228	1483
27	2438	1610	828	2915	1851	1064	2522	1627	895
28	1579	1061	518	1905	1268	637	1837	1226	611
29	1036	671	365	1406	904	502	1251	817	434
30-34岁	**2646**	**1686**	**960**	**3632**	**2168**	**1464**	**2669**	**1686**	**983**
30	680	428	252	1047	628	419	931	590	341
31	589	370	219	686	416	270	629	406	223
32	523	334	189	708	421	287	418	255	163
33	433	281	152	632	366	266	396	248	148
34	421	273	148	559	337	222	295	187	108
35-39岁	**657**	**402**	**255**	**1081**	**675**	**406**	**696**	**464**	**232**
35	150	98	52	482	300	182	250	175	75
36	141	91	50	167	117	50	215	137	78
37	128	86	42	159	103	56	94	64	30
38	107	61	46	151	86	65	64	41	23
39	131	66	65	122	69	53	73	47	26
40-44岁	**860**	**415**	**445**	**488**	**296**	**192**	**308**	**194**	**114**
40	127	56	71	117	74	43	66	43	23
41	148	73	75	89	61	28	63	42	21
42	202	92	110	108	58	50	68	44	24
43	202	100	102	104	62	42	54	36	18
44	181	94	87	70	41	29	57	29	28
45-49岁	**391**	**221**	**170**	**194**	**118**	**76**	**147**	**87**	**60**
45	158	80	78	63	44	19	38	26	12
46	94	60	34	44	28	16	35	20	15
47	67	42	25	35	22	13	28	14	14
48	43	25	18	37	19	18	18	10	8
49	29	14	15	15	5	10	28	17	11
50岁及以上	**121**	**63**	**58**	**106**	**76**	**30**	**108**	**61**	**47**
平均初婚年龄	**24.70**	**25.38**	**24.02**	**24.63**	**25.36**	**23.89**	**24.35**	**25.12**	**23.58**

5-4 续表 7 单位：人

初婚年龄	初婚年份								
	2000年			2001年			2002年		
	小计	男	女	小计	男	女	小计	男	女
总 计	**62711**	**31651**	**31060**	**41725**	**20909**	**20816**	**44541**	**22402**	**22139**
15岁以下	**81**	**25**	**56**	**44**	**16**	**28**	**28**	**9**	**19**
15–19岁	**5817**	**1646**	**4171**	**3729**	**1058**	**2671**	**3440**	**970**	**2470**
15	192	65	127	139	46	93	189	61	128
16	378	120	258	185	59	126	233	67	166
17	712	200	512	364	86	278	364	86	278
18	1700	477	1223	851	240	611	789	208	581
19	2835	784	2051	2190	627	1563	1865	548	1317
20–24岁	**36107**	**16935**	**19172**	**23912**	**10981**	**12931**	**25936**	**11928**	**14008**
20	5546	1937	3609	3137	994	2143	3978	1240	2738
21	8720	3908	4812	5024	2161	2863	4485	1917	2568
22	8732	4415	4317	6662	3303	3359	6340	3159	3181
23	6892	3398	3494	5054	2438	2616	6389	3147	3242
24	6217	3277	2940	4035	2085	1950	4744	2465	2279
25–29岁	**16199**	**10093**	**6106**	**11094**	**6847**	**4247**	**11495**	**7007**	**4488**
25	5227	3035	2192	3537	1968	1569	3670	2007	1663
26	4140	2508	1632	2857	1728	1129	2777	1664	1113
27	3151	2047	1104	2116	1365	751	2074	1329	745
28	2195	1466	729	1535	1063	472	1693	1126	567
29	1486	1037	449	1049	723	326	1281	881	400
30–34岁	**2849**	**1873**	**976**	**2086**	**1439**	**647**	**2602**	**1784**	**818**
30	973	655	318	754	535	219	862	602	260
31	707	476	231	489	326	163	664	459	205
32	511	338	173	405	285	120	492	342	150
33	329	198	131	253	173	80	343	224	119
34	329	206	123	185	120	65	241	157	84
35–39岁	**984**	**654**	**330**	**556**	**374**	**182**	**682**	**450**	**232**
35	290	193	97	139	90	49	163	106	57
36	271	182	89	139	91	48	161	102	59
37	244	156	88	124	90	34	128	91	37
38	98	62	36	112	77	35	124	78	46
39	81	61	20	42	26	16	106	73	33
40–44岁	**369**	**242**	**127**	**167**	**112**	**55**	**167**	**122**	**45**
40	92	59	33	36	27	9	42	25	17
41	88	63	25	45	28	17	29	25	4
42	64	43	21	27	17	10	46	37	9
43	59	34	25	37	28	9	17	14	3
44	66	43	23	22	12	10	33	21	12
45–49岁	**185**	**106**	**79**	**73**	**44**	**29**	**110**	**81**	**29**
45	42	22	20	15	9	6	32	25	7
46	39	26	13	19	12	7	21	17	4
47	37	27	10	12	8	4	18	11	7
48	31	16	15	15	9	6	25	16	9
49	36	15	21	12	6	6	14	12	2
50岁及以上	**120**	**77**	**43**	**64**	**38**	**26**	**81**	**51**	**30**
平均初婚年龄	**24.16**	**24.95**	**23.36**	**24.21**	**25.02**	**23.39**	**24.39**	**25.24**	**23.54**

5-4 续表 8 单位：人

初婚年龄	初婚年份								
	2003年			2004年			2005年		
	小计	男	女	小计	男	女	小计	男	女
总　计	**47263**	**23773**	**23490**	**46562**	**23384**	**23178**	**46235**	**23447**	**22788**
15岁以下	**36**	**14**	**22**	**34**	**11**	**23**	**32**	**11**	**21**
15-19岁	**3190**	**862**	**2328**	**3488**	**860**	**2628**	**4421**	**1237**	**3184**
15	191	63	128	142	47	95	181	53	128
16	229	66	163	278	65	213	301	94	207
17	440	105	335	544	123	421	662	182	480
18	806	180	626	971	221	750	1241	328	913
19	1524	448	1076	1553	404	1149	2036	580	1456
20-24岁	**26084**	**11939**	**14145**	**23378**	**10561**	**12817**	**21190**	**9907**	**11283**
20	3307	1024	2283	2565	788	1777	2518	816	1702
21	5562	2317	3245	4167	1744	2423	3250	1372	1878
22	5568	2765	2803	6621	3098	3523	5081	2523	2558
23	5655	2733	2922	4867	2384	2483	5801	2875	2926
24	5992	3100	2892	5158	2547	2611	4540	2321	2219
25-29岁	**13462**	**7935**	**5527**	**14888**	**8757**	**6131**	**15221**	**8731**	**6490**
25	4709	2511	2198	5478	2910	2568	4803	2602	2201
26	3168	1866	1302	3749	2167	1582	4271	2383	1888
27	2381	1446	935	2486	1563	923	2900	1711	1189
28	1832	1190	642	1796	1191	605	1827	1121	706
29	1372	922	450	1379	926	453	1420	914	506
30-34岁	**3213**	**2180**	**1033**	**3386**	**2256**	**1130**	**3593**	**2393**	**1200**
30	1068	741	327	1097	735	362	1081	732	349
31	773	518	255	804	546	258	785	522	263
32	582	382	200	628	411	217	684	457	227
33	450	307	143	504	331	173	561	364	197
34	340	232	108	353	233	120	482	318	164
35-39岁	**786**	**535**	**251**	**817**	**556**	**261**	**1050**	**680**	**370**
35	236	158	78	279	199	80	345	214	131
36	160	97	63	168	107	61	253	172	81
37	138	91	47	146	96	50	201	126	75
38	124	92	32	99	70	29	130	87	43
39	128	97	31	125	84	41	121	81	40
40-44岁	**255**	**160**	**95**	**340**	**230**	**110**	**385**	**267**	**118**
40	101	57	44	116	77	39	117	82	35
41	47	32	15	109	71	38	99	69	30
42	41	28	13	35	24	11	101	69	32
43	41	29	12	45	33	12	38	25	13
44	25	14	11	35	25	10	30	22	8
45-49岁	**133**	**83**	**50**	**126**	**78**	**48**	**176**	**116**	**60**
45	31	19	12	24	11	13	48	36	12
46	38	26	12	30	22	8	31	25	6
47	19	8	11	32	23	9	34	19	15
48	30	23	7	23	12	11	33	16	17
49	15	7	8	17	10	7	30	20	10
50岁及以上	**104**	**65**	**39**	**105**	**75**	**30**	**167**	**105**	**62**
平均初婚年龄	**24.72**	**25.54**	**23.88**	**24.92**	**25.81**	**24.02**	**25.14**	**26.01**	**24.24**

5-4　续表 9

单位：人

初婚年龄	初婚年份								
	2006年			2007年			2008年		
	小计	男	女	小计	男	女	小计	男	女
总　计	**49348**	**24945**	**24403**	**44082**	**22329**	**21753**	**55150**	**28031**	**27119**
15岁以下	**16**	**4**	**12**	**13**	**5**	**8**	**13**	**4**	**9**
15—19岁	**4272**	**1216**	**3056**	**3818**	**1166**	**2652**	**4228**	**1330**	**2898**
15	105	27	78	101	28	73	93	31	62
16	218	54	164	187	48	139	182	41	141
17	486	110	376	494	164	330	475	129	346
18	1182	337	845	1022	291	731	1297	379	918
19	2281	688	1593	2014	635	1379	2181	750	1431
20—24岁	**20708**	**9388**	**11320**	**17479**	**7948**	**9531**	**21253**	**9633**	**11620**
20	3036	1030	2006	3287	1146	2141	3747	1356	2391
21	3139	1361	1778	3540	1526	2014	4852	2125	2727
22	3843	1907	1936	3294	1655	1639	4932	2448	2484
23	4615	2187	2428	3169	1558	1611	3608	1747	1861
24	6075	2903	3172	4189	2063	2126	4114	1957	2157
25—29岁	**18437**	**10375**	**8062**	**17138**	**9518**	**7620**	**21938**	**12071**	**9867**
25	5039	2585	2454	5497	2803	2694	5657	2784	2873
26	4812	2617	2195	3718	1930	1788	6279	3293	2986
27	4290	2498	1792	3352	1919	1433	3961	2302	1659
28	2657	1607	1050	2767	1724	1043	3332	2044	1288
29	1639	1068	571	1804	1142	662	2709	1648	1061
30—34岁	**4094**	**2750**	**1344**	**3702**	**2404**	**1298**	**4981**	**3180**	**1801**
30	1234	810	424	1125	710	415	1681	1102	579
31	890	609	281	849	563	286	1057	681	376
32	766	509	257	668	431	237	902	550	352
33	684	465	219	532	350	182	664	417	247
34	520	357	163	528	350	178	677	430	247
35—39岁	**1135**	**758**	**377**	**1252**	**834**	**418**	**1713**	**1161**	**552**
35	384	259	125	383	250	133	482	318	164
36	265	157	108	310	212	98	414	277	137
37	214	147	67	230	161	69	361	243	118
38	160	111	49	183	113	70	246	170	76
39	112	84	28	146	98	48	210	153	57
40—44岁	**402**	**275**	**127**	**393**	**281**	**112**	**527**	**358**	**169**
40	106	77	29	95	67	28	150	103	47
41	87	61	26	83	60	23	90	65	25
42	93	58	35	83	63	20	90	59	31
43	82	56	26	63	49	14	98	62	36
44	34	23	11	69	42	27	99	69	30
45—49岁	**154**	**99**	**55**	**133**	**83**	**50**	**215**	**125**	**90**
45	33	25	8	27	19	8	62	33	29
46	43	27	16	20	11	9	39	27	12
47	20	10	10	27	19	8	38	20	18
48	27	14	13	33	21	12	38	25	13
49	31	23	8	26	13	13	38	20	18
50岁及以上	**130**	**80**	**50**	**154**	**90**	**64**	**282**	**169**	**113**
平均初婚年龄	**25.45**	**26.32**	**24.56**	**25.53**	**26.39**	**24.64**	**25.77**	**26.60**	**24.92**

5-4 续表 10 单位：人

初婚年龄	初婚年份								
	2009年			2010年			2011年		
	小计	男	女	小计	男	女	小计	男	女
总　计	**51461**	**25971**	**25490**	**52150**	**26515**	**25635**	**46456**	**23419**	**23037**
15岁以下	**15**	**1**	**14**	**21**	**3**	**18**	**13**	**2**	**11**
15–19岁	**3343**	**1029**	**2314**	**3025**	**900**	**2125**	**2063**	**573**	**1490**
15	70	17	53	101	24	77	56	14	42
16	148	34	114	208	51	157	148	31	117
17	379	96	283	407	94	313	275	71	204
18	882	286	596	745	227	518	548	153	395
19	1864	596	1268	1564	504	1060	1036	304	732
20–24岁	**19450**	**8643**	**10807**	**21713**	**10031**	**11682**	**17460**	**7717**	**9743**
20	2658	918	1740	2963	1073	1890	1909	665	1244
21	3825	1581	2244	3716	1604	2112	2875	1191	1684
22	5223	2517	2706	5177	2595	2582	3709	1775	1934
23	4082	1933	2149	5378	2593	2785	4036	1825	2211
24	3662	1694	1968	4479	2166	2313	4931	2261	2670
25–29岁	**20713**	**11214**	**9499**	**18204**	**9818**	**8386**	**19034**	**10037**	**8997**
25	4464	2152	2312	3904	1958	1946	4772	2254	2518
26	5336	2689	2647	3987	2034	1953	4008	1945	2063
27	5286	2978	2308	4200	2323	1877	3618	1914	1704
28	3195	1893	1302	3875	2218	1657	3606	2076	1530
29	2432	1502	930	2238	1285	953	3030	1848	1182
30–34岁	**5317**	**3369**	**1948**	**5950**	**3649**	**2301**	**5506**	**3498**	**2008**
30	2044	1267	777	1962	1213	749	1691	1040	651
31	1278	819	459	1648	1003	645	1353	894	459
32	844	545	299	1023	644	379	1170	722	448
33	633	407	226	700	431	269	746	477	269
34	518	331	187	617	358	259	546	365	181
35–39岁	**1655**	**1080**	**575**	**1903**	**1250**	**653**	**1490**	**983**	**507**
35	497	327	170	524	342	182	440	279	161
36	387	250	137	447	297	150	310	197	113
37	313	215	98	364	225	139	272	169	103
38	263	165	98	282	187	95	287	204	83
39	195	123	72	286	199	87	181	134	47
40–44岁	**521**	**358**	**163**	**704**	**479**	**225**	**499**	**354**	**145**
40	172	124	48	212	139	73	152	101	51
41	136	85	51	172	124	48	135	98	37
42	75	52	23	130	93	37	90	70	20
43	90	63	27	91	61	30	76	47	29
44	48	34	14	99	62	37	46	38	8
45–49岁	**243**	**155**	**88**	**312**	**192**	**120**	**210**	**142**	**68**
45	79	48	31	87	58	29	45	32	13
46	68	46	22	81	46	35	50	32	18
47	33	19	14	79	44	35	53	39	14
48	38	27	11	28	20	8	45	28	17
49	25	15	10	37	24	13	17	11	6
50岁及以上	**204**	**122**	**82**	**318**	**193**	**125**	**181**	**113**	**68**
平均初婚年龄	**26.05**	**26.87**	**25.21**	**26.23**	**27.02**	**25.42**	**26.47**	**27.30**	**25.62**

5-4　续表 11　　　　单位：人

初婚年龄	初婚年份								
	2012年			2013年			2014年		
	小计	男	女	小计	男	女	小计	男	女
总　计	**54112**	**27332**	**26780**	**50670**	**25367**	**25303**	**47644**	**23920**	**23724**
15岁以下	**8**	**3**	**5**	**2**		**2**	**6**	**1**	**5**
15-19岁	**2107**	**585**	**1522**	**1683**	**445**	**1238**	**1413**	**360**	**1053**
15	57	10	47	55	13	42	32	9	23
16	144	30	114	95	12	83	89	19	70
17	310	72	238	237	58	179	175	38	137
18	563	175	388	451	120	331	385	92	293
19	1033	298	735	845	242	603	732	202	530
20-24岁	**18446**	**8101**	**10345**	**15168**	**6504**	**8664**	**12960**	**5566**	**7394**
20	1647	554	1093	1422	428	994	1225	344	881
21	2501	1044	1457	1869	724	1145	1717	655	1062
22	4196	1927	2269	3166	1456	1710	2442	1097	1345
23	4229	1907	2322	3911	1742	2169	2911	1296	1615
24	5873	2669	3204	4800	2154	2646	4665	2174	2491
25-29岁	**23314**	**12162**	**11152**	**22976**	**11731**	**11245**	**22885**	**11651**	**11234**
25	7113	3393	3720	6314	2915	3399	5530	2492	3038
26	5518	2729	2789	6390	3194	3196	6121	2998	3123
27	4158	2275	1883	4699	2469	2230	5473	2873	2600
28	3349	1894	1455	3040	1663	1377	3520	1952	1568
29	3176	1871	1305	2533	1490	1043	2241	1336	905
30-34岁	**7232**	**4554**	**2678**	**7549**	**4601**	**2948**	**6943**	**4172**	**2771**
30	2709	1706	1003	2348	1407	941	1860	1106	754
31	1496	922	574	2019	1267	752	1761	1052	709
32	1239	795	444	1236	726	510	1549	952	597
33	1049	658	391	1019	616	403	932	567	365
34	739	473	266	927	585	342	841	495	346
35-39岁	**1778**	**1112**	**666**	**1892**	**1173**	**719**	**2004**	**1246**	**758**
35	488	301	187	632	389	243	746	445	301
36	411	250	161	413	245	168	445	280	165
37	332	209	123	332	206	126	315	200	115
38	272	164	108	262	156	106	283	185	98
39	275	188	87	253	177	76	215	136	79
40-44岁	**719**	**485**	**234**	**830**	**529**	**301**	**829**	**550**	**279**
40	213	140	73	219	136	83	210	144	66
41	171	110	61	198	115	83	197	124	73
42	151	108	43	180	120	60	157	109	48
43	102	70	32	121	80	41	151	100	51
44	82	57	25	112	78	34	114	73	41
45-49岁	**299**	**206**	**93**	**308**	**221**	**87**	**302**	**187**	**115**
45	68	48	20	97	78	19	94	52	42
46	73	51	22	50	37	13	72	47	25
47	62	42	20	53	40	13	48	32	16
48	47	33	14	48	29	19	41	22	19
49	49	32	17	60	37	23	47	34	13
50岁及以上	**209**	**124**	**85**	**262**	**163**	**99**	**302**	**187**	**115**
平均初婚年龄	**26.75**	**27.51**	**25.96**	**27.17**	**27.95**	**26.39**	**27.44**	**28.21**	**26.67**

5-4 续表 12

单位：人

初婚年龄	初婚年份								
	2015年			2016年			2017年		
	小计	男	女	小计	男	女	小计	男	女
总　计	**48682**	**24566**	**24116**	**42042**	**21229**	**20813**	**39619**	**19944**	**19675**
15岁以下	**7**	**1**	**6**	**1**		**1**	**3**	**1**	**2**
15-19岁	**1112**	**274**	**838**	**775**	**177**	**598**	**625**	**122**	**503**
15	18	4	14	22	2	20	12	3	9
16	50	14	36	31	5	26	31	3	28
17	129	26	103	86	16	70	74	9	65
18	283	66	217	195	52	143	148	34	114
19	632	164	468	441	102	339	360	73	287
20-24岁	**11951**	**4966**	**6985**	**9614**	**3921**	**5693**	**9049**	**3655**	**5394**
20	1151	336	815	895	222	673	698	158	540
21	1659	616	1043	1362	487	875	1179	430	749
22	2486	1088	1398	2127	928	1199	1932	806	1126
23	2635	1198	1437	2338	998	1340	2223	946	1277
24	4020	1728	2292	2892	1286	1606	3017	1315	1702
25-29岁	**24580**	**12647**	**11933**	**21465**	**10971**	**10494**	**19307**	**9883**	**9424**
25	5577	2637	2940	4047	1869	2178	3481	1540	1941
26	5806	2835	2971	5027	2424	2603	4126	1994	2132
27	5537	2895	2642	4810	2457	2353	4516	2301	2215
28	4717	2578	2139	4287	2337	1950	3794	2094	1700
29	2943	1702	1241	3294	1884	1410	3390	1954	1436
30-34岁	**7166**	**4273**	**2893**	**6554**	**3962**	**2592**	**6909**	**4068**	**2841**
30	1933	1137	796	2051	1228	823	2556	1487	1069
31	1501	877	624	1338	775	563	1597	957	640
32	1473	887	586	1025	641	384	1012	579	433
33	1397	873	524	1114	696	418	889	523	366
34	862	499	363	1026	622	404	855	522	333
35-39岁	**2220**	**1363**	**857**	**2172**	**1281**	**891**	**2273**	**1340**	**933**
35	710	439	271	655	364	291	770	446	324
36	589	359	230	535	334	201	469	281	188
37	410	241	169	484	283	201	428	252	176
38	260	166	94	294	174	120	351	216	135
39	251	158	93	204	126	78	255	145	110
40-44岁	**891**	**562**	**329**	**779**	**489**	**290**	**696**	**432**	**264**
40	209	128	81	211	134	77	183	111	72
41	211	140	71	157	95	62	157	100	57
42	183	113	70	156	94	62	122	73	49
43	156	99	57	126	83	43	126	78	48
44	132	82	50	129	83	46	108	70	38
45-49岁	**371**	**256**	**115**	**377**	**243**	**134**	**391**	**239**	**152**
45	114	81	33	122	70	52	116	76	40
46	94	65	29	84	58	26	82	40	42
47	69	44	25	61	40	21	84	49	35
48	39	29	10	68	49	19	63	45	18
49	55	37	18	42	26	16	46	29	17
50岁及以上	**384**	**224**	**160**	**305**	**185**	**120**	**366**	**204**	**162**
平均初婚年龄	**27.80**	**28.54**	**27.05**	**28.09**	**28.84**	**27.33**	**28.33**	**29.05**	**27.60**

5-4　续表 13　　　　单位：人

初婚年龄	初婚年份								
	2018年			2019年			2020年		
	小计	男	女	小计	男	女	小计	男	女
总　计	**40321**	**20092**	**20229**	**30802**	**15539**	**15263**	**21552**	**10962**	**10590**
15岁以下	**3**	**1**	**2**	**3**	**1**	**2**	**1**		**1**
15-19岁	**518**	**94**	**424**	**406**	**86**	**320**	**253**	**52**	**201**
15	10	2	8	10	4	6	3		3
16	32	2	30	15	2	13	9	3	6
17	52	7	45	38	9	29	16	1	15
18	143	22	121	113	23	90	53	18	35
19	281	61	220	230	48	182	172	30	142
20-24岁	**8709**	**3358**	**5351**	**6373**	**2530**	**3843**	**4003**	**1588**	**2415**
20	626	147	479	453	88	365	261	50	211
21	1021	316	705	729	267	462	408	136	272
22	1847	727	1120	1356	554	802	858	349	509
23	2220	911	1309	1546	618	928	891	380	511
24	2995	1257	1738	2289	1003	1286	1585	673	912
25-29岁	**18850**	**9491**	**9359**	**13630**	**6858**	**6772**	**9089**	**4609**	**4480**
25	3785	1717	2068	2935	1337	1598	1930	859	1071
26	3732	1735	1997	3026	1456	1570	2079	1011	1068
27	3903	1972	1931	2613	1303	1310	2043	1055	988
28	4160	2216	1944	2497	1302	1195	1604	876	728
29	3270	1851	1419	2559	1460	1099	1433	808	625
30-34岁	**7919**	**4590**	**3329**	**6706**	**3886**	**2820**	**4896**	**2885**	**2011**
30	2707	1558	1149	2040	1165	875	1384	804	580
31	2193	1285	908	1728	1004	724	1193	692	501
32	1315	782	533	1397	836	561	975	584	391
33	912	511	401	945	531	414	771	456	315
34	792	454	338	596	350	246	573	349	224
35-39岁	**2584**	**1505**	**1079**	**2029**	**1201**	**828**	**1498**	**867**	**631**
35	757	429	328	527	329	198	362	217	145
36	681	385	296	465	263	202	306	179	127
37	429	243	186	463	283	180	318	188	130
38	366	246	120	297	176	121	302	178	124
39	351	202	149	277	150	127	210	105	105
40-44岁	**839**	**518**	**321**	**897**	**524**	**373**	**924**	**485**	**439**
40	264	147	117	290	167	123	235	125	110
41	162	102	60	211	115	96	229	105	124
42	155	99	56	152	92	60	192	111	81
43	133	91	42	120	71	49	138	69	69
44	125	79	46	124	79	45	130	75	55
45-49岁	**407**	**248**	**159**	**409**	**243**	**166**	**358**	**193**	**165**
45	99	55	44	82	44	38	67	26	41
46	114	70	44	103	64	39	90	53	37
47	67	47	20	70	39	31	83	44	39
48	60	32	28	90	56	34	67	38	29
49	67	44	23	64	40	24	51	32	19
50岁及以上	**492**	**287**	**205**	**349**	**210**	**139**	**530**	**283**	**247**
平均初婚年龄	**28.69**	**29.47**	**27.92**	**29.01**	**29.76**	**28.25**	**29.79**	**30.43**	**29.14**

5-4a 全省分初婚年龄、性别、初婚年份的人口(城市)

单位：人

初婚年龄	初婚年份								
	合计			1980年			1981年		
	合计	男	女	小计	男	女	小计	男	女
总 计	**1455317**	**708767**	**746550**	**50980**	**23950**	**27030**	**49391**	**22960**	**26431**
15岁以下	**522**	**155**	**367**	**37**	**13**	**24**	**19**	**3**	**16**
15-19岁	**66629**	**18364**	**48265**	**2232**	**613**	**1619**	**1713**	**474**	**1239**
15	2472	823	1649	178	62	116	102	35	67
16	4090	1218	2872	274	82	192	166	56	110
17	7674	2148	5526	453	119	334	276	85	191
18	16409	4459	11950	434	128	306	551	145	406
19	35984	9716	26268	893	222	671	618	153	465
20-24岁	**697691**	**289057**	**408634**	**26893**	**10520**	**16373**	**28468**	**10944**	**17524**
20	69111	19245	49866	1865	594	1271	1456	335	1121
21	110129	38788	71341	3199	1183	2016	3114	919	2195
22	162200	67437	94763	5529	2102	3427	5457	1915	3542
23	176133	76403	99730	7504	2989	4515	8529	3272	5257
24	180118	87184	92934	8796	3652	5144	9912	4503	5409
25-29岁	**526806**	**299465**	**227341**	**20622**	**11991**	**8631**	**18399**	**11009**	**7390**
25	170632	91188	79444	9397	4885	4512	8745	4839	3906
26	134291	75688	58603	6178	3764	2414	5560	3410	2150
27	99170	58179	40991	2872	1899	973	2487	1647	840
28	71433	42954	28479	1470	984	486	1101	766	335
29	51280	31456	19824	705	459	246	506	347	159
30-34岁	**113200**	**70170**	**43030**	**943**	**639**	**304**	**641**	**426**	**215**
30	37378	23149	14229	455	304	151	282	180	102
31	26934	16775	10159	200	144	56	157	110	47
32	20402	12628	7774	128	81	47	97	68	29
33	15674	9666	6008	87	58	29	58	38	20
34	12812	7952	4860	73	52	21	47	30	17
35-39岁	**30754**	**19362**	**11392**	**173**	**122**	**51**	**114**	**82**	**32**
35	9724	6088	3636	49	32	17	35	25	10
36	7228	4478	2750	35	28	7	25	22	3
37	5795	3654	2141	36	27	9	24	18	6
38	4409	2815	1594	29	19	10	18	8	10
39	3598	2327	1271	24	16	8	12	9	3
40-44岁	**11062**	**6991**	**4071**	**52**	**34**	**18**	**25**	**15**	**10**
40	3046	1929	1117	9	7	2	9	7	2
41	2483	1586	897	15	10	5	8	5	3
42	2172	1362	810	17	11	6	2		2
43	1783	1133	650	4	2	2	2	1	1
44	1578	981	597	7	4	3	4	2	2
45-49岁	**4661**	**2875**	**1786**	**23**	**13**	**10**	**8**	**5**	**3**
45	1294	789	505	6	2	4	4	2	2
46	1117	716	401	6	6		1	1	
47	852	534	318	3	1	2	2	1	1
48	742	444	298	6	2	4	1	1	
49	656	392	264	2	2				
50岁及以上	**3992**	**2328**	**1664**	**5**	**5**		**4**	**2**	**2**
平均初婚年龄	**25.47**	**26.26**	**24.72**	**24.50**	**25.09**	**23.98**	**24.41**	**25.01**	**23.89**

5-4a　续表 1　　　　单位：人

初婚年龄	初婚年份								
	1982年			1983年			1984年		
	小计	男	女	小计	男	女	小计	男	女
总　计	**42667**	**20154**	**22513**	**35475**	**16646**	**18829**	**41448**	**19423**	**22025**
15岁以下	**30**	**12**	**18**	**38**	**17**	**21**	**18**	**6**	**12**
15-19岁	**2569**	**746**	**1823**	**2459**	**740**	**1719**	**2637**	**755**	**1882**
15	93	41	52	102	41	61	115	34	81
16	155	48	107	140	44	96	149	43	106
17	278	86	192	267	76	191	246	62	184
18	630	192	438	554	156	398	618	178	440
19	1413	379	1034	1396	423	973	1509	438	1071
20-24岁	**24348**	**9887**	**14461**	**19778**	**7868**	**11910**	**25985**	**10542**	**15443**
20	1385	372	1013	2730	850	1880	3209	943	2266
21	2841	898	1943	2119	781	1338	5703	1917	3786
22	5302	1997	3305	3718	1356	2362	4316	1639	2677
23	6751	2729	4022	5590	2121	3469	5989	2499	3490
24	8069	3891	4178	5621	2760	2861	6768	3544	3224
25-29岁	**14805**	**8900**	**5905**	**12244**	**7412**	**4832**	**11741**	**7475**	**4266**
25	6659	3732	2927	5428	3156	2272	4855	3028	1827
26	4124	2541	1583	3374	2096	1278	3423	2238	1185
27	2345	1545	800	1885	1166	719	1840	1189	651
28	1149	725	424	1022	660	362	996	633	363
29	528	357	171	535	334	201	627	387	240
30-34岁	**749**	**500**	**249**	**772**	**485**	**287**	**857**	**518**	**339**
30	289	193	96	330	213	117	334	202	132
31	199	136	63	182	107	75	222	131	91
32	122	75	47	128	81	47	136	85	51
33	86	60	26	84	56	28	95	53	42
34	53	36	17	48	28	20	70	47	23
35-39岁	**108**	**70**	**38**	**118**	**82**	**36**	**118**	**82**	**36**
35	32	22	10	42	27	15	30	24	6
36	30	18	12	26	19	7	29	22	7
37	12	8	4	13	7	6	31	19	12
38	15	10	5	18	15	3	14	6	8
39	19	12	7	19	14	5	14	11	3
40-44岁	**35**	**25**	**10**	**36**	**25**	**11**	**43**	**25**	**18**
40	11	8	3	9	7	2	11	6	5
41	13	11	2	11	9	2	7	5	2
42	2	1	1	6	4	2	13	10	3
43	7	4	3	5	2	3	5	2	3
44	2	1	1	5	3	2	7	2	5
45-49岁	**20**	**13**	**7**	**21**	**11**	**10**	**36**	**14**	**22**
45	9	5	4	5	4	1	8	2	6
46	1	1		5	4	1	10	5	5
47	1		1	3	1	2	6	3	3
48	5	3	2	6	2	4	9	4	5
49	4	4		2		2	3		3
50岁及以上	**3**	**1**	**2**	**9**	**6**	**3**	**13**	**6**	**7**
平均初婚年龄	**24.28**	**24.89**	**23.72**	**24.16**	**24.83**	**23.58**	**23.87**	**24.58**	**23.25**

5-4a 续表 2

单位：人

初婚年龄	初婚年份								
	1985年			1986年			1987年		
	小计	男	女	小计	男	女	小计	男	女
总　计	**48504**	**22986**	**25518**	**48596**	**23044**	**25552**	**46491**	**22186**	**24305**
15岁以下	**33**	**8**	**25**	**13**	**1**	**12**	**19**	**7**	**12**
15-19岁	**3260**	**941**	**2319**	**2889**	**808**	**2081**	**3019**	**880**	**2139**
15	143	51	92	76	23	53	74	22	52
16	238	69	169	171	44	127	146	47	99
17	397	120	277	386	105	281	316	96	220
18	758	224	534	751	203	548	845	227	618
19	1724	477	1247	1505	433	1072	1638	488	1150
20-24岁	**31610**	**13387**	**18223**	**34095**	**14700**	**19395**	**33657**	**15073**	**18584**
20	3695	1081	2614	3434	984	2450	2885	822	2063
21	6777	2453	4324	5764	2110	3654	5051	1803	3248
22	10379	4411	5968	9552	4043	5509	7747	3318	4429
23	5328	2412	2916	10971	5127	5844	9266	4372	4894
24	5431	3030	2401	4374	2436	1938	8708	4758	3950
25-29岁	**12030**	**7755**	**4275**	**10000**	**6638**	**3362**	**8144**	**5286**	**2858**
25	5382	3371	2011	3635	2310	1325	3076	1866	1210
26	2858	1958	900	2996	2059	937	2002	1348	654
27	2010	1315	695	1666	1179	487	1561	1091	470
28	1132	728	404	1025	687	338	863	587	276
29	648	383	265	678	403	275	642	394	248
30-34岁	**1226**	**695**	**531**	**1200**	**677**	**523**	**1279**	**726**	**553**
30	443	267	176	443	259	184	430	247	183
31	323	164	159	274	140	134	316	182	134
32	204	103	101	220	121	99	229	130	99
33	148	91	57	167	101	66	160	88	72
34	108	70	38	96	56	40	144	79	65
35-39岁	**216**	**128**	**88**	**227**	**124**	**103**	**255**	**147**	**108**
35	80	48	32	86	51	35	88	53	35
36	48	25	23	51	35	16	65	37	28
37	38	22	16	31	13	18	55	30	25
38	28	17	11	37	18	19	34	21	13
39	22	16	6	22	7	15	13	6	7
40-44岁	**67**	**37**	**30**	**110**	**62**	**48**	**62**	**37**	**25**
40	19	9	10	29	17	12	17	10	7
41	9	5	4	22	11	11	18	11	7
42	18	11	7	22	9	13	9	7	2
43	14	9	5	18	11	7	6	4	2
44	7	3	4	19	14	5	12	5	7
45-49岁	**41**	**21**	**20**	**33**	**19**	**14**	**33**	**20**	**13**
45	8	4	4	10	6	4	4	2	2
46	12	5	7	7	3	4	6	5	1
47	4	2	2	5	3	2	8	3	5
48	4	2	2	5	3	2	7	5	2
49	13	8	5	6	4	2	8	5	3
50岁及以上	**21**	**14**	**7**	**29**	**15**	**14**	**23**	**10**	**13**
平均初婚年龄	**23.64**	**24.31**	**23.04**	**23.66**	**24.28**	**23.10**	**23.74**	**24.31**	**23.21**

5-4a 续表 3

单位：人

初婚年龄	初婚年份								
	1988年			1989年			1990年		
	小计	男	女	小计	男	女	小计	男	女
总 计	**43617**	**20917**	**22700**	**40590**	**19465**	**21125**	**42884**	**20900**	**21984**
15岁以下	**22**	**6**	**16**	**17**	**2**	**15**	**29**	**8**	**21**
15–19岁	**3145**	**888**	**2257**	**3171**	**926**	**2245**	**3760**	**1133**	**2627**
15	102	35	67	88	27	61	122	44	78
16	149	48	101	175	46	129	223	64	159
17	325	89	236	333	94	239	424	118	306
18	710	183	527	838	277	561	904	284	620
19	1859	533	1326	1737	482	1255	2087	623	1464
20–24岁	**28554**	**12557**	**15997**	**25365**	**11063**	**14302**	**26786**	**11857**	**14929**
20	3042	808	2234	3517	981	2536	3673	1096	2577
21	4175	1498	2677	4621	1691	2930	5775	2170	3605
22	6530	2802	3728	5359	2328	3031	6747	3000	3747
23	7377	3434	3943	6162	2908	3254	5397	2645	2752
24	7430	4015	3415	5706	3155	2551	5194	2946	2248
25–29岁	**10240**	**6461**	**3779**	**10429**	**6512**	**3917**	**10559**	**6838**	**3721**
25	6005	3684	2321	4944	2969	1975	4273	2669	1604
26	1667	1066	601	3323	2139	1184	3096	2062	1034
27	1132	755	377	960	641	319	2055	1367	688
28	935	638	297	637	405	232	631	403	228
29	501	318	183	565	358	207	504	337	167
30–34岁	**1261**	**770**	**491**	**1173**	**695**	**478**	**1223**	**749**	**474**
30	437	285	152	306	192	114	371	231	140
31	296	177	119	288	180	108	268	164	104
32	220	137	83	236	131	105	231	146	85
33	180	97	83	172	96	76	197	119	78
34	128	74	54	171	96	75	156	89	67
35–39岁	**268**	**163**	**105**	**312**	**194**	**118**	**367**	**211**	**156**
35	94	58	36	122	75	47	120	69	51
36	73	38	35	62	38	24	98	51	47
37	54	39	15	70	45	25	66	39	27
38	36	21	15	31	20	11	48	30	18
39	11	7	4	27	16	11	35	22	13
40–44岁	**70**	**42**	**28**	**62**	**35**	**27**	**102**	**72**	**30**
40	17	10	7	14	9	5	33	26	7
41	16	9	7	11	8	3	18	12	6
42	15	9	6	18	8	10	18	12	6
43	15	10	5	13	6	7	12	10	2
44	7	4	3	6	4	2	21	12	9
45–49岁	**40**	**19**	**21**	**36**	**21**	**15**	**30**	**18**	**12**
45	11	5	6	9	5	4	8	5	3
46	10	6	4	7	4	3	7	6	1
47	7	3	4	7	6	1	3	2	1
48	9	3	6	10	4	6	6	2	4
49	3	2	1	3	2	1	6	3	3
50岁及以上	**17**	**11**	**6**	**25**	**17**	**8**	**28**	**14**	**14**
平均初婚年龄	**23.83**	**24.47**	**23.24**	**23.81**	**24.49**	**23.18**	**23.70**	**24.42**	**23.02**

5-4a 续表 4　　　　单位：人

初婚年龄	初婚年份								
	1991年			1992年			1993年		
	小计	男	女	小计	男	女	小计	男	女
总　计	**30188**	**14558**	**15630**	**36191**	**17573**	**18618**	**36042**	**17483**	**18559**
15岁以下	**11**	**3**	**8**	**10**	**2**	**8**	**17**	**2**	**15**
15-19岁	**2099**	**587**	**1512**	**2197**	**623**	**1574**	**1968**	**540**	**1428**
15	68	18	50	65	21	44	72	18	54
16	107	30	77	100	31	69	105	31	74
17	206	57	149	198	65	133	197	57	140
18	528	146	382	561	147	414	449	130	319
19	1190	336	854	1273	359	914	1145	304	841
20-24岁	**19325**	**8178**	**11147**	**23995**	**10295**	**13700**	**23892**	**10187**	**13705**
20	2343	658	1685	2506	687	1819	2470	690	1780
21	3763	1275	2488	4363	1528	2835	4122	1480	2642
22	5396	2351	3045	6213	2651	3562	6249	2586	3663
23	4697	2200	2497	6239	2915	3324	6036	2726	3310
24	3126	1694	1432	4674	2514	2160	5015	2705	2310
25-29岁	**7524**	**5044**	**2480**	**8439**	**5693**	**2746**	**8242**	**5491**	**2751**
25	2908	1839	1069	2774	1762	1012	3467	2187	1280
26	2027	1382	645	2255	1507	748	1722	1130	592
27	1412	1038	374	1553	1098	455	1320	943	377
28	894	590	304	1070	762	308	1005	714	291
29	283	195	88	787	564	223	728	517	211
30-34岁	**847**	**525**	**322**	**959**	**605**	**354**	**1302**	**870**	**432**
30	243	145	98	235	148	87	596	414	182
31	201	124	77	213	143	70	186	127	59
32	149	97	52	191	125	66	168	109	59
33	137	87	50	153	82	71	182	122	60
34	117	72	45	167	107	60	170	98	72
35-39岁	**263**	**159**	**104**	**380**	**232**	**148**	**408**	**263**	**145**
35	92	59	33	127	69	58	125	88	37
36	60	34	26	94	66	28	97	53	44
37	54	28	26	63	38	25	67	45	22
38	33	19	14	60	37	23	57	36	21
39	24	19	5	36	22	14	62	41	21
40-44岁	**61**	**32**	**29**	**112**	**66**	**46**	**110**	**68**	**42**
40	19	10	9	31	19	12	31	20	11
41	18	10	8	24	17	7	18	14	4
42	10	2	8	18	8	10	29	16	13
43	6	5	1	21	11	10	14	7	7
44	8	5	3	18	11	7	18	11	7
45-49岁	**35**	**19**	**16**	**44**	**28**	**16**	**60**	**39**	**21**
45	8	5	3	11	8	3	15	9	6
46	8	4	4	10	8	2	16	12	4
47	5	1	4	10	5	5	13	10	3
48	6	5	1	5	3	2	7	4	3
49	8	4	4	8	4	4	9	4	5
50岁及以上	**23**	**11**	**12**	**55**	**29**	**26**	**43**	**23**	**20**
平均初婚年龄	**23.84**	**24.61**	**23.12**	**24.01**	**24.78**	**23.29**	**24.10**	**24.89**	**23.35**

5-4a 续表 5 单位：人

初婚年龄	初婚年份								
	1994年			1995年			1996年		
	小计	男	女	小计	男	女	小计	男	女
总 计	**31887**	**15562**	**16325**	**37410**	**18288**	**19122**	**33728**	**16550**	**17178**
15岁以下	**7**	**3**	**4**	**14**	**2**	**12**	**19**	**4**	**15**
15-19岁	**1679**	**439**	**1240**	**1822**	**513**	**1309**	**1412**	**380**	**1032**
15	74	28	46	95	37	58	42	7	35
16	105	25	80	140	50	90	92	34	58
17	167	52	115	211	69	142	189	54	135
18	377	100	277	409	111	298	347	85	262
19	956	234	722	967	246	721	742	200	542
20-24岁	**20150**	**8572**	**11578**	**22677**	**9614**	**13063**	**19123**	**7901**	**11222**
20	1985	590	1395	1951	554	1397	1632	394	1238
21	3437	1226	2211	3607	1289	2318	2807	951	1856
22	4854	2053	2801	5551	2282	3269	4659	1907	2752
23	5453	2428	3025	5820	2560	3260	5270	2273	2997
24	4421	2275	2146	5748	2929	2819	4755	2376	2379
25-29岁	**7985**	**5238**	**2747**	**10167**	**6466**	**3701**	**10445**	**6547**	**3898**
25	3570	2207	1363	4277	2497	1780	4425	2533	1892
26	1947	1323	624	2830	1875	955	2664	1684	980
27	1034	703	331	1565	1103	462	1796	1273	523
28	792	551	241	805	527	278	1033	698	335
29	642	454	188	690	464	226	527	359	168
30-34岁	**1380**	**906**	**474**	**1776**	**1133**	**643**	**1742**	**1146**	**596**
30	500	342	158	552	353	199	494	321	173
31	414	270	144	481	320	161	409	267	142
32	161	103	58	430	263	167	367	250	117
33	158	94	64	159	100	59	329	220	109
34	147	97	50	154	97	57	143	88	55
35-39岁	**400**	**249**	**151**	**475**	**316**	**159**	**430**	**285**	**145**
35	109	80	29	153	106	47	115	80	35
36	95	58	37	96	67	29	109	70	39
37	81	44	37	98	71	27	68	41	27
38	65	39	26	63	38	25	80	58	22
39	50	28	22	65	34	31	58	36	22
40-44岁	**163**	**90**	**73**	**220**	**123**	**97**	**227**	**120**	**107**
40	50	28	22	65	41	24	51	29	22
41	36	18	18	45	21	24	58	32	26
42	31	15	16	40	19	21	50	27	23
43	27	18	9	42	24	18	40	19	21
44	19	11	8	28	18	10	28	13	15
45-49岁	**70**	**39**	**31**	**98**	**56**	**42**	**117**	**58**	**59**
45	23	12	11	40	22	18	22	14	8
46	15	11	4	21	14	7	31	14	17
47	6	4	2	15	10	5	20	13	7
48	14	8	6	15	10	5	23	8	15
49	12	4	8	7		7	21	9	12
50岁及以上	**53**	**26**	**27**	**161**	**65**	**96**	**213**	**109**	**104**
平均初婚年龄	**24.33**	**25.08**	**23.62**	**24.61**	**25.32**	**23.93**	**24.94**	**25.71**	**24.19**

5–4a 续表 6 单位：人

初婚年龄	初婚年份								
	1997年			1998年			1999年		
	小计	男	女	小计	男	女	小计	男	女
总 计	**32481**	**15917**	**16564**	**34687**	**17132**	**17555**	**29827**	**14679**	**15148**
15岁以下	**7**	**2**	**5**	**12**	**1**	**11**	**13**	**3**	**10**
15–19岁	**1521**	**402**	**1119**	**1740**	**466**	**1274**	**1588**	**414**	**1174**
15	46	17	29	46	16	30	43	16	27
16	54	12	42	104	34	70	107	34	73
17	182	46	136	133	37	96	165	51	114
18	371	95	276	413	106	307	351	79	272
19	868	232	636	1044	273	771	922	234	688
20–24岁	**17417**	**7110**	**10307**	**17430**	**7149**	**10281**	**15025**	**6212**	**8813**
20	1460	384	1076	1813	472	1341	1962	531	1431
21	2619	863	1756	2697	930	1767	2659	945	1714
22	3923	1609	2314	4078	1680	2398	3464	1524	1940
23	4629	1946	2683	4368	1848	2520	3468	1521	1947
24	4786	2308	2478	4474	2219	2255	3472	1691	1781
25–29岁	**10742**	**6686**	**4056**	**12085**	**7413**	**4672**	**10621**	**6394**	**4227**
25	4050	2303	1747	4390	2429	1961	3496	1909	1587
26	3035	1905	1130	3134	1960	1174	2849	1672	1177
27	1799	1202	597	2212	1423	789	1972	1261	711
28	1149	799	350	1383	956	427	1404	948	456
29	709	477	232	966	645	321	900	604	296
30–34岁	**1649**	**1095**	**554**	**2274**	**1376**	**898**	**1803**	**1163**	**640**
30	407	270	137	661	408	253	677	433	244
31	343	229	114	412	256	156	413	277	136
32	334	224	110	423	251	172	265	161	104
33	281	184	97	386	226	160	253	158	95
34	284	188	96	392	235	157	195	134	61
35–39岁	**379**	**242**	**137**	**705**	**452**	**253**	**463**	**308**	**155**
35	98	65	33	338	208	130	177	123	54
36	94	63	31	107	73	34	131	81	50
37	69	50	19	100	72	28	60	44	16
38	54	28	26	89	54	35	42	28	14
39	64	36	28	71	45	26	53	32	21
40–44岁	**432**	**202**	**230**	**279**	**170**	**109**	**164**	**101**	**63**
40	52	24	28	65	40	25	35	21	14
41	67	38	29	50	36	14	29	20	9
42	101	42	59	61	35	26	40	27	13
43	107	45	62	58	35	23	27	15	12
44	105	53	52	45	24	21	33	18	15
45–49岁	**252**	**139**	**113**	**104**	**63**	**41**	**82**	**48**	**34**
45	92	42	50	34	23	11	19	15	4
46	68	45	23	25	16	9	20	12	8
47	51	31	20	19	12	7	16	7	9
48	23	13	10	19	11	8	9	3	6
49	18	8	10	7	1	6	18	11	7
50岁及以上	**82**	**39**	**43**	**58**	**42**	**16**	**68**	**36**	**32**
平均初婚年龄	**25.18**	**25.95**	**24.44**	**25.22**	**26.06**	**24.39**	**25.01**	**25.87**	**24.19**

5-4a　续表 7　　单位：人

初婚年龄	初婚年份								
	2000年			2001年			2002年		
	小计	男	女	小计	男	女	小计	男	女
总　计	**37787**	**18798**	**18989**	**24707**	**12131**	**12576**	**26630**	**13121**	**13509**
15岁以下	**34**	**9**	**25**	**18**	**7**	**11**	**13**	**6**	**7**
15-19岁	**2459**	**664**	**1795**	**1461**	**389**	**1072**	**1409**	**388**	**1021**
15	99	35	64	72	24	48	87	30	57
16	206	77	129	95	33	62	101	35	66
17	339	92	247	140	31	109	152	45	107
18	734	188	546	317	95	222	318	86	232
19	1081	272	809	837	206	631	751	192	559
20-24岁	**19808**	**8435**	**11373**	**12758**	**5229**	**7529**	**13928**	**5762**	**8166**
20	2385	726	1659	1201	314	887	1676	439	1237
21	4106	1548	2558	2177	757	1420	1939	703	1236
22	4794	2165	2629	3511	1514	1997	3221	1379	1842
23	4247	1898	2349	3100	1340	1760	3887	1715	2172
24	4276	2098	2178	2769	1304	1465	3205	1526	1679
25-29岁	**12386**	**7634**	**4752**	**8438**	**5101**	**3337**	**8737**	**5197**	**3540**
25	3877	2185	1692	2606	1384	1222	2684	1368	1316
26	3176	1888	1288	2191	1297	894	2154	1267	887
27	2465	1586	879	1631	1040	591	1573	988	585
28	1716	1166	550	1205	828	377	1349	896	453
29	1152	809	343	805	552	253	977	678	299
30-34岁	**2010**	**1337**	**673**	**1484**	**1038**	**446**	**1901**	**1323**	**578**
30	725	488	237	564	406	158	658	463	195
31	516	349	167	352	236	116	503	353	150
32	366	257	109	278	200	78	355	252	103
33	196	117	79	174	119	55	226	147	79
34	207	126	81	116	77	39	159	108	51
35-39岁	**678**	**460**	**218**	**350**	**239**	**111**	**424**	**291**	**133**
35	193	130	63	92	63	29	90	54	36
36	190	127	63	89	56	33	100	62	38
37	172	114	58	80	57	23	77	62	15
38	72	50	22	69	49	20	82	57	25
39	51	39	12	20	14	6	75	56	19
40-44岁	**249**	**158**	**91**	**109**	**75**	**34**	**101**	**76**	**25**
40	59	40	19	23	18	5	24	16	8
41	63	45	18	31	22	9	21	19	2
42	50	32	18	20	11	9	31	24	7
43	38	20	18	25	18	7	7	6	1
44	39	21	18	10	6	4	18	11	7
45-49岁	**107**	**64**	**43**	**48**	**29**	**19**	**62**	**46**	**16**
45	28	16	12	11	7	4	13	10	3
46	25	17	8	13	7	6	14	11	3
47	17	14	3	8	4	4	9	6	3
48	14	7	7	9	6	3	15	10	5
49	23	10	13	7	5	2	11	9	2
50岁及以上	**56**	**37**	**19**	**41**	**24**	**17**	**55**	**32**	**23**
平均初婚年龄	**24.79**	**25.68**	**23.91**	**24.90**	**25.82**	**24.01**	**25.05**	**26.01**	**24.13**

5-4a 续表 8

单位：人

初婚年龄	初婚年份								
	2003年			2004年			2005年		
	小计	男	女	小计	男	女	小计	男	女
总 计	**28931**	**14264**	**14667**	**29587**	**14541**	**15046**	**29019**	**14381**	**14638**
15岁以下	**11**	**6**	**5**	**13**	**6**	**7**	**11**	**4**	**7**
15-19岁	**1196**	**325**	**871**	**1320**	**306**	**1014**	**1584**	**415**	**1169**
15	85	29	56	51	19	32	77	23	54
16	91	32	59	105	19	86	120	41	79
17	177	51	126	197	58	139	230	64	166
18	291	67	224	360	83	277	425	105	320
19	552	146	406	607	127	480	732	182	550
20-24岁	**14119**	**5774**	**8345**	**12962**	**5127**	**7835**	**11829**	**4910**	**6919**
20	1425	382	1043	1095	268	827	1100	291	809
21	2545	858	1687	1934	654	1280	1547	557	990
22	2768	1214	1554	3631	1434	2197	2696	1162	1534
23	3356	1398	1958	2878	1244	1634	3483	1509	1974
24	4025	1922	2103	3424	1527	1897	3003	1391	1612
25-29岁	**10331**	**5920**	**4411**	**11724**	**6689**	**5035**	**11673**	**6428**	**5245**
25	3502	1775	1727	4184	2081	2103	3479	1741	1738
26	2481	1407	1074	2986	1672	1314	3303	1761	1542
27	1867	1109	758	1985	1219	766	2305	1324	981
28	1436	928	508	1481	984	497	1447	887	560
29	1045	701	344	1088	733	355	1139	715	424
30-34岁	**2439**	**1677**	**762**	**2620**	**1762**	**858**	**2752**	**1830**	**922**
30	846	592	254	877	597	280	828	554	274
31	597	406	191	630	434	196	603	400	203
32	434	288	146	479	309	170	532	351	181
33	326	222	104	374	249	125	428	282	146
34	236	169	67	260	173	87	361	243	118
35-39岁	**514**	**360**	**154**	**554**	**386**	**168**	**745**	**500**	**245**
35	152	102	50	195	138	57	257	163	94
36	96	63	33	114	78	36	183	125	58
37	98	65	33	96	65	31	129	90	39
38	79	59	20	62	43	19	95	64	31
39	89	71	18	87	62	25	81	58	23
40-44岁	**178**	**118**	**60**	**252**	**169**	**83**	**250**	**179**	**71**
40	69	43	26	90	59	31	72	52	20
41	38	26	12	80	54	26	71	52	19
42	25	16	9	28	18	10	66	46	20
43	28	24	4	31	22	9	20	15	5
44	18	9	9	23	16	7	21	14	7
45-49岁	**85**	**49**	**36**	**76**	**48**	**28**	**90**	**61**	**29**
45	21	12	9	13	6	7	23	17	6
46	27	19	8	17	12	5	16	13	3
47	10	3	7	20	15	5	18	12	6
48	16	11	5	15	8	7	21	10	11
49	11	4	7	11	7	4	12	9	3
50岁及以上	**58**	**35**	**23**	**66**	**48**	**18**	**85**	**54**	**31**
平均初婚年龄	**25.42**	**26.34**	**24.52**	**25.63**	**26.62**	**24.67**	**25.87**	**26.80**	**24.95**

5-4a　续表 9　　　　单位：人

初婚年龄	初婚年份								
	2006年			2007年			2008年		
	小计	男	女	小计	男	女	小计	男	女
总　计	**33672**	**16700**	**16972**	**29221**	**14465**	**14756**	**37489**	**18697**	**18792**
15岁以下	**3**		**3**	**6**	**2**	**4**	**5**	**3**	**2**
15—19岁	**1554**	**396**	**1158**	**1300**	**378**	**922**	**1457**	**410**	**1047**
15	37	12	25	40	12	28	37	13	24
16	82	23	59	63	23	40	49	9	40
17	164	40	124	151	56	95	147	37	110
18	418	112	306	310	84	226	413	100	313
19	853	209	644	736	203	533	811	251	560
20—24岁	**12506**	**5034**	**7472**	**9760**	**3862**	**5898**	**11963**	**4830**	**7133**
20	1351	396	955	1312	343	969	1605	484	1121
21	1515	557	958	1680	599	1081	2258	829	1429
22	2145	933	1212	1754	755	999	2857	1259	1598
23	3067	1258	1809	1964	830	1134	2257	975	1282
24	4428	1890	2538	3050	1335	1715	2986	1283	1703
25—29岁	**15048**	**8201**	**6847**	**13793**	**7371**	**6422**	**18089**	**9562**	**8527**
25	3939	1897	2042	4282	2040	2242	4542	2075	2467
26	3908	2036	1872	2935	1429	1506	5233	2607	2626
27	3617	2059	1558	2769	1545	1224	3276	1844	1432
28	2247	1331	916	2286	1410	876	2783	1678	1105
29	1337	878	459	1521	947	574	2255	1358	897
30—34岁	**3264**	**2194**	**1070**	**2942**	**1897**	**1045**	**3985**	**2550**	**1435**
30	1030	672	358	911	576	335	1376	907	469
31	712	487	225	694	450	244	849	539	310
32	589	396	193	529	339	190	721	430	291
33	532	363	169	405	260	145	516	332	184
34	401	276	125	403	272	131	523	342	181
35—39岁	**822**	**550**	**272**	**937**	**628**	**309**	**1276**	**873**	**403**
35	291	197	94	292	190	102	362	242	120
36	194	115	79	244	167	77	312	209	103
37	151	103	48	164	117	47	278	191	87
38	115	80	35	137	84	53	178	125	53
39	71	55	16	100	70	30	146	106	40
40—44岁	**284**	**206**	**78**	**306**	**221**	**85**	**376**	**268**	**108**
40	71	59	12	68	49	19	115	80	35
41	60	43	17	62	45	17	63	44	19
42	66	44	22	69	52	17	59	42	17
43	60	42	18	49	38	11	65	47	18
44	27	18	9	58	37	21	74	55	19
45—49岁	**110**	**71**	**39**	**79**	**51**	**28**	**152**	**89**	**63**
45	29	21	8	18	12	6	48	28	20
46	30	19	11	11	8	3	22	16	6
47	11	5	6	18	12	6	27	15	12
48	17	9	8	16	10	6	28	17	11
49	23	17	6	16	9	7	27	13	14
50岁及以上	**81**	**48**	**33**	**98**	**55**	**43**	**186**	**112**	**74**
平均初婚年龄	**26.18**	**27.08**	**25.29**	**26.41**	**27.33**	**25.50**	**26.60**	**27.49**	**25.71**

5-4a 续表 10 单位：人

初婚年龄	初婚年份								
	2009年			2010年			2011年		
	小计	男	女	小计	男	女	小计	男	女
总　计	**36283**	**18039**	**18244**	**35379**	**17617**	**17762**	**33613**	**16638**	**16975**
15岁以下	**6**	**1**	**5**	**6**	**1**	**5**	**2**	**1**	**1**
15-19岁	**1157**	**314**	**843**	**1069**	**285**	**784**	**705**	**173**	**532**
15	24	7	17	35	8	27	16	3	13
16	40	9	31	56	17	39	38	5	33
17	110	25	85	136	30	106	82	21	61
18	259	82	177	236	57	179	172	40	132
19	724	191	533	606	173	433	397	104	293
20-24岁	**11373**	**4501**	**6872**	**12377**	**5184**	**7193**	**10474**	**4132**	**6342**
20	1131	332	799	1289	396	893	802	231	571
21	1853	649	1204	1779	686	1093	1376	469	907
22	3004	1286	1718	2860	1262	1598	2133	902	1231
23	2661	1091	1570	3312	1450	1862	2594	1048	1546
24	2724	1143	1581	3137	1390	1747	3569	1482	2087
25-29岁	**17570**	**9251**	**8319**	**15032**	**7869**	**7163**	**16150**	**8281**	**7869**
25	3645	1668	1977	3037	1436	1601	3813	1703	2110
26	4580	2219	2361	3336	1621	1715	3389	1594	1795
27	4555	2505	2050	3532	1911	1621	3153	1621	1532
28	2752	1608	1144	3277	1851	1426	3165	1786	1379
29	2038	1251	787	1850	1050	800	2630	1577	1053
30-34岁	**4274**	**2720**	**1554**	**4724**	**2847**	**1877**	**4513**	**2853**	**1660**
30	1688	1057	631	1594	977	617	1440	884	556
31	1029	660	369	1298	776	522	1101	737	364
32	662	429	233	811	504	307	927	565	362
33	488	313	175	538	311	227	598	378	220
34	407	261	146	483	279	204	447	289	158
35-39岁	**1236**	**815**	**421**	**1367**	**898**	**469**	**1146**	**759**	**387**
35	383	259	124	391	259	132	343	223	120
36	289	187	102	319	209	110	231	153	78
37	239	165	74	265	157	108	213	128	85
38	188	116	72	195	130	65	218	151	67
39	137	88	49	197	143	54	141	104	37
40-44岁	**357**	**249**	**108**	**465**	**310**	**155**	**365**	**267**	**98**
40	121	86	35	149	97	52	106	72	34
41	86	53	33	123	85	38	104	77	27
42	42	31	11	81	58	23	70	54	16
43	65	48	17	56	36	20	49	33	16
44	43	31	12	56	34	22	36	31	5
45-49岁	**174**	**111**	**63**	**188**	**125**	**63**	**147**	**100**	**47**
45	58	34	24	50	33	17	30	22	8
46	49	35	14	47	29	18	32	20	12
47	23	12	11	49	32	17	41	31	10
48	28	21	7	19	14	5	32	19	13
49	16	9	7	23	17	6	12	8	4
50岁及以上	**136**	**77**	**59**	**151**	**98**	**53**	**111**	**72**	**39**
平均初婚年龄	**26.78**	**27.63**	**25.93**	**26.91**	**27.73**	**26.10**	**27.13**	**28.01**	**26.27**

5-4a　续表 11　　　　单位：人

初婚年龄	初婚年份								
	2012年			2013年			2014年		
	小计	男	女	小计	男	女	小计	男	女
总　计	**39946**	**19824**	**20122**	**37574**	**18561**	**19013**	**35340**	**17516**	**17824**
15岁以下	**2**	**1**	**1**				**2**		**2**
15—19岁	**733**	**178**	**555**	**572**	**129**	**443**	**469**	**99**	**370**
15	14	1	13	20	7	13	8	2	6
16	42	6	36	27	3	24	28	5	23
17	84	20	64	66	13	53	40	8	32
18	196	46	150	149	33	116	126	23	103
19	397	105	292	310	73	237	267	61	206
20—24岁	**11463**	**4587**	**6876**	**9252**	**3614**	**5638**	**7925**	**3139**	**4786**
20	722	182	540	621	162	459	550	117	433
21	1227	447	780	934	295	639	838	275	563
22	2483	1041	1442	1768	721	1047	1391	567	824
23	2650	1062	1588	2476	1005	1471	1799	731	1068
24	4381	1855	2526	3453	1431	2022	3347	1449	1898
25—29岁	**19504**	**9858**	**9646**	**18957**	**9426**	**9531**	**18607**	**9197**	**9410**
25	5640	2544	3096	4931	2170	2761	4322	1849	2473
26	4630	2209	2421	5237	2530	2707	4891	2313	2578
27	3570	1896	1674	3985	2048	1937	4516	2283	2233
28	2920	1625	1295	2630	1412	1218	2964	1628	1336
29	2744	1584	1160	2174	1266	908	1914	1124	790
30—34岁	**6049**	**3792**	**2257**	**6290**	**3801**	**2489**	**5822**	**3499**	**2323**
30	2327	1451	876	2023	1201	822	1580	937	643
31	1241	776	465	1704	1057	647	1487	896	591
32	1023	651	372	1011	593	418	1310	801	509
33	849	524	325	816	490	326	756	462	294
34	609	390	219	736	460	276	689	403	286
35—39岁	**1373**	**852**	**521**	**1498**	**929**	**569**	**1539**	**941**	**598**
35	382	231	151	500	308	192	587	353	234
36	323	196	127	333	196	137	348	215	133
37	267	164	103	271	166	105	233	142	91
38	208	131	77	208	129	79	210	135	75
39	193	130	63	186	130	56	161	96	65
40—44岁	**503**	**341**	**162**	**634**	**400**	**234**	**603**	**409**	**194**
40	157	102	55	177	109	68	157	111	46
41	114	76	38	156	93	63	137	92	45
42	112	80	32	134	85	49	119	82	37
43	59	41	18	88	58	30	108	74	34
44	61	42	19	79	55	24	82	50	32
45—49岁	**196**	**139**	**57**	**210**	**158**	**52**	**183**	**113**	**70**
45	37	28	9	70	57	13	55	34	21
46	51	37	14	35	26	9	54	35	19
47	41	29	12	35	28	7	25	15	10
48	33	22	11	28	18	10	24	11	13
49	34	23	11	42	29	13	25	18	7
50岁及以上	**123**	**76**	**47**	**161**	**104**	**57**	**190**	**119**	**71**
平均初婚年龄	**27.28**	**28.07**	**26.50**	**27.69**	**28.49**	**26.91**	**27.89**	**28.65**	**27.15**

5-4a 续表 12

单位：人

初婚年龄	初婚年份								
	2015年			2016年			2017年		
	小计	男	女	小计	男	女	小计	男	女
总　计	**36041**	**17964**	**18077**	**31771**	**15842**	**15929**	**29950**	**14954**	**14996**
15岁以下	**2**	**1**	**1**				**1**	**1**	
15-19岁	**377**	**81**	**296**	**253**	**45**	**208**	**230**	**44**	**186**
15	8	3	5	7	1	6	4	1	3
16	14	4	10	6	2	4	8	1	7
17	30	5	25	26	9	17	26	3	23
18	88	21	67	51	10	41	48	10	38
19	237	48	189	163	23	140	144	29	115
20-24岁	**7014**	**2645**	**4369**	**5834**	**2149**	**3685**	**5643**	**2092**	**3551**
20	480	115	365	398	80	318	302	53	249
21	767	245	522	671	194	477	585	196	389
22	1353	507	846	1230	470	760	1142	419	723
23	1620	673	947	1477	549	928	1434	556	878
24	2794	1105	1689	2058	856	1202	2180	868	1312
25-29岁	**19872**	**9948**	**9924**	**17429**	**8689**	**8740**	**15534**	**7776**	**7758**
25	4195	1862	2333	3076	1360	1716	2626	1096	1530
26	4696	2238	2458	4016	1871	2145	3290	1527	1763
27	4541	2294	2247	4016	1983	2033	3636	1810	1826
28	3966	2134	1832	3556	1906	1650	3149	1717	1432
29	2474	1420	1054	2765	1569	1196	2833	1626	1207
30-34岁	**5984**	**3554**	**2430**	**5515**	**3312**	**2203**	**5729**	**3368**	**2361**
30	1647	954	693	1736	1026	710	2062	1191	871
31	1251	735	516	1121	647	474	1319	791	528
32	1252	756	496	857	530	327	860	493	367
33	1161	731	430	942	588	354	751	439	312
34	673	378	295	859	521	338	737	454	283
35-39岁	**1701**	**1036**	**665**	**1724**	**1006**	**718**	**1800**	**1054**	**746**
35	541	331	210	534	290	244	638	369	269
36	461	277	184	417	255	162	376	219	157
37	322	191	131	374	219	155	323	191	132
38	206	127	79	228	136	92	267	162	105
39	171	110	61	171	106	65	196	113	83
40-44岁	**631**	**399**	**232**	**576**	**357**	**219**	**535**	**335**	**200**
40	145	89	56	158	96	62	153	94	59
41	148	98	50	114	69	45	120	80	40
42	129	82	47	119	70	49	85	48	37
43	115	74	41	91	63	28	100	60	40
44	94	56	38	94	59	35	77	53	24
45-49岁	**250**	**175**	**75**	**256**	**170**	**86**	**269**	**166**	**103**
45	83	58	25	95	56	39	85	57	28
46	68	50	18	56	39	17	59	28	31
47	41	27	14	42	30	12	58	34	24
48	26	17	9	42	34	8	33	27	6
49	32	23	9	21	11	10	34	20	14
50岁及以上	**210**	**125**	**85**	**184**	**114**	**70**	**209**	**118**	**91**
平均初婚年龄	**28.22**	**28.95**	**27.49**	**28.49**	**29.23**	**27.74**	**28.67**	**29.39**	**27.95**

5-4a　续表 13　　单位：人

初婚年龄	初婚年份								
	2018年			2019年			2020年		
	小计	男	女	小计	男	女	小计	男	女
总　计	**30303**	**14913**	**15390**	**23260**	**11575**	**11685**	**15730**	**7853**	**7877**
15岁以下	**1**	**1**					**1**		**1**
15-19岁	**184**	**24**	**160**	**152**	**31**	**121**	**108**	**22**	**86**
15	3		3	2		2			
16	10		10	6	1	5	3	1	2
17	15	1	14	10		10	3	1	2
18	40	6	34	43	9	34	16	6	10
19	116	17	99	91	21	70	86	14	72
20-24岁	**5421**	**1945**	**3476**	**4163**	**1551**	**2612**	**2546**	**939**	**1607**
20	282	50	232	233	33	200	138	25	113
21	540	159	381	407	130	277	238	71	167
22	1080	371	709	855	332	523	501	190	311
23	1437	545	892	1009	375	634	581	226	355
24	2082	820	1262	1659	681	978	1088	427	661
25-29岁	**14821**	**7224**	**7597**	**10726**	**5223**	**5503**	**6922**	**3371**	**3551**
25	2838	1213	1625	2265	977	1288	1393	589	804
26	2857	1265	1592	2348	1080	1268	1590	738	852
27	3089	1514	1575	2056	1006	1050	1557	756	801
28	3372	1746	1626	2002	1018	984	1234	654	580
29	2665	1486	1179	2055	1142	913	1148	634	514
30-34岁	**6517**	**3733**	**2784**	**5484**	**3149**	**2335**	**3846**	**2235**	**1611**
30	2241	1273	968	1671	924	747	1069	612	457
31	1772	1024	748	1424	833	591	934	541	393
32	1071	636	435	1132	667	465	764	440	324
33	763	419	344	757	434	323	606	356	250
34	670	381	289	500	291	209	473	286	187
35-39岁	**2120**	**1235**	**885**	**1634**	**970**	**664**	**1137**	**669**	**468**
35	651	371	280	449	280	169	289	173	116
36	564	313	251	381	215	166	239	143	96
37	340	194	146	363	220	143	250	153	97
38	296	202	94	223	133	90	222	130	92
39	269	155	114	218	122	96	137	70	67
40-44岁	**629**	**393**	**236**	**612**	**355**	**257**	**615**	**325**	**290**
40	205	115	90	202	118	84	148	76	72
41	118	75	43	135	69	66	146	67	79
42	106	70	36	107	65	42	134	79	55
43	105	74	31	81	50	31	100	50	50
44	95	59	36	87	53	34	87	53	34
45-49岁	**281**	**164**	**117**	**274**	**159**	**115**	**241**	**124**	**117**
45	75	40	35	62	32	30	44	17	27
46	85	51	34	65	35	30	55	27	28
47	39	27	12	57	34	23	59	31	28
48	36	18	18	54	34	20	47	25	22
49	46	28	18	36	24	12	36	24	12
50岁及以上	**329**	**194**	**135**	**215**	**137**	**78**	**314**	**168**	**146**
平均初婚年龄	**29.05**	**29.82**	**28.30**	**29.22**	**29.98**	**28.47**	**29.89**	**30.56**	**29.22**

5-4b 全省分初婚年龄、性别、初婚年份的人口(镇)

单位：人

初婚年龄	初婚年份								
	合计			1980年			1981年		
	合计	男	女	小计	男	女	小计	男	女
总　计	**293576**	**144612**	**148964**	**10353**	**4933**	**5420**	**8020**	**3824**	**4196**
15岁以下	**176**	**52**	**124**	**9**	**4**	**5**	**11**	**5**	**6**
15-19岁	**29788**	**8740**	**21048**	**786**	**192**	**594**	**610**	**174**	**436**
15	845	238	607	51	17	34	23	7	16
16	1562	418	1144	87	21	66	45	13	32
17	3236	857	2379	139	38	101	93	24	69
18	7722	2206	5516	143	24	119	215	63	152
19	16423	5021	11402	366	92	274	234	67	167
20-24岁	**180520**	**87129**	**93391**	**6939**	**3195**	**3744**	**5577**	**2561**	**3016**
20	28085	9973	18112	799	280	519	496	154	342
21	38938	17831	21107	1071	487	584	945	354	591
22	44846	22901	21945	1738	800	938	1224	563	661
23	38045	19671	18374	1793	838	955	1584	788	796
24	30606	16753	13853	1538	790	748	1328	702	626
25-29岁	**62615**	**36362**	**26253**	**2448**	**1423**	**1025**	**1716**	**1013**	**703**
25	23193	13120	10073	1264	692	572	875	508	367
26	15604	9006	6598	652	395	257	448	270	178
27	10848	6438	4410	294	184	110	226	138	88
28	7466	4487	2979	154	95	59	101	61	40
29	5504	3311	2193	84	57	27	66	36	30
30-34岁	**13104**	**7934**	**5170**	**123**	**85**	**38**	**86**	**59**	**27**
30	4101	2519	1582	53	37	16	31	21	10
31	3174	1885	1289	27	17	10	21	11	10
32	2443	1484	959	25	17	8	15	13	2
33	1937	1169	768	8	6	2	12	8	4
34	1449	877	572	10	8	2	7	6	1
35-39岁	**4137**	**2512**	**1625**	**37**	**25**	**12**	**13**	**9**	**4**
35	1220	728	492	11	6	5	4	2	2
36	964	606	358	8	5	3	6	5	1
37	797	492	305	7	6	1	1	1	
38	578	346	232	4	4		1	1	
39	578	340	238	7	4	3	1		1
40-44岁	**1701**	**1013**	**688**	**7**	**6**	**1**	**4**	**3**	**1**
40	455	279	176	1	1		1	1	
41	393	230	163	2	2		2	1	1
42	333	199	134	2	1	1			
43	287	168	119	1	1		1	1	
44	233	137	96	1	1				
45-49岁	**808**	**463**	**345**	**2**	**1**	**1**	**2**		**2**
45	214	129	85	1	1		1		1
46	190	113	77	1		1	1		1
47	147	84	63						
48	142	79	63						
49	115	58	57						
50岁及以上	**727**	**407**	**320**	**2**	**2**		**1**		**1**
平均初婚年龄	**23.93**	**24.54**	**23.33**	**23.48**	**24.00**	**23.01**	**23.44**	**23.92**	**22.99**

5-4b　续表 1　　　　　　　　　　　　　　　　　　　　　　　　　　　　单位：人

初婚年龄	初婚年份								
	1982年			1983年			1984年		
	小计	男	女	小计	男	女	小计	男	女
总　计	**8073**	**3868**	**4205**	**7458**	**3573**	**3885**	**8381**	**4066**	**4315**
15岁以下	**7**	**2**	**5**	**8**	**1**	**7**	**9**	**3**	**6**
15–19岁	**1048**	**307**	**741**	**1037**	**328**	**709**	**1010**	**346**	**664**
15	28	9	19	29	10	19	32	9	23
16	57	18	39	54	18	36	56	14	42
17	103	31	72	117	36	81	106	37	69
18	266	76	190	230	69	161	229	78	151
19	594	173	421	607	195	412	587	208	379
20–24岁	**5272**	**2517**	**2755**	**4810**	**2324**	**2486**	**5901**	**2856**	**3045**
20	521	182	339	1111	425	686	1172	426	746
21	875	377	498	774	349	425	1758	824	934
22	1430	689	741	931	474	457	1146	606	540
23	1256	629	627	1087	568	519	920	482	438
24	1190	640	550	907	508	399	905	518	387
25–29岁	**1595**	**944**	**651**	**1438**	**811**	**627**	**1298**	**754**	**544**
25	799	461	338	668	368	300	574	341	233
26	406	235	171	375	207	168	357	201	156
27	208	121	87	215	131	84	194	106	88
28	119	79	40	115	74	41	114	70	44
29	63	48	15	65	31	34	59	36	23
30–34岁	**118**	**75**	**43**	**137**	**92**	**45**	**131**	**84**	**47**
30	48	36	12	55	36	19	57	34	23
31	31	17	14	33	24	9	36	21	15
32	16	6	10	19	12	7	19	14	5
33	16	11	5	19	12	7	11	8	3
34	7	5	2	11	8	3	8	7	1
35–39岁	**23**	**16**	**7**	**21**	**12**	**9**	**21**	**15**	**6**
35	7	5	2	9	6	3	7	4	3
36	6	4	2	7	4	3	3	1	2
37	2	1	1	1		1	6	6	
38	6	5	1	2		2	2	1	1
39	2	1	1	2	2		3	3	
40–44岁	**5**	**3**	**2**	**6**	**5**	**1**	**6**	**5**	**1**
40	1	1		4	4		1	1	
41	2	1	1	1	1		2	2	
42	1	1		1		1	1	1	
43									
44	1		1				2	1	1
45–49岁	**4**	**3**	**1**	**1**		**1**	**3**	**2**	**1**
45				1		1	1	1	
46	2	1	1						
47	2	2					1		1
48							1	1	
49									
50岁及以上	**1**	**1**					**2**	**1**	**1**
平均初婚年龄	**23.19**	**23.74**	**22.69**	**22.96**	**23.48**	**22.47**	**22.71**	**23.18**	**22.27**

5-4b 续表 2 单位：人

初婚年龄	初婚年份								
	1985年			1986年			1987年		
	小计	男	女	小计	男	女	小计	男	女
总　计	**10916**	**5320**	**5596**	**10232**	**4968**	**5264**	**9855**	**4771**	**5084**
15岁以下	**4**		**4**	**3**	**1**	**2**	**6**	**4**	**2**
15-19岁	**1320**	**433**	**887**	**1177**	**354**	**823**	**1098**	**360**	**738**
15	43	9	34	32	7	25	25	8	17
16	84	25	59	68	22	46	39	13	26
17	133	42	91	117	40	77	104	31	73
18	308	100	208	305	107	198	334	107	227
19	752	257	495	655	178	477	596	201	395
20-24岁	**7813**	**3846**	**3967**	**7726**	**3804**	**3922**	**7473**	**3673**	**3800**
20	1308	523	785	1241	484	757	1083	406	677
21	2075	989	1086	1836	874	962	1707	821	886
22	2653	1367	1286	2126	1100	1026	1908	999	909
23	1058	555	503	1842	965	877	1618	817	801
24	719	412	307	681	381	300	1157	630	527
25-29岁	**1465**	**854**	**611**	**1064**	**651**	**413**	**996**	**586**	**410**
25	632	366	266	386	236	150	395	220	175
26	339	196	143	295	185	110	227	135	92
27	234	139	95	172	107	65	188	121	67
28	157	99	58	106	60	46	102	61	41
29	103	54	49	105	63	42	84	49	35
30-34岁	**258**	**152**	**106**	**193**	**115**	**78**	**217**	**111**	**106**
30	103	60	43	62	42	20	60	24	36
31	60	34	26	60	32	28	54	26	28
32	45	27	18	33	18	15	53	28	25
33	30	18	12	21	12	9	27	17	10
34	20	13	7	17	11	6	23	16	7
35-39岁	**39**	**25**	**14**	**46**	**28**	**18**	**51**	**30**	**21**
35	15	9	6	12	8	4	15	9	6
36	13	7	6	14	8	6	13	8	5
37	4	3	1	6	4	2	11	7	4
38	4	3	1	5	3	2	6	3	3
39	3	3		9	5	4	6	3	3
40-44岁	**9**	**4**	**5**	**10**	**7**	**3**	**9**	**4**	**5**
40	1		1	1	1		4	3	1
41	4	4		2	1	1	1		1
42	2		2	6	5	1	2		2
43	2		2				1		1
44				1		1	1	1	
45-49岁	**7**	**5**	**2**	**9**	**6**	**3**	**3**	**2**	**1**
45	3	2	1				1	1	
46	1	1		3	2	1	1		1
47									
48	1		1	3	3				
49	2	2		3	1	2	1	1	
50岁及以上	**1**	**1**		**4**	**2**	**2**	**2**	**1**	**1**
平均初婚年龄	**22.70**	**23.12**	**22.31**	**22.70**	**23.13**	**22.29**	**22.83**	**23.19**	**22.50**

5-4b　续表 3　　　　　　　　　　　　　　　　　　　　单位：人

初婚年龄	初婚年份								
	1988年			1989年			1990年		
	小计	男	女	小计	男	女	小计	男	女
总　计	**9507**	**4612**	**4895**	**9321**	**4571**	**4750**	**10545**	**5225**	**5320**
15岁以下	**5**	**1**	**4**	**5**	**2**	**3**	**8**	**2**	**6**
15–19岁	**1249**	**413**	**836**	**1155**	**376**	**779**	**1456**	**470**	**986**
15	23	4	19	38	11	27	32	8	24
16	45	14	31	44	6	38	75	30	45
17	138	40	98	111	38	73	144	33	111
18	345	106	239	298	95	203	370	114	256
19	698	249	449	664	226	438	835	285	550
20–24岁	**6810**	**3369**	**3441**	**6619**	**3295**	**3324**	**7389**	**3755**	**3634**
20	1115	423	692	1228	491	737	1329	502	827
21	1441	688	753	1534	741	793	1888	960	928
22	1696	863	833	1459	734	725	1833	997	836
23	1515	803	712	1408	753	655	1334	717	617
24	1043	592	451	990	576	414	1005	579	426
25–29岁	**1183**	**675**	**508**	**1253**	**719**	**534**	**1415**	**809**	**606**
25	680	394	286	627	361	266	662	381	281
26	198	111	87	359	216	143	363	204	159
27	109	62	47	124	71	53	229	134	95
28	112	66	46	78	38	40	91	50	41
29	84	42	42	65	33	32	70	40	30
30–34岁	**202**	**120**	**82**	**187**	**119**	**68**	**183**	**123**	**60**
30	63	41	22	50	31	19	48	31	17
31	38	20	18	42	23	19	33	22	11
32	53	27	26	36	27	9	53	37	16
33	32	21	11	31	23	8	29	20	9
34	16	11	5	28	15	13	20	13	7
35–39岁	**42**	**24**	**18**	**67**	**41**	**26**	**51**	**37**	**14**
35	17	10	7	22	12	10	17	10	7
36	12	6	6	16	8	8	9	5	4
37	10	6	4	12	11	1	14	14	
38	1		1	11	8	3	6	4	2
39	2	2		6	2	4	5	4	1
40–44岁	**8**	**5**	**3**	**19**	**11**	**8**	**23**	**18**	**5**
40	1		1	7	6	1	9	7	2
41	3	2	1	2	2		7	5	2
42	3	2	1	5	2	3	3	2	1
43				3	1	2	1	1	
44	1	1		2		2	3	3	
45–49岁	**3**	**2**	**1**	**13**	**6**	**7**	**11**	**5**	**6**
45				3	3		3	1	2
46	1	1		4	2	2	2	1	1
47	2	1	1	3	1	2	2	2	
48				1		1	3	1	2
49				2		2	1		1
50岁及以上	**5**	**3**	**2**	**3**	**2**	**1**	**9**	**6**	**3**
平均初婚年龄	**22.79**	**23.21**	**22.40**	**22.88**	**23.31**	**22.45**	**22.73**	**23.22**	**22.25**

5-4b 续表 4

单位：人

初婚年龄	初婚年份								
	1991年			1992年			1993年		
	小计	男	女	小计	男	女	小计	男	女
总　计	**7110**	**3480**	**3630**	**8793**	**4316**	**4477**	**8571**	**4178**	**4393**
15岁以下	**8**	**2**	**6**	**5**	**3**	**2**	**4**	**1**	**3**
15-19岁	**948**	**298**	**650**	**1028**	**328**	**700**	**878**	**284**	**594**
15	20	5	15	35	15	20	21	4	17
16	47	13	34	40	10	30	45	12	33
17	93	33	60	96	38	58	71	19	52
18	223	74	149	258	82	176	223	80	143
19	565	173	392	599	183	416	518	169	349
20-24岁	**5031**	**2519**	**2512**	**6432**	**3180**	**3252**	**6267**	**3035**	**3232**
20	969	361	608	1026	373	653	999	333	666
21	1179	586	593	1608	760	848	1446	680	766
22	1312	689	623	1664	868	796	1752	914	838
23	996	539	457	1281	691	590	1231	648	583
24	575	344	231	853	488	365	839	460	379
25-29岁	**948**	**555**	**393**	**1080**	**651**	**429**	**1136**	**695**	**441**
25	430	246	184	422	274	148	533	328	205
26	228	142	86	263	156	107	253	161	92
27	150	84	66	184	99	85	165	100	65
28	111	65	46	115	66	49	110	57	53
29	29	18	11	96	56	40	75	49	26
30-34岁	**116**	**71**	**45**	**148**	**91**	**57**	**184**	**103**	**81**
30	22	13	9	36	24	12	66	30	36
31	22	12	10	37	22	15	38	25	13
32	23	13	10	26	14	12	37	25	12
33	30	20	10	26	17	9	22	9	13
34	19	13	6	23	14	9	21	14	7
35-39岁	**35**	**22**	**13**	**60**	**45**	**15**	**54**	**38**	**16**
35	12	8	4	16	11	5	14	11	3
36	6	3	3	18	13	5	11	7	4
37	6	4	2	11	9	2	11	9	2
38	7	5	2	7	5	2	10	7	3
39	4	2	2	8	7	1	8	4	4
40-44岁	**15**	**9**	**6**	**22**	**11**	**11**	**28**	**16**	**12**
40	3	1	2	5	4	1	6	4	2
41	6	5	1	1		1	6	4	2
42	2	2		9	4	5	4	2	2
43	3	1	2	6	3	3	7	4	3
44	1		1	1		1	5	2	3
45-49岁	**3**	**2**	**1**	**9**	**1**	**8**	**8**	**1**	**7**
45				1		1			
46	1	1					2		2
47				1		1	2	1	1
48	2	1	1	3		3	3		3
49				4	1	3	1		1
50岁及以上	**6**	**2**	**4**	**9**	**6**	**3**	**12**	**5**	**7**
平均初婚年龄	**22.71**	**23.18**	**22.27**	**22.88**	**23.33**	**22.44**	**23.02**	**23.46**	**22.60**

5-4b　续表 5　　　　单位：人

初婚年龄	初婚年份								
	1994年			1995年			1996年		
	小计	男	女	小计	男	女	小计	男	女
总　计	**7984**	**3951**	**4033**	**8870**	**4379**	**4491**	**7790**	**3862**	**3928**
15岁以下	**4**		**4**	**4**		**4**	**4**	**3**	**1**
15-19岁	**753**	**234**	**519**	**847**	**234**	**613**	**713**	**197**	**516**
15	18	5	13	32	11	21	28	4	24
16	24	4	20	49	13	36	35	9	26
17	67	20	47	85	28	57	85	23	62
18	180	61	119	197	46	151	166	49	117
19	464	144	320	484	136	348	399	112	287
20-24岁	**5691**	**2780**	**2911**	**6117**	**3029**	**3088**	**5268**	**2574**	**2694**
20	881	307	574	851	274	577	714	247	467
21	1303	596	707	1389	646	743	1073	489	584
22	1478	775	703	1599	824	775	1371	715	656
23	1196	637	559	1303	705	598	1205	599	606
24	833	465	368	975	580	395	905	524	381
25-29岁	**1177**	**718**	**459**	**1458**	**852**	**606**	**1314**	**809**	**505**
25	514	321	193	680	393	287	601	357	244
26	264	150	114	365	226	139	307	192	115
27	178	117	61	182	100	82	190	123	67
28	110	66	44	130	75	55	131	78	53
29	111	64	47	101	58	43	85	59	26
30-34岁	**226**	**138**	**88**	**260**	**158**	**102**	**293**	**173**	**120**
30	75	42	33	86	51	35	84	48	36
31	73	46	27	73	44	29	67	36	31
32	36	20	16	54	35	19	61	43	18
33	21	14	7	28	18	10	59	33	26
34	21	16	5	19	10	9	22	13	9
35-39岁	**58**	**43**	**15**	**86**	**49**	**37**	**69**	**39**	**30**
35	10	8	2	26	17	9	14	7	7
36	13	12	1	15	7	8	13	9	4
37	6	4	2	18	11	7	15	9	6
38	15	9	6	11	6	5	17	8	9
39	14	10	4	16	8	8	10	6	4
40-44岁	**42**	**20**	**22**	**59**	**37**	**22**	**54**	**34**	**20**
40	9	4	5	11	6	5	18	13	5
41	11	4	7	18	9	9	14	7	7
42	7	2	5	6	5	1	4	4	
43	11	8	3	10	8	2	12	6	6
44	4	2	2	14	9	5	6	4	2
45-49岁	**20**	**10**	**10**	**15**	**10**	**5**	**36**	**16**	**20**
45	6	4	2	5	4	1	5	2	3
46	3	1	2	4	3	1	9	7	2
47	3	1	2	3	1	2	4	1	3
48	4	1	3				11	3	8
49	4	3	1	3	2	1	7	3	4
50岁及以上	**13**	**8**	**5**	**24**	**10**	**14**	**39**	**17**	**22**
平均初婚年龄	**23.33**	**23.85**	**22.83**	**23.49**	**24.03**	**22.96**	**23.79**	**24.32**	**23.27**

5-4b 续表 6

单位：人

初婚年龄	初婚年份								
	1997年			1998年			1999年		
	小计	男	女	小计	男	女	小计	男	女
总 计	**7418**	**3673**	**3745**	**7985**	**3983**	**4002**	**7237**	**3602**	**3635**
15岁以下	**3**	**1**	**2**	**2**	**1**	**1**	**4**	**1**	**3**
15-19岁	**724**	**196**	**528**	**834**	**247**	**587**	**764**	**214**	**550**
15	22	6	16	9	3	6	18	4	14
16	25	6	19	40	11	29	38	11	27
17	74	16	58	50	12	38	78	16	62
18	204	49	155	207	72	135	180	53	127
19	399	119	280	528	149	379	450	130	320
20-24岁	**4734**	**2328**	**2406**	**4956**	**2450**	**2506**	**4732**	**2296**	**2436**
20	691	232	459	803	271	532	862	297	565
21	978	457	521	995	445	550	1103	491	612
22	1178	616	562	1245	651	594	1096	567	529
23	1024	543	481	1050	583	467	952	520	432
24	863	480	383	863	500	363	719	421	298
25-29岁	**1436**	**863**	**573**	**1566**	**917**	**649**	**1339**	**864**	**475**
25	595	345	250	629	377	252	516	326	190
26	368	228	140	416	235	181	339	215	124
27	234	146	88	239	145	94	211	146	65
28	132	84	48	172	101	71	160	112	48
29	107	60	47	110	59	51	113	65	48
30-34岁	**266**	**147**	**119**	**419**	**241**	**178**	**270**	**146**	**124**
30	75	38	37	118	71	47	83	43	40
31	60	39	21	90	49	41	64	36	28
32	47	22	25	84	46	38	50	32	18
33	47	25	22	74	45	29	38	23	15
34	37	23	14	53	30	23	35	12	23
35-39岁	**80**	**48**	**32**	**119**	**68**	**51**	**71**	**46**	**25**
35	13	10	3	48	29	19	19	14	5
36	16	10	6	23	19	4	28	18	10
37	16	9	7	16	7	9	14	9	5
38	11	7	4	18	8	10	5	3	2
39	24	12	12	14	5	9	5	2	3
40-44岁	**127**	**65**	**62**	**49**	**31**	**18**	**30**	**18**	**12**
40	22	12	10	16	10	6	6	5	1
41	19	8	11	6	4	2	10	6	4
42	25	11	14	10	5	5	2	1	1
43	33	17	16	12	8	4	6	4	2
44	28	17	11	5	4	1	6	2	4
45-49岁	**35**	**18**	**17**	**28**	**16**	**12**	**19**	**12**	**7**
45	22	11	11	9	7	2	6	2	4
46	5	2	3	8	4	4	4	2	2
47	4	4		6	4	2	3	2	1
48	3	1	2	3	1	2	4	4	
49	1		1	2		2	2	2	
50岁及以上	**13**	**7**	**6**	**12**	**12**		**8**	**5**	**3**
平均初婚年龄	**24.01**	**24.56**	**23.47**	**23.94**	**24.54**	**23.33**	**23.51**	**24.17**	**22.85**

5-4b　续表 7　　　　单位：人

初婚年龄	初婚年份								
	2000年			2001年			2002年		
	小计	男	女	小计	男	女	小计	男	女
总　计	**8847**	**4373**	**4474**	**5910**	**2903**	**3007**	**6502**	**3224**	**3278**
15岁以下	**11**	**2**	**9**	**11**	**3**	**8**	**4**		**4**
15-19岁	**1065**	**292**	**773**	**702**	**208**	**494**	**653**	**199**	**454**
15	45	14	31	20	7	13	28	10	18
16	52	11	41	23	3	20	43	16	27
17	114	33	81	53	16	37	63	16	47
18	300	81	219	163	37	126	149	40	109
19	554	153	401	443	145	298	370	117	253
20-24岁	**5771**	**2857**	**2914**	**3825**	**1829**	**1996**	**4298**	**2056**	**2242**
20	1039	389	650	616	188	428	724	249	475
21	1592	775	817	866	388	478	853	377	476
22	1373	722	651	1081	561	520	1073	552	521
23	986	519	467	750	394	356	987	502	485
24	781	452	329	512	298	214	661	376	285
25-29岁	**1560**	**952**	**608**	**1101**	**686**	**415**	**1215**	**762**	**453**
25	576	341	235	395	238	157	433	271	162
26	392	239	153	289	172	117	287	176	111
27	292	183	109	195	130	65	239	155	84
28	187	112	75	135	93	42	145	91	54
29	113	77	36	87	53	34	111	69	42
30-34岁	**282**	**179**	**103**	**175**	**110**	**65**	**226**	**141**	**85**
30	90	65	25	62	36	26	70	48	22
31	70	43	27	31	19	12	51	26	25
32	43	25	18	31	21	10	44	30	14
33	36	19	17	24	17	7	39	23	16
34	43	27	16	27	17	10	22	14	8
35-39岁	**96**	**52**	**44**	**69**	**50**	**19**	**72**	**41**	**31**
35	24	15	9	17	11	6	23	15	8
36	27	16	11	15	12	3	17	9	8
37	27	12	15	18	14	4	16	6	10
38	9	3	6	11	7	4	9	7	2
39	9	6	3	8	6	2	7	4	3
40-44岁	**29**	**19**	**10**	**11**	**7**	**4**	**14**	**13**	**1**
40	6	3	3	3	3		3	3	
41	4	3	1	4	3	1	1	1	
42	7	7					6	5	1
43	8	3	5	1		1	2	2	
44	4	3	1	3	1	2	2	2	
45-49岁	**18**	**12**	**6**	**9**	**5**	**4**	**15**	**10**	**5**
45	3	3					6	5	1
46	5	3	2	2	1	1	1	1	
47	4	3	1	3	3		4	1	3
48	4	3	1	2	1	1	3	2	1
49	2		2	2		2	1	1	
50岁及以上	**15**	**8**	**7**	**7**	**5**	**2**	**5**	**2**	**3**
平均初婚年龄	**23.28**	**23.91**	**22.66**	**23.37**	**24.10**	**22.66**	**23.54**	**24.18**	**22.91**

5-4b 续表 8

单位：人

初婚年龄	初婚年份								
	2003年			2004年			2005年		
	小计	男	女	小计	男	女	小计	男	女
总　计	**6472**	**3230**	**3242**	**6331**	**3155**	**3176**	**6152**	**3070**	**3082**
15岁以下	**3**	**1**	**2**	**5**	**1**	**4**	**7**	**3**	**4**
15-19岁	**598**	**149**	**449**	**695**	**160**	**535**	**860**	**224**	**636**
15	25	7	18	27	10	17	26	7	19
16	45	15	30	52	16	36	58	14	44
17	77	14	63	114	19	95	132	29	103
18	149	29	120	194	31	163	240	62	178
19	302	84	218	308	84	224	404	112	292
20-24岁	**4165**	**2021**	**2144**	**3843**	**1866**	**1977**	**3359**	**1671**	**1688**
20	598	203	395	488	168	320	493	174	319
21	979	422	557	758	325	433	563	243	320
22	951	494	457	1097	579	518	861	458	403
23	861	477	384	737	372	365	866	476	390
24	776	425	351	763	422	341	576	320	256
25-29岁	**1317**	**823**	**494**	**1396**	**875**	**521**	**1480**	**905**	**575**
25	515	311	204	554	336	218	543	335	208
26	286	175	111	377	238	139	399	244	155
27	230	146	84	228	153	75	264	158	106
28	159	107	52	131	84	47	164	94	70
29	127	84	43	106	64	42	110	74	36
30-34岁	**261**	**159**	**102**	**258**	**168**	**90**	**273**	**169**	**104**
30	76	50	26	86	60	26	88	60	28
31	66	37	29	54	37	17	64	36	28
32	44	27	17	50	32	18	48	33	15
33	42	29	13	36	19	17	43	22	21
34	33	16	17	32	20	12	30	18	12
35-39岁	**81**	**51**	**30**	**77**	**47**	**30**	**94**	**55**	**39**
35	24	15	9	26	19	7	27	16	11
36	17	10	7	22	11	11	19	14	5
37	10	7	3	12	7	5	28	13	15
38	11	9	2	10	6	4	9	6	3
39	19	10	9	7	4	3	11	6	5
40-44岁	**19**	**10**	**9**	**30**	**18**	**12**	**44**	**23**	**21**
40	10	4	6	8	5	3	11	3	8
41	4	2	2	9	4	5	11	6	5
42	2	2		1	1		9	6	3
43	3	2	1	6	4	2	10	6	4
44				6	4	2	3	2	1
45-49岁	**17**	**11**	**6**	**17**	**12**	**5**	**17**	**9**	**8**
45	1	1		4	4		5	3	2
46	4	2	2	3	2	1	2	2	
47	7	4	3	4	3	1	3	1	2
48	4	3	1	3	1	2	1	1	
49	1	1		3	2	1	6	2	4
50岁及以上	**11**	**5**	**6**	**10**	**8**	**2**	**18**	**11**	**7**
平均初婚年龄	**23.79**	**24.48**	**23.11**	**23.83**	**24.63**	**23.03**	**23.98**	**24.74**	**23.22**

5-4b　续表 9　　　　单位：人

初婚年龄	初婚年份								
	2006年			2007年			2008年		
	小计	男	女	小计	男	女	小计	男	女
总　计	**5949**	**3002**	**2947**	**5491**	**2772**	**2719**	**6912**	**3509**	**3403**
15岁以下	**5**	**2**	**3**	**2**	**1**	**1**	**2**		**2**
15—19岁	**788**	**223**	**565**	**754**	**210**	**544**	**849**	**248**	**601**
15	13	2	11	14	2	12	13	4	9
16	32	8	24	28	5	23	42	11	31
17	83	16	67	86	21	65	99	20	79
18	212	60	152	223	54	169	264	72	192
19	448	137	311	403	128	275	431	141	290
20—24岁	**3077**	**1509**	**1568**	**2824**	**1394**	**1430**	**3526**	**1711**	**1815**
20	553	186	367	675	249	426	720	286	434
21	585	273	312	626	292	334	954	435	519
22	623	308	315	551	285	266	771	425	346
23	600	339	261	483	264	219	550	286	264
24	716	403	313	489	304	185	531	279	252
25—29岁	**1583**	**951**	**632**	**1482**	**896**	**586**	**1878**	**1150**	**728**
25	472	277	195	569	319	250	572	337	235
26	433	252	181	327	206	121	526	319	207
27	333	212	121	248	150	98	327	204	123
28	179	114	65	217	139	78	244	160	84
29	166	96	70	121	82	39	209	130	79
30—34岁	**315**	**206**	**109**	**259**	**164**	**95**	**397**	**241**	**156**
30	80	49	31	85	47	38	128	78	50
31	64	44	20	61	45	16	90	54	36
32	70	51	19	44	28	16	73	50	23
33	61	41	20	37	23	14	50	33	17
34	40	21	19	32	21	11	56	26	30
35—39岁	**105**	**66**	**39**	**104**	**67**	**37**	**161**	**104**	**57**
35	35	22	13	31	21	10	51	31	20
36	21	12	9	20	14	6	34	24	10
37	17	14	3	20	14	6	32	20	12
38	17	7	10	14	7	7	26	16	10
39	15	11	4	19	11	8	18	13	5
40—44岁	**48**	**30**	**18**	**29**	**17**	**12**	**45**	**23**	**22**
40	16	10	6	6	4	2	8	6	2
41	9	6	3	7	3	4	7	6	1
42	9	3	6	7	5	2	10	5	5
43	10	7	3	4	3	1	10	4	6
44	4	4		5	2	3	10	2	8
45—49岁	**16**	**9**	**7**	**20**	**14**	**6**	**27**	**15**	**12**
45	1	1		4	2	2	6	3	3
46	5	3	2	2	2		10	6	4
47	1		1	4	3	1	2	1	1
48	5	2	3	6	4	2	3	2	1
49	4	3	1	4	3	1	6	3	3
50岁及以上	**12**	**6**	**6**	**17**	**9**	**8**	**27**	**17**	**10**
平均初婚年龄	**24.30**	**25.13**	**23.46**	**24.07**	**24.94**	**23.19**	**24.36**	**25.12**	**23.57**

5-4b 续表 10 单位：人

初婚年龄	初婚年份								
	2009年			2010年			2011年		
	小计	男	女	小计	男	女	小计	男	女
总 计	**5962**	**2970**	**2992**	**6214**	**3114**	**3100**	**5316**	**2661**	**2655**
15岁以下	**3**		**3**	**5**		**5**	**1**		**1**
15-19岁	**650**	**187**	**463**	**593**	**173**	**420**	**418**	**105**	**313**
15	15	3	12	15	5	10	11	3	8
16	25	5	20	46	8	38	36	5	31
17	70	14	56	78	14	64	51	15	36
18	195	56	139	168	52	116	102	19	83
19	345	109	236	286	94	192	218	63	155
20-24岁	**3038**	**1424**	**1614**	**3260**	**1513**	**1747**	**2676**	**1248**	**1428**
20	471	160	311	495	157	338	374	132	242
21	734	309	425	625	270	355	528	234	294
22	814	411	403	801	428	373	576	288	288
23	591	310	281	791	391	400	594	291	303
24	428	234	194	548	267	281	604	303	301
25-29岁	**1574**	**934**	**640**	**1478**	**872**	**606**	**1552**	**899**	**653**
25	435	239	196	391	221	170	507	270	237
26	388	239	149	300	187	113	348	183	165
27	375	229	146	308	183	125	257	159	98
28	188	119	69	296	177	119	229	146	83
29	188	108	80	183	104	79	211	141	70
30-34岁	**432**	**261**	**171**	**530**	**337**	**193**	**423**	**258**	**165**
30	157	93	64	168	111	57	113	61	52
31	112	67	45	147	94	53	105	68	37
32	73	44	29	90	55	35	104	61	43
33	51	32	19	79	53	26	64	41	23
34	39	25	14	46	24	22	37	27	10
35-39岁	**157**	**92**	**65**	**202**	**128**	**74**	**151**	**94**	**57**
35	36	21	15	53	31	22	49	27	22
36	33	21	12	51	39	12	37	21	16
37	29	20	9	38	24	14	21	14	7
38	27	13	14	34	17	17	28	19	9
39	32	17	15	26	17	9	16	13	3
40-44岁	**53**	**38**	**15**	**69**	**47**	**22**	**53**	**33**	**20**
40	17	11	6	25	18	7	17	9	8
41	23	16	7	8	6	2	12	8	4
42	9	8	1	11	7	4	8	7	1
43	3	2	1	8	6	2	13	7	6
44	1	1		17	10	7	3	2	1
45-49岁	**33**	**18**	**15**	**35**	**18**	**17**	**21**	**12**	**9**
45	10	6	4	13	8	5	9	5	4
46	9	5	4	12	6	6	7	4	3
47	6	3	3	6	2	4	2	1	1
48	3	1	2	2	2		3	2	1
49	5	3	2	2		2			
50岁及以上	**22**	**16**	**6**	**42**	**26**	**16**	**21**	**12**	**9**
平均初婚年龄	**24.73**	**25.59**	**23.88**	**25.11**	**26.01**	**24.21**	**25.19**	**26.01**	**24.37**

5-4b　续表 11　　　　　　　　　　　　　　　　　　　　单位：人

初婚年龄	初婚年份								
	2012年			2013年			2014年		
	小计	男	女	小计	男	女	小计	男	女
总　计	**6094**	**3077**	**3017**	**5719**	**2830**	**2889**	**5705**	**2838**	**2867**
15岁以下	**1**	**1**					**1**		**1**
15−19岁	**401**	**96**	**305**	**326**	**86**	**240**	**295**	**63**	**232**
15	10	2	8	6	1	5	4	2	2
16	26	7	19	18	4	14	15	2	13
17	62	15	47	44	11	33	38	3	35
18	104	27	77	95	29	66	80	16	64
19	199	45	154	163	41	122	158	40	118
20−24岁	**2842**	**1304**	**1538**	**2339**	**1038**	**1301**	**2142**	**970**	**1172**
20	338	117	221	276	83	193	227	64	163
21	450	189	261	340	134	206	349	135	214
22	656	311	345	506	233	273	439	213	226
23	680	328	352	579	278	301	494	235	259
24	718	359	359	638	310	328	633	323	310
25−29岁	**2052**	**1179**	**873**	**2126**	**1141**	**985**	**2376**	**1277**	**1099**
25	756	414	342	727	344	383	651	316	335
26	499	274	225	622	331	291	681	351	330
27	328	200	128	390	233	157	537	305	232
28	258	156	102	209	122	87	327	185	142
29	211	135	76	178	111	67	180	120	60
30−34岁	**539**	**334**	**205**	**615**	**369**	**246**	**548**	**326**	**222**
30	184	118	66	170	107	63	138	86	52
31	124	64	60	147	91	56	132	83	49
32	100	65	35	111	56	55	124	70	54
33	76	48	28	94	56	38	85	46	39
34	55	39	16	93	59	34	69	41	28
35−39岁	**140**	**82**	**58**	**168**	**104**	**64**	**211**	**125**	**86**
35	41	27	14	56	29	27	72	34	38
36	37	20	17	39	24	15	45	29	16
37	15	7	8	32	25	7	41	26	15
38	16	8	8	19	9	10	28	17	11
39	31	20	11	22	17	5	25	19	6
40−44岁	**64**	**45**	**19**	**78**	**49**	**29**	**70**	**41**	**29**
40	17	11	6	13	7	6	20	13	7
41	15	11	4	22	13	9	20	10	10
42	12	8	4	22	15	7	13	7	6
43	15	11	4	11	8	3	8	5	3
44	5	4	1	10	6	4	9	6	3
45−49岁	**27**	**20**	**7**	**32**	**22**	**10**	**35**	**19**	**16**
45	7	5	2	8	7	1	11	4	7
46	7	5	2	3	2	1	5	3	2
47	6	5	1	6	4	2	10	7	3
48	3	2	1	11	8	3	2	2	
49	4	3	1	4	1	3	7	3	4
50岁及以上	**28**	**16**	**12**	**35**	**21**	**14**	**27**	**17**	**10**
平均初婚年龄	**25.49**	**26.29**	**24.67**	**26.09**	**26.91**	**25.29**	**26.32**	**27.06**	**25.58**

5-4b 续表 12 单位：人

初婚年龄	初婚年份								
	2015年			2016年			2017年		
	小计	男	女	小计	男	女	小计	男	女
总　计	**5566**	**2759**	**2807**	**4680**	**2324**	**2356**	**4527**	**2230**	**2297**
15岁以下									
15-19岁	**206**	**44**	**162**	**148**	**28**	**120**	**127**	**23**	**104**
15	1		1	3		3	3	1	2
16	8	3	5	6		6	4		4
17	17	1	16	14	1	13	14	2	12
18	60	9	51	38	7	31	37	11	26
19	120	31	89	87	20	67	69	9	60
20-24岁	**1962**	**841**	**1121**	**1517**	**646**	**871**	**1464**	**612**	**852**
20	232	60	172	177	34	143	143	32	111
21	302	114	188	241	97	144	233	81	152
22	443	208	235	331	158	173	347	152	195
23	418	198	220	360	169	191	352	154	198
24	567	261	306	408	188	220	389	193	196
25-29岁	**2422**	**1301**	**1121**	**2117**	**1117**	**1000**	**1993**	**1048**	**945**
25	652	334	318	489	226	263	441	207	234
26	571	296	275	542	275	267	463	244	219
27	541	286	255	404	228	176	464	249	215
28	417	240	177	399	228	171	331	185	146
29	241	145	96	283	160	123	294	163	131
30-34岁	**567**	**328**	**239**	**544**	**334**	**210**	**583**	**333**	**250**
30	143	90	53	177	114	63	250	144	106
31	120	67	53	110	65	45	133	85	48
32	97	55	42	89	57	32	80	33	47
33	123	65	58	91	55	36	67	40	27
34	84	51	33	77	43	34	53	31	22
35-39岁	**234**	**144**	**90**	**209**	**116**	**93**	**223**	**136**	**87**
35	85	54	31	65	34	31	72	41	31
36	55	35	20	51	32	19	45	29	16
37	39	18	21	51	29	22	48	30	18
38	21	18	3	29	16	13	34	22	12
39	34	19	15	13	5	8	24	14	10
40-44岁	**101**	**56**	**45**	**74**	**43**	**31**	**51**	**27**	**24**
40	32	18	14	20	15	5	12	4	8
41	23	13	10	15	6	9	9	4	5
42	27	12	15	18	12	6	12	8	4
43	11	8	3	8	3	5	9	6	3
44	8	5	3	13	7	6	9	5	4
45-49岁	**28**	**20**	**8**	**38**	**22**	**16**	**47**	**27**	**20**
45	10	8	2	13	7	6	14	9	5
46	4	3	1	5	4	1	10	4	6
47	7	5	2	5	3	2	10	5	5
48	1	1		9	3	6	9	6	3
49	6	3	3	6	5	1	4	3	1
50岁及以上	**46**	**25**	**21**	**33**	**18**	**15**	**39**	**24**	**15**
平均初婚年龄	**26.82**	**27.56**	**26.09**	**27.12**	**27.85**	**26.40**	**27.26**	**28.02**	**26.52**

5-4b　续表 13

单位：人

初婚年龄	初婚年份								
	2018年			2019年			2020年		
	小计	男	女	小计	男	女	小计	男	女
总　计	**4647**	**2298**	**2349**	**3657**	**1833**	**1824**	**2504**	**1285**	**1219**
15岁以下	**1**		**1**	**1**	**1**				
15–19岁	**104**	**14**	**90**	**72**	**13**	**59**	**49**	**10**	**39**
15	2		2	3	2	1	2		2
16	2		2	2	1	1	2	1	1
17	17	2	15	5		5	1		1
18	39	2	37	18	5	13	11	2	9
19	44	10	34	44	5	39	33	7	26
20–24岁	**1438**	**562**	**876**	**986**	**409**	**577**	**611**	**262**	**349**
20	124	30	94	80	15	65	43	6	37
21	183	55	128	129	47	82	70	22	48
22	342	143	199	210	97	113	161	64	97
23	333	137	196	254	107	147	126	64	62
24	456	197	259	313	143	170	211	106	105
25–29岁	**1986**	**1068**	**918**	**1542**	**801**	**741**	**1060**	**562**	**498**
25	451	223	228	343	161	182	239	105	134
26	437	224	213	369	194	175	246	127	119
27	420	222	198	294	136	158	248	143	105
28	385	223	162	260	149	111	186	106	80
29	293	176	117	276	161	115	141	81	60
30–34岁	**764**	**456**	**308**	**648**	**380**	**268**	**448**	**278**	**170**
30	242	150	92	195	125	70	124	74	50
31	249	147	102	174	95	79	111	62	49
32	123	71	52	132	83	49	88	61	27
33	81	47	34	98	48	50	79	52	27
34	69	41	28	49	29	20	46	29	17
35–39岁	**205**	**114**	**91**	**211**	**123**	**88**	**124**	**61**	**63**
35	47	27	20	47	29	18	31	13	18
36	59	33	26	43	26	17	27	16	11
37	38	20	18	56	32	24	22	10	12
38	27	17	10	33	21	12	17	11	6
39	34	17	17	32	15	17	27	11	16
40–44岁	**70**	**41**	**29**	**109**	**61**	**48**	**108**	**60**	**48**
40	19	11	8	33	17	16	32	20	12
41	14	8	6	31	18	13	26	15	11
42	18	11	7	17	11	6	20	9	11
43	9	4	5	18	7	11	11	7	4
44	10	7	3	10	8	2	19	9	10
45–49岁	**35**	**20**	**15**	**43**	**23**	**20**	**47**	**27**	**20**
45	7	3	4	6	3	3	8	3	5
46	8	4	4	17	10	7	17	13	4
47	7	5	2	4		4	10	5	5
48	6	4	2	12	8	4	8	5	3
49	7	4	3	4	2	2	4	1	3
50岁及以上	**44**	**23**	**21**	**45**	**22**	**23**	**57**	**25**	**32**
平均初婚年龄	**27.58**	**28.37**	**26.80**	**28.37**	**29.03**	**27.71**	**29.00**	**29.56**	**28.41**

5-4c 全省分初婚年龄、性别、初婚年份的人口(乡村)

单位：人

初婚年龄	初婚年份								
	合计			1980年			1981年		
	合计	男	女	小计	男	女	小计	男	女
总　计	**634242**	**325316**	**308926**	**30720**	**15111**	**15609**	**21909**	**10736**	**11173**
15岁以下	**592**	**156**	**436**	**50**	**17**	**33**	**16**	**3**	**13**
15-19岁	**86660**	**26610**	**60050**	**3064**	**779**	**2285**	**2510**	**626**	**1884**
15	2263	637	1626	144	43	101	112	34	78
16	4651	1138	3513	306	72	234	180	46	134
17	10204	2749	7455	634	135	499	346	79	267
18	22746	6751	15995	600	125	475	923	208	715
19	46796	15335	31461	1380	404	976	949	259	690
20-24岁	**410957**	**213459**	**197498**	**21032**	**10282**	**10750**	**15131**	**7433**	**7698**
20	75838	29612	46226	2812	981	1831	1793	610	1183
21	100927	51379	49548	3845	1743	2102	3184	1418	1766
22	103613	58411	45202	5202	2556	2646	3467	1736	1731
23	76751	42913	33838	5158	2752	2406	3855	2043	1812
24	53828	31144	22684	4015	2250	1765	2832	1626	1206
25-29岁	**97186**	**60082**	**37104**	**5941**	**3576**	**2365**	**3908**	**2428**	**1480**
25	36211	21748	14463	2805	1596	1209	1705	1005	700
26	23709	14675	9034	1542	926	616	1111	699	412
27	16461	10454	6007	845	553	292	597	382	215
28	11834	7430	4404	489	321	168	297	214	83
29	8971	5775	3196	260	180	80	198	128	70
30-34岁	**23365**	**15103**	**8262**	**496**	**346**	**150**	**278**	**195**	**83**
30	7098	4497	2601	216	147	69	117	81	36
31	5565	3580	1985	119	84	35	74	50	24
32	4402	2883	1519	70	43	27	37	26	11
33	3499	2296	1203	49	35	14	28	22	6
34	2801	1847	954	42	37	5	22	16	6
35-39岁	**7876**	**5195**	**2681**	**103**	**85**	**18**	**54**	**44**	**10**
35	2155	1436	719	23	21	2	20	16	4
36	1817	1203	614	23	19	4	10	6	4
37	1455	959	496	17	13	4	10	9	1
38	1296	850	446	19	16	3	6	6	
39	1153	747	406	21	16	5	8	7	1
40-44岁	**3950**	**2508**	**1442**	**28**	**22**	**6**	**10**	**6**	**4**
40	1025	634	391	6	5	1	4	3	1
41	933	580	353	10	9	1	1		1
42	778	511	267	6	3	3	1	1	
43	680	431	249	2	2		2	1	1
44	534	352	182	4	3	1	2	1	1
45-49岁	**1797**	**1122**	**675**	**3**	**3**		**2**	**1**	**1**
45	458	296	162	2	2		1	1	
46	395	258	137	1	1				
47	333	198	135						
48	336	199	137						
49	275	171	104				1		1
50岁及以上	**1859**	**1081**	**778**	**3**	**1**	**2**			
平均初婚年龄	**23.34**	**23.99**	**22.66**	**23.19**	**23.80**	**22.59**	**23.04**	**23.67**	**22.43**

5-4c　续表 1　　　　　　　　　　　　　　　　　　　　　　　　　　　　单位：人

初婚年龄	初婚年份								
	1982年			1983年			1984年		
	小计	男	女	小计	男	女	小计	男	女
总　计	**22738**	**11140**	**11598**	**21439**	**10561**	**10878**	**24673**	**12246**	**12427**
15岁以下	**40**	**10**	**30**	**14**	**2**	**12**	**26**	**6**	**20**
15-19岁	**3869**	**1120**	**2749**	**3520**	**1063**	**2457**	**3864**	**1218**	**2646**
15	89	33	56	95	34	61	103	24	79
16	189	44	145	171	46	125	187	56	131
17	414	107	307	345	100	245	379	106	273
18	1026	282	744	854	223	631	985	276	709
19	2151	654	1497	2055	660	1395	2210	756	1454
20-24岁	**14389**	**7220**	**7169**	**13985**	**7010**	**6975**	**16829**	**8485**	**8344**
20	1818	626	1192	3733	1451	2282	3888	1535	2353
21	2749	1281	1468	2446	1204	1242	5685	2865	2820
22	3974	2089	1885	2738	1500	1238	2939	1644	1295
23	3112	1664	1448	3017	1668	1349	2199	1213	986
24	2736	1560	1176	2051	1187	864	2118	1228	890
25-29岁	**3973**	**2459**	**1514**	**3470**	**2156**	**1314**	**3370**	**2138**	**1232**
25	1811	1089	722	1461	889	572	1237	762	475
26	997	625	372	927	552	375	920	590	330
27	594	373	221	534	335	199	576	380	196
28	371	234	137	335	227	108	388	250	138
29	200	138	62	213	153	60	249	156	93
30-34岁	**374**	**261**	**113**	**380**	**275**	**105**	**487**	**329**	**158**
30	136	87	49	139	99	40	183	117	66
31	104	75	29	108	78	30	118	88	30
32	55	37	18	58	43	15	90	58	32
33	50	39	11	48	35	13	50	35	15
34	29	23	6	27	20	7	46	31	15
35-39岁	**73**	**57**	**16**	**51**	**38**	**13**	**71**	**51**	**20**
35	20	15	5	15	10	5	19	12	7
36	23	17	6	14	13	1	16	11	5
37	10	9	1	9	4	5	18	15	3
38	11	9	2	6	5	1	11	6	5
39	9	7	2	7	6	1	7	7	
40-44岁	**13**	**8**	**5**	**15**	**14**	**1**	**21**	**17**	**4**
40	3	2	1	4	4		7	7	
41	2	2		3	2	1	6	2	4
42	1	1		4	4		4	4	
43	1		1	3	3		2	2	
44	6	3	3	1	1		2	2	
45-49岁	**5**	**4**	**1**	**3**	**2**	**1**	**3**	**1**	**2**
45	2	2		1		1			
46				1	1		2		2
47									
48	1	1		1	1		1	1	
49	2	1	1						
50岁及以上	**2**	**1**	**1**	**1**	**1**		**2**	**1**	**1**
平均初婚年龄	**22.87**	**23.54**	**22.23**	**22.64**	**23.30**	**22.00**	**22.45**	**23.04**	**21.88**

5-4c 续表 2

单位：人

初婚年龄	初婚年份								
	1985年			1986年			1987年		
	小计	男	女	小计	男	女	小计	男	女
总　计	**31744**	**15793**	**15951**	**28791**	**14404**	**14387**	**27281**	**13594**	**13687**
15岁以下	**26**	**8**	**18**	**20**	**5**	**15**	**15**	**3**	**12**
15-19岁	**4770**	**1579**	**3191**	**4318**	**1411**	**2907**	**4205**	**1371**	**2834**
15	116	31	85	85	22	63	74	18	56
16	272	83	189	199	50	149	176	30	146
17	536	153	383	522	139	383	464	138	326
18	1178	371	807	1138	352	786	1195	375	820
19	2668	941	1727	2374	848	1526	2296	810	1486
20-24岁	**22112**	**11199**	**10913**	**20777**	**10764**	**10013**	**19932**	**10370**	**9562**
20	4470	1777	2693	4177	1776	2401	3585	1492	2093
21	6362	3276	3086	5515	2935	2580	5208	2711	2497
22	6982	3851	3131	5562	3091	2471	5130	2920	2210
23	2562	1364	1198	4241	2275	1966	3546	1936	1610
24	1736	931	805	1282	687	595	2463	1311	1152
25-29岁	**3919**	**2398**	**1521**	**2763**	**1637**	**1126**	**2235**	**1274**	**961**
25	1553	916	637	817	458	359	695	383	312
26	890	534	356	730	441	289	477	270	207
27	684	437	247	465	260	205	467	268	199
28	477	311	166	396	253	143	317	184	133
29	315	200	115	355	225	130	279	169	110
30-34岁	**723**	**475**	**248**	**704**	**443**	**261**	**702**	**442**	**260**
30	270	176	94	246	140	106	211	120	91
31	185	125	60	173	119	54	169	102	67
32	123	78	45	142	91	51	134	95	39
33	79	46	33	76	51	25	107	72	35
34	66	50	16	67	42	25	81	53	28
35-39岁	**136**	**99**	**37**	**149**	**103**	**46**	**129**	**89**	**40**
35	40	30	10	42	28	14	43	29	14
36	33	26	7	45	33	12	31	23	8
37	21	17	4	21	15	6	25	16	9
38	19	9	10	25	16	9	16	12	4
39	23	17	6	16	11	5	14	9	5
40-44岁	**41**	**24**	**17**	**40**	**31**	**9**	**43**	**34**	**9**
40	16	10	6	14	10	4	12	10	2
41	11	7	4	12	10	2	13	9	4
42	7	3	4	8	7	1	8	6	2
43	4	2	2	6	4	2	5	4	1
44	3	2	1				5	5	
45-49岁	**13**	**8**	**5**	**12**	**8**	**4**	**14**	**8**	**6**
45	5	4	1	3	2	1	5	4	1
46	3	2	1	1	1		4	2	2
47	3	1	2	4	3	1	3	1	2
48	1		1	4	2	2	1		1
49	1	1					1	1	
50岁及以上	**4**	**3**	**1**	**8**	**2**	**6**	**6**	**3**	**3**
平均初婚年龄	**22.48**	**22.97**	**21.99**	**22.47**	**22.92**	**22.03**	**22.52**	**22.96**	**22.08**

5-4c　续表 3　　　　单位：人

初婚年龄	初婚年份								
	1988年			1989年			1990年		
	小计	男	女	小计	男	女	小计	男	女
总　计	**27320**	**13580**	**13740**	**25277**	**12680**	**12597**	**27993**	**14146**	**13847**
15岁以下	**23**	**1**	**22**	**29**	**9**	**20**	**35**	**16**	**19**
15–19岁	**4445**	**1462**	**2983**	**4031**	**1366**	**2665**	**4517**	**1525**	**2992**
15	100	26	74	77	24	53	102	33	69
16	178	42	136	197	54	143	204	56	148
17	447	136	311	423	137	286	504	138	366
18	1189	371	818	1070	371	699	1170	390	780
19	2531	887	1644	2264	780	1484	2537	908	1629
20–24岁	**19293**	**10052**	**9241**	**17764**	**9275**	**8489**	**19409**	**10193**	**9216**
20	3787	1602	2185	3838	1650	2188	3849	1626	2223
21	4768	2517	2251	4621	2404	2217	5366	2889	2477
22	4984	2807	2177	4142	2347	1795	4857	2764	2093
23	3526	1895	1631	3152	1747	1405	3074	1667	1407
24	2228	1231	997	2011	1127	884	2263	1247	1016
25–29岁	**2720**	**1520**	**1200**	**2610**	**1481**	**1129**	**3099**	**1758**	**1341**
25	1427	797	630	1135	636	499	1308	743	565
26	453	237	216	724	409	315	828	469	359
27	302	163	139	300	174	126	581	337	244
28	308	175	133	238	134	104	229	132	97
29	230	148	82	213	128	85	153	77	76
30–34岁	**631**	**410**	**221**	**618**	**400**	**218**	**608**	**425**	**183**
30	193	126	67	170	110	60	192	126	66
31	151	92	59	161	94	67	108	70	38
32	128	90	38	97	67	30	120	87	33
33	94	61	33	108	71	37	111	83	28
34	65	41	24	82	58	24	77	59	18
35–39岁	**144**	**96**	**48**	**159**	**109**	**50**	**217**	**153**	**64**
35	39	25	14	61	40	21	68	52	16
36	44	28	16	33	21	12	60	44	16
37	30	20	10	28	19	9	30	21	9
38	16	13	3	18	15	3	30	18	12
39	15	10	5	19	14	5	29	18	11
40–44岁	**38**	**27**	**11**	**45**	**30**	**15**	**76**	**53**	**23**
40	9	6	3	18	13	5	25	20	5
41	13	9	4	7	3	4	20	10	10
42	7	6	1	11	6	5	10	7	3
43	6	4	2	6	6		12	10	2
44	3	2	1	3	2	1	9	6	3
45–49岁	**16**	**9**	**7**	**15**	**9**	**6**	**19**	**17**	**2**
45	5	3	2	4	3	1	9	9	
46	2	1	1	6	4	2	2	1	1
47	4	2	2	2	2		5	5	
48	4	2	2	3		3	1	1	
49	1	1					2	1	1
50岁及以上	**10**	**3**	**7**	**6**	**1**	**5**	**13**	**6**	**7**
平均初婚年龄	**22.49**	**22.92**	**22.05**	**22.50**	**22.94**	**22.06**	**22.55**	**23.02**	**22.06**

5-4c 续表 4

单位：人

初婚年龄	初婚年份								
	1991年			1992年			1993年		
	小计	男	女	小计	男	女	小计	男	女
总　计	**19172**	**9721**	**9451**	**21532**	**10940**	**10592**	**20797**	**10609**	**10188**
15岁以下	**16**	**2**	**14**	**14**	**1**	**13**	**10**	**3**	**7**
15-19岁	**2747**	**863**	**1884**	**2830**	**884**	**1946**	**2397**	**700**	**1697**
15	50	19	31	49	14	35	42	9	33
16	107	28	79	128	30	98	80	14	66
17	275	85	190	289	78	211	207	64	143
18	731	222	509	667	208	459	604	176	428
19	1584	509	1075	1697	554	1143	1464	437	1027
20-24岁	**13799**	**7261**	**6538**	**15520**	**8156**	**7364**	**15039**	**7891**	**7148**
20	2898	1166	1732	2844	1141	1703	2686	1038	1648
21	3664	1922	1742	4281	2271	2010	3863	2014	1849
22	3658	2126	1532	4045	2347	1698	4074	2356	1718
23	2299	1313	986	2769	1542	1227	2778	1552	1226
24	1280	734	546	1581	855	726	1638	931	707
25-29岁	**2091**	**1239**	**852**	**2449**	**1419**	**1030**	**2472**	**1456**	**1016**
25	877	497	380	906	499	407	935	549	386
26	512	314	198	602	387	215	532	311	221
27	317	205	112	416	242	174	452	268	184
28	292	170	122	282	146	136	298	180	118
29	93	53	40	243	145	98	255	148	107
30-34岁	**313**	**211**	**102**	**404**	**271**	**133**	**522**	**324**	**198**
30	74	49	25	91	51	40	199	117	82
31	83	58	25	103	71	32	100	56	44
32	55	40	15	78	55	23	79	50	29
33	52	34	18	68	44	24	76	54	22
34	49	30	19	64	50	14	68	47	21
35-39岁	**131**	**96**	**35**	**195**	**135**	**60**	**205**	**138**	**67**
35	42	30	12	48	35	13	58	36	22
36	25	20	5	52	37	15	48	36	12
37	24	17	7	36	24	12	31	24	7
38	22	17	5	33	22	11	36	23	13
39	18	12	6	26	17	9	32	19	13
40-44岁	**43**	**27**	**16**	**77**	**51**	**26**	**103**	**68**	**35**
40	8	5	3	23	12	11	28	16	12
41	14	8	6	20	15	5	33	24	9
42	6	3	3	16	11	5	22	16	6
43	6	4	2	9	7	2	11	6	5
44	9	7	2	9	6	3	9	6	3
45-49岁	**23**	**15**	**8**	**26**	**17**	**9**	**29**	**18**	**11**
45	9	6	3	7	4	3	7	4	3
46	4	3	1	7	4	3	6	4	2
47	2	2		5	3	2	7	5	2
48	2	2		2	1	1	8	4	4
49	6	2	4	5	5		1	1	
50岁及以上	**9**	**7**	**2**	**17**	**6**	**11**	**20**	**11**	**9**
平均初婚年龄	**22.53**	**23.02**	**22.02**	**22.76**	**23.22**	**22.28**	**22.99**	**23.48**	**22.47**

5-4c　续表 5　　　　单位：人

初婚年龄	初婚年份								
	1994年			1995年			1996年		
	小计	男	女	小计	男	女	小计	男	女
总　计	**19046**	**9730**	**9316**	**20232**	**10379**	**9853**	**16444**	**8537**	**7907**
15岁以下	**14**	**5**	**9**	**14**	**3**	**11**	**9**	**1**	**8**
15-19岁	**2052**	**607**	**1445**	**2180**	**658**	**1522**	**1714**	**458**	**1256**
15	50	12	38	73	24	49	31	6	25
16	103	29	74	158	33	125	114	33	81
17	188	51	137	240	66	174	192	46	146
18	476	122	354	485	161	324	416	114	302
19	1235	393	842	1224	374	850	961	259	702
20-24岁	**13698**	**7122**	**6576**	**13936**	**7247**	**6689**	**11052**	**5813**	**5239**
20	2369	901	1468	2158	791	1367	1800	638	1162
21	3602	1825	1777	3531	1778	1753	2625	1377	1248
22	3529	2035	1494	3802	2194	1608	2947	1720	1227
23	2611	1462	1149	2619	1438	1181	2200	1229	971
24	1587	899	688	1826	1046	780	1480	849	631
25-29岁	**2391**	**1441**	**950**	**2872**	**1732**	**1140**	**2427**	**1514**	**913**
25	963	566	397	1156	694	462	1001	628	373
26	549	344	205	682	419	263	579	351	228
27	371	229	142	451	266	185	350	227	123
28	304	177	127	329	199	130	268	160	108
29	204	125	79	254	154	100	229	148	81
30-34岁	**534**	**328**	**206**	**718**	**416**	**302**	**685**	**416**	**269**
30	196	104	92	207	122	85	180	110	70
31	142	101	41	197	115	82	177	105	72
32	70	43	27	189	106	83	156	97	59
33	57	32	25	73	43	30	122	75	47
34	69	48	21	52	30	22	50	29	21
35-39岁	**183**	**128**	**55**	**242**	**167**	**75**	**213**	**130**	**83**
35	46	33	13	57	39	18	40	25	15
36	40	24	16	55	35	20	59	39	20
37	34	24	10	44	32	12	30	19	11
38	28	19	9	48	33	15	41	23	18
39	35	28	7	38	28	10	43	24	19
40-44岁	**113**	**65**	**48**	**154**	**97**	**57**	**181**	**115**	**66**
40	34	17	17	28	12	16	44	27	17
41	14	7	7	43	26	17	43	32	11
42	22	15	7	31	21	10	42	30	12
43	27	15	12	35	26	9	34	17	17
44	16	11	5	17	12	5	18	9	9
45-49岁	**32**	**19**	**13**	**50**	**29**	**21**	**83**	**41**	**42**
45	4	3	1	15	10	5	12	9	3
46	9	6	3	11	5	6	21	13	8
47	4	1	3	8	5	3	15	6	9
48	6	2	4	9	5	4	19	7	12
49	9	7	2	7	4	3	16	6	10
50岁及以上	**29**	**15**	**14**	**66**	**30**	**36**	**80**	**49**	**31**
平均初婚年龄	**23.11**	**23.61**	**22.59**	**23.42**	**23.94**	**22.88**	**23.74**	**24.32**	**23.11**

5-4c 续表 6 单位：人

初婚年龄	初婚年份								
	1997年			1998年			1999年		
	小计	男	女	小计	男	女	小计	男	女
总　计	**14998**	**7721**	**7277**	**16646**	**8669**	**7977**	**13752**	**7143**	**6609**
15岁以下	**8**		**8**	**19**	**9**	**10**	**14**	**4**	**10**
15-19岁	**1805**	**505**	**1300**	**2306**	**677**	**1629**	**1892**	**547**	**1345**
15	40	10	30	35	6	29	29	4	25
16	76	10	66	118	21	97	72	22	50
17	198	58	140	217	70	147	222	53	169
18	449	132	317	624	173	451	449	134	315
19	1042	295	747	1312	407	905	1120	334	786
20-24岁	**9423**	**4946**	**4477**	**10154**	**5460**	**4694**	**8821**	**4664**	**4157**
20	1477	490	987	1885	697	1188	1926	711	1215
21	2261	1158	1103	2328	1230	1098	2299	1174	1125
22	2446	1412	1034	2601	1508	1093	2126	1289	837
23	1921	1110	811	1945	1151	794	1398	847	551
24	1318	776	542	1395	874	521	1072	643	429
25-29岁	**2402**	**1485**	**917**	**2713**	**1661**	**1052**	**2075**	**1319**	**756**
25	879	523	356	956	584	372	702	444	258
26	600	388	212	613	383	230	523	341	182
27	405	262	143	464	283	181	339	220	119
28	298	178	120	350	211	139	273	166	107
29	220	134	86	330	200	130	238	148	90
30-34岁	**731**	**444**	**287**	**939**	**551**	**388**	**596**	**377**	**219**
30	198	120	78	268	149	119	171	114	57
31	186	102	84	184	111	73	152	93	59
32	142	88	54	201	124	77	103	62	41
33	105	72	33	172	95	77	105	67	38
34	100	62	38	114	72	42	65	41	24
35-39岁	**198**	**112**	**86**	**257**	**155**	**102**	**162**	**110**	**52**
35	39	23	16	96	63	33	54	38	16
36	31	18	13	37	25	12	56	38	18
37	43	27	16	43	24	19	20	11	9
38	42	26	16	44	24	20	17	10	7
39	43	18	25	37	19	18	15	13	2
40-44岁	**301**	**148**	**153**	**160**	**95**	**65**	**114**	**75**	**39**
40	53	20	33	36	24	12	25	17	8
41	62	27	35	33	21	12	24	16	8
42	76	39	37	37	18	19	26	16	10
43	62	38	24	34	19	15	21	17	4
44	48	24	24	20	13	7	18	9	9
45-49岁	**104**	**64**	**40**	**62**	**39**	**23**	**46**	**27**	**19**
45	44	27	17	20	14	6	13	9	4
46	21	13	8	11	8	3	11	6	5
47	12	7	5	10	6	4	9	5	4
48	17	11	6	15	7	8	5	3	2
49	10	6	4	6	4	2	8	4	4
50岁及以上	**26**	**17**	**9**	**36**	**22**	**14**	**32**	**20**	**12**
平均初婚年龄	**23.99**	**24.59**	**23.35**	**23.73**	**24.36**	**23.05**	**23.36**	**24.07**	**22.59**

5-4c 续表 7

单位：人

初婚年龄	初婚年份								
	2000年			2001年			2002年		
	小计	男	女	小计	男	女	小计	男	女
总 计	**16077**	**8480**	**7597**	**11108**	**5875**	**5233**	**11409**	**6057**	**5352**
15岁以下	**36**	**14**	**22**	**15**	**6**	**9**	**11**	**3**	**8**
15-19岁	**2293**	**690**	**1603**	**1566**	**461**	**1105**	**1378**	**383**	**995**
15	48	16	32	47	15	32	74	21	53
16	120	32	88	67	23	44	89	16	73
17	259	75	184	171	39	132	149	25	124
18	666	208	458	371	108	263	322	82	240
19	1200	359	841	910	276	634	744	239	505
20-24岁	**10528**	**5643**	**4885**	**7329**	**3923**	**3406**	**7710**	**4110**	**3600**
20	2122	822	1300	1320	492	828	1578	552	1026
21	3022	1585	1437	1981	1016	965	1693	837	856
22	2565	1528	1037	2070	1228	842	2046	1228	818
23	1659	981	678	1204	704	500	1515	930	585
24	1160	727	433	754	483	271	878	563	315
25-29岁	**2253**	**1507**	**746**	**1555**	**1060**	**495**	**1543**	**1048**	**495**
25	774	509	265	536	346	190	553	368	185
26	572	381	191	377	259	118	336	221	115
27	394	278	116	290	195	95	262	186	76
28	292	188	104	195	142	53	199	139	60
29	221	151	70	157	118	39	193	134	59
30-34岁	**557**	**357**	**200**	**427**	**291**	**136**	**475**	**320**	**155**
30	158	102	56	128	93	35	134	91	43
31	121	84	37	106	71	35	110	80	30
32	102	56	46	96	64	32	93	60	33
33	97	62	35	55	37	18	78	54	24
34	79	53	26	42	26	16	60	35	25
35-39岁	**210**	**142**	**68**	**137**	**85**	**52**	**186**	**118**	**68**
35	73	48	25	30	16	14	50	37	13
36	54	39	15	35	23	12	44	31	13
37	45	30	15	26	19	7	35	23	12
38	17	9	8	32	21	11	33	14	19
39	21	16	5	14	6	8	24	13	11
40-44岁	**91**	**65**	**26**	**47**	**30**	**17**	**52**	**33**	**19**
40	27	16	11	10	6	4	15	6	9
41	21	15	6	10	3	7	7	5	2
42	7	4	3	7	6	1	9	8	1
43	13	11	2	11	10	1	8	6	2
44	23	19	4	9	5	4	13	8	5
45-49岁	**60**	**30**	**30**	**16**	**10**	**6**	**33**	**25**	**8**
45	11	3	8	4	2	2	13	10	3
46	9	6	3	4	4		6	5	1
47	16	10	6	1	1		5	4	1
48	13	6	7	4	2	2	7	4	3
49	11	5	6	3	1	2	2	2	
50岁及以上	**49**	**32**	**17**	**16**	**9**	**7**	**21**	**17**	**4**
平均初婚年龄	**23.17**	**23.86**	**22.39**	**23.12**	**23.82**	**22.33**	**23.34**	**24.13**	**22.45**

5-4c 续表 8

单位：人

初婚年龄	初婚年份								
	2003年			2004年			2005年		
	小计	男	女	小计	男	女	小计	男	女
总　计	**11860**	**6279**	**5581**	**10644**	**5688**	**4956**	**11064**	**5996**	**5068**
15岁以下	**22**	**7**	**15**	**16**	**4**	**12**	**14**	**4**	**10**
15-19岁	**1396**	**388**	**1008**	**1473**	**394**	**1079**	**1977**	**598**	**1379**
15	81	27	54	64	18	46	78	23	55
16	93	19	74	121	30	91	123	39	84
17	186	40	146	233	46	187	300	89	211
18	366	84	282	417	107	310	576	161	415
19	670	218	452	638	193	445	900	286	614
20-24岁	**7800**	**4144**	**3656**	**6573**	**3568**	**3005**	**6002**	**3326**	**2676**
20	1284	439	845	982	352	630	925	351	574
21	2038	1037	1001	1475	765	710	1140	572	568
22	1849	1057	792	1893	1085	808	1524	903	621
23	1438	858	580	1252	768	484	1452	890	562
24	1191	753	438	971	598	373	961	610	351
25-29岁	**1814**	**1192**	**622**	**1768**	**1193**	**575**	**2068**	**1398**	**670**
25	692	425	267	740	493	247	781	526	255
26	401	284	117	386	257	129	569	378	191
27	284	191	93	273	191	82	331	229	102
28	237	155	82	184	123	61	216	140	76
29	200	137	63	185	129	56	171	125	46
30-34岁	**513**	**344**	**169**	**508**	**326**	**182**	**568**	**394**	**174**
30	146	99	47	134	78	56	165	118	47
31	110	75	35	120	75	45	118	86	32
32	104	67	37	99	70	29	104	73	31
33	82	56	26	94	63	31	90	60	30
34	71	47	24	61	40	21	91	57	34
35-39岁	**191**	**124**	**67**	**186**	**123**	**63**	**211**	**125**	**86**
35	60	41	19	58	42	16	61	35	26
36	47	24	23	32	18	14	51	33	18
37	30	19	11	38	24	14	44	23	21
38	34	24	10	27	21	6	26	17	9
39	20	16	4	31	18	13	29	17	12
40-44岁	**58**	**32**	**26**	**58**	**43**	**15**	**91**	**65**	**26**
40	22	10	12	18	13	5	34	27	7
41	5	4	1	20	13	7	17	11	6
42	14	10	4	6	5	1	26	17	9
43	10	3	7	8	7	1	8	4	4
44	7	5	2	6	5	1	6	6	
45-49岁	**31**	**23**	**8**	**33**	**18**	**15**	**69**	**46**	**23**
45	9	6	3	7	1	6	20	16	4
46	7	5	2	10	8	2	13	10	3
47	2	1	1	8	5	3	13	6	7
48	10	9	1	5	3	2	11	5	6
49	3	2	1	3	1	2	12	9	3
50岁及以上	**35**	**25**	**10**	**29**	**19**	**10**	**64**	**40**	**24**
平均初婚年龄	**23.51**	**24.28**	**22.65**	**23.59**	**24.40**	**22.66**	**23.86**	**24.76**	**22.81**

5-4c　续表 9

单位：人

初婚年龄	初婚年份								
	2006年			2007年			2008年		
	小计	男	女	小计	男	女	小计	男	女
总　计	**9727**	**5243**	**4484**	**9370**	**5092**	**4278**	**10749**	**5825**	**4924**
15岁以下	**8**	**2**	**6**	**5**	**2**	**3**	**6**	**1**	**5**
15-19岁	**1930**	**597**	**1333**	**1764**	**578**	**1186**	**1922**	**672**	**1250**
15	55	13	42	47	14	33	43	14	29
16	104	23	81	96	20	76	91	21	70
17	239	54	185	257	87	170	229	72	157
18	552	165	387	489	153	336	620	207	413
19	980	342	638	875	304	571	939	358	581
20-24岁	**5125**	**2845**	**2280**	**4895**	**2692**	**2203**	**5764**	**3092**	**2672**
20	1132	448	684	1300	554	746	1422	586	836
21	1039	531	508	1234	635	599	1640	861	779
22	1075	666	409	989	615	374	1304	764	540
23	948	590	358	722	464	258	801	486	315
24	931	610	321	650	424	226	597	395	202
25-29岁	**1806**	**1223**	**583**	**1863**	**1251**	**612**	**1971**	**1359**	**612**
25	628	411	217	646	444	202	543	372	171
26	471	329	142	456	295	161	520	367	153
27	340	227	113	335	224	111	358	254	104
28	231	162	69	264	175	89	305	206	99
29	136	94	42	162	113	49	245	160	85
30-34岁	**515**	**350**	**165**	**501**	**343**	**158**	**599**	**389**	**210**
30	124	89	35	129	87	42	177	117	60
31	114	78	36	94	68	26	118	88	30
32	107	62	45	95	64	31	108	70	38
33	91	61	30	90	67	23	98	52	46
34	79	60	19	93	57	36	98	62	36
35-39岁	**208**	**142**	**66**	**211**	**139**	**72**	**276**	**184**	**92**
35	58	40	18	60	39	21	69	45	24
36	50	30	20	46	31	15	68	44	24
37	46	30	16	46	30	16	51	32	19
38	28	24	4	32	22	10	42	29	13
39	26	18	8	27	17	10	46	34	12
40-44岁	**70**	**39**	**31**	**58**	**43**	**15**	**106**	**67**	**39**
40	19	8	11	21	14	7	27	17	10
41	18	12	6	14	12	2	20	15	5
42	18	11	7	7	6	1	21	12	9
43	12	7	5	10	8	2	23	11	12
44	3	1	2	6	3	3	15	12	3
45-49岁	**28**	**19**	**9**	**34**	**18**	**16**	**36**	**21**	**15**
45	3	3		5	5		8	2	6
46	8	5	3	7	1	6	7	5	2
47	8	5	3	5	4	1	9	4	5
48	5	3	2	11	7	4	7	6	1
49	4	3	1	6	1	5	5	4	1
50岁及以上	**37**	**26**	**11**	**39**	**26**	**13**	**69**	**40**	**29**
平均初婚年龄	**23.64**	**24.59**	**22.52**	**23.63**	**24.51**	**22.59**	**23.80**	**24.63**	**22.83**

5-4c 续表 10

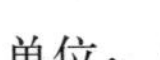

单位：人

初婚年龄	初婚年份								
	2009年			2010年			2011年		
	小计	男	女	小计	男	女	小计	男	女
总　计	**9216**	**4962**	**4254**	**10557**	**5784**	**4773**	**7527**	**4120**	**3407**
15岁以下	**6**		**6**	**10**	**2**	**8**	**10**	**1**	**9**
15-19岁	**1536**	**528**	**1008**	**1363**	**442**	**921**	**940**	**295**	**645**
15	31	7	24	51	11	40	29	8	21
16	83	20	63	106	26	80	74	21	53
17	199	57	142	193	50	143	142	35	107
18	428	148	280	341	118	223	274	94	180
19	795	296	499	672	237	435	421	137	284
20-24岁	**5039**	**2718**	**2321**	**6076**	**3334**	**2742**	**4310**	**2337**	**1973**
20	1056	426	630	1179	520	659	733	302	431
21	1238	623	615	1312	648	664	971	488	483
22	1405	820	585	1516	905	611	1000	585	415
23	830	532	298	1275	752	523	848	486	362
24	510	317	193	794	509	285	758	476	282
25-29岁	**1569**	**1029**	**540**	**1694**	**1077**	**617**	**1332**	**857**	**475**
25	384	245	139	476	301	175	452	281	171
26	368	231	137	351	226	125	271	168	103
27	356	244	112	360	229	131	208	134	74
28	255	166	89	302	190	112	212	144	68
29	206	143	63	205	131	74	189	130	59
30-34岁	**611**	**388**	**223**	**696**	**465**	**231**	**570**	**387**	**183**
30	199	117	82	200	125	75	138	95	43
31	137	92	45	203	133	70	147	89	58
32	109	72	37	122	85	37	139	96	43
33	94	62	32	83	67	16	84	58	26
34	72	45	27	88	55	33	62	49	13
35-39岁	**262**	**173**	**89**	**334**	**224**	**110**	**193**	**130**	**63**
35	78	47	31	80	52	28	48	29	19
36	65	42	23	77	49	28	42	23	19
37	45	30	15	61	44	17	38	27	11
38	48	36	12	53	40	13	41	34	7
39	26	18	8	63	39	24	24	17	7
40-44岁	**111**	**71**	**40**	**170**	**122**	**48**	**81**	**54**	**27**
40	34	27	7	38	24	14	29	20	9
41	27	16	11	41	33	8	19	13	6
42	24	13	11	38	28	10	12	9	3
43	22	13	9	27	19	8	14	7	7
44	4	2	2	26	18	8	7	5	2
45-49岁	**36**	**26**	**10**	**89**	**49**	**40**	**42**	**30**	**12**
45	11	8	3	24	17	7	6	5	1
46	10	6	4	22	11	11	11	8	3
47	4	4		24	10	14	10	7	3
48	7	5	2	7	4	3	10	7	3
49	4	3	1	12	7	5	5	3	2
50岁及以上	**46**	**29**	**17**	**125**	**69**	**56**	**49**	**29**	**20**
平均初婚年龄	**24.02**	**24.86**	**23.04**	**24.61**	**25.39**	**23.66**	**24.43**	**25.28**	**23.40**

5-4c　续表 11　　　　单位：人

初婚年龄	初婚年份								
	2012年			2013年			2014年		
	小计	男	女	小计	男	女	小计	男	女
总　计	**8072**	**4431**	**3641**	**7377**	**3976**	**3401**	**6599**	**3566**	**3033**
15岁以下	**5**	**1**	**4**	**2**		**2**	**3**	**1**	**2**
15-19岁	**973**	**311**	**662**	**785**	**230**	**555**	**649**	**198**	**451**
15	33	7	26	29	5	24	20	5	15
16	76	17	59	50	5	45	46	12	34
17	164	37	127	127	34	93	97	27	70
18	263	102	161	207	58	149	179	53	126
19	437	148	289	372	128	244	307	101	206
20-24岁	**4141**	**2210**	**1931**	**3577**	**1852**	**1725**	**2893**	**1457**	**1436**
20	587	255	332	525	183	342	448	163	285
21	824	408	416	595	295	300	530	245	285
22	1057	575	482	892	502	390	612	317	295
23	899	517	382	856	459	397	618	330	288
24	774	455	319	709	413	296	685	402	283
25-29岁	**1758**	**1125**	**633**	**1893**	**1164**	**729**	**1902**	**1177**	**725**
25	717	435	282	656	401	255	557	327	230
26	389	246	143	531	333	198	549	334	215
27	260	179	81	324	188	136	420	285	135
28	171	113	58	201	129	72	229	139	90
29	221	152	69	181	113	68	147	92	55
30-34岁	**644**	**428**	**216**	**644**	**431**	**213**	**573**	**347**	**226**
30	198	137	61	155	99	56	142	83	59
31	131	82	49	168	119	49	142	73	69
32	116	79	37	114	77	37	115	81	34
33	124	86	38	109	70	39	91	59	32
34	75	44	31	98	66	32	83	51	32
35-39岁	**265**	**178**	**87**	**226**	**140**	**86**	**254**	**180**	**74**
35	65	43	22	76	52	24	87	58	29
36	51	34	17	41	25	16	52	36	16
37	50	38	12	29	15	14	41	32	9
38	48	25	23	35	18	17	45	33	12
39	51	38	13	45	30	15	29	21	8
40-44岁	**152**	**99**	**53**	**118**	**80**	**38**	**156**	**100**	**56**
40	39	27	12	29	20	9	33	20	13
41	42	23	19	20	9	11	40	22	18
42	27	20	7	24	20	4	25	20	5
43	28	18	10	22	14	8	35	21	14
44	16	11	5	23	17	6	23	17	6
45-49岁	**76**	**47**	**29**	**66**	**41**	**25**	**84**	**55**	**29**
45	24	15	9	19	14	5	28	14	14
46	15	9	6	12	9	3	13	9	4
47	15	8	7	12	8	4	13	10	3
48	11	9	2	9	3	6	15	9	6
49	11	6	5	14	7	7	15	13	2
50岁及以上	**58**	**32**	**26**	**66**	**38**	**28**	**85**	**51**	**34**
平均初婚年龄	**25.07**	**25.88**	**24.08**	**25.37**	**26.20**	**24.39**	**26.01**	**26.94**	**24.92**

5-4c 续表 12 单位：人

初婚年龄	初婚年份								
	2015年			2016年			2017年		
	小计	男	女	小计	男	女	小计	男	女
总 计	**7075**	**3843**	**3232**	**5591**	**3063**	**2528**	**5142**	**2760**	**2382**
15岁以下	**5**		**5**	**1**		**1**	**2**		**2**
15-19岁	**529**	**149**	**380**	**374**	**104**	**270**	**268**	**55**	**213**
15	9	1	8	12	1	11	5	1	4
16	28	7	21	19	3	16	19	2	17
17	82	20	62	46	6	40	34	4	30
18	135	36	99	106	35	71	63	13	50
19	275	85	190	191	59	132	147	35	112
20-24岁	**2975**	**1480**	**1495**	**2263**	**1126**	**1137**	**1942**	**951**	**991**
20	439	161	278	320	108	212	253	73	180
21	590	257	333	450	196	254	361	153	208
22	690	373	317	566	300	266	443	235	208
23	597	327	270	501	280	221	437	236	201
24	659	362	297	426	242	184	448	254	194
25-29岁	**2286**	**1398**	**888**	**1919**	**1165**	**754**	**1780**	**1059**	**721**
25	730	441	289	482	283	199	414	237	177
26	539	301	238	469	278	191	373	223	150
27	455	315	140	390	246	144	416	242	174
28	334	204	130	332	203	129	314	192	122
29	228	137	91	246	155	91	263	165	98
30-34岁	**615**	**391**	**224**	**495**	**316**	**179**	**597**	**367**	**230**
30	143	93	50	138	88	50	244	152	92
31	130	75	55	107	63	44	145	81	64
32	124	76	48	79	54	25	72	53	19
33	113	77	36	81	53	28	71	44	27
34	105	70	35	90	58	32	65	37	28
35-39岁	**285**	**183**	**102**	**239**	**159**	**80**	**250**	**150**	**100**
35	84	54	30	56	40	16	60	36	24
36	73	47	26	67	47	20	48	33	15
37	49	32	17	59	35	24	57	31	26
38	33	21	12	37	22	15	50	32	18
39	46	29	17	20	15	5	35	18	17
40-44岁	**159**	**107**	**52**	**129**	**89**	**40**	**110**	**70**	**40**
40	32	21	11	33	23	10	18	13	5
41	40	29	11	28	20	8	28	16	12
42	27	19	8	19	12	7	25	17	8
43	30	17	13	27	17	10	17	12	5
44	30	21	9	22	17	5	22	12	10
45-49岁	**93**	**61**	**32**	**83**	**51**	**32**	**75**	**46**	**29**
45	21	15	6	14	7	7	17	10	7
46	22	12	10	23	15	8	13	8	5
47	21	12	9	14	7	7	16	10	6
48	12	11	1	17	12	5	21	12	9
49	17	11	6	15	10	5	8	6	2
50岁及以上	**128**	**74**	**54**	**88**	**53**	**35**	**118**	**62**	**56**
平均初婚年龄	**26.44**	**27.30**	**25.42**	**26.65**	**27.53**	**25.59**	**27.28**	**28.03**	**26.41**

5–4c　续表 13　　　　单位：人

初婚年龄	初婚年份								
	2018年			2019年			2020年		
	小计	男	女	小计	男	女	小计	男	女
总　计	**5371**	**2881**	**2490**	**3885**	**2131**	**1754**	**3318**	**1824**	**1494**
15岁以下	**1**		**1**	**2**		**2**			
15–19岁	**230**	**56**	**174**	**182**	**42**	**140**	**96**	**20**	**76**
15	5	2	3	5	2	3	1		1
16	20	2	18	7		7	4	1	3
17	20	4	16	23	9	14	12		12
18	64	14	50	52	9	43	26	10	16
19	121	34	87	95	22	73	53	9	44
20–24岁	**1850**	**851**	**999**	**1224**	**570**	**654**	**846**	**387**	**459**
20	220	67	153	140	40	100	80	19	61
21	298	102	196	193	90	103	100	43	57
22	425	213	212	291	125	166	196	95	101
23	450	229	221	283	136	147	184	90	94
24	457	240	217	317	179	138	286	140	146
25–29岁	**2043**	**1199**	**844**	**1362**	**834**	**528**	**1107**	**676**	**431**
25	496	281	215	327	199	128	298	165	133
26	438	246	192	309	182	127	243	146	97
27	394	236	158	263	161	102	238	156	82
28	403	247	156	235	135	100	184	116	68
29	312	189	123	228	157	71	144	93	51
30–34岁	**638**	**401**	**237**	**574**	**357**	**217**	**602**	**372**	**230**
30	224	135	89	174	116	58	191	118	73
31	172	114	58	130	76	54	148	89	59
32	121	75	46	133	86	47	123	83	40
33	68	45	23	90	49	41	86	48	38
34	53	32	21	47	30	17	54	34	20
35–39岁	**259**	**156**	**103**	**184**	**108**	**76**	**237**	**137**	**100**
35	59	31	28	31	20	11	42	31	11
36	58	39	19	41	22	19	40	20	20
37	51	29	22	44	31	13	46	25	21
38	43	27	16	41	22	19	63	37	26
39	48	30	18	27	13	14	46	24	22
40–44岁	**140**	**84**	**56**	**176**	**108**	**68**	**201**	**100**	**101**
40	40	21	19	55	32	23	55	29	26
41	30	19	11	45	28	17	57	23	34
42	31	18	13	28	16	12	38	23	15
43	19	13	6	21	14	7	27	12	15
44	20	13	7	27	18	9	24	13	11
45–49岁	**91**	**64**	**27**	**92**	**61**	**31**	**70**	**42**	**28**
45	17	12	5	14	9	5	15	6	9
46	21	15	6	21	19	2	18	13	5
47	21	15	6	9	5	4	14	8	6
48	18	10	8	24	14	10	12	8	4
49	14	12	2	24	14	10	11	7	4
50岁及以上	**119**	**70**	**49**	**89**	**51**	**38**	**159**	**90**	**69**
平均初婚年龄	**27.65**	**28.52**	**26.65**	**28.35**	**29.19**	**27.33**	**29.94**	**30.46**	**29.31**

5-5 全省分年龄、性别、初婚年龄的人口

单位：人

年龄	初婚年龄					
	合计			15岁以下		
	合计	男	女	小计	男	女
总计	**3057220**	**1473141**	**1584079**	**2691**	**690**	**2001**
20岁以下	**417**	**88**	**329**	**18**	**6**	**12**
20-24岁	**15719**	**4894**	**10825**	**49**	**10**	**39**
20	647	97	550	7		7
21	1182	269	913	6	1	5
22	2375	702	1673	7	2	5
23	4348	1414	2934	12	3	9
24	7167	2412	4755	17	4	13
25-29岁	**101391**	**42743**	**58648**	**93**	**25**	**68**
25	11143	4208	6935	22	6	16
26	15860	6341	9519	17	3	14
27	20490	8547	11943	16	2	14
28	24389	10476	13913	19	6	13
29	29509	13171	16338	19	8	11
30-34岁	**265713**	**125601**	**140112**	**237**	**73**	**164**
30	43285	19824	23461	55	15	40
31	48598	22527	26071	43	10	33
32	53796	25491	28305	51	16	35
33	64665	30984	33681	52	20	32
34	55369	26775	28594	36	12	24
35-39岁	**263674**	**129956**	**133718**	**128**	**33**	**95**
35	44335	21448	22887	32	11	21
36	43005	21112	21893	19	5	14
37	51342	25278	26064	20	4	16
38	68001	33837	34164	26	6	20
39	56991	28281	28710	31	7	24
40-44岁	**287613**	**144225**	**143388**	**213**	**53**	**160**
40	55965	27936	28029	31	9	22
41	66679	33382	33297	48	10	38
42	61739	30997	30742	46	12	34
43	50851	25729	25122	40	10	30
44	52379	26181	26198	48	12	36
45-49岁	**330012**	**164197**	**165815**	**237**	**66**	**171**
45	54229	27031	27198	52	15	37
46	61154	30343	30811	39	12	27
47	69444	34534	34910	51	16	35
48	69972	34761	35211	41	13	28
49	75213	37528	37685	54	10	44
50-54岁	**369679**	**182385**	**187294**	**325**	**98**	**227**
50	78542	38779	39763	66	19	47
51	73833	36612	37221	64	19	45
52	79708	39519	40189	67	21	46
53	62824	30837	31987	58	14	44
54	74772	36638	38134	70	25	45
55-59岁	**382154**	**187105**	**195049**	**171**	**43**	**128**
55	83788	41289	42499	50	16	34
56	85903	42078	43825	31	5	26
57	108060	53195	54865	44	14	30
58	64357	31382	32975	28	4	24
59	40046	19161	20885	18	4	14
60-64岁	**338036**	**164301**	**173735**	**230**	**42**	**188**
60	69576	34028	35548	25	5	20
61	57629	28260	29369	45	7	38
62	70435	34358	36077	58	17	41
63	72810	35287	37523	55	5	50
64	67586	32368	35218	47	8	39
65岁及以上	**702812**	**327646**	**375166**	**990**	**241**	**749**

5-5　续表 1　　单位：人

年　龄	初婚年龄								
	15岁			16岁			17岁		
	小计	男	女	小计	男	女	小计	男	女
总　计	**11459**	**2770**	**8689**	**21301**	**4573**	**16728**	**41792**	**9523**	**32269**
20岁以下	**44**	**11**	**33**	**68**	**8**	**60**	**83**	**15**	**68**
20-24岁	**199**	**43**	**156**	**363**	**68**	**295**	**620**	**119**	**501**
20	24	3	21	38	4	34	65	6	59
21	26	7	19	41	12	29	78	15	63
22	47	12	35	61	14	47	104	17	87
23	56	10	46	103	19	84	152	36	116
24	46	11	35	120	19	101	221	45	176
25-29岁	**461**	**127**	**334**	**860**	**198**	**662**	**1732**	**420**	**1312**
25	86	20	66	144	31	113	290	76	214
26	93	23	70	204	45	159	284	61	223
27	84	27	57	159	37	122	358	87	271
28	92	26	66	158	37	121	398	104	294
29	106	31	75	195	48	147	402	92	310
30-34岁	**832**	**262**	**570**	**1251**	**339**	**912**	**2679**	**719**	**1960**
30	155	43	112	196	47	149	510	165	345
31	153	46	107	279	86	193	470	129	341
32	173	55	118	277	75	202	596	162	434
33	199	66	133	273	72	201	609	161	448
34	152	52	100	226	59	167	494	102	392
35-39岁	**593**	**173**	**420**	**1215**	**354**	**861**	**2326**	**612**	**1714**
35	175	62	113	199	71	128	379	92	287
36	118	35	83	292	81	211	360	82	278
37	81	17	64	294	98	196	525	139	386
38	116	41	75	256	71	185	637	171	466
39	103	18	85	174	33	141	425	128	297
40-44岁	**752**	**238**	**514**	**1259**	**342**	**917**	**2294**	**653**	**1641**
40	146	43	103	210	56	154	368	100	268
41	182	66	116	311	90	221	521	135	386
42	131	35	96	273	85	188	502	146	356
43	153	44	109	242	52	190	420	123	297
44	140	50	90	223	59	164	483	149	334
45-49岁	**1017**	**301**	**716**	**1894**	**510**	**1384**	**3799**	**1118**	**2681**
45	214	56	158	275	69	206	499	157	342
46	210	76	134	413	128	285	600	174	426
47	228	60	168	455	118	337	836	228	608
48	176	48	128	384	108	276	996	285	711
49	189	61	128	367	87	280	868	274	594
50-54岁	**1220**	**397**	**823**	**2148**	**623**	**1525**	**4521**	**1294**	**3227**
50	256	73	183	396	106	290	880	259	621
51	294	80	214	523	154	369	964	282	682
52	232	82	150	487	147	340	1094	301	793
53	205	82	123	363	99	264	860	249	611
54	233	80	153	379	117	262	723	203	520
55-59岁	**958**	**256**	**702**	**1809**	**463**	**1346**	**3551**	**894**	**2657**
55	316	105	211	411	114	297	752	217	535
56	247	69	178	523	148	375	730	200	530
57	204	53	151	507	126	381	1089	271	818
58	118	18	100	237	55	182	682	157	525
59	73	11	62	131	20	111	298	49	249
60-64岁	**738**	**174**	**564**	**1219**	**240**	**979**	**2398**	**477**	**1921**
60	129	22	107	188	40	148	451	88	363
61	153	41	112	225	53	172	382	84	298
62	111	24	87	247	43	204	520	99	421
63	165	40	125	238	43	195	516	102	414
64	180	47	133	321	61	260	529	104	425
65岁及以上	**4645**	**788**	**3857**	**9215**	**1428**	**7787**	**17789**	**3202**	**14587**

5-5 续表 2

单位：人

年龄	初婚年龄								
	18岁			19岁			20岁		
	小计	男	女	小计	男	女	小计	男	女
总计	**80416**	**20920**	**59496**	**156031**	**47068**	**108963**	**246819**	**84826**	**161993**
20岁以下	**122**	**30**	**92**	**82**	**18**	**64**			
20-24岁	**1025**	**234**	**791**	**1760**	**384**	**1376**	**2592**	**569**	**2023**
20	128	16	112	228	39	189	157	29	128
21	149	36	113	242	50	192	398	81	317
22	168	40	128	337	71	266	541	118	423
23	256	61	195	386	87	299	662	150	512
24	324	81	243	567	137	430	834	191	643
25-29岁	**2971**	**874**	**2097**	**4780**	**1395**	**3385**	**6938**	**2141**	**4797**
25	443	113	330	705	194	511	1072	297	775
26	532	163	369	784	223	561	1204	353	851
27	563	155	408	981	271	710	1367	392	975
28	672	197	475	1029	303	726	1564	516	1048
29	761	246	515	1281	404	877	1731	583	1148
30-34岁	**5732**	**1606**	**4126**	**10324**	**3254**	**7070**	**15496**	**5448**	**10048**
30	1159	354	805	1808	583	1225	2678	948	1730
31	1165	319	846	2100	702	1398	2770	982	1788
32	1037	305	732	1995	660	1335	3228	1113	2115
33	1319	370	949	2302	698	1604	3671	1353	2318
34	1052	258	794	2119	611	1508	3149	1052	2097
35-39岁	**5087**	**1347**	**3740**	**9551**	**2708**	**6843**	**15322**	**4821**	**10501**
35	857	198	659	1702	471	1231	2615	870	1745
36	769	179	590	1454	410	1044	2469	775	1694
37	800	212	588	1665	483	1182	2886	848	2038
38	1414	421	993	2161	610	1551	3927	1238	2689
39	1247	337	910	2569	734	1835	3425	1090	2335
40-44岁	**5300**	**1465**	**3835**	**12494**	**3509**	**8985**	**22223**	**7210**	**15013**
40	1070	291	779	2570	741	1829	4445	1481	2964
41	1192	322	870	2820	773	2047	5422	1806	3616
42	996	269	727	2561	723	1838	4636	1518	3118
43	969	268	701	2065	578	1487	3743	1227	2516
44	1073	315	758	2478	694	1784	3977	1178	2799
45-49岁	**8382**	**2612**	**5770**	**16795**	**5104**	**11691**	**28059**	**9468**	**18591**
45	1106	319	787	2529	712	1817	4448	1402	3046
46	1429	421	1008	2951	840	2111	5232	1741	3491
47	1477	447	1030	3444	1045	2399	5917	2021	3896
48	2013	620	1393	3407	1040	2367	6116	2058	4058
49	2357	805	1552	4464	1467	2997	6346	2246	4100
50-54岁	**11017**	**3328**	**7689**	**24183**	**7868**	**16315**	**40743**	**14711**	**26032**
50	2272	679	1593	5245	1693	3552	8043	2871	5172
51	2185	650	1535	4695	1491	3204	8443	3053	5390
52	2405	736	1669	5057	1707	3350	8695	3143	5552
53	2140	648	1492	4240	1376	2864	7071	2536	4535
54	2015	615	1400	4946	1601	3345	8491	3108	5383
55-59岁	**7603**	**2006**	**5597**	**17766**	**5396**	**12370**	**34185**	**12005**	**22180**
55	1783	486	1297	4753	1540	3213	9443	3387	6056
56	1659	493	1166	3925	1246	2679	8221	2911	5310
57	1925	503	1422	4397	1333	3064	8457	3056	5401
58	1450	352	1098	2854	809	2045	5252	1787	3465
59	786	172	614	1837	468	1369	2812	864	1948
60-64岁	**4432**	**961**	**3471**	**10001**	**2966**	**7035**	**19117**	**6495**	**12622**
60	901	172	729	2511	730	1781	5517	1718	3799
61	729	154	575	1746	567	1179	3658	1320	2338
62	817	198	619	1867	549	1318	3419	1229	2190
63	1015	236	779	1891	561	1330	3381	1183	2198
64	970	201	769	1986	559	1427	3142	1045	2097
65岁及以上	**28745**	**6457**	**22288**	**48295**	**14466**	**33829**	**62144**	**21958**	**40186**

5-5　续表 3　　　　单位：人

年　龄	初婚年龄								
	21岁			22岁			23岁		
	小计	男	女	小计	男	女	小计	男	女
总　计	**332147**	**141715**	**190432**	**396396**	**187464**	**208932**	**371062**	**176488**	**194574**
20岁以下									
20-24岁	**2910**	**968**	**1942**	**3414**	**1370**	**2044**	**1952**	**787**	**1165**
20									
21	242	67	175						
22	595	207	388	515	221	294			
23	927	314	613	1192	479	713	602	255	347
24	1146	380	766	1707	670	1037	1350	532	818
25-29岁	**8527**	**3236**	**5291**	**11542**	**5071**	**6471**	**11758**	**5104**	**6654**
25	1226	435	791	1887	766	1121	2002	831	1171
26	1595	567	1028	2068	919	1149	2272	958	1314
27	1669	644	1025	2387	1028	1359	2314	1005	1309
28	1787	691	1096	2398	1066	1332	2524	1091	1433
29	2250	899	1351	2802	1292	1510	2646	1219	1427
30-34岁	**18679**	**7985**	**10694**	**23048**	**11085**	**11963**	**21722**	**10002**	**11720**
30	2825	1187	1638	4023	1844	2179	3745	1662	2083
31	3435	1434	2001	3863	1796	2067	4231	1873	2358
32	3619	1547	2072	4641	2354	2287	3989	1777	2212
33	4790	2028	2762	5491	2630	2861	5243	2537	2706
34	4010	1789	2221	5030	2461	2569	4514	2153	2361
35-39岁	**20181**	**8502**	**11679**	**24184**	**11859**	**12325**	**21706**	**10519**	**11187**
35	3203	1364	1839	3717	1885	1832	3580	1715	1865
36	3075	1297	1778	3529	1753	1776	3175	1560	1615
37	3716	1558	2158	4525	2251	2274	4155	1993	2162
38	5325	2203	3122	6534	3137	3397	5709	2771	2938
39	4862	2080	2782	5879	2833	3046	5087	2480	2607
40-44岁	**31049**	**13473**	**17576**	**35610**	**17796**	**17814**	**29552**	**14500**	**15052**
40	4620	1956	2664	5741	2858	2883	5226	2545	2681
41	7582	3332	4250	6871	3468	3403	6409	3192	3217
42	7267	3191	4076	8191	4054	4137	5534	2636	2898
43	5743	2514	3229	7246	3694	3552	6117	3022	3095
44	5837	2480	3357	7561	3722	3839	6266	3105	3161
45-49岁	**41178**	**17951**	**23227**	**47914**	**23300**	**24614**	**41386**	**19839**	**21547**
45	6142	2605	3537	7403	3582	3821	6754	3292	3462
46	7778	3354	4424	8644	4154	4490	7481	3563	3918
47	8612	3724	4888	10360	5058	5302	8604	4090	4514
48	8811	3868	4943	10090	4981	5109	9302	4445	4857
49	9835	4400	5435	11417	5525	5892	9245	4449	4796
50-54岁	**54131**	**24405**	**29726**	**59653**	**29484**	**30169**	**48528**	**24376**	**24152**
50	9622	4270	5352	12260	6007	6253	10263	5036	5227
51	10907	4914	5993	10489	5213	5276	9708	4871	4837
52	12533	5725	6808	13267	6589	6678	9253	4663	4590
53	9729	4463	5266	10883	5437	5446	8549	4354	4195
54	11340	5033	6307	12754	6238	6516	10755	5452	5303
55-59岁	**54657**	**23936**	**30721**	**68483**	**32775**	**35708**	**61323**	**29982**	**31341**
55	13081	5841	7240	14463	7112	7351	12003	6015	5988
56	13541	6003	7538	15550	7499	8051	13069	6397	6672
57	15321	6653	8668	20759	9888	10871	17845	8728	9117
58	8077	3620	4457	11910	5651	6259	11188	5517	5671
59	4637	1819	2818	5801	2625	3176	7218	3325	3893
60-64岁	**32184**	**12860**	**19324**	**48289**	**20973**	**27316**	**58147**	**26055**	**32092**
60	7848	3057	4791	10864	4858	6006	10791	4955	5836
61	7269	2936	4333	9266	3988	5278	9561	4283	5278
62	6526	2676	3850	12074	5115	6959	12920	5694	7226
63	5575	2186	3389	9207	4036	5171	14952	6797	8155
64	4966	2005	2961	6878	2976	3902	9923	4326	5597
65岁及以上	**68651**	**28399**	**40252**	**74259**	**33751**	**40508**	**74988**	**35324**	**39664**

5-5 续表 4

单位：人

年龄	初婚年龄								
	24岁			25岁			26岁		
	小计	男	女	小计	男	女	小计	男	女
总　计	**336438**	**170840**	**165598**	**286849**	**157342**	**129507**	**210861**	**121821**	**89040**
20岁以下									
20-24岁	**835**	**342**	**493**						
20									
21									
22									
23									
24	835	342	493						
25-29岁	**14271**	**6202**	**8069**	**14633**	**6592**	**8041**	**11455**	**5461**	**5994**
25	2018	890	1128	1248	549	699			
26	2801	1178	1623	2632	1198	1434	1374	650	724
27	2969	1308	1661	3516	1570	1946	2737	1327	1410
28	2970	1287	1683	3597	1624	1973	3531	1668	1863
29	3513	1539	1974	3640	1651	1989	3813	1816	1997
30-34岁	**24987**	**11424**	**13563**	**29428**	**13756**	**15672**	**28900**	**14198**	**14702**
30	4455	2019	2436	5295	2470	2825	4911	2367	2544
31	4735	2136	2599	5384	2491	2893	5569	2686	2883
32	5410	2450	2960	5838	2646	3192	5719	2827	2892
33	5628	2575	3053	7534	3551	3983	6714	3337	3377
34	4759	2244	2515	5377	2598	2779	5987	2981	3006
35-39岁	**22510**	**10916**	**11594**	**24438**	**12145**	**12293**	**23661**	**11989**	**11672**
35	3836	1785	2051	4128	2027	2101	4167	2017	2150
36	3743	1818	1925	4247	2060	2187	3996	2001	1995
37	4157	2025	2132	4973	2403	2570	4903	2476	2427
38	5790	2715	3075	6102	3109	2993	6245	3239	3006
39	4984	2573	2411	4988	2546	2442	4350	2256	2094
40-44岁	**25628**	**13134**	**12494**	**22733**	**12238**	**10495**	**19106**	**10846**	**8260**
40	4794	2370	2424	4791	2562	2229	4446	2384	2062
41	5865	2941	2924	5443	2891	2552	4465	2489	1976
42	5350	2800	2550	5071	2719	2352	4091	2329	1762
43	4173	2165	2008	3882	2077	1805	3271	1926	1345
44	5446	2858	2588	3546	1989	1557	2833	1718	1115
45-49岁	**33961**	**17770**	**16191**	**26766**	**15319**	**11447**	**18585**	**11300**	**7285**
45	5609	2948	2661	4632	2648	1984	2856	1690	1166
46	6161	3232	2929	4963	2854	2109	3676	2225	1451
47	7145	3706	3439	5751	3272	2479	3968	2382	1586
48	6968	3602	3366	5580	3142	2438	4057	2505	1552
49	8078	4282	3796	5840	3403	2437	4028	2498	1530
50-54岁	**34935**	**19117**	**15818**	**24939**	**15158**	**9781**	**15965**	**10297**	**5668**
50	7656	4064	3592	6347	3740	2607	3786	2397	1389
51	6989	3816	3173	5083	3074	2009	3629	2338	1291
52	7733	4217	3516	5334	3279	2055	3247	2145	1102
53	5126	2841	2285	3893	2424	1469	2377	1518	859
54	7431	4179	3252	4282	2641	1641	2926	1899	1027
55-59岁	**45347**	**24897**	**20450**	**29367**	**17622**	**11745**	**16432**	**10494**	**5938**
55	8863	4951	3912	5771	3513	2258	2993	2003	990
56	9586	5206	4380	6317	3739	2578	3671	2347	1324
57	13019	7106	5913	8442	5050	3392	4790	3039	1751
58	7952	4402	3550	5117	3068	2049	2847	1747	1100
59	5927	3232	2695	3720	2252	1468	2131	1358	773
60-64岁	**57134**	**28825**	**28309**	**40295**	**23668**	**16627**	**22386**	**14284**	**8102**
60	10586	5761	4825	7757	4808	2949	4073	2703	1370
61	7963	4207	3756	6160	3812	2348	3740	2476	1264
62	11015	5650	5365	7513	4431	3082	4676	3048	1628
63	13218	6431	6787	8708	4982	3726	4661	2885	1776
64	14352	6776	7576	10157	5635	4522	5236	3172	2064
65岁及以上	**76830**	**38213**	**38617**	**74250**	**40844**	**33406**	**54371**	**32952**	**21419**

5-5　续表 5　　　　单位：人

年　龄	初婚年龄								
	27岁			28岁			29岁		
	小计	男	女	小计	男	女	小计	男	女
总　计	**148800**	**89422**	**59378**	**103476**	**63324**	**40152**	**73487**	**45799**	**27688**
20岁以下									
20-24岁									
20									
21									
22									
23									
24									
25-29岁	**7220**	**3634**	**3586**	**3251**	**1743**	**1508**	**899**	**520**	**379**
25									
26									
27	1370	694	676						
28	2495	1242	1253	1155	618	537			
29	3355	1698	1657	2096	1125	971	899	520	379
30-34岁	**25066**	**12976**	**12090**	**20342**	**11054**	**9288**	**15230**	**8702**	**6528**
30	4453	2297	2156	3768	1979	1789	2312	1294	1018
31	4711	2378	2333	3880	2141	1739	3112	1762	1350
32	5210	2705	2505	4037	2198	1839	3284	1874	1410
33	5724	2997	2727	4883	2648	2235	3466	2001	1465
34	4968	2599	2369	3774	2088	1686	3056	1771	1285
35-39岁	**21394**	**11826**	**9568**	**17260**	**9820**	**7440**	**13355**	**7917**	**5438**
35	4246	2281	1965	3127	1712	1415	2298	1348	950
36	3671	1978	1693	3213	1808	1405	2418	1427	991
37	4014	2198	1816	3449	1938	1511	2964	1751	1213
38	5324	2978	2346	4091	2379	1712	3291	1970	1321
39	4139	2391	1748	3380	1983	1397	2384	1421	963
40-44岁	**15858**	**9397**	**6461**	**12636**	**7809**	**4827**	**10201**	**6348**	**3853**
40	3470	1986	1484	3138	1907	1231	2397	1448	949
41	4101	2399	1702	2981	1841	1140	2637	1604	1033
42	3349	1955	1394	2767	1703	1064	2060	1281	779
43	2503	1556	947	1972	1220	752	1610	1031	579
44	2435	1501	934	1778	1138	640	1497	984	513
45-49岁	**12685**	**8153**	**4532**	**9149**	**6106**	**3043**	**6555**	**4457**	**2098**
45	2155	1359	796	1851	1201	650	1402	913	489
46	2092	1329	763	1708	1122	586	1345	926	419
47	2872	1878	994	1644	1139	505	1359	922	437
48	2744	1776	968	1979	1354	625	1091	758	333
49	2822	1811	1011	1967	1290	677	1358	938	420
50-54岁	**10735**	**7181**	**3554**	**7528**	**4954**	**2574**	**5677**	**3722**	**1955**
50	2594	1673	921	1916	1274	642	1379	921	458
51	2265	1577	688	1587	1057	530	1248	813	435
52	2396	1613	783	1560	1030	530	1255	805	450
53	1581	1047	534	1217	785	432	833	557	276
54	1899	1271	628	1248	808	440	962	626	336
55-59岁	**9784**	**6472**	**3312**	**6085**	**3952**	**2133**	**4313**	**2874**	**1439**
55	2093	1412	681	1391	939	452	1024	692	332
56	1892	1309	583	1372	914	458	956	631	325
57	2820	1850	970	1454	955	499	1220	831	389
58	1770	1123	647	1038	640	398	598	395	203
59	1209	778	431	830	504	326	515	325	190
60-64岁	**12494**	**8116**	**4378**	**7317**	**4718**	**2599**	**4810**	**2927**	**1883**
60	2282	1503	779	1369	864	505	924	571	353
61	2082	1384	698	1168	764	404	763	466	297
62	2800	1841	959	1530	1002	528	920	568	352
63	2730	1780	950	1701	1091	610	1142	691	451
64	2600	1608	992	1549	997	552	1061	631	430
65岁及以上	**33564**	**21667**	**11897**	**19908**	**13168**	**6740**	**12447**	**8332**	**4115**

5−5 续表 6

单位：人

年龄	初婚年龄								
	30岁			31岁			32岁		
	小计	男	女	小计	男	女	小计	男	女
总　计	**53158**	**33289**	**19869**	**38596**	**24202**	**14394**	**29335**	**18354**	**10981**
20岁以下									
20−24岁									
20									
21									
22									
23									
24									
25−29岁									
25									
26									
27									
28									
29									
30−34岁	**10237**	**5940**	**4297**	**6278**	**3672**	**2606**	**3379**	**2011**	**1368**
30	937	550	387						
31	1882	1084	798	816	472	344			
32	2475	1420	1055	1562	915	647	655	392	263
33	2729	1557	1172	2151	1239	912	1356	820	536
34	2214	1329	885	1749	1046	703	1368	799	569
35−39岁	**10596**	**6415**	**4181**	**8176**	**4935**	**3241**	**6262**	**3779**	**2483**
35	1908	1103	805	1387	812	575	1026	603	423
36	1719	1053	666	1447	842	605	1009	613	396
37	2245	1337	908	1569	931	638	1301	795	506
38	2815	1754	1061	2099	1314	785	1559	949	610
39	1909	1168	741	1674	1036	638	1367	819	548
40−44岁	**8156**	**5163**	**2993**	**6346**	**4048**	**2298**	**5276**	**3295**	**1981**
40	1816	1128	688	1290	808	482	1244	778	466
41	2088	1292	796	1651	1042	609	1168	731	437
42	1827	1170	657	1406	884	522	1135	700	435
43	1213	781	432	1042	694	348	857	551	306
44	1212	792	420	957	620	337	872	535	337
45−49岁	**4978**	**3417**	**1561**	**3946**	**2673**	**1273**	**3407**	**2247**	**1160**
45	1079	727	352	844	567	277	720	461	259
46	1082	725	357	813	542	271	712	473	239
47	1102	755	347	808	555	253	739	485	254
48	915	641	274	764	520	244	628	414	214
49	800	569	231	717	489	228	608	414	194
50−54岁	**4410**	**2815**	**1595**	**3112**	**1994**	**1118**	**2511**	**1628**	**883**
50	923	629	294	551	357	194	515	341	174
51	923	587	336	608	420	188	426	306	120
52	1082	664	418	674	426	248	506	337	169
53	701	437	264	617	388	229	418	262	156
54	781	498	283	662	403	259	646	382	264
55−59岁	**3251**	**2040**	**1211**	**2729**	**1766**	**963**	**2402**	**1521**	**881**
55	811	497	314	646	430	216	548	347	201
56	745	469	276	665	405	260	552	364	188
57	920	597	323	731	489	242	694	421	273
58	494	311	183	424	266	158	367	228	139
59	281	166	115	263	176	87	241	161	80
60−64岁	**3197**	**1966**	**1231**	**2212**	**1348**	**864**	**1695**	**1096**	**599**
60	602	383	219	370	242	128	341	213	128
61	495	305	190	355	223	132	214	148	66
62	638	415	223	475	286	189	369	246	123
63	721	431	290	491	289	202	369	234	135
64	741	432	309	521	308	213	402	255	147
65岁及以上	**8333**	**5533**	**2800**	**5797**	**3766**	**2031**	**4403**	**2777**	**1626**

5-5　续表 7　　　　单位：人

年　龄	初婚年龄								
	33岁			34岁			35岁		
	小计	男	女	小计	男	女	小计	男	女
总　计	**22524**	**14087**	**8437**	**18031**	**11322**	**6709**	**13776**	**8701**	**5075**
20岁以下									
20-24岁									
20									
21									
22									
23									
24									
25-29岁									
25									
26									
27									
28									
29									
30-34岁	**1467**	**842**	**625**	**399**	**253**	**146**			
30									
31									
32									
33	531	324	207						
34	936	518	418	399	253	146			
35-39岁	**5235**	**3148**	**2087**	**4063**	**2400**	**1663**	**2899**	**1684**	**1215**
35	903	518	385	587	343	244	263	160	103
36	881	501	380	724	426	298	496	303	193
37	1008	613	395	835	482	353	637	371	266
38	1423	889	534	1011	632	379	836	473	363
39	1020	627	393	906	517	389	667	377	290
40-44岁	**4238**	**2650**	**1588**	**3726**	**2296**	**1430**	**3064**	**1876**	**1188**
40	980	606	374	818	474	344	683	408	275
41	1073	666	407	927	576	351	729	447	282
42	836	538	298	821	530	291	702	430	272
43	692	423	269	563	373	190	513	316	197
44	657	417	240	597	343	254	437	275	162
45-49岁	**2975**	**1951**	**1024**	**2777**	**1816**	**961**	**2282**	**1489**	**793**
45	661	408	253	557	357	200	517	332	185
46	534	356	178	633	412	221	481	319	162
47	647	429	218	562	353	209	489	323	166
48	581	393	188	523	364	159	438	287	151
49	552	365	187	502	330	172	357	228	129
50-54岁	**1797**	**1162**	**635**	**1479**	**978**	**501**	**1241**	**828**	**413**
50	467	310	157	394	263	131	379	248	131
51	342	227	115	308	214	94	272	192	80
52	321	216	105	314	201	113	265	176	89
53	265	159	106	178	122	56	172	117	55
54	402	250	152	285	178	107	153	95	58
55-59岁	**2088**	**1285**	**803**	**1740**	**1077**	**663**	**1313**	**868**	**445**
55	559	335	224	322	200	122	238	166	72
56	482	287	195	434	257	177	257	168	89
57	523	343	180	524	343	181	467	305	162
58	341	216	125	273	165	108	208	128	80
59	183	104	79	187	112	75	143	101	42
60-64岁	**1393**	**880**	**513**	**1196**	**774**	**422**	**949**	**628**	**321**
60	297	197	100	254	164	90	235	157	78
61	238	143	95	241	159	82	166	120	46
62	220	134	86	248	157	91	191	128	63
63	317	207	110	215	144	71	209	132	77
64	321	199	122	238	150	88	148	91	57
65岁及以上	**3331**	**2169**	**1162**	**2651**	**1728**	**923**	**2028**	**1328**	**700**

5-5 续表 8

单位：人

年龄	初婚年龄								
	36岁			37岁			38岁		
	小计	男	女	小计	男	女	小计	男	女
总　计	**10456**	**6593**	**3863**	**8368**	**5316**	**3052**	**6510**	**4158**	**2352**
20岁以下									
20-24岁									
20									
21									
22									
23									
24									
25-29岁									
25									
26									
27									
28									
29									
30-34岁									
30									
31									
32									
33									
34									
35-39岁	**1785**	**1029**	**756**	**1088**	**642**	**446**	**517**	**310**	**207**
35									
36	181	105	76						
37	412	232	180	208	123	85			
38	653	371	282	455	274	181	202	122	80
39	539	321	218	425	245	180	315	188	127
40-44岁	**2411**	**1469**	**942**	**2008**	**1205**	**803**	**1542**	**971**	**571**
40	501	311	190	416	256	160	339	217	122
41	599	357	242	481	275	206	359	228	131
42	484	311	173	436	258	178	320	188	132
43	407	238	169	331	202	129	240	146	94
44	420	252	168	344	214	130	284	192	92
45-49岁	**1878**	**1240**	**638**	**1612**	**1029**	**583**	**1397**	**895**	**502**
45	338	222	116	309	193	116	263	160	103
46	405	259	146	285	174	111	286	172	114
47	396	259	137	351	213	138	288	195	93
48	404	272	132	334	229	105	271	180	91
49	335	228	107	333	220	113	289	188	101
50-54岁	**1063**	**671**	**392**	**994**	**675**	**319**	**842**	**563**	**279**
50	309	195	114	287	207	80	253	175	78
51	244	158	86	204	136	68	176	110	66
52	195	126	69	217	140	77	171	116	55
53	162	97	65	143	96	47	138	94	44
54	153	95	58	143	96	47	104	68	36
55-59岁	**931**	**622**	**309**	**746**	**501**	**245**	**536**	**362**	**174**
55	143	93	50	144	96	48	126	88	38
56	224	146	78	115	83	32	112	82	30
57	256	179	77	218	145	73	133	84	49
58	187	121	66	138	85	53	99	64	35
59	121	83	38	131	92	39	66	44	22
60-64岁	**816**	**524**	**292**	**649**	**424**	**225**	**615**	**371**	**244**
60	187	116	71	150	92	58	133	81	52
61	156	99	57	95	64	31	109	59	50
62	159	105	54	162	113	49	132	85	47
63	147	94	53	125	74	51	144	89	55
64	167	110	57	117	81	36	97	57	40
65岁及以上	**1572**	**1038**	**534**	**1271**	**840**	**431**	**1061**	**686**	**375**

5-5 续表 9

单位：人

年 龄	初婚年龄					
	39岁			40岁及以上		
	小计	男	女	小计	男	女
总 计	**5490**	**3516**	**1974**	**30951**	**19018**	**11933**
20岁以下						
20-24岁						
20						
21						
22						
23						
24						
25-29岁						
25						
26						
27						
28						
29						
30-34岁						
30						
31						
32						
33						
34						
35-39岁	**142**	**73**	**69**			
35						
36						
37						
38						
39	142	73	69			
40-44岁	**1334**	**764**	**570**	**2604**	**1477**	**1127**
40	261	138	123	154	75	79
41	330	179	151	424	230	194
42	291	169	122	656	363	293
43	211	133	78	633	365	268
44	241	145	96	737	444	293
45-49岁	**1201**	**822**	**379**	**5197**	**3244**	**1953**
45	219	140	79	795	496	299
46	252	169	83	949	591	358
47	246	172	74	1093	689	404
48	216	159	57	1143	699	444
49	268	182	86	1217	769	448
50-54岁	**833**	**579**	**254**	**5149**	**3479**	**1670**
50	219	148	71	1264	824	440
51	197	135	62	1060	725	335
52	180	132	48	1168	782	386
53	116	79	37	789	556	233
54	121	85	36	868	592	276
55-59岁	**478**	**336**	**142**	**4106**	**2660**	**1446**
55	123	80	43	938	614	324
56	117	90	27	910	610	300
57	114	84	30	1187	749	438
58	64	38	26	644	415	229
59	60	44	16	427	272	155
60-64岁	**550**	**318**	**232**	**3573**	**2191**	**1382**
60	87	57	30	704	471	233
61	106	62	44	544	336	208
62	113	61	52	715	444	271
63	130	74	56	787	470	317
64	114	64	50	823	470	353
65岁及以上	**952**	**624**	**328**	**10322**	**5967**	**4355**

5-5a 全省分年龄、性别、初婚年龄的人口(城市)

单位：人

年龄	初婚年龄					
	合计			15岁以下		
	合计	男	女	小计	男	女
总计	**1791855**	**851288**	**940567**	**1093**	**305**	**788**
20岁以下	**145**	**27**	**118**	**4**	**3**	**1**
20-24岁	**7970**	**2362**	**5608**	**13**	**6**	**7**
20	253	43	210	2		2
21	523	113	410	2	1	1
22	1137	305	832	3	1	2
23	2218	703	1515	5	3	2
24	3839	1198	2641	1	1	
25-29岁	**63614**	**25726**	**37888**	**36**	**8**	**28**
25	6304	2251	4053	8	2	6
26	9617	3638	5979	6	1	5
27	12807	5073	7734	3		3
28	15703	6419	9284	11	3	8
29	19183	8345	10838	8	2	6
30-34岁	**182080**	**84085**	**97995**	**88**	**32**	**56**
30	28787	12716	16071	21	8	13
31	33119	15032	18087	15	4	11
32	37148	17201	19947	18	7	11
33	44514	20856	23658	18	10	8
34	38512	18280	20232	16	3	13
35-39岁	**184182**	**89150**	**95032**	**57**	**12**	**45**
35	31438	14875	16563	12	4	8
36	30662	14857	15805	8		8
37	36729	17739	18990	12	2	10
38	47634	23257	24377	13	2	11
39	37719	18422	19297	12	4	8
40-44岁	**181488**	**89602**	**91886**	**83**	**18**	**65**
40	36245	17891	18354	17	4	13
41	42327	20853	21474	18	5	13
42	39343	19431	19912	18	2	16
43	31732	15783	15949	9	2	7
44	31841	15644	16197	21	5	16
45-49岁	**192674**	**94631**	**98043**	**104**	**28**	**76**
45	32582	15930	16652	20	2	18
46	35831	17550	18281	15	5	10
47	40694	19948	20746	23	7	16
48	40581	19986	20595	19	8	11
49	42986	21217	21769	27	6	21
50-54岁	**197613**	**96198**	**101415**	**140**	**46**	**94**
50	44024	21373	22651	33	11	22
51	41041	20139	20902	23	9	14
52	43123	21125	21998	33	12	21
53	31294	15207	16087	26	7	19
54	38131	18354	19777	25	7	18
55-59岁	**214751**	**105164**	**109587**	**75**	**18**	**57**
55	44682	21872	22810	22	7	15
56	48451	23651	24800	16	2	14
57	62445	30805	31640	19	3	16
58	35633	17427	18206	14	4	10
59	23540	11409	12131	4	2	2
60-64岁	**190359**	**92227**	**98132**	**80**	**13**	**67**
60	39712	19488	20224	9		9
61	32448	15896	16552	16	3	13
62	39955	19426	20529	19	6	13
63	40575	19482	21093	21	3	18
64	37669	17935	19734	15	1	14
65岁及以上	**376979**	**172116**	**204863**	**413**	**121**	**292**

5–5a　续表 1

单位：人

年　龄	初婚年龄								
	15岁			16岁			17岁		
	小计	男	女	小计	男	女	小计	男	女
总　计	**4917**	**1318**	**3599**	**8575**	**1963**	**6612**	**16236**	**3632**	**12604**
20岁以下	**13**	**2**	**11**	**21**	**2**	**19**	**20**	**1**	**19**
20–24岁	**59**	**15**	**44**	**101**	**18**	**83**	**170**	**35**	**135**
20	9	2	7	11	2	9	23	2	21
21	8	3	5	9	4	5	24	9	15
22	15	5	10	16	3	13	24	3	21
23	17	3	14	34	6	28	35	7	28
24	10	2	8	31	3	28	64	14	50
25–29岁	**167**	**50**	**117**	**242**	**56**	**186**	**526**	**117**	**409**
25	31	7	24	40	4	36	84	16	68
26	31	7	24	60	15	45	75	20	55
27	23	9	14	37	11	26	132	32	100
28	47	12	35	44	7	37	110	22	88
29	35	15	20	61	19	42	125	27	98
30–34岁	**362**	**121**	**241**	**486**	**144**	**342**	**921**	**273**	**648**
30	66	17	49	70	22	48	149	55	94
31	59	19	40	110	39	71	144	39	105
32	73	24	49	114	26	88	206	59	147
33	89	32	57	98	27	71	227	70	157
34	75	29	46	94	30	64	195	50	145
35–39岁	**288**	**96**	**192**	**584**	**202**	**382**	**939**	**262**	**677**
35	90	32	58	104	41	63	158	47	111
36	64	21	43	150	47	103	139	33	106
37	34	10	24	160	62	98	239	61	178
38	58	24	34	107	36	71	266	80	186
39	42	9	33	63	16	47	137	41	96
40–44岁	**362**	**120**	**242**	**515**	**162**	**353**	**915**	**268**	**647**
40	64	19	45	78	25	53	139	35	104
41	92	40	52	120	40	80	209	53	156
42	67	20	47	120	44	76	203	67	136
43	77	23	54	113	28	85	166	49	117
44	62	18	44	84	25	59	198	64	134
45–49岁	**461**	**148**	**313**	**793**	**231**	**562**	**1435**	**415**	**1020**
45	105	30	75	116	29	87	175	52	123
46	93	34	59	180	53	127	222	67	155
47	100	28	72	193	58	135	313	82	231
48	81	28	53	155	43	112	391	114	277
49	82	28	54	149	48	101	334	100	234
50–54岁	**544**	**199**	**345**	**837**	**242**	**595**	**1636**	**456**	**1180**
50	117	40	77	153	39	114	302	83	219
51	135	41	94	215	66	149	354	103	251
52	103	40	63	183	53	130	407	110	297
53	85	36	49	148	41	107	314	91	223
54	104	42	62	138	43	95	259	69	190
55–59岁	**420**	**123**	**297**	**716**	**219**	**497**	**1267**	**352**	**915**
55	150	51	99	166	57	109	263	80	183
56	113	34	79	223	73	150	270	81	189
57	85	26	59	206	57	149	399	113	286
58	45	9	36	79	22	57	233	64	169
59	27	3	24	42	10	32	102	14	88
60–64岁	**270**	**83**	**187**	**435**	**109**	**326**	**748**	**186**	**562**
60	50	11	39	76	23	53	136	33	103
61	56	21	35	72	16	56	127	37	90
62	47	12	35	101	24	77	155	43	112
63	57	18	39	74	18	56	155	35	120
64	60	21	39	112	28	84	175	38	137
65岁及以上	**1971**	**361**	**1610**	**3845**	**578**	**3267**	**7659**	**1267**	**6392**

5-5a 续表 2

单位：人

年龄	初婚年龄								
	18岁			19岁			20岁		
	小计	男	女	小计	男	女	小计	男	女
总　计	**29984**	**7271**	**22713**	**59079**	**15930**	**43149**	**97982**	**28406**	**69576**
20岁以下	**45**	**11**	**34**	**42**	**8**	**34**			
20-24岁	**307**	**62**	**245**	**697**	**121**	**576**	**1191**	**206**	**985**
20	36	5	31	95	18	77	77	14	63
21	45	13	32	96	17	79	206	35	171
22	53	6	47	141	25	116	256	34	222
23	70	16	54	144	26	118	283	55	228
24	103	22	81	221	35	186	369	68	301
25-29岁	**952**	**232**	**720**	**1804**	**464**	**1340**	**3007**	**747**	**2260**
25	151	34	117	258	56	202	442	98	344
26	172	37	135	289	76	213	537	114	423
27	194	41	153	360	86	274	603	151	452
28	208	48	160	397	103	294	693	182	511
29	227	72	155	500	143	357	732	202	530
30-34岁	**1901**	**488**	**1413**	**3852**	**1038**	**2814**	**6567**	**1906**	**4661**
30	361	98	263	710	193	517	1152	327	825
31	363	86	277	781	230	551	1195	380	815
32	352	103	249	732	211	521	1420	412	1008
33	442	113	329	856	221	635	1460	421	1039
34	383	88	295	773	183	590	1340	366	974
35-39岁	**2004**	**522**	**1482**	**3655**	**903**	**2752**	**6533**	**1718**	**4815**
35	324	75	249	648	159	489	1183	324	859
36	302	82	220	531	120	411	1078	272	806
37	307	85	222	668	172	496	1235	305	930
38	589	161	428	827	199	628	1649	457	1192
39	482	119	363	981	253	728	1388	360	1028
40-44岁	**1917**	**484**	**1433**	**4557**	**1190**	**3367**	**9063**	**2470**	**6593**
40	366	79	287	963	248	715	1872	531	1341
41	407	107	300	1012	258	754	2228	624	1604
42	376	93	283	985	269	716	1880	515	1365
43	386	101	285	724	188	536	1532	426	1106
44	382	104	278	873	227	646	1551	374	1177
45-49岁	**3084**	**916**	**2168**	**6126**	**1688**	**4438**	**10992**	**3088**	**7904**
45	388	108	280	920	221	699	1772	462	1310
46	548	152	396	1077	275	802	2004	592	1412
47	510	132	378	1213	337	876	2316	663	1653
48	758	225	533	1240	353	887	2479	670	1809
49	880	299	581	1676	502	1174	2421	701	1720
50-54岁	**3741**	**1048**	**2693**	**8682**	**2482**	**6200**	**16081**	**4533**	**11548**
50	766	215	551	1982	573	1409	3229	927	2302
51	746	202	544	1761	478	1283	3498	1008	2490
52	834	218	616	1803	541	1262	3473	928	2545
53	739	213	526	1447	423	1024	2628	739	1889
54	656	200	456	1689	467	1222	3253	931	2322
55-59岁	**2579**	**729**	**1850**	**6110**	**1703**	**4407**	**13040**	**3807**	**9233**
55	622	167	455	1598	458	1140	3702	1076	2626
56	543	172	371	1377	407	970	3219	933	2286
57	654	184	470	1476	411	1065	3119	983	2136
58	501	145	356	1005	267	738	1927	538	1389
59	259	61	198	654	160	494	1073	277	796
60-64岁	**1350**	**332**	**1018**	**3033**	**906**	**2127**	**6077**	**1930**	**4147**
60	283	61	222	782	214	568	1998	540	1458
61	191	43	148	545	185	360	1155	391	764
62	257	79	178	533	165	368	996	364	632
63	300	75	225	543	164	379	1033	347	686
64	319	74	245	630	178	452	895	288	607
65岁及以上	**12104**	**2447**	**9657**	**20521**	**5427**	**15094**	**25431**	**8001**	**17430**

5–5a 续表 3 单位：人

年 龄	初婚年龄								
	21岁			22岁			23岁		
	小计	男	女	小计	男	女	小计	男	女
总 计	**143560**	**50655**	**92905**	**199783**	**81973**	**117810**	**216529**	**92784**	**123745**
20岁以下									
20–24岁	**1544**	**465**	**1079**	**2073**	**766**	**1307**	**1268**	**465**	**803**
20									
21	133	31	102						
22	343	111	232	286	117	169			
23	507	152	355	737	284	453	386	151	235
24	561	171	390	1050	365	685	882	314	568
25–29岁	**4161**	**1343**	**2818**	**6511**	**2529**	**3982**	**7404**	**2915**	**4489**
25	619	188	431	1093	395	698	1294	505	789
26	762	231	531	1171	458	713	1468	566	902
27	778	260	518	1330	486	844	1450	555	895
28	883	283	600	1355	537	818	1567	591	976
29	1119	381	738	1562	653	909	1625	698	927
30–34岁	**8869**	**3232**	**5637**	**13175**	**5631**	**7544**	**13740**	**5678**	**8062**
30	1356	475	881	2349	954	1395	2362	958	1404
31	1645	591	1054	2265	950	1315	2686	1066	1620
32	1768	658	1110	2549	1147	1402	2549	999	1550
33	2233	808	1425	3121	1316	1805	3220	1417	1803
34	1867	700	1167	2891	1264	1627	2923	1238	1685
35–39岁	**9371**	**3253**	**6118**	**13038**	**5526**	**7512**	**13486**	**5689**	**7797**
35	1578	555	1023	2067	909	1158	2277	955	1322
36	1459	527	932	1954	848	1106	1944	836	1108
37	1739	602	1137	2425	1059	1366	2712	1124	1588
38	2493	833	1660	3540	1441	2099	3537	1490	2047
39	2102	736	1366	3052	1269	1783	3016	1284	1732
40–44岁	**13953**	**4971**	**8982**	**18614**	**8109**	**10505**	**17917**	**7842**	**10075**
40	1998	710	1288	2897	1252	1645	3130	1343	1787
41	3496	1290	2206	3547	1564	1983	3806	1679	2127
42	3299	1186	2113	4421	1923	2498	3431	1466	1965
43	2542	909	1633	3902	1751	2151	3756	1680	2076
44	2618	876	1742	3847	1619	2228	3794	1674	2120
45–49岁	**17595**	**6179**	**11416**	**24427**	**10125**	**14302**	**24825**	**10657**	**14168**
45	2726	905	1821	3861	1598	2263	3995	1670	2325
46	3266	1146	2120	4477	1822	2655	4483	1901	2582
47	3584	1260	2324	5256	2170	3086	5241	2253	2988
48	3773	1317	2456	5011	2113	2898	5640	2428	3212
49	4246	1551	2695	5822	2422	3400	5466	2405	3061
50–54岁	**23047**	**8271**	**14776**	**30153**	**12997**	**17156**	**28267**	**13231**	**15036**
50	4143	1402	2741	6359	2644	3715	6109	2742	3367
51	4906	1781	3125	5460	2393	3067	5907	2775	3132
52	5415	1988	3427	6861	2999	3862	5526	2569	2957
53	3908	1482	2426	5222	2298	2924	4681	2249	2432
54	4675	1618	3057	6251	2663	3588	6044	2896	3148
55–59岁	**23804**	**8448**	**15356**	**36110**	**15093**	**21017**	**38417**	**17751**	**20666**
55	5674	2069	3605	7442	3223	4219	7134	3351	3783
56	6066	2186	3880	8493	3626	4867	8194	3833	4361
57	6789	2374	4415	11148	4684	6464	11559	5399	6160
58	3264	1207	2057	6047	2457	3590	6825	3157	3668
59	2011	612	1399	2980	1103	1877	4705	2011	2694
60–64岁	**12071**	**4109**	**7962**	**22244**	**8199**	**14045**	**33111**	**12978**	**20133**
60	3383	1066	2317	5396	1989	3407	6419	2550	3869
61	3015	1038	1977	4802	1763	3039	5680	2243	3437
62	2388	866	1522	5877	2116	3761	7853	3061	4792
63	1764	603	1161	3689	1412	2277	8236	3271	4965
64	1521	536	985	2480	919	1561	4923	1853	3070
65岁及以上	**29145**	**10384**	**18761**	**33438**	**12998**	**20440**	**38094**	**15578**	**22516**

5-5a 续表 4

单位：人

年 龄	初婚年龄								
	24岁			25岁			26岁		
	小计	男	女	小计	男	女	小计	男	女
总　计	**221664**	**105710**	**115954**	**207887**	**110705**	**97182**	**160177**	**91056**	**69121**
20岁以下									
20-24岁	**547**	**203**	**344**						
20									
21									
22									
23									
24	547	203	344						
25-29岁	**10096**	**4084**	**6012**	**10989**	**4690**	**6299**	**8848**	**4036**	**4812**
25	1425	584	841	859	362	497			
26	2008	799	1209	2006	851	1155	1032	463	569
27	2070	828	1242	2685	1145	1540	2122	980	1142
28	2131	871	1260	2700	1153	1547	2719	1213	1506
29	2462	1002	1460	2739	1179	1560	2975	1380	1595
30-34岁	**18008**	**7579**	**10429**	**22943**	**10167**	**12776**	**23448**	**11144**	**12304**
30	3116	1283	1833	3982	1753	2229	3934	1820	2114
31	3402	1412	1990	4168	1816	2352	4469	2095	2374
32	4016	1718	2298	4556	1961	2595	4588	2194	2394
33	4124	1714	2410	5986	2697	3289	5452	2627	2825
34	3350	1452	1898	4251	1940	2311	5005	2408	2597
35-39岁	**16199**	**7046**	**9153**	**19371**	**9015**	**10356**	**19843**	**9605**	**10238**
35	2831	1188	1643	3243	1497	1746	3525	1646	1879
36	2726	1217	1509	3442	1578	1864	3363	1623	1740
37	3034	1314	1720	4007	1797	2210	4182	2015	2167
38	4222	1748	2474	4804	2276	2528	5254	2596	2658
39	3386	1579	1807	3875	1867	2008	3519	1725	1794
40-44岁	**17343**	**8148**	**9195**	**16939**	**8564**	**8375**	**15114**	**8247**	**6867**
40	3204	1458	1746	3564	1772	1792	3590	1840	1750
41	3947	1787	2160	4109	2043	2066	3490	1855	1635
42	3608	1744	1864	3834	1939	1895	3214	1763	1451
43	2863	1347	1516	2835	1415	1420	2606	1487	1119
44	3721	1812	1909	2597	1395	1202	2214	1302	912
45-49岁	**22763**	**11211**	**11552**	**19715**	**10974**	**8741**	**14185**	**8537**	**5648**
45	3761	1852	1909	3454	1895	1559	2181	1267	914
46	4071	1974	2097	3649	2026	1623	2812	1668	1144
47	4869	2357	2512	4257	2338	1919	3069	1795	1274
48	4679	2308	2371	4095	2289	1806	3053	1904	1149
49	5383	2720	2663	4260	2426	1834	3070	1903	1167
50-54岁	**22621**	**12156**	**10465**	**17439**	**10722**	**6717**	**11557**	**7584**	**3973**
50	5039	2566	2473	4532	2665	1867	2796	1770	1026
51	4661	2506	2155	3576	2156	1420	2703	1768	935
52	5126	2780	2346	3783	2367	1416	2335	1587	748
53	3230	1763	1467	2626	1682	944	1624	1062	562
54	4565	2541	2024	2922	1852	1070	2099	1397	702
55-59岁	**31125**	**17105**	**14020**	**21380**	**13118**	**8262**	**12048**	**7967**	**4081**
55	5733	3182	2551	3946	2484	1462	2148	1474	674
56	6545	3530	3015	4585	2777	1808	2658	1778	880
57	9204	5022	4182	6320	3838	2482	3625	2368	1257
58	5517	3095	2422	3730	2282	1448	2064	1310	754
59	4126	2276	1850	2799	1737	1062	1553	1037	516
60-64岁	**38389**	**18294**	**20095**	**29279**	**17147**	**12132**	**16298**	**10614**	**5684**
60	7272	3855	3417	5573	3529	2044	3036	2073	963
61	5246	2636	2610	4422	2764	1658	2663	1831	832
62	7328	3574	3754	5431	3196	2235	3346	2226	1120
63	9156	4188	4968	6250	3515	2735	3363	2112	1251
64	9387	4041	5346	7603	4143	3460	3890	2372	1518
65岁及以上	**44573**	**19884**	**24689**	**49832**	**26308**	**23524**	**38836**	**23322**	**15514**

5-5a　续表 5　　　　单位：人

年　龄	初婚年龄								
	27岁			28岁			29岁		
	小计	男	女	小计	男	女	小计	男	女
总　计	**114981**	**68239**	**46742**	**80294**	**48800**	**31494**	**56507**	**34979**	**21528**
20岁以下									
20-24岁									
20									
21									
22									
23									
24									
25-29岁	**5613**	**2721**	**2892**	**2548**	**1329**	**1219**	**710**	**405**	**305**
25									
26									
27	1020	489	531						
28	1968	938	1030	870	456	414			
29	2625	1294	1331	1678	873	805	710	405	305
30-34岁	**20669**	**10373**	**10296**	**16841**	**8988**	**7853**	**12586**	**7103**	**5483**
30	3577	1797	1780	3022	1547	1475	1854	1008	846
31	3883	1906	1977	3215	1741	1474	2547	1421	1126
32	4310	2151	2159	3355	1805	1550	2699	1524	1175
33	4717	2395	2322	4093	2174	1919	2926	1681	1245
34	4182	2124	2058	3156	1721	1435	2560	1469	1091
35-39岁	**18261**	**9828**	**8433**	**14907**	**8357**	**6550**	**11441**	**6687**	**4754**
35	3648	1906	1742	2695	1455	1240	1954	1132	822
36	3168	1661	1507	2801	1546	1255	2083	1209	874
37	3413	1814	1599	3019	1675	1344	2555	1489	1066
38	4565	2502	2063	3509	2008	1501	2857	1679	1178
39	3467	1945	1522	2883	1673	1210	1992	1178	814
40-44岁	**12948**	**7482**	**5466**	**10506**	**6408**	**4098**	**8467**	**5218**	**3249**
40	2855	1593	1262	2662	1592	1070	2016	1213	803
41	3446	1975	1471	2472	1499	973	2183	1307	876
42	2725	1541	1184	2332	1411	921	1727	1055	672
43	2000	1223	777	1588	976	612	1339	861	478
44	1922	1150	772	1452	930	522	1202	782	420
45-49岁	**9807**	**6248**	**3559**	**7186**	**4811**	**2375**	**5066**	**3446**	**1620**
45	1655	1030	625	1472	956	516	1097	709	388
46	1607	994	613	1344	882	462	1051	724	327
47	2240	1452	788	1303	894	409	1053	717	336
48	2140	1380	760	1541	1061	480	811	570	241
49	2165	1392	773	1526	1018	508	1054	726	328
50-54岁	**7740**	**5335**	**2405**	**5302**	**3618**	**1684**	**3901**	**2636**	**1265**
50	1951	1286	665	1424	981	443	1029	706	323
51	1693	1192	501	1147	794	353	870	583	287
52	1789	1257	532	1125	761	364	865	576	289
53	1021	704	317	771	516	255	521	360	161
54	1286	896	390	835	566	269	616	411	205
55-59岁	**7066**	**4890**	**2176**	**4241**	**2908**	**1333**	**2961**	**2078**	**883**
55	1476	1058	418	979	698	281	688	488	200
56	1392	1007	385	1008	715	293	655	455	200
57	2078	1419	659	1009	700	309	859	612	247
58	1226	809	417	690	448	242	409	290	119
59	894	597	297	555	347	208	350	233	117
60-64岁	**8808**	**5869**	**2939**	**4888**	**3228**	**1660**	**3032**	**1862**	**1170**
60	1606	1115	491	940	624	316	632	408	224
61	1493	1036	457	786	540	246	496	312	184
62	1953	1325	628	1014	683	331	575	354	221
63	1894	1242	652	1120	727	393	702	422	280
64	1862	1151	711	1028	654	374	627	366	261
65岁及以上	**24069**	**15493**	**8576**	**13875**	**9153**	**4722**	**8343**	**5544**	**2799**

5-5a 续表 6

单位：人

年 龄	初婚年龄								
	30岁			31岁			32岁		
	小计	男	女	小计	男	女	小计	男	女
总 计	**40322**	**25139**	**15183**	**28814**	**17998**	**10816**	**21693**	**13427**	**8266**
20岁以下									
20-24岁									
20									
21									
22									
23									
24									
25-29岁									
25									
26									
27									
28									
29									
30-34岁	**8351**	**4768**	**3583**	**5082**	**2960**	**2122**	**2706**	**1586**	**1120**
30	706	401	305						
31	1541	872	669	631	365	266			
32	2052	1155	897	1284	758	526	507	289	218
33	2194	1236	958	1736	986	750	1105	654	451
34	1858	1104	754	1431	851	580	1094	643	451
35-39岁	**9056**	**5439**	**3617**	**6874**	**4157**	**2717**	**5278**	**3174**	**2104**
35	1616	922	694	1162	678	484	868	505	363
36	1488	911	577	1203	700	503	858	521	337
37	1930	1129	801	1333	806	527	1103	673	430
38	2413	1498	915	1787	1118	669	1324	802	522
39	1609	979	630	1389	855	534	1125	673	452
40-44岁	**6713**	**4257**	**2456**	**5095**	**3233**	**1862**	**4214**	**2601**	**1613**
40	1517	936	581	1057	670	387	1030	642	388
41	1704	1055	649	1294	813	481	926	571	355
42	1497	971	526	1133	709	424	904	551	353
43	987	635	352	829	550	279	676	431	245
44	1008	660	348	782	491	291	678	406	272
45-49岁	**3887**	**2675**	**1212**	**3081**	**2100**	**981**	**2650**	**1741**	**909**
45	846	559	287	691	463	228	582	372	210
46	862	587	275	623	416	207	543	365	178
47	876	604	272	628	437	191	579	381	198
48	703	495	208	603	414	189	489	319	170
49	600	430	170	536	370	166	457	304	153
50-54岁	**2998**	**1962**	**1036**	**2072**	**1370**	**702**	**1699**	**1136**	**563**
50	688	474	214	401	264	137	369	252	117
51	688	438	250	442	302	140	306	223	83
52	705	449	256	471	316	155	358	249	109
53	420	272	148	369	238	131	269	177	92
54	497	329	168	389	250	139	397	235	162
55-59岁	**2165**	**1421**	**744**	**1729**	**1151**	**578**	**1499**	**970**	**529**
55	533	334	199	409	281	128	332	214	118
56	498	330	168	424	270	154	352	243	109
57	614	432	182	479	321	158	446	276	170
58	327	212	115	246	160	86	224	139	85
59	193	113	80	171	119	52	145	98	47
60-64岁	**1960**	**1206**	**754**	**1353**	**821**	**532**	**1023**	**639**	**384**
60	375	233	142	227	145	82	215	135	80
61	296	179	117	230	142	88	139	94	45
62	404	265	139	273	160	113	223	145	78
63	444	267	177	311	186	125	225	128	97
64	441	262	179	312	188	124	221	137	84
65岁及以上	**5192**	**3411**	**1781**	**3528**	**2206**	**1322**	**2624**	**1580**	**1044**

5-5a 续表 7 单位：人

年 龄	初婚年龄								
	33岁			34岁			35岁		
	小计	男	女	小计	男	女	小计	男	女
总 计	**16560**	**10258**	**6302**	**13412**	**8334**	**5078**	**10132**	**6343**	**3789**
20岁以下									
20-24岁									
20									
21									
22									
23									
24									
25-29岁									
25									
26									
27									
28									
29									
30-34岁	**1161**	**670**	**491**	**324**	**204**	**120**			
30									
31									
32									
33	417	257	160						
34	744	413	331	324	204	120			
35-39岁	**4385**	**2636**	**1749**	**3401**	**2002**	**1399**	**2425**	**1403**	**1022**
35	746	427	319	494	287	207	215	131	84
36	750	420	330	604	351	253	403	248	155
37	853	523	330	721	414	307	559	326	233
38	1194	748	446	860	541	319	702	398	304
39	842	518	324	722	409	313	546	300	246
40-44岁	**3356**	**2062**	**1294**	**3004**	**1828**	**1176**	**2399**	**1466**	**933**
40	770	473	297	656	377	279	522	309	213
41	855	525	330	749	461	288	570	354	216
42	685	431	254	664	419	245	568	345	223
43	532	311	221	462	303	159	398	244	154
44	514	322	192	473	268	205	341	214	127
45-49岁	**2280**	**1503**	**777**	**2137**	**1419**	**718**	**1721**	**1140**	**581**
45	506	316	190	441	285	156	382	254	128
46	407	269	138	495	328	167	376	254	122
47	507	336	171	417	268	149	366	242	124
48	445	305	140	409	290	119	330	219	111
49	415	277	138	375	248	127	267	171	96
50-54岁	**1205**	**778**	**427**	**1020**	**688**	**332**	**854**	**570**	**284**
50	338	225	113	304	203	101	281	188	93
51	237	158	79	211	153	58	194	136	58
52	218	146	72	205	138	67	186	125	61
53	159	94	65	122	86	36	95	60	35
54	253	155	98	178	108	70	98	61	37
55-59岁	**1325**	**830**	**495**	**1179**	**747**	**432**	**902**	**599**	**303**
55	349	219	130	206	131	75	155	115	40
56	299	176	123	315	192	123	179	114	65
57	340	231	109	357	239	118	328	210	118
58	205	131	74	170	102	68	141	87	54
59	132	73	59	131	83	48	99	73	26
60-64岁	**845**	**516**	**329**	**768**	**474**	**294**	**616**	**404**	**212**
60	195	134	61	160	101	59	162	111	51
61	143	80	63	159	100	59	98	71	27
62	140	84	56	162	98	64	124	87	37
63	192	119	73	141	92	49	140	82	58
64	175	99	76	146	83	63	92	53	39
65岁及以上	**2003**	**1263**	**740**	**1579**	**972**	**607**	**1215**	**761**	**454**

5-5a 续表 8 单位：人

年龄	初婚年龄								
	36岁			37岁			38岁		
	小计	男	女	小计	男	女	小计	男	女
总　计	**7496**	**4659**	**2837**	**5986**	**3776**	**2210**	**4543**	**2900**	**1643**
20岁以下									
20-24岁									
20									
21									
22									
23									
24									
25-29岁									
25									
26									
27									
28									
29									
30-34岁									
30									
31									
32									
33									
34									
35-39岁	**1450**	**829**	**621**	**861**	**512**	**349**	**382**	**227**	**155**
35									
36	144	86	58						
37	324	181	143	165	101	64			
38	548	309	239	362	219	143	154	92	62
39	434	253	181	334	192	142	228	135	93
40-44岁	**1893**	**1134**	**759**	**1547**	**925**	**622**	**1199**	**752**	**447**
40	394	239	155	320	194	126	271	181	90
41	469	270	199	360	211	149	278	174	104
42	382	244	138	350	206	144	247	143	104
43	322	189	133	256	154	102	189	115	74
44	326	192	134	261	160	101	214	139	75
45-49岁	**1404**	**933**	**471**	**1242**	**779**	**463**	**1047**	**674**	**373**
45	256	171	85	247	150	97	205	127	78
46	298	193	105	222	132	90	222	139	83
47	299	194	105	268	154	114	219	148	71
48	299	200	99	251	174	77	195	131	64
49	252	175	77	254	169	85	206	129	77
50-54岁	**741**	**476**	**265**	**691**	**483**	**208**	**601**	**404**	**197**
50	239	151	88	217	162	55	175	124	51
51	177	114	63	140	92	48	135	84	51
52	135	92	43	146	102	44	127	86	41
53	98	64	34	91	61	30	94	66	28
54	92	55	37	97	66	31	70	44	26
55-59岁	**612**	**404**	**208**	**491**	**351**	**140**	**353**	**251**	**102**
55	97	62	35	93	69	24	82	58	24
56	157	102	55	69	50	19	75	59	16
57	160	107	53	156	109	47	85	59	26
58	118	77	41	92	58	34	63	42	21
59	80	56	24	81	65	16	48	33	15
60-64岁	**500**	**317**	**183**	**394**	**256**	**138**	**351**	**219**	**132**
60	118	76	42	85	57	28	79	52	27
61	94	59	35	59	37	22	61	31	30
62	92	61	31	100	71	29	75	52	23
63	88	50	38	77	41	36	76	47	29
64	108	71	37	73	50	23	60	37	23
65岁及以上	**896**	**566**	**330**	**760**	**470**	**290**	**610**	**373**	**237**

5-5a　续表 9　　　　单位：人

年　龄	初婚年龄					
	39岁			40岁及以上		
	小计	男	女	小计	男	女
总　计	**3695**	**2389**	**1306**	**19954**	**12339**	**7615**
20岁以下						
20-24岁						
20						
21						
22						
23						
24						
25-29岁						
25						
26						
27						
28						
29						
30-34岁						
30						
31						
32						
33						
34						
35-39岁	**93**	**50**	**43**			
35						
36						
37						
38						
39	93	50	43			
40-44岁	**1019**	**595**	**424**	**1836**	**1048**	**788**
40	196	106	90	97	50	47
41	259	143	116	281	150	131
42	215	123	92	458	251	207
43	175	112	63	468	273	195
44	174	111	63	532	324	208
45-49岁	**872**	**594**	**278**	**3789**	**2371**	**1418**
45	160	94	66	568	353	215
46	190	127	63	694	425	269
47	177	121	56	818	520	298
48	154	115	39	837	513	324
49	191	137	54	872	560	312
50-54岁	**574**	**404**	**170**	**3470**	**2371**	**1099**
50	157	106	51	891	574	317
51	134	89	45	722	495	227
52	124	93	31	787	543	244
53	75	56	19	511	367	144
54	84	60	24	559	392	167
55-59岁	**317**	**239**	**78**	**2820**	**1892**	**928**
55	79	56	23	604	410	194
56	79	65	14	647	441	206
57	81	63	18	850	565	285
58	42	28	14	429	287	142
59	36	27	9	290	189	101
60-64岁	**313**	**190**	**123**	**2123**	**1326**	**797**
60	64	41	23	441	312	129
61	60	36	24	344	208	136
62	63	37	26	426	272	154
63	62	42	20	462	276	186
64	64	34	30	450	258	192
65岁及以上	**507**	**317**	**190**	**5916**	**3331**	**2585**

5-5b 全省分年龄、性别、初婚年龄的人口(镇)

单位：人

年龄	初婚年龄					
	合计			15岁以下		
	合计	男	女	小计	男	女
总计	**373663**	**179636**	**194027**	**340**	**89**	**251**
20岁以下	**76**	**17**	**59**	**3**	**2**	**1**
20-24岁	**2782**	**847**	**1935**	**6**		**6**
20	122	13	109	1		1
21	221	39	182	1		1
22	463	140	323			
23	728	238	490			
24	1248	417	831	4		4
25-29岁	**15413**	**6539**	**8874**	**18**	**4**	**14**
25	1984	739	1245	3		3
26	2412	963	1449	3		3
27	3184	1359	1825	6	1	5
28	3605	1586	2019	3	2	1
29	4228	1892	2336	3	1	2
30-34岁	**34540**	**16365**	**18175**	**37**	**9**	**28**
30	5943	2746	3197	9	3	6
31	6272	2907	3365	5	1	4
32	6935	3280	3655	9	2	7
33	8407	4041	4366	11	3	8
34	6983	3391	3592	3		3
35-39岁	**31340**	**15643**	**15697**	**16**	**6**	**10**
35	5219	2589	2630	3	1	2
36	5078	2509	2569	3	1	2
37	5829	2978	2851	2		2
38	7989	4070	3919	3	2	1
39	7225	3497	3728	5	2	3
40-44岁	**38062**	**19064**	**18998**	**32**	**9**	**23**
40	7166	3562	3604	2	1	1
41	8835	4427	4408	9	1	8
42	8099	4056	4043	7	3	4
43	6791	3417	3374	8	1	7
44	7171	3602	3569	6	3	3
45-49岁	**43244**	**21523**	**21721**	**21**	**8**	**13**
45	7271	3643	3628	5	2	3
46	8193	4134	4059	3		3
47	9128	4513	4615	7	4	3
48	8982	4399	4583	2		2
49	9670	4834	4836	4	2	2
50-54岁	**46483**	**23029**	**23454**	**44**	**14**	**30**
50	9900	4897	5003	9	2	7
51	8987	4477	4510	12	4	8
52	9980	5020	4960	7	2	5
53	8098	3980	4118	6	1	5
54	9518	4655	4863	10	5	5
55-59岁	**45009**	**22038**	**22971**	**15**	**3**	**12**
55	10402	5097	5305	5	1	4
56	10158	4958	5200	3	1	2
57	12338	6066	6272	4	1	3
58	7693	3799	3894	2		2
59	4418	2118	2300	1		1
60-64岁	**37329**	**18003**	**19326**	**26**	**9**	**17**
60	7550	3647	3903	3	2	1
61	6383	3119	3264	5	1	4
62	7890	3824	4066	11	4	7
63	8123	3900	4223	3		3
64	7383	3513	3870	4	2	2
65岁及以上	**79385**	**36568**	**42817**	**122**	**25**	**97**

5-5b　续表 1　　　单位：人

年　龄	初婚年龄								
	15岁			16岁			17岁		
	小计	男	女	小计	男	女	小计	男	女
总　计	**1563**	**374**	**1189**	**2913**	**647**	**2266**	**5838**	**1345**	**4493**
20岁以下	**11**	**3**	**8**	**8**	**2**	**6**	**17**	**2**	**15**
20-24岁	**28**	**7**	**21**	**60**	**12**	**48**	**111**	**12**	**99**
20	2		2	5		5	14	1	13
21	5	2	3	6	1	5	13	1	12
22	3		3	11	3	8	16	1	15
23	9	3	6	20	3	17	28	3	25
24	9	2	7	18	5	13	40	6	34
25-29岁	**68**	**15**	**53**	**180**	**35**	**145**	**342**	**73**	**269**
25	16	3	13	39	9	30	59	16	43
26	12	6	6	39	6	33	56	10	46
27	18	2	16	35	5	30	67	19	48
28	15	4	11	33	8	25	66	13	53
29	7		7	34	7	27	94	15	79
30-34岁	**130**	**41**	**89**	**226**	**67**	**159**	**499**	**103**	**396**
30	27	8	19	28	7	21	90	25	65
31	19	6	13	49	13	36	78	16	62
32	28	10	18	49	12	37	121	29	92
33	33	9	24	59	21	38	120	20	100
34	23	8	15	41	14	27	90	13	77
35-39岁	**116**	**32**	**84**	**185**	**44**	**141**	**375**	**98**	**277**
35	34	12	22	23	7	16	71	19	52
36	23	7	16	46	8	38	55	14	41
37	15	3	12	40	9	31	85	26	59
38	17	6	11	43	15	28	101	24	77
39	27	4	23	33	5	28	63	15	48
40-44岁	**124**	**39**	**85**	**183**	**46**	**137**	**366**	**101**	**265**
40	29	9	20	28	7	21	50	11	39
41	22	6	16	47	12	35	95	24	71
42	21	4	17	31	8	23	85	23	62
43	27	9	18	42	10	32	61	20	41
44	25	11	14	35	9	26	75	23	52
45-49岁	**149**	**39**	**110**	**252**	**75**	**177**	**559**	**174**	**385**
45	32	6	26	44	12	32	81	29	52
46	34	12	22	71	28	43	93	29	64
47	31	6	25	52	11	41	129	37	92
48	21	4	17	44	14	30	123	36	87
49	31	11	20	41	10	31	133	43	90
50-54岁	**159**	**43**	**116**	**310**	**99**	**211**	**575**	**180**	**395**
50	36	6	30	57	22	35	105	31	74
51	44	12	32	68	17	51	107	39	68
52	24	7	17	76	23	53	141	42	99
53	29	11	18	51	16	35	112	36	76
54	26	7	19	58	21	37	110	32	78
55-59岁	**129**	**36**	**93**	**240**	**57**	**183**	**454**	**127**	**327**
55	40	12	28	48	11	37	105	33	72
56	35	11	24	70	22	48	101	30	71
57	29	10	19	67	12	55	142	41	101
58	16	2	14	31	9	22	74	17	57
59	9	1	8	24	3	21	32	6	26
60-64岁	**98**	**29**	**69**	**164**	**38**	**126**	**310**	**65**	**245**
60	22	3	19	23	1	22	63	11	52
61	19	8	11	27	11	16	48	13	35
62	10	2	8	34	5	29	69	10	59
63	24	5	19	38	9	29	60	12	48
64	23	11	12	42	12	30	70	19	51
65岁及以上	**551**	**90**	**461**	**1105**	**172**	**933**	**2230**	**410**	**1820**

5-5b 续表 2

单位：人

年龄	初婚年龄								
	18岁			19岁			20岁		
	小计	男	女	小计	男	女	小计	男	女
总　计	**12061**	**3265**	**8796**	**23946**	**7348**	**16598**	**37898**	**13537**	**24361**
20岁以下	**22**	**4**	**18**	**15**	**4**	**11**			
20-24岁	**228**	**41**	**187**	**335**	**64**	**271**	**493**	**100**	**393**
20	30	3	27	46	6	40	24	3	21
21	35	5	30	37	5	32	81	14	67
22	41	12	29	69	13	56	103	30	73
23	49	6	43	69	15	54	124	22	102
24	73	15	58	114	25	89	161	31	130
25-29岁	**610**	**166**	**444**	**926**	**247**	**679**	**1382**	**424**	**958**
25	88	20	68	143	45	98	240	54	186
26	103	30	73	152	27	125	217	63	154
27	117	27	90	201	51	150	271	80	191
28	136	40	96	209	56	153	310	110	200
29	166	49	117	221	68	153	344	117	227
30-34岁	**1144**	**293**	**851**	**2034**	**631**	**1403**	**2898**	**1021**	**1877**
30	256	71	185	352	118	234	472	152	320
31	233	52	181	406	133	273	476	151	325
32	207	60	147	413	127	286	594	229	365
33	249	66	183	451	137	314	743	280	463
34	199	44	155	412	116	296	613	209	404
35-39岁	**948**	**227**	**721**	**1890**	**565**	**1325**	**2887**	**978**	**1909**
35	152	30	122	338	95	243	480	174	306
36	161	27	134	283	82	201	470	173	297
37	162	44	118	334	100	234	542	168	374
38	235	71	164	428	138	290	724	245	479
39	238	55	183	507	150	357	671	218	453
40-44岁	**954**	**277**	**677**	**2291**	**649**	**1642**	**4056**	**1424**	**2632**
40	182	68	114	490	146	344	797	288	509
41	222	57	165	513	136	377	997	361	636
42	176	47	129	444	121	323	861	288	573
43	177	47	130	384	116	268	665	237	428
44	197	58	139	460	130	330	736	250	486
45-49岁	**1313**	**429**	**884**	**2812**	**890**	**1922**	**4615**	**1588**	**3027**
45	185	64	121	431	131	300	746	244	502
46	249	85	164	512	167	345	888	285	603
47	240	82	158	585	180	405	999	359	640
48	303	92	211	585	177	408	956	324	632
49	336	106	230	699	235	464	1026	376	650
50-54岁	**1548**	**501**	**1047**	**3379**	**1120**	**2259**	**5865**	**2242**	**3623**
50	328	98	230	774	262	512	1217	461	756
51	337	106	231	601	208	393	1208	453	755
52	313	108	205	727	257	470	1235	508	727
53	305	101	204	593	178	415	1022	363	659
54	265	88	177	684	215	469	1183	457	726
55-59岁	**1004**	**280**	**724**	**2542**	**801**	**1741**	**4832**	**1832**	**3000**
55	252	80	172	697	231	466	1310	510	800
56	216	64	152	562	184	378	1147	459	688
57	250	76	174	645	209	436	1222	450	772
58	183	37	146	373	101	272	765	285	480
59	103	23	80	265	76	189	388	128	260
60-64岁	**560**	**120**	**440**	**1385**	**387**	**998**	**2732**	**969**	**1763**
60	103	20	83	352	91	261	771	248	523
61	97	22	75	233	59	174	530	213	317
62	106	25	81	260	73	187	491	181	310
63	139	30	109	287	91	196	448	160	288
64	115	23	92	253	73	180	492	167	325
65岁及以上	**3730**	**927**	**2803**	**6337**	**1990**	**4347**	**8138**	**2959**	**5179**

5-5b　续表 3

单位：人

年　龄	初婚年龄								
	21岁			22岁			23岁		
	小计	男	女	小计	男	女	小计	男	女
总　计	**49899**	**22478**	**27421**	**56106**	**28182**	**27924**	**47983**	**24581**	**23402**
20岁以下									
20-24岁	**527**	**167**	**360**	**578**	**254**	**324**	**302**	**135**	**167**
20									
21	43	11	32						
22	107	37	70	113	44	69			
23	154	53	101	192	91	101	83	42	41
24	223	66	157	273	119	154	219	93	126
25-29岁	**1587**	**617**	**970**	**2008**	**927**	**1081**	**1875**	**865**	**1010**
25	248	98	150	360	145	215	324	136	188
26	255	97	158	346	165	181	349	152	197
27	355	132	223	421	204	217	366	170	196
28	320	125	195	403	188	215	401	192	209
29	409	165	244	478	225	253	435	215	220
30-34岁	**3481**	**1541**	**1940**	**3604**	**1828**	**1776**	**3251**	**1583**	**1668**
30	529	233	296	634	308	326	567	265	302
31	601	273	328	594	281	313	671	313	358
32	624	249	375	736	388	348	587	297	290
33	983	437	546	850	438	412	800	392	408
34	744	349	395	790	413	377	626	316	310
35-39岁	**3642**	**1598**	**2044**	**4037**	**2116**	**1921**	**3179**	**1710**	**1469**
35	546	255	291	586	319	267	549	289	260
36	576	260	316	562	271	291	488	264	224
37	652	272	380	787	418	369	571	321	250
38	941	406	535	1089	587	502	824	452	372
39	927	405	522	1013	521	492	747	384	363
40-44岁	**5436**	**2500**	**2936**	**5772**	**3008**	**2764**	**4474**	**2371**	**2103**
40	819	370	449	966	492	474	787	414	373
41	1375	655	720	1111	580	531	1015	540	475
42	1310	602	708	1315	673	642	816	428	388
43	975	437	538	1132	608	524	906	473	433
44	957	436	521	1248	655	593	950	516	434
45-49岁	**6551**	**3021**	**3530**	**7179**	**3735**	**3444**	**5685**	**3028**	**2657**
45	1024	460	564	1124	576	548	1025	572	453
46	1278	600	678	1342	710	632	1021	548	473
47	1393	635	758	1540	793	747	1183	589	594
48	1357	633	724	1489	780	709	1231	667	564
49	1499	693	806	1684	876	808	1225	652	573
50-54岁	**7717**	**3789**	**3928**	**7994**	**4168**	**3826**	**6223**	**3324**	**2899**
50	1433	716	717	1749	921	828	1283	663	620
51	1484	738	746	1358	703	655	1229	669	560
52	1835	917	918	1781	949	832	1126	610	516
53	1339	642	697	1433	762	671	1147	611	536
54	1626	776	850	1673	833	840	1438	771	667
55-59岁	**7544**	**3546**	**3998**	**8841**	**4584**	**4257**	**6943**	**3621**	**3322**
55	1841	892	949	1880	966	914	1462	779	683
56	1885	876	1009	1942	1004	938	1511	781	730
57	2055	982	1073	2685	1395	1290	1944	986	958
58	1139	539	600	1605	840	765	1291	698	593
59	624	257	367	729	379	350	735	377	358
60-64岁	**4395**	**1863**	**2532**	**6410**	**2989**	**3421**	**6808**	**3334**	**3474**
60	1025	420	605	1433	715	718	1187	629	558
61	947	415	532	1158	537	621	1079	538	541
62	890	377	513	1588	727	861	1532	754	778
63	826	358	468	1288	583	705	1781	868	913
64	707	293	414	943	427	516	1229	545	684
65岁及以上	**9019**	**3836**	**5183**	**9683**	**4573**	**5110**	**9243**	**4610**	**4633**

5-5b 续表 4

单位：人

年龄	初婚年龄								
	24岁			25岁			26岁		
	小计	男	女	小计	男	女	小计	男	女
总　计	**38592**	**21049**	**17543**	**28664**	**16230**	**12434**	**18795**	**10917**	**7878**
20岁以下									
20-24岁	**114**	**55**	**59**						
20									
21									
22									
23									
24	114	55	59						
25-29岁	**2004**	**933**	**1071**	**1783**	**838**	**945**	**1357**	**702**	**655**
25	292	141	151	172	72	100			
26	390	160	230	315	156	159	175	91	84
27	429	221	208	394	181	213	324	168	156
28	405	179	226	450	216	234	416	223	193
29	488	232	256	452	213	239	442	220	222
30-34岁	**3225**	**1582**	**1643**	**3342**	**1686**	**1656**	**2958**	**1549**	**1409**
30	624	306	318	643	317	326	536	282	254
31	643	319	324	625	308	317	561	286	275
32	671	315	356	698	343	355	626	325	301
33	675	350	325	768	385	383	686	355	331
34	612	292	320	608	333	275	549	301	248
35-39岁	**2721**	**1540**	**1181**	**2433**	**1386**	**1047**	**1920**	**1145**	**775**
35	428	235	193	423	243	180	355	189	166
36	477	248	229	410	223	187	319	189	130
37	502	309	193	473	273	200	352	221	131
38	691	397	294	637	366	271	505	311	194
39	623	351	272	490	281	209	389	235	154
40-44岁	**3421**	**1925**	**1496**	**2478**	**1509**	**969**	**1773**	**1083**	**690**
40	663	349	314	520	317	203	395	231	164
41	786	426	360	563	342	221	405	250	155
42	722	425	297	521	318	203	405	247	158
43	549	320	229	453	279	174	301	187	114
44	701	405	296	421	253	168	267	168	99
45-49岁	**4272**	**2458**	**1814**	**2862**	**1725**	**1137**	**1799**	**1085**	**714**
45	731	412	319	501	307	194	305	185	120
46	801	466	335	556	343	213	350	214	136
47	910	514	396	599	366	233	368	231	137
48	850	480	370	593	336	257	393	220	173
49	980	586	394	613	373	240	383	235	148
50-54岁	**4099**	**2343**	**1756**	**2627**	**1589**	**1038**	**1481**	**902**	**579**
50	910	511	399	670	382	288	345	210	135
51	798	443	355	545	333	212	323	203	120
52	907	516	391	554	345	209	307	181	126
53	592	346	246	411	264	147	240	154	86
54	892	527	365	447	265	182	266	154	112
55-59岁	**4575**	**2572**	**2003**	**2717**	**1569**	**1148**	**1380**	**813**	**567**
55	1029	594	435	594	332	262	251	158	93
56	940	531	409	623	354	269	312	172	140
57	1231	687	544	694	414	280	370	221	149
58	839	461	378	489	280	209	245	138	107
59	536	299	237	317	189	128	202	124	78
60-64岁	**5680**	**3072**	**2608**	**3415**	**1961**	**1454**	**1728**	**1005**	**723**
60	980	573	407	644	368	276	290	177	113
61	828	455	373	529	313	216	298	177	121
62	1133	633	500	623	359	264	386	220	166
63	1271	647	624	799	456	343	357	206	151
64	1468	764	704	820	465	355	397	225	172
65岁及以上	**8481**	**4569**	**3912**	**7007**	**3967**	**3040**	**4399**	**2633**	**1766**

5-5b 续表 5

单位：人

年龄	初婚年龄								
	27岁			28岁			29岁		
	小计	男	女	小计	男	女	小计	男	女
总 计	**12628**	**7542**	**5086**	**8461**	**5115**	**3346**	**6163**	**3744**	**2419**
20岁以下									
20-24岁									
20									
21									
22									
23									
24									
25-29岁	**819**	**426**	**393**	**358**	**212**	**146**	**96**	**55**	**41**
25									
26									
27	180	98	82						
28	294	151	143	144	79	65			
29	345	177	168	214	133	81	96	55	41
30-34岁	**2371**	**1311**	**1060**	**1866**	**1057**	**809**	**1380**	**800**	**580**
30	473	257	216	368	199	169	242	137	105
31	431	232	199	347	203	144	284	171	113
32	481	263	218	364	201	163	307	176	131
33	555	301	254	443	260	183	273	153	120
34	431	258	173	344	194	150	274	163	111
35-39岁	**1600**	**972**	**628**	**1220**	**740**	**480**	**969**	**617**	**352**
35	336	198	138	235	137	98	177	115	62
36	277	177	100	239	148	91	170	108	62
37	289	182	107	238	138	100	204	130	74
38	386	228	158	287	180	107	227	150	77
39	312	187	125	221	137	84	191	114	77
40-44岁	**1340**	**845**	**495**	**943**	**596**	**347**	**806**	**495**	**311**
40	288	181	107	210	133	77	182	101	81
41	313	191	122	227	151	76	212	134	78
42	279	177	102	196	129	67	142	90	52
43	224	140	84	159	94	65	141	83	58
44	236	156	80	151	89	62	129	87	42
45-49岁	**1185**	**769**	**416**	**779**	**508**	**271**	**549**	**348**	**201**
45	241	155	86	146	95	51	121	69	52
46	201	133	68	146	94	52	108	71	37
47	274	173	101	151	105	46	113	77	36
48	236	158	78	168	106	62	104	61	43
49	233	150	83	168	108	60	103	70	33
50-54岁	**965**	**590**	**375**	**684**	**417**	**267**	**514**	**304**	**210**
50	210	126	84	160	96	64	117	71	46
51	212	138	74	146	91	55	97	52	45
52	186	112	74	135	86	49	111	59	52
53	179	108	71	125	74	51	97	63	34
54	178	106	72	118	70	48	92	59	33
55-59岁	**807**	**459**	**348**	**511**	**280**	**231**	**391**	**228**	**163**
55	177	103	74	113	56	57	106	60	46
56	158	86	72	102	62	40	82	51	31
57	219	129	90	127	72	55	99	59	40
58	150	84	66	96	54	42	48	28	20
59	103	57	46	73	36	37	56	30	26
60-64岁	**975**	**587**	**388**	**580**	**348**	**232**	**426**	**237**	**189**
60	175	113	62	110	61	49	67	41	26
61	172	106	66	95	60	35	70	34	36
62	217	132	85	110	63	47	87	46	41
63	198	114	84	144	85	59	104	59	45
64	213	122	91	121	79	42	98	57	41
65岁及以上	**2566**	**1583**	**983**	**1520**	**957**	**563**	**1032**	**660**	**372**

5-5b 续表 6

单位：人

年龄	初婚年龄								
	30岁			31岁			32岁		
	小计	男	女	小计	男	女	小计	男	女
总　计	**4499**	**2780**	**1719**	**3447**	**2067**	**1380**	**2654**	**1628**	**1026**
20岁以下									
20-24岁									
20									
21									
22									
23									
24									
25-29岁									
25									
26									
27									
28									
29									
30-34岁	**952**	**583**	**369**	**638**	**372**	**266**	**320**	**201**	**119**
30	93	58	35						
31	167	103	64	82	46	36			
32	215	137	78	142	74	68	63	43	20
33	279	166	113	250	151	99	126	84	42
34	198	119	79	164	101	63	131	74	57
35-39岁	**762**	**474**	**288**	**626**	**371**	**255**	**493**	**270**	**223**
35	142	86	56	114	68	46	78	36	42
36	118	79	39	112	63	49	84	47	37
37	158	102	56	112	68	44	93	58	35
38	207	133	74	151	92	59	118	65	53
39	137	74	63	137	80	57	120	64	56
40-44岁	**619**	**378**	**241**	**538**	**335**	**203**	**451**	**277**	**174**
40	128	83	45	99	54	45	95	56	39
41	173	109	64	153	98	55	115	71	44
42	146	84	62	123	76	47	97	59	38
43	90	54	36	93	60	33	67	43	24
44	82	48	34	70	47	23	77	48	29
45-49岁	**387**	**258**	**129**	**299**	**182**	**117**	**262**	**179**	**83**
45	82	55	27	57	40	17	54	35	19
46	82	56	26	62	38	24	66	46	20
47	84	56	28	62	39	23	52	36	16
48	68	45	23	61	35	26	40	24	16
49	71	46	25	57	30	27	50	38	12
50-54岁	**433**	**253**	**180**	**312**	**181**	**131**	**240**	**143**	**97**
50	83	57	26	36	20	16	43	25	18
51	83	47	36	57	40	17	34	23	11
52	116	69	47	72	35	37	43	27	16
53	77	44	33	77	43	34	49	29	20
54	74	36	38	70	43	27	71	39	32
55-59岁	**315**	**179**	**136**	**285**	**171**	**114**	**247**	**154**	**93**
55	93	54	39	56	33	23	56	32	24
56	79	49	30	78	43	35	54	30	24
57	70	31	39	68	45	23	60	42	18
58	45	28	17	55	35	20	43	26	17
59	28	17	11	28	15	13	34	24	10
60-64岁	**267**	**159**	**108**	**192**	**110**	**82**	**196**	**120**	**76**
60	37	23	14	32	19	13	33	16	17
61	45	26	19	31	21	10	19	12	7
62	54	37	17	42	24	18	44	30	14
63	67	32	35	36	19	17	47	33	14
64	64	41	23	51	27	24	53	29	24
65岁及以上	**764**	**496**	**268**	**557**	**345**	**212**	**445**	**284**	**161**

5-5b　续表 7　　　　　　　　　　　　　　　　　　　　单位：人

年　龄	初婚年龄								
	33岁			34岁			35岁		
	小计	男	女	小计	男	女	小计	男	女
总　计	**2058**	**1242**	**816**	**1536**	**929**	**607**	**1283**	**766**	**517**
20岁以下									
20-24岁									
20									
21									
22									
23									
24									
25-29岁									
25									
26									
27									
28									
29									
30-34岁	**151**	**85**	**66**	**33**	**22**	**11**			
30									
31									
32									
33	53	33	20						
34	98	52	46	33	22	11			
35-39岁	**437**	**246**	**191**	**320**	**186**	**134**	**240**	**135**	**105**
35	83	45	38	45	26	19	21	10	11
36	70	44	26	69	41	28	50	26	24
37	82	49	33	53	35	18	31	20	11
38	117	61	56	75	40	35	75	42	33
39	85	47	38	78	44	34	63	37	26
40-44岁	**385**	**242**	**143**	**316**	**201**	**115**	**314**	**178**	**136**
40	102	63	39	77	46	31	86	49	37
41	89	51	38	86	53	33	74	37	37
42	63	46	17	70	51	19	59	34	25
43	80	51	29	35	24	11	50	28	22
44	51	31	20	48	27	21	45	30	15
45-49岁	**233**	**143**	**90**	**197**	**109**	**88**	**208**	**122**	**86**
45	50	31	19	40	24	16	52	27	25
46	43	30	13	42	22	20	38	21	17
47	50	32	18	47	27	20	46	29	17
48	50	28	22	37	19	18	40	25	15
49	40	22	18	31	17	14	32	20	12
50-54岁	**181**	**111**	**70**	**148**	**90**	**58**	**121**	**78**	**43**
50	46	32	14	33	21	12	32	18	14
51	32	17	15	31	19	12	21	17	4
52	29	19	10	30	15	15	27	18	9
53	27	16	11	18	12	6	21	13	8
54	47	27	20	36	23	13	20	12	8
55-59岁	**226**	**132**	**94**	**178**	**96**	**82**	**117**	**76**	**41**
55	60	35	25	45	22	23	23	16	7
56	50	29	21	39	19	20	20	13	7
57	66	37	29	50	28	22	47	29	18
58	36	23	13	29	19	10	16	13	3
59	14	8	6	15	8	7	11	5	6
60-64岁	**143**	**92**	**51**	**106**	**70**	**36**	**80**	**55**	**25**
60	26	14	12	21	15	6	24	15	9
61	20	12	8	22	14	8	15	11	4
62	26	16	10	24	15	9	10	7	3
63	34	25	9	19	13	6	17	13	4
64	37	25	12	20	13	7	14	9	5
65岁及以上	**302**	**191**	**111**	**238**	**155**	**83**	**203**	**122**	**81**

5-5b 续表 8 单位：人

年龄	初婚年龄								
	36岁			37岁			38岁		
	小计	男	女	小计	男	女	小计	男	女
总计	**1020**	**644**	**376**	**830**	**514**	**316**	**614**	**370**	**244**
20岁以下									
20-24岁									
20									
21									
22									
23									
24									
25-29岁									
25									
26									
27									
28									
29									
30-34岁									
30									
31									
32									
33									
34									
35-39岁	**157**	**93**	**64**	**105**	**57**	**48**	**45**	**30**	**15**
35									
36	16	9	7						
37	39	25	14	13	7	6			
38	54	29	25	47	25	22	7	5	2
39	48	30	18	45	25	20	38	25	13
40-44岁	**235**	**145**	**90**	**213**	**126**	**87**	**133**	**85**	**48**
40	49	29	20	46	29	17	23	11	12
41	61	41	20	54	30	24	34	24	10
42	45	30	15	33	16	17	31	19	12
43	43	24	19	39	23	16	22	14	8
44	37	21	16	41	28	13	23	17	6
45-49岁	**178**	**122**	**56**	**133**	**85**	**48**	**130**	**72**	**58**
45	37	23	14	18	10	8	21	12	9
46	48	33	15	22	14	8	20	10	10
47	35	25	10	29	20	9	27	16	11
48	33	23	10	33	21	12	29	13	16
49	25	18	7	31	20	11	33	21	12
50-54岁	**95**	**57**	**38**	**96**	**62**	**34**	**78**	**41**	**37**
50	25	13	12	25	17	8	26	13	13
51	14	11	3	16	11	5	13	9	4
52	21	11	10	25	15	10	16	7	9
53	21	11	10	19	11	8	14	6	8
54	14	11	3	11	8	3	9	6	3
55-59岁	**111**	**75**	**36**	**88**	**46**	**42**	**47**	**30**	**17**
55	17	9	8	11	2	9	11	8	3
56	21	14	7	20	15	5	8	7	1
57	33	24	9	24	11	13	14	9	5
58	23	16	7	19	10	9	8	4	4
59	17	12	5	14	8	6	6	2	4
60-64岁	**70**	**45**	**25**	**70**	**43**	**27**	**68**	**35**	**33**
60	16	10	6	21	11	10	16	8	8
61	11	5	6	8	6	2	11	5	6
62	16	12	4	19	10	9	12	7	5
63	11	9	2	11	8	3	17	8	9
64	16	9	7	11	8	3	12	7	5
65岁及以上	**174**	**107**	**67**	**125**	**95**	**30**	**113**	**77**	**36**

5-5b　续表 9　　　　单位：人

年　龄	初婚年龄					
	39岁			40岁及以上		
	小计	男	女	小计	男	女
总　计	**599**	**353**	**246**	**3273**	**1900**	**1373**
20岁以下						
20-24岁						
20						
21						
22						
23						
24						
25-29岁						
25						
26						
27						
28						
29						
30-34岁						
30						
31						
32						
33						
34						
35-39岁	**17**	**7**	**10**			
35						
36						
37						
38						
39	17	7	10			
40-44岁	**138**	**68**	**70**	**271**	**152**	**119**
40	33	16	17	20	8	12
41	32	14	18	52	33	19
42	30	17	13	71	41	30
43	13	7	6	55	28	27
44	30	14	16	73	42	31
45-49岁	**122**	**85**	**37**	**513**	**286**	**227**
45	24	17	7	94	50	44
46	27	21	6	90	58	32
47	21	16	5	101	55	46
48	25	16	9	111	62	49
49	25	15	10	117	61	56
50-54岁	**99**	**64**	**35**	**496**	**324**	**172**
50	32	21	11	116	82	34
51	20	12	8	97	62	35
52	21	13	8	115	69	46
53	13	9	4	81	56	25
54	13	9	4	87	55	32
55-59岁	**50**	**29**	**21**	**420**	**242**	**178**
55	8	3	5	112	65	47
56	17	10	7	83	41	42
57	9	5	4	114	61	53
58	7	4	3	66	48	18
59	9	7	2	45	27	18
60-64岁	**65**	**30**	**35**	**380**	**231**	**149**
60	6	3	3	70	40	30
61	12	5	7	54	40	14
62	17	8	9	79	47	32
63	19	9	10	78	48	30
64	11	5	6	99	56	43
65岁及以上	**108**	**70**	**38**	**1193**	**665**	**528**

5-5c 全省分年龄、性别、初婚年龄的人口(乡村)

单位：人

年龄	初婚年龄					
	合计			15岁以下		
	合计	男	女	小计	男	女
总计	**891702**	**442217**	**449485**	**1258**	**296**	**962**
20岁以下	**196**	**44**	**152**	**11**	**1**	**10**
20-24岁	**4967**	**1685**	**3282**	**30**	**4**	**26**
20	272	41	231	4		4
21	438	117	321	3		3
22	775	257	518	4	1	3
23	1402	473	929	7		7
24	2080	797	1283	12	3	9
25-29岁	**22364**	**10478**	**11886**	**39**	**13**	**26**
25	2855	1218	1637	11	4	7
26	3831	1740	2091	8	2	6
27	4499	2115	2384	7	1	6
28	5081	2471	2610	5	1	4
29	6098	2934	3164	8	5	3
30-34岁	**49093**	**25151**	**23942**	**112**	**32**	**80**
30	8555	4362	4193	25	4	21
31	9207	4588	4619	23	5	18
32	9713	5010	4703	24	7	17
33	11744	6087	5657	23	7	16
34	9874	5104	4770	17	9	8
35-39岁	**48152**	**25163**	**22989**	**55**	**15**	**40**
35	7678	3984	3694	17	6	11
36	7265	3746	3519	8	4	4
37	8784	4561	4223	6	2	4
38	12378	6510	5868	10	2	8
39	12047	6362	5685	14	1	13
40-44岁	**68063**	**35559**	**32504**	**98**	**26**	**72**
40	12554	6483	6071	12	4	8
41	15517	8102	7415	21	4	17
42	14297	7510	6787	21	7	14
43	12328	6529	5799	23	7	16
44	13367	6935	6432	21	4	17
45-49岁	**94094**	**48043**	**46051**	**112**	**30**	**82**
45	14376	7458	6918	27	11	16
46	17130	8659	8471	21	7	14
47	19622	10073	9549	21	5	16
48	20409	10376	10033	20	5	15
49	22557	11477	11080	23	2	21
50-54岁	**125583**	**63158**	**62425**	**141**	**38**	**103**
50	24618	12509	12109	24	6	18
51	23805	11996	11809	29	6	23
52	26605	13374	13231	27	7	20
53	23432	11650	11782	26	6	20
54	27123	13629	13494	35	13	22
55-59岁	**122394**	**59903**	**62491**	**81**	**22**	**59**
55	28704	14320	14384	23	8	15
56	27294	13469	13825	12	2	10
57	33277	16324	16953	21	10	11
58	21031	10156	10875	12		12
59	12088	5634	6454	13	2	11
60-64岁	**110348**	**54071**	**56277**	**124**	**20**	**104**
60	22314	10893	11421	13	3	10
61	18798	9245	9553	24	3	21
62	22590	11108	11482	28	7	21
63	24112	11905	12207	31	2	29
64	22534	10920	11614	28	5	23
65岁及以上	**246448**	**118962**	**127486**	**455**	**95**	**360**

5-5c　续表 1　　单位：人

年　龄	初婚年龄								
	15岁			16岁			17岁		
	小计	男	女	小计	男	女	小计	男	女
总　计	**4979**	**1078**	**3901**	**9813**	**1963**	**7850**	**19718**	**4546**	**15172**
20岁以下	**20**	**6**	**14**	**39**	**4**	**35**	**46**	**12**	**34**
20-24岁	**112**	**21**	**91**	**202**	**38**	**164**	**339**	**72**	**267**
20	13	1	12	22	2	20	28	3	25
21	13	2	11	26	7	19	41	5	36
22	29	7	22	34	8	26	64	13	51
23	30	4	26	49	10	39	89	26	63
24	27	7	20	71	11	60	117	25	92
25-29岁	**226**	**62**	**164**	**438**	**107**	**331**	**864**	**230**	**634**
25	39	10	29	65	18	47	147	44	103
26	50	10	40	105	24	81	153	31	122
27	43	16	27	87	21	66	159	36	123
28	30	10	20	81	22	59	222	69	153
29	64	16	48	100	22	78	183	50	133
30-34岁	**340**	**100**	**240**	**539**	**128**	**411**	**1259**	**343**	**916**
30	62	18	44	98	18	80	271	85	186
31	75	21	54	120	34	86	248	74	174
32	72	21	51	114	37	77	269	74	195
33	77	25	52	116	24	92	262	71	191
34	54	15	39	91	15	76	209	39	170
35-39岁	**189**	**45**	**144**	**446**	**108**	**338**	**1012**	**252**	**760**
35	51	18	33	72	23	49	150	26	124
36	31	7	24	96	26	70	166	35	131
37	32	4	28	94	27	67	201	52	149
38	41	11	30	106	20	86	270	67	203
39	34	5	29	78	12	66	225	72	153
40-44岁	**266**	**79**	**187**	**561**	**134**	**427**	**1013**	**284**	**729**
40	53	15	38	104	24	80	179	54	125
41	68	20	48	144	38	106	217	58	159
42	43	11	32	122	33	89	214	56	158
43	49	12	37	87	14	73	193	54	139
44	53	21	32	104	25	79	210	62	148
45-49岁	**407**	**114**	**293**	**849**	**204**	**645**	**1805**	**529**	**1276**
45	77	20	57	115	28	87	243	76	167
46	83	30	53	162	47	115	285	78	207
47	97	26	71	210	49	161	394	109	285
48	74	16	58	185	51	134	482	135	347
49	76	22	54	177	29	148	401	131	270
50-54岁	**517**	**155**	**362**	**1001**	**282**	**719**	**2310**	**658**	**1652**
50	103	27	76	186	45	141	473	145	328
51	115	27	88	240	71	169	503	140	363
52	105	35	70	228	71	157	546	149	397
53	91	35	56	164	42	122	434	122	312
54	103	31	72	183	53	130	354	102	252
55-59岁	**409**	**97**	**312**	**853**	**187**	**666**	**1830**	**415**	**1415**
55	126	42	84	197	46	151	384	104	280
56	99	24	75	230	53	177	359	89	270
57	90	17	73	234	57	177	548	117	431
58	57	7	50	127	24	103	375	76	299
59	37	7	30	65	7	58	164	29	135
60-64岁	**370**	**62**	**308**	**620**	**93**	**527**	**1340**	**226**	**1114**
60	57	8	49	89	16	73	252	44	208
61	78	12	66	126	26	100	207	34	173
62	54	10	44	112	14	98	296	46	250
63	84	17	67	126	16	110	301	55	246
64	97	15	82	167	21	146	284	47	237
65岁及以上	**2123**	**337**	**1786**	**4265**	**678**	**3587**	**7900**	**1525**	**6375**

5-5c 续表 2

单位：人

年　龄	初婚年龄								
	18岁			19岁			20岁		
	小计	男	女	小计	男	女	小计	男	女
总　计	**38371**	**10384**	**27987**	**73006**	**23790**	**49216**	**110939**	**42883**	**68056**
20岁以下	**55**	**15**	**40**	**25**	**6**	**19**			
20-24岁	**490**	**131**	**359**	**728**	**199**	**529**	**908**	**263**	**645**
20	62	8	54	87	15	72	56	12	44
21	69	18	51	109	28	81	111	32	79
22	74	22	52	127	33	94	182	54	128
23	137	39	98	173	46	127	255	73	182
24	148	44	104	232	77	155	304	92	212
25-29岁	**1409**	**476**	**933**	**2050**	**684**	**1366**	**2549**	**970**	**1579**
25	204	59	145	304	93	211	390	145	245
26	257	96	161	343	120	223	450	176	274
27	252	87	165	420	134	286	493	161	332
28	328	109	219	423	144	279	561	224	337
29	368	125	243	560	193	367	655	264	391
30-34岁	**2687**	**825**	**1862**	**4438**	**1585**	**2853**	**6031**	**2521**	**3510**
30	542	185	357	746	272	474	1054	469	585
31	569	181	388	913	339	574	1099	451	648
32	478	142	336	850	322	528	1214	472	742
33	628	191	437	995	340	655	1468	652	816
34	470	126	344	934	312	622	1196	477	719
35-39岁	**2135**	**598**	**1537**	**4006**	**1240**	**2766**	**5902**	**2125**	**3777**
35	381	93	288	716	217	499	952	372	580
36	306	70	236	640	208	432	921	330	591
37	331	83	248	663	211	452	1109	375	734
38	590	189	401	906	273	633	1554	536	1018
39	527	163	364	1081	331	750	1366	512	854
40-44岁	**2429**	**704**	**1725**	**5646**	**1670**	**3976**	**9104**	**3316**	**5788**
40	522	144	378	1117	347	770	1776	662	1114
41	563	158	405	1295	379	916	2197	821	1376
42	444	129	315	1132	333	799	1895	715	1180
43	406	120	286	957	274	683	1546	564	982
44	494	153	341	1145	337	808	1690	554	1136
45-49岁	**3985**	**1267**	**2718**	**7857**	**2526**	**5331**	**12452**	**4792**	**7660**
45	533	147	386	1178	360	818	1930	696	1234
46	632	184	448	1362	398	964	2340	864	1476
47	727	233	494	1646	528	1118	2602	999	1603
48	952	303	649	1582	510	1072	2681	1064	1617
49	1141	400	741	2089	730	1359	2899	1169	1730
50-54岁	**5728**	**1779**	**3949**	**12122**	**4266**	**7856**	**18797**	**7936**	**10861**
50	1178	366	812	2489	858	1631	3597	1483	2114
51	1102	342	760	2333	805	1528	3737	1592	2145
52	1258	410	848	2527	909	1618	3987	1707	2280
53	1096	334	762	2200	775	1425	3421	1434	1987
54	1094	327	767	2573	919	1654	4055	1720	2335
55-59岁	**4020**	**997**	**3023**	**9114**	**2892**	**6222**	**16313**	**6366**	**9947**
55	909	239	670	2458	851	1607	4431	1801	2630
56	900	257	643	1986	655	1331	3855	1519	2336
57	1021	243	778	2276	713	1563	4116	1623	2493
58	766	170	596	1476	441	1035	2560	964	1596
59	424	88	336	918	232	686	1351	459	892
60-64岁	**2522**	**509**	**2013**	**5583**	**1673**	**3910**	**10308**	**3596**	**6712**
60	515	91	424	1377	425	952	2748	930	1818
61	441	89	352	968	323	645	1973	716	1257
62	454	94	360	1074	311	763	1932	684	1248
63	576	131	445	1061	306	755	1900	676	1224
64	536	104	432	1103	308	795	1755	590	1165
65岁及以上	**12911**	**3083**	**9828**	**21437**	**7049**	**14388**	**28575**	**10998**	**17577**

5-5c 续表 3

单位：人

年 龄	初婚年龄								
	21岁			22岁			23岁		
	小计	男	女	小计	男	女	小计	男	女
总 计	**138688**	**68582**	**70106**	**140507**	**77309**	**63198**	**106550**	**59123**	**47427**
20岁以下									
20-24岁	**839**	**336**	**503**	**763**	**350**	**413**	**382**	**187**	**195**
20									
21	66	25	41						
22	145	59	86	116	60	56			
23	266	109	157	263	104	159	133	62	71
24	362	143	219	384	186	198	249	125	124
25-29岁	**2779**	**1276**	**1503**	**3023**	**1615**	**1408**	**2479**	**1324**	**1155**
25	359	149	210	434	226	208	384	190	194
26	578	239	339	551	296	255	455	240	215
27	536	252	284	636	338	298	498	280	218
28	584	283	301	640	341	299	556	308	248
29	722	353	369	762	414	348	586	306	280
30-34岁	**6329**	**3212**	**3117**	**6269**	**3626**	**2643**	**4731**	**2741**	**1990**
30	940	479	461	1040	582	458	816	439	377
31	1189	570	619	1004	565	439	874	494	380
32	1227	640	587	1356	819	537	853	481	372
33	1574	783	791	1520	876	644	1223	728	495
34	1399	740	659	1349	784	565	965	599	366
35-39岁	**7168**	**3651**	**3517**	**7109**	**4217**	**2892**	**5041**	**3120**	**1921**
35	1079	554	525	1064	657	407	754	471	283
36	1040	510	530	1013	634	379	743	460	283
37	1325	684	641	1313	774	539	872	548	324
38	1891	964	927	1905	1109	796	1348	829	519
39	1833	939	894	1814	1043	771	1324	812	512
40-44岁	**11660**	**6002**	**5658**	**11224**	**6679**	**4545**	**7161**	**4287**	**2874**
40	1803	876	927	1878	1114	764	1309	788	521
41	2711	1387	1324	2213	1324	889	1588	973	615
42	2658	1403	1255	2455	1458	997	1287	742	545
43	2226	1168	1058	2212	1335	877	1455	869	586
44	2262	1168	1094	2466	1448	1018	1522	915	607
45-49岁	**17032**	**8751**	**8281**	**16308**	**9440**	**6868**	**10876**	**6154**	**4722**
45	2392	1240	1152	2418	1408	1010	1734	1050	684
46	3234	1608	1626	2825	1622	1203	1977	1114	863
47	3635	1829	1806	3564	2095	1469	2180	1248	932
48	3681	1918	1763	3590	2088	1502	2431	1350	1081
49	4090	2156	1934	3911	2227	1684	2554	1392	1162
50-54岁	**23367**	**12345**	**11022**	**21506**	**12319**	**9187**	**14038**	**7821**	**6217**
50	4046	2152	1894	4152	2442	1710	2871	1631	1240
51	4517	2395	2122	3671	2117	1554	2572	1427	1145
52	5283	2820	2463	4625	2641	1984	2601	1484	1117
53	4482	2339	2143	4228	2377	1851	2721	1494	1227
54	5039	2639	2400	4830	2742	2088	3273	1785	1488
55-59岁	**23309**	**11942**	**11367**	**23532**	**13098**	**10434**	**15963**	**8610**	**7353**
55	5566	2880	2686	5141	2923	2218	3407	1885	1522
56	5590	2941	2649	5115	2869	2246	3364	1783	1581
57	6477	3297	3180	6926	3809	3117	4342	2343	1999
58	3674	1874	1800	4258	2354	1904	3072	1662	1410
59	2002	950	1052	2092	1143	949	1778	937	841
60-64岁	**15718**	**6888**	**8830**	**19635**	**9785**	**9850**	**18228**	**9743**	**8485**
60	3440	1571	1869	4035	2154	1881	3185	1776	1409
61	3307	1483	1824	3306	1688	1618	2802	1502	1300
62	3248	1433	1815	4609	2272	2337	3535	1879	1656
63	2985	1225	1760	4230	2041	2189	4935	2658	2277
64	2738	1176	1562	3455	1630	1825	3771	1928	1843
65岁及以上	**30487**	**14179**	**16308**	**31138**	**16180**	**14958**	**27651**	**15136**	**12515**

5-5c 续表 4

单位：人

年龄	初婚年龄								
	24岁			25岁			26岁		
	小计	男	女	小计	男	女	小计	男	女
总计	**76182**	**44081**	**32101**	**50298**	**30407**	**19891**	**31889**	**19848**	**12041**
20岁以下									
20-24岁	**174**	**84**	**90**						
20									
21									
22									
23									
24	174	84	90						
25-29岁	**2171**	**1185**	**986**	**1861**	**1064**	**797**	**1250**	**723**	**527**
25	301	165	136	217	115	102			
26	403	219	184	311	191	120	167	96	71
27	470	259	211	437	244	193	291	179	112
28	434	237	197	447	255	192	396	232	164
29	563	305	258	449	259	190	396	216	180
30-34岁	**3754**	**2263**	**1491**	**3143**	**1903**	**1240**	**2494**	**1505**	**989**
30	715	430	285	670	400	270	441	265	176
31	690	405	285	591	367	224	539	305	234
32	723	417	306	584	342	242	505	308	197
33	829	511	318	780	469	311	576	355	221
34	797	500	297	518	325	193	433	272	161
35-39岁	**3590**	**2330**	**1260**	**2634**	**1744**	**890**	**1898**	**1239**	**659**
35	577	362	215	462	287	175	287	182	105
36	540	353	187	395	259	136	314	189	125
37	621	402	219	493	333	160	369	240	129
38	877	570	307	661	467	194	486	332	154
39	975	643	332	623	398	225	442	296	146
40-44岁	**4864**	**3061**	**1803**	**3316**	**2165**	**1151**	**2219**	**1516**	**703**
40	927	563	364	707	473	234	461	313	148
41	1132	728	404	771	506	265	570	384	186
42	1020	631	389	716	462	254	472	319	153
43	761	498	263	594	383	211	364	252	112
44	1024	641	383	528	341	187	352	248	104
45-49岁	**6926**	**4101**	**2825**	**4189**	**2620**	**1569**	**2601**	**1678**	**923**
45	1117	684	433	677	446	231	370	238	132
46	1289	792	497	758	485	273	514	343	171
47	1366	835	531	895	568	327	531	356	175
48	1439	814	625	892	517	375	611	381	230
49	1715	976	739	967	604	363	575	360	215
50-54岁	**8215**	**4618**	**3597**	**4873**	**2847**	**2026**	**2927**	**1811**	**1116**
50	1707	987	720	1145	693	452	645	417	228
51	1530	867	663	962	585	377	603	367	236
52	1700	921	779	997	567	430	605	377	228
53	1304	732	572	856	478	378	513	302	211
54	1974	1111	863	913	524	389	561	348	213
55-59岁	**9647**	**5220**	**4427**	**5270**	**2935**	**2335**	**3004**	**1714**	**1290**
55	2101	1175	926	1231	697	534	594	371	223
56	2101	1145	956	1109	608	501	701	397	304
57	2584	1397	1187	1428	798	630	795	450	345
58	1596	846	750	898	506	392	538	299	239
59	1265	657	608	604	326	278	376	197	179
60-64岁	**13065**	**7459**	**5606**	**7601**	**4560**	**3041**	**4360**	**2665**	**1695**
60	2334	1333	1001	1540	911	629	747	453	294
61	1889	1116	773	1209	735	474	779	468	311
62	2554	1443	1111	1459	876	583	944	602	342
63	2791	1596	1195	1659	1011	648	941	567	374
64	3497	1971	1526	1734	1027	707	949	575	374
65岁及以上	**23776**	**13760**	**10016**	**17411**	**10569**	**6842**	**11136**	**6997**	**4139**

5-5c　续表 5

单位：人

年　龄	初婚年龄								
	27岁			28岁			29岁		
	小计	男	女	小计	男	女	小计	男	女
总　计	**21191**	**13641**	**7550**	**14721**	**9409**	**5312**	**10817**	**7076**	**3741**
20岁以下									
20-24岁									
20									
21									
22									
23									
24									
25-29岁	**788**	**487**	**301**	**345**	**202**	**143**	**93**	**60**	**33**
25									
26									
27	170	107	63						
28	233	153	80	141	83	58			
29	385	227	158	204	119	85	93	60	33
30-34岁	**2026**	**1292**	**734**	**1635**	**1009**	**626**	**1264**	**799**	**465**
30	403	243	160	378	233	145	216	149	67
31	397	240	157	318	197	121	281	170	111
32	419	291	128	318	192	126	278	174	104
33	452	301	151	347	214	133	267	167	100
34	355	217	138	274	173	101	222	139	83
35-39岁	**1533**	**1026**	**507**	**1133**	**723**	**410**	**945**	**613**	**332**
35	262	177	85	197	120	77	167	101	66
36	226	140	86	173	114	59	165	110	55
37	312	202	110	192	125	67	205	132	73
38	373	248	125	295	191	104	207	141	66
39	360	259	101	276	173	103	201	129	72
40-44岁	**1570**	**1070**	**500**	**1187**	**805**	**382**	**928**	**635**	**293**
40	327	212	115	266	182	84	199	134	65
41	342	233	109	282	191	91	242	163	79
42	345	237	108	239	163	76	191	136	55
43	279	193	86	225	150	75	130	87	43
44	277	195	82	175	119	56	166	115	51
45-49岁	**1693**	**1136**	**557**	**1184**	**787**	**397**	**940**	**663**	**277**
45	259	174	85	233	150	83	184	135	49
46	284	202	82	218	146	72	186	131	55
47	358	253	105	190	140	50	193	128	65
48	368	238	130	270	187	83	176	127	49
49	424	269	155	273	164	109	201	142	59
50-54岁	**2030**	**1256**	**774**	**1542**	**919**	**623**	**1262**	**782**	**480**
50	433	261	172	332	197	135	233	144	89
51	360	247	113	294	172	122	281	178	103
52	421	244	177	300	183	117	279	170	109
53	381	235	146	321	195	126	215	134	81
54	435	269	166	295	172	123	254	156	98
55-59岁	**1911**	**1123**	**788**	**1333**	**764**	**569**	**961**	**568**	**393**
55	440	251	189	299	185	114	230	144	86
56	342	216	126	262	137	125	219	125	94
57	523	302	221	318	183	135	262	160	102
58	394	230	164	252	138	114	141	77	64
59	212	124	88	202	121	81	109	62	47
60-64岁	**2711**	**1660**	**1051**	**1849**	**1142**	**707**	**1352**	**828**	**524**
60	501	275	226	319	179	140	225	122	103
61	417	242	175	287	164	123	197	120	77
62	630	384	246	406	256	150	258	168	90
63	638	424	214	437	279	158	336	210	126
64	525	335	190	400	264	136	336	208	128
65岁及以上	**6929**	**4591**	**2338**	**4513**	**3058**	**1455**	**3072**	**2128**	**944**

5-5c 续表 6

单位：人

年龄	初婚年龄								
	30岁			31岁			32岁		
	小计	男	女	小计	男	女	小计	男	女
总　计	**8337**	**5370**	**2967**	**6335**	**4137**	**2198**	**4988**	**3299**	**1689**
20岁以下									
20-24岁									
20									
21									
22									
23									
24									
25-29岁									
25									
26									
27									
28									
29									
30-34岁	**934**	**589**	**345**	**558**	**340**	**218**	**353**	**224**	**129**
30	138	91	47						
31	174	109	65	103	61	42			
32	208	128	80	136	83	53	85	60	25
33	256	155	101	165	102	63	125	82	43
34	158	106	52	154	94	60	143	82	61
35-39岁	**778**	**502**	**276**	**676**	**407**	**269**	**491**	**335**	**156**
35	150	95	55	111	66	45	80	62	18
36	113	63	50	132	79	53	67	45	22
37	157	106	51	124	57	67	105	64	41
38	195	123	72	161	104	57	117	82	35
39	163	115	48	148	101	47	122	82	40
40-44岁	**824**	**528**	**296**	**713**	**480**	**233**	**611**	**417**	**194**
40	171	109	62	134	84	50	119	80	39
41	211	128	83	204	131	73	127	89	38
42	184	115	69	150	99	51	134	90	44
43	136	92	44	120	84	36	114	77	37
44	122	84	38	105	82	23	117	81	36
45-49岁	**704**	**484**	**220**	**566**	**391**	**175**	**495**	**327**	**168**
45	151	113	38	96	64	32	84	54	30
46	138	82	56	128	88	40	103	62	41
47	142	95	47	118	79	39	108	68	40
48	144	101	43	100	71	29	99	71	28
49	129	93	36	124	89	35	101	72	29
50-54岁	**979**	**600**	**379**	**728**	**443**	**285**	**572**	**349**	**223**
50	152	98	54	114	73	41	103	64	39
51	152	102	50	109	78	31	86	60	26
52	261	146	115	131	75	56	105	61	44
53	204	121	83	171	107	64	100	56	44
54	210	133	77	203	110	93	178	108	70
55-59岁	**771**	**440**	**331**	**715**	**444**	**271**	**656**	**397**	**259**
55	185	109	76	181	116	65	160	101	59
56	168	90	78	163	92	71	146	91	55
57	236	134	102	184	123	61	188	103	85
58	122	71	51	123	71	52	100	63	37
59	60	36	24	64	42	22	62	39	23
60-64岁	**970**	**601**	**369**	**667**	**417**	**250**	**476**	**337**	**139**
60	190	127	63	111	78	33	93	62	31
61	154	100	54	94	60	34	56	42	14
62	180	113	67	160	102	58	102	71	31
63	210	132	78	144	84	60	97	73	24
64	236	129	107	158	93	65	128	89	39
65岁及以上	**2377**	**1626**	**751**	**1712**	**1215**	**497**	**1334**	**913**	**421**

5−5c　续表 7　　　　单位：人

年　龄	初婚年龄								
	33岁			34岁			35岁		
	小计	男	女	小计	男	女	小计	男	女
总　计	**3906**	**2587**	**1319**	**3083**	**2059**	**1024**	**2361**	**1592**	**769**
20岁以下									
20−24岁									
20									
21									
22									
23									
24									
25−29岁									
25									
26									
27									
28									
29									
30−34岁	**155**	**87**	**68**	**42**	**27**	**15**			
30									
31									
32									
33	61	34	27						
34	94	53	41	42	27	15			
35−39岁	**413**	**266**	**147**	**342**	**212**	**130**	**234**	**146**	**88**
35	74	46	28	48	30	18	27	19	8
36	61	37	24	51	34	17	43	29	14
37	73	41	32	61	33	28	47	25	22
38	112	80	32	76	51	25	59	33	26
39	93	62	31	106	64	42	58	40	18
40−44岁	**497**	**346**	**151**	**406**	**267**	**139**	**351**	**232**	**119**
40	108	70	38	85	51	34	75	50	25
41	129	90	39	92	62	30	85	56	29
42	88	61	27	87	60	27	75	51	24
43	80	61	19	66	46	20	65	44	21
44	92	64	28	76	48	28	51	31	20
45−49岁	**462**	**305**	**157**	**443**	**288**	**155**	**353**	**227**	**126**
45	105	61	44	76	48	28	83	51	32
46	84	57	27	96	62	34	67	44	23
47	90	61	29	98	58	40	77	52	25
48	86	60	26	77	55	22	68	43	25
49	97	66	31	96	65	31	58	37	21
50−54岁	**411**	**273**	**138**	**311**	**200**	**111**	**266**	**180**	**86**
50	83	53	30	57	39	18	66	42	24
51	73	52	21	66	42	24	57	39	18
52	74	51	23	79	48	31	52	33	19
53	79	49	30	38	24	14	56	44	12
54	102	68	34	71	47	24	35	22	13
55−59岁	**537**	**323**	**214**	**383**	**234**	**149**	**294**	**193**	**101**
55	150	81	69	71	47	24	60	35	25
56	133	82	51	80	46	34	58	41	17
57	117	75	42	117	76	41	92	66	26
58	100	62	38	74	44	30	51	28	23
59	37	23	14	41	21	20	33	23	10
60−64岁	**405**	**272**	**133**	**322**	**230**	**92**	**253**	**169**	**84**
60	76	49	27	73	48	25	49	31	18
61	75	51	24	60	45	15	53	38	15
62	54	34	20	62	44	18	57	34	23
63	91	63	28	55	39	16	52	37	15
64	109	75	34	72	54	18	42	29	13
65岁及以上	**1026**	**715**	**311**	**834**	**601**	**233**	**610**	**445**	**165**

5—5c 续表 8 单位：人

年 龄	初婚年龄								
	36岁			37岁			38岁		
	小计	男	女	小计	男	女	小计	男	女
总 计	**1940**	**1290**	**650**	**1552**	**1026**	**526**	**1353**	**888**	**465**
20岁以下									
20—24岁									
20									
21									
22									
23									
24									
25—29岁									
25									
26									
27									
28									
29									
30—34岁									
30									
31									
32									
33									
34									
35—39岁	**178**	**107**	**71**	**122**	**73**	**49**	**90**	**53**	**37**
35									
36	21	10	11						
37	49	26	23	30	15	15			
38	51	33	18	46	30	16	41	25	16
39	57	38	19	46	28	18	49	28	21
40—44岁	**283**	**190**	**93**	**248**	**154**	**94**	**210**	**134**	**76**
40	58	43	15	50	33	17	45	25	20
41	69	46	23	67	34	33	47	30	17
42	57	37	20	53	36	17	42	26	16
43	42	25	17	36	25	11	29	17	12
44	57	39	18	42	26	16	47	36	11
45—49岁	**296**	**185**	**111**	**237**	**165**	**72**	**220**	**149**	**71**
45	45	28	17	44	33	11	37	21	16
46	59	33	26	41	28	13	44	23	21
47	62	40	22	54	39	15	42	31	11
48	72	49	23	50	34	16	47	36	11
49	58	35	23	48	31	17	50	38	12
50—54岁	**227**	**138**	**89**	**207**	**130**	**77**	**163**	**118**	**45**
50	45	31	14	45	28	17	52	38	14
51	53	33	20	48	33	15	28	17	11
52	39	23	16	46	23	23	28	23	5
53	43	22	21	33	24	9	30	22	8
54	47	29	18	35	22	13	25	18	7
55—59岁	**208**	**143**	**65**	**167**	**104**	**63**	**136**	**81**	**55**
55	29	22	7	40	25	15	33	22	11
56	46	30	16	26	18	8	29	16	13
57	63	48	15	38	25	13	34	16	18
58	46	28	18	27	17	10	28	18	10
59	24	15	9	36	19	17	12	9	3
60—64岁	**246**	**162**	**84**	**185**	**125**	**60**	**196**	**117**	**79**
60	53	30	23	44	24	20	38	21	17
61	51	35	16	28	21	7	37	23	14
62	51	32	19	43	32	11	45	26	19
63	48	35	13	37	25	12	51	34	17
64	43	30	13	33	23	10	25	13	12
65岁及以上	**502**	**365**	**137**	**386**	**275**	**111**	**338**	**236**	**102**

5-5c　续表 9　　　　单位：人

年　龄	初婚年龄					
	39岁			40岁及以上		
	小计	男	女	小计	男	女
总　计	**1196**	**774**	**422**	**7724**	**4779**	**2945**
20岁以下						
20-24岁						
20						
21						
22						
23						
24						
25-29岁						
25						
26						
27						
28						
29						
30-34岁						
30						
31						
32						
33						
34						
35-39岁	**32**	**16**	**16**			
35						
36						
37						
38						
39	32	16	16			
40-44岁	**177**	**101**	**76**	**497**	**277**	**220**
40	32	16	16	37	17	20
41	39	22	17	91	47	44
42	46	29	17	127	71	56
43	23	14	9	110	64	46
44	37	20	17	132	78	54
45-49岁	**207**	**143**	**64**	**895**	**587**	**308**
45	35	29	6	133	93	40
46	35	21	14	165	108	57
47	48	35	13	174	114	60
48	37	28	9	195	124	71
49	52	30	22	228	148	80
50-54岁	**160**	**111**	**49**	**1183**	**784**	**399**
50	30	21	9	257	168	89
51	43	34	9	241	168	73
52	35	26	9	266	170	96
53	28	14	14	197	133	64
54	24	16	8	222	145	77
55-59岁	**111**	**68**	**43**	**866**	**526**	**340**
55	36	21	15	222	139	83
56	21	15	6	180	128	52
57	24	16	8	223	123	100
58	15	6	9	149	80	69
59	15	10	5	92	56	36
60-64岁	**172**	**98**	**74**	**1070**	**634**	**436**
60	17	13	4	193	119	74
61	34	21	13	146	88	58
62	33	16	17	210	125	85
63	49	23	26	247	146	101
64	39	25	14	274	156	118
65岁及以上	**337**	**237**	**100**	**3213**	**1971**	**1242**

5-6 全省分性别、受教育程度、初婚年龄的人口

单位：人

受教育程度	初婚年龄					
	合计			15岁以下		
	合计	男	女	小计	男	女
总　计	**3057220**	**1473141**	**1584079**	**2691**	**690**	**2001**
未上过学	33383	5680	27703	166	10	156
学前教育	823	233	590	1		1
小　学	537891	226428	311463	956	184	772
初　中	1494578	744807	749771	1207	367	840
高　中	455921	227077	228844	219	75	144
大学专科	273071	136682	136389	89	36	53
大学本科	237013	119861	117152	50	17	33
硕士研究生	21873	10892	10981	3	1	2
博士研究生	2667	1481	1186			

5-6　续表 1

单位：人

受教育程度	初婚年龄								
	15岁			16岁			17岁		
	小计	男	女	小计	男	女	小计	男	女
总　计	**11459**	**2770**	**8689**	**21301**	**4573**	**16728**	**41792**	**9523**	**32269**
未上过学	712	30	682	1335	51	1284	2256	102	2154
学前教育	12		12	23	1	22	43	4	39
小　学	4253	699	3554	8389	1198	7191	16062	2621	13441
初　中	4925	1464	3461	9329	2509	6820	19551	5449	14102
高　中	897	316	581	1391	489	902	2637	843	1794
大学专科	428	169	259	497	183	314	844	337	507
大学本科	217	89	128	317	132	185	375	157	218
硕士研究生	14	3	11	18	9	9	21	8	13
博士研究生	1		1	2	1	1	3	2	1

5-6　续表 2　　单位：人

受教育程度	初婚年龄								
	18岁			19岁			20岁		
	小计	男	女	小计	男	女	小计	男	女
总　计	**80416**	**20920**	**59496**	**156031**	**47068**	**108963**	**246819**	**84826**	**161993**
未上过学	2902	166	2736	4339	394	3945	4664	512	4152
学前教育	52	7	45	101	20	81	103	22	81
小　学	27925	5635	22290	48359	12814	35545	65367	20720	44647
初　中	42126	12566	29560	86981	28396	58585	144239	53233	91006
高　中	5199	1703	3496	11568	3828	7740	22520	7270	15250
大学专科	1579	607	972	3356	1130	2226	7120	2206	4914
大学本科	593	218	375	1272	463	809	2730	835	1895
硕士研究生	31	13	18	50	20	30	67	24	43
博士研究生	9	5	4	5	3	2	9	4	5

5-6　续表 3　　单位：人

受教育程度	初婚年龄								
	21岁			22岁			23岁		
	小计	男	女	小计	男	女	小计	男	女
总　计	**332147**	**141715**	**190432**	**396396**	**187464**	**208932**	**371062**	**176488**	**194574**
未上过学	3857	625	3232	3268	643	2625	2475	591	1884
学前教育	90	26	64	81	25	56	85	28	57
小　学	73854	29639	44215	73732	33590	40142	59902	28605	31297
初　中	196349	90142	106207	224397	114103	110294	194071	98367	95704
高　中	38239	14425	23814	57322	24356	32966	63448	27988	35460
大学专科	13756	4862	8894	24423	9762	14661	30872	12843	18029
大学本科	5781	1907	3874	12646	4741	7905	19098	7554	11544
硕士研究生	205	83	122	472	216	256	988	455	533
博士研究生	16	6	10	55	28	27	123	57	66

5-6 续表 4

单位：人

受教育程度	初婚年龄								
	24岁			25岁			26岁		
	小计	男	女	小计	男	女	小计	男	女
总　计	**336438**	**170840**	**165598**	**286849**	**157342**	**129507**	**210861**	**121821**	**89040**
未上过学	1790	486	1304	1330	434	896	941	325	616
学前教育	51	22	29	49	16	33	28	13	15
小　学	45921	23472	22449	32111	17755	14356	20697	12056	8641
初　中	160357	86053	74304	123411	71670	51741	81564	50390	31174
高　中	61943	30984	30959	53484	29603	23881	38698	23013	15685
大学专科	36434	16800	19634	38385	19792	18593	31472	17116	14356
大学本科	27980	12104	15876	35246	16796	18450	33841	17205	16636
硕士研究生	1732	812	920	2520	1114	1406	3239	1508	1731
博士研究生	230	107	123	313	162	151	381	195	186

5-6 续表 5

单位：人

受教育程度	初婚年龄								
	27岁			28岁			29岁		
	小计	男	女	小计	男	女	小计	男	女
总　计	**148800**	**89422**	**59378**	**103476**	**63324**	**40152**	**73487**	**45799**	**27688**
未上过学	659	248	411	479	193	286	392	155	237
学前教育	29	11	18	12	7	5	17	9	8
小　学	13678	8374	5304	9525	5871	3654	7194	4523	2671
初　中	53034	33856	19178	35392	22589	12803	24969	15935	9034
高　中	26215	16337	9878	17752	11268	6484	12530	7989	4541
大学专科	23933	13767	10166	16648	9933	6715	11628	7181	4447
大学本科	27622	15118	12504	20692	12014	8678	14450	8785	5665
硕士研究生	3276	1525	1751	2659	1267	1392	2056	1078	978
博士研究生	354	186	168	317	182	135	251	144	107

5-6　续表 6　　　　单位：人

受教育程度	初婚年龄								
	30岁			31岁			32岁		
	小计	男	女	小计	男	女	小计	男	女
总　计	**53158**	**33289**	**19869**	**38596**	**24202**	**14394**	**29335**	**18354**	**10981**
未上过学	305	130	175	216	86	130	198	87	111
学前教育	9	4	5	4	1	3	4	1	3
小　学	5373	3360	2013	4080	2580	1500	3262	2034	1228
初　中	18683	11766	6917	14085	8830	5255	11318	7092	4226
高　中	9070	5916	3154	6790	4267	2523	5223	3265	1958
大学专科	8138	4982	3156	5708	3603	2105	4145	2620	1525
大学本科	9997	6241	3756	6680	4215	2465	4522	2835	1687
硕士研究生	1397	768	629	939	567	372	589	366	223
博士研究生	186	122	64	94	53	41	74	54	20

5-6　续表 7　　　　单位：人

受教育程度	初婚年龄								
	33岁			34岁			35岁		
	小计	男	女	小计	男	女	小计	男	女
总　计	**22524**	**14087**	**8437**	**18031**	**11322**	**6709**	**13776**	**8701**	**5075**
未上过学	121	42	79	108	47	61	104	47	57
学前教育	3	2	1	3	1	2	3	2	1
小　学	2595	1670	925	2057	1317	740	1582	1019	563
初　中	8862	5478	3384	7229	4542	2687	5598	3542	2056
高　中	4048	2507	1541	3382	2109	1273	2638	1657	981
大学专科	3069	1918	1151	2429	1537	892	1798	1139	659
大学本科	3291	2127	1164	2464	1541	923	1808	1134	674
硕士研究生	467	292	175	316	205	111	215	140	75
博士研究生	68	51	17	43	23	20	30	21	9

5-6 续表 8

单位：人

受教育程度	初婚年龄								
	36岁			37岁			38岁		
	小计	男	女	小计	男	女	小计	男	女
总　计	**10456**	**6593**	**3863**	**8368**	**5316**	**3052**	**6510**	**4158**	**2352**
未上过学	99	37	62	75	31	44	59	22	37
学前教育	1		1	1		1	2	1	1
小　学	1326	884	442	1093	721	372	961	626	335
初　中	4309	2702	1607	3570	2230	1340	2800	1759	1041
高　中	1901	1198	703	1539	992	547	1212	772	440
大学专科	1332	812	520	1004	641	363	717	465	252
大学本科	1295	836	459	951	615	336	673	456	217
硕士研究生	169	105	64	118	78	40	70	45	25
博士研究生	24	19	5	17	8	9	16	12	4

5-6 续表 9

单位：人

受教育程度	初婚年龄					
	39岁			40岁及以上		
	小计	男	女	小计	男	女
总　计	**5490**	**3516**	**1974**	**30951**	**19018**	**11933**
未上过学	57	20	37	476	166	310
学前教育	2	2		14	8	6
小　学	919	587	332	6718	3874	2844
初　中	2395	1485	910	13827	8292	5535
高　中	933	623	310	5123	3284	1839
大学专科	612	393	219	2655	1848	807
大学本科	500	351	149	1922	1375	547
硕士研究生	57	43	14	185	147	38
博士研究生	15	12	3	31	24	7

5-6a　全省分性别、受教育程度、初婚年龄的人口(城市)

单位：人

受教育程度	初婚年龄					
	合　计			15岁以下		
	合计	男	女	小计	男	女
总　计	**1791855**	**851288**	**940567**	**1093**	**305**	**788**
未上过学	10859	1815	9044	51	7	44
学前教育	312	96	216			
小　学	161575	63062	98513	266	57	209
初　中	775305	369883	405422	506	146	360
高　中	370018	179730	190288	157	54	103
大学专科	234050	115637	118413	65	26	39
大学本科	216095	109154	106941	46	14	32
硕士研究生	21059	10485	10574	2	1	1
博士研究生	2582	1426	1156			

5-6a　续表 1

单位：人

受教育程度	初婚年龄								
	15岁			16岁			17岁		
	小计	男	女	小计	男	女	小计	男	女
总　计	**4917**	**1318**	**3599**	**8575**	**1963**	**6612**	**16236**	**3632**	**12604**
未上过学	250	8	242	459	14	445	858	45	813
学前教育	3		3	9	1	8	21	3	18
小　学	1309	236	1073	2591	365	2226	4960	734	4226
初　中	2184	645	1539	3820	998	2822	7548	1910	5638
高　中	653	226	427	1016	328	688	1876	560	1316
大学专科	319	124	195	389	137	252	633	237	396
大学本科	186	76	110	275	113	162	318	134	184
硕士研究生	12	3	9	14	6	8	20	8	12
博士研究生	1		1	2	1	1	2	1	1

5-6a 续表 2

单位：人

受教育程度	初婚年龄								
	18岁			19岁			20岁		
	小计	男	女	小计	男	女	小计	男	女
总 计	**29984**	**7271**	**22713**	**59079**	**15930**	**43149**	**97982**	**28406**	**69576**
未上过学	982	52	930	1376	112	1264	1383	140	1243
学前教育	14	2	12	34	5	29	25	7	18
小 学	8250	1520	6730	13956	3340	10616	17437	4941	12496
初 中	15538	4078	11460	32421	9153	23268	56177	17127	39050
高 中	3521	1034	2487	7870	2222	5648	15611	4233	11378
大学专科	1154	396	758	2360	719	1641	5102	1329	3773
大学本科	487	172	315	1012	359	653	2186	609	1577
硕士研究生	30	13	17	46	18	28	53	16	37
博士研究生	8	4	4	4	2	2	8	4	4

5-6a 续表 3

单位：人

受教育程度	初婚年龄								
	21岁			22岁			23岁		
	小计	男	女	小计	男	女	小计	男	女
总 计	**143560**	**50655**	**92905**	**199783**	**81973**	**117810**	**216529**	**92784**	**123745**
未上过学	1162	186	976	989	193	796	816	207	609
学前教育	39	11	28	24	8	16	26	8	18
小 学	19572	6808	12764	20419	8194	12225	17967	7795	10172
初 中	80057	30042	50015	104418	45737	58681	103879	47027	56852
高 中	27583	8908	18675	43470	16746	26724	50634	20867	29767
大学专科	10215	3153	7062	19267	7058	12209	25407	9983	15424
大学本科	4742	1475	3267	10704	3814	6890	16742	6417	10325
硕士研究生	174	66	108	441	199	242	941	426	515
博士研究生	16	6	10	51	24	27	117	54	63

5-6a　续表 4　　　　单位：人

受教育程度	初婚年龄								
	24岁			25岁			26岁		
	小计	男	女	小计	男	女	小计	男	女
总　计	**221664**	**105710**	**115954**	**207887**	**110705**	**97182**	**160177**	**91056**	**69121**
未上过学	602	152	450	496	168	328	349	116	233
学前教育	26	11	15	24	7	17	17	9	8
小　学	14995	6975	8020	11363	5899	5464	7457	4144	3313
初　中	96659	48352	48307	81646	46044	35602	55716	34015	21701
高　中	51150	24606	26544	45791	24958	20833	33764	20057	13707
大学专科	31248	14009	17239	33648	17141	16507	28146	15212	12934
大学本科	25110	10741	14369	32186	15256	16930	31202	15844	15358
硕士研究生	1650	762	888	2425	1073	1352	3153	1468	1685
博士研究生	224	102	122	308	159	149	373	191	182

5-6a　续表 5　　　　单位：人

受教育程度	初婚年龄								
	27岁			28岁			29岁		
	小计	男	女	小计	男	女	小计	男	女
总　计	**114981**	**68239**	**46742**	**80294**	**48800**	**31494**	**56507**	**34979**	**21528**
未上过学	225	82	143	162	70	92	144	57	87
学前教育	18	7	11	7	4	3	8	5	3
小　学	4950	2846	2104	3403	1972	1431	2535	1465	1070
初　中	36005	22901	13104	23699	15150	8549	16351	10428	5923
高　中	23059	14339	8720	15758	10014	5744	11095	7076	4019
大学专科	21542	12355	9187	15031	8961	6070	10587	6524	4063
大学本科	25689	14056	11633	19347	11223	8124	13549	8239	5310
硕士研究生	3154	1473	1681	2575	1228	1347	1995	1046	949
博士研究生	339	180	159	312	178	134	243	139	104

5-6a 续表 6

单位：人

受教育程度	初婚年龄								
	30岁			31岁			32岁		
	小计	男	女	小计	男	女	小计	男	女
总　计	**40322**	**25139**	**15183**	**28814**	**17998**	**10816**	**21693**	**13427**	**8266**
未上过学	101	45	56	71	22	49	56	19	37
学前教育	2	1	1	2		2	2		2
小　学	1780	1041	739	1417	813	604	1128	646	482
初　中	11944	7484	4460	8814	5497	3317	7113	4348	2765
高　中	8077	5277	2800	6045	3817	2228	4633	2893	1740
大学专科	7435	4543	2892	5168	3266	1902	3814	2407	1407
大学本科	9452	5886	3566	6298	3981	2317	4308	2704	1604
硕士研究生	1354	747	607	908	551	357	569	358	211
博士研究生	177	115	62	91	51	40	70	52	18

5-6a 续表 7

单位：人

受教育程度	初婚年龄								
	33岁			34岁			35岁		
	小计	男	女	小计	男	女	小计	男	女
总　计	**16560**	**10258**	**6302**	**13412**	**8334**	**5078**	**10132**	**6343**	**3789**
未上过学	36	17	19	33	14	19	34	14	20
学前教育	2	1	1	1		1	2	2	
小　学	894	524	370	713	420	293	543	315	228
初　中	5630	3405	2225	4674	2901	1773	3603	2253	1350
高　中	3553	2193	1360	3021	1869	1152	2344	1462	882
大学专科	2810	1760	1050	2266	1434	832	1657	1053	604
大学本科	3122	2030	1092	2353	1474	879	1715	1089	626
硕士研究生	448	280	168	308	199	109	206	136	70
博士研究生	65	48	17	43	23	20	28	19	9

5-6a　续表 8　　单位：人

受教育程度	初婚年龄								
	36岁			37岁			38岁		
	小计	男	女	小计	男	女	小计	男	女
总　计	**7496**	**4659**	**2837**	**5986**	**3776**	**2210**	**4543**	**2900**	**1643**
未上过学	32	12	20	21	6	15	22	7	15
学前教育							2	1	1
小　学	445	269	176	352	206	146	317	190	127
初　中	2721	1671	1050	2305	1427	878	1720	1089	631
高　中	1658	1043	615	1348	877	471	1077	685	392
大学专科	1234	754	480	920	584	336	667	433	234
大学本科	1218	789	429	912	592	320	653	439	214
硕士研究生	164	102	62	111	76	35	69	44	25
博士研究生	24	19	5	17	8	9	16	12	4

5-6a　续表 9　　单位：人

受教育程度	初婚年龄					
	39岁			40岁及以上		
	小计	男	女	小计	男	女
总　计	**3695**	**2389**	**1306**	**19954**	**12339**	**7615**
未上过学	15	7	8	134	43	91
学前教育				4	3	1
小　学	288	168	120	2268	1179	1089
初　中	1475	920	555	8682	5135	3547
高　中	816	546	270	4438	2840	1598
大学专科	562	363	199	2404	1676	728
大学本科	469	331	138	1814	1297	517
硕士研究生	55	42	13	182	144	38
博士研究生	15	12	3	28	22	6

5-6b 全省分性别、受教育程度、初婚年龄的人口(镇)

单位：人

受教育程度	初婚年龄					
	合　计			15岁以下		
	合计	男	女	小计	男	女
总　计	**373663**	**179636**	**194027**	**340**	**89**	**251**
未上过学	3462	574	2888	15	1	14
学前教育	98	24	74	1		1
小　学	62688	25254	37434	109	23	86
初　中	212941	105030	107911	167	49	118
高　中	49356	25499	23857	28	6	22
大学专科	27315	14252	13063	17	8	9
大学本科	17112	8654	8458	3	2	1
硕士研究生	638	315	323			
博士研究生	53	34	19			

5-6b　续表 1

单位：人

受教育程度	初婚年龄								
	15岁			16岁			17岁		
	小计	男	女	小计	男	女	小计	男	女
总　计	**1563**	**374**	**1189**	**2913**	**647**	**2266**	**5838**	**1345**	**4493**
未上过学	58	1	57	132		132	226	10	216
学前教育	1		1	2		2	4		4
小　学	475	72	403	956	132	824	1879	289	1590
初　中	800	215	585	1512	400	1112	3150	841	2309
高　中	139	51	88	208	75	133	403	133	270
大学专科	63	24	39	68	25	43	137	58	79
大学本科	26	11	15	33	14	19	39	14	25
硕士研究生	1		1	2	1	1			
博士研究生									

5-6b 续表 2

单位：人

受教育程度	初婚年龄								
	18岁			19岁			20岁		
	小计	男	女	小计	男	女	小计	男	女
总　计	**12061**	**3265**	**8796**	**23946**	**7348**	**16598**	**37898**	**13537**	**24361**
未上过学	308	14	294	467	42	425	504	61	443
学前教育	11	3	8	10	2	8	15	2	13
小　学	3307	693	2614	5758	1443	4315	7873	2428	5445
初　中	7191	2090	5101	14884	4837	10047	24089	9028	15061
高　中	878	311	567	1983	719	1264	3645	1347	2298
大学专科	282	120	162	644	234	410	1326	492	834
大学本科	83	33	50	198	70	128	437	174	263
硕士研究生				2	1	1	9	5	4
博士研究生	1	1							

5-6b 续表 3

单位：人

受教育程度	初婚年龄								
	21岁			22岁			23岁		
	小计	男	女	小计	男	女	小计	男	女
总　计	**49899**	**22478**	**27421**	**56106**	**28182**	**27924**	**47983**	**24581**	**23402**
未上过学	409	77	332	331	66	265	268	60	208
学前教育	10	6	4	11	4	7	10	2	8
小　学	8876	3444	5432	8697	3769	4928	7059	3221	3838
初　中	31648	14917	16731	34043	17876	16167	27260	14535	12725
高　中	5700	2631	3069	7808	3918	3890	7403	3798	3605
大学专科	2389	1054	1335	3568	1776	1792	3967	2004	1963
大学本科	841	335	506	1619	756	863	1976	937	1039
硕士研究生	26	14	12	27	15	12	37	23	14
博士研究生				2	2		3	1	2

5-6b 续表 4 单位：人

受教育程度	初婚年龄								
	24岁			25岁			26岁		
	小计	男	女	小计	男	女	小计	男	女
总　计	**38592**	**21049**	**17543**	**28664**	**16230**	**12434**	**18795**	**10917**	**7878**
未上过学	180	51	129	136	46	90	104	34	70
学前教育	6	3	3	4		4			
小　学	5193	2615	2578	3604	1931	1673	2240	1244	996
初　中	20577	11601	8976	14179	8334	5845	8948	5445	3503
高　中	6397	3585	2812	4693	2751	1942	2984	1769	1215
大学专科	3766	2017	1749	3418	1864	1554	2312	1293	1019
大学本科	2401	1135	1266	2544	1269	1275	2135	1101	1034
硕士研究生	68	39	29	82	33	49	66	28	38
博士研究生	4	3	1	4	2	2	6	3	3

5-6b 续表 5 单位：人

受教育程度	初婚年龄								
	27岁			28岁			29岁		
	小计	男	女	小计	男	女	小计	男	女
总　计	**12628**	**7542**	**5086**	**8461**	**5115**	**3346**	**6163**	**3744**	**2419**
未上过学	62	20	42	31	10	21	33	11	22
学前教育	3		3				3	1	2
小　学	1478	874	604	1030	598	432	793	480	313
初　中	5843	3600	2243	3942	2421	1521	2994	1808	1186
高　中	1930	1184	746	1226	762	464	884	551	333
大学专科	1661	976	685	1083	654	429	699	444	255
大学本科	1549	846	703	1082	635	447	704	419	285
硕士研究生	90	36	54	65	33	32	48	26	22
博士研究生	12	6	6	2	2		5	4	1

5-6b　续表 6　　单位：人

受教育程度	初婚年龄								
	30岁			31岁			32岁		
	小计	男	女	小计	男	女	小计	男	女
总　计	**4499**	**2780**	**1719**	**3447**	**2067**	**1380**	**2654**	**1628**	**1026**
未上过学	33	11	22	20	8	12	28	13	15
学前教育	1		1	1		1			
小　学	603	364	239	478	293	185	377	228	149
初　中	2285	1385	900	1789	1051	738	1464	912	552
高　中	621	401	220	457	284	173	348	209	139
大学专科	486	309	177	368	231	137	240	152	88
大学本科	434	290	144	304	183	121	180	106	74
硕士研究生	30	16	14	28	16	12	14	6	8
博士研究生	6	4	2	2	1	1	3	2	1

5-6b　续表 7　　单位：人

受教育程度	初婚年龄								
	33岁			34岁			35岁		
	小计	男	女	小计	男	女	小计	男	女
总　计	**2058**	**1242**	**816**	**1536**	**929**	**607**	**1283**	**766**	**517**
未上过学	15	3	12	10	3	7	9	3	6
学前教育				1		1	1		1
小　学	262	166	96	217	128	89	172	101	71
初　中	1124	675	449	867	519	348	716	434	282
高　中	311	192	119	231	147	84	192	123	69
大学专科	191	116	75	117	75	42	107	61	46
大学本科	140	82	58	88	53	35	76	39	37
硕士研究生	14	7	7	5	4	1	9	4	5
博士研究生	1	1					1	1	

5-6b　续表 8　　　　单位：人

受教育程度	初婚年龄								
	36岁			37岁			38岁		
	小计	男	女	小计	男	女	小计	男	女
总　计	**1020**	**644**	**376**	**830**	**514**	**316**	**614**	**370**	**244**
未上过学	14	3	11	12	7	5	8	5	3
学前教育									
小　学	145	97	48	113	74	39	85	56	29
初　中	558	354	204	476	295	181	369	207	162
高　中	166	106	60	132	76	56	96	63	33
大学专科	70	43	27	60	40	20	38	23	15
大学本科	62	38	24	31	20	11	17	15	2
硕士研究生	5	3	2	6	2	4	1	1	
博士研究生									

5-6b　续表 9　　　　单位：人

受教育程度	初婚年龄					
	39岁			40岁及以上		
	小计	男	女	小计	男	女
总　计	**599**	**353**	**246**	**3273**	**1900**	**1373**
未上过学	6	2	4	43	12	31
学前教育				3	1	2
小　学	117	74	43	792	417	375
初　中	327	186	141	1739	1015	724
高　中	79	48	31	414	259	155
大学专科	40	24	16	198	135	63
大学本科	29	19	10	81	58	23
硕士研究生	1		1	2	2	
博士研究生				1	1	

5-6c　全省分性别、受教育程度、初婚年龄的人口(乡村)

单位：人

受教育程度	初婚年龄					
	合　计			15岁以下		
	合计	男	女	小计	男	女
总　计	**891702**	**442217**	**449485**	**1258**	**296**	**962**
未上过学	19062	3291	15771	100	2	98
学前教育	413	113	300			
小　学	313628	138112	175516	581	104	477
初　中	506332	269894	236438	534	172	362
高　中	36547	21848	14699	34	15	19
大学专科	11706	6793	4913	7	2	5
大学本科	3806	2053	1753	1	1	
硕士研究生	176	92	84	1		1
博士研究生	32	21	11			

5-6c　续表 1　　单位：人

受教育程度	初婚年龄								
	15岁			16岁			17岁		
	小计	男	女	小计	男	女	小计	男	女
总　计	**4979**	**1078**	**3901**	**9813**	**1963**	**7850**	**19718**	**4546**	**15172**
未上过学	404	21	383	744	37	707	1172	47	1125
学前教育	8		8	12		12	18	1	17
小　学	2469	391	2078	4842	701	4141	9223	1598	7625
初　中	1941	604	1337	3997	1111	2886	8853	2698	6155
高　中	105	39	66	167	86	81	358	150	208
大学专科	46	21	25	40	21	19	74	42	32
大学本科	5	2	3	9	5	4	18	9	9
硕士研究生	1		1	2	2		1		1
博士研究生							1	1	

5-6c 续表 2

单位：人

受教育程度	初婚年龄								
	18岁			19岁			20岁		
	小计	男	女	小计	男	女	小计	男	女
总　计	**38371**	**10384**	**27987**	**73006**	**23790**	**49216**	**110939**	**42883**	**68056**
未上过学	1612	100	1512	2496	240	2256	2777	311	2466
学前教育	27	2	25	57	13	44	63	13	50
小　学	16368	3422	12946	28645	8031	20614	40057	13351	26706
初　中	19397	6398	12999	39676	14406	25270	63973	27078	36895
高　中	800	358	442	1715	887	828	3264	1690	1574
大学专科	143	91	52	352	177	175	692	385	307
大学本科	23	13	10	62	34	28	107	52	55
硕士研究生	1		1	2	1	1	5	3	2
博士研究生				1	1		1		1

5-6c 续表 3

单位：人

受教育程度	初婚年龄								
	21岁			22岁			23岁		
	小计	男	女	小计	男	女	小计	男	女
总　计	**138688**	**68582**	**70106**	**140507**	**77309**	**63198**	**106550**	**59123**	**47427**
未上过学	2286	362	1924	1948	384	1564	1391	324	1067
学前教育	41	9	32	46	13	33	49	18	31
小　学	45406	19387	26019	44616	21627	22989	34876	17589	17287
初　中	84644	45183	39461	85936	50490	35446	62932	36805	26127
高　中	4956	2886	2070	6044	3692	2352	5411	3323	2088
大学专科	1152	655	497	1588	928	660	1498	856	642
大学本科	198	97	101	323	171	152	380	200	180
硕士研究生	5	3	2	4	2	2	10	6	4
博士研究生				2	2		3	2	1

5-6c　续表 4

单位：人

受教育程度	初婚年龄								
	24岁			25岁			26岁		
	小计	男	女	小计	男	女	小计	男	女
总　计	**76182**	**44081**	**32101**	**50298**	**30407**	**19891**	**31889**	**19848**	**12041**
未上过学	1008	283	725	698	220	478	488	175	313
学前教育	19	8	11	21	9	12	11	4	7
小　学	25733	13882	11851	17144	9925	7219	11000	6668	4332
初　中	43121	26100	17021	27586	17292	10294	16900	10930	5970
高　中	4396	2793	1603	3000	1894	1106	1950	1187	763
大学专科	1420	774	646	1319	787	532	1014	611	403
大学本科	469	228	241	516	271	245	504	260	244
硕士研究生	14	11	3	13	8	5	20	12	8
博士研究生	2	2		1	1		2	1	1

5-6c　续表 5

单位：人

受教育程度	初婚年龄								
	27岁			28岁			29岁		
	小计	男	女	小计	男	女	小计	男	女
总　计	**21191**	**13641**	**7550**	**14721**	**9409**	**5312**	**10817**	**7076**	**3741**
未上过学	372	146	226	286	113	173	215	87	128
学前教育	8	4	4	5	3	2	6	3	3
小　学	7250	4654	2596	5092	3301	1791	3866	2578	1288
初　中	11186	7355	3831	7751	5018	2733	5624	3699	1925
高　中	1226	814	412	768	492	276	551	362	189
大学专科	730	436	294	534	318	216	342	213	129
大学本科	384	216	168	263	156	107	197	127	70
硕士研究生	32	16	16	19	6	13	13	6	7
博士研究生	3		3	3	2	1	3	1	2

5-6c 续表 6

单位：人

受教育程度	初婚年龄								
	30岁			31岁			32岁		
	小计	男	女	小计	男	女	小计	男	女
总　计	**8337**	**5370**	**2967**	**6335**	**4137**	**2198**	**4988**	**3299**	**1689**
未上过学	171	74	97	125	56	69	114	55	59
学前教育	6	3	3	1	1		2	1	1
小　学	2990	1955	1035	2185	1474	711	1757	1160	597
初　中	4454	2897	1557	3482	2282	1200	2741	1832	909
高　中	372	238	134	288	166	122	242	163	79
大学专科	217	130	87	172	106	66	91	61	30
大学本科	111	65	46	78	51	27	34	25	9
硕士研究生	13	5	8	3		3	6	2	4
博士研究生	3	3		1	1		1		1

5-6c 续表 7

单位：人

受教育程度	初婚年龄								
	33岁			34岁			35岁		
	小计	男	女	小计	男	女	小计	男	女
总　计	**3906**	**2587**	**1319**	**3083**	**2059**	**1024**	**2361**	**1592**	**769**
未上过学	70	22	48	65	30	35	61	30	31
学前教育	1	1		1	1				
小　学	1439	980	459	1127	769	358	867	603	264
初　中	2108	1398	710	1688	1122	566	1279	855	424
高　中	184	122	62	130	93	37	102	72	30
大学专科	68	42	26	46	28	18	34	25	9
大学本科	29	15	14	23	14	9	17	6	11
硕士研究生	5	5		3	2	1			
博士研究生	2	2					1	1	

5-6c　续表 8

单位：人

受教育程度	初婚年龄								
	36岁			37岁			38岁		
	小计	男	女	小计	男	女	小计	男	女
总　计	**1940**	**1290**	**650**	**1552**	**1026**	**526**	**1353**	**888**	**465**
未上过学	53	22	31	42	18	24	29	10	19
学前教育	1		1	1		1			
小　学	736	518	218	628	441	187	559	380	179
初　中	1030	677	353	789	508	281	711	463	248
高　中	77	49	28	59	39	20	39	24	15
大学专科	28	15	13	24	17	7	12	9	3
大学本科	15	9	6	8	3	5	3	2	1
硕士研究生				1		1			
博士研究生									

5-6c　续表 9

单位：人

受教育程度	初婚年龄					
	39岁			40岁及以上		
	小计	男	女	小计	男	女
总　计	**1196**	**774**	**422**	**7724**	**4779**	**2945**
未上过学	36	11	25	299	111	188
学前教育	2	2		7	4	3
小　学	514	345	169	3658	2278	1380
初　中	593	379	214	3406	2142	1264
高　中	38	29	9	271	185	86
大学专科	10	6	4	53	37	16
大学本科	2	1	1	27	20	7
硕士研究生	1	1		1	1	
博士研究生				2	1	1